宋代《论语》诠释研究

唐明贵 著

中国社会科学出版社

图书在版编目(CIP)数据

宋代《论语》诠释研究/唐明贵著.—北京：中国社会科学出版社，2018.1

ISBN 978 - 7 - 5203 - 0043 - 8

Ⅰ.①宋⋯　Ⅱ.①唐⋯　Ⅲ.①儒家②《论语》—研究—中国—宋代　Ⅳ.①B222.25

中国版本图书馆 CIP 数据核字(2017)第 054340 号

出 版 人	赵剑英
责任编辑	孙　萍
责任校对	张依婧
责任印制	王　超

出　　版	中国社会科学出版社
社　　址	北京鼓楼西大街甲 158 号
邮　　编	100720
网　　址	http://www.csspw.cn
发 行 部	010 - 84083685
门 市 部	010 - 84029450
经　　销	新华书店及其他书店

印　　刷	北京君升印刷有限公司
装　　订	廊坊市广阳区广增装订厂
版　　次	2018 年 1 月第 1 版
印　　次	2018 年 1 月第 1 次印刷

开　　本	710×1000　1/16
印　　张	30.75
插　　页	2
字　　数	504 千字
定　　价	118.00 元

凡购买中国社会科学出版社图书，如有质量问题请与本社营销中心联系调换
电话:010 - 84083683
版权所有　侵权必究

序 一

经典诠释、时代精神及生活世界

看着唐明贵教授这部《宋代〈论语〉诠释研究》五十万字的皇皇巨著，让我想起了自己学习、教读《论语》的一些往事来。想想与《论语》结缘已超过了半个世纪，光阴之速，倏忽其已！真如夫子所说"逝者如斯夫，不舍昼夜"。

读《论语》、教《论语》，至乎今日，有些篇章的讲读次数，有超过五十次者，有超过四十次者，有超过三十次者，而全面的阅读及讲述，至少也二十回以上。但您问我，对《论语》果真懂了没？我要诚实地讲，还在懂的过程里，有些有自家的心得，有些仍然不能懂，甚至有难解者，不可解者。

尽管如此，我还是喜欢读《论语》，喜欢教授《论语》，因为每回讲读《论语》都觉得亲切有味，都觉得与亲朋好友吃茶聊天，有味极了。《论语》的每处场景，都令人印象深刻，一回想，脑袋中极为鲜明的。像"颜渊季路侍，子曰：'盍各言尔志'"，还有"子见南子，子路不说"，论辩"三年之丧"，"宰我昼寝"，"小子鸣鼓而攻之"，"吾与点也""不学诗，无以言""子畏于匡"，还有弟子彼此间的讨论，其场景也是十分鲜明的。

我甚至认为读《论语》就是要把这些场景读进去，读得深了，契入了，便能有所感，有所味，然后有所觉，慢慢形成一个自家生活的体会，与经典理解与诠释，融通为一个不可分的总体，焕发出一个基底，一个境遇；在这基底与境遇下，领略到孔老夫子与弟子及时贤的交谈，还有他的独白，或对苍天，或对天下，或对自家内心，也都会朗然而现。这也是我这些年来，常跟许多朋友说到读中国古代典籍，一定要"感其意味，体其意韵",然后才能"明其意义"。

《论语》有的是智慧的源头活水,读之、参与之,就好像让自己沐浴于此源头活水之中,洗涤自家的身心灵魂,滋养自家的筋骨体魄,让自己"人之生也直"地长养起来。最喜欢的是《论语》的"交谈","交谈"是"有来有往","来者"有所"觉"、"往者"有所"会",在此"觉会"下,让自家的生命可以有一个从容的天地,有一个悠游而可吞吐的湖泊。原来世界只世界,就在此天地湖泊中,默运造化,天何言哉!四时行焉!百物生焉!天何言哉!

"觉"是由内心里涌现一指向根源性的发问,在具体的情境下唤起,在实存的生活世界中醒来,这亦是孔老夫子所谓的"愤悱"之情。由此"愤悱",进一步而有所"启发"也。"会"是在交谈往来中,由于根源性的发问,由于愤悱之情的感动,使得吾人的生命与存有之自身融为一体,这是一具有存在实感的整体,它不可自已地开显其自己,启发来者。"觉"是"觉悟",是因觉而悟;"会"是"证会",是因会而证。"觉"与"会"就在生活中,就在情境中,就在对答中,就在交谈中。有往有来,有来有往,源头活水,用之不竭!

我读《论语》,《论语》读我,在世界中读、在生活中读,开启的是身、是心,是自己生命中的感动,是社会人群中的真诚。

这样读《论语》,看似与章句训诂无关,其实不对,章句训诂是基础功,这基础功十分必要,只是怕拘泥了,以为这些基本功就可以了。其实,这些基本功,进而扩展开来,我们才能真正契入义理,调适而上遂于道。我以为阅读古典,研究学问,不能外于五证:典籍的佐证、历史的考证、科学的验证、心性的体证、逻辑的辩证。往圣前贤的成绩当然要重视,不只要重视,而且也要有深层的反观与省察,因为他们之所作成的理解与诠释,也多半是立基于我以上所说的五证的,他们也有一定的方法论省思。他们也有着诠释学的基本功,只是当时还没有诠释学(Hermeneutics)这时髦的名称而已,他们对于诠释学所涉及的方法论、本体论,乃至实践论、心性论,也有他们深层的理解,值得我们去留意,我们要努力将其爬梳出来。

《论语》者何,根据《汉书·艺文志》:"《论语》者,孔子应答弟子时人及弟子相与言而接闻于夫子之语也。当时弟子各有所记,夫子既卒,门人相与辑而论撰,故谓之《论语》。"

《论语》是不离生活的，它是在具体情境中，当然也包括着讲学、论学、讨论、感悟，乃至其他种种当机指点而成的语录，还有弟子们相与的论辩，以及心得，乃至新的转化。不过，由于中国经典那种"经、传、注、疏、解"的孳乳繁衍的性格，这一方面与中国文字之为图像性的文字，本身就像是一生态式的、树形图式的，也像是汇流成河，又像是由这主流分流到诸多支流之中，还有中间可能还有些湖泊，这湖泊作了储水的功能，一方面调节了洪涝，一方面又释放出水流，以备干旱之需。当然，另一方面它也可能就像中国的家父长制，家族、宗法、封建，依据着血缘性纵贯轴逐层展开，繁衍广袤，依"经"起"传"，依"传"起"注"，有"注"而有"疏"，有"疏"而有"解"，层层相依，如是而下，"经"是根源，不可违背。

经典、经典，是可以为"常经"，可以为"典要"的，经典是"道"的化身，经典是"道"落实在人间世的居宅。"道"是宇宙造化之源，是一切存在之源，一切价值之源。"道"有总体义、根源义、普遍义、理想义。经典之为经典是由此普遍之理想、总体之根源所焕发而生，落实于人间生活世界，于历史社会总体而生的智慧，在华夏汉文明地区，是用汉字写成的。就这样，用汉字写成的经典，在义理的生长上来说有着无上的位置，十分重要。但再怎么重要，它还是不能迈越"道"，不能迈越那普遍的理想所成的总体的根源，它顶多就是"道"落实在人间的居宅而已。

当然，大汉帝国由于独尊儒术，多少造成了"以经为尊"，以经典文字的训诂为主导的经学传统，在血缘性纵贯轴的强调下，大谈三纲，这就不免与帝皇专制、父权高压、男性中心密切相关。但有趣的是汉字这方块文字，它是图像的，它是回到存在，由存在表象其自身而成的意义脉络。相对于拼音文字，强调的是逻辑论说，图像文字其论辩性格或有不足，但它的可诠释空间是广大的，空阔的，甚至是空灵的，有时因为空灵而可以是迈越的，迈越出了格局。

两汉大帝国四百年，多少造就了中国经典的性格，它尽管尊经典，也大唱三纲，但封闭不了经典，再说中国的经典本身就有它的歧义性、丰富性，它的诠释充满着种种可能。重要的还有，佛教传进了中国，佛教经典的翻译、诠释，异文化的接壤，让经典的诠释随着世代的变迁充满着种种惊奇。佛教的"四依四不依"，这是大乘佛教的诠释方法，也是诠释态度，语出《大般涅槃经·如来性品》，是这样说的，"依法不依人。依义不依语。依智不依识。依了义经不依不了义经"，最末这句常被简成"依了义不依不了义"，那就更彻底了。这"四依四不依"加上了中国原先道家对于"存在"及"话语"就有深层的省思，魏晋以来的"言意之辩"，更是让中国民族对于经典的诠释有了更多的方法论省思空间。

佛教东来，逐渐兴盛，又加上道家玄风，当然主流还是儒家，这样的儒道佛三教就自然而然交谈着、合汇着、融通着。唐代虽有《五经正义》的颁布，但是佛教与道家一样是兴盛的，而且比以前还兴盛。儒家正统受到较为严峻的挑战。儒家总在官方保护下，老神在在的一直生长着，因为它照顾到的是人伦共同体，是常经大法，不可须臾离也。直到中唐以后，这问题的严重性慢慢浮现出来，韩愈为何要写《原道》《师说》《谏迎佛骨表》，要提倡古文运动，这里看出了华夏民族文化面临到较大挑战后，所做出的回应。再经五代十国，到了宋代，由于处在分裂的状态下，"正统论"就格外地重要起来。再加上宋太祖奖掖士风，尊重读书人，又因为时代需要，继承天命、重建道统的呼声也就应时而生了。

张横渠有言"为天地立心，为生民立命，为往圣继绝学，为万世开太平"，胸襟宏伟，见识高卓，其眼界如天，心量如海，真有迈越前朝者。陆象山说"宇宙便是吾心，吾心即是宇宙"更为彻底。他又说："东海有圣人出焉，此心同也，此理同也。西海有圣人出焉，此心同也，此理同也。千百世之上至千百世之下，有圣人出焉，此心此理，亦莫不同也。"这些思考，无疑地跨过了文字，来到了存在价值的源头，一切依道理、依天命、依心性所及，不再受经典文字的束缚，但又能依据着经典。因为"学苟知本，六经皆我脚注"，"我注六经，六经注我"，交与为一体，并不相悖。

宋代解释经典，并不依经典之文字训诂为满足，而是更进一步要回到存在价值之源，要上契乎道，才觉得如实如理，这样才对得起往圣前哲。朱熹更从《礼记》中选了《大学》《中庸》，再加上《论语》《孟子》，构成了四子书，简称《四书》。《论语》代表孔子，《大学》代表曾子，《中庸》代表子思，而《孟子》则代表孟子，这形成了儒家道统最简要的"结集"，当然，朱熹这为的是建立道统。四子书就是道统建立的经典之源。

朱熹为《大学》《中庸》分章句读，为《论语》《孟子》做个当代的集注、新理解、新诠释，也重建了文本，构成了一崭新的脉络。

朱熹有意跨过汉唐，直追三代，上契尧舜，这是宋代人的高卓眼光与宽广胸襟。宋代经学有别于汉唐，他们虽亦明白训诂，但绝不以训诂为限，它根本是跨过了训诂，而以义理为尊，义理就免不了和阅读者、诠释者、讲述者、自家的体会密切相关，它离不开生活世界，离不开心性体证，也离不开朋友讲论辩证，宋代经学可以说是漪欤盛哉！宋儒尽管也疑经、也改经，有时增字解经，有时也减字解经，甚至重理文本，但他们不只是疑古，他们为的是尊古，而且为的是崇经、尊道，为了继道统，为了承天命，为了传斯文，这与清末民初的疑经风潮是大大不同的。后者是反传统，宋代则是尊传统，尊尧舜三代的传统，而有意要跨过汉唐。

唐明贵教授这部《宋代〈论语〉诠释研究》，真乃功力之作也。条分缕析、结构分明，有文献的佐证、有历史的考证、有科学的查证、有心性的体证、有逻辑的辩证，可以说是五证都涉及到。当然，他做的是《论语》诠释的学术史，这就免不了涉及诠释学的诸多层面，用我的提法就是，中国经典诠释学离不开"道、意、象、构、言"这五个层面："言"是话语，相应的是记忆；"构"是结构，相应的是掌握；"象"是图像，相应的是想象；"意"是意向，相应的是体会；"道"是根源，相应的是证悟。我以为像这样一本《论语》诠释学史的大著，最重要的是帮助后人如何进到宋代的《论语》诠释学之中。当然，进一步可以回溯到我所说这五个诠释的层阶，再三验察，并因之去思考整个中国经典诠释学所涉方法论与本体论等论题。深入经典，尤其深入经典的诠释，并后设反思其经典诠释所构成的种种，留意经典诠释的变迁历史，这是有助于本国经典诠释学的哲学建立的。

今年四月中，应邀到聊城大学讲学，听闻到唐明贵教授进行的项目，以及即将出版的大作《宋代〈论语〉诠释研究》，很是欢喜。他要我写些心得，我看到大作，迟迟不敢下笔，因为学术史所涉的是学问的真功夫，岂能匆匆一阅，胡诌乱语。我想了又想，将我这些年来讲读《论语》以及涉及诠释学向度的心得，提了出来，希望能随着这本书，来唤起人们对于《论语》的热情，并且强化《论语》诠释学方法论的后设反思，做后设的元思考。我心里想着：有好的《论语》诠释学史，才会有好的《论语》诠释学；有好的《论语》诠释学，才会有好的中国经典诠释学。这是一步必要的工作，我们该如实地努力下去，为中国文化经典向下扎根，为人类文明的对话做出该有的贡献。

林安梧

山东大学儒家文明协同创新中心杰出访问学人

慈济大学教授暨元亨书院院长

——丁酉之夏 2017 年 7 月 3 日晨四时，写于台北元亨书院

序 二

旧学融入新知　儒林再添佳作

结缘明贵君，始于《论语学史》。那是第一部《论语》学通史研究的专著，虽有笼统粗疏之处，然开疆辟土、筚路蓝缕之功昭然若揭。我在浩瀚悠远的学术长卷中，边钦佩明贵君的手笔和气魄，边勾勒他的容貌和风采。后来，其《论语研探》问世；接着，一篇篇单篇论文接踵而发。其视野不断开阔，内涵日益深化。足可见出其在《论语》研究上的执着和精进，实令吾辈钦佩。

今天，明贵君又一本厚重的大作《宋代〈论语〉诠释研究》即将问世。他要我写个序。我自感无论从资历、学力上均有距离。然在忐忑惶恐之际，又欣然应允。

一代有一代之文学，一代亦有一代之学术。学术史上，宋代无疑有着不可动摇的地位。两宋之时，中国思想史、文化史发生了重大转型和深刻变化，对中国未来社会进程产生了重大影响。明贵君正是在这一支点上，高屋建瓴、具体清晰地展示了宋代《论语》诠释的学术画卷和全景气象。

纵观全书，唐作先是追溯源流，简要回顾两宋以前《论语》诠释概况，借此为宋代《论语》诠释研究打下雄厚的历史基础。切入宋代后，从统治者推行尊孔重儒的政策、儒家道统的确立、四书学的兴起、义理之学的兴盛及儒家学者从哲理层面吸收融合佛道思想等方面，总论宋代《论语》诠释著述数量大增和注解方式重大变化的成因。接着，以"《论语》诠释与北宋学风的突破和开新""《论语》诠释与北宋理学体系的初建""程氏弟子的《论语》诠释与理学的承袭和发展"三章，从理学类和非理学类《论语》诠释视角，系统阐述了不同学派在《论语》诠释与理学建构方面的学术特色与思想创新。此后，按照不同的学派，分五章具体呈现南宋学人《论语》诠释注疏、训解、阐发情况，分析了不同时代、不同学派《论语》学的面貌与特征，探讨了《论语》诠释与儒学体系传承和创新的关系。

本书体例严密，架构清晰；论证深入，分析精辟。呈现如下鲜明特点。

第一，全景式的梳理和观照。全书综理诸家目录，考出宋代三百多年间见于著录的《论语》著述共计303种，其中以《论语》或《论语》篇目命名者共233种，以《四书》命名者共69种。并重点考察邢昺、刘敞、苏轼、苏辙、范祖禹、陈祥道、周敦颐、张载、程颢、程颐、二程弟子、张九成、陆九渊、杨简、钱时、胡宏、张栻、朱熹、陈淳、真德秀、蔡节、黄震、赵顺孙、郑汝谐、戴溪和叶适等专人专书，真实再现了宋代学人诠释《论语》的全景图像，生动展示了宋代《论语》诠释的演进轨迹。

第二，紧扣文本的细读和分析。文本永远是第一性的。文本细读是欧美形式主义批评的重要方法，也是经学研究无法回避、不容忽视的重要准则。在某种程度上可以说经学研究的对象由经典文本和经典诠释文本构成。因此，忽视文本的细读将无法接近经学真谛，永远在经学门外徘徊。唐作紧紧抓住宋代学人的诠释文本，细读感悟，还原现象，取得实证，回到作品产生时的文化语境和文化背景中去。这既可以抛开先验的模式、既定的经验、权威的观点，从文本的实际生成情形出发，来考察社会背景和文化心理对经学文本的渗透和折射，还可以通过诠释文本进一步透视原典文本的原意真义、文化姿态及人类智慧。

第三，重视比较的归纳和揭示。比较是认识事物最基本也是最重要的方法。矛盾的特殊性，一事物区别于他事物的特殊的本质，只有在比较中才能得到最充分、最醒目的揭示。毛泽东同志十分重视比较方法的运用，不仅为正确认识中国社会国情提供了重要的方法论保证，也为实现马克思主义中国化提供了重要的条件。当然，比较只是方法和手段，比较的目的是为了归纳特点和揭示规律。从认识论角度看，通过比较往往能促使人们对问题看得更加清楚或更加深刻。这在唐作中随处可见。如作者在比较后归纳：郑汝谐虽然承袭了道统说、探讨了"理""仁""心"的关系、论述了"存天理，灭人欲"的修养论，但同时其中也有与朱子立异处，有发前人未发处。又如作者比较后揭示：叶适在释读《论语》时，注意扬弃前人思想，注重推陈出新，他在诠释《论语》中所体现的经与史、义理与史实结合的解经方法，丰富了《论语》学的解经方法；他提出的事功与德性的统一，事功与践行的统一的主张，拓展了儒家的内圣外王思想。这也确立了他在当时学界的地位。

第四，联系时代背景的挖掘和超越。唐作抓住文本并不局限文本，细读文本并不固守文本。而是将文本纳入时代风潮中，深入挖掘文本的时代意义，感悟文本超越时代的独特价值。如作者认为宋儒对于《论语》的注释不仅仅是为了以今释古、扫除阅读理解上的障碍，更重要的是为阐发新儒学，为通经明道，为确立重建政治的合法性依据。再如，作者指出：程颐以己意和义理诠释《论语》，通过一系列命题和范畴把儒家经典与理学义理结合起来，开创了《论语》诠释范式的新局面。这不仅为后来儒者深化这些范畴和命题打下了基础，同时对理学体系的建构也做出贡献。又如，作者强调：朱熹首次建构了以《四书》为核心的新经典体系，大大提高了《论语》的地位。朱熹借助《论语》诠释发挥儒家学说，论述理、性、命、心等哲学范畴，并加以阐释发挥，建构了颇具时代特色的包括本体论、心性论和工夫论在内的较为系统、完整的理学思想体系。这些努力，不仅建构了一种理学型的《论语》学，而且也促进了中国哲学的发展，影响了社会生活的诸多方面。

由此，足以见出《宋代〈论语〉诠释研究》无疑是近年来《论语》诠释的难得佳作。令人兴奋的是：去年明贵君又荣获国家社科基金重点项目——《明代〈论语〉诠释研究》，这标志着他在《论语》诠释领域的新的跨越和新的高度。由此可一窥明贵君的人生理想和学术追求。

祝明贵君在《论语》诠释世界永远保持潮汐般、波浪式的态势。弄潮儿向涛头立，手把红旗旗不湿，为中国的学术繁荣做出更大贡献。

柳宏

2017 年 5 月于瘦西湖畔

目 录

绪 论 ·· (1)
  一 研究缘起 ·· (1)
  二 研究现状 ·· (5)

第一章 《论语》概说及汉唐时期的《论语》诠释 ················ (13)
  第一节 《论语》概说 ··· (13)
    一 《论语》书名的由来 ··· (13)
    二 《论语》释名 ·· (16)
    三 《论语》的编纂 ··· (21)
    四 《论语》的传本 ··· (28)
  第二节 两汉至隋唐时期的《论语》诠释 ··························· (42)
    一 两汉时期的《论语》诠释 ······································ (42)
    二 魏晋南北朝时期的《论语》诠释 ····························· (47)
    三 隋唐时期的《论语》诠释 ······································ (56)

第二章 宋代《论语》诠释的大发展及成因 ·························· (65)
  第一节 《论语》诠释的大发展 ······································· (65)
    一 《论语》诠释著述数量大增 ··································· (65)
    二 《论语》注解方式发生了重大变化 ·························· (69)
  第二节 《论语》诠释大发展的原因 ································· (71)
    一 尊孔崇儒营造了良好的氛围 ··································· (71)
    二 道统论的提出促进了四书学的兴起 ·························· (75)
    三 疑经思潮的盛行加速了经学的转型 ·························· (77)
    四 援佛道入儒促进了新学术思想体系的诞生 ················ (79)

第三章 《论语》诠释与北宋学风的突破和开新 (84)

第一节 "汉学宋学兹其转关"的《论语注疏》 (84)
- 一 删减玄虚之说 (85)
- 二 改善义疏体例 (87)
- 三 详考名物典制 (92)
- 四 敢于疑注 (93)
- 五 略释微旨 (95)
- 六 汉学宋学兹其转关 (97)

第二节 标新立异的《论语小传》 (99)
- 一 体例独特 (99)
- 二 疑古改经 (100)
- 三 自出新义 (102)

第三节 "煞有好处"的苏轼《论语说》 (106)
- 一 疑经改经 (107)
- 二 杂采众家之说 (108)
- 三 阐发性命之说 (110)
- 四 抉发为政之道 (112)
- 五 非议孟子之说 (115)

第四节 "颇有所发明"的《论语拾遗》 (117)
- 一 援佛道之说释《论》 (117)
- 二 以人情之说解《论》 (119)
- 三 阐明进德工夫论 (121)

第五节 "说理最平浅"的范祖禹《论语说》 (125)
- 一 引史证经 (125)
- 二 引经证经 (127)
- 三 取法二程 (129)
- 四 倡导立诚成圣 (132)
- 五 阐发经世之学 (134)

第六节 "旁引曲证,颇为有见"的《论语全解》 (137)
- 一 援礼释《论》 (138)
- 二 称引老庄之学 (141)

三　抉发性命之理 …………………………………………………（145）

第四章　《论语》诠释与北宋理学体系的初建 ………………………（152）
第一节　《论语》诠释与濂溪之学 ………………………………（152）
　　一　重新诠释仁 …………………………………………………（152）
　　二　探求"孔颜之乐"的理想境界 ……………………………（153）
　　三　倡导"志伊学颜"的修养方法 ……………………………（156）
第二节　《论语》诠释与横渠之学 ………………………………（157）
　　一　通过"心解"以求义理 ……………………………………（158）
　　二　阐发性理之学 ………………………………………………（161）
第三节　《论语》诠释与明道之学 ………………………………（164）
　　一　求自得之义 …………………………………………………（165）
　　二　阐发"仁体"思想 …………………………………………（167）
　　三　抉发理本论思想 ……………………………………………（169）
　　四　倡导"诚敬"的修养工夫 …………………………………（171）
第四节　《论语》诠释与伊川之学 ………………………………（173）
　　一　由理义推索经旨 ……………………………………………（173）
　　二　生发理本论思想 ……………………………………………（176）
　　三　探讨人性论命题 ……………………………………………（178）
　　四　倡导"主敬"的进德工夫 …………………………………（180）

第五章　程氏弟子的《论语》诠释与理学的承袭和发展 ……………（184）
第一节　"所见最为超越"的谢良佐《论语解》 ………………（184）
　　一　援道释《论》 ………………………………………………（184）
　　二　援佛释《论》 ………………………………………………（187）
　　三　援引荆公新学 ………………………………………………（194）
　　四　引经证经 ……………………………………………………（195）
　　五　承袭和发挥天理论思想 ……………………………………（196）
　　六　抉发求仁之道 ………………………………………………（199）
第二节　继往开来的游酢《论语杂解》 …………………………（202）
　　一　继承和发扬理本论思想 ……………………………………（202）
　　二　抉发心性论思想 ……………………………………………（205）

三　阐明心性修养的工夫路径…………………………………(208)
　第三节　"作为护教学"的杨时《论语解》……………………(211)
　　一　引经释《论》…………………………………………………(213)
　　二　引史证经………………………………………………………(216)
　　三　继承和发展二程之学…………………………………………(218)
　第四节　"明白劲正"的侯仲良《论语说》……………………(226)
　　一　引经解《论》…………………………………………………(227)
　　二　承袭二程思想…………………………………………………(229)
　　三　抉发为政之道…………………………………………………(231)
　第五节　"深味其旨而有所自得"的尹焞《论语解》…………(233)
　　一　援引《孟子》释《论》………………………………………(233)
　　二　引证程颐、张载之说…………………………………………(235)
　　三　注重理、性、命问题的探讨…………………………………(236)
　　四　注重修持之道的生发…………………………………………(239)
　　五　注重为学之道的抉发…………………………………………(243)

第六章　南宋心学派的《论语》诠释…………………………………(248)
　第一节　张九成的《论语》诠释与心学阀门的开启……………(248)
　　一　阐发程氏理学思想……………………………………………(248)
　　二　借佛释《论》…………………………………………………(253)
　　三　抉发心本论思想………………………………………………(256)
　第二节　《论语》诠释与陆九渊心学体系的建构………………(260)
　　一　《论语》注我，我注《论语》………………………………(261)
　　二　抉发义利之辨的为学宗旨……………………………………(265)
　　三　抉发道本论思想………………………………………………(269)
　第三节　心学特色鲜明的杨简《论〈论语〉》…………………(271)
　　一　质疑《论语》内容……………………………………………(271)
　　二　批判理学家观点………………………………………………(272)
　　三　建构彻底的心本论……………………………………………(275)
　　四　抉发心性论思想………………………………………………(278)
　　五　阐发心学工夫论………………………………………………(281)
　第四节　融合汉学与心学的钱时《融堂论语管见》……………(287)

一　略加音训 …………………………………………………（287）
　　二　阐发本心论思想 …………………………………………（291）
　　三　抉发心学修养工夫 ………………………………………（294）

第七章　湖湘学派的《论语》诠释 ……………………………（303）
第一节　评点他说的胡宏《论语指南》 ………………………（303）
　　一　体例新颖 …………………………………………………（303）
　　二　间发己见 …………………………………………………（307）
第二节　《论语解》与湖湘学体系的建构 ……………………（310）
　　一　注重义理阐发 ……………………………………………（310）
　　二　引证程朱理学之说 ………………………………………（313）
　　三　阐发理本论思想 …………………………………………（314）
　　四　抉发求仁之学 ……………………………………………（315）
　　五　宣扬复性说 ………………………………………………（316）
　　六　重视"居敬"工夫 ………………………………………（318）
　　七　强调"知行互发" ………………………………………（319）
　　八　关注义利之辨 ……………………………………………（320）

第八章　朱熹的《论语》诠释与理学体系的建立 ……………（325）
第一节　朱熹与《论语》地位的提升 …………………………（325）
　　一　建立四书经典体系 ………………………………………（326）
　　二　确定《论语》在《四书》研习中的次序 ………………（328）
　　三　确立《论语》在儒家道统中的地位 ……………………（330）
第二节　朱熹诠释《论语》的学术历程 ………………………（332）
　　一　编撰《论语要义》 ………………………………………（332）
　　二　编写《论语训蒙口义》 …………………………………（334）
　　三　编纂《论语精义》 ………………………………………（335）
　　四　撰成《论语集注》《论语或问》 ………………………（337）
第三节　朱熹《论语》诠释的特色 ……………………………（340）
　　一　兼采众善，而以程氏之学为主 …………………………（340）
　　二　兼用多种诠释方法 ………………………………………（354）
第四节　《论语》诠释与理学体系的建构 ……………………（359）

一　建构理本论 ……………………………………………（359）
　　二　建构心性论 ……………………………………………（363）
　　三　建构工夫论 ……………………………………………（367）

第九章　宗朱学派的《论语》诠释 ……………………………（374）
第一节　"多所发明"的陈淳《论语》诠释 …………………（374）
　　一　串讲注释 ………………………………………………（374）
　　二　解疑释惑 ………………………………………………（377）
　　三　详论细说 ………………………………………………（379）
第二节　"有铨择刊润之功"的《论语集编》………………（384）
　　一　广采朱子学说 …………………………………………（385）
　　二　承袭和阐发朱子思想 …………………………………（388）
　　三　引证张栻之说 …………………………………………（390）
第三节　"词约理该"的《论语集说》………………………（392）
　　一　编纂体例新颖清晰 ……………………………………（393）
　　二　宗主朱学 ………………………………………………（395）
第四节　"反复发明，务求其是"的《读论语》……………（398）
　　一　宗主朱学 ………………………………………………（398）
　　二　务求本意 ………………………………………………（405）
　　三　断以己意 ………………………………………………（410）
第五节　"有功于朱子"的《论语纂疏》……………………（412）
　　一　博采朱学 ………………………………………………（413）
　　二　疏通发明 ………………………………………………（416）

第十章　南宋其他学人的《论语》诠释 ………………………（421）
第一节　以己意逆圣人之志的《论语意原》…………………（421）
　　一　疑经改经 ………………………………………………（421）
　　二　承袭伊洛之学 …………………………………………（424）
　　三　发前人所未发 …………………………………………（428）
第二节　"切近明白"的《石鼓论语答问》…………………（432）
　　一　疑经勘注 ………………………………………………（432）
　　二　注重考据 ………………………………………………（435）

三　引史释《论》 …………………………………………（438）
　　四　关注德性修养 …………………………………………（440）
　　五　抉发情性论 ……………………………………………（442）
　　六　注重阐发事功之学 ……………………………………（443）
　第三节　事功学派叶适的《论语》诠释 ………………………（445）
　　一　经史结合以解《论》 …………………………………（446）
　　二　批驳道学家的"道统"说 ………………………………（448）
　　三　推崇事功之学 …………………………………………（451）

结　语 ………………………………………………………………（455）
　一　《论语》诠释与时代思潮息息相关 ……………………（455）
　二　《论语》研究与经学诠释范式的转型 …………………（457）

参考文献 ……………………………………………………………（460）

后　记 ………………………………………………………………（471）

绪　　论

一　研究缘起

《论语》是由孔门后学追记孔子思想言行的语录体著作，集中反映了孔子"内圣外王"方面的思想，是儒学的重要经典之一，被尊称为"圣人之至教，王者之大化"[①]。汉文帝时"便立有博士传授，宣帝以后，更成为皇太子启蒙之重要书籍"[②]。从东汉起，《论语》被列入儒家经典之列，地位虽在《五经》之下，但在统治者选拔人才的策试中已占有一席之地。及至南宋，理学大师朱熹将《论语》与《大学》《中庸》《孟子》合称"四书"，所作《论语集注》和《孟子集注》于宁宗嘉定五年（1212）被列入学官，成为法定的教科书。宝庆三年（1227），宋理宗下诏盛赞"朱熹集注《大学》《论语》《孟子》《中庸》，发挥圣贤蕴奥，有补治道"[③]。在他的推崇下，朱注《四书》取得了学术上的统治地位。元仁宗延祐二年（1315），政府规定以《四书集注》取士，自此中国的"德行明经科"取士便在其范围内出题。士人凡读《论语》必兼读朱子注。由上可见，《论语》在中国古代始终是士子们必读的典籍之一，影响了中国近两千年。诚如康有为所说："盖千年来，自学子束发诵读，至于天下推施奉行，皆奉《论语》为孔教大宗正统，以代六经。"[④]

由于"孔子一生仕止久速、造次颠沛、纂修删述、盛德大业，靡一不具《论语》；及门弟子德行气质、学问造诣、浅深高下、进止得丧，靡一不具《论语》"[⑤]，所以它比较全面地反映了孔子及其弟子的人品性格与思

[①] 朱彝尊：《经义考》卷二百十一引杨泉语，中华书局1998年影印版，第1083页。
[②] 王鹏凯：《历代论语著述综录》，花木兰文化工作坊2005年版，第1页。
[③] 《宋史·理宗纪一》。
[④] 康有为：《论语注·序》，中华书局1984年版，第3页。
[⑤] 朱彝尊：《经义考》卷二百十一引谭贞默语，中华书局1998年影印版，第1083页。

想观点，成为后人研究孔子和儒家思想的重要文本。如朱熹就认为"理会得《论语》，便是孔子"①，他说："盖《论语》中言语，真能穷究极其纤悉，无不透彻，如从孔子肚里穿过，孔子肝肺尽知了，岂不是孔子！"② 加之"六经"也被认为出自孔子之手，因此，掌握《论语》，便逐渐成为攻治"六经"的条件之一。东汉赵岐说："《论语》者，五经之錧辖，六艺之喉衿也。"③ 唐薛放说："《论语》者，六经之菁华。"④ 宋员兴宗说："盖六经之作，夫子所以载道。独《论语》之作，门人所以载夫子之道者。世儒不学夫子则已，如学之，必无不该不遍以求斯道，以穷夫六籍之奥，未有不由此书也。所谓錧辖六经云者，其以此哉！"⑤ 明杨宗吾说："六经譬则山海，《论语》其泛海之航，上山之阶乎？"⑥ 甚至有人认为，它在某些地方已经超越了"六经"，清李元度说："《论语》所言之义理，精且粹矣。即以文论，非诸经所能及也。《易》《诗》《书》《礼》《春秋》之文，各造其极，亦各不相谋，而简括处终不及《论语》。《论语》之文，能以数语抵人千百言，如太和元气，如化工之肖物，各无遁形。"⑦ 不惟如此，在朱熹看来，《论语》更是治学的起点和德行事业的标准，他在《论语训蒙口义序》中明确指出："圣人之言，大中至正之极而后世之标准也。古之学者，其始即此以为学，其卒非离此而为道。穷理尽性，修身齐家，推而及人，内外一致，盖取诸此而无所不备，亦终吾身而已矣。舍是而他求，夫岂无可观者？"⑧ 其在中国古代的地位和作用由此可见一斑。因此，《论语》一书，在中国思想史、文化史、教育史上都产生过重大影响，其思想内容、思维方式与价值取向，也在中华民族心理素质的形成过程中打上了深深的烙印。诚如李泽厚先生所言："儒学（当然首先是孔子和《论语》一书）在塑建、构造汉民族文化心理结构的历史过程中，大概起了无

---

① 黎靖德编：《朱子语类》，中华书局1994年版，第432页。
② 同上。
③ 赵岐著，孙奭疏：《孟子注疏题辞解》，载《十三经注疏》下册，上海古籍出版社1997年版，第2662页。
④ 《旧唐书·薛放传》。
⑤ 顾宏义、戴扬本等编：《历代四书序跋题记资料汇编》，上海古籍出版社2010年版，第263页。
⑥ 朱彝尊：《经义考》卷二百十一引，中华书局1998年影印版，第1083页。
⑦ 李元度：《天岳山馆文钞》卷三十八《读〈论语〉三》，清光绪四年刻本。
⑧ 顾宏义、戴扬本等编：《历代四书序跋题记资料汇编》，上海古籍出版社2010年版，第289页。

可替代、首屈一指的严重作用。不但自汉至清的两千年的专制王朝以它作为做官求仕的入学初阶或必修课本，成了士大夫知识分子的言行思想的根本基础，而且通过各种阶层的士大夫知识分子以及他们撰写编纂的《孝经》《急就章》（少数词句）一直到《三字经》《千字文》《增广贤文》以及各种'功过格'等等，当然更包括各种'家规''族训''乡约''里范'等等法规、条例，使儒学（又首先是孔子和《论语》一书）的好些基本观念在不同层次的理解和解释下，成了整个社会言行、公私生活、思想意识的指引规范。不管识字不识字，不管是皇帝宰相还是平民百姓，不管是自觉或不自觉，意识到或没有意识到，《论语》这本书所宣讲、所传布、所论证的那些'道理''规则'、主张、思想，已代代相传，长久地渗透在中国两千年来的政教体制、社会习俗、心理习惯和人们的行为、思想、言语、活动中了。所以，它不仅是'精英文化''大传统'，同时也与'民俗文化''小传统'紧密相联，并造成中国文化传统的一个重要特点：精英文化与民俗文化、大传统与小传统，通过儒学教义，经常相互渗透、联系。尽管其间有差异、距离甚至对立，但并不是巨大鸿沟。"[①]

《论语》不仅在国内有深远影响，而且在国外也广为人知，受到极大的重视。《论语》曾先后传入朝鲜和日本，并被作为基础教养科目，对两国的社会发展都产生了深远影响。1593年，传教士利玛窦把《四书》译为拉丁文寄回意大利，《论语》开始传入欧洲。1662年，耶稣会传教士郭纳爵将《论语》《大学》翻译成法文，以《中国科学提要》的书名在巴黎出版，很快引起各界的瞩目。以后又有英、德、俄等文译本。《论语》在这些国家也都产生了程度不同的影响。如18世纪法国启蒙思想家霍尔巴赫在其代表作《自然的体系》《社会的体系》中便以孔学为依据，主张以中国的社会制度代替西方的社会制度，以儒家道德代替基督教道德。著名的法国重农学派代表魁奈对孔学也推崇备至，认为《论语》一书的价值超过了希腊哲学七贤的全部著作，其重农主义即源于儒家"以农为本"的思想。[②] 时至今日，西方国家仍有不少学者致力于对《论语》文本的译介、诠释与意义的阐发。

---

① 李泽厚：《论语今读·前言》，安徽文艺出版社1998年版，第1—2页。
② 参见贺文玄《缓解现代道德危机 孔夫子影响世界400年》，《环球时报》2007年2月16日第20版。

《论语》之所以影响如此之大，不仅得益于统治者的推崇和扶持，而且更得益于历代学者对《论语》的注疏、训解、阐释与发挥。历代学者根据各个时期的不同社会问题和统治者的不同政治需要，对《论语》做出旨趣迥异的传、注、疏、解，力图解读经典中蕴涵的圣人的微言大义，使其为现实社会服务，使之与时俱进。可以说每一次对传统经典的解释都是一次承传。因为，从解释学观点来看，"文本"从来不是"客体"，而是向解释者开放的意义结构，这种意义结构不但离不开解释者，而且恰恰是通过解释者的理解和解释，才得以保存和发展的。如果没有这些儒家学者的合乎时代特征的诠释、疏解、阐发，那么《论语》等经典只不过是一些死的毫无生气的物质载体而已。不仅不会在社会上发挥作用，而且自身的流传恐怕也成问题。正是在他们的努力下，《论语》中的孔子形象也与时俱进，不断变换着面目。"寝假而孔子变为董江都、何邵公矣，寝假而孔子变为马季长、郑康成矣，寝假而孔子变为韩退之、欧阳永叔矣，寝假而孔子变为程伊川、朱晦庵矣，寝假而孔子变为陆象山、王阳明矣，寝假而孔子变为顾亭林、戴东原矣。"① 既然如此，那么人们不仅会问：究竟如何看待《论语》训解、阐释中的不同进路之争？不同时代面貌迥异的《论语》训释与解说，在学术史上有何意义？为何不同社会阶层或不同学术派别，都能根据自身的利益需要，从《论语》中掘发出适合自身诉求的思想？诸如此类的问题，对于每一个从事《论语》诠释研究的学者来说，都是一个充满诱惑力和挑战性的话题。本书试图通过对"宋代《论语》诠释"的研究，对上述问题做出回答。

　　宋代是汉学、宋学的转型期，在这一时期，《论语》诠释也由汉学横式转向宋学横式。在此期间，面对时代的核心议题，围绕当时人的生存焦虑与制度焦虑，各派学者纷纷通过《论语》等经典的注疏、训解与阐释，提出自己的思想观念，架构自己的理论体系，这在一定程度上也促进了《论语》学的进一步发展与兴盛。通过对该时期《论语》注本的研究，梳理《论语》注释自身发展演变的脉络、探讨《论语》诠释在不同历史时期的面貌与特征等问题，有助于明晰宋代学术思想史的基本形态，特别是有助于考察儒家学术的传承、创新与经典诠释、流传之间的关系，从《论语》学的角度具体把握学术的发展、演变，学派的形成与分化，学术风尚

---

① 梁启超：《梁启超论清学史二种》，朱维铮校，复旦大学出版社1985年版，第71页。

与学术旨趣的变化,学术范式与学术视域的转换,等等。同时,研究宋代《论语》诠释,还可以从经典诠释的角度,考察、探索儒学在不同时代得以传承与创新的内在机制。这不仅有助于深化对儒学的认识,还有助于在当今时代更全面地思考儒学如何发展的问题,从而为当代中国民族精神的弘扬与中华优秀传统文化的传承与创新提供启迪。这正是我们对宋代《论语》诠释予以研究的意义所在。

二 研究现状

20世纪以来,对宋代《论语》诠释的研究主要集中在两个方面:

第一,对宋代《论语》诠释的整体情况予以研究。

这方面的论文主要有唐明贵的《宋代〈论语〉研究的勃兴与成因》(《东岳论丛》2007年第3期)、朱汉民和张国骥的《两宋的〈论语〉诠释与儒学重建》(《中国哲学史》2008年第4期)、朱汉民的《玄学、理学对〈论语〉学的拓展》(《湖南大学学报》2009年第3期)、乔芳的《当代北宋〈论语〉诠释研究》(《南通大学学报》2014年第3期)等。其中朱汉民指出,魏晋、两宋是《论语》学的两座高峰,玄学、理学对孔门弟子不闻的"性与天道"做出了一系列创造性诠释,从而推动了《论语》学的发展与内圣之道的建构。

与该领域研究相关的论著主要有陆建猷的《四书集注与南宋四书学》(陕西人民出版社2002年版)、王鹏凯的《历代论语著述综录》(花木兰文化工作坊2005年版)、藤塚邻著、陈东译的《论语总说》(国际文化出版公司2005年版)、松川健二编、林庆彰等译的《论语思想史》(万卷楼图书股份有限公司2006年版)、朱汉民及肖永明的《宋代〈四书〉学与理学》(中华书局2009年版)、唐明贵的《论语学史》(中国社会科学出版社2009年版)、顾宏义及戴扬本等编著的《历代四书序跋题记资料汇编》(上海古籍出版社2010年版)、戴维的《论语研究史》(岳麓书社2011年版)等。其中王鹏凯在其书中专设《两宋〈论语〉著述综录及论语学概述》一章,对宋代《论语》研究的状况、宋代《论语》学的发展历程作了简要的概述,尤其是关注了程朱学派的《论语》研究。松川健二的书中收录了山际利明的《张载"横渠论语说"——"虚"和生死观》《谢良佐"谢显道论语解"——"仁"说的一展开》、名畑嘉则的《程颢、程颐〈二程遗书〉和〈论语〉——道学的确立》、芝木邦夫的《陈祥道〈论语全解〉——主体的释义》、松川健二的《张九成〈论语百篇诗〉——充满禅味的思想诗》及《朱熹〈论语集注〉——理学的成熟》等论文，集中反映了日本学界对宋代《论语》诠释的研究状况。顾宏义、戴扬本等人在书中对与宋代《四书》类和《论语》类文献相关的序跋题记进行了汇总，为学者研究提供了便利。戴维在书中专设《北宋〈论语〉研究》和《南宋〈论语〉研究》两章对宋代不同学派的《论语》研究予以了论述。

第二，对主要人物的主要注本予以研究。

对邢昺疏予以研究的论著有李绍户的《唐论语注本及邢昺疏》（《建设》第23卷第8期，1975年）、王叔岷的《论语注疏及补正》（台北世界书局1963年版）、黄宝琪的《论语注疏疑误辨证》（学海出版社1979年版）、姚瀛艇的《论邢昺在儒家思想演变过程中的地位》（《河南师范大学学报》1984年第1期）、胡健财的《论语邢昺正义评述》（《孔孟月刊》第27卷第2期，1988年10月）、蔡娟颖的《论语邢昺疏研究》（《"国立"台湾师范大学国文研究所集刊》第35号，纵横出版社1991年版）、柯金木的《邢昺〈论语正义〉论略》（《中华学苑》第50期，1997年7月）、沙志利的《略论蜀大字本〈论语注疏〉的校勘价值》（《中国典籍与文化》2006年第1期）、唐明贵的《邢昺〈论语注疏〉的注释特色》（北京大学《儒藏》编纂中心编《儒家思想与典籍研究》第一辑，北京大学出版社2009年版）、姜胜的《〈论语注疏〉校议》（南京师范大学中国古典文献学硕士学位论文，2006年）、杨传兵的《邢昺〈论语注疏〉研究》（南京师范大学中国古典文献学硕士学位论文，2010年）、杨新勋的《论邢昺〈论语注疏〉解题对皇侃〈论语义疏〉解题的继承、调整与创新》（北京大学《儒藏》编纂中心编《儒家典籍与思想研究》第四辑，2012年）以及石风、聂玮的《邢昺〈论语疏〉训释体例及特点研究》（《商洛学院学报》2012年第1期）等。其中蔡文指出，邢氏奉命改定《论语》旧疏，他依据中国文化之学统，对两晋六朝之说义，舍而弃之。凡名物典制，章句经义，则不厌其详，博稽古籍，广引诸经，不求英华外放，但取厚植根基。即或有未造精微之处，固有待于后学者也。柯金木指出，邢疏依循孔颖达《五经正义》的精神，以何晏《论语集解》为底本，参酌皇侃之《论语义疏》，加以己见所写成。其注书体例之特色，主要表现为通述各章大旨，损益旧疏，详于名物训诂，以史证经。杨新勋指出，在"名书之法，必据体以立称"观念的指导下，在篇序体式的基础上，皇疏解题将《论语》篇名、篇义、篇次联系起来，力图通过三者来构筑一个完整的理解体系。对于皇疏解题的思路和观点，邢疏解题明显有一定程度的继承和保留，但更多表现的是调整和创新：在皇疏解题对篇名和首章关系认识的基础上，邢疏解题认识到《论语》篇名缘于首章前二三字这一事实，遂改变了皇疏解题解释篇名和由篇名、首章得出篇义、篇次认识的做法，转而根据全篇内容来概括篇义，并据此对篇次排列作了新的认识，在一定程度上突破了皇疏解题利用篇名、篇义和篇次建构完整理解体系的思路，具有更多文献学解题的意义。邢疏解题扬弃了皇疏解题玄学思想的同时，糅合进了重视礼乐和义理探讨的新思想。邢疏解题的这种调整和创新对宋代《论语》学乃至宋代经学、文献学的发展都具有重要意义。

对张载《论语》诠释予以研究的主要有肖永明的《张载之学与〈四书〉》（《船山学刊》2007年第1期）、邱忠堂的《张载〈论语〉学研究》（陕西师范大学中国哲学专业硕士学位论文，2010年）等。其中邱忠堂指出，"天""性""学"是张载哲学思想与《论语》关系密切的三个重要范畴。在其哲学中，天便是太虚，属于本体论层面；性即天地之性和气质之性，是人性论层面；学即学至圣人的修养论层面，三者统而为一，一起支撑起张氏解读《论语》的一贯体系，共同建构起张载《论语》学。张载对《论语》诸多篇章的解读及其特点，真正开启了两宋《论语》学，对以后许多《论语》研究者都产生了影响。

对二程《论语》诠释进行研究的主要有黄勇的《程颐对〈论语〉8.9及17.3的哲学解释》（《原道》，2008年）、宫庆江的《"仁体"之开显——程颢〈论语〉阐释中的道德形上学》（北京师范大学中国哲学专业硕士学位论文，2008年）、蒋鸿青及田汉云的《精义为本 默识心通——论程颐〈论语解〉的理学特色》（《南京师范大学学报》2011年第2期）、唐明贵的《程颢〈论语〉诠释的理学特色》（《儒教文化研究》（国际版）第15辑，成均馆大学儒教文化研究所2011年2月）、姜海军的《二程〈论语〉解释学方法论》（《洛阳师范学院学报》2011年第3期）、唐明贵的《程颐〈论语〉诠释探微》（《历史文献研究》总第32辑，2013年）以及郭蔚的《二程〈论语〉学思想初探》（湖南大学中国哲学方向硕士学位论文，2013年）等。其中蒋鸿青、田汉云指出，程颐的《论语解》虽不完整，但其独特的治学方法和深刻的义理阐发开创了北宋《论语》学的新局面。姜海军指出，二程对于《论语》的解释超越了汉唐以来学者对《论语》的解说，他们不再聚焦于名物制度，而是以读者个人的心灵体察为基本方法，以领悟作者的创作意图为宗旨，从而使经典解释从繁琐章句义疏中解放出来。唐明贵指出，程颐在批判汉唐经学家滞心于训诂章句之末而无所用的基础上，以己意解《论语》，以义理解《论语》，从而把儒家经典与理学之义理结合起来，开创了《论语》学发展的新局面，促进了《论语》解经方法的转变和理学思想的发展。

陈祥道的《论语全解》是荆公新学派诠释《论语》的代表作，集中体现了这一学派的《论语》学思想，是我们研究宋代不同学派《论语》诠释的重要文本之一。关于该书的研究，截至目前主要分为两类，一类是对《论语全解》版本的研究，如吴其昱的《列宁格勒所藏〈论语全解〉西夏文译本考》（中国文化大学中国文学研究所敦煌学会编《敦煌学》第七辑，1984年）和聂鸿音的《西夏译本〈论语全解〉考释》（宁夏文化管理委员会办公室、宁夏文化厅文物处编《西夏文化史论丛》第一册，1992年）；一类是对陈祥道《论语全解》注经特色的研究，如张百文的《陈祥道〈论语全解〉探析》（高雄师范大学经学研究所，第七届静经学学术研讨会会议论文，2011年）、苗露、金生杨的《陈祥道〈论语全解〉的解经特色》（《船山学刊》2012年第2期）和芝木邦夫的《陈祥道〈论语全解〉——主体的释义》（松川健二编，林庆彰等译《论语思想史》，万卷楼图书股份有限公司2006年版）。其中张百文指出，陈祥道注解《论语》，受其师王安石影响，引用老庄有64处之多，有儒道融合的现象。

对苏轼《论语说》的研究，一是集中在对该书的辑佚上，如卿三祥的《苏轼〈论语说〉钩沉》（《孔子研究》1992年第2期）、马德富的《苏轼〈论语说〉钩沉》（《四川大学学报》1992年第4期）、舒大刚的《苏轼〈论语说〉辑补》（《四川大学学报》2001年第3期）及《苏轼〈论语说〉流传存佚考》（《西南民族学院学报》2001年第6期）、谷建的《苏轼〈论语说〉辑佚补正》（《孔子研究》2008年第3期）以及许家星的《苏轼〈论语说〉拾遗》（《兰台世界》2012年第15期）。其中舒大刚的《苏轼〈论语说〉流传存佚考》一文对苏轼《论语说》的成书、流传及辑佚过程进行了详细的考述。二是集中在对其诠释内容的研究，这方面的成果有杨胜宽的《苏轼〈论语说〉三题》（《达县师范高等专科学校学报》2005年第6期）、贾喜鹏、王建弼的《论苏轼〈论语说〉的新异与特色》（《乐山师范学院学报》2013年第10期）及唐明贵的《苏轼〈论语说〉的诠释特色》(《东岳论丛》2015 年第 3 期)。其中唐明贵指出，苏轼在诠释过程中，利用《论语》中的某些思想资料，结合时代主题和自己的心得体会，融会贯通，综合创新，打破成见，自出新意，呈现出了疑经改经、杂采众说、阐发性命之说和抉发政治意蕴的诠释特色，在《论语》诠释史上具有一定的地位和影响。

对苏辙《论语拾遗》予以研究的重要论文有吴武雄的《苏辙〈论语拾遗〉探讨》(《中台人文社会学报》第 15 期，2004 年 1 月)、陈升辉的《苏辙〈论语拾遗〉试探》(《问学集》第 12 期，2003 年 6 月)、谷建的《苏辙〈论语拾遗〉对苏轼〈论语说〉的修正》(《苏辙学术研究》，光明日报出版社 2009 年版)、吴叔桦的《尊非孔孟乎——论苏辙〈论语拾遗〉、〈孟子解〉之深层义蕴》(高雄师范大学《国文学报》第 9 期，2009 年)和唐明贵的《苏辙〈论语拾遗〉的诠释特色》(《中国哲学史》2013 年第 1 期)等。其中吴叔桦指出，苏辙作《论语拾遗》二十七章、《孟子解》二十四章，透露出尊崇孔子，却不完全同意孟子的思想观点。在《论语拾遗》中，他以己意解经，并为孔子的言行作辩护，其修养论亦以"仁"为依归，流露尊孔子为圣人的思想趋向；在《孟子解》中，则有三处非孟之说，包括性善论；瞽叟杀人时，舜之出处；未有不仁而得天下者之论点。在宋代尊孟的潮流下，他的非孟是较为特殊的。在表面的"尊孔非孟"背后，实则存在更深层之义蕴，反映其融摄三教、重视人情之思想特色，并因此对经典做出创造性之诠释。另外，对孔、孟之评价，表现出其重视儒学，却反对洛学的立场，值得重视。

对朱熹《论语》诠释予以研究的论著主要分为三类：一是对朱子《四书章句集注》的研究，这方面的论著主要有黄彰健的《论四书章句集注定本》(《中央研究院历史语言研究所集刊》第 28 本上册，1956 年 12 月)、陈铁凡的《四书章句集注考源（上）》(《孔孟学报》第 4 期，1962 年)和《四书章句集注考源（下）》(《孔孟学报》第 5 期，1963 年)、李学勤的《朱熹四书集注反动思想体系的批判》(《文物》1974 年第 4 期)、邱汉生的《四书集注简论》(中国社会科学出版社 1980 年版)、钱逊的《〈四书集注〉与中国文化传统——兼谈"道统"的实际内容与意义》(《朱子学新论——纪念朱熹诞辰860 周年国际学术会议论文集》，1990 年)、董金裕的《朱熹与四书集注》(《政大学报》(人文学科类) 第 70 期，1995 年)、刘志刚的《从〈四书章句集注〉看朱熹的训诂学与义理学（上）》

(《广东教育学院学报》1996年第1期)、王公山的《朱熹〈四书章句集注〉阐释方法研究》(山东大学中国古典文献学专业硕士学位论文,2003年)、肖永明的《朱熹〈四书〉学的治学特点》(《湖南大学学报》2004年第1期)、沈时凯的《宋代理学的逻辑——以朱熹的〈四书集注〉为考察文本》(《合肥学院学报》2009年第3期)、许家星的《求本义、发原意、砭学弊——朱子四书学诠释旨趣探幽》(《北京师范大学学报》2009年第6期)、杨浩的《朱子〈四书章句集注〉的解释与建构》(北京大学中国哲学专业博士学位论文,2012年)及《孔门传授心法——朱子〈四书章句集注〉对儒家道统论的理论贡献》(《首都师范大学学报》2012年第3期)等。其中许家星指出,朱子四书学诠释具有鲜明的旨趣:求得经文本义,发明圣贤原意,针砭为学之弊。杨浩指出,朱子《四书章句集注》对儒家道统论的理论贡献,不仅在于道统谱系方面的完善,而且在于从哲学高度将《中庸》的思想与《尚书》中十六字心传作为儒家道统内容加以会通,并且其会通的一个关节点就是具有时代性的"存天理灭人欲"的思想。

二是对朱子《论语集注》的研究,这方面的主要论著有钱穆的《从朱子论语注论程朱孔孟思想歧异》(《清华学报》新4卷第2期,1964年2月)、钱穆讲述、程元敏笔记的《谈朱子的论语集注》(《孔孟月刊》第6卷第5期,1968年1月)、刘善哉的《论语朱注评议》(《学原杂志》第5卷第6期,1970年2月)、魏子云的《论朱注〈论语〉"宪问耻"》(《中华文化复兴月刊》第5卷第1期,1972年1月)、陈大齐的《论语朱注述疑》(《浅见集续集》,[台北]中华书局1973年版)、李朴堂的《〈论语集注〉的偏失》(《华侨日报》1973年12月10日)、毛子水的《论语朱注补正》(《辅仁学志》(文学院之部)第14期,1985年6月)、傅佩荣《朱注论语的商榷》(《哲学与文化》第28卷第7期,1990年7月)、裴传永的《朱熹〈论语集注〉辨误》(《文献》1999年第3期)、姚徽的《论朱熹〈论语集注〉的特点及贡献》(《安徽教育学院学报》1999年第4期)、邱光修的《朱子〈论语集注〉初探》(http://www.hfu.edu.tw)、邓秀梅的《朱子对论语的诠释》(中国文化大学中国文学研究所硕士学位论文,1995年)、罗小如的《论朱熹〈论语集注〉的训诂价值》(宁夏大学硕士学位论文,2003年)、顾飞的《朱子〈论语集注〉注音释义考》(河南师范大学历史文献学专业硕士学位论文,2004年)、张琪的《经典与解释——解释学视野下的〈论语集注〉》（福建师范大学古代文学专业硕士学位论文，2005 年）、陈俊良的《朱熹论语集注的思想史分析》（中国文化大学史学研究所博士学位论文，2005 年）、唐明贵的《朱熹〈论语集注〉研探》（《中华文化论坛》2006 年第 3 期）、胡进的《试析朱熹〈论语集注〉中的训诂》（《安徽水利水电职业技术学院学报》2006 年第 4 期）、陆敏珍及何俊的《朱熹经典诠释的理念、标准与方法——以〈论语·学而〉四种诠释为例》（《哲学研究》2006 年第 7 期）、刘笑敢的《从注释到创构：两种定向两个标准——以朱熹〈论语集注〉为例》（《南京大学学报》2007 年第 2 期）、戴金波的《朱熹诠释〈论语〉的学术历程与学问宗旨》（《湖南科技学院学报》2010 年第 3 期）、徐明的《朱熹〈论语集注〉研究》（扬州大学古代文学专业硕士学位论文，2011 年）、路晓的《朱熹〈论语集注〉训诂研究》（苏州大学汉语言文字学专业硕士学位论文，2012 年）、周元侠的《朱熹的〈论语集注〉研究——兼论〈论语集注〉的解释学意义》（中国社会科学出版社 2012 年版）、曹润青的《朱子〈论语集注〉"天"、"命"发微》（《安阳工学院学报》2013 年第 3 期）以及钱倩的《〈论语集注〉注音考》（《鸡西大学学报》2013 年第 6 期）等。其中邱文从朱子《论语集注》以古注为蓝本、朱子《集注》以《释文》为依归、朱子《集注》对《集解》及《邢疏》的承袭与开展三个方面论证了《朱注》是一部承先启后、开示来学的经典之作。戴金波指出，朱熹诠释《论语》的学问宗旨是二程之说，而其最终的目的是在于发挥经典中的微言大义，探索圣人之道，重建儒家道统。朱熹的《论语》诠释开创了理学论语学的时代，把《论语》学推上了一个新的高峰。

三是关于朱子《论语集注》与其他注本的比较研究，这方面的主要论著有陈如勋的《〈论语〉朱熹集注与何晏集解疑义考辨》（《明志工专学报》第 6、第 7 期，1974 年 11 月、1975 年 6 月）、李绍户的《北宋论语注本与朱子集注（上、下）》（《建设》第 23 卷第 9、第 10 期，1975 年 2、3 月）、陈绂的《〈论语〉郑注与朱注的比较研究》（《古汉语研究》1996 年第 1 期）、匡鹏飞的《〈论语〉郑玄与朱熹解释之比较》（《孔子研究》2001 年第 4 期）、罗小如的《朱熹〈论语集注〉与何晏〈论语集解〉之比较》（《龙岩师专学报》2004 年第 5 期）、常会营的《〈论语集解〉与〈论语集注〉的比较研究》（北京师范大学中国哲学专业博士学位论文，2009 年）、张志明的《〈论语集注〉与〈论语集解〉训诂比较研究》（河北师范大学汉语言文字学专业硕士学位论文，2011年）、张海珍的《朱熹〈论语集注〉与刘宝楠〈论语正义〉比较研究》（华东师范大学历史文献学专业硕士学位论文，2011年）等。其中陈绂从注点的选择、注释的角度上分析了郑注与朱注的差异，张海珍从五个方面比较了《论语集注》与《论语正义》注释方法的不同。

另外，还有曹亚美的《杨简四书学研究》（华中师范大学历史文献学专业硕士学位论文，2008年）、李承贵的《杨简释〈论语〉抉微——以〈论语〉中部分文本为例》（《江南大学学报》2012年第3期）、乔芳的《胡瑗〈论语〉诠释探微》（《新疆大学学报》2013年第6期）等研究宋代个案的论文。其中李承贵指出，杨简解释的生命基础是"道心的滋润"，解释的精神方向是"德性的伸扬"，解释的方法技巧是"以行明义"，解释的成果面相是"知识的驱逐"。乔芳指出，作为宋学奠基人、理学先驱，胡瑗适应宋初学者治经思路，以义理阐发为释《论》方法，以修养德性为释《论》主旨，以教育弟子为释《论》诉求，辟出了一条完全属于宋儒的释《论》之路。

从以上的分析我们不难看出，宋代的《论语》学的研究虽然取得了不少成就，但也存在着明显的不足。一是还没有专门研究宋代《论语》诠释的专著问世，这不能不说是一个遗憾。《论语》作为"四书"中的一分子，在宋代的政治社会和文化生活中占有重要的地位。许多著名学者结合社会现实对《论语》做过充满时代特点的诠释，理应引起后人的重视。二是目前的研究成果主要集中在对邢昺、朱熹、苏轼、苏辙等《论语》注本的个案分析上，研究面相对狭窄，重复研究较多。三是现有成果多局限于文献学及学术史两个方面，关于《论语》诠释与理学思想体系构建的研究涉及甚少。因此，有关宋代《论语》诠释的研究，还是一个值得深入探索的领域。

第一章

《论语》概说及汉唐时期的《论语》诠释

《论语》是形成于"轴心时代"的重要经典，它反映了孔子、孔门弟子及时人对于时代与社会问题的思考，对天道性命之学、经世济民之方和尽心知性之术的探究。受中国古代"述而不作"或"寓作于述"的治学传统以及崇经崇圣心理的影响，后世学者往往通过对《论语》的注疏、训解、阐释而提出自己的学说，建构自己的学术思想体系。而且无代无之，经久不息。因此，在对宋代《论语》诠释展开论述之前，我们有必要溯其流、追其源，对两宋以前《论语》诠释的概况进行简要的历史回顾，如此一来，就不仅可以为宋代《论语》诠释研究打下雄厚的历史基础，而且也有助于全面梳理宋代《论语》学发展演变的脉络，凸显两宋《论语》学的面貌与特征，彰显其在中国儒学发展上的特有地位。

第一节 《论语》概说

作为记载儒家创始人孔子言行的重要经典，《论语》自身理应没有任何问题才是。然而，吊诡的是，由于"孔门弟子结集的过程已无文献记载，所以后人就只有从《论语》本身入手来分析推论结集的过程，这样也就产生了一系列让人争论不休的问题，如'论语'两字的含义、主要作者、形成版本等等"[①]。下面就围绕有关问题阐述己见，以就教于方家。

一 《论语》书名的由来

《论语》之名从什么时候开始使用？前贤对这个问题莫衷一是，统而

[①] 戴维：《论语研究史》，岳麓书社 2011 年版，第 1 页。

言之，计有如下两说：

一说成书之时即有此名。持此观点的又可分为两种：

其一，弟子门人所题。《汉书·艺文志》云："《论语》者，孔子应答弟子时人，及弟子相与言，而接闻于夫子之语也。当时弟子各有所记。夫子既卒，门人相与辑而论纂，故谓之《论语》。"刘勰《文心雕龙·论说篇》云："昔仲尼微言，门人追记，故抑其经目，称为《论语》。盖群论立名，始于兹矣。自《论语》已前，经无'论'字；《六韬》二论，后人追题乎！"① 皇侃《论语义疏自序》云："弟子佥陈往训，各记旧闻，撰为此书，成而实录，上以尊仰圣师，下则垂轨万代。既方为世典，不可无名。然名书之法，必据体以立称，犹如以孝为体者则谓之《孝经》，以庄敬为体者则谓之为《礼记》。然此书之体，适会多途，皆夫子平生应机作教，事无常准，或与时君抗厉，或共弟子抑扬，或自显示物，或混迹齐凡，问同答异，言近意深，《诗》《书》互错综，《典》《诰》相纷纭，义既不定于一方，名故难求乎诸类，因题《论语》两字，以为此书之名也。"②《隋书·经籍志》云："《论语》者，孔子弟子所录。孔子既叙六经，讲于洙泗之上，门徒三千，达者七十。其与夫子应答，及私相讲肆，言合于道，或书之于绅，或事之无厌。仲尼既没，遂缉而论之，谓之《论语》。"陆德明《经典释文·序录》亦云："夫子既终，微言已绝。弟子恐离居已后，各生异见，而圣言永灭，故相与论撰，因辑时贤与古明王之语，合成一法，谓之《论语》。"今人周予同也持类似观点："《论语》的名称，始见于《礼记·坊记》及《孔子家语·弟子解》。《孔子家语》为王肃所伪造，不足凭信；《坊记》，沈约以为出于《子思子》，当具有史料价值。则《论语》之称为《论语》，已始于弟子撰集的时候。"③ 刘宝楠父子则直指为孔子的弟子仲弓等所题。其《论语正义·附录·郑玄论语序逸文》曰："《论语》之作，不出一人，故语多重见，而编辑成书，则由仲弓、子游、子夏首为商定，故传《论语》者能知三子之名。郑君习闻其说，故于《序》标明之也。……仲弓等搜集诸弟子所记，勒为此编，故以

---

① 刘勰著，王运熙、周锋译注：《文心雕龙译注》，上海古籍出版社2010年版，第85页。
② 皇侃：《论语义疏》，《儒藏·精华编·四书类论语属》，北京大学出版社2005年版，第9—10页。
③ 朱维铮编：《周予同经学史论著选集》（增订版），上海人民出版社1996年版，第273页。

为所撰定也。既经撰定，不得无名以称之，此'论语'二字必亦仲弓等所题。"①

其二，曾子弟子所题。元何异孙《十一经问对》卷一云："孔门惟曾参最少，小孔子四十六岁。是书记曾子死，则其去孔子也远矣。曾子死，孔子弟子略无存者矣。窃意《论语》一书，曾子弟子为之而就名之也。"马叙伦《读书续记》卷二曰："沈约谓《坊记》是子思作，则'论语'自为当时定名。"杨伯峻《论语译注·导言》认为《论语》书成于曾子弟子之手，"'论语'这一书名是当日的编纂者给它命名的，意义是语言的论纂"②。

一说先成书后有名。持此观点的人可分为几种：

其一，书名至迟出现在秦汉之间。朋星主之："书名是由后儒取定的，最迟在秦汉之间已被称号使用。"③

其二，书名确定在汉代。日本人户川芳郎认为，《论语》是以记载孔子及其门人的言行和师徒之间的问答为中心的书，其体裁和书名是汉代确定的。④赵纪彬指出："《论语》成书，虽在先秦，而《论语》之名，则肇自汉代。"⑤韩仲民也认为，"《论语》这个书名到汉代才有，先秦诸子书中征引时只称'孔子曰'，从来没有用过《论语》名称。先秦诸子书都是以人命名，以义命名的也没有先例。汉代人引用这书中子夏、子贡、有若、曾子等人的话时，也称之为'孔子曰'，可见这里所谓'孔子'，应该是书名"⑥。

其三，书名定于景帝末或武帝初。吴承仕在《经典释文序录疏证》中说："至景、武之际，鲁共王坏孔壁而得《古文论语》二十一篇，孔安国受之，以授扶卿。自是《论语》之名始有限局，《论语》之学始有专师，故王充曰'孔教扶卿，始曰《论语》'也。"⑦赵贞信从董仲舒对策和《韩诗外传》明用"论语"二字、《春秋繁露》和《淮南子》单用"论"字表示书名入手，指出，由于这几本书均成书于景、武之际，因此，《论语》

---

① 刘宝楠：《论语正义》，中华书局1990年版，第793页。
② 杨伯峻：《论语译注》，中华书局1980年版，第2页。
③ 朋星：《〈论语〉书名之谜》，《孔子研究》1989年第1期。
④ 户川芳郎：《古代中国的思想》，姜镇庄译，北京大学出版社1994年版，第8页。
⑤ 赵纪彬：《〈论语新论〉导言》，《中国哲学》第十辑，第51页。
⑥ 韩仲民：《中国书籍编纂史稿》，中国书籍出版社1988年版，第64页。
⑦ 吴承仕：《经典释文序录疏证》，中华书局1984年版，第139页。

书名应确立于景帝末或武帝初。①

其四，书名定于汉孔安国。该说由王充首创，其《论衡·正说篇》曰："初，孔子孙孔安国以教鲁人扶卿，官至荆州刺史，始曰《论语》。"② 张舜徽在《广校雠略·著述标题论》中对此说持赞同意见："《论语》初出屋壁，汉初犹谓之传，至孔安国以教鲁人扶卿，始曰《论语》，《论衡·正说篇》言之甚详，必有所受，则《论语》之名，汉师所补题也。"③ 另外，金德建④、郭沂⑤均依据上述王充之言，认定《论语》定于孔安国。

其五，书名定于汉后。陈国庆《汉书艺文志注释汇编》引马培棠《国故概要》说："《论语》之名，虽早见于《礼记·坊记》，而两汉时代，称谓并不一致。或单称《论》，或单称《语》，或别称《传》，或别称《记》，或详称《论语说》，直至汉后，《论语》之称，方告确定。其内容，强半皆孔子之言，故曰《论语》。"⑥ 周予同亦认为"《论语》名称使用的确定，实始于汉后。两汉时代，《论语》一书，或单称为《论》，或单称为《语》，或别称为《传》，或别称为《记》，或详称为《论语说》"⑦。张岱年所编《孔子大辞典》则说："其名约出现于战国末至汉武帝间，其名称使用的时间，还在汉后。"⑧

对于上述两说，我认为前说中第二种观点即定于曾子弟子说较为可信。说详见下文。

二 《论语》释名

最初编辑《论语》的人，何以以"论语"二字命名呢？自汉以来，众说纷纭。最早言及"论语"二字的意义是《汉书·艺文志》："《论语》者，孔子应答弟子时人及弟子相与言而接闻于夫子之语也。当时弟子各有

---

① 赵贞信：《"论语"一名之来历与其解释》，《国立北平研究院史学集刊》1936年第2期。
② 北京大学历史系《论衡》注释小组：《论衡注释》第四册，中华书局1979年版，第1598页。
③ 张舜徽：《广校雠略》，中华书局1963年版，第19页。
④ 金德建：《论语名称起源于孔安国考》，《古籍丛考》，中华书局、上海书店1986年版，第2页。
⑤ 郭沂：《〈论语〉源流再考察》，《孔子研究》1990年第4期。
⑥ 陈国庆：《汉书艺文志注释汇编》，中华书局1983年版，第76页。
⑦ 朱维铮编：《周予同经学史论著选集》（增订版），上海人民出版社1996年版，第273页。
⑧ 张岱年：《孔子大辞典》，上海辞书出版社1993年版，第314页。

所记,夫子既卒,门人相与辑而论纂,故谓之《论语》。"这是说孔子的门人辑录了孔子应答弟子、时人以及孔子弟子们之间的话语,经过讨论、遴选,最后编纂成册,所以叫作"论语"。其中"论撰"一词显然是同义连用,推断班氏之义当为"编纂"。"语"是"话语"之义。"论语"就是对孔子及其弟子们话语的编纂。由于班说义理周备,颇得其要,故此种解释为大多数学者所接受。不过,后世学者也并非都服膺班说,自立新说者大有人在。单一个"论"字,就生出许多解释。

其一,"伦理"说。刘熙、刘勰主之。东汉刘熙《释名·释典艺》云:"《论语》记孔子与诸弟子所论所语之言也。"①"'论',伦也,有伦理也。"②刘勰《文心雕龙·论说篇》说:"圣哲彝训曰'经',述'经'叙理曰'论'。'论'者,'伦'也,伦理无爽,则圣意不坠。昔仲尼微言,门人追记,故抑其经目,称为《论语》。"按照这种说法,"论"通"伦",作"有秩序"讲,则"论语"之义就是"有秩序地叙说自己的话"。

其二,"追论"说。傅玄主之。唐李善注《文选·辩命论》引晋朝傅玄《傅子》说:"昔仲尼既殁,仲弓之徒追论夫子言,谓之《论语》。"③这是说"论语"是仲弓等追"论"夫子之"语"而成。

其三,"多义"说。皇侃、陆德明、邢昺主之。皇侃在《论语义疏自序》中对"论语"二字的解释进行了归纳整理,单一个"论"字就总结出了许多解释:"第一舍字从音为'伦',说者乃众。的可见者不出四家:一云:伦者,次也。言此书事义相生,首末相次也。二云:伦者,理也。言此书之中,蕴含万理也。三云:伦者,纶也。言此书经纶今古也。四云:伦者,轮也。言此书义旨周备,圆转无穷,如车之轮也。第二舍音依字为'论'者,言此书出自门徒,必先详论,人人佥允,然后乃记,记必已论,故曰'论'也。第三云'伦''论'无异者,盖是楚夏音殊,南北语异耳。南人呼'伦事'为'论事',北士呼'论事'为'伦事'。音字虽不同,而义趣犹一也。"皇侃在总结前人研究的基础上,提出了自己的看法:"三途之说皆有道理,但南北语异如何,似未详,师说不取,今亦舍之,而从音、依字二途并录,以会成一义。何者?今字作'论'者,明

---

① 刘熙:《释名》,中华书局1985年版,第100页。
② 同上书,第101页。
③ 萧统:《昭明文选》,中州古籍出版社1990年版,第748页。

此书之出，不专一人，妙通深远，非论不畅。而音作'伦'者，明此书义含妙理，经纶今古，自首臻末，轮环不穷。依字则证事立文，取音则据理为义。义文两立，理事双该。圆通之教，如或应示。"① 皇氏之说从字、音两方面探讨了"论"字的含义，此说影响深远，至今虽总写"论"字，而念则都读为"伦"音。其后的陆德明和宋邢昺在解释"论"字的时候，基本上沿用了皇说。不过，邢氏抛弃了皇说从字、音两方面来作注解的方法，而将其混而言之，将"论"解释为："论者，纶也，轮也，理也，次也，撰也。以此书可以经纶世务，故曰纶也；圆转无穷，故曰轮也；蕴含万理，故曰理也；篇章有序，故曰次也；群贤集定，故曰撰也。"② 邢说将皇侃的"首末相次"改为"篇章有序"，将"不专一人"改为"群贤集定"，似乎比原意更加清楚明了。

其四，"言理"说。宋陈祥道主之。其《论语全解序》将"论"字解作"言理"："言理则谓之'論'，言义则谓之'議'（为了更明确的表示文义，此处用了繁体字——笔者注）。《庄子》曰：'六合之外，圣人存而不论；六合之内，圣人论而勿议；《春秋》经世，先王之志也，圣人议而勿辨。'盖夫论则及理耳，所亏者道。议则及义耳，所亏者理。圣人岂不欲废去应问，体道以自冥哉！道无问，无应，不发一言，不与万物同患，此特畸人耳，非圣人之所尚。然则孔子虽欲忘言，岂可得哉！不得已而言理，以答学者之问而已，夫是之为'论语'。"③ 这里，陈氏将"論"字左旁的"言"和右旁"侖"的拆开作训，因为"侖"字《说文解字》本训"理"，故二者合解为"言理"，这种解释是陈氏的创新。

其五，"讨论"说。何异孙、袁枚主之。何异孙在回答"问《论语》者何"时说："此孔门师弟子讨论文义之言语也。有弟子记夫子之言者，有夫子答弟子问者，弟子自相答问者；又有时人相与言者，有臣对君之问者，有师弟子对大夫之问者，皆所以讨论文义，故谓之《论语》。"④这就是说，"论"是夫子"与人议论"，而不是孔子死后，弟子"相与论"。

---

① 皇侃：《论语义疏自序》，《儒藏·精华编·四书类论语属》，北京大学出版社2005年版，第10页。
② 邢昺：《论语注疏·论语序》，《儒藏·精华编·四书类论语属》，北京大学出版社2005年版，第1页。
③ 陈祥道：《论语全解》，《四库全书》本，上海古籍出版社1987年版。
④ 何异孙：《十一经问对》卷一，《四库全书》本，上海古籍出版社1987年版。

清袁枚《小仓山房诗文集·文集》卷二十四《论语解四篇》亦说:"《论语》一书,须知命名之义。论,议论也;语,语人也。自《学而》起,以至卒章,皆与人议论之语,而非夫子之咄咄书空也。"① 陈大齐指出,"《论语》中所用论字,是'讨论'的意思;所用语字,是'告知'的意思。《论语》所载,以孔子言论为主。而孔子言论可大别为二类:一为与人问答讨论,二为未经人问而自动告人。前一类正是论,后一类正是语。故书名《论语》者,意即孔子的论与语,用以显示全书的主要内容。"②

其六,"选择"说。刘义钦、李雁主之。刘义钦认为:"'论',在秦汉间经常被用于'选择'意。《说文通训定声·屯部》曰:'论,假借为抡。'《说文》解'抡'为:'择也,从手仑声。'可见,《论语》之'论'可通'抡',作'选择'讲,故《论语》书名的确切意义应是'选纂的孔子言语'。"③ 李雁亦主此说,指出,"考论字除可与'伦'通假外,又可通'抡'。抡(平声),有择选之意。《说文解字·手部》:'抡,择也。'朱骏声《通训定声》:'论,假借为抡。'《广雅·释诂一》:'抡,择也。'王念孙疏证:'抡、伦、论并通。'"因此,"《论语》之名应释作'经过选择整理的对话录'"。④

其七,"条理"说。刘斌指出,《论语》即条理化的孔门"语"。同作为言体与文体的"语"相比,"论"字更能体现《论语》的编纂过程及内容特点。它兼有二义,既可指"叙述、陈说",也可指"分析、议论",此正与《论语》或直陈其事或问答论说的表述方式相契,盖即孔门弟子以"论"命名的原因之一。而"论"字"收集、讨论、选择、编撰"的内涵又同"辑而论纂""相与论撰"的编纂过程极吻合,此当是取名为"论"的另一原因。《论语》即孔门弟子在汇集、讨论、选择、条理以孔子和孔门弟子为主的言论和行止基础上,附之以门内流行的时贤和古明王之言以及有关文化常识而成的,定位为"语"的教材,简单地说,就是条理化的孔门"语"。取"论"为名,诠过程于内容;定性为"语",昭史实于期许;是即"论语"二字的奥秘。⑤

---

① 袁枚:《小仓山房诗文集》,上海古籍出版社1988年版,第1670页。
② 转引自王鹏凯《历代论语著述综录》,花木兰文化工作坊2005年版,第3页。
③ 刘义钦:《〈论语〉书名意义之我见》,《信阳师范学院学报》1995年第3期。
④ 李雁:《〈论语〉书名释义》,《齐鲁学刊》1996年第6期。
⑤ 刘斌:《〈论语〉名义和简称问题》,《孔子研究》2010年第2期。

为什么单单一个"论"字会产生如此多的解释呢？因为上古义起于声，故字义咸起于右旁之声。任举一字，闻其声即可知其义。凡同声之字，但举右旁之声，不必举左旁之迹，皆可通用。就"论"而言，凡字之从"仑"者，皆隐含条理分析之义。上古之时，仅有"仑"字。就言语言则加"言"而作"论"，就人事言则加"人"而作"伦"，就丝而言则加"丝"而作"纶"，就车而言则加"车"而作"轮"，就水而言则加"水"而作"沦"（皆含文理成章之义）。所以自班固以降，诸贤虽将一个"论"字作了诸多解释，实际上不过将"仑"字引申到的几种意义，再加以附会和曲解而证成己说罢了。[①]试想当初命名之时，断不会含有这么多意义。

那么，"论语"中的"论"字到底作何解才算得其仿佛呢？窃以为，还是班固的说法较为合理。按："仑"字古写作"侖"，其字上半部分是"亼"，依《说文》读"集"，亦即集的古字；下半部分是象形符号，表示依次捆扎起来的竹简。合而言之，即是将竹简集中依次排列捆扎起来。与"言"会其意是：聚集简册以成其言论，浑言之也就是编纂。对此，顾颉刚也从有过论述，他说："《论语》这个名词也由竹简来。'论'字古但作'仑'，就是把竹简排比为一册的意思。"[②]

"论"作"编纂"义在汉代文献中多见。如《史记·太史公自序》："孔子修旧起废，论《诗》《书》，作《春秋》，则学者至今则之。"其中"论《诗》《书》"意为编纂《诗》《书》。同书《酷吏列传》"与张汤论定诸律令"，《史记集解》引徐广曰"论，一作编"。不仅《史记》，《汉书》中也有。《艺文志第十》："丘明恐弟子各安其意，以失其真，故论本事而作传，明夫子不以空言说经也。"其"论"字应训作编纂整理。《司马迁传赞》："及孔子因鲁史记而作《春秋》，而左丘明论辑其本事以为之传。"颜师古注："辑与集同。""论辑"也就是"编纂汇集"。

"论"作"编纂"义还可以得到出土文献的佐证。《郭店楚简·性自命出》一文与上海博物馆1994年收藏的《战国楚竹书·性情论》相同，是战国中期儒家文献，学者认为与子思关系密切，属子思一派。其中有一段讲圣人整理《诗》《书》《礼》《乐》的话，说："《诗》《书》《礼》

---

① 转引自赵贞信《"论语"一名之来历与其解释》，《国立北平研究院史学集刊》1936年第2期。

② 顾颉刚：《汉代学术史略·经书的编定与增加》，东方出版社1996年版，第53页。

《乐》,其始出皆生于人。《诗》,有为为之也。《书》,有为言之也。《礼》《乐》,有为举之也。圣人比其类而仑会之,观其先后而逆顺之,体其义而节文之,理其情而出入之,然后复以教。""圣人比其类而仑会之",圣人,指孔子。"比其类"之"其",由上文可知,指《诗》《书》《礼》《乐》,这是明确的。"仑会"就是编次会集、有条理的编排、编集的意思。①

可见,无论是从其本义,还是历时文献、出土文献佐证来讲,"论语"的"论"字都作"编纂"讲。

至于"语"字,论者历来分歧不大,大抵皆以班说为是。

综上所释,合而言之,"论语"的含义应是:编次会集在一起的孔子应答弟子、时人以及孔门弟子之间的话语。

三 《论语》的编纂

关于《论语》的结集时间和编纂者问题,历代学者多有论述,概而言之,约有以下几种:

其一,孔子亲定说。清代的廖燕曰:"吾以为孔子自著之书,独《论语》一书。……盖孔子先有成书,而孔子弟子乌子思之徒复附益之,如《家语》《孔丛子》之流,其书之先成者,则必归之孔子也。"② 廖燕认为,《论语》为孔子自著之书。与之约略同时的李塨也主张《论语》为孔子亲定:"尝疑《论语》多属圣手亲定。后学诸经或可分读,惟《论语》宜人人熟诵也。"③

其二,孔子弟子编定说。这种说法又分为两种:一是出于众弟子之手;一是出于个别弟子之手。下面我们首先来看第一种。

最先论及这个问题的是汉代刘向。何晏《论语序》曰:"汉中垒校尉刘向言《鲁论语》二十篇,皆孔子弟子记诸善言也。"④ 该处所引刘向言,当出自刘向《别录》。以此为滥觞,东汉的《白虎通·五经》说:"圣人道德已备,弟子所以复记《论语》何?见夫子遭事异变,出之号令足

---

① 牛鸿恩:《〈论语〉的释名现在可以论定了——〈郭店楚简·性自命出〉的"仑会"即〈论语〉之"论"的含义》,《长江学术》2007 年第 1 期。
② 廖燕:《二十七松堂集》卷二《论语辨》,上海远东出版社 1999 年版,第 29 页。
③ 李塨:《评乙古文》,中华书局 1985 年版,第 21 页。
④ 何晏:《论语集解·论语序》,《儒藏·精华编·四书类论语属》,北京大学出版社 2005 年版,第 1 页。

法。"① 赵岐《孟子题辞》说："七十子之畴，会集夫子所言，以为《论语》。"② 王充《论衡·正说篇》说："夫《论语》者，弟子共纪孔子之言行。"③ 魏宋均注的《论语崇爵谶》说："子夏六十四人共撰仲尼微言。"④

  接下来看第二种说法。首次提出此说的是东汉郑玄。他说："《论语》，仲弓、子游、子夏等所撰定。"⑤ 陆九渊也说："王肃、郑康成谓《论语》乃子贡、子游所编，亦有可考者。如《学而篇》子曰次章，便载有若一章，又子曰而下，载曾子一章，皆不名而以子称之。盖子夏辈平昔所尊者，此二人耳。"⑥ 清翟灏认为除上述人员之外，子张也是记录《论语》的人。他说："圣门文学之选，游、夏特称。夫子修《春秋》，惟以示游、夏。子游、子夏之预撰《论语》，微谶（指《论语崇爵谶》——笔者注）言宜亦谓然。陆象山以尊有子为据。孟子言欲尊事有子者，子张与游、夏同也。《论语》第十九篇，附记群贤之言，子张、子夏、子游为多，而张居篇首。曾子虽称'子'，却居三子后。又似门人之各尊其本师者。且'子张书绅'，明见《语》中，则游、夏外应更数子张为记录人矣。先儒皆不言子张而言仲弓，不知又何别本？"⑦ 刘宝楠也附和郑说。⑧ 宋胡寅认为《宪问》篇乃原宪所记。宋赵顺孙又申之曰："《宪问》之为自记，不比他篇无左验。首章曰宪问耻，不书姓而直书名，其自记之验一也；他章夫子称弟子则名之，曾子、有子、冉子，门人所记则以子称，非其师者皆称字，如原思为之宰亦称字，而此独称名，其为自记之验二也；下章问克伐怨欲，不别其端而联书之，其自记之验三也。"⑨ 日本人在这条路上走得更远。太宰春台云："《上论》成于琴张，而《下论》成于原思，故二子独称名，其不成于他人之手者审矣。"⑩ 现代学者也有执此说者，如张信指

---

  ① 班固等撰：《白虎通》，中华书局1985年版，第247页。
  ② 赵岐注，孙奭疏：《孟子注疏题辞解》，载《十三经注疏》下册，上海古籍出版社1997年版，第2662页。
  ③ 北京大学历史系《论衡》注释小组：《论衡注释》第四册，中华书局1979年版，第1598页。
  ④ 朱彝尊：《经义考》卷二百十一，中华书局1998年影印版，第1083页。
  ⑤ 同上。
  ⑥ 《陆九渊集》，中华书局1980年版，第476页。
  ⑦ 翟灏：《四书考异·总考》卷九，《续修四库全书》本，上海古籍出版社。
  ⑧ 参见刘宝楠《论语正义》，中华书局1990年版，第793页。
  ⑨ 翟灏：《四书考异·总考》卷九，《续修四库全书》本，上海古籍出版社。
  ⑩ 藤塚邻：《论语总说》，陈东译，国际文化出版公司2005年版，第3页。

出，《论语》主要作者是子贡、子夏、子张、子游、曾参。子贡与另四位比较在年龄上属前辈，又"常相鲁卫"，地位不同。他是主要责任人，另四位是主要编辑成篇的人物。①

其三，孔子门人编纂说。此说盖源自刘歆。《汉书·艺文志》曰："《论语》者，孔子应答弟子时人及弟子相与言而接闻于夫子之语也。当时弟子各有所记，夫子既卒，门人相与辑而论纂，故谓之《论语》。"而《汉志》实取材于刘歆《七略》。依此而言，则《论语》的记录者是孔子弟子，辑而论撰的是孔子的再传弟子——门人。但这里并没有指出是谁的门人。唐柳宗元创造性地提出了曾子弟子编纂《论语》说。据《论语辨》记载，或问曰："儒者称《论语》孔子弟子所记，信乎？"曰："未然也。孔子弟子，曾参最少，少孔子四十六岁。曾子老而死，是书记曾子之死，则去孔子也远矣。曾子之死，孔子弟子略无存者矣。吾意曾子弟子之为之也。何哉？且是书载弟子必以字，独曾子、有子不然。由是言之，弟子之号之也。""然则有子何以称子？"曰："孔子之殁也，诸弟子以有子为似夫子，立而师之。其后不能对诸子之问，乃吒避而退，则固尝有师之号矣。今所记独曾子最后死，余是以知之。盖乐正子春、子思之徒与为之尔。或曰：'孔子弟子尝杂记其言，然而卒成其书者，曾氏之徒也。'"②在他看来，一是曾子在孔子弟子中最年轻，书中有记载曾子死时之言；二是书中称曾子为"子"，另一个被尊称为"子"的有子是由于他曾被立为师。程颐亦持此说，认为"《论语》，曾子、有子弟子撰，所以知者，惟二子不名"③。胡寅认为《论语》成于曾子弟子之手，指出："子思、檀弓皆纂修《论语》之人，檀弓亦曾子门人。"④《论语》中除曾子、有子外，闵子骞、冉有在个别地方也称子，所以宋永亨和翟灏认为也应将二人的门人算在《论语》一书的编纂者中。宋永亨指出："《论语》所记孔子与人语及门弟子并对其人问答，皆斥其名，未有称字者；虽颜、冉高弟，亦曰'回'，亦曰'雍'。至闵子独云'子骞'，终此书无指名。昔贤谓《论语》出于曾子、有子之门人，予意出于闵氏。观所言闵子侍侧之辞，与冉有、

---

① 张信：《论〈论语〉的主要作者》，《内蒙古师范大学学报》2002 年第 5 期。
② 柳宗元：《柳河东集》，上海人民出版社 1974 年版，第 68—69 页。
③ 朱彝尊：《经义考》卷二百十一引，中华书局 1998 年影印版，第 1083 页。
④ 同上。

子贡、子路不同，则可见矣。"① 翟灏指出："《论语》第六篇云'冉子请粟'，第十三篇云'冉子退朝'，即《侍侧章》'冉有、子贡'，唐石经亦书作'冉子'，《适卫章》'冉有仆'，《义疏》与《论衡》《风俗通》皆作'冉子'。但以称'子'为断，则此书又有出于冉氏门人者矣。"②

其四，文景博士编定说。执此说者是赵贞信。他在《〈论语〉究竟是谁编纂的》一文中指出，《论语》的编成早不得在文帝前，晚不会到武帝时，大约在文、景之间，而编纂人应是当时任博士职的齐、鲁大师。其理由有二：一是春秋、战国时没有记孔子之言行的成书，其言语多杂记在简册之上。及秦焚书，散在民间。孝惠帝既除挟书之令，凡以前所记孔门言行的竹简，就也和其他的书籍，一齐涌入了官府。因为还没有编撰成帙，所以王充说它有数十百篇。一大堆记孔门言行的竹简，既立于学官，那些博士们将用以教人，势不得不加别择。经过一些齐、鲁大师别择的结果，挑出了一堆比较"纯粹"的，定为今本《论语》的最初编成本，把其余那些重复的和不纯的删汰了。但齐人和鲁人在旧时传习上本不尽同。在齐地流传的记载孔门言行的简策，比流行于鲁地的要多。有许多在鲁人眼中认为不可信的，而齐人则不肯弃置。于是就只得各行其是，成为《齐》《鲁》二本。二是当时传《齐论》《鲁论》的十三人，传《齐论》的只有王卿是武帝时人，其余五人都是宣、元以后的人；传《鲁论》的除龚奋不详外，也只有鲁扶卿一人是武帝时人，其余的五人也都是昭、宣以后的人。如果《齐》《鲁》二论在以前就有，为什么直到武帝时方有传人？可见这两部书是在文、景之时所编，鲁扶卿和琅邪王卿是最早受传的《论语》学者。因此，《论语》最初编成于文、景的时候，而编纂人是当时任博士职的齐、鲁大师。③

其五，出自邹鲁之士之手说。持此说者是单承彬。他在《论语源流考述》中指出，在公元前428年至公元前372年间的近六十年中，鲁国都城曲阜活跃着一个由孔子及其弟子的后人、后学组成的"邹鲁学术集团"，他们主要从事与礼乐有关的文化活动。从今本《仪礼》《礼记》《大戴礼记》及新近出土的郭店楚简看，《论语》与这些文献在材料方面存在着明

---

① 朱彝尊：《经义考》卷二百十一引，中华书局1998年影印版，第1083页。
② 翟灏：《四书考异·总考》卷九，《续修四库全书》本，上海古籍出版社。
③ 赵贞信：《〈论语〉究竟是谁编纂的》，《北京师范大学学报》1961年第4期。

显的一致性。因此，他认为，《论语》极有可能出自"邹鲁之士"之手。①

其六，笼统地认为出自后儒之手说。清儒崔述主之。他认为，"《鲁论语》中所记之君大夫，如哀公、康子、敬子、景伯之属，皆以谥举，曾子、有子皆以子称，且记曾子疾革之言，则是孔子既没数十年后，七十子之门人追记其师所述以成篇，而后儒辑之以成书，非孔子之门人弟子之所记而辑焉者也。然其义理精纯，文体简质，较之《戴记》独为得真，盖皆笃实之儒，谨识师言，而不敢大有所增益于其间也"②。

其七，《论语》的编纂是一个过程说。吴龙辉指出，《论语》的成书经历了两个阶段，一是孔子生前"弟子各有所记"的阶段，这应该算是《论语》编纂的前奏；二是孔子死后"门人辑而论纂"的阶段，这才是《论语》的正式编纂。前一阶段完成于"弟子"之手，后一阶段完成于"门人"之手。③高培华指出，《论语》诞生于孔门弟子授徒的需要，开始编纂在孔子逝世二十多年后，主要反映孔子教弟子怎样做人的教育思想。孔子生前"弟子各有所记"，多为心记而很少笔记。《论语》记录孔子言行，是有所侧重而非有闻必录，大致遵循了真实性、典型性、精练性、采用"雅言"、不与"六艺"重复、不与《六经》重复等基本原则。《论语》编纂过程可分为弟子分别搜集、合作汇编、成书定稿三个阶段。前两个阶段领纂者为仲弓、子游、子夏、有若、曾参、子张等人，其中子夏、曾参在接近完成时期发挥了关键作用。第三阶段成书者是以有子、曾子门人为主的再传弟子，再传弟子对其师领纂的"未定稿"有敬畏心理，虽重复章节也未予删改。④李建国认为，《论语》为孔门弟子相与追忆其师所作，系回忆性的纪念文集。孔子逝世后，众弟子从四面八方云集阙里居丧，是孔门弟子的空前绝后的大聚会，具备追忆其师的天时、地利、人和的条件，其后绝无此机遇。子贡以其资历、声望、才智、财力及师门情谊，并受孔子遗命，操办丧事，倡议编纂纪念文集，统一师说，光大师门，自是情理中事，《论语》初编成于此时，顺理成章。孔门弟子传输师说，主要是记述于心口和笔书于简帛，故众人追忆之言语文字，容或长短不一，间有不

---

① 单承彬：《论语源流考述》，吉林人民出版社2002年版，第49页。
② 见张心澂编著《伪书通考》，商务印书馆1957年版，第521页。
③ 吴龙辉：《〈论语〉的历史真相》，《湖南大学学报》2008年第5期。
④ 高培华：《第一部私学经典的诞生——〈论语〉编纂新探》，《河南大学学报》2011年第5期。

同，并不避重复。三年心丧毕，同门离散，分处诸侯之国，各以其所能授弟子，其中曾子、子夏最为名世，而《论语》终编，出于曾子门人之手。①王鹏凯认为"《论语》至少是经由三期及两派儒者所编成"，第一期之编纂约在孔子殁后，主其事者，大概即为郑玄等所称之仲弓、子游、子夏等人。第二期之编纂，约在曾子殁后，主其事者，大概即为柳宗元等所指曾子、有子、闵子之门人。另有齐地尊崇管仲之儒者。第三期之增附，约在孟子之时或孟子死后，崔述于《洙泗考信录》卷四中，称《季氏篇》"将伐颛臾"章、《阳货篇》"公山弗扰"章、"佛肸"章，皆记孔子之事不可信者，疑皆后人取续得者之所续入。《微子篇》有与圣门绝无涉者，而楚狂之章，语意乃类庄周，皆不似孔氏遗书。至《尧曰篇》，《古论语》本两篇，篇或一章或二章，其文尤不类；盖皆断简无所属，附之书末者，增附者无可查考。②

  对于上述诸说，我个人比较认同"《论语》的编纂是一个过程"这种说法。孔子生前，弟子从游，与闻之际，各有所记，这可从《论语》相关记载中得以验证。据《论语·卫灵公篇》记载："子张问行。子曰：'言忠信，行笃敬，虽蛮貊之邦行矣；言不忠信，行不笃敬，虽州里行乎哉！'子张书诸绅。"对于"子张书诸绅"，皇侃疏曰："绅，大带也。子张闻孔子之言可重，故书题于己衣之大带，欲日夜存录不忘也。"③我想听到自己认为比较重要的话而记录下来，恐不单单是子张个人行为，其他弟子也应该这样做，只是没有记载流传下来而已。

  孔子逝世后，弟子皆来守丧，或三年，或六年。在守丧期间，弟子们恐离居以后，各生异见，致使圣言永灭，因此便将自己所记所闻汇集在一起，编成了一个类似孔子文集之类的东西。当时所汇集的资料较多，达数十百篇。④由于这些材料出于众人之手，所以该文本材料不仅反映的是众多弟子心目中的孔子，而且具有权威性，为大家所尊奉。

  不过，由于列国纷争，社会动荡，加之书写工具的不完备，孔子的话

---

① 李建国：《〈论语〉成书揭秘》，《宁波大学学报》2012年第4期。
② 王鹏凯：《历代论语著述综录》，花木兰文化工作坊2005年版，第2—3页。
③ 皇侃：《论语义疏》，《儒藏·精华编·四书类论语属》，北京大学出版社2005年版，第275—276页。
④ 参见王充《论衡·正说篇》，载北京大学历史系《论衡》注释小组《论衡注释》第四册，中华书局1979年版，第1598页。

语,在流传过程中,主要依靠的还是师弟口耳相传,由于受之者非一邦之人,人用其乡,同言异字,同字异言,于兹生矣。同时,孔子死后,弟子散居,内部逐渐分化,形成了不同的派别,《韩非子·显学》说:"自孔子之死也,有子张之儒,有子思之儒,有颜氏之儒,有孟氏之儒,有漆雕氏之儒,有仲良氏之儒,有孙氏之儒,有乐正氏之儒。"在传播孔子思想的过程中,各派都有所侧重,便出现了不同的口传本。而原来汇集的那个孔子文集之类的东西,由于没有人进行系统的传授以及保存方法的不科学,不久就有所散佚。这些都不利于儒家学派形成合力以对抗其他学派。据《孟子·尽心下》记载,当时与儒家分庭抗礼的有墨家和杨朱学派,求学者不归于杨,则逃于墨。这就迫切需要有人对儒家经典进行重新增补、修订,以统一学派。

孔子的孙子子思肩负起了这个历史重任。他以孔子嫡孙的身份,召集孔子的再传弟子,以残缺的孔子文集为底本,通过汇集孔子的再传弟子记录的孔子弟子的口传亲授,经过选择、分类、校勘、加工、整理,最后裁定而成《论语》《孔子家语》等文献。那么,为什么说子思担此重任呢?一是从《论语》的结集年代看,其结集者当主要是孔子的再传弟子。据《论语》《坊记》和郭店楚简,我们可以推定《论语》当结集于公元前436年至公元前402年这34年之间。① 从这个时间看,《论语》的结集者当仅限于孔子的再传弟子。二是根据曾子是孔子弟子中年纪最轻、寿命较长的一个、《论语》记孔子其他弟子的话都称字,唯独记曾子的话却一律称"曾子"、《泰伯》篇有两章记曾子临死前的事以及《曾子》书与《论语》的关系,我们可以推定结集《论语》的再传弟子肯定是曾子之门人。三是子思是曾门弟子中之佼佼者。四是《中庸》与《论语》思想多相合。被证明出于子思之手的《中庸》,在很多方面与《论语》思想相合。② 基于上述考虑,窃以为,子思利用自己的特殊身份,召集孔子的再传弟子,以残存的孔子弟子所汇集的资料为底本,广搜博采,分门别类地加以整理、辑补,编成《论语》《孔子家语》等文献,是完全有可能的。对此前人不乏卓见,邵博《闻见后录》曰:"或曰,孔子弟子,曾子最少,少孔子四十

---

① 参见杨朝明《新出竹书与〈论语〉成书问题再认识》,《中国哲学史》2003年第3期;郭沂《郭店楚简与先秦学术思想》,上海教育出版社2001年版,第338页。

② 详细论述参见拙著《〈论语〉学的形成、发展与中衰——汉魏六朝隋唐〈论语〉学研究》,中国社会科学出版社2005年版,第38—47页。

六岁。《论语》书曾子死,则《论语》自曾子弟子子思之徒出无疑。曾子尝与其徒追记孔子称颜渊等之言,曾子以朋友各字之,于孔子称曾子之言,自不记也,果孔子之言则名之矣……盖《论语》之法,师语弟子则名之,弟子对师,虽朋友亦名之,自相谓则字之,此说最近。"① 李元度《天岳山馆文钞·读〈大学〉》谓:"《论语》亦子思所作。纵不必尽出子思之手,亦必其所裁定也。然则《论语》《大学》《中庸》皆成于子思,述圣之为功于万世大矣哉!"② 日本学者藤塚邻博士《论语总说》亦曰:"编纂《论语》所依据的原始资料应该是孔门诸弟子的笔记。因诸弟子出身不同、年龄不同、入门时间不同、智力高低不同、个人经历不同,再加上有的是单独向孔子请教,有的是多人相互议论所得,各自的理解又不统一,因此原始记录也难免互有详略,参差不齐。后人将散在各地的同类材料汇集在一起时也会遇到很多不便,首先是交通不便,然后是各种文字的誊写也非常麻烦,最后是选择取舍还要非常地慎重。在这些材料中,'牢曰''宪问耻'两章可能是原样保留了琴张、原宪笔记的原始状态,称有子、曾子、冉子、闵子的各章可能是抄自各自弟子的笔记。因此,柳宗元、胡寅等的观点有一定道理,《论语》很可能是曾子门人子思或其同志所撰及。"③

四 《论语》的传本

从战国到汉初,虽然经过秦始皇的焚书坑儒,但《论语》的流传并没有中断。叔孙通尝为秦博士,汉高祖时制礼仪,曾引"夏殷周礼所损益可知"④。陆贾也是由秦入汉之人,所作《新语》之《道基》《术事》《辨惑》诸篇也屡引《论语》文句,可见,在汉初,《论语》流传颇广。至于《论语》传抄本,据《汉志》记载,则主要有《古论》《齐论》和《鲁论》。

(一)《古论》《齐论》《鲁论》同源而异流

关于三《论》异同的记载,史料较多。《崇文总目》云:"汉兴,传者三家,鲁人传之谓之《鲁论》,齐人传之谓之《齐论》,而《齐论》增《问王》《知道》二篇,今文无之。出于孔子壁中者则曰《古论》,有两

---

① 邵博:《邵氏闻见后录》,中华书局1983年版,第24页。
② 李元度:《天岳山馆文钞》卷三十八《读〈大学〉》,清光绪四年刻本。
③ 藤塚邻:《论语总说》,陈东译,国际文化出版公司2005年版,第4—5页。
④ 《汉书·叔孙通传》。

《子张》。是三家者，篇第先后皆所不同。"①《汉志》著录"《论语》古二十一篇"，注云："出孔子壁中，两《子张》。"如淳注曰："分《尧曰》篇后子张问'何如可以从政'以下为篇，名曰《从政》。"著录"《齐》二十二篇"，注云："多《问王》《知道》。"如淳注曰："《问王》《知道》，皆篇名也。"著录"《鲁》二十篇"。桓谭曰："《古论语》二十一卷，文异者四百余字。"② 何晏《论语序》曰："《鲁论语》二十篇"，"《齐论语》二十二篇，其二十篇中章句颇多于《鲁论》。……《齐论》有《问王》《知道》，多于《鲁论》二篇。《古论》亦无此二篇，分《尧曰》下章'子张问'以为一篇，有两《子张》，凡二十一篇。篇次不与齐、鲁《论》同"。③《隋志》曰："古《论语》与《古文尚书》同出，章句烦省与《鲁论》不异，惟分《子张》为二篇，故有二十一篇。"皇侃《论语义疏自序》曰："《古论》分《尧曰》下章'子张问'更为一篇，合二十一篇。篇次以《乡党》为第二篇，《雍也》为第三。篇内倒错，不可具说。《齐论》题目与《鲁论》大体不殊，而长有《问王》《知道》二篇，合二十二篇，篇内亦微有异。"④ 在疏解《论语序》时，他进而指出："《古论》虽无《问王》《知道》二篇，而分《尧曰》后'子张问于孔子曰如何斯可以从政矣'又别题为一篇也。"关于"有两《子张》"，皇氏指出："一是'子张曰士见危致命'为一篇，又一是'子张问孔子从政'为一篇，故凡《论》中有两《子张篇》也。"他还对《古论》中的篇章次第的倒错予以了说明："《古文》凡二十一篇，而次第大不同，以《乡党》为第二，以《雍也》为第三。二十篇而内，辞句亦大倒错。其《微子篇》无'巧言'章，《子罕篇》无'主忠信'章，《宪问篇》无'君子耻其言'章，《述而篇》无'于是日哭则不歌不食于丧侧'章，《乡党篇》无'色斯举矣，山梁雌雉，时哉。子路供之，三臭而立作'文，其余甚多也。"⑤ 对于《齐论》，皇侃说："犹是弟子所记，而为齐人所学，故谓为《齐论》也。既

---

① 王尧臣等：《崇文总目》，中华书局1985年版，第33页。
② 朱彝尊：《经义考》卷二百十一引，中华书局1998年影印版，第1083页。
③ 何晏：《论语集解·论语序》，《儒藏·精华编·四书类论语属》，北京大学出版社2005年版，第1页。
④ 皇侃：《论语义疏自序》，《儒藏·精华编·四书类论语属》，北京大学出版社2005年版，第11页。
⑤ 皇侃：《论语义疏·论语序》，《儒藏·精华编·四书类论语属》，北京大学出版社2005年版，第16页。

传之异代,又经昏乱,遂长有二篇也。其二十篇虽与《鲁》旧篇同,而篇中细章文句,亦多于《鲁论》也。"① 综合这些记载,我们不难得出这样的结论:一是《鲁论》与《古论》除篇次不同外,篇目、内容大体相同。二是《齐论》比《鲁论》和《古论》多《问王》《知道》二篇,其他二十篇中"细章文句"也多于《鲁论》和《古论》。三是在都有的二十篇中,《齐论》《鲁论》的篇次相同。四是《古论》篇章倒错较多。

三《论》的版本来源如何呢?是三《论》各有所本?还是同源异流呢?从上面的比较,我们不难发现,虽然三《论》存在着区别,但在篇目、篇次、内容等方面却也有着许多相同的地方。因此,要说三《论》各有所本,恐怕很难解释这一现象。又,近些年来的考古发掘先后出土了多批西汉时期的经书,如甘肃武威汉墓出土的简书《仪礼》,河南阜阳汉墓出土的简书《诗经》,湖南长沙马王堆汉墓出土的帛书《周易》等,它们都是西汉时期抄写的文本,虽各有残缺,但通过对比《仪礼》之今文本、古文本和武威汉简本,《诗经》之《毛诗》《鲁诗》《韩诗》和阜阳汉简本,《周易》之世传本和马王堆汉墓帛书本,学者们发现它们虽然异文甚多,但所有的异文不外乎假借字、异体字、误字和误句等。如果把这些统一改正,那么它们就会成为经文完全相同的一本书。由于古代经书各有不同的同音假借字,以及误字误句,因此原来的经文虽只是一本,而反映在各个抄本当中却有多种多样,成为各种不同的文本了。正是由于所据是不同抄本的经书,故经师对经书异文见仁见智,各自所作的解释也不一样,遂有派别之争,门户之见,皆谓自得真经,他为伪作。② 正如东汉荀悦《申鉴·时事篇》所云:"仲尼作经,本一而已,古今文不同,而皆自谓真本经。古今先师,义一而已,异家别说不同,而皆自谓古今。"这里,"仲尼作经,本一而已"、"古今先师,义一而已",明确说明经书原来只有一本,经义也只有一种解释,后世辗转传抄,经字出现异文,各家所取不同经文解说经义,故而出现分歧。

《论语》也可以作如是观。1973年,河北定州八角廊汉墓出土了简书《论语》,在不到今本一半的文字中,差异之处甚多。河北省文物研究所定

---

① 皇侃:《论语义疏·论语序》,《儒藏·精华编·四书类论语属》,北京大学出版社2005年版,第15页。

② 参见高明《从出土简帛经书谈汉代的今古文学》,《考古与文物》1997年第6期。

州汉墓竹简整理小组对此进行了归纳整理：

  简本《学而》中"贫而乐"，"乐"下无"道"字，今本多为有"道"字，康有为《论语注》认为"无'道'字，盖古文也"。《为政》中"无违"，郑注云："古文'毋'为'无'。"《八佾》中"或或乎文哉"，《说文》段注云："今本《论语》'郁郁乎文哉'，古多作'或或'。"《公冶长》中"可使治其赋也"的"赋"，《释文》云："梁武云：'《鲁论》作'傅'。"《阳货》中"古之矜也廉"，《释文》云："鲁读'廉'为'贬'"。"天何言哉?"《释文》云："鲁读'天'为'夫'。""恶果敢而窒者"，《释文》云："鲁读'窒'为'室'。"《述而》中"亦可以毋大过矣"，《释文》与郑注云："鲁读'易'为'亦'。""诚唯弟子弗能学也"，郑注云："鲁读'正'为'诚'。"《卫灵公》中"好行小惠"，《释文》云："鲁读'慧'为'惠'。"《述而》中"执礼疾"，今本无"疾"字。《雍也》中二"斯人也"句之间今本无"命也夫"句。还有一些与今本不同的词句很特殊，如："若"，今作"如有""如能"；……"人生之也直"，今作"人之生也直"或"人生之直"；"亡生也幸而免也"，今作"罔之生也幸而免"；"君子可選"，今作"君子可逝也"；"黑而职"，今作"默而识之"；"老之至"，今作"老之将至"；"多闻而志之"，今作"多见而识之"；"靼荡"，今作"坦荡荡"；"无可"，今作"不足"；"空空"，今作"悾悾"；"昷独"，今作"韫匵"；"而贾"，今作"而沽"；"怠若也"，今作"怡怡如也"；"殷阶趋"，今作"没阶，趋进"；"美裘"，今作"羊裘"；"六者式"，今作"凶服者式之"；……"衍衍"，今作"侃侃"；"民莫不敬"，今作"则民莫敢不敬"；"（学）而优则仕，仕而优（则学）"，今作"仕而优则学，学而优则仕"；"勿卷"，今作"无倦"；……"辨年"，今作"便佞"；"泰来"，今作"大赉"；"弗舍"，今作"不弃"；……"沃沃"，今作"夭夭"等等。一些与今本不同的字就更多了，其中有古老的写法，有假借或简省字，也有误字，如：……措作错，裳作常，社作主，又作有，有作又，……他作也或它，绅作申，疏作疎，巍作魏，虞作吴，……歎作叹，仰或抑作卬，弥作迷，诱作牖，斯作此，巽作選，绎作擇，亡作末，末作无，毋作无，无作毋，一作壹，槨作郭，宝或保作葆，岂作几，倦作卷，祗作弊褆，於或于作乎，若作而，才作材，……与作欤，吾作我，奔作贲，佞作仁或年，譬或僻作辟，藏作臧，韶作诏，诺作若，政作正，耻作佴，曾作增，不作弗，庄作壮或状，壮作状，奚作何，夷作黄，奥作窨，……桴作泡（枹），孟或季作子，枨作长，慾作欲，恸作动，闵作黾，何作可，愈作喻，附作付，……屡作居，億或憶作意，践作浅，笃作祝，……由作曰，弑作杀，後作后，唯作雖，残作俴，违作韦，也作耶，管作菅，悦作说，躬作弓，攘作襄，泰作大，即作節，润作闰，骈作屏，防作房，诵作高，怍作乍，曰作言，弑作试，能作耐，氏作是，阴作音，硁作垩，居作君，识作志，辂作路，……恶作好，好作恶，馁作饥，禄作食，蹈作游，谅作梁，……階作陛，固作故，蓋作盍，佚作失，……斯作也，谓作胃，纳作内，俨作严，达作通，……帛作白，致作至，……紫作此，乱作乳，孺作儒，期作其，……反作返，……等等。但这些还不包括许多"之乎者也矣焉哉"等虚词的或有无，或多少的不同。①

    从中我们不难看出，今本《论语》、简本《论语》《古论》《鲁论》中所有的异文也不外乎假借字、异体字、误字和误句等。如《学而篇》"举直错诸枉"中的"错"字，《释文》云："郑本作'措'，投也。"阮元《校勘记》云："措，正字，古经传多假'错'为之。"又如《述而篇》"印为之不厌"，其中"印"字今本作"抑"。《说文》云："抑从反印"，故作"印"误。由此，我认为三《论》同源异流。自从子思等人编纂成《论语》后，《论语》便通过孔门弟子传播到各地。其传播手段主要有两种：一种是口耳相传，一种是文本抄写。鉴于当时书写工具的缺乏，口耳相传成为《论语》传播的主要手段。即便是在鲁国的孔里，也只是"讲诵"② 而已。文本抄写只局限于孔子嫡系家族、爱慕儒学的王室及世家大族。及战国纷乱、秦皇灭学，由于《论语》口耳相传，所以未遭受毁灭性打击，汉初陆贾、贾谊等人均在其著作中引用过《论语》文句，即是明证。不过，《论语》的文本抄本却没这么幸运，除留存于孔氏族内的文本

---

    ① 河北省文物研究所定州汉墓竹简整理小组：《定州汉墓竹简〈论语〉介绍》，载《定州汉墓竹简〈论语〉》，文物出版社1997年版，第2—4页。
    ② 《史记·孔子世家》。

和少数民间抄本保留下来外，余者大都亡佚。孔壁《古论》实际上就是孔氏家传抄本。这个家传本《论语》，在武帝时期，经孔安国的整理与传播，始重新面世。《齐论》《鲁论》均由此发展而来。日本学者武内义雄曾指出："《鲁论》《齐论》都是在《古论》发现以后才兴盛起来的。《鲁论》系统中的鲁扶卿曾从学于孔安国，《齐论》系统中的庸生曾从孔安国弟子都尉朝受《古文尚书》。《鲁论》与《齐论》很可能是因为对《古论》的解读、解释的不同而产生的不同的学派。"① 台湾学者郑静若亦云："鲁、齐二《论》盖自《古论语》衍分而来。且各据孔壁《古论语》本，鲁人以鲁语读之，而成《鲁论》；齐人以齐语读之，而成《齐论》；读法既殊，则其于《古论》之中之'古文'，以'小篆''隶书'隶定之后，字形有间，则经文之解释亦容有不同，遂各歧分而自立学派。由于传《鲁论》《齐论》者多立于学官之今文经学家，遂致势力浩大，寖假而为《论语》学之正统，以致《古论》仅流传于民间而不显矣。"② 其说可谓得其仿佛。

至于《齐论》多出的两篇及文字，可以推想，是在传承的过程中，齐学学者将流传于齐地的孔子之语补入原来的文本而成的。因为在西汉时期，齐鲁两地各自形成了不同的学术风气，"鲁学近于好古，齐学近于趋时"③，"齐学恢奇驳杂"，好"擅权用事"，而"治鲁学者，皆纯谨笃守师说，不能驰骋见奇，趋时求合，故当见抑也"④。由于齐学学者善于趋时，故在汉初政治上颇得宠幸，公孙弘更曾以布衣位至宰相。受此影响，在《论语》的传授过程中，适当增加一些流传在民间的与现实政治有密切关系的孔子话语，以增强《论语》在现实政治中的作用，也应是情理中事。

（二）《论语》文本的初步定稿

《论语》的首次改编本是《张侯论》的出现。《张侯论》成于安昌侯张禹之手。关于该书之撰写，《汉书》记载存有抵牾之处。据《汉书·张禹传》记载，张禹曾从"琅邪王阳、胶东庸生问《论语》"，他"先事王阳，后从庸生，采获所安"，而成《张侯论》。吊诡的是，据《汉书·艺文志》记载，琅邪王阳、胶东庸生皆是《齐论》传习者，似乎张禹是采获《齐论》两家之说而成《张侯论》。然而《张侯论》中却没有《齐论》特

---

① 武内义雄：《论语之研究》，岩波书店1972年版，第72—74页。
② 郑静若：《两汉论语学与论语郑氏注》，《中华文化复兴月刊》1981年第5期。
③ 赵吉惠等：《中国儒学史》，中州古籍出版社1991年版，第267页。
④ 钱穆：《两汉博士家法考》，《两汉今古文平议》，商务印书馆2001年版，第221—222页。

有的《问王》《知道》两篇，其篇次也与《鲁论》相同，班固《汉书·艺文志》也将张禹视为《鲁论》大师。此事引起后世学者的怀疑，各种解释及弥缝之说纷至沓来。

先是何晏综合《汉书·张禹传》与《汉书·艺文志》之说，改为"安昌侯张禹本受《鲁论》，兼讲《齐》说，善者从之，号曰《张侯论》，为世所贵"①。这是说，张禹最初学的是《鲁论》，后又兼讲齐说，择善而从以成《张侯论》，但没说明张禹《鲁论》之学本受于何人。

三百多年后，陆德明弥缝何氏之说，为张禹添加上了师承，他说："安昌侯张禹受《鲁论》于夏侯建，又从庸生、王吉受《齐论》，择善而从，号《张侯论》。最后而行于汉世，禹以授成帝。"②说张禹先受《鲁论》，后习《齐论》，兼采二《论》而成《张侯论》。但说张禹受《鲁论》于夏侯建，史无明文，未知所据。

《隋书·经籍志》综合前说，删除了没有确证的师承关系，解释了为什么《张侯论》与《鲁论》篇次相同的原因，指出："张禹本受《鲁论》，晚讲《齐论》，后遂合而考之，删其烦惑，除去《齐论》《问王》《知道》二篇，从《鲁论》二十篇为定，号《张侯论》。"但至于张禹为何删除《齐论》之"《问王》《知道》二篇，从《鲁论》二十篇为定"，《隋志》未予说明。

及至宋代，晁公武从张禹本人入手分析了删去《齐论》之《问王》《知道》二篇的原因。他说："汉时，《论语》凡有三，而《齐论》有《问王》《知道》两篇，详其名当是论内圣之道、外王之业，未必非夫子之最致意者，不知何说，而张禹独遗之。禹身不知王凤之邪正，其不知此固宜。然势位足以轩轾一世，使斯文尽丧，惜哉！"③晁氏以为《齐论》之《问王》《知道》二篇讲的是"内圣之道、外王之业"，张禹无知，故删之。然晁氏之说遭到了后人的质疑。因为《论语》二十篇，皆就首章字义名篇，非包括全篇之义。故晁氏之说难以令人信服。

元代马端临另辟蹊径，认为《问王》《知道》二篇是后儒伪托。他说："《齐论》多于《鲁论》二篇，曰《问王》《知道》，史称为张禹所删，以

---

① 何晏：《论语集解·论语序》，《儒藏·精华编·四书类论语属》，北京大学出版社2005年版，第1页。
② 朱彝尊：《经义考》卷二百十一，中华书局1998年影印版，第1085页。
③ 同上。

此遂无传。且夫子之言，禹何人而敢删之？然《古论语》与《古文尚书》同自孔壁出者，章句与《鲁论》不异，惟分《尧曰》'子张问'以下为一篇，共二十一篇。则《问王》《知道》二篇，亦孔壁中所无，度必后儒依仿而作，非圣经之本真，此所以不传，非禹所能删也。"① 马氏认为，《问王》《知道》二篇，《论语》中原本就没有，乃"后儒依仿而作"，故不传，非张禹所删。此说无所凭依，猜想成分较大，聊备一说而已。

今人朱维铮从师法与王法冲突的角度对张禹删除《齐论》《问王》《知道》二篇的原因作了解释。他说："张禹本受《齐论》是真，其改编本删去《齐论》特有二篇也是真。删去的原因，只要略知张禹为人，再略究受教于他的太子的父亲所学，便很清楚。他的学生是汉元帝之子，汉元帝当然很关心皇储的教育，甚至注意到皇储行路所表现的经学修养。而汉元帝做太子时学习的，恰是《鲁论》。张禹并不傻，他虽然早有重师法的荣名，倘见师法可能与王法冲突，便会背师谀君。因此，单是为了避免汉元帝可能起疑心，以为他想教太子与皇帝立异，就足以使他将《鲁论》所无二篇，弃置太子课本之外了。"② 在他看来，张禹为了讨好研习过《鲁论》的汉元帝，故删之。

朱氏所言虽不能视为定谳，但却颇有启发性。我认为张禹本受《齐论》，后改治《鲁论》，且以《鲁论》名家。据本传载，张禹"至长安学，从沛郡施雠受《易》，琅邪王阳、胶东庸生问《论语》，即皆明习，有徒众，举为郡文学"。据《汉志》，琅邪王阳、胶东庸生皆治《齐论》，故张禹应学《齐论》。起初他坚持师法，没有研习《鲁论》。其本传曰："甘露中，诸儒荐禹，有诏太子太傅萧望之问。禹对《易》及《论语》大义，望之善焉，奏禹经学精习，有师法，可试事。奏寝，罢归故官。"既然有师法，那么此时的张禹只能是研治一家，要么是《齐论》，要么是《鲁论》。联系上文，可以肯定地说张禹研治的是《齐论》。也正是由于他研治的是《齐论》，所以没有得到喜好鲁学的汉宣帝的重用，被"罢归故官"。这对张禹来说无疑是个打击。汉宣帝死后，汉元帝被立为皇太子，经郑宽中举荐，张禹得以入授太子《论语》。在讲授过程中，"以上难数对己问经，为

---

① 朱彝尊：《经义考》卷二百十一，中华书局1998年影印版，第1085页。
② 朱维铮：《〈论语〉结集脞说》，《孔子研究》1986年第1期。

《论语章句》献之"①。这里的《论语章句》，说者都以为指《汉志》中的"鲁安昌侯说二十一篇"。"鲁"字当指《鲁论》。为什么本受《齐论》的张禹改治《鲁论》了呢？我认为主要有以下两点原因：一是自汉宣帝始，汉政府改变了过去一味重视齐学的文化政策，开始关注侧重于礼学的鲁学，其转折点就是石渠阁会议的召开。自此以后，鲁学大师或贵为丞相，如韦贤父子；或为太子太傅，如夏侯胜、萧望之。这对于汲汲于功利的士人来说无疑具有极大的吸引力。王骏是《齐论》大师王吉的儿子，幼年所学一定是《齐论》，但后来却改治《鲁论》，《汉志》录"鲁王骏说二十篇"即是明证。如此说来，张禹改治《鲁论》看来是时代潮流使然。二是汉元帝的老师均为《鲁论》大师。据《汉书》夏侯胜、萧望之本传，知夏侯胜晚年任太子太傅时曾奉宣帝诏撰《尚书说》《论语说》，稿成后曾得黄金百斤的重酬。而此处的《论语说》，即是《汉志》中的"鲁夏侯说二十一篇"。夏侯胜是《鲁论》大师，其《论语说》自是就《鲁论》而言的。萧望之从夏侯胜受《论语》，继胜任太子太傅，即以夏侯说授汉元帝。张禹在继任太子太傅后，为了迎合汉元帝，避免重蹈甘露年间的覆辙，足以使他背师谀君，改治《鲁论》，他也因此成为《鲁论》名家。如果他本受《鲁论》，晚讲《齐论》的话，《汉志》为何不将其列入《齐论》大师的行列呢？因此，我认为张禹本受《齐论》，后改治《鲁论》，且以《鲁论》名家。

对于《张侯论》，我认为张禹并未混合《齐论》《鲁论》经文，他不过是以《鲁论》为本，兼采《齐论》家的解说而已。之所以如此说，依据如下：一是据《汉书·艺文志》体例，无论是官方的还是民间的，《六艺略》于各家经文不同者都一一标明，如《易》类著"《易》经十二篇，施、孟、梁丘三家"。《汉志》又说："讫于宣、元，有施、孟、梁丘、京氏列于学官，而民间有费、高家之说。刘向以中（师古曰：'中者，天子之书也。'）《古文易经》校施、孟、梁丘经，或脱去'无咎''悔亡'，唯费氏经与古文同。"其他如《诗》类著"《诗》经二十八家，齐、鲁、韩三家"。《书》类著"经二十九卷"。小注："大小夏侯二家。欧阳经三十二卷。"《张侯论》当时名闻天下，如果其经文与他家不同，班固理应注明。但遍查《汉志》，并无明言论及此事，可见张禹并没有改编出不同于

---

① 《汉书·张禹传》。

这三家的新《论语》本子。二是《汉志》"《论语》类"于"安昌侯说二十一篇"上加冠一"鲁"字，序文又将张禹列于《鲁论》的传授系统中，这正可以说明张禹虽兼采齐说，而所用的文本仍是《鲁论》，所作说解也多沿用鲁师传说。同时，"安昌侯说二十一篇"，篇数比经多一篇并不足怪，正如"鲁夏侯说二十一篇"一样。安昌侯说与夏侯说篇数相同，也可作为张禹传《鲁论》的一个佐证。三是今本《论语》末章"不知命"章，《释文》云："《鲁论》无此章，今从古。"熹平石经所刻《鲁论》确实没有这一章，但韩婴、董仲舒等人都曾引用，很有影响，仲舒且引于对策中。张禹没有收这一章。根据这几点理由再来看《汉书》本传和《集解序》的记述，就很清楚，张禹所从者是《鲁论》、所采获者是《齐》说，所谓《张侯论》也只是说解《论语》的一说而已。①

另，从《论语章句》这一名称，我们也可以得到某些启示。所谓章句，钱穆先生在《两汉博士家法考》中曾引《汉书·夏侯建传》予以考论。《汉书·夏侯建传》记载："胜从父子建字长卿，自师事胜及欧阳高，左右采获。又从五经诸儒问与《尚书》相出入者，牵引以次章句，具文饰说。胜非之，曰：'建所谓章句小儒，破碎大道。'"由此出发，钱先生认为："章句必'具文'，具文者，备具原文而一一说之。遇有不可说处，则不免于'饰说'矣。如蜀人赵宾，好小数书，后为《易》，饰《易》文，以为'箕子明夷'，阴阳气无'箕子'。箕子者，万物方荄兹也。此亦具文饰说，'箕子'与阴阳气无关，说之不能通，又不肯略去不说，必具文，则陷于饰说也。求为具文饰说，乃不得不左右采获，备问五经，取其相出入者牵引以为说矣。"②考虑到张禹也曾"采获所安"，因此，其采用齐说应是可以理解的。

张禹在《论语》学史上的地位举足轻重。他以《鲁论》为底本，删去了《齐论》比《鲁论》多出的篇章，整合了《论语》文本和经说，为今本《论语》一书的最终定稿付出了心血，所著《张侯论》也成为《论语》结集史上的里程碑式的著作。据本传记载，《张侯论》问世后，"诸儒为之语曰：'欲为《论》，念张文。'由是学者多从张氏，余家寝微"。东汉时，包咸、周氏先后为之"章句"，且立于学官，汉末熹平石经及郑玄《论语

---

① 详见王铁《试论〈论语〉的结集与版本变迁诸问题》，《孔子研究》1989年第3期。
② 钱穆：《两汉今古文平议》，商务印书馆2001年版，第225—226页。

注》均以此为本。

（三）《论语》定本的出现

《论语》定本也就是郑玄的《论语注》。关于它的成书问题，众家说法不一。

何晏《论语序》曰："汉末，大司农郑玄就《鲁论》篇章，考之《齐》《古》，以为之注。"①

皇侃《论语义疏·论语序》曰："郑康成又就《鲁论》篇章，及考校《齐》《古》二《论》，亦注于《张论》也。"②

陆德明则说："郑氏校《鲁论》本以《齐》《古》，读正凡五十事。"③

《隋书·经籍志》确指郑玄"以《张侯论》为本，参考《齐论》《古论》而为之注"。

邢昺《论语注疏·论语序》曰："就《鲁论》篇章，谓二十篇也，复考校之以《齐论》《古论》，择其善者而为之注。"④

上述说法，在我看来，都或多或少的存在一些问题。窃以为郑玄《论语注》经文实际上是以《张侯论》为底本，校之《古论》而成。为什么这样说呢？

第一，联系上文所论可知，《张侯论》是以《鲁论》为本，兼采《齐论》家之解说而成的。故宋翔凤《师法表》云：《张侯论》"合《齐》《鲁》两家之学，特其篇章与《鲁论》同，故多以《张论》为《鲁论》。后汉熹平石经，即用《张论》"⑤。包咸、周氏又先后为之章句，这也就是说包、周之学，即是张氏之学。故无论郑玄是以周之本，还是以《鲁论》为底本，实际上都是以《张侯论》为底本。因而，《隋志》说郑玄"以《张侯论》为本"是正确的，而何晏、邢昺"就《鲁论》篇章"、陆德明"就《鲁论》张、包、周之篇章"之说，是由于《张侯论》的底本为《鲁论》之故。

第二，据《经典释文·论语音义》和敦煌吐鲁番地区出土的唐写本

---

① 何晏：《论语集解·论语序》，《儒藏·精华编·四书类论语属》，北京大学出版社2005年版，第1页。

② 同上书，第17页。

③ 朱彝尊：《经义考》卷二百十一，中华书局1998年影印版，第1085页。

④ 邢昺：《论语注疏·论语序》，《儒藏·精华编·四书类论语属》，北京大学出版社2005年版，第6页。

⑤ 宋翔凤：《论语师法表》，食旧堂丛书本。

《论语郑氏注》所保存的郑注,可知郑注中多以《古》改《鲁》事,而无以《齐》改《鲁》事。今将《释文》及唐写本《论语郑氏注》所存以《古》改《鲁》之条,罗列如下,以彰我说。

《学而篇》:传不习乎。郑注云:鲁读传为专,今从古。

《公冶长篇》:崔子。郑注云:鲁读崔为高,今从古。

《述而篇》:吾未尝无诲焉。鲁读为悔字,今从古。

《述而篇》:五十以学易。鲁读易为亦,今从古。

《述而篇》:正唯弟子不能学也。鲁读正为诚,今从古。

《述而篇》:君子坦荡荡。鲁读坦荡为坦汤,今从古。

《子罕篇》:冕衣裳者。郑本作弁,云:鲁读弁为絻,今从古。《乡党篇》亦然。

《乡党篇》:下如授。鲁读下为趋,今从古。

《乡党篇》:瓜祭。鲁读瓜为必,今从古。

《乡党篇》:乡人傩。鲁读傩为献,今从古。

《乡党篇》:君赐生。鲁读生为牲,今从古。

《乡党篇》:车中不内顾。鲁读车中内顾,今从古。

《先进篇》:仍旧贯。鲁读仍为仁,今从古。

《乡党篇》:咏而归。郑本作馈,馈,酒食也。鲁读馈为归,今从古。

《颜渊篇》:片言可以折狱者。鲁读折为制,今从古。

《卫灵公篇》:好行小慧。鲁读慧为惠,今从古。

《季氏篇》:谓之躁。鲁读躁为傲,今从古。

《阳货篇》:归孔子豚。郑本作馈,鲁读馈为归,今从古。

《阳货篇》:古之矜也廉。鲁读廉为贬,今从古。

《阳货篇》:天何言哉。鲁读天为夫,今从古。

《阳货篇》:恶果敢而窒者。鲁读窒为室,今从古。

《微子篇》:已而已而,今之从政者殆而。鲁读期斯已矣,今之从政者殆,今从古。

《尧曰篇》:孔子曰:不知命,无以为君子也。鲁读无此章,今从古。

以上出《经典释文》。

《子罕篇》:弁衣裳者。注:鲁读弁为絻,今从古。

《子罕篇》:沽之哉沽之哉。注:鲁读沽之哉不重,今从古也。

《子罕篇》:不为酒困。注:鲁读困为魁,今从古。

以上出郑注残卷。

以上二十七条中，除一条重复外，共得二十六条，已超过陆德明"郑玄校《鲁论》以《齐论》《古论》，读正凡五十事"中的"五十事"的半数。考虑到郑注《论语》在六朝隋唐间传习甚广，写本亦多，其存鲁读之注，往往为写书者所删，故陆氏所见郑注别本已有全无此注者。① 如果王国维先生上述所论大致不错的话，那么实际上郑玄只是以《古论》读正《鲁论》，而与《齐论》无涉。

第三，唐写本《论语郑氏注》残卷中有些篇题之下赫然写有"孔氏本，郑氏注"六字，也可证明郑玄只是以《古论》读正《鲁论》。20世纪在敦煌、吐鲁番地区出土了唐写本《论语郑氏注》。在这些出土文献中，有些篇题之下赫然写有"孔氏本，郑氏注"六字，如吐鲁番阿斯塔那三六三号墓八＼一号写本《八佾篇》《里仁篇》《公冶长篇》；吐鲁番阿斯塔那一八四号墓一二＼一（b）⌒一二＼六（b）号写本《雍也篇》；伯希和二五一〇号写本《太伯篇》《子罕篇》《乡党篇》，篇题下都有这六个字。另日本龙谷大学藏吐鲁番写本《宪问》篇残卷篇题下标有"孔氏本"三字，其注亦郑注也。这种标法颇令人费解。罗振玉先生认为："今此卷明著'孔氏本'，一若所注为古论者；而考其篇次，则《太伯》第八，《子罕》第九，《乡党》第十，固明明同《鲁论》，知何叙皇注为可信。顾孔训世既不传，此卷乃题孔本，初不可晓。且陆氏《经典释文》亦言，郑校周之本，以齐、古读正，凡五十事，与何、皇说略同。乃反复考之，《释文》所举郑氏校正诸字，则皆改鲁从古，无一从齐者，始悟此卷所谓'孔氏本'者，乃据孔氏古论改正张侯鲁论；而何、皇诸家谓考校齐、鲁者，盖张禹本受鲁论，兼讲齐说，善者从之（见《集解叙》）。郑君既注于张论，则不异兼采齐论，其实固仅据古以正鲁也。此卷写官漫题孔本，虽不免小疏，然因此而得知其实，亦可喜矣。"②

王国维先生就此认为：郑玄《论语注》篇章全从《鲁论》，字句全从《古论》即"孔安国本"，后者是称郑注《论语》为"孔氏本"的原因。他在《书〈论语郑氏注〉残卷后》中说：

---

① 参见王国维《书〈论语郑氏注〉残卷后》，《观堂集林》第一册，中华书局1959年版，第170—173页。

② 罗振玉：《〈论语〉郑注〈述而〉至〈乡党〉残卷跋》，载郑学檬、郑炳林编《中国敦煌学百年文库·文献卷》第二册，甘肃文化出版社1999年影印版，第2页。

郑氏所据本固为自《鲁论》出之《张侯论》，及以《古论》校之，则篇章虽仍《鲁》旧，而字句全从《古》文。《释文》虽云郑以《齐》《古》正读凡五十事，然其所引廿四事及此本所存三事，皆以《古》正《鲁》，无以《齐》正《鲁》者，知郑但以《古》校《鲁》，未以《齐》校《鲁》也。又，郑于礼经，或从古文改今文，或以今文改古文，而正《论语》读五十事中，所存二十七事，皆以《古》改《鲁》，无以《鲁》改《古》者。故郑注《论语》以其篇章言，则为《鲁论》；以其字句言，实同孔本。虽郑氏容别有以《齐》校《鲁》之本，然此本及陆氏《释文》所见者，固明明以《古》校《鲁》之本，非以《齐》《古》校《鲁》之本也。后汉以后，《张侯论》盛行，而《齐》《鲁》皆微。石经所刊《鲁论》，虽不知为谁氏之本，而其校记，但列盍、毛、包、周异同，不复云齐。盍、毛虽无考，然包、周则固张氏之学也。疑当时《齐论》已罕传习，何氏"考之《齐》《古》"之说，或因《古论》而牵连及之也。今将《释文》及此本所著以《古》改《鲁》之条罗列如左，可以知其题"孔氏本"之故也。①

文物出版社的《唐写本〈论语郑氏注〉说明》也认为，由于郑玄以孔安国《古论语》为标准本，所以称为"孔氏本"②。

综上所述，窃以为，郑玄是以《张侯论》为底本，校之以《古论》而为之注的。由于《张侯论》是以《鲁论》为底本，兼采《齐》说而成，所以后人浑言之曰："郑玄就《鲁论》篇章，考之《齐》《古》，以为之注。"

在《论语》诠释史上，郑玄《论语注》完成了对《论语》文本的再次整合，使汉代以来的《论语》定本工作至此画上了一个圆满的句号。随着郑注的盛行，其他《论语》文本均告衰微。

---

① 王国维：《书〈论语郑氏注〉残卷后》，《观堂集林》第一册，中华书局1959年版，第169—170页。
② 文物出版社：《唐写本〈论语郑氏注〉说明》，《文物》1972年第2期。

第二节　两汉至隋唐时期的《论语》诠释

从汉到唐，众多学者对《论语》进行了各种训释与阐发，《论语》学得以不断发展并在不同时期呈现出不同的特点。

一　两汉时期的《论语》诠释

在两汉时期，伴随着《论语》文本的整合，《论语》一书的诠释工作也全面展开。由于时间距离、历史环境造成的词义变化以及对孔子个性心理的不了解而形成的隔膜，使得汉代的一般人对作为先秦文献的《论语》也很难释读，更不用说广泛传播了。而对于《论语》来说，其意义、价值、主旨和本质只有在传播活动中，通过解读者对文本的阐释才能生发出来。没有阐释实践，也就实现不了它的社会效用。这就要求后人利用当下话语对其进行释读，于是《论语》一书的文字训解工作也就应运而生了。而且无代无之，乃至汗牛充栋，不可胜数。不过受时代精神、历史背景以及解释者的家庭背景、成长环境、地理文化、师说渊源、游学经历等方面差异的影响，学者们对同一《论语》文本所作的诠释和注疏，也是特色迥异，流派纷呈。揆诸两汉时期，《论语》诠释大体有"说""传""训解""章句""注"等形式。

说，即"解说其意"① 的意思。起初在师生之间口耳相传，后来有的也形成了文字。这方面的诠释著作有《齐说》《鲁夏侯说》《鲁安昌侯说》《鲁王骏说》《燕传说》等。

传，是对经的权威性解释。这方面的著作有东汉郑众和刘辅的《论语传》。

训解，即"训释解说"的意思。这方面的代表作有孔安国的《论语训解》、马融的《论语训说》、何休的《论语注训》等。其中孔安国的《论语训解》，虽已残缺不全，但却是目前可以见到的最古老的《论语》注释。其特点就是训诂以通大义。孔安国对《论语》中所涉及的名物制度进行了解释。如《公冶长篇》"孔文子何以谓之文也"章下，孔注曰："孔文子，

---

① 顾宏义、戴扬本等编：《历代四书序跋题记资料汇编》，上海古籍出版社 2010 年版，第 120 页。

卫大夫孔叔圉也。文，谥也。"① 又，《季氏篇》"齐景公有马千驷"章，孔氏注曰："千驷，四千匹也。"② 与此同时，他在注释中，还兼及大义。如《阳货篇》"不曰坚乎，磨而不磷。不曰白乎，涅而不缁"下，孔注曰："磷，薄也。涅，可以染皂者。言至坚者磨之而不薄，至白者染之涅不黑，君子虽在浊乱，浊乱不能污也。"③ 将其中两个难懂的词"磷"和"涅"予以了解释，接着点出了其引申的文意。

　　章句，是一种以分章析句为基础的经学阐释体系，其内容包括分析篇章结构、解释字词名物、疏通串讲文句、阐发经文义理等。④ 它紧附所阐释的对象，不单行。⑤ 这方面的代表作有包咸和周氏的《论语章句》。就包咸的《论语章句》而言，由于原书早佚，只有吉光片羽留存于他书之中，所以其在分章方面的特点表现的不明显，而其在"析句"方面的特点——离析经文、疏通句义则凸显无遗。包氏在注释中，将"解词"融于"串讲大意"之中，使诂训服务于串讲。有时包氏先解词后串讲大意，如《泰伯篇》"君子笃于亲，则民兴于仁；故旧不遗，则民不偷"章，包咸注曰："兴，起也。君能厚于亲属，不遗忘其故旧，行之美者也，则民皆化之，起为仁厚之行，不偷薄也。"⑥ 先解释词义，接着串讲文意。有时先串讲大意后解词。如《子路篇》"夫如是，则四方之民襁负其子而至矣，焉用稼"章，包咸注曰："礼义与信，足以成德，何用学稼教民乎？负者以器曰襁也。"⑦ 先串讲文意后解释什么是"襁"。有时在串讲文意中解词。如《学而篇》"道千乘之国，敬事而信，节用而爱人，使民以时"章，包咸注曰："道，治。千乘之国者，百里之国也。古者井田，方里为井，井十为乘，百里之国者，适千乘也。为国者，举事必敬慎，与民必诚信也。节用，不奢侈。国以民为本，故爱养也。作使民必以其时，不妨夺农务

---

① 何晏：《论语集解》，《儒藏·精华编·四书类论语属》，北京大学出版社2005年版，第16页。
② 同上书，第67页。
③ 同上书，第69页。
④ 吴承学、何诗海：《从章句之学到文章之学》，《文学评论》2008年第5期。
⑤ 杨权：《〈白虎通义〉是不是章句》，《学术研究》2002年第9期。
⑥ 何晏：《论语集解》，《儒藏·精华编·四书类论语属》，北京大学出版社2005年版，第29页。
⑦ 同上书，第50页。

也。"① 有时光串讲文意不解词。如《八佾篇》"成事不说，遂事不谏，既往不咎"章，包咸注曰："事已成，不可复解说也。事已遂，不可复谏止也。事既往，不可复追非咎也。孔子非宰我，故厉言三者，欲使慎其后也。"② 光解词不串讲文意者也有，如《尧曰篇》"谨权量"，包咸注曰："权，秤也。量，斗斛也。"③ 但这样的注解方法在包咸章句中占的比例较小。由此可见，在"章句"注释中，以"串讲文意"为主，而"解词"注释只起辅助作用，这与以训诂见长的注释法有明显的不同。

注，亦称"笺"或"笺注"，指对古书原文中的疑难进行解释，而非泛泛而谈。这方面的代表作有郑玄、麻达、盍氏、毛氏等人的《论语注》。其中郑玄的《论语注》尚有大量留存于世。其主要特点是"以古学为宗，亦兼采今学以附益其义"④，具有明显的会通特色。古文经学最明显的学术特色就是训诂，"诂训者，通古今之异辞，辨物之形貌，则解释之义尽归于此"⑤。它不只是对儒家经典中的古代字词的语言等意义上的音义注解，还包括对其中名物制度的训解。郑玄非常重视对《论语》字词的音义解释。在他看来，"读先王典法，必正言其音，然后义全"⑥。因此，在《论语注》中，郑玄运用了两种注音体例，以求得对经典的正确音读。一方面，用"读为""读曰"破其假借。如《八佾篇》"从之，纯如也，皦如也，绎如也"下，郑玄注云："从，读曰纵。从之，谓八音皆作。"⑦《子罕篇》"譔与之言"下郑玄注云："譔，读为诠。诠，言之善者。"⑧《子张篇》"则以为厉己也"下，郑玄注云："厉读为赖，恃赖也。"⑨ 另一方面，用"当为"定其形音之误。如《子罕篇》"今也纯，俭"下，郑玄注云：

---

① 何晏：《论语集解》，《儒藏·精华编·四书类论语属》，北京大学出版社 2005 年版，第 1—2 页。
② 同上书，第 9 页。
③ 同上书，第 79 页。
④ 皮锡瑞：《经学历史·经学中衰时代》，中华书局 1959 年版，第 149 页。
⑤ 孔颖达：《诗经·周南·关雎》疏，《十三经注疏》本，上海古籍出版社 1997 年版，第 269 页。
⑥ 何晏：《论语集解》，《儒藏·精华编·四书类论语属》，北京大学出版社 2005 年版，第 26 页。
⑦ 李昉等：《太平御览·乐部·雅乐中》，中华书局 1960 年影印本，第 2547 页。
⑧ 王素：《唐写本论语郑氏注及其研究》，文物出版社 1991 年版，第 108 页。
⑨ 陆德明：《经典释文·论语音义》，上海古籍出版社 1985 年版，第 1389 页。

"纯当为缁，古之缁字以才为声，此缁谓黑缯也。"① 为求得《论语》之确义，郑玄在《论语注》中还运用了声训、义训两种训解词义的方法。所谓声训，是利用词与词之间声音相同或相近的关系来解释词义的一种方式。郑玄在《论语注》中也运用了这样的释词手段。如《述而篇》"民可使由之"下，郑玄注云："民者，冥也。"②《宪问篇》"霸诸侯，一匡天下"下，郑玄注云："霸者，把也。言把持王者之政教，故其字或作伯或作霸也。"③ 所谓义训，是指在训释语词时，根据语词在语言中实际使用的意义来选择训释词或做出义界，而不考虑字形结构或字的音义关系，这种直接解释词义的说解方法叫作义训。郑玄在《论语注》中运用较多的便是义训的方法，其方式主要有互训（或曰直训）和义界两种。对其中某个字词的含义常常用单个的同义词予以直接解释，这就是直训或互训。如《学而篇》"鲜矣"下，郑玄注"鲜"云："寡也。"④《八佾篇》"与其易也"下，郑玄注"易"云："简。"⑤《里仁篇》"见贤思齐焉，见不贤思内省也"下，郑玄注云："齐，等也。省，察也。"⑥ 阐述并确定经典中字词的含义的界限，这就是义界。如《公冶长篇》"夫子之言性与天道"下，郑玄注云："性，谓人受血气以生，有贤愚吉凶。"⑦《雍也篇》"以与尔邻里乡党乎"下，郑玄注云："五家为邻，五邻为里，万二千五百家为乡，五百家为党也。"⑧ 郑玄也比较重视对《论语》中名物典制的注释。《论语》中涉及许多古代的名物典制，这些名物典制随时代的变迁或消失，或变异，这就要求后来者对此做出训释，以便人们阅读。郑玄在对这些名物典制作注时，主要是根据先师先儒之言、古代典籍以及今制世俗来进行的。如《宪问篇》"晋文公谲而不正"下，郑玄注云："谲者，诈也。谓召于天子而使诸侯朝之。仲尼曰：'以臣召君，不可以训。'故《书》曰：'天

---

① 王素：《唐写本论语郑氏注及其研究》，文物出版社1991年版，第104页。
② 孔颖达：《诗经·卫风·氓》疏，《十三经注疏》本，上海古籍出版社1997年版，第324页。
③ 邢昺：《论语注疏》，《儒藏·精华编·四书类论语属》，北京大学出版社2005年版，第218页。
④ 陆德明：《经典释文·论语音义》，上海古籍出版社1985年版，第1350页。
⑤ 同上书，第1353页。
⑥ 李昉等：《太平御览·人事部·叙贤》，中华书局1960年影印本，第1856页。
⑦ 《后汉书·桓谭传》注。
⑧ 何晏：《论语集解》，《儒藏·精华编·四书类论语属》，北京大学出版社2005年版，第19页。

王狩于河阳。'是谲而不正也。"①《子罕篇》"后生可畏，焉知来者之不如今也"下，郑玄注云："后生，谓幼稚，斥颜渊也。可畏者，言其才美服人也。孟子曰：'吾先子之所畏。'是时颜渊死矣，故发言，何知来世将无此人。"② 郑玄援引孔孟之言，可以说是最具权威的了。又，如《乡党篇》"傩，朝服而立于阶阼"下，郑玄注云："乡人傩者，谓驱疫。朝服而立于阶阼者，为鬼神或惊恐，当依人。《周礼》：'十二月，方相氏率百隶而傩，以索室中驱疫。'"③ 引用《周礼》以证成己见。为了更加形象地说明《论语》中的名物制度，郑玄有时也借用当时仍流行的典章制度、风俗习惯予以训释。如《子罕篇》"子见齐衰者、弁衣裳者与瞽者，见之，虽少，必作；过之，必趋"下，郑玄注云："孔子哀丧者，敬君礼乐之人，坐见之，必为之起；行见之，必为之趋。趋，今时吏步也。"④ 同篇"衣弊缊袍"下，郑玄注云："袍，今时襦也。"⑤《乡党篇》"必有寝衣"下，郑玄注云："今时卧被。"⑥ 郑玄在注释时不仅重视文字的训诂，而且重视在训诂的基础上的义理的阐发。如《八佾篇》"子谓《韶》，尽美矣，又尽善也。谓《武》，尽美矣，未尽善也"章，郑玄注云："《韶》，舜乐名。美舜以圣德受禅于尧。又尽善者，谓致太平也。《武》，谓周武王乐，美武王以武功定天下。未尽善者，谓未致太平也。"⑦《论语集解》引孔安国注曰："《韶》，舜乐也。谓以圣德受禅，故曰尽善也。《武》，武王乐也。以征伐取天下，故曰未尽善也。"⑧ 二者相比较，孔注根据所谓禅让与征伐的不同解释了"尽善"与"未尽善"，认为以圣德受禅而得天下者，为尽善；以征伐得天下者，为未尽善。而郑注则不同，郑玄把禅让与征伐都看作是"尽美"的，把能否致天下于太平作为"尽善"与否的标准：舜受禅之后出现了太平盛世，故《韶》乐是"尽善"的；周武王从商纣手中夺取天下

---

① 何晏：《论语集解》，《儒藏·精华编·四书类论语属》，北京大学出版社2005年版，第55页。
② 王素：《唐写本论语郑氏注及其研究》，文物出版社1991年版，第108页。
③ 同上书，第121页。
④ 同上书，第105页。
⑤ 同上书，第108页。
⑥ 同上书，第120页。
⑦ 同上书，第23页。
⑧ 何晏：《论语集解》，《儒藏·精华编·四书类论语属》，北京大学出版社2005年版，第10页。

后不久就死了，其后不久便发生了武庚叛乱，经过周公和成王的努力，才达至天下太平，所以《武》乐未能"尽善"。郑玄根据"致太平""未致太平"来解释"尽善""未尽善"有着深刻的含义。在此，我们可以看作是郑玄自身的政治理想的表现。身处乱世的郑玄是非常渴望"致太平"的。因而产生了此章特殊的解释。在他看来，无论采取何种方式夺取政权，只要是能够使天下获得太平，便是尽美又尽善的。综上，郑注"以古学为宗"，注重对《论语》字词的释义注音；同时也"兼采今学以附益其义"，注重对经文的微言大义的阐发，自成一家之言，成为会通今古学以释《论》的代表作，在《论语》学史上占有重要的地位。

二 魏晋南北朝时期的《论语》诠释

魏晋南北朝时期，虽然佛教东传，道教发端，玄学兴盛，儒家经学受到严峻挑战，但由于统治者的提倡，儒学在政治原则、伦理规范、社会教育上的宗主地位并没有动摇，所以《论语》学的研究并没有因此而衰落。相反，由于儒家学者构建儒学新体系的努力、文字学的兴盛以及援佛解经、援道解经的兴起，《论语》诠释却获得了相当的发展。

其一，《论语》注释专著数量大增。据王鹏凯统计共有102部，分别为：王肃的《论语注》、周生烈的《论语注》、谯周的《论语注》、张昭的《论语注》、虞翻的《论语注》、范宁的《论语注》、李充的《论语注》、孟陋的《论语注》、梁觊的《论语注》、袁乔的《论语注》、袁宏的《论语注》、尹毅的《论语注》、张凭的《论语注》、宋纤的《论语注》、蔡谟的《论语注》、江淳的《论语注》、晋王的《论语注》、周怀的《论语注》、孔澄之的《论语注》、虞遐的《论语注》、顾欢的《论语注》、祖冲之的《论语注》、曹思文的《论语注》、许容的《论语注》、盈氏的《论语注》、卢氏的《论语注》、梁武帝的《论语注》、江避的《论语注》、卢景裕的《论语注》、陈奇的《论语注》、沈驎士的《论语训注》、陈群的《论语义说》、王濛的《论语义》、畅惠明的《论语义注》、伏曼容的《论语义》、无名氏的《论语义注》、王朗的《论语说》、缪协的《论语说》、熊埋的《论语说》、沈峭的《论语说》、王肃的《论语释驳》、王弼的《论语释疑》、乐肇的《论语释疑》、乐肇的《论语驳序》、张凭的《论语释》、蔡系的《论语释》、张隐的《论语释》、曹毗的《论语释》、庾翼的《论语释》、李充的《论语释》、何晏的《论语集解》、卫瓘的《论语集注》、崔豹的《论集义》、孙绰的《论语集解》、江熙的《论语集解》、太史叔明的《论语集解》、应琛的《论语藏集解》、陶弘景的《论语集注》、缪播的《论语旨序》、程秉的《论语弼》、郭象的《论语体略》、郭象的《论语隐》、无名氏的《论语隐义》、无名氏的《论语隐义注》、虞喜的《论语赞郑氏注》、虞喜的《新书对张论》、范廙的《论语别义》、邳原的《论语通郑》、殷仲堪的《论语解》、崔浩的《论语解》、谢道韫的《论语赞》、宋明帝的《论语补卫瓘阙》、张略等人的《论语疏》、褚仲都的《论语义疏》、皇侃的《论语义疏》、周弘正的《论语疏》、顾越的《论语义疏》、张讥的《论语义疏》、李铉的《论语义疏》、沈驎士的《论语要略》、释僧智的《略解论语》、戴诜的《论语述义》、刘炫《论语述义》、姜处道的《论释》、史辟原的《续注论语》、司马氏的《论语标指》、王氏的《论语修郑错》、无名氏的《论语难郑》、沈文阿的《论语义记》、乐逊的《论语序论》、何晏的《论语音》、王弼的《论语音》、卫瓘的《论语音》、缪播的《论语音》、徐邈的《论语音》、李充的《论语音》、韦昭的《鲁论解》、徐氏的《古论语义注谱》、宋均的《论语谶注》、庾亮的《论语君子无所争》、无名氏的《论语义注图》、无名氏的《论语杂问》。[①]

其二，《论语》注释呈现多元化发展趋势。该时期的《论语》诠释出现了多元化发展趋势，不仅出现了专门给《论语》注音的《论语音》、专门疏解《论语》文句的《论语君子无所争》，而且出现了专门向郑玄发难的《论语难郑》、修正郑玄错误的《王氏修郑错》；不仅出现了援道解《论》之作，如王弼的《论语释疑》、郭象的《论语体略》等，而且出现了援佛解《论》之作，如释僧智的《略解论语》、应琛的《论语藏集解》等。其中王弼的《论语释疑》是魏晋南北朝时期《论语》诠释玄学化的代表。其特色有：一是以"无"解"道"。如《述而篇》"志于道"下，郑玄注曰："道，谓师儒之所以教诲者"[②]，把"道"解释为儒家传授的人伦日用之道，是在现实中看得见、摸得着的东西。而王弼则注云："道者，无之称也，无不通也，无不由也，况之曰道。寂然无体，不可为象。是道不可体，故但志慕而已。"[③] 王弼以"无"训"道"，如此一来，就把孔子

[①] 王鹏凯：《历代论语著述综录》，花木兰文化工作坊2005年版，第18—26页。
[②] 王素：《唐写本论语郑氏注及其研究》，文物出版社1991年版，第75页。
[③] 王弼著，楼宇烈校释：《王弼集校释》，中华书局1980年版，第624页。

的人伦日用之"道"与老子思想中那个玄之又玄的"无"等同起来,这个道就变成了不可捉摸的东西,从而具有了本体论的意义。二是利用本末、体用关系来解读《论语》,阐明了名教出于自然的玄学思想。玄学的中心课题就是如何对自然与名教的关系重加解释和调整,以使名教符合理想之道以及在名教中安置人的心灵。① 在王弼看来,要想建立一种合乎自然的名教社会,就必须寻根溯源,为名教立本。《八佾篇》"林放问礼之本"下,王弼注云:"时人弃本崇末,故大其能寻本礼意也。"② 此之谓也。那么,其本何在呢? 他在诠释《泰伯篇》"兴于诗,立于礼,成于乐"时指出,"诗""礼""乐"非指古代典籍,乃是一般之诗谣、礼制、声乐。其注云:"言有为政之次序也。夫喜、惧、哀、乐,民之自然,应感而动,则发乎声歌。所以陈诗采谣,以知民志风。既见其风,则损益基焉。故因俗立制,以达其礼也。矫俗检刑,民心未化,故又感以声乐,以和神也。若不采民诗,则无以观风。风乖俗异,则礼无所立,礼若不设,则乐无所乐,乐非礼则功无所济。故三体相扶,而用有先后也。"③ 诗以民情为本,礼以诗为本,乐以礼为本,此之谓"三体相扶,而用有先后"。如此一来,王弼就将原属于名教范畴的礼乐制度与自然范畴的喜、惧、哀、乐之情搭挂起来,不仅为礼乐制度找到了源头,而且也开出了建立名教与自然和谐的社会政治的济世药方。三是重塑孔子形象,将孔子道家化。王弼精研"老"学,并援以释《论》。在他的诠释话语中,孔子变成了"与无同体""穷神知化"的道家化人物。在王弼看来,深得"无名"之道的孔子,在人格精神上已至"中和"之境界。在注释《述而篇》"子温而厉,威而不猛,恭而安"时,他指出:"温者不厉,厉者不温;威者心猛,猛者不威;恭则不安,安者不恭;此对反之常名也。若夫温而能厉,威而不猛,恭而能安,斯不可名之理全矣。故至和之调,五味不形;大成之乐,五声不分;中和备质,五材无名也。"④ 温厉、威猛、恭安,是截然相反的,如果仅仅执着于一偏,那么就不能获得性之全。只有以"不可名之理"为人的本性,才能把相互对立的品德统一为中和的整体,使之综合完备。在解释《阳货篇》"佛肸召,子欲往"时,王弼还指出,孔子"机发后应,事形

---

① 高晨阳:《玄学的主题:自然与名教之辨》,《孔子研究》1994年第3期。
② 王弼著,楼宇烈校释:《王弼集校释》,中华书局1980年版,第622页。
③ 同上书,第625页。
④ 王弼著,楼宇烈校释:《王弼集校释》,中华书局1980年版,第625页。

乃视，择地以处身，资教以全度者也，故不入乱人之邦。圣人通远虑微，应变神化，浊乱不能污其洁，凶恶不能害其性，所以避难不藏身，绝物不以形也"①。经过王弼的创造性解读，孔子业已变成了穷神知化、老谋深算的道家化人物，不复为纯粹儒家之圣人矣。王氏上述所为，虽不免曲解了《论语》，但却为儒道之间的交融，打通了血脉；"使儒学摆脱了传统天人交感的窠臼，融进了一部分道家思想的新血，因而迫使传统的儒学得以伸向形上学的领域，达成思想的转型与扩大"②。因此，王弼在魏晋六朝《论语》学史乃至学术史上的地位，实是不容抹杀的。

其三，《论语》注解体例发生了重大变化。及至魏晋时期，人们对《论语》的疏解体例发生了变化，主要以"集解"为主，如何晏的《论语集解》、卫瓘的《论语集注》、崔豹的《论语集义》、孙绰的《论语集解》、江熙的《论语集解》等，这种体例的特点是：征引旧说，有不安处，间下己意。兹以何晏的《论语集解》为例说明之。何晏本着"集诸家之善"的原则，对汉魏《论语》古注进行了大汇总，而有《论语集解》之作。该书在注解体例及注解方法上凸显了自己与众不同的特点：一是创立了经学注释中的"集解"体例。从《论语集解》中所收录的七家注释看，孔安国、马融的注释以训诂见长，包咸以今文章句见长，郑玄以会通今古学见长，陈群、王肃、周生烈以义说（谓作注而说其义，故云义说——邢疏）见长。他们"所见不同，互有得失"③，何晏为了使研习者学有所宗，遂打破学派界限，博采诸家训注之善，开创出了新的注经体例——"集解"体。他在《论语序》中对该体例进行了解说："今集诸家之善说，记其姓名，有不安者颇为改易，名曰《论语集解》。"④ 邢疏曰："此叙《集解》之体例也。今谓何晏时，诸家谓孔安国、包咸、周氏、马融、郑玄、陈群、王肃、周生烈也。集此诸家所说善者而存之，示无剿说，故各记其姓名。注言'包曰''马曰'之类是也。注但记其姓而此连言名者，曰著其姓所以名其人，非谓'名字'之名也。'有不安者'，谓诸家之说于义有不安者

---

① 王弼著，楼宇烈校释：《王弼集校释》，中华书局1980年版，第632页。
② 林丽真：《王弼》，（台北）东大图书股份有限公司1988年版，第182页。
③ 何晏：《论语集解·论语序》，《儒藏·精华编·四书类论语属》，北京大学出版社2005年版，第1页。
④ 同上。

也。'颇为改易'者,言诸家之善则存而不改,其不善者颇多为改易之。"① 由此可见,"集解"体例的特点就是"集诸家之善",间下己意。此例一出,学界群起效之,一时间,蔚为大观。不仅研治《论语》者仿效此体例,出现了卫瓘的《集注论语》、崔豹的《论语集义》、孙绰的《集解论语》、江熙的《集解论语》;而且研治其他经典者也袭用之,如范宁《春秋谷梁传集解》,因此前注释者"皆肤浅末学,不经师匠","乃与二三学士及诸子弟,各记所识,并言其意","敷陈疑滞,博示诸儒同异之说"② 以解《谷梁传》。二是保存了大量的汉魏古注。《论语集解》为汉魏时期研治《论语》集大成之作,其书兼采汉孔安国、包咸、马融、郑玄、魏陈群、王肃、周生烈等注训,并间下己意而成书。据笔者粗略统计,知不足斋版《论语集解》共征引孔安国注473条,包咸注194条,马融注133条,郑玄注111条,王肃注36条,周生烈注13条,陈群注3条,另存"一曰"之说5条,合计达968条,约占《论语集解》总注条目的88%。而何晏新注仅131条,约占总注条目的12%。在目前《论语集解》中所征引著者原书大都亡佚的情况下,透过这些征引条目的吉光片羽,可以使我们得窥汉魏《论语》学之崖略。三是改易先儒,自下己意。何晏所言"有不安者,颇为改易",其中"颇为改易"一词,反映了何晏以新的义理来注释《论语》,改变原有注经方法的思想。皇侃在疏解这四个字时说:"若先儒注非何意取安者,则何偏为改易,下己意也。"③ 可谓得其仿佛。如《述而篇》"加我数年,五十以学《易》,可以无大过矣"章,前儒郑玄、王朗均有注,郑玄注曰:"加我数年,年至五十以学此《易》,其义理可无大过。孔子时年四十五六,好《易》,习读不敢懈倦,汲汲然,自恐不能究竟其意,故云然也。"④ 王朗注曰:"鄙意以为,《易》盖先圣之精义,后圣无间然者也,是以孔子即而因之,少而诵习,恒以为务,称五十而学者,明重《易》之至,故令学者专精此书,虽老不可以废倦

---

① 邢昺:《论语注疏·论语序》,《儒藏·精华编·四书类论语属》,北京大学出版社2005年版,第7页。
② 范宁:《春秋谷梁传注疏序》,《十三经注疏》本,上海古籍出版社1997年版,第2361页。
③ 皇侃:《论语义疏·论语序》,《儒藏·精华编·四书类论语属》,北京大学出版社2005年版,第18页。
④ 王素:《唐写本论语郑氏注及其研究》,文物出版社1991年版,第78页。

也。"① 何晏均弃之未用，而自注云："《易》穷理尽性，以至于命，年五十而知天命，以知天命之年，读至命之书，故可以无大过也。"② 对比上述三条注释，郑注认为"年至五十以学此《易》，其义理可无大过"，王注认为"称五十而学者，明重《易》之至"，而何晏则借用《易·说卦》和《论语·为政》之文，说明孔子以知天命终始之年，读穷理尽性以至于命之书，则能避凶之吉而无过咎。由此，不难看出何晏之注不仅文简意赅，而且凸显了学《易》的使用价值，确较郑注、王注为优。作为《十三经注本》中的第一个集注本，《论语集解》得到了后世儒者的认可。钱大昕《何晏论》说："予尝读其疏，以为有大儒之风。使魏主能用斯言，可以长守位而无迁废之祸。此岂徒尚清谈者能知之而能言之者乎！""自古以经训专门者列于儒林，若辅嗣之《易》，平叔之《论语》，当时重之，更数千载不废；方之汉儒，即或有间，魏晋说经之家，未能或之先也。宁既志崇儒雅，固宜尸而祝之，顾诬以罪深桀、纣，吾见其蔑儒，未见其崇儒也"。"论者又以王、何好老、庄，非儒者之学。然二家之书具在，初未尝援儒以入庄、老，于儒乎何损？且平叔之言曰：'鬻庄躯，放玄虚，而不周于时变，若是，其不足乎庄也。'亦毋庸以罪平叔矣。"③

而到了南北朝时期，人们对《论语》的疏解体例又前进了一步，主要以"义疏"为主，如褚仲都的《论语义疏》、皇侃的《论语义疏》、周弘正的《论语疏》、顾越的《论语义疏》、张讥的《论语义疏》、李铉的《论语义疏》等，这种体例的特点是：会通经典义理，加以阐释发挥；广搜群书补充旧注，穷明原委；逐字逐句讲解经文，以一家之注为主，根据"疏不破注"的原则，对经注文进行补充、发挥与解释。这方面的代表作是皇侃的《论语义疏》。皇侃的《论语义疏》成书于梁武帝年间，在南朝梁至北宋前期长期受到重视，但至南宋中期亡佚于国内，清代乾隆年间重新传入。皇侃《论语义疏》的回归，在《论语》学史上具有重要的意义。该书的注释特色主要有：一是旁征博引，内容翔实。皇侃《论语义疏》是一部集汉魏六朝《论语》学之大成的著作，它以何晏《论语集解》为底本，兼

---

① 马国翰：《玉函山房辑佚书》，上海古籍出版社1990年版，第1688页。
② 何晏：《论语集解》，《儒藏·精华编·四书类论语属》，北京大学出版社2005年版，第26页。
③ 钱大昕：《潜研堂文集》卷二，载陈文和主编《嘉定钱大昕全集》第九册，江苏古籍出版社1997年版，第28—29页。

采江熙《论语集解》、汉魏以来通儒遗说汇编而成。具体操作过程如下："先通何集。若江集中诸人有可采者，亦附而申之。其又别有通儒解释，于何集无妨者，亦引取为说，以示广闻也。"① 江熙《论语集解》所集均为晋代儒家注释，包括卫瓘、缪播、栾肇、郭象、蔡谟、袁宏、江淳、蔡系、李充、孙绰、周坏、范宁及王珉。除十三家外，亦采江熙本人之说。至于其他通儒，包括沈居士、熊埋、王弼、王朗、张凭、袁乔、王雍、顾欢、梁冀、颜延之、沈峭、释惠林、殷仲堪、张封溪、太史叔明、缪协、庾翼、颜特进、陆特进、贺玚均在征引之列。由于其疏文引证广博，所以保存了大量的六朝《论语》古注，为我们研究这一时期的《论语》学提供了绝好的史料。诚如武内义雄所言："根本本（根本，即根本逊志，字伯修，号武夷。根本本，即足利学藏本——笔者注）皇疏之输入，彼土之学士，盛讲究之。《四库全书提要》之作者，有汉晋经学之一线，由此而存于今之称扬。其后从事于研究《论语》之人，殆无不参考之。翻刻《七经孟子考文》之阮元，于《〈论语〉校勘记》中，举邢本与皇本之异同，其门下邹伯奇、章凤翰、潘继李、桂文灿诸人，各作皇疏证十卷跋。又从皇疏中，辑江熙之解，编纂为《缉江氏集解》二卷（《续碑传集》七十五）。又马国翰从皇侃疏中，辑录郑玄、王朗、王弼、卫瓘、缪播、郭象、乐肇、虞喜、庾冀、李充、范宁、孙绰、梁觊、袁乔、江熙、殷仲堪、张凭、蔡谟、颜延之、释慧琳、沈驎士、顾欢、太史叔明、褚仲都、沈峭、熊埋诸家之说，复成六朝经学之佚书。此种《论语》古注，现今无传者，今乃断片的而再现之，大体上是由此书所留之恩惠矣。《提要》谓汉晋经学一线，自此书而存者，即是故也。"② 二是援玄释《论》。魏晋之际，玄学之风盛行，其对南朝学术风气的影响也是毋庸置疑的。清人皮锡瑞在谈到《论语义疏》时云："如皇侃之《论语义疏》，名物制度，略而弗讲，多以老、庄之旨，发为骈俪之文，与汉人说经相去悬绝。此南朝经疏之仅存于今者，即此可见一时风尚。"③ 该书中具有浓厚的玄学色彩，书中掺杂

---

① 皇侃：《论语义疏自序》，《儒藏·精华编·四书类论语属》，北京大学出版社2005年版，第13页。
② 江侠庵编译：《先秦经籍考》中册，上海文艺出版社1990年影印版，第73—74页。
③ 皮锡瑞：《经学历史》，中华书局1959年版，第176页。

玄说的地方占全书总章节的五分之一以上，涉及疏语共一百零二则。① 这主要表现在：首先，运用道家术语释《论》。在《论语》中，"道"是指儒家的"仁道"，而在皇侃的疏解中，则被提升为形而上的天道。他在解释"道"时，特别注重强调它的"通"性，如《述而篇》"志于道"下，皇疏曰："道者，通而不拥也。道既是通，通无形相。"② 又《卫灵公篇》"人能弘道，非道弘人"下，皇疏曰："道者，通物之妙也。通物之法，本通于可通，不通于不可通。"③ 在皇侃看来，"道"的特性就是"通"，通之原因就在于道是虚灵的"无"，无形无相，而又在形相之中。进而，皇侃又将"道""器""无""有"做了理论上的关联，他在疏解《为政篇》"吾与回言，终日不违，如愚"时说："自形器以上，名之为无，圣人所体也；自形器以还，名人为有，贤人所体也。"④ 这里，皇侃借用了《易传·系辞》中的"形而上者谓之道，形而下者谓之器"，将道与器、有与无通过体用关系关联了起来。其次，采用"得意忘言"的方法，推陈出新。针对汉儒支离烦琐的解释方法，玄学家们等强调在论证问题时应注意把握义理，反对执着言、象，提出"得意忘言""寄言出意"的方法。皇侃在疏解时，也承袭了这种方法。如《里仁篇》"事父母几谏。见志不从，又敬而不违，劳而不怨"，皇侃指出，以往经记说法不一，《檀弓》云"事亲有隐无犯，事君有犯无隐"，但《孝经》《曲礼》《内则》并云君亲有过皆宜微谏，有大过则极于犯颜。于是他下断案说："《檀弓》所言，欲显真假本异，故其旨不同耳"，"父子天性，义主恭从，所以言无犯，是其本也。而君臣假合，义主匡弼，故云有犯，亦其本也。"⑤ 三是援佛释《论》。皇侃《论语义疏》不同于何晏《论语集解》和王弼《论语释疑》的最大特点就是援佛释《论》。首先，受佛教之影响，皇侃采用新的注释体例来解释《论语》。皇侃《论语义疏》所采用的"义疏"体就与佛教有很大关系。马宗霍曾言："缘义疏之兴，初盖由于讲论。两汉之时，已有讲经之例，石渠阁之所平、白虎观之所议，是其事也。魏晋尚清谈，把麈树义，

---

① 参见李文献《皇侃〈论语义疏〉中之玄学思想》，《"国立"侨生大学先修班学报》1998年第6期。
② 皇侃：《论语义疏》，《儒藏·精华编·四书类论语属》，北京大学出版社2005年版，第111页。
③ 同上书，第284页。
④ 同上书，第25页。
⑤ 同上书，第67—68页。

相习成俗,移谈玄以谈经,而讲经之风益盛。南北朝崇佛教,敷座说法,本彼宗风,从而效之,又有升座说经之例。初凭口耳之传,继有竹帛之著,而义疏成矣。"① 义疏在文体上的特点,据现代学者研究,主要有二:"一为其书之分章段,二为其书中之有问答。"② 所谓分章段,是指义疏在解经时对经注文进行解构,分章、分段来讲解,在讲解时往往先论一章大义,而后再分段讲论,这是义疏与其他注解体例不同之处。如《为政篇》"吾十有五而志于学"章,在这段近八百字的疏文,先明本章要旨,而后逐段讲解,充分体现了义疏体疏通经文的特色。③ 所谓有问答,是说义疏在解经时采用了"自设问,自解答"的释注方式。皇侃在疏通《论语》经注文的过程中,为了释疑答难,采用了"自设问,自解答"这样一种新的注经方式。如疏《学而篇》"父在观其志"章孔安国注时,皇侃自设问答,说:"或问曰:'若父政善,则不改为可;若父政恶,恶教伤民,宁可不改乎?'答曰:'本不论父政之善恶,自论孝子之心耳。若人君风政之恶,则冢宰自行政;若卿大夫之汉唐玄学论恶,则其家相、邑宰自行事,无关于孝子也。'"④ 通过这种方式,皇侃表明虽然孝子由于内存哀慕之情,不忍心改父之恶政,但可以听任臣下去作。其次,皇疏还将佛教的义理用以阐释《论语》。黄侃《汉唐玄学论》云:"皇氏《论语义疏》所集,多晋末旧说,自来经生持佛理以解儒书者,殆莫先于是书也。其中所用名言,多由佛籍转化。"⑤ 皇疏中确实论及了若干佛教的义理。如佛教里讲"因果有必定之期,报应无迁延之业"⑥ 的因缘果报说,皇疏也表明了相同的观点。《里仁篇》"德不孤,必有邻"的疏文说:"又一云:'邻,报也。言德行不孤失,必为人所报也。'故殷仲堪曰:'推诚相与,则殊类可亲。以善接物,物亦不皆忘,以善应之。是以德不孤焉,必有邻也。'"⑦ 皇侃

---

① 马宗霍:《中国经学史》,上海书店出版社1984年影印版,第85—86页。
② 牟润孙:《论儒释两家之讲经与义疏》,《注史斋丛稿》,中华书局1987年版,第294页。
③ 参见皇侃《论语义疏》,《儒藏·精华编·四书类论语属》,北京大学出版社2005年版,第21—22页。
④ 皇侃:《论语义疏》,《儒藏·精华编·四书类论语属》,北京大学出版社2005年版,第13页。
⑤ 黄侃:《黄侃论学杂著》,武汉大学出版社2013年版,第486页。
⑥ 释道宣:《广弘明集》卷七《叙列代王臣滞惑解下》,上海古籍出版社1991年版,第136页。
⑦ 皇侃:《论语义疏》,《儒藏·精华编·四书类论语属》,北京大学出版社2005年版,第69页。

《论语义疏》，会通儒佛，援玄释《论》，引用新的注释体例，"荟萃各家旧注之本真而保存之，使多数散佚之旧注得以存其吉光片羽，对于治经学者贡献亦诚不少；且皇氏又博极群书以补诸家之未备，补苴之功，又足多焉"①，因此，皇侃《论语义疏》在《论语》学术史乃至经学史上都占有重要的地位。

三 隋唐时期的《论语》诠释

隋唐时期，统治者不仅希望拥有政治上的统一，而且希望统一学术，遂炮制出了《五经正义》，用政府钦定的话语代替了个人的解释，垄断了经典话语的解释权，在学术上为学者们划定了边界。并且借助于科考建立了世俗利益与带有强烈意识形态色彩的经典知识话语的联系，士子们只求仕途通达，以熟读《五经正义》而自足，不再务求新说。因此，隋唐时期虽然在文治武功方面位列中国传统社会之首，但在经学研究尤其是在《论语》学研究方面却建树寥寥，相对其他时期来说要衰落得多。这表现在：一是《论语》诠释的论著数量少，据王鹏凯统计共有18部，它们分别是张冲的《论语义疏》、无名氏的《论语义疏》、徐孝克的《论语讲疏文句义》、刘炫的《论语章句》、贾公彦的《论语疏》、陈锐的《论语品类》、韩愈的《论语注》、韩愈、李翱的《论语笔解》、侯喜的《论语问》、张籍的《论语注辨》、马总的《论语枢要》、李磎的《注论语》、张氏的《论语注》、无名氏的《论语杂义》、无名氏的《论语剔义》、陆德明的《论语音义》、李涪的《论语刊误》、王勃的《次论语》。② 二是《论语》诠释乏善可陈。值得称道的仅有陆德明的《论语音义》和韩愈、李翱的《论语笔解》。

《论语音义》是陆德明对《论语》所做的以注音为主、兼及训诂的专门之作。其特色如下：

首先，陆德明对《论语》在传抄流传中字句讹误的严重性有充分的认识，因此他把字句考订作为给《论语》注音、释义的前提和基础。字句考订包括校正《论语》经注文字和厘定《论语》经注文句。校正《论语》经注文字就是对《论语》经文和注释中的古今字、假借字、异体字以及讹

---

① 梁启雄：《论语注释汇考》，《燕京学报》第34期，1948年6月。
② 王鹏凯：《历代论语著述综录》，花木兰文化工作坊2005年版，第33—35页。

字通过"本亦作""本今作""本或作""本又作""当作"的形式予以考述。如《论语音义·学而篇》"道"字下:"音导。本或作导。"① 《论语音义·学而篇》"毋友"下:"音无。本亦作无。"② 《论语音义·为政篇》"则殆"下:"音待。依义当作怠。"③ 厘定《论语》经注文句就是对《论语》经文及注释文句中的加字、减字、改字、文字颠倒等情况予以考述。如《论语音义·学而篇》"患不知也"下:"本或作'患己不知人也',俗本妄加字。今本'患不知人也'。"④ 《论语音义·八佾篇》"哀而"下:"如字,《毛诗笺》改哀为衷。"⑤ 《论语音义·雍也篇》"及如"下:"一本'及'字作'反',义亦通。"⑥ 《论语音义·泰伯篇》"予有乱十人"下:"本或作乱臣十人,非。"⑦ 《论语音义·乡党篇》"没阶趋"下:"一本作没阶趋进,误也。"⑧ 上述两项工作的开展,不仅为给《论语》注音、释义提供了前提和基础,而且为后人考订《论语》版本以及文字变迁提供了基本资源。

其次,在字句考订的基础上,陆德明开始对《论语》进行注音。其注音有鲜明的特色:第一,摘字为音。陆氏在对《论语》进行音注时,并没有因循前儒范式,具录经文全句,而是"各标篇章于上,摘字为音,虑有相乱,方复具录"⑨,选择那些不为人所熟知的或易产生歧义的字作注。注音的方法有两种:一种是采取直音的方式作注,写作"音某";一种是采取反切的方式作注,写作"某某反"。如《子罕篇》"颜渊喟然叹曰:'仰之弥高,钻之弥坚,瞻之在前,忽焉在后。夫子循循然善诱人,博我以文,约我以礼,欲罢不能,既竭我才,如有所立卓尔。虽欲从之,未由也已'"章,陆氏选取其中的五个字给予注音,"喟"曰"苦位反,又苦怪反","钻"曰"子官反","循"曰"音巡","罢"曰"皮买反,又皮巴

---

① 陆德明:《经典释文》,上海古籍出版社1985年版,第1350页。
② 同上书,第1351页。
③ 同上书,第1352页。
④ 同上书,第1351页。
⑤ 同上书,第1355页。
⑥ 同上书,第1361页。
⑦ 同上书,第1366页。
⑧ 同上书,第1369页。
⑨ 陆德明:《经典释文·序录》,上海古籍出版社1985年版,第4页。

反，又音皮"，"卓"曰"陟角反"①。如此作注，既避免了旧时音书"皆录经文全句，徒烦翰墨"②的弊病，又使研习《论语》经文者对不易理解或易产生歧义的字有所了解，真可谓一举两得。第二，异音并存。在中国文字中，有许多多音多义字，其音与义是相互联系，彼此制约的，义由音定，音随意变。如何处理这些文字，是注音者面临的难题。陆德明采取了数音并存的办法，"其音堪互用，义可并行，或字有多音，众家别读，苟有所取，靡不毕书，各题氏姓，以相甄别"③，这样既保存了大量的异读材料，也为后来者提供了可以选择的空间。如《论语音义·里仁篇》"莫"下："武博反。范宁云：'适莫，犹厚薄也。'郑音慕，无所贪慕也。"④《论语音义·里仁篇》"君数"下："何云：'色角反。下同，谓速数也。'郑：'世主反，谓数己之功劳也。'梁武帝：音色具反，注同。"⑤ 第三，释读注文。先儒在注解《论语》时，多在文字训诂上下功夫，而鲜及注音，即使偶尔为之，也仅限于经文，而不及注。陆德明认为这样做妨碍了人们对经文的理解，所以有必要对前人重要的注"摘字为音"。如《里仁篇》"君子无终食之间违仁，造次必于是，颠沛必于是"章，在《论语集解》中引用了马融的注，马融曰："造次，急遽也。颠沛，僵仆也。虽急遽僵仆不违于仁也。"⑥ 在《论语音义》中，陆德明将"造""沛""僵""仆"四个字摘出进行了释读，"造"曰"七报反"，"沛"曰"音贝"，"僵"曰"居良反"，"仆"曰"音赴又蒲逼反"⑦。可以说，陆德明的释读注文，延续了魏晋以降义疏之学的治学路向。第四，正从古音。《论语》在流传过程中，由于时代的变迁，方言的隔阂，致使读音淆然，莫衷一是。就拿同出于鲁地的《古论》与《鲁论》来说吧，同样的一句话，同样的句式，却往往会出现同音异字的现象，如《述而篇》"吾未尝无诲焉"中的"诲"字鲁读为"悔"，《卫灵公篇》"好行小慧"中的"慧"字鲁读为"惠"。有鉴于此，东汉郑玄曾校《鲁论》以《古论》，读正凡五十

---

① 陆德明：《经典释文》，上海古籍出版社1985年版，第1367页。
② 陆德明：《经典释文·序录》，上海古籍出版社1985年版，第4页。
③ 同上书，第5页。
④ 陆德明：《经典释文》，上海古籍出版社1985年版，第1356页。
⑤ 同上书，第1357页。
⑥ 何晏：《论语集解》，《儒藏·精华编·四书类论语属》，北京大学出版社2005年版，第11页。
⑦ 陆德明：《经典释文》，上海古籍出版社1985年版，第1356页。

事，试图统一文字，厘定读音。陆德明的《论语音义》在考辨字音的同时，保存了多条郑玄读正《鲁论》的史料，除前面所引的外，还有《论语音义·学而篇》"传不"下"直专反，注同。郑注云：'鲁读传为专，今从古。'案郑校周之本以《齐》、《古》，读正凡五十事。郑本或无此注者，然《皇览》引鲁读六事，则无者非也。后皆仿此"①。《论语音义·述而篇》"正唯"下："鲁读正为诚，今从古。"②《论语音义·述而篇》"荡荡"下："鲁读坦荡为坦汤，今从古。"③《论语音义·乡党篇》"瓜祭"下："鲁读瓜为必，今从古。"④《论语音义·先进篇》"而归"下："郑本作馈，鲁读馈为归，今从古。"⑤ 郑玄在这些注释后面均加上了"今从《古》"三个字，表明是以《古论》读正《鲁论》，纠正了《论语》在流传过程中音读的讹误。在《古论》《鲁论》、郑注《论语》佚失的情况下，陆氏之书，不仅为我们保存了大量的古音，而且为我们研究《古论》《鲁论》以及郑玄的《论语》学提供了大量的珍贵史料。

再次，陆德明不仅给《论语》注音，而且间及释义。其释义也有独到之处：第一，援引众训，广列异说。在陆德明看来，准确理解字义，是领会经典的关键。对文字的理解如发生小的偏差，对经义的领会就会出现大的讹误。他指出，前人在这方面有所偏失，导致出现了微言久绝、大义愈乖的现象，妨碍了人们对经文原义的理解。因此，他一方面增加音注诠释之字词在《论语音义》中所占的比重，一方面尽力将每一个选注的字词解释清楚，援引众训，广列异说。如《论语音义·学而篇》"学文"下："马曰：'文，古之遗文也。'郑云：'文，道艺也。'"⑥《论语音义·公冶长篇》"赋"下："孔云：'兵赋也。'郑云：'军赋。'梁武云：'《鲁论》作傅。'"⑦《论语音义·子张篇》"厉"下："王云：'病也。'郑读为赖，恀赖也。"⑧ 上述种种异说的保存，使后人在考辨《论语》字义时，有了比较研究的资料。第二，引证字书。魏晋至隋初的文字之学，以《说文解

---

① 陆德明：《经典释文》，上海古籍出版社1985年版，第1350页。
② 同上书，第1364页。
③ 同上书，第1364页。
④ 同上书，第1371页。
⑤ 同上书，第1374页。
⑥ 同上书，第1351页。
⑦ 同上书，第1358页。
⑧ 同上书，第1389页。

字》为主,《字林》次之。解经者莫不以之为圭臬。陆德明自然也不能例外,在《论语音义》中多次引用。如《论语音义·八佾篇》"盼兮"下:"普苋反。动目貌。《字林》云:'美目也。'"①《论语音义·阳货篇》"讦以"下:"居谒反,攻人阴私。《说文》云:'面相斥。'《字林》云:'纪列反。'"② 第三,解释注文。陆德明生活的时代,去古已远,时人不但对先秦典籍的文辞立意不甚理解,就连汉魏诸儒的传注也需要解释才能明了其义。这在《论语音义》中也有体现。如"三纲""五常""三统"本为马融注解《为政篇》"殷因于夏礼,所损益可知也;周因于殷礼,所损益可知也"中所使用的三个词。原文如下:"马融曰:'所因,谓三纲五常也;所损益,谓文质三统也。'"③ 这里,马融只是提到了这几个词,并未作任何解释。因为两汉时期儒学昌盛,人们具有丰富的儒学知识,对这三个词耳熟能详。而到了陆氏生活的时期,由于儒学的相对衰弱,人们缺乏必要的儒学常识,因此需给予解释。其解释如下:"三纲:谓父子、夫妇、君臣是也";"五常:谓仁、义、礼、智、信";"三统:谓天、地、人三正"④。

最后,句读虽然只是分章断句,看似无足轻重,但它却直接关系到对经典文本原意的理解,因此为历代注家所重视。陆德明的《论语音义》中就保存了许多这样的资料,有些还颇具启发性。关于分章,如《论语音义·述而篇》"子于是日哭则不歌"下:"旧以为别章,今宜合前章。"⑤《论语音义·先进篇》"德行"下:"郑云以合前章,皇别为一章。"⑥ 关于断句,如《论语音义·公冶长篇》"过我"下曰:"绝句。一读'过'字绝句。"⑦《论语音义·公冶长篇》"吾党之小子狂简"下曰:"绝句。郑读至'小子'绝句。"⑧ 上述这些分章断句的资料,有的直抒己见,有的并存疑说,有的二者并存,较为集中的保存了汉魏六朝时期儒生在《论语》章句

---

① 陆德明:《经典释文》,上海古籍出版社1985年版,第1354页。
② 同上书,第1387页。
③ 何晏:《论语集解》,《儒藏·精华编·四书类论语属》,北京大学出版社2005年版,第6页。
④ 陆德明:《经典释文》,上海古籍出版社1985年版,第1353页。
⑤ 同上书,第1362页。
⑥ 同上书,第1372页。
⑦ 同上书,第1357页。
⑧ 同上书,第1359页。

释读上的分歧，对于后人正确释读《论语》，很有帮助。综上，陆德明的《论语音义》，以何晏《论语集解》为底本，又吸收了魏晋六朝部分学者的研究成果，从字句、注音、释义、句读四方面对汉魏六朝的《论语》研究进行了总结，保存了大量《论语》研究的史料，是对前儒《论语》研究的一次大汇总，代表着该时期《论语》研究的最高成就，是继何晏的《论语集解》、皇侃的《论语义疏》之后《论语》学史上的又一座丰碑，在《论语》学史上具有重要的地位。

《论语笔解》是韩愈、李翱二人的佳作，其特色主要有：

首先，改易经文。自汉代以降，伴随着儒学地位的不断攀升，儒家经典的地位也逐渐提高，人们唯经文是从，即使有文义不通，文句重复之处，也强为之说，不敢稍有改动，更不用说怀疑其文字错讹、经文颠倒之事了。但韩、李二人却敢于冒天下之大不韪，改易《论语》文字16处，变更经文次序2处，主张删除经文1处。

第一，改易《论语》文字。韩、李二人改易《论语》文字之多，可以说是前无古人。他们不单单是一改了之，而且对改动之原因进行了简单说明。如《为政篇》"六十而耳顺"下，韩愈注曰："耳当为尔，犹言如此也。既知天命，又如此顺天也。"[①]《公冶长篇》"宰予昼寝"下，韩愈注曰："昼当作画，字之误也。宰予四科十哲，安得有昼寝之责乎？假或偃息，亦未足深诛。"[②]《先进篇》"童子六七人，浴乎沂"下，韩愈注曰："浴当为沿，字之误也。周三月，夏之正月，安有浴之理哉？"[③]上述改易经文之处，并非全是韩愈独创，有的是袭用前人的，如"昼"当作"画"，前儒已多有言说。刘宝楠《论语正义》曰："韩、李《笔解》谓'昼，旧文作画字'。所云'旧文'，或有所本。李匡义《资暇录》：'寝，梁武帝读为'寝室'之寝，昼作胡卦反，且云当为画字，言其绘画寝室。'周密《齐东野语》：'尝见侯白所注《论语》，谓'昼'当作'画'字。侯白，隋人。'二读与旧文合。李氏联琇《好云楼集》：'《汉书·杨雄传》：非木摩而不彫，墙塗而不画。此正雄所作《甘泉赋》谏宫观奢泰之事，暗用《论语》，可证'画寝'之说，汉儒已有之。'"[④]有的是前人已有疑窦，

[①] 韩愈、李翱：《论语笔解》，中华书局1991年版，第2页。
[②] 同上书，第7页。
[③] 同上书，第17页。
[④] 刘宝楠：《论语正义》，中华书局1990年版，第178页。

二人推波助澜而已。如韩愈对于"浴乎沂"的"浴"字的怀疑，汉儒王充业已怀疑之，《论衡·明雩篇》曰："鲁设雩祭于沂水之上。暮者，晚也。春，谓四月也。春服既成，谓四月之服成也。冠者，童子，雩祭乐人也。浴乎沂，涉沂水也。象龙之从水中出也。……说《论》之家以为浴者，浴沂水中也。风，乾身也。周之四月，正岁二月也。尚寒，安得浴而风乾身？由此言之，涉水不浴，雩祭审矣。"① 这些经文改易之处，虽有臆改之嫌，但也并非一无是处。如"昼"当作"画"解就得到了清儒刘宝楠的认可，他说："案：《礼》言天子庙饰'山节藻棁'。《谷梁》庄廿四年《传》：'礼，天子之桷，斲之礱之，加密石焉；诸侯之桷，斲之礱之；大夫斲之；士斲本。'又廿三年《传》：'礼，天子诸侯黝垩，大夫仓，士黈。'《周官·守祧》云：'其祧则守祧黝垩之。'皆说宗庙之饰，其宫室当亦有饰。郑注《礼器》云：'宫室之饰，士首本，大夫达棱，诸侯斲而礱之，天子加密石焉。'此本《晋语》。又《尔雅·释宫》：'墙谓之垩。'统庙寝言之。《周官·掌蜃》云：'共白盛之蜃。'《注》云：'谓饰墙使白之蜃也。'此与黝垩异饰，当是宫室中所用。《左》襄卅一年《传》：'圬人以时塓馆宫室。'亦当谓加饰。春秋时，大夫、士多美其居，故土木胜而知氏亡，轮奂颂而文子俱。意宰予画寝，亦是其比。夫子以'不可雕''不可圬'讥之，正指其事。此则旧文，于义亦得通也。"② 今人杨志玖先生亦赞同此说。他在《"宰予昼寝"说》一文中写道，宰予不是昼寝而是画寝，原因在于"昼寝"算不上违礼，最多不过一时懒散或有其他原因，而"画寝"则不然。这是孔子责备宰予的缘由。③

又如改"浴"为"沿"，得到了清代硕儒俞樾的认可。其《群经平议》认为："世传韩昌黎《论语笔解》皆不足采，惟此经'浴'字谓是'沿'字之误，则似较旧说为安。风之言放也。《诗北山篇》'或出入风议'，郑笺云：'风，放也。'……风乎舞雩者，放乎舞雩也。沿乎沂，放乎舞雩，犹《孟子》曰'遵海而南，放乎琅邪矣'。"④ 由此可见，如果我们完全否定韩、李二人的做法，显然有失公允。

第二，变易《论语》经文次序。韩愈认为《论语》经文，有传写错倒

---

① 转引自程树德《论语集释》，中华书局1990年版，第808页。
② 刘宝楠：《论语正义》，中华书局1990年版，第178页。
③ 杨志玖：《陋室文存》，中华书局2002年版，第438页。
④ 转引自程树德《论语集释》，中华书局1990年版，第810页。

之处，这些错误有碍对经文大义的理解，应该予以纠正。如《子罕篇》"可与共学，未可与适道；可与适道，未可与立；可与立，未可与权"章，韩愈注曰："吾谓正文传写错倒，当云：'可与共学，未可与立；可与适道，未可与权。'如此则理通矣。"① 案《毛诗·绵篇》正义、《说苑·权谋篇》《牟子·理惑论》《三国志·魏武帝纪》注引虞溥《江表传》《北周书·宇文护传》论并引"可与适道，未可与权"，与《笔解》说合。另《唐文粹》冯用之《权论》引孔子曰"可与共学，未可与立；可与立，未可与适道；可与适道，未可与权"②，亦与《笔解》暗合。可见韩愈并不是随意为之，而是有所本的。《卫灵公篇》"由！知德者鲜矣"章，韩愈注曰："此一句，是简编脱漏，当在'子路愠见'下文一段为得。"③ 按，此章向来注者皆以为为问绝粮而发，故移至"子路愠见"下不为无见。

第三，删除经文。对于《论语》文中的"文句重复"之处，韩愈认为应删去。如《颜渊篇》"博学于文，约之以礼，可以弗畔矣夫"章，韩愈注曰："简编重错，《雍也篇》中已有'君子博学于文，约之以礼，可以弗畔矣夫'，今削去此段可也。"④ 前儒也有认为该句是重复之文者，但谁也没有勇气和胆量说删除，韩愈成为主张删削《论语》经文的首倡者。

其次，发明己义。韩、李二人在注解《论语》经文时，还喜发新义。如《先进篇》"德行：颜渊、闵子骞、冉伯牛、仲弓；言语：宰我、子贡；政事：冉有、季路；文学：子游、子夏"下，李翱注曰："仲尼设四品，以明学者不问科，使自下升高，自门升堂，自学以格于圣也。其义尤深。但俗儒莫能循此品第，而窥圣奥焉。"韩愈注曰："德行科最高者，《易》所谓'默而识之'，故存乎德行，盖不假乎言也。言语科次之者，《易》所谓'拟之而后言，议之而后动，拟议以成其变化，不可为典要'，此则非政法所拘焉。政事科次之者，所谓'虽无老成人，尚有典刑'，言非事文辞而已。文学科为下者，《记》所谓'离经辩志，论学取友'。小成、大成，自下而上升者也。"李翱进而曰："凡学圣人之道，始于文，文通而后正人事，人事明而后自得于言，言忘矣而后默识己之所行，是名德行。

---

① 韩愈、李翱：《论语笔解》，中华书局1991年版，第12页。
② 转引自程树德《论语集释》，中华书局1990年版，第626页。
③ 韩愈、李翱：《论语笔解》，中华书局1991年版，第22页。
④ 同上书，第17页。

斯入圣人之奥也。四科如有序，但注释不明所以然。"① 二人不将四科并列，而视为循序渐进，登堂入室，臻于圣人的阶梯，先文学，次政事，次言语，最后为德行。

　　由于韩愈、李翱二人身处佛道昌盛，儒学衰微之际，所以他们以重振儒学为宗旨，以复兴圣人之道为己任。虽然他们对《论语》经文有所更张，但他们对孔子及《论语》还是非常崇敬的，所作所为只是匡正流传中出现的在他们看来所谓字替义乖的"谬误"，申《论语》之大义，使孔孟之道得以不绝于有唐一代而已。为达此目的，他们疑经破注，改易经文，以期使《论语》释放出具有新质点的东西，改变旧有的学风和文风。正如明儒金玉节所言："自魏晋以后，何晏《集解》而外，嗣音寥寥，几为绝响。已先生起八代之衰，回澜障川，使孔孟之遗绪得以不坠，凡其发为文章者，皆根据六经，排斥百氏，一以孔孟为宗，使洙泗心源得以不绝于有唐一代者，先生之力也。今观其《笔解》一书，大抵皆就孔安国、包咸、马融、郑玄诸君子所已解者，而推其所未到，驳其所未安。虽其所解者，参之以宋儒之说尚为未惬，而要其用心之精微，总无非欲为圣经之羽翼，汉儒之纠绳也。"② 因此，如果从忠实于文本的角度看，《论语笔解》自然可被目为师心自用，标新立异；但如果从《论语》学史的发展角度看，《论语笔解》作为一家之言，在《论语》学从汉学系统转向新的宋学系统的过程中所起到的作用亦不容抹杀。

---

① 韩愈、李翱：《论语笔解》，中华书局1991年版，第15页。
② 陈梦雷编，蒋廷锡校订：《古今图书集成》，中华书局、巴蜀书社1985年版，第70452页。

第二章

宋代《论语》诠释的大发展及成因

两宋是中国经学史发展的重要时期。陈寅恪曾指出:"华夏民族之文化,历数千载之演进,造极于赵宋之世。"① 宋代在包括经学、理学、史学、佛道等在内的诸多学术领域,均取得了令人瞩目的学术成就。《论语》学自不例外。这一成就的取得与当时的政治背景和学术背景息息相关。

第一节 《论语》诠释的大发展

唐代以降,中国的封建社会开始由鼎盛走向衰落,作为传统政治的合法性依据的儒学也不断受到人们的质疑,新形势呼唤新理论的诞生,而鉴于中国特殊的理论表达方式,这必须通过对经典的创造性解释来完成。因此,许多硕儒名士纷纷著书立说,希冀通过创造性诠释儒家经典,来重建儒学的合法性依据之地位。于是有"四书"及其注释书的出笼,有《论语》及其注释书的大发展。

一 《论语》诠释著述数量大增

两宋时期的主要政治家、思想家,为了接续道统,重树儒学的雄风,大都借助于以《论语》为核心的儒家经典,用以建构自己的学术思想体系。因此,这一时期的《论语》研究如火如荼,三百多年间,见于著录的《论语》著述,综理诸家目录所得共计 303 种,其中《论语》部分共 233 种,它们分别是:邢昺的《论语正义》、郑汝的《论语解义》、胡瑗的

---

① 陈寅恪:《金明馆丛稿二编》,上海古籍出版社 1980 年版,第 245 页。

《论语说》、陈仪之的《论语讲义》、高端叔的《论语传》、宋咸的《论语增注》、周式的《论语集解辨误》、纪寔的《论语摘科辨解》、杜莘老的《论语集解》、余象的《论语集解》、阮逸的《论语增注》、勾徽的《论语精义》、周敦颐的《论语》、王令的《论语注》、王安石的《论语解》及《论语通类》、王雱的《论语口义》及《论语解》、吕惠卿的《语义》、孔武仲的《论语说》、蔡申的《论语纂》、王端礼的《论语解》、史通的《论语说》、何执中的《论语讲义》、吕公著的《元祐论语要义》、苏轼的《论语说》、苏辙的《论语拾遗》、王巩的《论语注》、邹浩的《论语解》、刘正容的《重注论语》、龚原的《论语解》、陈祥道的《论语全解》、晁说之的《论语讲义》、程颐的《论语说》、范祖禹的《论语说》、吕大临的《论语解》、谢良佐的《论语解》、侯仲良的《论语说》、游酢的《游氏论语解》及《论语杂解》、杨时的《论语解》、尹焞的《论语解》及《论语说》、王苹的《论语集解》、刘弇的《论语讲义》、汤岩起的《论语义》、汪革的《论语直解》、钱复观的《论语解》、叶梦得的《论语释言》、曾元忠的《论语解》、上官愔的《论语略解》、黄锾的《论语类观》、朱申的《论语辨》、江奇的《论语说》、倪登的《论语解》、程瑀的《论语解》、林之奇的《论语讲义》、陈禾的《论语传》、李纲的《论语详说》、张浚的《论语解》、王居正的《论语感发》、刘安世的《论语解》、许翰的《论语解》、王庭珪的《论语讲义》、王绹的《论语解》、曾几的《论语义》、许文瑞的《论语解》、郑刚中的《论语解》、朱震的《论语直解》、吴棫的《论语续解》、《论语考异》及《论语说例》、胡寅的《论语详说》、胡宏的《五峰论语指南》、胡宪的《论语会义》、郑耕老的《论语训释》、王宾的《论语口义》、黄祖舜的《论语解义》、洪兴祖的《论语说》、毕良史的《论语探古》、蔺敏修的《论语解》、黄开的《论语发挥》、程迥的《论语传》、徐椿年的《论语解》、赵敦临的《论语解》、徐珩的《论语解》、喻樗的《玉泉论语学》、何逢原的《论语集解》、张九成的《论语解》及《论语绝句》、谢谔的《论语解》、史浩的《论语口义》、宋徽宗的《论语解》、苏总龟的《论语解》、吴沆的《论语发微》、林栗的《论语知新》、卞圜的《论语大意》、叶隆古的《论语解义》、刘懋的《论语训解》、王炎的《论语解》、朱熹的《论语精义》《论语详说》《论语集注》及《论语或问》、黄榦的《论语通释》及《论语意原》、辅广的《论语答问》、冯椅的《论语辑说》、刘砥的《论语解》、陈易的《论语解》、吴英的《论语问答》、何镐的《论语说》、邹补之的《论语注》及《论语赘解》、滕璘的《论语说》、张栻的《论语解》、薛季宣的《论语少学》及《论语直解》、沈文炳的《论语解》、胡公武的《论语集解》、陈知柔的《论语后传》、林亦之的《论语解》、梁亿的《论语集撰解》、诸葛说的《论语说》、李舜臣的《家塾编次论语》、沈大廉的《论语说》、丘义的《论语纂训》、倪思的《论语义证》、章服的《论语解》、徐存的《论语解》、高元之的《论语解》、马之纯的《论语说》、宋蕴的《论语略解》、张琥的《论语拾遗》、许奕的《论语讲义》、姜得平的《论语本旨》、杨泰之的《论语解》、胡泳的《论语衍说》、汤烈的《集程氏论语说》、戴溪的《石鼓论语答问》及《丽泽论语集》、潘好古的《论语说》、孙应时的《论语说》、陈藻的《论语解》、王时会的《论语训传》、叶秀发的《论语讲义》、时少章的《论语大义》、陈耆卿的《论语记蒙》、罗维潘的《论语解》、陈宓的《论语注义问答》、黄宙的《论语解》、夏良规的《论语解》、丁明的《论语释》、傅子云的《论语集传》、冯诚之的《复庵读论语》、王万的《论语说》、真德秀的《论语集编》、魏了翁的《论语要义》、赵善湘的《论语大意》、郑汝谐的《论语意原》、陈孜的《论语发微》、赵燮的《论语说》、魏天佑的《论语说》、梁椅的《论语翼》、柴中行的《论语童蒙说》、蔡元鼎的《论语讲义》、钱文子的《论语传赞》、徐焕的《论语赘言》、曹宻的《论语注》、叶由庚的《论语纂佚》、柴元祐的《论语解》、钟宏的《论语约说》、胡佺的《论语释》、陈如晦的《论语问答》、王汝猷的《论语归趣》、蔡模的《论语集疏》、孔元龙的《论语集说》、李用的《论语解》、潘墀的《晦庵论语语类》、林文昭的《论语解》、萧山的《论语讲说》、傅蒙的《论语讲义》、黄方子的《论语讲义》、刘元刚的《论语演义》、吕中的《论语讲义》、郑奕夫的《论语本义》、蔡节的《论语集说》、饶鲁的《论语石洞纪闻》、李春叟的《论语传解补》、王柏的《论语通旨》及《论语衍义》、黄震的《论语日抄》、何基的《论语发挥》、赵顺孙的《论语集注纂疏》、金履祥的《论语集注考证》、周氏的《论语解》、刘庄孙的《论语章旨》、释赞宁的《论语陈说》、斡道冲的《论语小义》、杨简的《论语传》、陈亮的《论语发题》、林汝器的《论语集说》、赵秉文的《删集论语解》、王宗道的《论语别传》、陈沂的《论语说》、杜瑛的《论语旁通》、杨公节的《论语讲义》、谢正夫的《论语言仁》、王应麟的《论语考异》、欧阳士秀的《论语世家补》、黄补的《论语人物志》、李焘的《七十二子名籍》、苏过的《孔子弟子别传》、林子充的《论语诗》、王柏的《鲁经章句》、向子諲的《鲁论集议》、张演的《鲁论明微》及无名氏的《论语玄义》《论语要义》《论语口义》《论语展掌疏》《论语阅义疏》《论语意原》《论语枢要》《习斋论语讲义》《东谷论语》《论语世谱》《本经论语释文》《论语撰人名》《论语井田图》《兵书论语》《习齐论语讲义》《纂图重言重意互注论语》。①

《四书》部分共69种，它们分别是：无名氏的《四书白文》及《宋本四书》、朱熹的《晦庵四书语类》《四书通》《或问小注》《四书序考》及《四书问目》、钱时的《融堂四书管见》、喻樗的《四书性理窟》、陈舜中的《四书集解》、黄榦的《四书纪闻》、叶味道的《四书说》、刘爚的《四书集成》、刘炳的《四书问目》、潘柄的《四书讲义》、童伯羽的《四书训解》及《四书集成》、江默的《四书训诂》、黄士毅的《四书讲义》、程永奇的《四书疑义》、王遇的《四书解义》、王时敏的《四书说》、刘伯谌的《四书说》、葛绍体的《四书述》、戴侗的《四书家说》、田畴的《四书说约》、张津的《四书疑义》、诸葛泰的《四书解》、谢升贤的《恕斋四书解》、吴观的《四书疑义》、沈贵珤的《四书要义》、陈应隆的《四书辑语》、石赓的《四书疑义》、黄绩的《四书遗说》、卢孝孙的《四书集义》及《四书辑略》、章允崇的《四书管见》、吴真子的《四书集成》、祝洙的《四书集注附录》、胡升的《四书增释》、江恺的《四书讲义》、冯去疾的《四书定本》、胡仲云的《四书管阃》、陈元大的《四书讲义》、王柏的《标注四书》、陈普的《四书句解》及《四书讲义》、黄渊的《四书讲稿》、郑朴翁的《四书要指》、龚霆松的《四书朱陆会同注释》、董鼎的《四书疏义》、丘渐的《四书衍义》、周焱的《四书衍义》、吴梅的《四书发挥》、陈焕的《四书补注》、曾子良的《四书解》、卫富益的《四书考证》、梁志道的《四书通纪》、何逢原的《四书解说》、熊禾的《四书标题》、李好文的《端木堂经训要义》、杨泰之的《论语孟子类》、黄裳的《论语孟子义》、温迪罕缔达的《四书译解》、陆九渊的《四书义汇编》、王若虚的《四书辨疑》、吴昌裔的《四书讲义》、牟子才的《四书易编》、梅宽天的

---

① 参见顾宏义、戴扬本等编《历代四书序跋题记资料汇编》，上海古籍出版社2010年版，第1—33页；王鹏凯《历代论语著述综录》，花木兰文化工作坊2005年版，第39—51页。

《裕堂讲义》。[1]

另外，还有刘敞的《七经小传》等。

在这些著作中，以朱熹的《论语集注》对后世的影响最大。该书在吸取汉魏古注的基础上，集宋人释《论》之说，兼下己意，并存疑说，融注音、训诂、考据、义理于一体，而以义理见长，是继何晏《论语集解》、邢昺《论语注疏》之后《论语》学发展史上的又一座丰碑。此书一出，备受后世统治者青睐，甚至被定为科考的基本内容，成为各级学校的必学教材。

二 《论语》注解方式发生了重大变化

汉唐时期的《论语》注本，由于受汉学研究模式的影响，大都以名物典制的考据训诂和章句的串讲为主，"间或有一些政治、伦理思想的解说，这些解说也大多停留在政治实践需要的层次上，缺乏深刻的理论思维"[2]。及至宋代，《论语》学的注解方式大为扩展，既有承袭汉唐治学遗风的训诂章句之学，如邢昺的《论语注疏》、周式的《论语集解辨误》、纪甍的《论语摘科辨解》、杜莘老的《论语集解》、余象的《论语集解》、阮逸的《论语增注》等。《四库全书总目》评价邢昺《论语注疏》说："今观其书，大抵剪皇氏之枝蔓，而稍傅以义理，汉学、宋学兹其转关。……《中兴书目》曰：'其书于章句、训诂、名物之际详矣。'盖微言其未造精微也。"[3] 可见，四库馆臣以邢昺《论语注疏》书含义理之学，而作为宋学有别于汉学的一个转关。然而，此书又因详于章句、训诂、名物，仍是汉学的模式，因此不能作为宋代义理《论语》学兴盛的重要代表。又有站在哲学高度上对经典义理的解读和阐发，而且这一部分逐渐成为《论语》注释中的主要内容，《论语》学由此而进入宋学时期。宋代学者对于经书的注释不仅仅是为了以今释古、扫除阅读理解上的障碍，他们欲以注释经书为手段，借以阐发新儒学，即由训诂以通义理。因此，尽管其注释中也重视文字训诂，但其目的不是为了释读而作，而是为了通经明道而作，为重建政治的合法性依据而作。如"宋初三先生"之一的胡瑗著有《论语

---

[1] 参见顾宏义、戴扬本等编《历代四书序跋题记资料汇编》，上海古籍出版社2010年版，第230—320页；王鹏凯《历代论语著述综录》，花木兰文化工作坊2005年版，第51—55页。

[2] 董洪利：《孟子研究》，江苏古籍出版社1997年版，第193页。

[3] 永瑢等：《四库全书总目》，中华书局1965年版，第291页。

说》，对《论语》义旨颇多发挥。他在释读《先进篇》"柴也愚，参也鲁，师也辟，由也喭"时，指出："命者禀之于天，性者命之在我。在我者修之，禀于天者顺之。愚、鲁、辟、喭，皆道其所短而使修之者也。"① 谈到了性命问题和心性修养问题，为宋代性命之说之滥觞。又，程颐著有《论语解》，从体用的角度来重新释读"忠恕"："忠者天道，恕者人道；忠者无妄，恕者所以行乎忠也；忠者体，恕者用，大本达道也。"② 又用自家体贴出来的"理"解释孔子的"仁"："仁者天下之正理。失正理则无序而不和。"③ 朱子曾评价说："《论语》惟伊川所解，语意含蓄，旨味无穷。"④ 其后程门弟子大都有《论语》注本，如吕大临有《论语解》、谢良佐有《论语解》、游酢有《论语杂解》、杨时有《论语解》、尹焞有《论语解》，这些人皆以义理释《论》，其中尤以谢氏之《论语》学最为有名。他在《论语解·序》中说："予昔者供洒扫于河南夫子之门，仅得毫厘于句读文义之间，而益信此书之难读也。盖'不学操缦，不能安弦；不学博依，不能安诗；不学杂服，不能安礼'；惟近似者易入也。彼其道高深溥博，不可涯涘如此，觊以童心浅智窥之，岂不大有径庭乎？……能反是心者，可以读是书也。孰能脱去凡近以游高明，莫为婴儿之态而有大人之器，莫为一身之谋而有天下之志，莫为终身之计而有后世之虑，不求人知而求天知，不求同俗而求同理者乎？是人虽未必中道，然其心能广矣、明矣、不杂矣，其于读是书也，能无得乎？当不惟念之于心，必能体之于身矣，油然力得，难以语人，谓圣人之言真不我欺者，其亦自知而已矣。岂特虑思之效，乃力行之功。至此，盖书与人互相发也。及其久也，习益察，行益著，知视听言动盖皆至理，声气容色无非妙用。父子君臣，岂人能秩叙？仁义礼乐，岂人能强名？心与天地同流，体与神明为一。若动若植，何物非我？有形无形，谁其间之？至此，盖人与书相忘也。则向所谓辞近而指远，可不信乎？"⑤ 谢氏强调《论语》难读，想读懂《论语》，不仅要"反其心"，而且要"体之身"，做到人书合一，"心与天地同流，体与神明为一"，惟其如此，才能"识圣人之心"，才能言能中伦、行能中虑。其中富

---

① 黄宗羲、全祖望：《宋元学案·震泽学案》，中华书局1986年版，第26页。
② 朱熹：《四书章句集注》，中华书局1983年版，第72—73页。
③ 同上书，第62页。
④ 朱彝尊：《经义考》卷二百十四，中华书局1998年影印版，第1099页。
⑤ 同上书，第1099—1100页。

含"明心见性""格物穷理""知行合一"的思想萌芽，这正是宋学的研究主题。胡寅在其书后序中说："《论语》一书，盖先圣与门弟子问答之微言，学者求道之要也。而世以与诸子比，童而习之，壮而弃焉。训诂所传，虽未尝绝，然智不足以知圣人之心，学不足以得道德之正，遂以私智簧鼓其说，以眩天下。夫其侮圣人之言，何足深罪？特以斯文兴丧于此系焉！此忧世之士所为动心者也。上蔡谢公，得道于河南程先生。元祐中，掌秦亭之教，遂著《论语解》，发其心之所得，破世儒穿凿附会浅近胶固之论，如五星经乎太虚，与日月为度数，不可易也。其有功于吾道也卓矣！而学者初不以为然也。某年二十一，……在太学得其书，时尚未盛行也。后五年，传之者盖十一焉。"① 可见，随着程门弟子的发展壮大，《论语》学的义理化已蔚然成风。及至南宋，以朱熹、张栻、陆九渊为代表的闽学、湖湘学和陆学学派，以《论语》解读为抓手，从中不断生发出本体论、心性论和工夫论等思想，"从而建构了一种理学型的《论语》学，使《论语》学发展到一个新的高峰"②。

第二节 《论语》诠释大发展的原因

宋代的《论语》诠释在数量上超过了以往任何朝代，在注解方式上也开创了义理学的新时代。之所以会取得如此大的成就，究其原因，我认为不外乎有以下几点：

一 尊孔崇儒营造了良好的氛围

统治者"兴文教，抑武事"③ 治国方略的确立，为《论语》诠释的大发展提供了良好的外部条件。

宋朝统治者鉴于唐末五代以来世风败坏、文化失序的状况，在消除武将专权、藩镇割据等隐患的同时，确立了"兴文教，抑武事"的治国方略，尊孔崇儒就是这个治国方略的重要内容。在尊孔方面，宋太祖登基伊始，便下令"增修国子监学舍，修饰先圣、十哲像，画七十二贤及先儒二

---

① 朱彝尊：《经义考》卷二百十四，中华书局1998年影印版，第1100页。
② 朱汉民、张国骥：《两宋的〈论语〉诠释与儒学重建》，《中国哲学史》2008年第4期。
③ 李焘：《续资治通鉴长编》卷十八，中华书局1995年版，第394页。

十一人像于东西廊之板壁"①，并亲自为孔子、颜渊写赞词，"令宰臣、两制以下分撰余赞"②。建隆二年（961），下令贡举人到国子监拜谒孔子，并着为定例。次年又下令用一品礼祭祀孔子庙。太宗即位第三年，召见孔子后裔孔宜，"问以孔氏世嗣，擢右赞善大夫，袭封文宣公"③，并蠲免其所有赋税。太平兴国八年（983），又下诏重修曲阜孔庙。宋真宗大中祥符元年（1008），东封泰山。十一月初一驾幸曲阜，备礼祭拜孔庙。"内外设黄麾杖，孔氏宗属并陪位，帝服靴袍，行酌献礼。又幸叔梁纥堂，命官分奠七十二弟子、先儒洎叔梁纥、颜氏。初有司定仪肃揖，帝特展拜，以表严师崇儒之意，亲制赞，刻石庙中。复幸孔林，以树拥道，降舆乘马，至文宣王墓设奠再拜。诏追谥曰玄圣文宣王，祝文进署，祭以太牢，修饰祠宇，给便近十户奉茔庙。"④真宗还不顾当时"肃揖"的规定，"特再拜，以表严师崇儒之意"。同时，下令追封孔子父亲叔梁纥为鲁国公，母颜徵在为鲁国太夫人，妻亓官氏为郓国太夫人。二年五月，又"诏追封十哲为公，七十二弟子为侯，先儒为伯或赠官。亲制《玄圣文宣王赞》，命宰相等撰颜子以下赞，留亲奠祭器于庙中，从官立石刻名。既以国讳，改谥至圣文宣王。赐孔氏钱帛，录亲属五人并赐出身，又赐太宗御制、御书一百五十卷，银器八百两"⑤。同时诏令"太常礼院定州县释奠器数：先圣、先师每坐酒尊二、笾豆八、簠二、簋二、俎三、罍一、洗一、篚一，尊皆加勺、幂，各置于坫，巾共二，烛二，爵共四，坫。有从祀之处，诸坐各笾二、豆二、簠一、簋一、俎一、烛一、爵一"⑥。将祭拜孔子制度化，这是此前所没有的。

宋代还改定贡士始入辟雍时拜谒孔子之礼。宋以前，只有贡举人拜谒先师孔子之礼（此礼始于开元二十六年）。所谓"诸州贡举人见讫，就国子监谒先师，官为开讲，质问疑义，所司设食"⑦。宋徽宗大观初年，大司成强渊明说："考之礼经，士始入学，有释菜之仪。请自今每岁贡士始入辟雍，并以元日释菜于先圣。"此议得到宋帝的恩准，并对释菜的仪式等

---

① 徐松：《宋会要辑稿·崇儒》，河南大学出版社2001年版，第38页。
② 李焘：《续资治通鉴长编》卷三，中华书局1995年版，第68页。
③ 李焘：《续资治通鉴长编》卷十九，中华书局1995年版，第435页。
④ 《宋史·礼志八》。
⑤ 同上。
⑥ 同上。
⑦ 同上。

也都做了规定:"献官一员,以丞或博士;分奠官八员,以博士、正录;大祝一员,以正录。应祀官前释菜一日赴学,各宿其次。至日,诣文宣王殿常服行礼,贡士初入学者陪位于庭,其他亦略仿释奠之仪。"① 此礼于南宋高宗绍兴十年(1140)被诏与大社、大稷一起被尊为国家之大祀。

宋廷还优礼孔子后裔,改封孔子嫡系后裔为衍圣公。宋初,沿用唐制,封孔子后裔为文宣公。仁宗至和初,太常博士祖无择认为孔子后裔之袭封爵名"文宣公"是不对的,请求朝廷为孔子后裔另定封号。他说:"按前史,孔子后袭封者,在汉、魏曰褒成、褒尊、宗圣,在晋、宋曰奉圣,后魏曰崇圣,北齐曰恭圣,后周、隋并封邹国,唐初曰褒圣,开元中,始追谥孔子为文宣王。又以其后为文宣公,不可以祖谥而加后嗣。"②

仁宗将其建议进行廷议,得到了大臣们的认可,于是,下诏改封"文宣公"为"衍圣公"。其诏文说:"孔子之后,自汉元帝封其爵为褒成君,以奉其祀,至平帝改为褒成侯,始追谥孔子为褒成宣尼公。褒成,其国也;宣尼,其谥也;公、侯,其爵也。后之子孙,虽更改不一,而不失其义。至唐,去国名而袭谥号,礼之失也。谓宜去汉之旧,革唐之失。稽古正名,于义为允。宜改封至圣文宣王四十六代孙宗愿为衍圣公。"③ 从此之后,孔子嫡系后裔爵号为"衍圣公",沿袭达八百多年。

在崇儒方面,宋太祖采用"杯酒释兵权"的方式,解除了武将的权力,重用读书人。宋太宗时,明确提出"王者虽以武功克定,终须用文德致治"④,因而任用大批文臣执政,竭力提高儒学地位。宋真宗即位后,对儒家思想倍加推崇。他亲撰"崇儒术论"以张扬儒学在历代王朝和国家崇替中的指导效应:"儒术污隆,其应实大,国家崇替,何莫由斯。故秦衰则经籍道息,汉盛则学校兴行。其后命历迭改,而风教一揆。有唐文物最盛,朱梁而下,王风寖微。太祖、太宗丕变弊俗,崇尚斯文。朕获绍先业,谨遵圣训,礼乐交举,儒术化成,实二后垂裕之所致也。"⑤ 站在封建帝王的立场上评述了儒家思想学术在社会生活中化民移俗和国家崇替的历史变迁中的指导作用。

---

① 《宋史·礼志八》。
② 《宋史·礼志二十二》。
③ 庄绰:《鸡肋编》卷中,中华书局1983年版,第48页。
④ 李焘:《续资治通鉴长编》卷二十三,中华书局1995年版,第528页。
⑤ 李焘:《续资治通鉴长编》卷七十九,中华书局1995年版,第1798—1799页。

与此同时，宋代统治者十分重视儒家教育。他们不仅亲自习经，如宋太祖召王昭素讲《易》，真宗从崔颐正、崔偓佺学《尚书》，召邢昺"讲《孝经》《礼记》《论语》《书》《易》《诗》《左氏传》"[1]；而且亲自讲经，如宋真宗，"在东宫，讲《尚书》凡七遍，《论语》《孝经》亦皆数四"[2]。为了强化儒学教育，宋太宗端拱年间，曾诏令国子监镂版孔颖达《五经正义》，以为科举取士之本。为了保证版本的质量，在镂版前，宋太宗委派专人对《五经正义》予以了校勘。据《玉海》载，当时参与校勘工作的《易》《书》有孔维、李说等人，《春秋》有孔维、王炳、劭世隆等人，《诗》有孔维、李觉、毕道升等人，《礼记》有胡迪、纪自成、李至等人。淳化五年，李至上言："《五经》书疏已板行，惟《二传》、《二礼》、《孝经》、《论语》、《尔雅》七经疏未备，岂副仁君垂训之意。今直讲崔颐正、孙奭、崔偓佺皆励精强学，博通经义，望令重加雠校，以备刊刻。"[3] 此建议获得了恩准，于是，校勘的范围扩大了。其后真宗咸平二年，诏命邢昺"与杜镐、舒雅、孙奭、李慕清、崔偓佺等校定《周礼》、《仪礼》《公羊》《谷梁春秋传》《孝经》《论语》《尔雅》义疏"[4]。为了扩大儒家经典的影响，宋真宗还恩赐郡县学校，及聚徒讲诵之所九经书一部。又据南宋李心传《建炎以来系年要录》卷 148 记载，宋高宗曾手书儒经，刻石立学。绍兴十三年十一月丁卯，"秦桧奏，前日蒙付出御书《尚书》，来日欲宣示侍从官，不惟观陛下书法之妙，又令知陛下幸学不倦如此"，"时上所写六经与《论语》、《孟子》之书皆毕，桧因请刊石于国子监，仍颁墨本赐诸路州学，诏可"。南宋石经当时立石太学并将石刻墨本颁赐各州学，起到了标准教科书的作用。

宋代统治者在科举考试的科目设置中也以儒学为主。《宋史·选举志一》说："初，礼部贡举，设进士、九经、五经、开元礼、三史、三礼、三传、学究、明经、明法等科，皆秋取解，冬集礼部，春考试。合格及第者，列名放榜于尚书省。"这些科目在录取时都要或多或少地考儒家经典。

从中国儒学史、哲学史的角度上说，宋代诸帝的尊孔崇儒活动作为一种学术和思想导向，支持、鼓励了儒学的复兴和宋明新儒学的形成，为国

---

[1] 《宋史·邢昺传》。
[2] 李焘：《续资治通鉴长编》卷七十二，中华书局 1995 年版，第 1635 页。
[3] 《宋史·李至传》。
[4] 《宋史·邢昺传》。

家、社会的稳定做出了重大的努力，对中国封建社会后半期统治思想的形成具有重大影响。同时，也为《论语》研究的大发展营造了良好的政治氛围。

二　道统论的提出促进了四书学的兴起

儒家道统的提出和确立，为《论语》诠释的大发展提供了丰厚的土壤。

佛、道有道统之说，以标榜自身渊源久远，根基深厚。韩愈为确立儒学在中国文化上的正统地位，效法二教所为，创立了儒家道统说。他在《原道》中说："斯吾所谓道也，非向所谓老与佛之道也。尧以是传之舜，舜以是传之禹，禹以是传之汤，汤以是传之文、武、周公，文、武、周公传之孔子，孔子传之孟轲，轲之死，不得其传焉。"[1] 在这里，他建立了一套由尧、舜、禹、汤、文、武、周公、孔、孟前后传承的道统体系。宋儒在此基础上，又进一步予以充实和发展，将曾子和子思加在孔孟之间，并以"孔、曾、思、孟"相传之道统为正宗。他们遥承孟子，以接续孟子之统续为己任。如二程曾说："孔子没，传孔子之道者，曾子而已。曾子传之于子思，子思传之孟子，孟子死，不得其传，至孟子而圣人之道益尊。"[2] 在接续道统时，他们撇开了韩愈，遥承孟子。朱子曾说："此道更前后圣贤，其说始备。自尧舜以下，若不生个孔子，后人去何处讨分晓？孔子后若无个孟子，也未有分晓。孟子后数千载，乃始得程先生兄弟发明此理。今看来汉唐以下诸儒说道理见在史策者，便直是说梦！只有个韩文公依稀说得略似耳。"[3] 其弟子黄榦更进一步说："道之正统待人而后传，自周以来，任传道之责者不过数人，而能使斯道章章较著者，一二人而止耳。由孔子而后，曾子、子思继其微，至孟子而始著。由孟子而后，周、程、张子继其绝，至熹而始著。"[4] 认为孟子之后，周、程、张、朱接续了中华文脉。及至南宋，理宗对周敦颐、程颢、程颐、张载、朱熹大加表彰，确认了他们的道统地位。淳祐元年（1241），理宗把亲撰的《道统十

---

[1]　韩愈：《韩昌黎全集》，世界书局1935年版，第174页。
[2]　程颢、程颐：《二程遗书》，上海古籍出版社2000年版，第384页。
[3]　黎靖德编：《朱子语类》，中华书局1994年版，第2350页。
[4]　《宋史·朱熹传》。

三赞》"就赐国子监,宣示诸生"①,正式肯定了从二程到朱熹是孔孟以来道统的真正继承人,使程朱理学成为封建正统思想和钦定的官方哲学。儒家道统说的建立,确立了儒学在中华文化上的正统地位。

宋儒为了将孔、曾、思、孟的道统落实到实处,便将《论语》《大学》《中庸》《孟子》四书与之相对应,指出《论语》反映了孔子的思想,《大学》是孔子之遗言而曾子述之,《中庸》出于子思之手,《孟子》出于孟子之手,他们之间是师徒关系,学统一以贯之,道统依次传承。经过宋儒的努力,四本经典逐渐聚合在一起,形成了一门新的学问——"四书"学。这其中尤以程朱贡献最大。在他们看来,《论语》《孟子》《大学》《中庸》是整个儒家典籍的基础,学者的入德之门。学者们只有首先研读这四部经典,从中领悟圣人之道的精蕴,在心中确立基本的价值取向,才能为整个儒家经典的研习打下良好的基础。李方子曾评价说:"《语》、《孟》二书,世所诵习,为之说者亦多,而析理未精,释言未备。《大学》《中庸》,自程子始表章之。然《大学》次序不伦,阙遗未补;《中庸》虽为完篇,而章句浑沦,读者亦莫知其条理之粲然也。先生(指朱熹)搜集先儒之说而断以己意,汇别区分,文从字顺,妙得圣人之本旨,昭示斯道之标的。又使学者先读《大学》以立其规模,次及《语》《孟》以尽其蕴奥,而后会其归于《中庸》。尺度权衡之既当,由是以穷诸经、订群史,以及百氏之书,则将无理之不可精,无事之不可处矣。"② 朱熹将《大学》《中庸》《论语》《孟子》结集在一起,并加以训释,名之曰《四书章句集注》,在南宋末年得到了最高统治者的青睐,开始流行起来。《续资治通鉴长编》卷一四六载理宗宝庆三年(1227)诏曰:"朕每观朱熹《论语》《中庸》《大学》《孟子》注解,发挥圣贤之蕴,羽翼斯文,有补治道。朕方励志讲学,缅怀典型,深用叹慕!可特赠大师,追封信国公。"由于受到朝廷的推崇,"四书"的地位逐步提高,"四书"学遂蔚然成为大观。作为"四书"之一的《论语》在此大的背景下自然也受到了学者的重视,《论语》学也随着"四书"学的兴盛而发展起来。

---

① 《宋史·理宗纪》。
② 朱彝尊:《经义考》卷二百五十二,中华书局1998年影印版,第1271页。

三 疑经思潮的盛行加速了经学的转型

北宋肇基伊始，政治上相对宽松，形成了"与士大夫治天下"[①] 的政治格局，这不仅有助于士人们施展才智、阐发见解，自由争鸣，而且有助于士大夫们走出传统的章句训诂之学的牢笼。因此，表现在学风上也是一方面仍承汉唐之余绪，还有些保守，但另一方面自中唐以来兴起的"解经不拘传注且注重探求义理的学术风气也在潜流暗涌。仁宗时期，随着内外交困的渐趋加剧，要求改革的呼声越来越高。在政治改革大潮的激荡下，经学研究领域内又再度焕发生机，出现了一股推陈出新、去伪存真的势头"。范仲淹、欧阳修等人一方面通过改革科举制度，要求考生鄙薄章句，不惑传注，注重经义的阐发，一方面又自己身体力行，怀疑经传，引导传统经学的变革，最终形成了左右社会时局、影响学术走向的疑经变古思潮。肇始于庆历时期的疑经变古思潮，既与当时的儒学复兴运动大致同步，又与摒弃章句注疏之学、倡导义理之学的经学变革相隼接，彼此包容，相互促进[②]。

宋儒的疑经肇始于孙复，他在写给范仲淹的书信中说："专主王弼、韩康伯之说而求于大《易》，吾未见其能尽于大《易》者也；专守左氏、公羊、谷梁、杜预、何休、范宁之说而求于《春秋》，吾未见其能尽于《春秋》者也；专守毛苌、郑康成之说而求于《诗》，吾未见其能尽于《诗》者也；专守孔安国之说而求于《书》，吾未见其能尽于《书》者也。彼数子之说，既不能尽于圣人之经，而可藏于太学、行于天下哉？又后之作疏者，无所发明，但委曲踵于旧之注说而已。"由此可见，孙复对由唐政府钦定的经典旧注提出了全面挑战。同时他在书中还请求范仲淹建议皇帝，"广诏天下鸿儒硕老，置于太学，俾之讲求微言义，殚精极神，参之古今，覈其归趣，取诸卓识绝出见大出王、韩、左、谷、公、杜、何、毛、范、郑、孔之右者，重为注解，俾我六经廓然莹然，如揭日月于上，而学者庶乎得其门而入也。如是则虞、夏、商、周之治可不日而复矣"[③]。此一建议，可说是对传统注疏的全面否定，故清人钱大昕认为，宋人怀疑

[①] 李焘：《续资治通鉴长编》卷二百二十一，中华书局1995年版，第5370页。
[②] 参见张涛、任利伟《疑经变古思潮中的宋代易学考辨》，《古籍整理研究学刊》2009年第2期。
[③] 孙复：《孙明复小集·寄范天章书二》，《四库全书》本，上海古籍出版社1987年版。

旧说，由孙复"实倡之"①。以此为滥觞，宋代疑辨风气蔓延开来。司马光在《论风俗札子》中描述了当时的情形：

> 新进后生，口传耳剽，读《易》未识卦爻，已谓《十翼》非孔子之言；读《礼》未知篇数，已谓《周官》为战国之书；读《诗》未尽《周南》《召南》，已谓毛、郑为章句之学；读《春秋》未知十二公，已谓三《传》可束之高阁。循守注疏者，谓之腐儒；穿凿异说者，谓之精义。②

可见疑经已演变为当时的社会思潮，成为躁动一时的社会风气。

在疑经思潮盛行的同时，几乎所有的儒家学者转而讲求儒经经义、探究名理、自出新义，从而形成了一门新的学问——"义理之学"。此学重在别出新见以阐发经文的微言大义，超越旧来儒者注疏而自出议论。欧阳修、孙复等为开风气之先的代表人物。风气使然，一时学者，莫不以此为尚。如张载《经学理窟·义理》云："须是自求，己能寻见义理，则自有旨趣，自得之则居之安矣。"③ 所谓自己求寻义理，即是发明己说，概见当时学者治学，已显现出"自出义理"的价值取向。

这种价值趋向，经王安石的推动，遂蔚为大观。神宗年间，王安石改革科举考试。规定进士考试，每试四场，"初本经，次兼经并大义十道，务通义理，不须尽用注疏"④。改革后的考试方法，在实施过程中得到了宋神宗的称赞："今岁南省所取多知名举人，士皆趋义理之学，极为美事。"⑤ 另据《宋史·王安石传》云："初，安石训释《诗》《书》《周礼》，既成，颁之学官，天下号曰'新义'。……一时学者，无敢不专习，主司纯用以取士，士莫得自名一说。先儒传注，一切废不用。"《三经新义》的颁布，更加促进了汉唐注疏之学向宋代义理之学的转型。

宋代的义理之学主要研究前儒罕言的性理问题，在宋儒看来，只有深

---

① 钱大昕：《潜研堂文集》卷二十六《重刻孙明复小集序》，载陈文和主编《嘉定钱大昕全集》第九册，江苏古籍出版社1997年版，第411页。
② 司马光：《司马文正公传家集》卷四十二，《四库全书》本，上海古籍出版社1987年版。
③ 《张载集》，中华书局1978年版，第273页。
④ 李焘：《续资治通鉴长编》卷二百二十，中华书局1995年版，第5334页。
⑤ 李焘：《续资治通鉴长编》卷二百四十三，中华书局1995年版，第5917页。

究"性命义理"之学,才能通达天理。张载曾言:"穷理尽性,则性天德,命天理。""所谓天理也者,能悦诸心,能通天下之志之理也。"① 这种思想,成为当时学者的共同理念,他们纷纷以道德性命之学,作为发挥义理之学的思想核心,几至非性命之说不谈。苏轼《议学校贡举状》有云:"夫性命之说,自子贡不得闻,而今之学者,耻不言性命。"② "性命之说"之流行,由此可见一斑。

受此影响,对性命之学的探讨也体现在宋儒对《论语》的阐释中。如《公冶长篇》"夫子之言性与天道,不可得而闻"章,杨时解曰:"天命之谓性,率性之谓道,性命道三者,一体而异名,初无二致也。故在天曰命,在人曰性,率性而行曰道,特所从言之异耳。所谓天道者,率性是也,岂远乎哉!夫子之文章,乃所以言性与天道,非有二也,闻者自异耳。"③ 在杨时看来,这个万物一源之性和天命本是一物,性就是天命。朱熹解释说:"性者,人所受之天理;天道者,天理自然之本体,其实一理也。"④ 天道就是"天理自然之本体",人性也就是人所禀赋的天理,人性将人与天道搭挂了起来。可见,宋儒的聚焦点已有前儒所关注的"尽伦""尽制"问题转向了"天道性命"问题,对此,杨儒宾评论说,宋儒的关注点"已转至夫子罕言的'天道性命'议题,'尽伦''尽制'不是不重要,但圣王这些事业现在被认定只有建立在'性命'的基础上,它们才可以具有更深刻的意义"⑤。

四 援佛道入儒促进了新学术思想体系的诞生

儒家学者从哲理层面对佛、道思想的吸收融合,为《论语》诠释的大发展注入了新鲜的血液。

两宋时期的儒学,经过魏晋六朝隋唐的洗礼,已经成为融合释老的新儒学。活跃于北宋中期诸大学派的领袖人物,在求学过程中,除了钻研传统儒家《六经》之外,都不约而同的曾濡染于佛、老之学。如王安

---

① 《张载集》,中华书局1978年版,第23页。
② 《苏轼文集》,中华书局1986年版,第725页。
③ 朱熹:《论语精义》,载朱杰人等编《朱子全书》第七册,上海古籍出版社、安徽教育出版社2002年版,第180页。
④ 朱熹:《四书章句集注》,中华书局1983年版,第79页。
⑤ 杨儒宾:《〈中庸〉、〈大学〉变成经典的历程:从性命之书的观点立论》,载李明辉编《中国经典诠释传统》(二),《儒学篇》,台湾喜玛拉雅研究发展基金会,2002年,第154页。

石"少学孔、孟,晚师瞿、聃"①。苏轼"初好贾谊、陆贽书,论古今治乱,不为空言。既而读《庄子》,喟然叹息曰:'吾昔有见于中,口未能言,今见《庄子》,得吾心矣!'……后读释氏书,深悟实相,参之孔、老,博辩无碍,浩然不见其涯也"②。又如张载,吕大临撰《横渠先生行状》曰:"年十八,慨然以功名自许,上书谒范文正公。……因劝读《中庸》。先生读其书,虽爱之,犹未以为足也;于是又访诸释、老之书,累年尽究其说,知无所得,反而求之《六经》。"③又如程颢,程颐撰《明道先生行状》亦曰,先生为学,"泛滥于诸家,出入于释、老者几十年,返求诸《六经》而后得之"④。程颐自己对佛道也评价甚高,指出,"释氏之道诚弘大"⑤,"佛说直有高妙处,庄周气象大,故浅近"⑥,认可了佛学的合理之处,甚至赞扬说:"今之学释氏者,往往皆高明之人。"⑦南宋诸儒亦是如此,据《崇安县志》卷22记载,朱熹"少年即慨然有求道之志,博求之经传,遍交当时有识之士,虽释老之学,亦必究其归趣,订其是非"。由此可见,宋代学者许多人虽以大儒著称,但其学说思想,都存在着或隐、或显的佛、老思想的影子,以至于后儒评论宋儒,有所谓"论宋儒,谓是集汉、晋释、道之大成者则可,谓是尧、舜、周、孔之正派则不可"⑧之说。

受释老之学的影响,宋儒在创建思想体系时,常常借用佛道思想。如张载的人性论在同时代的儒家学说中独树一帜,提出了"天地之性""气质之性"的观点,然这种观点与当时的道教金丹派南宗创始人张伯端之说别无二致:"夫神者,有元神焉,有欲神焉。元神者,乃先天以来一点灵光也。欲神者,气质之性也。元神者,先天之性也。形而后有气质之性,善反之,则天地之性存焉。自为气质之性所蔽之后,如云掩月,气质之性虽定,先天之性则无有。然元性微,而质性彰。如人君之不明,而小人用

---

① 《苏轼文集》,中华书局1986年版,第1077页。
② 苏辙:《亡兄子瞻端明墓志铭》,载《栾城全集》,上海古籍出版社1987年版,第1422页。
③ 吕大临:《横渠先生行状》,《张载集·附录》,中华书局1978年版,第381页。
④ 程颢、程颐:《二程集》,中华书局1981年版,第638页。
⑤ 同上书,第272页。
⑥ 同上书,第425页。
⑦ 同上书,第196页。
⑧ 颜元:《习斋记余·上太仓陆桴亭先生书》,《颜元集》,中华书局1987年版,第427页。

事以蠹国也。且父母媾形，而气质具于我矣。将生之际，而元性始入，父母以情而育我体，故气质之性，每遇物而生情焉。今则徐徐划除，主于气质尽，而本元始见。本元见而后可以用事。无他，百姓日用，乃气质之性胜本元之性。善反之，则本元之性胜气质之性。以气质之性而用之，则气亦后天之气也。以本元之性而用之，则气乃先天之气也。气质之性本微，自生以来，日长日盛，则日用常行，无非气质。一旦反之矣，自今以往，先天之气纯熟，日用常行，无非本体矣。此得先天制后天，无为之用也。"[1] 又，二程吸纳佛学本体论思想，建立了"理本论"的哲学思想体系，陈确曾言："'本体'二字，不见经传，此宋儒从佛氏脱胎来者。"[2] 二程还吸收佛学的"真性""自性"说，借以改造和发展儒家的人性论。在他们看来，"性即理也，所谓理，性是也"[3]，"性"是天理在人身上的体现，此"性"的内容是仁、义、礼、智、信，是天命之性，乃"天然完全自足之物"[4]，它只要不为外物所染，就会长期保持下去。但受气禀的影响，故"人生气禀，理有善恶"[5]，"其所以不善者才也。受于天之谓性，禀于气之谓才，才之善不善由气之有偏正也"[6]。这是说禀清气则为善，禀浊气则为恶，此即谓气禀之性，这种气禀之性受后天影响颇多，因此人们可以通过学习修养而恢复天命之性，这与佛家所谓的"真性""自性"通过修养而成佛的道理是完全相通的。此外，二程的"去人欲，存天理"的禁欲主义思想是由佛教《法华经》"诸苦所困，贪欲为本，若灭贪欲，无所依止"的思想承袭熔铸而成的。在二程看来，天理和人欲是完全对立的，"不是天理，便是私欲"[7]，只有灭人欲，才能明天理。这一主张与佛教"禁欲"观亦步亦趋。[8] 宋代理学集大成者朱熹的思想博大而精深，这也与其能够吸收佛、老之学有关，他为论证"理一分殊"的原理，曾大量吸收了佛教华严宗关于"一"与"多"及"月映万川"的思想。与朱熹

---

[1] 张伯端撰，王沐浅解：《悟真篇浅解》（外三种），中华书局1990年版，第232—233页。
[2] 《陈确集》，中华书局1979年版，第466页。
[3] 程颢、程颐：《二程集》，中华书局1981年版，第292页。
[4] 同上书，第1页。
[5] 同上书，第10页。
[6] 同上书，第393页。
[7] 同上书，第144页。
[8] 参见高建立《两宋时期"以儒摄佛"的思想暗流与传统儒学的新生》，《哲学研究》2006年第8期。

理学思想相对立的陆九渊的心学派，其思想中关于"本心""明心"的心学观念就显然受禅宗"万法尽在自心"，"内外明澈，识自本心"，"若识自心见性，皆成佛道"① 等思想的影响。他引导启发学生体悟"本心"，也明显是借用了禅宗的直指本心的"顿悟"方法。《坛经》有言："言下便悟，顿见真如佛性。是以将此教法流行，令学道者顿悟菩提，各自观心，自见本性。"② 宋儒对佛老的吸收，成为宋代学术史上的一个重要特征，学者全祖望说："两宋诸儒门庭径路，半出入于佛老。"③ 诚非虚言。这一点，也是宋代能够实现"三教归一"，确立儒学主体地位的重要原因。④

由于具有这样的学术背景，所以宋儒在《论语》解释中亦常常杂有佛道思想。如苏辙的《论语拾遗》，在解释《为政篇》"思无邪"时说：

> 《易》曰："无思无为，寂然不动，感而遂通天下之故。"《诗》曰："思无邪。"孔子取之，二者非异也。惟无思，然后思无邪，有思。则邪矣。火必有光，心必有思。圣人无思，非无思也。外无物，内无我，物我既尽，心全而不乱。物至而知可否，可者作，不可者止。因其自然，而吾未尝思，未尝为，此所谓无思无为而思之正也。若夫以物役思，皆其邪矣。如使寂然不动，与木石为偶，而以为无思无为，则亦何以通天下之故也哉？故曰："思无邪，思马斯徂"。苟思马而马应，则凡思之所及，无不应也。此所以为感而遂通天下之故也。⑤

这里，苏辙以《易》曰"无思"解释《诗》曰"思无邪"，认为"惟无思，然后思无邪"，而圣人无思则是指"外无物，内无我，物我既尽，心全而不乱"，此处的圣人颇有些道家、佛家的意味。但毋庸置疑的是，苏辙从一个独特的角度阐释了孔子用"思无邪"三字来评价《诗经》的真

---

① 徐文明：《顿悟心法：六祖坛经导读·般若品第二》，金城出版社2010年版，第40页。
② 同上。
③ 全祖望：《鲒埼亭集外编》卷三十一《题真西山集》，《全祖望集汇校集注》，上海古籍出版社2000年版，第1371页。
④ 参见朱汉民等《中国学术史·宋元卷》，江西教育出版社2001年版，第25—26页。
⑤ 苏辙：《论语拾遗》，载《栾城集》下册，上海古籍出版社1987年版，第1536页。

正命意。因为人非土木，不能无思，孔子之所"尽心"处，正在于如何能使"有思"之人无邪思。孔子希望通过教人们学《诗》达到道德和人格完善的目的，发挥《诗经》的社会教化作用。

第三章

《论语》诠释与北宋学风的突破和开新

北宋儒者对《论语》的诠释，主要分为理学派的《论语》诠释和非理学派的《论语》诠释两大类，其中非理学派的《论语》诠释又分为四小类，一类是"汉学宋学兹其转关"①的邢昺《论语注疏》，一类是被"前人目之为庆历新学风之标识"②的《论语小传》，一类是注重经世致用的经筵选讲之作——范祖禹的《论语说》，还有一类是既注重根据自己的主观体认来直接领悟并阐发儒家经典中蕴含的大义，又注重立足儒家同时充分吸收利用佛道之学的理论思维成果③的荆公新学派和苏氏蜀学派的《论语》研究。这些《论语》诠释迎合了北宋时期的学风转变，都呈现出了由章句注疏之学向义理之学转变的倾向，促进了北宋经学诠释范式的突破和开新。

第一节 "汉学宋学兹其转关"的《论语注疏》

邢昺（932—1011），字叔明，北宋曹州济阴（今山东曹县西北）人。历官大理评事、泰州、盐城监、国子监丞、国子博士、水部员外郎、金部郎中、司勋郎中、国子祭酒兼翰林院侍讲学士、工部侍郎兼国子祭酒、翰林院侍讲学士、刑部侍郎、工部尚书、礼部尚书等职。其中在国子监任职32年，担任国子监祭酒达10年之久，曾先后给宋真宗和诸王公及其子弟、国子监学生等主讲过《孝经》《礼记》《论语》《易经》《书经》《诗经》

---

① 永瑢等：《四库全书总目》，中华书局1965年版，第291页。
② 戴维：《论语研究史》，岳麓书社2011年版，第224页。
③ 肖永明：《宋代儒学的危机与复兴》，《今日信息报》2009年1月14日国学版。

《左氏传》等经典著作。所撰代表作有《论语注疏》《尔雅义疏》《孝经正义》等。其中《论语注疏》是北宋前期《论语》学的扛鼎之作。其诠释特色如下：

一 删减玄虚之说

邢疏虽因皇疏而成，但却对其内容做了较大的改动。皇疏多玄虚色彩，邢疏则归于平实。皇疏详于解说微旨，略于解说名物典制，而邢疏则详于章句训诂。

其一，大量删除皇疏中援佛释经之说。皇侃所处时代，正是六朝佛教的全盛时期。此时南朝最高统治者梁武帝佞佛，于是号令公卿百官侯王宗族舍道事佛，一时间，佛教大盛。受其影响，文人学士也兼通儒、佛，融合内外之道。皇侃《论语义疏》产生于这一时代，具有代表性地反映了这一时代思潮。如佛教里讲"因果有必定之期，报应无迁延之业"[1]的因缘果报说，皇疏也表明了相同的观点。《里仁篇》"德不孤，必有邻"下，皇疏说："又一云：'邻，报也。言德行不孤失，必为人所报也。'故殷仲堪曰：'推诚相与，则殊类可亲。以善接物，物亦不皆忘，以善应之。是以德不孤焉，必有邻也。'"[2] 邢疏与此不取，释曰："此章勉人修德也。有德则人所慕仰，居不孤特，必有同志相求，与之为邻也。"[3] 去除了皇疏文中的佛教义理，恢复了儒学的平正。

又，《杂阿含经》卷十有言："一切行无常，一切法无我，涅槃寂灭。"诸行无常是说世界万有变化无常，无时无刻都在变化；诸法无我是指一切现象均为因缘和合，没有独立的实在自体；涅槃寂灭是说灭除一切生死的痛苦，达到涅槃的境界。此三者后来演变为佛教的"三法印"——诸行无常印、诸法无我印、涅槃寂静印，即印证是不是真正佛教的标志。皇侃在疏《述而篇》"不义而富且贵，于我如浮云"章时，阐述了"一切行无常"的佛理："浮云倏聚欻散，不可为常，如不义富贵聚散俄顷如浮云

---

[1] 释道宣：《广弘明集》卷七《列代王臣滞惑解》，上海古籍出版社1991年版，第136页。
[2] 皇侃：《论语义疏》，《儒藏·精华编·四书类论语属》，北京大学出版社2005年版，第69页。
[3] 邢昺：《论语注疏》，《儒藏·精华编·四书类论语属》，北京大学出版社2005年版，第64页。

也。"① 在疏解《子罕篇》"毋我"时，阐述了"一切法无我"的佛理："圣人晦迹，功遂而退，恒不自异，故无我也。亦由无意，故能无我也。"② 邢疏在疏解上述两篇时，均删去了皇疏中以佛理释经的部分，严格按照汉魏诸儒的注释予以疏解。《述而篇》"不义而富且贵，于我如浮云"下，《集解》引郑玄注曰："富贵而不以义者，于我如浮云，非己之有。"邢疏曰："富与贵虽人之所欲，若富贵而不以义者，于我如浮云，言非己之有也。"③《子罕篇》"毋我"下，何晏注曰："述古而不自作，处群萃而不自异，惟道是从，故不有其身。"邢疏曰："人多制作，自异以擅其身。孔子则述古而不自作，处群众萃聚，和光同尘而不自异，故不有其身也。"④ 这与何注相去不远。两相比较，皇疏与邢疏之别灿然可见。

其二，大量删减皇疏中以道家学说解经者。皇侃《论语义疏》大量引用了魏晋六朝时人注解《论语》之语，以广己意。然彼等多受玄学思潮影响，故释读《论语》时，大都杂有玄学意味。此等解释，多为邢疏所删。如《为政篇》"七十而从心所欲不逾矩"下，皇疏曰："从，犹放也。逾，越也。矩，法也。年至七十，习与性成，犹蓬生麻中，不扶自直。故虽复放纵心意，而不逾越于法度也。所以不说八十者，孔子唯寿七十三也，说此语之时，当在七十后也。李充曰：'圣人微妙玄通，深不可识。所以接世轨物者，曷常不诱之以形器乎。黜独化之迹，同盈虚之质，勉夫童蒙而志乎学。学十五载，功可与立。爰自志学迄于从心，善始令终，贵不逾法，示之易行，而约之以礼。为教之例，其在兹矣。'"⑤ 其中引李充释语中有"微妙玄通，深不可识"二语，出自河上公注本《老子·显德》，本是道家语。而"独化"一词，乃玄学大师郭象所创制词。邢疏解此句时，删去了李充之语，仅以"矩，法也。言虽从心所欲而不逾越法度也。孔子

---

① 皇侃：《论语义疏》，《儒藏·精华编·四书类论语属》，北京大学出版社2005年版，第118页。
② 同上书，第148页。
③ 邢昺：《论语注疏》，《儒藏·精华编·四书类论语属》，北京大学出版社2005年版，第104页。
④ 同上书，第129页。
⑤ 皇侃：《论语义疏》，《儒藏·精华编·四书类论语属》，北京大学出版社2005年版，第21—22页。

辄言此者，盖所以欲勉人志学而善始全终者也"①一句释之，十分简洁明了。

又如《泰伯篇》"荡荡乎民无能名焉"下，皇疏引王弼注云："圣人有则天之德，所以称'唯尧则之'者，唯尧于时全则天之道也。荡荡，无形无名之称也。夫名所名者，生于善有所章，而惠有所存，善恶相倾，而名分形焉。若夫大爱无私，惠将安在？至美无偏，名将何生？故则天成化，道同自然，不私其子而君其臣。凶者自罚，善者自功，功成而不立其誉，罚加而不任其刑，百姓日用而不知所以然，夫又何可名也？"② 这里，王弼把孔子的道解释为自然，把"荡荡"解释为"无形无名之称"，凸显了形而上的哲理意味。王弼又把"荡荡无能名焉"与"巍巍则天之功"联结了起来，通过由用以见体的方法，阐明了名教与自然的内在关联。王弼的解释可以说是玄味十足。邢疏改定时，删去了这段文字。

二 改善义疏体例

邢疏在注释体例上虽对皇疏多有承袭，但也在章旨归纳、篇名释读和义疏文体等方面做了某些改造，俾使其体例更加完善。

其一，取法皇疏为各章作章旨，但有所改进。皇疏于每篇下的各章大都做了章旨，以彰显各章大意。然非每章皆有。邢疏取法皇疏并略做改进，每章皆有章旨，遇有邻近相同的章节则合并几章共下一章旨。皇疏有章旨者，邢疏也并没有完全照抄，许多地方作了改动。如：

《为政篇》"子张学干禄"章，皇疏无章旨，而邢疏则点出了该章章旨："此章言求禄之法。"③

《先进篇》第八章"颜渊死，颜路请子之车以为之椁。子曰：'才不才，亦各言其子也。鲤也死，有棺而无椁。吾不徒行以为之椁。以吾从大夫之后，不可徒行也。'"第九章"颜渊死。子曰：'噫。天丧予。天丧予。'"第十章"颜渊死，子哭之恸。从者曰：'子恸矣。'曰：'有恸乎？

---

① 邢昺：《论语注疏》，《儒藏·精华编·四书类论语属》，北京大学出版社 2005 年版，第 23 页。
② 皇侃：《论语义疏》，《儒藏·精华编·四书类论语属》，北京大学出版社 2005 年版，第 141 页。
③ 邢昺：《论语注疏》，《儒藏·精华编·四书类论语属》，北京大学出版社 2005 年版，第 29 页。

非夫人之为恸而谁为?'"第十一章"颜渊死,门人欲厚葬之。子曰:'不可。'门人厚葬之。子曰:'回也视予犹父也,予不得视犹子也。非我也,夫二三子也。'"都以"颜渊死"开头,皇疏均无章旨,而邢疏则在第八章下曰:"此并下三章记颜渊死时孔子之语也。"① 合并四章做一章旨,既节省了文字,又指出了章旨。

《为政篇》"君子不器"章下,皇疏章旨曰:"此章明君子之人,不系守一业也。"② 邢疏曰:"此章明君子之德也。"③ 两相比较,皇疏就文字论文字,没有点破孔子的真意。而邢疏则一语道破天机。其高下不言自明。

其二,承袭皇疏为篇名做题解之法,但对篇章内容及篇次排序原因重新作了释读。由于邢昺《论语注疏》是在皇侃《论语义疏》的基础上改定而成的,而皇疏中于各篇名下均对篇名作了题解,并创造性地阐述了二十篇之所以如此编排的原因④,所以邢疏也承袭之。不过,邢疏之题解较之皇疏之题解更加合理、更富于逻辑性。如"学而第一"下,皇疏云:"《论语》是此书总名,'学而'为第一篇别目,中间讲说,多分为科段矣。侃昔受师业,自《学而》至《尧曰》凡二十篇,首末相次无别科重。而以《学而》最先者,言降圣以下,皆须学成,故《学记》云:'玉不琢不成器,人不学不知道。'是明人必须学乃成。此书既遍该众典,以教一切,故以《学而》为先也。而者,因仍也。第者,审谛也。一者,数之始也。既谛定篇次,以《学而》居首,故曰'学而第一'也。"⑤ 而邢疏题解曰:"自此至《尧曰》是《鲁论语》二十篇之名及第次也。当弟子论撰之时,以《论语》为此书之大名,《学而》以下为当篇之小目。其篇中所载,各记旧闻,意及则言,不为义例,或亦以类相从。此篇论君子、孝弟,仁人、忠信,道国之法,主友之规,闻政在乎行德,由礼贵于用和,

---

① 邢昺:《论语注疏》,《儒藏·精华编·四书类论语属》,北京大学出版社2005年版,第162页。
② 皇侃:《论语义疏》,《儒藏·精华编·四书类论语属》,北京大学出版社2005年版,第26页。
③ 邢昺:《论语注疏》,《儒藏·精华编·四书类论语属》,北京大学出版社2005年版,第27页。
④ 见拙著《〈论语〉学的形成、发展与中衰——汉魏六朝隋唐〈论语〉学研究》,中国社会科学出版社2005年版,第181—184页。
⑤ 皇侃:《论语义疏》,《儒藏·精华编·四书类论语属》,北京大学出版社2005年版,第2页。

无求安饱以好学，能自切磋而乐道，皆人行之大者，故为诸篇之先。既以学为章首，遂以名篇，言人必须学也。《为政》以下，诸篇所次，先儒不无意焉，当篇各言其指，此不烦说。第，训次也；一，数之始也，言此篇于次当一也。"① 两相比较，不难看出，皇疏认为，《论语》一书自"学而"至"尧曰"，二十篇首末相次，因为《学而》篇言"学"，而且《论语》一书皆言学，故以《学而》篇为首。邢疏则认为，"学而"篇所论内容事关君子、仁人之行，孝弟、忠信之道，为政、为学之法，用礼、乐道之径，"皆人行之大者，故为诸篇之先。既以学为章首，遂以名篇，言人必须学也"。邢疏把《论语》的篇章次序看成是先儒有意安排的思想体系，主要依据《学而》篇的思想内容来分析篇次排序，较之皇疏仅仅根据首章内容确定全篇内容更加合理。

又，在第十九篇和第二十篇排序原因的解释上，邢疏较皇疏更加合理。"子张第十九"下，皇侃疏曰："子张者，弟子也。明其君若有难，臣必致死也。所以次前者，既明君恶臣，宜拂衣而即去，若人人皆去，则谁为匡辅？故此次明若未得去者，必宜致身，故以《子张》次《微子》也。"② 而邢疏则曰："此篇记士行交情，仁人勉学，或接闻夫子之语，或辨扬圣师之德，以其皆弟子所言，故差次诸篇之后也。"③ 检视《子张》篇，内容皆为弟子之言论，其中以论学为主，次以称颂孔子，仅首章有言"士见危致命"，岂得谓"此次明若未得去者，必宜致身，故以'子张'次'微子'也"？

"尧曰第二十"下，皇疏曰："《尧曰》者，古圣天子所言也。其言天下太平，禅位与舜之事也。所以次前者，事君之道，若宜去者拂衣，宜留者致命。去留当理，事迹无亏，则太平可睹。揖让如尧，故《尧曰》最后次《子张》也。"④ 而邢疏题解曰："此篇记二帝三王及孔子之语，明天命

---

① 邢昺：《论语注疏》，《儒藏·精华编·四书类论语属》，北京大学出版社2005年版，第9页。
② 皇侃：《论语义疏》，《儒藏·精华编·四书类论语属》，北京大学出版社2005年版，第338页。
③ 邢昺：《论语注疏》，《儒藏·精华编·四书类论语属》，北京大学出版社2005年版，第286页。
④ 皇侃：《论语义疏》，《儒藏·精华编·四书类论语属》，北京大学出版社2005年版，第352页。

政化之美，皆是圣人之道，可以垂训将来，故以殿诸篇，非所次也。"① 皇疏认为，事君之道，如果能做到揖让如尧，则天下太平，故《尧曰》次《子张》，所论次序之因，太过牵强，不足为据。邢疏以为"尧曰"篇所讲"皆是圣人之道，可以垂训将来"，故列于最后，与前篇之间没有相次关系，解说较为合理。

由上可见，皇疏"大抵篇题之疏，看似诠释全篇主旨，实只解得首章之意而已；看似诠释前后篇之相关，实只撮取前后篇之首章，勉强凑合而已。皆牵强之说也"。"邢疏说篇旨虽较繁，然一篇之大要，均于是乎在。其说无牵强意。"②

其三，改造皇侃之义疏体。邢疏对皇疏义疏体的改造体现在两个方面，一是注疏体例的调整，皇疏对经文和注文的疏解是随文而释，没有单列；而邢疏则"疏"下别立"正义"，集中对经注文进行诠释，以阐明己见。此种体例使注释更加清晰明了。二是取消了"自设问，自解答"的释注方式。邢疏在注释时，舍去了皇疏"自设问，自解答"的释注方式，保留了分章段的方法，将文字训诂与章解句释结合起来，边解释文字边串讲句意。如《先进篇》"子路、曾皙、冉有、公西华侍坐"章，邢疏注曰：

> 此章孔子乘间四弟子侍坐，因使各言其志，以观其器能也。"子路、曾皙、冉有、公西华侍坐"者，时孔子坐，四子侍侧，亦皆坐也。"子曰以吾一日长乎尔，毋吾以也"者，孔子将发问，先以此言诱掖之也。言女等侍吾，以吾年长于女，谦而少言，故云"一日"。今我问女，女等毋以吾长而惮难其对也。"居则曰吾不知也，如或知尔，则何以哉"者，此问辞也。言女常居则云："己有才能，人不我知。"设如有人知女，将欲用之，则女将何以为治。"子路率尔而对"者，子路性刚，故率尔先三人而对也。"曰千乘之国，摄乎大国之间，加之以师旅，因之以饥馑。由也为之，比及三年，可使有勇，且知方也"者，此子路所志也。千乘之国，公侯之大国也。摄，迫也。谷不熟为饥，蔬不熟为馑。方，义方也。言若有公侯之国迫于大国之间，

---

① 邢昺：《论语注疏》，《儒藏·精华编·四书类论语属》，北京大学出版社2005年版，第295页。
② 蔡鹃颖：《论语邢昺疏概说》，《"国立"台湾师范大学国文研究所集刊》第35号，纵横出版社1991年版，第16—17页。

又加之以师旅侵伐，复因之以饥馑民困。而由也治之，比至三年以来，可使其民有勇敢，且知义方也。"夫子哂之"者，哂，笑也。夫子笑之也。"求，尔何如"者，子路既对，三子无言，故孔子复历问之。冉求，尔志何如？"对曰方六七十，如五六十，求也为之，比及三年，可使足民。如其礼乐，以俟君子"者，此冉求之志也。俟，待也。求性谦退，言欲得方六七十，如五十里小国治之而已，求也治此小国，比至三年以来，使足民衣食。若礼乐之化，当以待君子，此谦辞也。"赤，尔何如"者，又问公西华也。"对曰非曰能之，愿学焉。宗庙之事，如会同，端章甫，愿为小相焉"者，此赤也之志也。曰，言也。我非自言能之，愿学为焉。宗庙祭祀之事，如有诸侯会同，及诸侯衣玄端、冠章甫，日视朝之时，己愿为其小相，以相君之礼焉。"点，尔何如"者，又问曾晳也。"鼓瑟希"者，时曾晳方鼓瑟，承师之问，思所以对，故音希也。"铿尔，舍瑟而作"者，作，起也。舍，置也。铿，投瑟声也。思得其对，故置瑟起对，投置其瑟而声铿然也。"对曰异乎三子者之撰"者，撰，具也。未敢言其志，先对此辞。言己之所志，异乎三子者所陈为政之具也。"子曰何伤乎？亦各言其志也"者，孔子见曾晳持谦，难其对，故以此言诱之。曰："于义何伤乎？亦各言其志也。"欲令任其所志而言也。"曰莫春者，春服既成，冠者五六人，童子六七人，浴乎沂，风乎舞雩，咏而归"者，此曾晳所志也。莫春，季春也。春服既成，衣单袷之时也。我欲得与二十以上冠者五六人，十九以下童子六七人，浴乎沂水之上，风凉于舞雩之下，歌咏先王之道，而归夫子之门也。"夫子喟然叹曰吾与点也"者，喟然，叹之貌。夫子闻其乐道，故喟然而叹曰："吾与点之志。"善其独知时而不求为政也。"三子者出，曾晳后"者，子路、冉有、公西华三子先出，曾晳后，犹侍坐于夫子也。"曾晳曰夫三子者之言何如"者，曾晳在后，问于夫子曰："夫三子者适各言其志，其言是非何如也？""子曰亦各言其志也已矣"者，言三子者亦各言其所志而已，无他别是非也。"曰夫子何哂由也"者，曾晳又问夫子曰："既三子各言其志，何独笑仲由也？""曰为国以礼，其言不让，是故哂之"者，此夫子为说哂之意。言为国以礼，礼贵谦让，子路言不让，故笑之也。"惟求则非邦也与？安见方六七十如五六十而非邦也者。唯赤则非邦也与？宗庙会同，非诸侯而何"者，此夫子又言不哂其子路欲为诸侯之事，故举二子所言，明皆诸侯之事，与子路同。其言让，故不笑之，徒笑其子路不让尔。"赤也为之小，孰能为之大"者，此夫子又言公西华之才堪为大相，今赤谦言小相耳。若赤也为之小相，更谁能为大相。①

在这段长达一千多字的文字中，邢氏首先概括指出本章文字大意，"此章孔子乘间四弟子侍坐，因使各言其志，以观其器能也"，然后分为24小段予以了解释。在串讲文意过程中，遇有难懂之字如"摄""哂"等加以注解，充分体现了义疏体的特点。

三 详考名物典制

皇疏于名物制度，略而弗讲，而邢昺则在刊定时，注重引证典籍，详考名物典制。

如《为政篇》"殷因于夏礼，所损益，可知也；周因于殷礼，所损益，可知也"章，马融注曰："所因谓三纲五常。"对其中的"三纲"，皇疏解曰："三纲，谓夫妇、父子、君臣。三事为人生之纲领，故云三纲也。"②解释得较为简单。而邢疏则引用《白虎通》对"三纲"作了更为详细的注释，他说："《白虎通》云：'三纲者何？谓君臣、父子、夫妇也。君为臣纲，父为子纲，夫为妻纲。大者为纲，小者为纪，所以张理上下，整齐人道也。人皆怀五常之性，有亲爱之心，是以纲纪为化，若罗网有纪纲之而百目张也。所以称三纲何？一阴一阳之谓道。阳得阴而成，阴得阳而序，刚柔相配，故人为三纲，法天地人。君臣法天，取象日月屈信归功也。父子法地，取象五行转相生也。夫妇，取相人合，阴阳有施。君，群也，群下之所归心。臣，牵也，事君也，象屈服之形。父者，矩也，以度教子。子者，孳也，孳孳无已也。夫者，扶也，以道扶接。妇者，服也，以礼屈服也。'"③ 两相比较，邢疏更为详细，通过征引《白虎通》，不仅解

---

① 邢昺：《论语注疏》，《儒藏·精华编·四书类论语属》，北京大学出版社2005年版，第174—176页。

② 皇侃：《论语义疏》，《儒藏·精华编·四书类论语属》，北京大学出版社2005年版，第32页。

③ 邢昺：《论语注疏》，《儒藏·精华编·四书类论语属》，北京大学出版社2005年版，第33页。

释了什么是三纲，而且说明了原因。

又，《泰伯篇》"恶衣服而致美乎黻冕，卑宫室而尽力乎沟洫"中的"黻冕"和"沟洫"，皇疏皆未作深论，而邢疏却做了详尽的解释。其注"黻冕"曰："郑玄注此云：'黻是祭服之衣。冕，其冠也。'《左传》'晋侯以黻冕命士会'，亦当然也。黻，蔽膝也。祭服谓之黻，其他谓之韠，俱以韦为之，制同而色异。韠，各从裳色。黻，其色皆赤，尊卑以深浅为异：天子纯朱，诸侯黄朱，大夫赤而已。大夫已上，冕服悉皆有黻，故禹言黻冕。《左传》亦言黻冕，但冕服自有尊卑耳。《周礼·司服》云：'王之服，祀昊天上帝则服大裘而冕，祀五帝亦如之，享先王则衮冕，享先公飨射则鷩冕，祀四望山川则毳冕，祭社稷五祀则希冕，祭群小祀则玄冕。''孤之服，自希冕而下。'《左传》士会黻冕，当是希冕也。此禹之黻冕，则玄冕皆是也。"① 通过征引郑注、《左传》、《周礼·司服》解释了"黻""冕"的含义，及它们所表示的等级。人们读后，对"黻冕"有了一个清楚的了解。其解"沟洫"曰："案，《考工记》'匠人为沟洫。耜广五寸，二耜为耦。一耦之伐，广尺深尺谓之畎。田首倍之，广二尺深二尺谓之遂。九夫为井，井间广四尺深四尺谓之沟。方十里为成，成间广八尺深八尺谓之洫。方百里为同，同间广二寻深二仞谓之浍。'郑注云：'此畿内采地之制，九夫为井。井者，方一里，九夫所治之田也。采地制井田，异于乡遂及公邑。三夫为屋。屋，具也。一井之中，三屋九夫，三三相具以出赋税。其治沟也，方十里为成，成中为一甸，甸方八里出田税，缘边一里治洫。方百里为同，同中容四都六十四成，方八十里出田税，缘边十里治浍。'是沟洫之法也。"② 通过征引《考工记》和郑注，邢氏使人知道了什么是"沟""洫"以及古代的沟洫之法、采地之制。

由上述二例，我们不难发现，邢疏的解释清楚、明白，有理有据，不是凿空之言，令人信服。同时，也反映了邢昺深厚的经学功底和扎实的考据功夫。

四　敢于疑注

邢疏对待前人注释，不是一味地盲从，而是采取了审慎的态度，对于

---

① 邢昺：《论语注疏》，《儒藏·精华编·四书类论语属》，北京大学出版社2005年版，第126页。

② 同上。

错误者指出原因，甚至竟或改正；对于一时无法断定者，则存疑待考。

如《学而篇》"而好犯上者，鲜矣"下，皇疏曰："犯，谓谏诤也。上，谓君亲也。"① 稍前的熊埋亦持此观点。邢疏指出二者有误，"皇氏、熊氏以为'上'谓君亲，'犯'谓犯颜谏诤。今案，注云'上谓凡在己上者'，则皇氏、熊氏违背注意，其义恐非也"②。

《八佾篇》"射不主皮"下，马融注曰："射有五善焉：一曰和，志体和。二曰和容，有容仪。三曰主皮，能中质。四曰和颂，合《雅》《颂》。五曰兴武，与舞同。天子三侯，以熊、虎、豹皮为之。言射者但不以中皮为善，亦兼取和容也。"邢昺指出，"云'一曰和'至'五曰兴武'，皆《周礼·乡大夫职》文也。云'志体和'至'与舞同'，皆马融解义语。案，彼云'退而以乡射之礼五物询众庶：一曰和，二曰容，三曰主皮，四曰和容，五曰兴舞'。注云'以，用也。兴乡射之礼，而以五物询于众民。郑司农云："询，谋也。问于众庶，宁复有贤能者。和，谓闺门之内行也。容，谓容貌也。主皮，谓善射。射所以观士也。故书'舞'为'无'。"杜子春读"和容"为"和颂"，谓能为乐也。"无"读为"舞"，谓能为六舞。玄谓和载六德，容包六行也。庶民无射礼，因田猎分禽则有主皮。主皮者张皮射之，无侯也。主皮、和容、兴舞，则六艺之射与礼乐兴'是也。今此注'二曰和容'，衍'和'字。'五曰兴武'，'武'当为'舞'，声之误也。"③

《卫灵公篇》"虽州里，行乎哉"下，郑玄注曰："万二千五百家为州，五五家为邻"，邢疏认为此注有误，"《周礼·大司徒职》云：'五家为比，五比为闾，四闾为族，五族为党，五党为州。'是二千五百家为州也。今云万二千五百家为州，误也。"④

《颜渊篇》"克己复礼为仁"下，马融曰："克己，约身。"邢疏曰："此注克训为约，刘炫云：'克训胜也，己谓身也。身有嗜欲，当以礼义齐之。嗜欲与礼义战，使礼义胜其嗜欲，身得归复于礼，如是乃为仁也。

---

① 皇侃：《论语义疏》，《儒藏·精华编·四书类论语属》，北京大学出版社2005年版，第4页。
② 邢昺：《论语注疏》，《儒藏·精华编·四书类论语属》，北京大学出版社2005年版，第11—12页。
③ 同上书，第47页。
④ 同上书，第234页。

复，反也。言情为嗜欲所逼，已离礼，而更归复之。'今刊定云：'克训胜也，己谓身也，谓身能胜去嗜欲，反复于礼也。'"①

《卫灵公篇》"服周之冕"下，包咸注曰："冕，礼冠。周之礼文而备，取其黈纩塞耳，不任视听。"邢疏曰："云'冕，礼冠。周之礼文而备'者，冠者，首服之大名。冕者，冠中之别号。故云'冕，礼冠'也。《世本》云：'黄帝作冕。'宋仲子云：'冕，冠之有旒者，礼文残缺，形制难详。'《周礼·弁师》'掌王之五冕，皆玄冕朱里'，止言玄朱而已，不言所用之物。《子罕篇》云：'麻冕，礼也。'盖以木为干，而用布衣之。上玄下朱，取天地之色，其长短广狭，则经传无文。阮谌《三礼图·汉礼器制度》云：'冕制皆长尺六寸，广八寸，天子以下皆同。'沈引董巴《舆服志》云：'广七寸，长尺二寸。'应劭《汉官仪》云：'广七寸，长八寸。'沈又云：'广八寸，长尺六寸者，天子之冕。广七寸，长尺二寸者，诸侯之冕。广七寸，长八寸者，大夫之冕。'但古礼残缺，未知孰是，故备载焉。"② 在古礼残缺、众说纷纭的情况下，邢疏并未急于下断论，而是胪列众说，存疑待考。

五　略释微旨

邢疏虽注重名物训诂，但有时也阐明孔子之微旨。如《公冶长篇》"夫子之言性与天道，不可得而闻也"下，何晏注曰："性者，人之所受以生也。天道者，元亨日新之道深微，故不可得而闻也。"邢疏在疏解此注时曰："云'性者，人之所受以生也'者，《中庸》云：'天命之谓性。'注云：'天命，谓天所命生人者也，是谓性命。木神则仁，金神则义，火神则礼，水神则知，土神则信。'《孝经说》曰：'性者，生之质，命之所禀受度也。'言人感自然而生，有贤愚吉凶，或仁或义，若天之付命遣使之然，其实自然天性，故云'性者，人之所受以生也'。云'天道者，元亨日新之道'者，案《易·乾卦》云：'乾，元亨利贞。'《文言》曰：'元者，善之长也。亨者，嘉之会也。利者，义之和也。贞者，事之干也。'谓天之体性，生养万物，善之大者，莫善施生，元为施生之宗，故

---

① 邢昺：《论语注疏》，《儒藏·精华编·四书类论语属》，北京大学出版社2005年版，第178页。

② 同上书，第237页。

言'元者，善之长也'。嘉，美也。言天能通畅万物，使物嘉美而会聚，故云'嘉之会'也。'利者，义之和也'者，言天能利益庶物，使物各得其宜而和同也。'贞者，事之干'者，言天能以中正之气成就万物，使物皆得干济。此明天之德也。天本无心，岂造'元亨利贞'之名也？但圣人以人事托之，谓此自然之功，为天之四德也。此但言'元亨'者，略言之也。天之为道，生生相续，新新不停，故曰'日新'也。以其自然而然，故谓之道。云'深微，故不可得而闻也'者，言人禀自然之性及天之自然之道，皆不知所以然而然，是其理深微，故不可得而闻也。"① 这里，邢氏不仅解释了"性""元""亨""利""贞""嘉"等词的意思，而且串讲了整个注释的大意，指出天道乃自然而然之道，日新不停。天以中正之气成就万物，利益庶物。人禀自然之性而成。在邢氏的解释话语中，引用了《中庸》《孝经说》《易》等儒家经典，阐明了人禀自然之性和天之自然之道，尔后乃有"贤愚吉凶，或仁或义"的观点，这与其后理学家们的心性论有某种相似之处。

又，《泰伯篇》"兴于《诗》，立于礼，成于乐"下，邢疏于此解释说："此章记人立身成德之法也。兴，起也。言人修身当先学起于《诗》也。立身必须学礼，成性在于学乐。不学《诗》，无以言；不学礼，无以立。既学《诗》、礼，然后乐以成之也。"② 这就是说，在孔子那里，礼乐已不是原初单纯的外在于人的仪式表现，而是与人的内在修养、人生境界相联系的。"诗"兴于情感的层面，"礼"立于行为的层面，"乐"成于精神的层面。诗、礼、乐三者既构成了人格不断提升的几个层次，同时也构成了一个合格的"人"的内在基质。不仅如此，邢昺对统治者个人修养在治国理政中的作用也做了阐述。在疏解《为政篇》"道之以政，齐之以刑，民免而无耻。道之以德，齐之以礼，有耻且格"章时，他指出："此章言为政以德之效也。'道之以政'者，政谓法教，道谓化诱。言化诱于民，以法制教民也。'齐之以刑'者，齐谓齐整，刑谓刑罚。言道之以政而民不服者，则齐整之以刑罚也。'民免而无耻'者，免，苟免也。言君上化民而不以德，而以法制刑罚，则民皆巧诈苟免而心无愧耻也。'道之以德，

---

① 邢昺：《论语注疏》，《儒藏·精华编·四书类论语属》，北京大学出版社2005年版，第73—74页。
② 同上书，第119页。

齐之以礼，有耻且格'者，德谓道德。格，正也，言君上化民以道德，民或未从化，则制礼以齐整，使民知有礼则安，失礼则耻，如此则民有愧耻而不犯礼，且能自修而归正也。"① 透过邢昺的解释，我们不难读出其中包含的"德教优于法教，礼制优于刑制"的大义微言，同时也可以悟出君主的道德修养对社会风气的影响和重要作用，"君上化民以道德"，"制礼以齐整"，则民"能自修而归正"，突出了统治者自身道德修养的重要性。这与理学家的"内圣"思想也是一致的。

又如《为政篇》"攻乎异端，斯害也已"下，邢疏说："此章禁人杂学。攻，治也。异端谓诸子百家之书也，言人若不学正经善道，而治乎异端之书，斯则危害之深也已。以其善道有统，故殊途而同归，异端则不同归也。"② 在邢氏看来，所谓"异端"就是"诸子百家之书"，而所谓"正经"，谓儒家经典也。只有学习儒家经典所阐明的"道"，才是"善道"，不然就是"邪道"。邢氏想借助对《论语》的解释，重新确立儒学的统治地位。

六　汉学宋学兹其转关

对于中国经学史而言，向来有所谓"汉学""宋学"之分，汉学重训诂，宋学重义理。汉学严禀师承，笃守家法，不越雷池一步；宋学疑古惑经，不守传统，敢于创立新说。北宋是汉学转向宋学的重要时期，而邢昺在此过程中扮演了重要角色。清代四库馆臣曾这样评价《论语注疏》："今观其书，大抵剪皇氏之枝蔓，而稍傅以义理，汉学、宋学兹其转关。是《疏》出而皇《疏》微，迨伊洛之说出而是《疏》又微。故《中兴书目》曰：'其书于章句、训诂、名物之际详矣。'盖微言其未造精微也。然先有是《疏》，而后讲学诸儒得沿溯以窥其奥。祭先河而后海，亦何可以后来居上，遂尽废其功乎？"这段文字确指邢昺是由汉学转向宋学的关键人物，颇有见地。但馆臣从经学史的角度，仅仅用名物训诂来概括汉学，用义理来概括宋学，把变训诂为义理视为汉学转向宋学的钤键，实有不妥之处。"其实汉儒于义理亦有精胜之处，宋儒于训诂未必无可取也。"③ 故窃以为

---

① 邢昺：《论语注疏》，《儒藏·精华编·四书类论语属》，北京大学出版社2005年版，第22—23页。
② 同上书，第28页。
③ 梁章钜：《论语旁证》之俞樾序，《续修四库全书》本，上海古籍出版社1998年版。

应从如下几个方面来看待邢昺在汉学向宋学转型过程中所起的承前启后的作用。

第一，邢昺删除皇疏中以佛老之说解《论》处，使《论语》注解复归于平实。这对理学家排斥佛老异端之学的做法产生了一定的影响。邢昺奉诏改定旧疏，"实因皇侃《义疏》所采旧说而再加刊定也。盖宋学乘魏晋南朝玄虚学风之后，皇疏所搜集晋注凡十五家，宋人注四家，梁人注四家，时代未详者尚有五家，大率均带玄虚色彩；然而宋儒本以抵排异端，攘斥佛老自任，自谓直接孔孟心传，而以革新儒学为职志；此风迄孙复、石介、胡瑗以后乃臻于极盛，然导乎先路者似为邢昺。邢昺之疏《论语》也，举凡旧注中有涉玄冥诡异者多加芟削而使之复归于平实，由是自何晏、王弼、皇侃以来之儒道释糅混《论语》注略加廓清焉！自邢疏出而皇疏微，历百八十余年而绝于中土。此实道术宗派之消长随时代思潮递嬗而兴衰之征象也"①。

第二，怀疑、改易原有注疏，突破了"疏不破注"的成规。义疏学指的是对儒家经典的广搜博采，补充旧注，究明源委。因此，依据旧注作疏解是其固有的特点。但邢疏却敢于怀疑旧注，甚至改易旧注，这就打破了原来"疏不破注"的义疏学原则，形成了自己的学术特色。在唐中期以后，虽也有人做过类似的事情，但他们大都是私家著述，未形成大的气候。而邢疏乃是国家诏令刊定并颁之全国的通用教材，其影响可想而知。窃以为，随后兴起的疑经改注的宋学风气与之有一定的关系。

第三，在义理解说上，邢疏力求通经以求理，堪称朱注之始基。所谓"通经以求理"，就是既注重探求经文之本义，又注重义理阐发，从而将训诂学与义理学融为一炉，从而既避免了对经文的穿凿附会，又使其阐发之义理建立在对经义的解释之上。朱熹在《论语集注》中充分利用了这种方法，而邢昺的《论语注疏》在此方面亦初露端倪，只是它在通经方面的分量占的重了些，而在义理阐发方面还做得不够，没有很好的将二者有机结合起来。周中孚《郑堂读书记》评价该书曰："其于章句、训诂、名器、事物之际甚详，故能与何注并传"，"其荟萃群言，创通大义，已为程朱开

---

① 梁启雄：《论语注疏汇考》，《燕京学报》第 34 期，1948 年 6 月。

其先路矣。"① 可见，称之为"朱注之始基"，似不为过。

第二节　标新立异的《论语小传》

刘敞（1019—1068），字原父，一作原甫，号公是，北宋临江新喻（今江西新余）人，人称公是先生。举庆历进士，历官蔡州通判、太子中允、右正言、知扬州、集贤院学士等。他学问渊博，"自六经、百氏、古今传记，下至天文、地理、卜医、数术、浮屠、老庄之说，无所不通"②，著有《公是集》《春秋权衡》《七经小传》《公是先生弟子记》等。其中《七经小传》共分上、中、下三卷，上卷包括《尚书》和《毛诗》，中卷包括《周礼》《仪礼》《礼记》和《春秋公羊传》，下卷则是《论语》。从中我们不难发现，《论语》在《七经小传》中，不仅被尊称为经，而且独占一卷，可见刘敞对《论语》之偏爱。下面我们专门谈谈《论语小传》的特色。

一　体例独特

《论语小传》，从形式上看，很像是刘敞的读经札记，其中"有与诸经一例者，又有直书《经》文而夹注句下如注疏体者，亦注《论语》而未成，以所注杂录其中也"③。

《论语小传》没有按照《论语》文本的章节逐条解读，而是打破原来的章节限制，择选部分章句予以注释。如《学而篇》仅选取了"学而时习之"章、"曾子曰吾日三省吾身"章、"礼之用和为贵"章、"信近于义"章，《为政篇》则一章也没选，《八佾篇》仅选取了"林放问礼之本"章、"子曰射不主皮"章、"二三子何患于丧乎"句。

在诠释经文时，刘敞有时在抄写完经文后直接加以解释，如《八佾篇》"林放问礼之本"章，他在抄录完"林放问礼之本，子曰：'大哉问！礼，与其奢也，宁俭；丧，与其易也，宁戚'"后，下面紧接着解释曰："夫以戚为丧本，可也；以俭为礼本，何哉？曰：林放本问宾客奉养之礼，

---

① 顾宏义、戴扬本等编：《历代四书序跋题记资料汇编》，上海古籍出版社2010年版，第233页。
② 《欧阳修全集》，中华书局2001年版，第526页。
③ 永瑢等：《四库全书总目》，中华书局1965年版，第270页。

非兼问五礼也。何以明之？问五礼之本，在不当答以俭，又不当引丧为之偶，故知所问惟宾客奉养之礼也。宾客奉养之礼以俭为本者，俭则任诚悫，诚悫乃本也。故《聘礼》曰：'币美则没礼。'又曰：'多货则伤德。'币之与货，非所以为本也。损其美，却其多，乃可谓之俭。俭则礼与德俱无伤，是本矣。"①

在诠释经文时，刘敞有时采用夹注句下的形式，如《学而篇》"礼之用和为贵"章，他首先抄录了"礼之用，和为贵"，并注曰："君所谓可而有否焉，君所谓否而有可焉，此之谓和。"接着他又抄写"先王之道斯为美，小大由之，有所不行"，并注曰："大，君臣也；小，父子也。有所不行者，在丑夷不争之类是。"最后在"知和而和，不以礼节之，亦不可行也"下，注曰："此复说有所不行也。献可替否，和也；在丑夷不争，礼也。但知贵和为和，而不知礼有常节者，亦不可行也。故臣有三谏而去之道，若三谏而不去，是又不以礼节者也。"② 这和六朝时期的经典义疏有相似之处。

二 疑古改经

宋初，就经学而言，主要是承袭汉唐注疏之学，不敢多加怀疑。对此，陆游曾指出："唐及国初，学者不敢议孔安国、郑康成，况圣人乎？"③ 及至庆历年间，学界兴起了一股"不信注疏，驯至疑经"的思潮，"疑经不已，遂至改经、删经、移易经文以就己说"④。刘敞在其中扮演了急先锋的角色。疑古改经在其《论语小传》中表现为两点，一是驳难旧注，一为改易经文。

在对《论语》经文的解读中，刘敞不是仅仅拘泥于前人的成说，而是屡屡对前人提出驳难。如《雍也篇》"子见南子"章，关于"子见南子"的用意，《集解》引孔安国注曰："旧以南子者，卫灵公夫人，淫乱，而灵公惑之。孔子见之者，欲因以说灵公，使行治道。"邢疏说："此章孔子屈

---

① 刘敞：《七经小传》卷下，《四库全书》本，上海古籍出版社1987年版。
② 同上。
③ 王应麟：《困学纪闻》卷八，上海古籍出版社2015年版，第291页。
④ 皮锡瑞：《经学历史》，中华书局1959年版，第264页。

己，求行治道也。"① 都将"子见南子"看作是孔子为求行治道而不得已而为之之事。对此，刘敞不以为然。他说："旧说仲尼见南子，欲因以行道，非也。古者谓其君曰君，谓其夫人曰小君，仕者自当见小君。是时，孔子仕于卫，故以礼见南子也。"② 从礼的角度诠释"子见南子"，比单纯从政治角度而言，更有说服力。此说得到了朱子的认可，他在《论语集注》中指出："孔子至卫，南子请见，孔子辞谢，不得已而见之。盖古者仕于其国，有见其小君之礼。"③

《宪问篇》"作者七人矣"章，关于这七个人，前人见仁见智。《集解》引包咸注曰："作，为也。为之者凡七人，谓长沮、桀溺、丈人、石门、荷蒉、仪封人、楚狂接舆也。"针对此说，刘敞指出："七人，所谓长沮、桀溺、丈人、石门、荷蒉、仪封人、楚狂接舆，但取见于《论语》者，此说非也。辟世、辟地、辟色、辟言，不止此七人，七人与孔子同时耳。必同时，又有老聃、子桑伯子，非不能辟言、色者。予谓'作'读如'作者之谓圣'之'作'。仲尼叙《书》始尧舜，尧舜以来始有典籍，故道典籍以来圣人得位而制作者凡七人，即尧也、舜也、禹也、汤也、文也、武也、周公也是矣，其意盖言己独不得位而无所制作云尔。此一章孤立，偶与避世章相属，学者不晓，故遂穿凿妄解。"④ 通过重新解读"作"，刘敞对七人提出了与前人不同的观点。

《泰伯篇》"武王曰：'予有乱臣十人。'"孔子曰："有妇人焉，九人而已"章，关于其中的妇人，《集解》引马融注认为是文母，《尚书·太誓正义》引郑玄注亦同。刘敞则认为这个妇人是邑姜，他说："旧说妇人即文母，予谓子无臣母之理。或云古文无臣字，如此则不成文。按，武王即位已八十余，未知文母犹存否？以义推之，此乱臣盖邑姜，必非文母也。武王使九人者治外，而邑姜治内，故得以同之乱臣。"⑤ 刘氏此说，得到了部分后儒的认同。朱熹《论语集注》就曾引用了此说，指出："刘侍读（即刘敞——笔者注）以为子无臣母之义，盖邑姜也。九人治外，邑姜

---

① 邢昺：《论语注疏》，《儒藏·精华编·四书类论语属》，北京大学出版社2005年版，第95页。
② 刘敞：《七经小传》卷下，《四库全书》本，上海古籍出版社1987年版。
③ 朱熹：《四书章句集注》，中华书局1983年版，第91页。
④ 刘敞：《七经小传》卷下，《四库全书》本，上海古籍出版社1987年版。
⑤ 同上。

治内。"① 与他说并存。俞樾《群经平议》也指出:"刘原父《七经小传》以子无臣母之理,改为邑姜。王氏《困学纪闻》据《释文》'予有乱十人',本无'臣'字,谓旧说不必改。窃谓武王誓师,数其佐治之人而并及其母,称为予有,纵无'臣'字,于义亦不可通。疑旧说所谓文母者,亦即邑姜也。文母之称见于《周颂·雝篇》,曰:'既右烈考,亦右文母。'《毛传》曰:'烈考,武王也。文母,太姒也。'以子先母,义殊未安。郑意不以文母为太姒,马融《毛诗注》不传,疑其解烈考、文母正为武王、邑姜。后人习于《毛诗》之说,但知文母之为太姒,故于此注文母亦以太姒当之。不知马融于《诗》自有注,未必其同于《毛传》也。"程树德亦持此种观点。②

刘敞在解释《论语》时,有时为了突出己说,也会改易经文。如《宪问篇》"问管仲。曰:'人也。夺伯氏骈邑三百,饭疏食,没齿无怨言'"章,刘敞指出:"'人'上当失一字,仲尼必不直曰'人'而已,彼非人而管仲乃独曰人乎?不乃,管仲外举非人者,是岂仲尼之意也?或曰'人'当作'仁',亦非也。管仲之功为仁耳,仁之道非管仲所尽,仲尼亦不轻予之。荀子谓之野人,亦非也,义不合。"③ 其实,在《论语》中,"人""仁"二者是通用的,如《学而篇》"泛爱众,而亲仁",《雍也篇》"井有仁焉",都是这种用法。对此,朱彬《经传考证》曾做过考证,指出:"《表记》:'仁者,人也。'《注》引《公羊传》'执未有言舍之者,此其言舍之何?人也'。今《公羊传》何注作'仁之'也。人即仁之谓。孔子于子产称其惠,于管仲称其仁。观伯氏之没齿无怨,则仲之仁可知,故子路、子贡疑其非仁而孔子特信之。"程树德也赞同朱氏之说。④ 可见,刘敞所谓"人"上脱字说是不能成立的。

三 自出新义

在刘敞看来,传统章句训诂之学拘泥于前人之说,守一而废百,去道甚远,不能把握孔子本意,因此,需要变汉唐旧义,以义理解经,自出新义。如《公冶长篇》"宰予昼寝"章,《文选·高唐赋》注引郑玄说曰:

---

① 朱熹:《四书章句集注》,中华书局 1983 年版,第 107 页。
② 参见程树德《论语集释》,中华书局 1990 年版,第 555—556 页。
③ 刘敞:《七经小传》卷下,《四库全书》本,上海古籍出版社 1987 年版。
④ 参见程树德《论语集释》,中华书局 1990 年版,第 964 页。

"寝，卧息也。"① 皇疏曰："寝，眠也。宰予惰学而昼寝也。"② 李匡乂《资暇录》引梁武帝《论语注》曰："昼当作画字。言其绘画寝室，故夫子叹朽木不可雕，粪土之墙不可圬。"③《论语笔解》韩愈注亦曰："昼当为画字之误也。宰予四科十哲，安得有昼寝之责乎?"④ 刘敞则摒弃前说，别出新义，指出："学者多疑宰予之过轻而仲尼贬之重，此弗深考之蔽也。古者君子不昼夜居于内，昼居于内则问其疾，所以异男女之节，厉人伦也。如使宰予废法纵欲，昼夜居于内，所谓乱男女之节，俾昼作夜，《大雅》之刺幽、厉是也。仲尼安得不深贬之？然则寝当读为内寝之寝，而说者盖误为眠寝之寝。"⑤ 刘敞的解释没有纠结于是"昼寝"还是"画寝"，没有把这件事仅仅看作是惰学偷懒，而是专注于"厉人伦"，从"乱男女之节"的角度出发，阐明了孔子之所以深责宰我的原因。刘氏之说，生发出了新的意义，可谓是发前人所未发，作为一家之言，应该说是言之成理的。

《述而篇》"志于道，据于德，依于仁，游于艺"章，《集解》曰："志，慕也。道不可体，故志之而已矣也。据，杖也。德有成形，故可据也。依，倚也。仁者功施于人，故可倚之也。艺，六艺也。不足据，故曰游也。"皇侃《义疏》曰："此章明人生处世，须道艺自辅，不得徒然而已也。志者，在心向慕之谓也。道者，通而不拥也。道既是通，通无形相，故人当恒存志之在心，造次不可暂舍离者也。据者，执杖之辞也。德谓行事得理者也。行事有形，有形故可据杖也。依，依倚也。仁者，施惠之谓也。施惠于事宜急，故当倚之而行也。仁劣于德，倚减于据，故随事而配之。游者，履历之辞也。艺，六艺，谓礼、乐、书、数、射、御也。其轻于仁，故不足依据，而宜遍游历以知之也"⑥ 前者侧重于对其中文字的解释，后者则边释字边解释句意，二者皆随文而释，没有掘发出新义。而刘敞则曰："此言以道、德为内，以仁、艺为外也。志于道者，所以立

---

① 参见程树德《论语集释》，中华书局1990年版，第312页。
② 皇侃：《论语义疏》，《儒藏·精华编·四书类论语属》，北京大学出版社2005年版，第78页。
③ 程树德：《论语集释》，中华书局1990年版，第312页。
④ 同上。
⑤ 刘敞：《七经小传》卷下，《四库全书》本，上海古籍出版社1987年版。
⑥ 皇侃：《论语义疏》，《儒藏·精华编·四书类论语属》，北京大学出版社2005年版，第111页。

大本也。据于德者，所以尽其性也。德者，得也。凡道苟能志之又必安于己之自得以为据。依于仁者，所以接万事也，进退行止，出处语默，不可常同，要之仁而已。游于艺者，所以行于世也，礼、乐、射、御、书、数与众人共之，不可不为也。此所谓全德，无内外之偏矣。"① 刘敞将道、德、仁、艺分为内、外两个层面，在他看来，道与德是内在的，仁与艺是外在的，只有志于道，才能立大本；只有据于德，才能尽其性；只有依于仁，才能言行举止得体；只有游于艺，才能掌握六艺以行于世。内外双修，才能成为全德之人。刘氏之释，将"志于道，据于德，依于仁，游于艺"看成了一个内外双修成为全德之人的四种要素，给人耳目一新之感，与旧注仅仅局限于文字解读迥异。

刘敞在诠释《论语》时，还涉及了性命论的思想。他主张性善论。在诠释《阳货篇》"性相近也，习相远也"章时，指出："人之性虽有高下，而实皆善也，此之谓相近。及其习也，则有尧、桀之分，此之谓相远。"② 在刘氏看来，智愚与人性无关。在解释《阳货篇》"惟上知与下愚不移"时，他说指出："不移者，言其禀赋已定，不可强而迁也。上知，所谓生而知之；下愚，所谓困而不学矣。夫困而不学者，虽学不入，此知困而不能自反者也。知困而不能自反，耳目与人同，而神识与人异，疏之不通，诱之不达，故曰愚也。天下之冥冥者，是也。然而不害于性善者，愚智非善恶故也。"③ 智愚是先天就有的，它与人性善恶没有关系，所以无害于性善。刘敞进而指出："惟圣人能尽人之性，尽物之性。长短、大小、深浅、天道者，天命也，圣人所独知也。"④ 圣人能做到尽其本性，能够发挥万物的本性，故能独知天道、天命。

刘敞还引用道家思想来诠释《论语》。如《卫灵公篇》"子曰：'赐也！女以予为多学而识之者与？'对曰：'然，非与？'曰：'非也。予一以贯之'"章，他注曰："一以贯之者，仁也。惟仁为能一，惟一为能贯。仁者之用心也，敦兮其若朴，寂兮其若谷，昭兮其若镜，万物莫足以婴其中。万物莫足以婴其中，则虽言而未尝言，虽为而未尝为矣。故终日言而一，终日为而一，未尝变而事物为之应。在上也可，在下也可，耕稼也

---

① 刘敞：《七经小传》卷下，《四库全书》本，上海古籍出版社1987年版。
② 同上。
③ 同上。
④ 同上。

可，陶渔也可，版筑也可，商侩也可，此皆外之变而非内之一也。故诚守其一万物备矣。由是而一可以应万，而万不可应一，故曰非多学而识之者，多学在一之外故也。世之多学者众矣，鲜能定乎一，得其末，不得其本，逐物而不反，而世因谓可以无学。无学不害此原。伯鲁蹶于前，而老庄敝于后也。"① 在这里，刘氏谈到了一与万物的关系，涉及了事物的统一性与多样性的关系、本体与现象之间的关系，这一思想实际上与道家思想有关。《老子》第四十二章有言："道生一，一生二，二生三，三生万物。"《淮南子·诠言训》说："一也者，万物之本也，无敌之道也。"② 王弼在《老子注》第三十九章也指出："一，数之始而物之极也。各是一物之生，所以为主也。物皆各得此一以成，既成而舍以居成，居成则失其母，故皆裂、发、歇、竭、灭、蹶也。"③ 三者都将"一"视为"万物"之本。刘氏这一解释对程朱理学所倡导的"万物一理"的思想产生了较大影响。

综上所述，刘敞著《七经小传》，为《论语》重作新注。在诠释过程中，他突破旧注的束缚，依己意做出新解，使学风为之一变。吴曾《能改斋漫录》卷二引《国史》说："庆历以前，学者尚文辞，多守章句注疏之学。至刘原父为《七经小传》，始异诸儒之说。王荆公修经义，盖本于原父云。"④ 王应麟评论说："自汉儒至于庆历间，谈经者守训故而不凿。《七经小传》出而稍尚新奇矣。"⑤ 又，四库馆臣亦言："敞之谈经，虽好与先儒立异，而淹通典籍，具由心得，究非南宋诸家游谈无根者比。故其文湛深经术，具有本原。"⑥ 理学大师朱熹对刘敞也评价甚高，他说："理义大本复明于世，固自周、程，然先此诸儒亦多有助。旧来儒者不越注疏而已，至永叔、原父、孙明复诸公，始自出议论，如李泰伯文字亦自好。此是运数将开，理义渐欲复明于世故也。"⑦ 强调了刘敞突破"不越注疏而已"的旧习，开了新的"运数"。他还说："唐初诸儒为作疏义，因诋踵陋，百千万言而不能有以出二氏（毛郑—笔者注）之区域。至于本朝，刘

---

① 刘敞：《七经小传》卷下，《四库全书》本，上海古籍出版社1987年版。
② 高诱：《淮南子注》，上海书店出版社1986年版，第241页。
③ 王弼著，楼宇烈校释：《王弼集校释》，中华书局1980年版，第105—106页。
④ 吴曾：《能改斋漫录》，中华书局1960年版，第28页。
⑤ 王应麟：《困学纪闻》卷八，上海古籍出版社2015年版，第291页。
⑥ 永瑢等：《四库全书总目》，中华书局1965年版，第1316页。
⑦ 黎靖德编：《朱子语类》，中华书局1994年版，第2089页。

侍读、欧阳公、王丞相、苏黄门与河南程氏、横渠张氏，始用己意，有所发明。虽其浅深得失有不能同，然自是之后，三百五篇之微词奥义乃可得而寻绎。"① 因此，刘敞以己意说经，虽然不乏穿凿之辞，但其毕竟驳难先儒、自出新义，将原先奉为至上而神圣不可侵犯的儒家经典拿出来议论一番，因此其价值不在个别论点的得失，而在学风的转移，在于学术范式的革命和重建，那就是义理之学的兴起并终于取代训诂之学而成为时代思潮的主流。对此，杨新勋指出："（刘敞）将疑经改经的思想观念和思维模式引入到整个经学研究的领域里来。借助文献学研究的方法，改变了汉唐经学株守传注为表面特征的经学思想、思路和格局，同时也把这种思路转换成一种具有活力和生机的经学内在观念。"②

第三节　"煞有好处"的苏轼《论语说》

苏轼（1037—1101），字子瞻，号"东坡居士"，世人称其为"苏东坡"。北宋著名文学家、书画家。是蜀学的创始人之一。他少负才名，博通经史，曾官礼部尚书、翰林学士等职，也曾出任杭州、密州、徐州、湖州等地方官。他一生为官坎坷，屡遭贬官放逐。贬官黄州期间，撰成《论语说》初稿："到黄州，无所用心，辄复覃思于《易》《论语》。端居深念，若有所得，遂因先子之学，作《易传》九卷。又自以意作《论语说》五卷。"③ 迁居海南期间，完成定稿："所喜者，海南了得《易》《书》《论语》传数十卷，似有益于骨朽后人耳目也。"④ 书成后，自宋及明初，一直流传于世。明正统六年（1441），由杨士奇清点当时明皇室内阁藏书而编修的《文渊阁书目》著录"《论语东坡解》一部二册"。及至万历二十五年（1597），焦竑刻《两苏经解》时，已不见此书了。其《两苏经解序》称"子瞻《论语解》，卒轶不传"⑤。可见此书在明万历时期已经难觅了，因此《两苏经解》中没有苏轼《论语说》。从清人张佩纶以至今人卿三祥、马德富、舒大刚、谷建、许家星，都有辑文问世，且舒氏还将卿氏、

---

① 朱熹：《吕氏家塾读诗记序》，《四库全书》本，上海古籍出版社1987年版。
② 杨新勋：《宋代疑经研究》，中华书局2007年版，第92页。
③ 曾枣庄、舒大刚主编：《三苏全书》第三册，语文出版社2001年版，第274页。
④ 同上书，第275页。
⑤ 焦竑：《〈两苏经解〉序》，《两苏经解》卷首，明万历二十五年毕三才刻本。

马氏三人所辑合并于《三苏全书》中。① 兹以这些辑本为据，探究苏轼诠释《论语》的特色。

一 疑经改经

在中国经学发展史上，由中唐开始，出现了一股疑古惑经思潮，尤其是在宋仁宗庆历前后达到了新高潮，由疑古惑经逐步发展到疑经改经。苏轼也深受其影响，在《论语说》中，他对《论语》经文提出了质疑，并作了某些改动。如《阳货篇》"鄙夫可与事君也与哉？其未得之也，患得之。既得之，患失之。苟患失之，无所不至矣"章，苏轼注曰："'患得之'当云'患不得之'，阙文也。"② 此说得到了后人的认同，王若虚《滹南遗老集》卷七指出，"东坡以'患得之'当为'患不得之'，盖阙文也。予以为然"③。杨伯峻《论语译注》"患得之"下出校记曰："当作患不得之。"又进而解释曰：

> 王符《潜夫论·爱日篇》云："孔子疾夫未之得也，患不得之；既得之，患失之也。"可见东汉人所据的本子有"不"字。《荀子·子道篇》说："孔子曰，……小人者，其未得也，则忧不得；既已得之，又恐失之。"（《说苑·杂言篇》同）此虽是述意，"得"上也有"不"字。宋人沈作喆《寓简》云："东坡解云：'患得之'当作'患不得之'"，可见宋人所见的本子已脱此"不"字。④

又，《子张篇》"吾闻诸夫子：孟庄子之孝也，其他可能也；其不改父之臣与父之政，是难能也"章，苏轼怀疑其中的"孟庄子"应为"孟献子"，王若虚《滹南遗老集》卷七曰："东坡曰：'闻孟献子之孝，不闻庄子也。'遂疑为'献'字之误。夫圣人以为孝则固孝矣，而必求他证而后信，不亦过乎？"⑤

---

① 参见舒大刚《苏轼〈论语说〉流传存佚考》，《西南民族学院学报》2001年第6期。
② 苏轼：《论语说下》，载曾枣庄、舒大刚主编《三苏全书》第三册，语文出版社2001年版，第260页。
③ 王若虚：《滹南遗老集》，中华书局1985年版，第48页。
④ 杨伯峻：《论语译注》，中华书局1980年版，第186—187页。
⑤ 王若虚：《滹南遗老集》，中华书局1985年版，第52页。

除改易经文外，苏轼还对《论语》的章句提出了自己的意见。如《子罕篇》最末两章"可与共学""唐棣之华"原本都合为一章作解。《朱子语类》卷三十七曰："汉儒有反经之说，只缘将《论语》下文'偏其反而'误作一章解，故其说相承曼衍。且看《集义》中诸儒之说，莫不连下文。独是范纯夫不如此说，苏氏亦不如此说，自以'唐棣之华'为下截。程子所说汉儒之误，固是如此。"① 而从苏轼、范祖禹始，就以"唐棣之华"为界，将传统延续下来的一章分为两章。朱熹认同这种章句安排，并在《论语集注》中加以采用，沿用至今。

又，《尧曰》首章，苏轼注曰："此章杂取《大禹谟》《汤诰》《泰誓》《武成》之文，而颠倒失次，不可复考。由此推之，《论语》盖孔子之遗书，简编绝乱，有不可知者。如周八士，周公语鲁公，邦召夫人之称，非独载孔子与弟子之言行也。"② 此说也得到了后人的认可。朱熹《论语或问》卷二十曰："苏氏疑此章有颠倒失次各，恐或有之。"王若虚《滹南遗老集》卷七曰："东坡谓其杂取《大禹谟》《汤诰》《泰誓》《武成》之文，而颠倒失次，不可复考。盖孔子之遗书，编简绝乱，有不可知者，故置之不论。而道学诸公，曲为义训，以为圣人微言深旨。予谓东坡之说为近人情，故从之。"③

由此可见，苏轼对《论语》经文章句的改易，大都得到了后人的赞同，并对后世产生了一定的影响，因此在《论语》诠释史上理应有一席之地。

二 杂采众家之说

苏轼治学主张会通诸家，尤其倡导儒、佛、道三家汇合。在苏轼看来，儒、佛、道三教宗旨无异，必定会殊途同归。他说："孔老异门，儒释分宫。又于其间，禅律相攻。我见大海，有北南东。江河虽殊，其至则同。"④ 为此，他首先用道家之说与《周易》《论语》等儒经互相发明，以论证二者之间的一致性。苏轼说："道家者流，本出于黄帝、老子。其道

---

① 黎靖德编：《朱子语类》，中华书局1994年版，第994—995页。
② 苏轼：《论语说下》，载曾枣庄、舒大刚主编《三苏全书》第三册，语文出版社2001年版，第273页。
③ 王若虚：《滹南遗老集》，中华书局1985年版，第52—53页。
④ 《苏轼文集》，中华书局1986年版，第1961页。

以清静无为为宗，以虚明应物为用，以慈俭不争为行，合于《周易》'何思何虑'、《论语》'仁者静寿'之说。"① 不仅如此，苏轼还认为儒、佛之间亦有其一致之处。他说："宰官行世间法，沙门行出世间法，世间即出世间，等无有二。""儒释不谋而同"，"相反而相为用。儒与释皆然"。② 苏轼这种杂糅佛老的思想在《论语》诠释中多有体现。如《为政篇》"《诗》三百，一言以蔽之，曰：'思无邪'"章，苏轼注曰：

> 《易》称："无思"，"无为"，"寂然不动，感而遂通天下之故。"凡有思者，皆邪也，而无思则土木也。何能使有思而无邪，无思而非土木乎？此孔子之所尽心也。作诗者未必有意于是，孔子取其有会于吾心者耳。孔子之于《诗》，有断章之取也。③

这里，苏轼阐释了孔子用"思无邪"三字来评价《诗经》的真正命意。因为人非土木，不能无思，孔子之所"尽心"处，正在于如何能使"有思"之人无"邪思"④。不过，在王若虚看来，"苏子此论，流于释氏，恐非圣人之本旨"⑤。

苏轼在其他地方对此段文字的解释更是融儒释道为一体，如他在《思无邪斋铭（并叙）》中说："东坡居士问法于子由。子由报以佛语，曰：'本觉必明，无明明觉。'居士欣然，有得于孔子之言曰：'《诗》三百，一言以蔽之，曰：思无邪。'夫有思皆邪也，无思则土木也，吾何自得道，其惟有思而无所思乎？于是幅巾危坐，终日不言，明目直视，而无所见。摄心正念，而无所觉。于是得道，乃名其斋曰'思无邪'，而铭之曰：'大患缘有身，无身则无病。廓然自圜明，镜镜非我镜。如以水洗水，二水同一净。浩然天地间，惟我独也正。'"⑥ 这里，对于"无思之思"而言，前一"思"字，是指人对客观世界和人生的理性思考；后一"思"字，是指人的感性知觉。人生在世，不能没有感性知觉，否则就形同土偶槁木了，

---

① 《苏轼文集》，中华书局1986年版，第503页。
② 同上书，第393—394页。
③ 苏轼：《论语说上》，载曾枣庄、舒大刚主编《三苏全书》第三册，语文出版社2001年版，第169页。
④ 参见杨胜宽《苏轼〈论语说〉三题》，《达县师范高等专科学校学报》2005年第6期。
⑤ 王若虚：《滹南遗老集》，中华书局1985年版，第23页。
⑥ 曾枣庄、舒大刚主编：《三苏全书》第十五册，语文出版社2001年版，第194页。

故人皆"有所思";但思之过度,就会有邪念。如何做到既无邪念又非土偶槁木呢?在苏氏看来,最好的办法就是做到"无思之思",即"幅巾危坐,终日不言。明目直视,而无所见。摄心正念,而无所觉",忘记自身的存在,镜镜非我,水水同净,浩然独立于天地之间,才能最终"得道"①。其中的"幅巾危坐,终日不言。明目直视,而无所见"是借用道家坐忘的养生方法;"摄心正念,而无所觉"一语来自于禅宗"无念为宗"。《六祖坛经·定慧品》云:"无念者,于念而不念。"② 又云:"于诸境上心不染,曰无念。"③ 以无念为宗,无念即正念。无思无为,无念无心,一切顺其自然,物我为一,由此得道。④ 我们从中不难发现,苏轼从儒家出发,尝试着借用道家的方法来印证佛家的"本觉必明,无明明觉"思想,这不仅反映了其试图吸取儒、释、道三家的思想来解决"有思""无思"问题的努力,也反映了其思想的驳杂与兼容。

另外,在《论语说》,苏轼还引用了他家学说以诠释之。如《学而篇》"弟子入则孝"章,苏轼注曰:"泛爱众而亲仁。仁者之为亲,则是孔子不兼爱也。"⑤ 这里的"兼爱"显然是借用了墨家思想。《宪问篇》"士而怀居,不足以为士矣"章,苏轼注云:"管仲曰:'畏威如疾,民之上也。从怀如流,民之下也。'"⑥ 这句话出自《国语·晋语》,是姜齐引用管仲的话。管仲是早期法家的代表人物之一,苏轼引用其说来解释经文,实际上就把早期法家的思想引入了对《论语》的诠释中。

三 阐发性命之说

受时代思潮的影响,苏轼在《论语说》中也对性命之说做了探讨,并提出了独到的见解。他在诠释《阳货篇》"性相近也,习相远也"及"唯上智与下愚不移"章时,指出:

---

① 参见杨子怡《进取·逍遥·审美——论苏轼人格意识之调适》,《惠州学院学报》2010年第1期。
② 徐文明:《顿悟心法:六祖坛经导读·般若品第二》,金城出版社2010年版,第82页。
③ 同上。
④ 参见谷建《浅议二苏对"思无邪"的心性阐释》,《孔子研究》2010年第5期。
⑤ 苏轼:《论语说上》,载曾枣庄、舒大刚主编《三苏全书》第三册,语文出版社2001年版,第166页。
⑥ 苏轼:《论语说下》,载曾枣庄、舒大刚主编《三苏全书》第三册,语文出版社2001年版,第236页。

性可乱也，而不可灭，可灭非性也。人之叛其性，至于桀、纣、盗跖至矣。然其恶必自其所喜怒，其所不喜怒，未尝为恶也。故木之性上，水之性下。木抑之，可使轮囷下属，抑者穷，未尝不上也。水激之，可使喷涌上达，激者衰，未尝不下也。此孟子之所见也。孟子有见于性而离于善。《易》曰："一阴一阳之谓道。继之者善也，成之者性也。"成道者性，而善继之耳，非性也。性如阴阳，善如万物。万物无非阴阳者，而以万物为阴阳则不可，故阴阳者视之不见，听之不闻，而非无也。今以其非无即有而命之，则凡有者皆物矣，非阴阳也。故天一为水，而水非天一也；地二为火，而火非地二也。人性为善，而善非性也。使性而可以谓之善，则孔子言之矣。苟可以谓之善，亦可以谓之恶。故荀卿之所谓性恶者，盖生于孟子；而扬雄所谓善恶混者，盖生于二子也。性其不可以善恶命之，故孔子之言曰"性相近也，习相远也"而已。夫苟相近，则上智下愚曷为不可移也？曰：有可移之理，无可移之资也。若夫吾弟子由之论也，曰："雨于天者，水也；流于江河，蓄于坎井，亦水也；积而为涂泥者，亦水也。指泥涂而告人曰：'有水之性。'可也。曰：'吾将候其清而饮之。'则不可。"是之谓上智与下愚不移也。苏东坡云：予为论语说，与孟子辨者八。

昔之为性论者多矣，而不能定于一。始孟子以为善，而荀子以为恶，扬子以为善恶混。而韩愈者又取夫三子之说，而折之以孔子之论，离性以为三品，曰："中人可以上下，而上智与下愚不移。"以为三子者，皆出乎其中，而遗其上下。而天下之所是者，于愈之说为多焉。嗟夫，是未知乎所谓性者，而以夫才者言之。夫性与才相近而不同，其别不啻若白黑之异也。圣人之所与小人共之，而皆不能逃焉，是真所谓性也。而其才固将有所不同。今夫木，得土而后生，雨露风气之所养，畅然而遂茂者，是木之所同也，性也。而至于坚者为毂，柔者为轮，大者为楹，小者为桷。桷之不可以为楹，轮之不可以为毂，是岂其性之罪耶？天下之言性者，皆杂乎才而言之，是以纷纷而不能一也。孔子所谓中人可以上下，而上智与下愚不移者，是论其才也。而至于言性，则未尝断其善恶，曰"性相近也，习相远也"而已。①

此论述较长，若作具体分析，可分以下几点说明：

首先，性是所以成就善者，但善不是性。他用了一个形象的比喻：万物都是由阴阳构成，但是万物并不是阴阳。善与性的关系亦如此。在苏轼看来，性是纯然的本体，"视之不见"，"听之不闻"，是无形的，但不能说没有，而善或恶则是有形的，这种无形不能为有形所代替。

其次，性其不可以善恶命之。苏轼否定了历史上曾出现过的性善论、性恶论、性善恶混论、性三品说，指出人性不能有善恶，而只能趋向于善恶。在他看来，性对于每个人而言都是一样的，并没有什么圣人性善和小人性恶之分。善恶仅是性所能之，而非性所固有。

最后，性同而才异。在苏轼看来，过去儒者对"性"的理论之所以莫衷一是，原因就在于他们把"性"与"才"混为一谈。人类的"性"是一致的，但"才"则有高下。因此，讨论人性问题，首先要辨明性与才之不同。苏轼认为孔子中人以上、中人以下，以及上智下愚等说法，都是就才而言，并非言性。从其比喻看，他所说的才实即个性，与朱熹所说的气质之性相通。

总之，苏轼否定了人性先天就有善恶的说法，并试图用才与性相配合，对先儒的人性论进行整合，这对于中国传统人性思想的发展，无疑具有重要的意义。

四 抉发为政之道

苏轼本人为官四十载，关心国家治乱，这在《论语》诠释中也多有阐发。如《八佾篇》"定公问：'君使臣，臣事君，如之何？'孔子对曰：'君使臣以礼，臣事君以忠'"章，苏轼解曰：

> 君以利使臣，则其臣皆小人也。幸而得其人，亦不过健于才而薄于德者也。君以礼使臣，则其臣皆君子也，不幸而非其人，犹不失廉

---

① 苏轼：《论语说下》，载曾枣庄、舒大刚主编《三苏全书》第三册，语文出版社2001年版，第254—256页。

耻之士也。其臣皆君子，则事治而民安。上有廉耻，则临难不失其守。小人反是。故先王谨于礼。礼以钦为主，宜若近于弱，然而服暴者，莫若礼也；礼以文为辞，宜若近于伪，然而得情者，莫若礼也。哀公问：（略）不有爵禄刑罪也乎？何为其专以礼使臣也！以爵禄而至者，贪利之人也，利尽则逝矣。以刑罚而用之者，畏威之人也，威之所不及则解矣。故莫若以礼。礼者，君臣之大义也，无时而已也。汉高祖以神武取天下，其得人可谓至矣。然恣慢而侮人，洗足箕踞，溺冠跨项，可谓无礼矣。故陈平论其臣，皆嗜利无耻者，以是进取可也，至于守成，则殆矣。高帝晚节不用叔孙通、陆贾，其祸岂可胜言哉！吕后之世，平、勃背约，而王诸吕几危刘氏，以廉耻不足故也。武帝踞厕而见卫青，不冠不见汲黯。青虽富贵，不改奴仆之姿；而黯社稷臣也，武帝能礼之而不能用，可以太息矣。[1]

苏轼在这段文字中，阐发了礼为君臣之间之大义的政治原则。君以礼使臣，则臣要么是君子，要么是廉耻之士，如此一来，则临难不失其守，事治而民安。君以利使臣，则其臣要么是小人，要么是健于才而薄于德者，如此一来，则临难失其守，民乱而国危。

《子罕篇》"麻冕，礼也；今也纯，俭，吾从众。拜下，礼也；今拜乎上，泰也。虽违众，吾从下"章下，苏轼解曰：

> 欲事之易成，则先治其所以信服天下者。天下之事，不可以力胜，力不可胜，则莫若从众。从众者，非从众多之口，而从其所不言而同然者，是真从众也。众多之口，非果众也，特闻于吾耳而接于吾前，未有非其私说者也。于吾为众，于天下为寡。彼众之所不言而同然者，众多之口举不乐也。以众多之口所不乐，而弃众之所不言而同然，则乐者寡而不乐者众矣。古之人常以从众得天下之心，而世之君子常以从众失之。不知夫古之人，其所从者，非从其口，而从其所同然也。（略）从其所同然而行之，若犹有言者，则可以勿恤矣。[2]

---

[1] 苏轼：《论语说上》，载曾枣庄、舒大刚主编《三苏全书》第三册，语文出版社2001年版，第177—178页。

[2] 同上书，第208—209页。

这里，苏轼指出，作为统治者，对于天下那些不能够只凭力气取胜的事情，就要听从并按照多数人的意见去做。但听从多数人，不是要听从多数人的口头表态，而是要听从那些虽然不说却与我意见相同的人，这才是真正的服从大多数人。只有这样，才能得到众人的拥戴。

《子路》"樊迟请学稼"章，苏轼注曰：

> 有大人之事，有小人之事。愈大则身愈逸而责愈重，愈小则身愈劳而责愈轻。綦大而至天子，綦小而至农夫，各有其分，不可乱也。责重者不可以不逸，不逸则无以任天下之重。责轻者不可以不劳，不劳则无以逸夫责重者。二者譬如心之思虑于内，而手足之动作步趋于外也。是故不耕而食，不蚕而衣，君子不以为愧者，所职大也。自尧、舜以来，未之有改。后世学衰而道弛，诸子之智不足以见其大，而窃见其小者之一偏，以为有国者皆当恶衣粝食，与农夫并耕而治，一人之身而自为百工。盖孔子之时则有是说矣。夫樊迟亲受业于圣人，而犹惑于是说，是以区区焉欲学稼于孔子。孔子知是说之将蔓延于天下也，故极言其大而深折其辞，以为："上好礼则民莫敢不恭，上好义则民莫敢不服，上好信则民莫敢不用情。夫如是，则四方之民襁负其子而至矣。焉用稼？"而解者以为：礼、义与信，足以成德。夫樊迟之所为汲汲于学稼者，何也？是非以谷食不足而民有苟且之心以慢其上为忧乎？是非以人君独享其安乐而使民劳苦独贤为忧乎？是非以人君不身亲之则空言不足劝课百姓为忧乎？是三忧者，皆世俗之私忧过计也。君子以礼治天下之分，使尊者习为尊，卑者安为卑，则夫民之慢上者非所忧也。君子以义处天下之宜，使禄之一国者不自以为多，抱关击柝者不以为寡，则夫民之劳苦独贤者又非所忧也。君子以信一天下之惑，使作于中者必形于外，循其名者必得其实，则夫空言不足以劝课者又非所忧也。此三者足以成德矣，故曰：三忧者，皆世俗之私忧过计也。[①]

苏轼在这里翻版了《孟子·滕文公上》中的"劳心者治人，劳力者治

---

① 苏轼：《论语说下》，载曾枣庄、舒大刚主编《三苏全书》第三册，语文出版社2001年版，第229—230页。

于人。治于人者食人，治人者食于人。天下之通义也"的说法，指出，劳心者"身愈逸而责愈重"，劳力者"身愈劳而责愈轻"，二者各有其分，绝不可乱。统治者只要"以礼治天下之分"，"以义处天下之宜"，"以信一天下之惑"，则足以臣服四海。

五 非议孟子之说

孟子及其书在唐宋间有一个升格运动，及至北宋，由于孟子思想体系中包含着大量的纯思辨的哲学问题，如性善论、命、性、情、才、仁义礼智信、义利等，迎合了宋儒创建新体系的需求，从而受到格外的重视和推崇。但苏轼却并不买孟子的账，在其《论语说》中，他就以下几条与孟子进行了辩论，分别是：其一，孟子所说"五霸，久假（仁义）不归，安知其非有"，与孔子思想不符；其二，孟子"心勿忘"，与孔子"志于道"之说不符；其三，孟子"较礼食之轻重，礼重而食轻，则去食；食重而礼轻，则去礼。惟色亦然"，与孔子"去食存信"不符；其四，孟子"以生道杀民，虽死不怨杀者"，与孔子"为政，焉用杀"不符；其五，孟子"仁义，命也，有性焉"，视仁义为命，为不可求，与孔子"仁，远乎哉？我欲仁，斯仁至矣"不符；其六，孟子的"大人者，言不必信，行不必果"，与孔子的"言必信，行必果"不符；其七，孔子评价子产"惠人也"，孟子谓子产"惠而不知为政"，并没有理解孔子的真意；其八，孟子的"今乐犹古乐"的音乐观，与孔子崇古乐而"放郑声，远佞人"的音乐论不符；其九，孟子人性善，与孔子"性相近，习相远也"不符。以上几条，除了其中对孟子性善论的批评是对孟子核心思想的批评外，其他几条都属与孔子思想不能完全吻合的观点。这也就是说，苏轼虽然对孟子思想有所非议，但这并不意味着苏氏对孟子思想进行了全面的否定，而是是者是之，非者非之，甚至有些地方还对其思想做了引申和发挥，前引《子路》"樊迟请学稼"章注释可见。[①]

总之，《论语说》是苏轼探研孔学的力作，数次修订，几易其稿，"自谓颇正古今之误，粗有益于世"[②]。故虽已亡佚，但在《论语》诠释史上

[①] 参见周淑萍《论李觏与苏轼非孟的根本取向》，载张岂之、谢阳举编《中国思想史论集》第3辑，广西师范大学出版社2008年版。

[②] 苏轼：《与滕达道二一》，载曾枣庄、舒大刚主编《三苏全书》第三册《论语说附录》，语文出版社2001年版，第274页。

也曾有一定的地位和影响。

　　首先，在诠释过程中，苏轼主要是利用《论语》中的某些思想资料，结合时代主题和自己的心得体会，融会贯通，综合创新，进行创造性的发挥，旨在打破成见、自出新意，对于与阐述己意无关的字词之义的训诂、名物制度的考证则少有关注。在多数情况下，苏轼仅仅将《论语》经文作为阐发个人思想的引子，所引申和生成的思想虽可自成体系，但业已脱离经典原文，所表达的只是苏轼本人对于当时社会与人生、历史与现实问题的种种看法。这种做法，体现了宋学的基本精神。清儒钱大昕曾从学术发展的角度对此予以了高度评价："当宋盛时，谈经者墨守注疏，有记诵而无心得，有志之士若欧阳氏、二苏氏、王氏、二程氏，各出新意解经，蕲以矫学究专己守残之陋。"① 正是这种新的治学风气的出现，才使宋代义理之学得以蓬勃发展。

　　其次，由于苏轼博综淹贯，谙熟经史，识见超卓，故其经解颇有独到、高妙之处，往往能超越汉唐旧有注疏而别出新见。如苏轼在当时孟子学说受到普遍追捧的情况下，面对日益强大的理学，不盲目附和，以与理学迥异的性命论审视孟子的人性论，批评孟子的人性论，在性与善、性与才的问题上提出了自己的见解。无怪乎苏门秦观曾评价说："苏氏之道，最深于性命自得之际。"② 又，在《论语》诠释中，他还不遗余力地掘发其中的政治意蕴，在治国理民方面为统治者出谋划策，充分拓展儒家的外王之学。朱熹曾说："苏氏之学，上谈性命，下述政理。"③ 上述所为，不仅表现出苏轼在重构儒学体系时特立独行及其独立思考的精神，而且也反映出宋代文化发展多样化的特色。后世学者，对于苏轼的"驳杂"虽多有抨击责难，但对其在《论语》学方面的成就与造诣也不得不予以肯定。朱熹在论及《论语说》时，就曾指出："东坡天资高明，其议论、文词自有人不到处，如《论语说》，亦煞有好处。"④ 朱熹的《论语》著作之于苏轼《论语说》，在总共20篇中，只有《先进》和《微子》两篇未有论及；在

---

　　①　钱大昕：《潜研堂文集》卷二十六《重刻孙明复小集序》，载陈文和主编《嘉定钱大昕全集》第九册，江苏古籍出版社1997年版，第411页。
　　②　徐培均：《淮海集笺注》，上海古籍出版社1994年版，第981页。
　　③　朱熹：《答吕伯恭书》，载朱杰人等编《朱子全书》第二十册，上海古籍出版社、安徽教育出版社2002年版，第1428页。
　　④　黎靖德编：《朱子语类》，中华书局1994年版，第3113页。

总共499章（节）中，共有62章（节）论及，占总数的12%，有12章（节）所解为朱子《论语集注》直接征引；其中除了少数予以批评外，绝大多数都是肯定、借鉴和吸取的内容，内容涉及章句、训诂、考证和旨意等多个方面。因此，我们可以说，苏轼《论语说》对朱熹《论语》学体系的形成有着直接的影响。①

第四节 "颇有所发明"的《论语拾遗》

苏辙（1039—1112），字子由，号颖滨遗老，曾任翰林学士、尚书右丞、门下侍郎、大中大夫等职。著有《诗传》《春秋传》《论语拾遗》《孟子解》《龙川志略》《古史》《老子解》《栾城文集》等。其中《论语拾遗》成于苏辙晚年，共二十七章，皆阐发己见之作，成为苏氏《论语》学流传至今的完本。其特色如下：

一 援佛道之说释《论》

由于苏辙出身于学风较为自由的巴蜀地区，加之深受儒学复兴运动的影响，故而学术思想较为驳杂，于佛道思想多有吸收，遂形成明显的三教调和的倾向。如他曾说："东汉以来，佛法始入中国，其道与《老子》相出入，皆《易》所谓形而上者。而汉世士大夫不能明也，魏、晋以后，略知之矣。好之笃者，则欲施之于世；疾之深者，则欲绝之于世。二者皆非也。老、佛之道与吾道同而欲绝之，老、佛之教与吾教异而欲行之，皆失之矣。"②"道之于物无所不在，而尚可非乎？虽然，蔑君臣，废父子，而以行道于世，其弊必有不可胜言者。诚以形器治天下，导之以礼乐，齐之以政刑。道行于其间而民不知，万物并育而不相害，道并行而不相悖，泯然不见其际而天下化，不亦周、孔之遗意也哉？"③ 这就是说，儒、释、道三家在形而上的层面上是相通的，皆是用来修身的，而治天下则须用形而下的礼乐及政刑。如果一味佞佛笃道，而施之于世，导致身灭国亡，那是因为不懂得这种道理；由此便归罪于老、佛，也同样是没有道理的。由此

---

① 参见粟品孝《朱熹与宋代蜀学》，高等教育出版社1998年版，第71—82页。
② 苏辙：《栾城后集》卷十《历代论四·梁武帝》，载《栾城集》下册，上海古籍出版社1987年版，第1258页。
③ 同上书，第1259页。

出发，苏辙"形成以儒治世、以佛道修心、养身的特殊生活型态"，这"也成为他诠释经典的一大特色"①。

首先，援道释《论》。苏辙六岁即与兄长苏轼读书天庆观，受教于道士张易简。后又研读道藏，与道学之渊源颇深。故在诠释《论语》时，时常参以道家思想。这主要表现在两个方面：一是直接引用道家思想观念诠释《论语》。如《宪问篇》"贫而无怨难，富而无骄易"章，苏辙解曰："有道者不知贫富之异，贫而无怨，富而无骄，一也。然而饥寒切于身而心不动，非忘身者不能。"② 其中"忘身"之意明显源自于《老子》第十三章"吾所以有大患者，为吾有身，及吾无身，吾有何患"。又，《阳货篇》"予欲无言"章，苏辙解曰："古之传道者必以言。达者得意而忘言，则言可尚也。小人以言害意，因言以失道，则言可畏也。故曰：'予欲无言。'"③ 其中"得意而忘言"出自《庄子·外物》，原文为："言者所以在意，得意而忘言。"二是间接引申发挥道家思想。如《卫灵公篇》"人能弘道，非道弘人"章，苏辙注曰："道之大充塞天地，瞻足万物，诚得其人而用之，无所不至也。"④ 对照《老子》第二十五章"有物混成，先天地生。寂兮寥兮，独立而不改，周行而不殆，可以为天地母。吾不知其名，字之曰道，强为之名曰大"，我们不难发现，苏辙对"道"的理解，与老子相类，显然是受了道家的影响。又，《为政篇》"思无邪"句，苏辙在诠释这一经文时，指出："《易》曰：'无思无为，寂然不动，感而遂通天下之故。'《诗》曰：'思无邪。'孔子取之。二者非异也，惟无思，然后思无邪，有思则邪矣。火必有光，心必有思。圣人无思，非无思也。外无物，内无我。物我既尽，心全而不乱。物至而知可否，可者作，不可者止。因其自然，而吾未尝思，未尝为，此所谓无思无为而思之正也。若夫以物役思，皆其邪矣。如使寂然不动，与木石为偶，而以为无思无为，则亦何以通天下之故也哉？故曰：'思无邪，思马斯徂。'苟思马而马应，则凡思之所及，无不应也。此所以为感而遂通天下之故也。"⑤ 在这里，苏

---

① 吴叔桦：《尊非孔孟乎——论苏辙〈论语拾遗〉、〈孟子解〉之深层义蕴》，高雄师范大学《国文学报》第 9 期，2009 年。
② 苏辙：《论语拾遗》，载《栾城集》下册，上海古籍出版社 1987 年版，第 1543 页。
③ 同上书，第 1544 页。
④ 同上书，第 1542 页。
⑤ 同上书，第 1536 页。

辙一方面强调了"外无物,内无我。物我既尽"的"物我两忘"道家思想,另一方面又突出了"因其自然""无思无为"的道家思想。在他看来,"思"是因自然之理而思,"止"是止于自然,而"无思无为"也是为了做到"思之正"从而造就一种自由而洒脱的艺术人生。

其次,援佛释《论》。由于父母皆信奉佛教,受其影响,苏辙一生也与佛教结下了不解之缘。尤其是中年以后,由于新旧党争,苏辙两度遭到贬谪,佛教遂成为其精神支柱。这在《论语拾遗》中也有踪迹可寻。如《为政篇》有"七十而从心所欲,不逾矩"句,苏辙在诠释这一经文时,指出:"以心御心,乃能中法。惟无心,然后从心而不逾矩,故'七十而从心所欲,不逾矩'。"[1] 其中"无心"是佛教语,指解脱邪念的真心。唐代僧人修雅《闻诵法华经歌》曰:"我亦当年学空寂,一得无心便休息。"[2] 五代僧人齐己《送略禅者归南岳》亦曰:"劳生有愿应回首,忍著无心与物违。"[3] 苏辙在这里用"无心"以诠释孔子的"七十而从心所欲,不逾矩",并将其作为圣人修养的最高境界,显然是佛化了孔子。又,《里仁篇》有"朝闻道,夕死可矣"章,苏辙注曰:"孔氏之门人,其闻道者亦寡耳。颜子、曾子,孔门之知道者也。故孔子叹之,曰:'朝闻道,夕死可矣。'苟未闻道,虽多学而识之,至于生死之际,未有不自失也。苟一日闻道,虽死可以不乱矣。死而不乱,而后可谓学矣。"[4] 求学闻道的目的不是为了出仕,而是能使人"死而不乱",直面死亡,来去自在。这里分明援入了禅宗的要旨,但苏辙是用他从禅宗得到的启发,来深化他自己的学说。

二 以人情之说解《论》

自汉武帝"表彰六经"、尊崇儒术以来,儒家思想逐渐成为中国古代社会的合法性依据。儒家的经典,也随之成了社会各阶层尊奉的思想行为准则。因此,诠释儒家经典的经学便具有了特殊的色彩和意义。后世儒者,出于种种目的,在解读经典时,往往有神化孔子之意,将其诠释成为不近人情之人。苏辙在解经时,一反前人之所为,"一切以人情为出发点

---

[1] 苏辙:《论语拾遗》,载《栾城集》下册,上海古籍出版社1987年版,第1537页。
[2] 曹寅等:《全唐诗》卷八百二十五,中华书局1960年版,第9299页。
[3] 曹寅等:《全唐诗》卷八百四十五,中华书局1960年版,第9555页。
[4] 苏辙:《论语拾遗》,载《栾城集》下册,上海古籍出版社1987年版,第1539页。

来看问题，把合不合人情作为判断人事是非的标准"①。这里的人情也就是人之常情，指世间约定俗成的事理标准。在苏辙看来，"昔生民之初，生而有饥寒牝牡之患。饮食男女之际，天下之所同欲也"②。也就是说，圣人和普通人在情欲问题上并无二致。苏辙将这一思想贯穿到了对《论语》经文的诠释中。如他在诠释《公冶长篇》"道不行，乘桴浮于海，从我者其由欤"章时，指出："孔子历试而不用，慨然而叹曰：'道不行，乘桴浮于海，从我者其由欤！'此非孔子之诚言，盖其一时之叹云尔。子路闻之而喜，子路亦岂诚欲入海者耶？亦喜孔子之知其勇耳。子曰：'由也好勇过我，无所取材。'盖曰无所取材以为是桴也，亦戏之云尔。虽圣人，其与人言，亦未免有戏也。"③ 这是说，由于孔子在政治上屡屡受挫，所以才发出了"道不行，乘桴浮于海，从我者其由欤"的慨叹，但这并不是孔子的真实想法，只是一时感情冲动脱口而出而已。他所说的"无所取材以为是桴也"，也不过是戏言罢了。可见，孔子虽是圣人，但也与普通人一样有喜怒哀乐，故与人交流时，不仅有一时冲动之慨叹，而且亦有如玩笑之戏言。此种解说，将孔子请下了神坛，显得既可亲又可近，拉近了孔子与普通人的距离。

又，在"孔子见阳货"及"子见南子"问题上，苏辙指出："孔子居鲁，阳货欲见而不往。阳货时其亡也而馈之豚，孔子亦时其亡也而往拜之。遇诸涂，与孔子三言。孔子答之无违。孔子岂顺阳货者哉？不与之较耳。孟子曰：'当是时，阳货先，岂得不见？'夫先之而必答，礼之而必报，孔子亦有不得已矣。孔子之见南子，如见阳货，必有不得已焉。子路疑之，而孔子不辩也。故曰：'予所否者，天厌之，天厌之。'以为世莫吾知而自信于天云尔。"④ 在苏辙看来，阳货是孔子在政治上非常鄙视和反对的"乱贼臣子"，孔子不愿意与其交往，更不愿意去他手下做官。但是却屈于礼制的要求，不得不在接到阳货送来的礼物之后回拜他。不过不巧的是，二人在半路上相遇了，阳货盛气凌人地向孔子发问，孔子只做简单回答，并没有辩解。孔子之所以这样做，并不是说孔子要顺着阳货，而是按照人情之礼的要求，有问必有答，亦是不得已而为之。南子是卫灵公夫

---

① 叶平：《三苏蜀学的"人情为本"论》，《河南理工大学学报》2009 年第 3 期。
② 苏辙：《臣事下》，载《栾城集》下册，上海古籍出版社 1987 年版，第 1663 页。
③ 苏辙：《论语拾遗》，载《栾城集》下册，上海古籍出版社 1987 年版，第 1539 页。
④ 同上书，第 1540 页。

人，其人貌美而淫乱，卫灵公为其所迷惑。孔子拜见南子，在苏辙看来，必有难言之隐，其弟子子路为人刚直，不达孔子之意，认为君子不当见淫乱妇人，对孔子见南子之事很不高兴。孔子重言以誓，自谓问心无愧。由上可见，孔子不见阳货，却见南子，二者均有不得已之处。其出处进退，均以礼为依归，并无不合宜之处。

三　阐明进德工夫论

从唐末五代之乱以后，道德沦亡，廉耻尽失，如有历四朝之丞相冯道，厚颜无耻，自称"常乐老人"，尝唾面自干，士风败坏至此；社会风气亦随之腐化，篡弑之事，无日无之，严重影响政府运作。故宋代统一后，为了改变这种社会及政治上之颓风，朝廷实施了重文轻武之政策，大力倡导气节。受此影响，宋代士子们也力图振衰起敝，从学问修养上挽救人心社会，故修身思想大行其道。苏辙也不例外。他在《论语拾遗》中，对道德修养的最高境界、过程和获得途径予以了探讨。

首先，以"仁"为道德修养的最高境界。在《论语》中，孔子以仁为道德修养的最高境界，苏辙在诠释时，进一步强化了孔子的这一思想。他说："巧言令色，世之所说也。刚毅木讷，世之所恶也。恶之斯以为不仁矣。仁者直道而行，无求于人。望之俨然，即之也温，听其言也厉，而何巧言令色之有？彼为是者将以济其不仁尔。故曰：'巧言令色，鲜矣仁。'又曰：'刚毅木讷近仁。'"[1]

这就是说，由"巧""令"伪装生成的"言""色"，虽受到世人的欢迎，但却不是仁者应有的品性；而坚强、果决、质朴、言语谨慎，虽为世人所厌恶，但却是仁者应具备的四种品质。仁者办事公正，无求于人，故起初远远望见他，觉得很庄重，接近之后又觉得很温和，等到听他说话之后，又觉得他义正辞严，一丝苟且也没有，完全不是一副高高在上、让人无法接近的样子。苏辙进而指出，真正的仁爱是一种博爱，是惠及芸芸众生的大爱，而不是有所区别、有所局限的爱。他说："仁者无所不爱。人之至于无所不爱也，其蔽尽矣。有蔽者必有所爱，有所不爱。无蔽者，无不爱也。子曰：'惟仁者能好人，能恶人。'以其无蔽也，夫然犹有恶也。无所不爱，则无所恶矣。故曰：'苟志于仁矣，无恶也。'其于不仁也，亦

---

[1] 苏辙：《论语拾遗》，载《栾城集》下册，上海古籍出版社1987年版，第1535页。

哀之而已。"① 对于不仁之人，仁者只是表示哀怜而已，并不会有所厌恶。由此观之，"仁"的确可称得上道德修养的至高境界，足以统摄诸德，所以孔子不轻易以仁许人。苏辙在释解《公冶长篇》"未知焉得仁"时说："令尹子文三仕为令尹，无喜色；三已之，无愠色。孔子以忠许之，而不与其仁。崔子弑齐君，陈文子有马十乘，弃而违之，孔子以清许之，而不与其仁。此二人者皆春秋之贤大夫也，而孔子不以仁与之，孔子之以仁与人也固难。殷之三仁，孤竹君之二子，至于近世，惟齐管仲，然后以仁许之。如令尹子文、陈文子，虽贤未可以列于仁人之目，故冉有、子路之政事，公西华之应对，与子文之忠，文子之清，一也。"② 在苏辙看来，孔子之所以不轻易以仁许人，究其原因在于无论是属于内在修养的忠、清，还是属于外在才艺的政事、应对，都只是德之一端，未足以称为仁。

其次，论述了道德修养的过程。在《论语》中，孔子对人生学习各个阶段获得的自由和达到的境界做了生动的描述，苏辙解《论语》时，将其做了引申和发挥，使其成为了一个成圣的修养过程。他说：

> 终日不食，终夜不寝，致力于思，徒思而无益，是以知思之不如学也。故"十有五而志于学"，则所由适道者顺矣。由是而适道，知道而未能安，则不能行，不能行则未可与立。惟能安能行，乃可与立，故"三十而立"。可与立矣，遇变而惑，则虽立而不固，故"四十而不惑"，则可与权矣。物莫能惑，人不能迁，则行止与天同。吾不违天，而天亦莫吾违也，故"五十而知天命"。人知至于此也，其所以施于物而行于人者至矣，然犹未也。心之所安，耳目接于物而有不顺焉，以心御之而后顺，则其应必疑，故"六十而耳顺"。耳目所遇，不思而顺矣，然犹有心存焉。以心御心，乃能中法。惟无心，然后从心而不逾矩，故"七十而从心所欲，不逾矩"③。

在苏辙看来，人的修养是一个不断学习提高的过程，最初由学以求道，进而知于道、安于道、行于道，就可以立足于社会，故三十而立。在

---

① 苏辙：《论语拾遗》，载《栾城集》下册，上海古籍出版社1987年版，第1538页。
② 同上书，第1539页。
③ 同上书，第1536—1537页。

安道、行道的基础上，能做到体道而知权变，就可以去除疑惑而坚定自立，故四十而不惑。再历经十年修学，能够不为外界所诱惑，行为举止无任何违逆天道之事，故达"知天命"之年。能做到顺天之命，表明在待人接物方面已经达到很高的境界，但还未到极致。当耳目接于物，须以心御之而后顺，故六十而耳顺。及至七十，身心与道合一，事事随心所欲，而皆合乎礼法，从而臻于圣境，故七十而从心所欲，不逾矩。在这里，"苏辙借孔子之言揭示自己心目中进德的六个阶段，以学道为起点，无心合道为终点，而以道贯串其中，已非孔子原意。盖孔子所谓之学道，偏重于学习知识与做人处事之道理；苏辙所谓之学道，则近于佛禅之无执境界。但他揭示一个成圣的修养进程，认为圣人非生而知之者，乃是循此途径，靠着日积月累的修养工夫以成圣，故人人循此，亦可成圣成贤。他褪去圣人的神秘面纱，直指进德工夫之重要。虽然学术立场因人而异，无法轩轾，但就教育的立场来看，苏辙这种观点要比程颐、朱熹认为圣人生而知之，更足以鼓舞人心"①。

最后，探讨了达到"仁"德的方法。至于如何达到"仁"的境界问题，苏辙也做了探讨。一是排除外物的干扰，回复人性的本然状态，就可以达到仁的境界。他说："性之必仁，如水之必清，火之必明。然方土之未去也，水必有泥；方薪之未尽也，火必有烟。土去则水无不清，薪尽则火无不明矣。人而至于不仁，则物有以害之也。'君子无终食之间违仁，造次必于是，颠沛必于是。'非不违仁也，外物之害既尽，性一而不杂，未尝不仁也。"② 这里，苏辙把仁与性联系了起来。在他看来，人性的本质是仁，这就如同"水之必清，火之必明"一样。不除去土，则水中必有泥；木柴燃烧不净，则火中必带烟。除掉水中之泥土，则可见水清澈的本质；木柴充分燃烧后则无烟，就可见火明亮的本质。人性亦然，人性之所以不仁，关键就在于有外物的干扰，如果排除这些干扰，恢复人性的纯一状态，就可以达到仁的境界。二是取法颜渊、管仲，以仁人之心行仁人之功。他说："若颜子者，性亦治矣。然而土未尽去，薪未尽化，力有所未逮也。是以能'三月不违仁'矣，而未能遂以终身也。其余则土盛而薪

---

① 吴叔桦：《尊非孔孟乎——论苏辙〈论语拾遗〉、〈孟子解〉之深层义蕴》，高雄师范大学《国文学报》2009年第9期。

② 苏辙：《论语拾遗》，载《栾城集》下册，上海古籍出版社1987年版，第1538页。

强，水火不能胜，是以日月至焉而已矣。故颜子之心，仁人之心也，不幸而死，学未及究，其功不见于世。孔子以其心许之矣。管仲相桓公，九合诸侯，一匡天下，此仁人之功也。孔子以其功许之矣，然而三归反坫，其心犹累于物，此孔、颜之所不为也。使颜子而无死，切而磋之，琢而磨之，将造次颠沛于是，何三月不违而止哉？如管仲生不由礼，死而五公子之祸起，齐遂大乱。君子之为仁，将取其心乎，将取其功乎？二者不可得兼，使天相人，以颜子之心，收管仲之功，庶几无后患也夫！"① 在苏辙看来，颜子虽有仁人之心，但由于早死，并没有建立仁人之功；管子虽"九合诸侯，一匡天下"，建立了仁人之功，但由于不按礼行事，其心为外物所累，故无仁人之心。因此，如能"以颜子之心收管仲之功"，则可得兼内心与外功，成为仁人。三是"博学而笃志，切问而近思"。苏辙说："君子无所不学，然而不可胜志也。志必有所一而后可，志无所一，虽博犹杂学也。故曰：'博学而笃志。'将有问也，必切其极；退而思之，必自近者始。不然，疑而不信也。君子之道，造端乎夫妇；及其至也，察乎天地。自夫妇之所能而思之，可以知圣人之所不能也。故曰：'切问而近思。'君子为此二者，虽不为仁而仁可得也。故曰：'仁在其中矣。'"② 也就是说，既要广博地学习，又要有一个追求的中心；既要多问问题，又不要好高骛远，不切实际地空想，而要多想当前的事情，与自己的实际情况密切相关的事情。如果有人从这方面入手去做，虽然不刻意去追求仁的境界，也会自然而然地达到仁的境界。四是"以礼道欲""以礼济欲"。在苏辙看来，要想成为仁人，还必须解决个人私欲的问题。他说："人生于欲，不知道者未有不为欲所蔽也。故曰：'人之少也，血气未定，戒之在色。'始学者未可以语道也，故古之教者必始于《周南》《召南》。《周南》《召南》知欲之不可已也，而道之以礼，以礼济欲。夫是以乐而不淫，始学者安焉，由是以免于蔽。子谓伯鱼曰：'汝为《周南》《召南》矣乎？人而不为《周南》《召南》，其犹正墙面而立者也欤！'言欲之蔽也。"③ 由于人生而有欲，为了"不为欲所蔽"，对于初学者不可语以高深的道，而应教他们诵读《周南》《召南》，使之见文、武之正风，从而达到"道之以礼，以

---

① 苏辙：《论语拾遗》，载《栾城集》下册，上海古籍出版社 1987 年版，第 1538 页。
② 同上书，第 1545 页。
③ 同上书，第 1544 页。

礼济欲"、不为欲蔽的目的，使人们能够乐而不淫、欲而合礼，成就高尚的仁德。苏辙"以礼道欲""以礼济欲"的思想，显然与二程主张的"以理制欲"的主张不同，这也反映了两家学派在学理上的差别。

综上可见，苏辙的《论语拾遗》，既迎合了当时学界援释道入儒的潮流，融合了三家学说，又在"礼欲"、修仁过程、性仁关系上提出了自己的见解，体现了自己的特色，成为理学之外《论语》诠释的代表作之一。诚如《郑堂读书记》所言："其说瑕瑜互见，盖苏氏之说如是，要其聪明独到之处亦不可磨。"① 四库馆臣亦赞曰："颇有所发明。"②

第五节 "说理最平浅"的范祖禹《论语说》

范祖禹（1041—1098），字淳甫（一作淳夫、纯父），又字梦得，北宋成都华阳（今四川成都）人。历任资州龙水令、秘书省正字、著作佐郎、著作郎兼侍讲、右谏议大夫、给事中、国史院修撰、礼部侍郎、翰林学士、侍讲学士、知陕州、武安军节度副使、昭州别驾等职。主要著作有《唐鉴》《帝学》《范太史集》《论语说》等。其中《论语说》是上进讲筵之作，完本虽已不存在，但却大量保存在《论语讲义》中。今以所存为据，探讨范祖禹诠释《论语》的特点。

一 引史证经

范祖禹是北宋史学名家，除协助司马光撰写《资治通鉴》外，自己还撰有《唐鉴》等史学著作，因此，在诠释《论语》时，他时常引用古代的历史史实，来佐证经文。如《颜渊篇》"片言可以折狱者，其由也与"章，范氏注曰："小邾射以句绎奔鲁，曰：'使季路要我，吾无盟矣。'小邾射不信千乘之君，而信子路之言，此信在言前也，故一言可以折狱，唯由能之。"③ 其中所引"小邾射以句绎奔鲁"之事，见于《左传·哀公十四年》，其文曰："小邾射以句绎来奔，曰：'使季路要我，吾无盟矣。'使子路，子

---

① 顾宏义、戴扬本等编：《历代四书序跋题记资料汇编》，上海古籍出版社2010年版，第244页。
② 同上。
③ 朱熹：《论语精义》，载朱杰人等编《朱子全书》第七册，上海古籍出版社、安徽教育出版社2002年版，第429页。

路辞。季康子使冉有谓之曰：'千乘之国，不信其盟，而信子之言，子何辱焉？'对曰：'鲁有事于小邾，不敢问故，死其城下可也。彼不臣而济其言，是义之也。由弗能。'"在范祖禹看来，子路之所以可以片言折狱，关键就在于他本人讲究诚信，人所共知。在这里，范氏引用了《左传》中的历史事实，使人们既知其然又知其所以然，增加了经文的可信性。

又，《微子篇》"齐人归女乐，季桓子受之，三日不朝，孔子行"下，范氏注曰："《史记·世家》：'孔子曰："鲁今且郊，如致膰乎大夫，则吾犹可以止。"季桓子卒受齐女乐，郊又不致膰俎于大夫。孔子遂行'。孟子曰：'不知者以为为肉也，其知者以为为无礼也。'然则膰肉虽至，可以无行乎？是不然，膰肉虽至，亦行也，唯未必如不至之速也。孔子之行，本之受女乐而不朝，是以记者不及膰肉也。"① 关于孔子离开鲁国，《论语》和《史记》记载略有出入，《论语》说季桓子受齐女乐三日不朝，孔子就离开了；而《史记》则说孔子对季桓子受齐女乐尚可忍受，对其郊祭"不致膰俎于大夫"不可忍，遂离开鲁国。在范祖禹看来，即使膰肉来了，孔子也得走，只是不这么匆忙而已。孔子之所以离开鲁国，并不是为了膰肉，而是因为季桓子太无礼了。孔子离开鲁国，肇端于季桓子受齐女乐，所以《论语》经文没涉及膰肉。《论语》和《史记》记载只是详略不同而已。范氏引用《史记·孔子世家》来解说《论语》，并对二者的出入做了解说，告诫人们应透过经文究其本质，探求孔子离开鲁国的真正原因。

由于范祖禹曾撰写《唐鉴》，对唐朝三百年治乱颇有心得，所以在解读《论语》时，也时而引证之。如《颜渊篇》"季康子患盗"章，范氏注曰："唐太宗与群臣论止盗，或请重法以禁之，帝哂之曰：'民之所以贫者，由饥寒也。朕将去奢省费，轻徭薄赋，使百姓家给人足，自不为盗，何用重法乎？'行之四年，外户不闭，行旅夜宿于道焉。"② 本章注释，直接借用唐太宗与群臣论止盗的历史事实，论证了为政者自身所作所为对民众的影响，为政者不贪婪，民众富足，自不为盗。这里，范氏用具体事实佐证了经文，彰显了孔子思想的价值。

---

① 朱熹：《论语精义》，载朱杰人等编《朱子全书》第七册，上海古籍出版社、安徽教育出版社2002年版，第599页。
② 同上书，第432—433页。

二 引经证经

所谓"引经释《论》",就是指援引儒家经典的观念、概念、命题、理论等来诠释《论语》。此处只讨论两方面:一是自我解释,即引用《论语》中的经文来诠释《论语》;一是跨文本解释[①],即引用《大学》《中庸》《孟子》中的经文来诠释《论语》。

第一,利用《论语》经文进行自我诠释。在《论语》诠释过程中,范祖禹时常利用与被解释文句相关的《论语》经文来作注脚,以达到相互融通的目的。如《学而篇》"君子食无求饱"章,范氏注曰:"君子志于道,而不愿乎其外,故食不求饱,居不求安。敏于事,行之如恐不及也。慎于言者,耻躬之不逮也。苟有道者,则就而正焉,故无常师。若此,可以为好学矣。学者,所以学为圣人也。《论语》记夫子之言好学如此。又曰:'十室之邑,必有忠信如丘者焉,不如丘之好学。'此其自言也。其于门人,独称颜子好学,而孔文子不耻下问,亦谓之好学,则知学者鲜矣。"[②] 这其中"十室之邑,必有忠信如丘者焉,不如丘之好学"出自《公冶长篇》,"志于道"来自《述而篇》,"耻躬之不逮"来自《里仁篇》,"颜子好学"来自《雍也篇》"有颜回者好学,不迁怒,不贰过","孔文子不耻下问"来自《公冶长篇》第十三章子贡问曰:"孔文子何以谓之'文'也?"子曰:"敏而好学,不耻下问,是以谓之'文'也。"通过引证,将孔子自己好学的情况、孔子对弟子及他人好学的评价一一呈现了出来,进一步证明了经意。

又,《公冶长篇》"道不行,乘桴浮于海"章,范氏注曰:"道无乎不在,无往而不可也。故曰'虽蛮貊之邦行矣',又曰'欲居九夷'。然而孔子未必行未必居焉,有可行可居之理,则必明之。公山弗扰、佛肸之召,欲往而卒不往者,明其可往而已。仲由好勇,故可以受此言,它人则不能不惑,无勇必多疑故也。"[③] 这其中如"虽蛮貊之邦行矣"出自《卫灵公篇》,"欲居九夷"出自《子罕篇》,"公山弗扰之召"来自《阳货篇》

---

① 参见刘笑敢《从注释到创构:两种定向 两个标准——以朱熹〈论语集注〉为例》,《南京大学学报》2007年第2期。
② 朱熹:《论语精义》,载朱杰人等编《朱子全书》第七册,上海古籍出版社、安徽教育出版社2002年版,第56页。
③ 同上书,第171页。

"公山弗扰以费叛,召,子欲往","佛肸之召"来自《阳货篇》"佛肸召,子欲往","仲由好勇"来自《公冶长篇》"由也,好勇过我,无所取材"。通过引证,范氏阐明了孔子一以贯之的行事处事之道。

第二,引用《大学》《中庸》《孟子》中的经文来诠释《论语》。在宋代,《大学》《中庸》和《孟子》的地位逐渐上升,尤其是二程进一步提高了三者的地位。受其影响,范祖禹在诠释《论语》时,也大量引用三者经文以佐证之,力图打通《论语》与三者的关系。

一是援用《大学》章句。如《子罕篇》"吾未见好德如好色者也"章,范氏注曰:"'所谓诚其意者,无自欺也,如恶恶臭,如好好色。'好善如好色,恶恶如恶臭,此圣人之性也。以好色为好德之心,则可以入于圣人矣,故夫子未之见也。"① 其中"所谓诚其意者,毋自欺也,如恶恶臭,如好好色"出自《大学》。由此出发,范祖禹很好地揭示了这一章的大义。在他看来,圣人"好善如好色,恶恶如恶臭"之性是一种自然本性,具有本体的性质。如果能像"好色"一样"好德",就可以达到圣人的境界了。如此一来,范氏就把《大学》和《论语》搭挂起来。

二是援用《孟子》经文。如《公冶长篇》"吾未见刚者"章,范氏注曰:"刚者天德,惟无欲乃能之。神龙惟有欲,是以人得求其欲而制之,亦得而食之。圣人无欲,故天下万物不能易也。无欲则能无心,无心则能至公,至公然后刚。孟子谓'浩然之气至大至刚,以直养而无害',亦以欲之害气也。"② 其中"浩然之气至大至刚,以直养而无害"出自《孟子·公孙丑上》。这里,范氏借用孟子之说指出,浩然之气虽至大至刚,但如果受到私欲的影响,也会变得不刚强了,因此无欲则刚。又,《阳货篇》"孺悲欲见孔子"章,范氏注曰:"孟子曰:'教亦多术矣,予不屑之教诲也者,是亦教诲之而已矣。'孔子不见孺悲,所以教诲之也。"③ 其中"教亦多术矣,予不屑之教诲也者,是亦教诲之而已矣"出自《孟子·告子下》。这句话是说,教育是有多种方式方法的,不屑于教诲他人,这本身就是对他人的教诲。范氏引用孟子之说,借以说明孔子不见孺悲也是对他的一种教育。在上引两段中,范氏均直接借用孟子之意解释经文,从而

---

① 朱熹:《论语精义》,载朱杰人等编《朱子全书》第七册,上海古籍出版社、安徽教育出版社2002年版,第334页。
② 同上书,第177页。
③ 同上书,第587页。

把《孟子》和《论语》联系起来。

三是援引《中庸》之文。如《公冶长篇》"季文子三思而后行"章，范氏注曰："思所以求通也，多则惑，故再思可矣，不必至于三。《中庸》曰：'有弗思，思之，弗得弗措也。'圣人有不思而得者，有深思而得之者，不执一也。若周公仰而思之，夜以继日，则不止于三也。季文子事事必三思而后行，故孔子以为过矣。"① 文中所引《中庸》经文意思是说，要么不思考，如果思考的话，就应该有所得；如果不能有所得，就不要休止。在此基础上，范氏指出，对具体问题的思考，因人而异，因事而异，不能一概论之。季文子凡事都在三思之，在孔子看来有点过了。又，《述而篇》"我非生而知之者"章，范氏注曰："《中庸》曰：'或生而知之，或学而知之，或困而知之，及其知之，一也。或安而行之，或利而行之，或勉强而行之，及其成功，一也。'此所谓中庸无贤者之过不肖者之不及也。夫子不自以为生知，而曰好古敏以求之，所以道中庸也。夫生而知之者天也，学而知之者人也。圣人所以帅人者，学而已，其在天者，非所以教也。"② 范氏通过引用《中庸》，阐述了孔子为学的中庸之道。在他看来，孔子之所以成为圣人，主要是靠后天的学习，而不是生而知之。上述注文，范氏都引用《中庸》中的文句用以证成《论语》经义，从而将二者贯通起来。

三　取法二程

范祖禹虽没有直接师从二程，但在其著述中所表现出来的思想倾向却与二程思想有相近之处。③ 对此，朱熹曾说："侃侃范太史，受说伊川翁。"④ 又说："范公虽不纯师程氏，而实尊仰取法焉。"⑤ 故说范祖禹取法二程不为无理。这在《论语说》中主要表现为：

第一，在诠释时直接引用程子之注释。这又分为以下两种情况：一是

---

① 朱熹：《论语精义》，载朱杰人等编《朱子全书》第七册，上海古籍出版社、安徽教育出版社2002年版，第186—187页。
② 同上书，第266页。
③ 参见高叶青《范祖禹交游考述》，《宝鸡文理学院学报》2011年第5期。
④ 朱熹：《斋居感兴二十首》，载朱杰人等编《朱子全书》第二十册，上海古籍出版社、安徽教育出版社2002年版，第361页。
⑤ 朱熹：《答吕伯恭论渊源录》，载朱杰人等编《朱子全书》第二十一册，上海古籍出版社、安徽教育出版社2002年版，第1529页。

注释全用程子之说，如《子罕篇》"子在川上曰：'逝者如斯夫！不舍昼夜'"下，范氏注曰："程颐曰：'此道体也。臣以为天运而不已，日往则月来，寒往则暑来，水流而不息，物生而不穷，皆与道为体，运乎昼夜，未尝止也。是以君子自强不息以天，厚德载物以地，见大水必观焉，以其似道故也。'"① 直接照搬了程颐之说。又，《乡党篇》"必有寝衣，长一身有半"下，范氏注曰："程颐曰：'此必错简，当是齐之日必有寝衣，不服常日之寝衣，所以慎齐也。因言其制，故曰长一身有半。'"② 亦是直接称引程颐之说。二是用程子之说为自己的注释做注脚，如《公冶长篇》"颜渊季路侍"章，范氏注曰："子路所愿志末也。颜子则几矣，无伐善，无施劳，仁者之事也，虽欲无之，而有我存焉。若夫子之言，则天地之功也，老者当安之，朋友当信之，少者当怀之，如万物各正其性命，吾岂有心于其间哉！尧舜之治天下，禹之行水，行其所无事而已。程子曰：'羁靮以御马，不以制牛，人皆知羁靮之生乎人，而不知羁靮之生乎马。圣人之教，亦若是而已。'"③ 径直引用程子之说，以张己说。

第二，在诠释时，承袭程子思想。范祖禹在诠释《论语》时，也时常阐发二程思想。

首先，阐发"天理"与"私意"对立的思想。在二程看来，"万物皆只是一个天理，己何与焉？……天理自然当如此，人几时与？与则便是私意"④。天理是自然而然的，如果掺入人的意志，便出现了私意。天理与私意是相对立的。范氏承袭了这一思想。在诠释《八佾篇》"君使臣，臣事君，如之何"章时，他也表达了这样的思想，指出："圣人之言出于天理，而未尝以私意凿也。"⑤ 又，在诠释《颜渊篇》首章时，指出："克己，自胜其私也，胜己之私，则至于理。"⑥ 其说基本是"存天理灭人欲"的翻版。

其次，在礼与理、礼与敬的关系上，范祖禹也继承了二程的思想。二

---

① 朱熹：《论语精义》，载朱杰人等编《朱子全书》第七册，上海古籍出版社、安徽教育出版社2002年版，第333页。
② 同上书，第358页。
③ 同上书，第194页。
④ 程颢、程颐：《二程集》，中华书局1981年版，第1228页。
⑤ 朱熹：《论语精义》，载朱杰人等编《朱子全书》第七册，上海古籍出版社、安徽教育出版社2002年版，第122页。
⑥ 同上书，第412页。

程指出"视听言动,非理不为,即是礼,礼即是理也"①,"人伦者,天理也"②,将本体论与伦理学联系起来。他们还指出,为礼应以主于敬。这些思想也体现在范氏的《论语》诠释中。他说:"礼者,理也,至于理,则能复礼矣。"③ 礼的依据就在于理。"礼者,理也。臣无君之事,而僭君之礼,岂理也哉!"④ 臣违背名分之道,僭越使用本该君主使用的礼仪,是有违天理的。他还指出:"为礼则敬,临丧则哀者,理当然也。"⑤ 礼敬丧哀,乃理中应有之事。他从不同角度反复阐明了礼与敬的关系,说:"凡礼之体,主于敬;及其用,则以和为贵。……敬者,礼之所以立也。"⑥ "经礼三百,曲礼三千,亦可以一言以蔽之,曰:毋不敬。"⑦ "礼之本在于敬。……外貌斯须不庄不敬,虽有玉帛,非礼也。"⑧ "礼所以修外,主于敬。"⑨ 敬为礼之本,为礼须敬,尤其是外表须庄严恭敬。

最后,袭用了二程的人性论思想。二程的人性论祖述孟子的性善论,并将其进一步深化分成天命之性与气禀之性,同时提出了仁即性和修心养性的主张。范祖禹亦阐发了相同的观点。一是人之性在本质上是一样的,都是善的,他说:"人之性善,故其生直。直,诚也。"⑩ 但后天的习染可以使之改变,他指出:"人生而静,天之性也。孟子曰:'人之性善,皆可以为尧舜。'言相近也。服尧之服,诵尧之言,行尧之行,是尧而已;服桀之服,诵桀之言,行桀之行,是桀而已,相远也。人君可不慎所习哉?"⑪ 人之天命之性是相近的,但习善向善,习恶向恶,所以应慎其所习。他也把人分为上智、下愚与中人:"中人以上可入于上智,故可以语上;中人以下可入于下愚,故不可以语上。"⑫ 在他看来,上智与下愚是不

---

① 程颢、程颐:《二程遗书》,上海古籍出版社2000年版,第190页。
② 程颢、程颐:《二程集》,中华书局1981年版,第394页。
③ 朱熹:《论语精义》,载朱杰人等编《朱子全书》第七册,上海古籍出版社、安徽教育出版社2002年版,第412页。
④ 同上书,第127页。
⑤ 同上书,第131页。
⑥ 同上书,第52页。
⑦ 同上书,第64页。
⑧ 同上书,第580页。
⑨ 同上书,第553页。
⑩ 同上书,第222页。
⑪ 同上书,第565页。
⑫ 同上书,第224页。

可移的,"人之性本同,及其为上知,则不可复为下愚矣;为下愚,亦不可复为上知矣。故尧不可以为桀,桀不可以为尧"①。之所以会出现这样的情况,关键在于学不学。他说:"人之性善,有可以语上,有不可以语上,由学不学故也。"② 二是仁是性中之物。在范祖禹看来,儒家伦理亦是性的内涵,他说:"仁者,性之所有也,为仁由己,故不远,欲之则至矣,行之则是也。不求之己而求之外,则远矣。"③ 故为仁当内求诸己。三是主张治心养性。范祖禹继承了二程"学本是治心"④的观念,主张通过加强心性修养,以实现成圣的目的。他说:"学者所以学为圣人,非治心养性不能至也。"⑤ 至于如何治心养性,在范祖禹看来,一方面要养心,"君子养其内心,故言无不中理"⑥;另一方面,要求"放心","善良的本心丢失了,谓之放心。为了把善心寻找回来,就是求放心"⑦。他说:"放心而不知求,故其习愈下,学其可不勉哉!"⑧ 不求放心,则善心受习染的影响,会每况愈下。因此,要治心养性,从而达至成圣的目标。

四 倡导立诚成圣

为救治唐末五代以来政治腐败、社会无序、道德沦丧的局面,"宋儒致力于在道德文化与学术思想之中重新建构社会理想和人格理想,以此重新确立儒家伦理规范和道德原则"⑨,重建社会的合法性依据。受此影响,宋儒一般都把"希圣希贤"作为自己的毕生追求和人生理想,范祖禹亦是如此。在他看来,对一般人而言,只有通过学习,才能成为圣人。在解释《学而篇》"学而时习之"时,他说:"孔子习周公者也,颜渊习孔子者

---

① 朱熹:《论语精义》,载朱杰人等编《朱子全书》第七册,上海古籍出版社、安徽教育出版社2002年版,第567—568页。
② 同上书,第224页。
③ 同上书,第275页。
④ 程颢、程颐:《二程遗书》,上海古籍出版社2000年版,第203页。
⑤ 朱熹:《论语精义》,载朱杰人等编《朱子全书》第七册,上海古籍出版社、安徽教育出版社2002年版,第204页。
⑥ 同上书,第554页。
⑦ 蔡方鹿:《宋明理学心性论》,四川出版集团、巴蜀书社2009年版,第89页。
⑧ 朱熹:《论语精义》,载朱杰人等编《朱子全书》第七册,上海古籍出版社、安徽教育出版社2002年版,第568页。
⑨ 刘欣、吕亚军:《敬以直内、义以方外——从"私箴"看宋儒的道德修养》,《内蒙古农业大学学报》2009年第2期。

也，人君习尧舜，是亦尧舜而已矣。子曰：'性相近也，习相远也。'伊尹曰：'习与性成。'学者之习，所以反其性也。习之而串，则与性一矣。……学而知之者，次也，所以求为圣人。"① 人的本性是一样的，关键在于后天的习染，习久成性。学习可以使人复其本性，所以通过学习，人人可以成为圣人。

既然人可以学以成圣，那么，该怎么学、如何学呢？在范氏看来，学之本在于内心之诚。他说："恶恶臭而好好色者，人之诚也。以好贤而易其好色之心，则善无以加矣。然而好贤者，未必诚好之也。贤贤者，诚心以为贤，此好之笃者也。事父母竭其之所至，事君不敢有其身，故危难不避，而终之以信。此可学之资也。虽曰未学，必谓之学也。本立而质美故也。"② 如果诚心向贤，就会下孝父母、上忠君主、临危不惧，从而也就具备了学习的前提条件。如果一个人做到了这些，即使他没有读书学习过，我们也认为他学习了。由此出发，范祖禹指出，在现实生活中，人们的德性之所以不完备，究其原因就在于人之内心没有缺乏"诚"。他说："与朋友交而不信者，诚意不至也。"③ 由此可见，"诚"是立人之本，立德之基。

那么如何才能从内心生起诚意呢？一是主忠信。他说："主忠信，所以立诚也。徙义，所以修身也。诚立而身修，则德日益崇矣。"④ "忠者，诚也。信者，不欺也。君子之守，诚为大；其与人也，不欺为大。故心必以忠信为主，言必以忠信为主，行必以忠信为主。忠信，所以立本也。"⑤ 将忠信之道作为确立诚心、提升自身德性的基础。二是入孝出弟。他说："入孝出弟，立身之本也。"⑥ "道之有本，如木之有根，水之有源也，无本则无自而生焉。故君子为仁有道，在修其身；修身有道，在正其心；正心有道，在诚其意；诚意莫如孝弟。未有事父孝，事兄弟，而不忠于君，

---

① 朱熹：《论语精义》，载朱杰人等编《朱子全书》第七册，上海古籍出版社、安徽教育出版社 2002 年版，第 26 页。
② 同上书，第 41 页。
③ 同上书，第 35 页。
④ 同上书，第 427 页。
⑤ 同上书，第 43 页。
⑥ 同上书，第 39 页。

不顺于长，不爱于人者也。"① 从最自然的父母兄弟之间的关系出发，进而正其心、修其身，从而成就为仁之道。三是克己复礼。他说："有不善未尝不知，知之未尝复行，克己也。不迁怒，不贰过，复礼也。夫正与是出于理，不正不是则非理也。视听言动，无非礼者，正心而已矣。为仁由己，在内故也。克己复礼时，天下之善皆在于此矣。天下之善在己，则行之一日，可使天下之仁归焉。"② 通过外在的约束，端正自己的内心，使天下之善汇集于此。在他看来，礼就是用来修身的。他说："知礼，所以修身也。"③ 他要求人们要注意自己的言行举止："言重则有法，行重则有德，貌重则有威，好重则有观。动容周旋中礼者，盛德之至。君子所贵乎道者，正己而已。故不重则不威。轻乎外者必不能坚乎内，故学则不固。为人而不重，未有不易其守也。"④ 外在的表现是内心的反映，所以不能轻视外在的表现。四是要持之以恒。在范祖禹看来，内心诚意的培育，不是一蹴而就的，而是日积月累的结果。他说："《易》重险之卦曰习坎。水之于险也，必洊至而不已，然后能乘险而流焉，君子于难事也亦然。如其《象》曰：'常德行，习教事。'夫必有常也，而后能立。"⑤ 君子尊尚德行，教化民众，应向细水长流一样，不断克服前进中的困难，永不停滞。惟其如此，才能达至修身的最高境界。

五　阐发经世之学

经世之学，又称经世致用之学。其特点是通过诠释经典，寄寓个人经世济民的政治理想，提出解决时代问题的方案。范祖禹非常重视经世之学，其原因与北宋时期的政治环境有关。众所周知，宋承五代之乱，虽然基本完成了国家统一，但来自外部的军事威胁始终未能解除。对外屈辱性和约的签订，以及日益加深的社会矛盾，都迫使有识之士思考如何来治国理政。身处此时的范祖禹在《论语》诠释中就阐发了自己的有关思想。

在范祖禹看来，为政之道，首在修身。他说："夫子教人，修身之事，

---

① 朱熹：《论语精义》，载朱杰人等编《朱子全书》第七册，上海古籍出版社、安徽教育出版社2002年版，第30—31页。
② 同上书，第413页。
③ 同上书，第640页。
④ 同上书，第43页。
⑤ 同上书，第26页。

皆所以治人也。"① "道之本在于修身,知修身,则知所以治人,知所以治人,则知所以治天下国家矣。"② 在注释《子路篇》"其身正,不令而行"章时,他更指出:"《记》曰:'下之事上也,不从其所令,从其所行。'扬雄曰:'正之本在身,身立则政立矣。'为政之道,正身而已,其身不正,未有能正人者也。"③ 修身以安人,只有身修,才能国治。为政者只有身修,才能实行恕道。他说:"恕者,以己之身为人之身,以己之心为人之心,己欲安,故安人,己欲利,故利人。三王之治天下,惟恕而已矣。"④ 为政者只有身修,才能不自满,才能善于纳谏。他说:"人君之患在于自满,人臣之患在于求容。知为君之难,则能听言矣;知为臣之难,则知纳忠矣。古之兴邦者,未有不由此也。言而莫予违,则忠言不至于耳,君骄逸于上,臣悦佞于下,古之丧邦者,未有不由此也。"⑤ 为政者只有身修,才能实行仁政。他说:"先正其身而以德行仁,王者之事也。不能正其身而以力假仁,霸者之事也。后世之治,所以不及三王者,无他焉,不本诸身而正其在外者也。"⑥

其次,为政者要善于察人和用人。在范祖禹看来,为政者要善于察人,不要因为众人都说好就认为好,众人都说不好就认为不好,而要识拔那些善人说好、恶人说不好之人。在诠释《子路篇》"乡人皆好之"章时,他说:"子贡所问,取人之法也。未有善人而不善人亦好之,未有不善人而善人亦好之也。皆好之未可也,为其近于乡原也;皆恶之未可也,为其近于独立也。一乡之人,必有善人焉,有不善人焉,好善则善者好之,恶不善则不善者恶之,欲知人之善恶者,审其所好恶者而已矣。善人好之,不善人恶之,其善善恶恶,岂不明哉!人君以此察臣下,则忠邪可知也。"⑦ 选拔人才如此,皇帝选拔官吏亦应如此。在如何用人上,范祖禹也提出了自己的看法。在诠释《子路篇》"仲弓为季氏宰"章时,他指出:"凡为人上者,当用人而不自用,用人则逸,自用则劳,逸则有成,

---

① 朱熹:《论语精义》,载朱杰人等编《朱子全书》第七册,上海古籍出版社、安徽教育出版社2002年版,第407页。
② 同上书,第404页。
③ 同上书,第450页。
④ 同上书,第533页。
⑤ 同上书,第457页。
⑥ 同上书,第455页。
⑦ 同上书,第465页。

劳则无功。元首丛脞,舜、皋陶以为戒,故为政之道当先有司。小过者人之所不免,贤才者治之所急也。不先有司,则君行臣职矣;不赦小过,则下无全人矣;不举贤才,则百职废矣。失此三者,不可为季氏宰,况于为天下乎?《书》曰:'文王罔攸兼于庶言、庶狱、庶慎。'先有司也。舜临下以简,御下以宽;周公曰:'无求备于一人。'赦小过也。至于举贤才,未有不由此者也。此三者,治天下国家之道,不止季氏之宰也。"① 为政者要善于用人,不必事必躬亲,不要越俎代庖,要宽以待人,要善举贤才,此治天下国家之要道。

再次,要善于富民教民。在治民之道上,范祖禹主张为政者应率先垂范,勤政爱民,要使人口兴旺、民众富足且有教养。在注释《子路篇》"子路问政"章时,他说:"治民者必有以先之而劳之,既庶而后富之,既富而后教之,此其序也。先其饥寒而教之以生养,先其邪僻而教之以礼义。尧之治民也,劳之来之,正之直之,辅之翼之。舜曰:'予欲左右有民。'禹曰:'德惟善政。'皆所以先之也。《传》曰:'民生在勤,勤则不匮。'孟子曰:'民事不可缓也。'又曰:'以佚道使民,虽劳不怨。'皆所以劳之也。使子路得千乘之国而为之,终之以不倦,其政亦可以庶几于此矣。"② 在同篇"子适卫"章,范氏还对庶、富、教的次序进行了解释:"此治民之序,自尧舜以来,未有不由之者也。舜平水土以居民,所以庶之也;稷播百谷,所以富之也;契敷五教,所以教之也。卫之人民既庶矣,而无以治之,故曰:'庶矣哉!'冉有善问,故告之以其序。"③

最后,要使远者来近者悦。《子路篇》有"叶公问政"章,其中有"近者说,远者来"句,范氏注曰:"欲远者来,必自近始;欲近者说,必自亲始。《书》曰:'立爱惟亲,立敬惟长,始于家邦,终于四海。'孟子曰:'亲亲而仁民,仁民而爱物。'此远近之序也。叶公之治,止于一县,诸侯治一国,天子治天下,其为政一也。《诗》曰:'惠此中国,以绥四方。'近说远来之道也。"④ 在他看来,无论是治理天下,还是治理一个侯国、一个县,都应当采取有力措施,使近处的人安居乐业,从而吸引远处

---

① 朱熹:《论语精义》,载朱杰人等编《朱子全书》第七册,上海古籍出版社、安徽教育出版社2002年版,第444页。
② 同上书,第442—443页。
③ 同上书,第451页。
④ 同上书,第457—458页。

第三章 《论语》诠释与北宋学风的突破和开新　　137

的人来归服。这对于处于内忧外患不断的宋朝尤为重要。

综上所见，范祖禹的《论语说》既具有宋代理学《论语》学的一般特色，不但重视对《四书》的融贯性解读，而且倡导立诚成圣，着力阐发人性论和"礼"与"理"的关系；也具有自己的个性特色，不但注重引史证《论》，而且重视对经世之学的抉发，因此在宋代《论语》学史上占有一席之地，对后世也产生了一定的影响。该书被朱熹赞为诸家解说中最好的，他说："范纯夫《语解》（指《论语说》——笔者注）比诸公说理最平浅，但自有宽舒气象，最好。"① 因此在多种著作中予以了借鉴和吸收，在《论语或问》中几乎"在各篇每章每节俱有论及"②，"《文集》和《语类》分别有23条和62条评论（均不含总论）"③，在《论语精义》"总共近五百章（节）的内容中，仅有十八章（节）没有采录范氏之说，不足4%，此足见朱熹择取诸家注解《论语》而汇为《精义》时，范氏《论语说》居于何等重要的位置！"④ 在最能代表朱熹思想的《论语集注》中，共征引范氏之说54条，仅次于二程和尹焞，居第三位，比杨时、谢良佐和胡寅都多。⑤

第六节　"旁引曲证，颇为有见"的《论语全解》

陈祥道，字用之，一作祐之，北宋福建闽清宣政漈上（今福州市闽清县云龙乡际上村）人。他少有壮志，专攻礼学，结庐本村凤凰山麓，写下论文百篇。英宗治平四年（1067）进京赶考，以此百篇礼学研究论文投拜王安石门下，得到王氏赏识，是年进士及第后，历官国子监直讲、太学博士，终秘书省正字。著有《仪礼注解》32卷、《礼记讲义》24卷、《周礼纂图》20卷、《礼例详解》10卷、《（太常）礼书》150卷、《论语全解》十卷等。

由于陈祥道是王安石的弟子，因此隶属于荆公新学派。该学派的治学

---

① 黎靖德编：《朱子语类》，中华书局1994年版，第2758页。
② 粟品孝：《朱熹与宋代蜀学》，高等教育出版社1998年版，第110页。
③ 同上。
④ 同上书，第114页。
⑤ 同上书，第115页。

特点表现为："罔罗六艺之遗文，断以己意；糠秕百家之陈迹，作新斯人。"① 对于古经籍及前贤之说，既"断以己意"，又化"陈"为"新"，反映了荆公学派在新的历史条件下创新儒学的新理路。该学派强烈地震撼着当时的学林，推动了一代士风的转变，成为宋学发展的重要一环。学派的代表性的经学著作除了《三经新义》之外，还有《易解》《易讲义》《洪范传》《礼记解》《仪礼义》《春秋后传》《字说》《论语全解》等。其中陈祥道的《论语全解》是荆公新学派诠释《论语》的代表作，集中体现了这一学派的《论语》学思想。

一 援礼释《论》

为了使经义通达、确凿可信，陈祥道在诠释《论语》时，对经文的解释往往征引诸经以作佐证。在《论语全解》中，引用涉及的儒家经典主要有《诗经》《尚书》《周礼》《仪礼》《礼记》《易经》《春秋》《春秋传》《左传》《公羊传》《穀梁传》《孝经》《孟子》《中庸》《荀子》等。

对这些经典的引用有时会较为集中地出现在某一经文章句的诠释中，如《为政篇》"君子周而不比，小人比而不周"章，陈氏解释道："忠信者善周复故周，阿党者多缺露故比。君子忠信而已，故周而不比；小人阿党而已，故比而不周。大凡言君子道全、小人道缺者，此也。《书》言'自周有终'，《诗》云'行归于周，周爱咨诹'，皆君子之道也；《诗》曰'洽比其邻'，皆小人之道也。然周亦有小人之周，比亦有君子之比。《左传》曰'是为比周'，原思曰'比周而友'，小人之周也；《易》之'显比'，《周官》'比闾'，君子之比也。"② 在这段文字中，陈氏先后引用了《书》《诗》《左传》《易》《周官》中的经文做佐证，一方面说明君子之道"周"、小人之道"比"，另一方面说明"周亦有小人之周，比亦有君子之比"。

又，《泰伯篇》"士不可以不弘毅，任重而道远。仁以为己任，不亦重乎？死而后已，不亦远乎"章，陈氏注曰："士不可以不尚志，不可以不弘毅。弘则张大而有容，毅则致果而有济。孟子曰：'其为气也至大至

---

① 《苏轼文集》，中华书局1986年版，第1077页。
② 陈祥道：《论语全解》卷一，《四库全书》本，上海古籍出版社1987年版。

刚.'盖人生莫不有刚大之气,患乎不能尚志以帅之,尚志以帅之则弘可以致至大,毅可以致至刚,故能任重而道远。《礼》曰:'仁之为器重,其为道远,举者莫能至。'此所以不可不弘毅也。《诗》曰:'惟仲山甫不侮矜寡,不畏强御。德𰽎如毛,惟仲山甫举之。'则不侮矜寡,弘也;不畏强御,毅也;惟仲山甫举之,任重也。《记》曰:'毙而已矣。'荀卿曰:'生乎由是道,死乎由是道。'远之谓也。《坤》言'厚德载物',《乾》言'自强不息',则任重者地道,远者天道。充弘毅至此,则大人之事备。孟子于士尚志,则兼仁义言之,此则言仁不及义者,仁者义之本故也。"① 在这段文字中,陈氏先后引用了《孟子》《礼》《诗》《荀子》《易》中的经文,解释了"弘""毅"和"任重"的含义,揭示了"任重而道远""士不可不弘毅"的原因。

在这些经典中,最凸显的就是大量引用三《礼》之学解说《论语》。由于陈氏治经,以礼学见长,故其诠释《论语》,亦于礼学青睐有加。这在《乡党篇》中表现的比较明显。如"孔子于乡党,恂恂如也,似不能言者。其在宗庙朝廷,便便言,唯谨尔"章,陈氏注曰:

> 道与之才,圣人达之以为艺;道与之貌,圣人达之以为仪。前言执射执御,圣人之艺也;此言乡党之礼,圣人之仪也。然圣人之行礼,不以居家者施之乡,不以居乡者施之朝,故于燕居则申申,于乡党则恂恂,于朝庙则便便。凡皆异之以称物,同之以平施而已。恂恂,德性之谓也。便便,辨治之谓也。乡党贵德信,则逊而无所辨,故似不能言。朝庙贵辨,而不可不敬,故曰便便唯谨。《周礼》司徒教民以"孝、友、睦、姻"而继之以"任、恤",此乡党贵德信者也。《礼记》言"朝极辨",此朝廷贵辨治者也。子入太庙,每事问。《周礼》"禁慢朝、错立族谈者",孟子谓"朝廷不历位而相与言",《礼》曰"在朝言朝",此"便便言,唯谨尔"也。礼言庶子在宗庙之中如在外朝之位,此言夫子在宗庙朝廷,皆"便便言,唯谨尔"者也,宗庙朝廷之礼一也。以孔子观之,色勃如,足躩如,入君之门则鞠躬如不容,执君之圭则鞠躬如不胜,与上大夫言则訚訚,与下大夫言则侃侃,动容周旋无不中礼,则礼之为用可知矣。《诗》云:"摄以威仪,

---

① 陈祥道:《论语全解》卷四,《四库全书》本,上海古籍出版社1987年版。

威仪孔时。"此之谓欤!①

在这里,陈氏指出,孔子根据不同的地点及对象,分别采用不同的礼仪形式,并阐明了原因。为了更加清晰地说明这个问题,他还引用了《周礼》《礼记》《诗经》经文,对《论语》中所体现的孔子采用的礼仪形式进行了详细的注解,认为孔子"动容周旋无不中礼",很好地诠释了礼的作用。

"君召使摈,色勃如也,足躩如也。揖所与立,左右手,衣前后,襜如也。趋进,翼如也。宾退,必复命曰:'宾不顾矣'"章,陈氏注曰:

> 朝聘之礼,主有摈,宾有介。公则摈五人,侯、伯四人,子、男三人。公则七介,侯、伯五介,子、男三介。摈有绍摈、有上摈,介有众介。如此,然后命有所传,情有所达,而不相渎也。"君召使摈,色勃如也",其容不特庄而已;"足躩如也",其容不特重而已;"揖所与立,左右手,衣前后,襜如也",其容不特恭而已。孟子称"齐王勃然变乎色",《易》以"夔夔"为之不安,则勃如色之变也,躩如足之不定也。夫摈进则揖,逊退则不顾。揖逊者,难进也;不顾者,易退也。《聘礼》、《公食大夫礼》,公既拜送,然后言宾不顾,皆摈者复命之辞。《周官》掌讶"诏其位,入复。及退如之"。退亦入复,所谓宾退必复命也。②

在这里,陈氏着重介绍了朝聘之礼仪式的诸多环节,以及在这个仪式中负责为国王接待宾客之人应当具有的庄重的仪态,并引用了《周礼》《仪礼》等经典予以佐证,使读者对这一古代的礼仪形式有了清楚的认识。

"君赐食,必正席先尝之。君赐腥,必熟而荐之。君赐生,必畜之。侍食于君,君祭先饭"章,陈氏注曰:

> "君赐食,必正席先尝之",敬君惠也。"君赐腥,必熟而荐之",荣君惠也。"君赐生,必畜之",仁君惠也。《礼》曰:"侍食于君子,

---

① 陈祥道:《论语全解》卷五,《四库全书》本,上海古籍出版社1987年版。
② 同上。

先饭而后已。"又曰："侍食于先生异爵者，后祭先饭。"夫于先生君子其敬尚如此，况侍于君侧乎？此《礼》所以言"君客之，则先饭，辨尝羞，饮而俟"也。《礼》曰："君有疾，饮药，臣先尝之。亲有疾，饮药，子先尝之。"亦尝食之意也。古者于爨则祭先炊，于田则祭田祖，于乐则祭乐祖，于开龟则祭先卜，于养老则祭先老，于学则祭先圣先师，于马则祭马祖先牧，于射则祭侯，于驾则祭车，以至师田有祷，饮食有祭，皆所以不忘本也。君之祭，仁也，而礼存焉；臣之先饭，礼也，而仁存焉。①

在这段文字中，陈氏阐明了古代的饮食礼仪，国君赐给熟食，一定摆正坐位，先尝一尝，这是对国君恩惠的尊敬。国君赐给生肉，必煮熟后先荐奉于祖先，让他们也以受到国君的恩惠而感到荣幸。国君赐给活物，一定养着它，以体现国君恩惠的仁爱之义。陪着国君吃饭，国君先祭祀，臣下先尝饭，这都体现着礼。

又，解《卫灵公篇》"师冕见"章，则引《礼》待瞽者如老者之义以明之。他说："老者在所养，丧者在所恤，贵者在所敬。古之人待瞽者如老者、丧者、贵者，所以尽礼也。《礼》曰：'八十拜君命，一坐再至，瞽亦如之。'又曰：'八十者，一子不从政；九十者，其家不从政。瞽亦如之。'"② 这实际上是引用了《礼记·王制》《礼记·内则》的两段文字，证明"待瞽者如老者"之义。同篇"躬自厚而薄责于人"章，则引《乡饮酒》之义给予阐明。他说："君子为己不重而责己重以周，为人不轻而待人轻以约。重以周，故自厚；轻以约，故薄责。君子之交，尽己之欢而不尽人之欢，竭己之忠而不竭人之忠。乡饮酒之酬宾，主人卒觯而宾不举，亦是意也。"③

几处所释，虽"未必尽合经义，而旁引曲证，颇为有见"④。

二 称引老庄之学

王安石自小无书不读，涉猎广泛，知识渊博，故他除对儒家经典的注

---

① 陈祥道：《论语全解》卷五，《四库全书》本，上海古籍出版社1987年版。
② 陈祥道：《论语全解》卷八，《四库全书》本，上海古籍出版社1987年版。
③ 同上。
④ 永瑢等：《四库全书总目》，中华书局1965年版，第292页。

释外，还有不少道家经典的注释，如《老子注》《庄子解》等。在他看来，只要合乎义理，有可取之处，就应兼收博采，摒弃门户之见。他曾对曾巩说："善学者，读其书唯理之求，有合吾心者，则樵牧之言犹不废；言而无理，周、孔所不敢从。"①因此，引老庄之说以解经，也成为荆公学派的一大特点。陈祥道自不例外。在《论语全解》中，他征引《庄子》处共有 36 条，其中《天道篇》《胠箧篇》各重复引用两次；征引《老子》处共有 28 处，其中第 63 章引用两次。② 他对老庄之说的运用主要有两种情况：

第一，通过征引，比较儒、道两家的理念或价值观之不同。儒、道两家分别由孔子和老子创立，两家的理念和价值观存在着诸多差异。如孔子思想以"仁"为核心展开，老子思想以"道"为核心展开。老子比较偏重于对形而上学的问题和人与自然的关系的思考，由此而建立了他的本体论和宇宙论；孔子则偏重于对人与人的关系的思考，由此而建立了他的伦理学。儒家以人文主义为基本取向，注重道德的完善和人格的提升，强调积极进取，投身社会事业。道家以自然主义为基本取向，注重天然的真朴之性和内心的宁静和谐，主张超越世俗，因任自然。陈祥道在《论语全解》中对二者进行了比较。如《为政篇》"由，诲女知之乎！知之为知之，不知为不知，是知也"章，陈氏注曰：

> 由于德则鲜知，于正名则不知，于人未能事而欲事鬼，于生未能知而欲知死，则其以不知为知盖不少矣。孔子所以诲之也，知之为知之，不知为不知，外不自以诬，内不自以欺，则以不知为知者，非诬且欺乎？老子之言至于知不知，孔子之言止于知之为知之，老子所言者道，孔子所言者教也。③

这里，陈氏通过征引，围绕着"知"比较了老子和孔子的看法，指出，老子所言"知不知"是从"道"的立场而言的，而孔子所言"知之为知之"是从"教"的立场而言的，"可见老子把'道'放在心头，孔子

---

① 释惠洪：《冷斋夜话》卷六，《四库全书》本，上海古籍出版社 1987 年版。
② 张百文：《陈祥道〈论语全解〉探析》，"国立"高雄师范大学经学研究所硕士学位论文，第 9 页。
③ 陈祥道：《论语全解》卷一，《四库全书》本，上海古籍出版社 1987 年版。

把'教'作为前提"①。

又,《雍也篇》"中庸之为德也,其至矣乎!民鲜久矣"章,陈氏注曰:

> 莫非德也,有高明之至德,有中庸之至德。《庄子》"至德之世",高明之至德也。《周礼》之"至德为道本",中庸之至德也。《礼》曰:"中者,天下之大本。"《庄子》曰:"庸者,用也;用者,通也。"则中者,至德之体;庸者,至德之用也。君子以高明者,人之所难勉;中庸者,人之所易行,故不以其所难勉者强之使行,而以其所易行者同之于民,将人人能之。夫所谓民鲜久矣,由上失其道,非一日也。②

这里,陈氏将"德"分成"高明之至德""中庸之至德",在他看来,《庄子·马蹄篇》所言"夫至德之世,同与禽兽居,族与万物并,恶乎知君子小人哉!同乎无知,其德不离;同乎无欲,是谓素朴,素朴而民性得矣"中的"至德"是"高明之至德",为"人之所难勉";而《周礼·地官·师氏》所言"以三德教国子。一曰至德,以为道本"中的"至德"为"中庸之至德",是"人之所易行"。二者是有所区别的。这样一来,陈氏就在注释中将儒道两家的"德"进行了比较,指出了二者在层次上的差别。

第二,通过援引《老子》《庄子》,融通儒道。陈氏援引老庄之说解读《论语》,并非以道家立场来审视儒家学说,而是试图寻求二者的结合点,尝试着融通儒道两家思想。如《学而篇》"主忠信,无友不如己者"句,陈祥道在解释中援引《庄子·天运篇》"中无主则不止,外无正则不行"经文加以诠释,指出"主忠信"是有主于内,而"无友不如己"则是正于外。此解释便把孔子倡言的"忠信"与道家所宣讲的"道"等同了起来。

《为政篇》"哀公问曰:'何为则民服?'孔子对曰:'举直错诸枉,则民服;举枉错诸直,则民不服'"章,陈氏注曰:

---

① 松川健二编:《论语思想史》,林庆彰等译,万卷楼图书股份有限公司2006年版,第272—273页。

② 陈祥道:《论语全解》卷三,《四库全书》本,上海古籍出版社1987年版。

> 自道言之，贤者非在所尚；自事言之，贤者不得不举。《老子》曰"不尚贤，使民不争"，《庄子》曰"举贤则民相轧"，自道言之也。《庄子》曰"行事尚贤，贵贱履位，仁贤不肖袭情"，自事言之也。孔子之答哀公，则事而已，故曰"举直错诸枉，则民服"。盖民情好直而丑枉，举枉错诸直，则拂民之欲，而民莫不怨；举直错诸枉，则适民之愿，而民莫不服。①

在这里，陈氏指出，自大道的角度而言，理应不尚贤；但从行为处事的角度而言，又不得不举贤。因此，老子所言"不尚贤，使民不争"和庄子所言"举贤则民相轧"是从大道的角度来说的，而庄子所说"行事尚贤，贵贱履位，仁贤不肖袭情"和孔子之答哀公是自行为处事而言的，两者立言的层次和角度不同，故并行而不悖。由于"民情好直而丑枉"，所以把邪恶的人提拔出来，使他们的地位在正直的人之上，就会违背人民的意愿，导致民怨沸腾；而把正直的人提拔出来，使他们的地位在邪恶的人之上，就会符合人民的意愿，民众才会臣服。这样的解释，就化解了儒、道两家在尚贤与不尚贤问题上的矛盾。

又，《雍也篇》"中人以上，可以语上也；中人以下，不可以语上也"章，陈祥道注曰：

> 天下有均善之性，无均美之才，故中人以上可以语上，中人以下不可以语上。老子曰"上士闻道，勤而行之"，可以语上者也；"中士闻道，若有若亡"，可以语上下者也；"下士闻道，大笑之"，不可以语上者也。中人以上，譬则火也，其性趋上；中人以下，譬则水也，其性趋下。于其趋上也而语之以下，则不仁；于其趋下也而语之以上，则不智。故孔子之于门人，不以语回者告由，不以语由者告求，凡皆因其材而已，此所谓不陵节而施之者也。人之生，虽参差不齐，其大致不过此三品而已。②

这里陈氏引用了《老子》第四十一章"上士闻道，勤而行之；中士闻

---

① 陈祥道：《论语全解》卷一，《四库全书》本，上海古籍出版社1987年版。
② 陈祥道：《论语全解》卷三，《四库全书》本，上海古籍出版社1987年版。

道，若存若亡；下士闻道，大笑之"以作解，将"上士""中士""下士"与"可以语上者""可以语上下者""不可以语上者"搭挂起来，将道家对人的等级划分与儒家的性三品说会通了起来。

由上可见，陈祥道援引老庄之说解读《论语》，"并不是藉着这些试着要发扬、祖述老子和庄子的思想。那不过是他博杂引用的一部分而已，以引用这些来作为傍证，使陈祥道的对《论语》章句的主体的解释得以展开。换言之，非从老庄的立场来重新认识《论语》，亦即是以老子和庄子为过滤器，对于《论语》再加以检讨"①。

三 抉发性命之理

传统的汉学使人沉溺于细枝末节的烦琐的章句考证中，学者拘守传注，忽视了对经典精神实质的把握。王安石在《书〈洪范传〉后》中批评道："孔子没，道日以衰熄，浸淫至于汉，而传注之家作，为师则有讲而无应，为弟子则有读而无问。"随后他感叹道："呜呼！学者不知古之所以教，而蔽于传注之学也久矣。"②解决的方法便是挣脱汉学章句的束缚，以简洁的笔法训释经义，注重阐发圣贤经典中所直含的性命之理和道德之意。今人侯外庐先生也这样评价王安石："训释经义，主要在阐明义理，反对章句传注的烦琐学风，这一点，实开宋儒义理之学的先河。"③

陈祥道承袭了乃师的衣钵，在注释《论语》时，不关注名物训诂，而重在微言大义，掘发其中的性命之理。如《八佾篇》"禘自既灌"章、"或问禘之说"章、"祭神如神在"章，陈氏合注曰：

> 禘之为祭，其文烦而难行，其义多而难知。难行也，故自灌而往者多失于不敬；难知也，故知其说者之于天下如指掌。此孔子所以于禘既灌不欲观之，于禘之说则曰不知也。夫郊社之礼、禘尝之义，其粗虽寓于形名度数，其精则在于性命道德。明其义者，君也；能其事者，臣也。不明其义，君人不全；不能其事，为臣不全。然则鲁之君臣，其不能全也可知矣。所谓"祭如在，祭神如神在""吾不与祭，

---

① 松川健二编：《论语思想史》，林庆彰等译，万卷楼图书股份有限公司2006年版，第271页。
② 《王安石全集》，上海古籍出版社1999版，第304页。
③ 侯外庐：《中国思想通史》，人民出版社1954版，第440页。

如不祭","祭如在",事死如事生也;"祭神如神在",事亡如事存也。"吾不与祭,如不祭",此所以禘自既灌不欲观之也。孔子于祭则受福,"祭如在,祭神如神在"故也。①

在这里,陈祥道并没有纠缠于对经文文字及名物制度的诠释,而是指出其中蕴含的大义微言,认为"郊社之礼、禘尝之义","其粗虽寓于形名度数,其精则在于性命道德"。如此一来,陈氏就将"郊社之礼、禘尝之义"与"性命道德"联系起来,生成了新的意义。他进而指出,作为国君,必须要"明其义",否则就不合格;作为大臣,必须要"能其事",否则就不合格。

围绕着"性命道德"这一主题,陈氏展开了论述:

首先,他探讨了人性问题。人性问题是宋代理学家讨论的一个中心问题,陈祥道对此也予以了探讨。他在诠释《阳货篇》"性相近也,习相远也"章时指出:

> 天命之谓性,人为之谓习。性则善恶混,故相近;习则善恶判,故相远。今夫水之为性,不杂则清,莫动则平,通之为川渎,则有以利物;升之为霜雪,则有以害物。木之为性,其直则乔以折,其曲则樛以屈,构之以为栋宇,则为庇人之器;刻之以为矛戟,则为杀人之器。人之性习,岂异是哉?《书》曰:"习与性成。"又曰:"若生子,罔不在厥初生,自贻哲命。"荀卿曰:"于越夷貉之子,生而同声,长而异俗,教使之然也。"②

陈祥道吸收了东汉杨雄"性善恶混"的观点,认为人性具有善恶两种因素,它们都是与生俱来的,经过后天的熏染和学习,发展善的因素则成为善人,发展恶的因素则成为恶人。这样的人性论观点在当时也是独树一帜的。

其次,他探讨了性欲问题。陈祥道从性情论入手,赋予情欲以道德理性的要求。在诠释《子罕篇》"法语之言,能无从乎"时,他指出:"人

---

① 陈祥道:《论语全解》卷二,《四库全书》本,上海古籍出版社1987年版。
② 陈祥道:《论语全解》卷九,《四库全书》本,上海古籍出版社1987年版。

之性莫不秉彝而好德，人之情莫不好顺而恶逆。"① 在诠释《卫灵公篇》"已矣乎！吾未见好德如好色者也"章时，他又说："好德出于性，好色本乎情。以性胜情为君子，以情易性为小人。"② 在陈氏看来，情与性是有区别的，前者反映了人善的一面，后者反映了人恶的一面。由此出发，可以判定一个人是君子还是小人。在此基础上，陈氏进一步指出，情对于性而言是有害的。他说："胜人之谓克，自贤之谓伐，怨生于所求，欲生于所好，四者出于情而害于性，众人纵之而不能止之，学者止之而不能去之。去之可以为仁，止之则可以为义而已。"③ 既然欲来源于情而有害于性，那么就需要节欲、寡欲。陈祥道指出："利者，外物也，求在我，所以寡欲也。"④"俭戚出于天之性，奢易出于性之欲。天之性质而不文，性之欲薄而不厚。二者皆非中道，故圣人为礼以节之，使之归缩于中，然后无过不及矣。"⑤ 通过外在的礼的节制，使人的性欲达到中，无过无不及。他还说："刚本乎性，欲出乎情。欲不能无求，不能无求则不能无挠也，故曰'枨也欲，焉得刚'。君子之于欲也，寡之使不胜，窒之使不行，其固不为物倾，其完不为物亏，此老子所谓自胜者强，扬子所谓胜私之克者也，又奚适不刚哉？"⑥ 一个道德高尚的人，应当寡欲、窒欲，不为外物所累，不因外物的诱惑而使自己的道德受损。这样一来，陈氏就给情欲套上了道德的枷锁。同时，在陈氏看来，一个人如果过度地放纵自己的私欲，就会导致人之天性的泯灭，有违养生之道。他说："血为荣而行于脉中，气为卫而行于脉外。行于脉中，阴也；行于脉外，阳也。寇莫大于阴阳，为阴阳所寇而无以胜之，则穷人欲而天理灭，岂善养生哉？此君子所以有三戒也。然汤之不迩声色则无事于戒色，颜渊不迁怒、犯而不校则无事于戒斗，孔子七十而从心所欲不逾距则无事于戒得，三戒盖以中心为制而已。"⑦ 陈氏在这里变通了《礼记·乐记》"人化物也者，灭天理而穷人欲者也"中的文字，提出了"穷人欲而天理灭"的理欲观，认为通过自身的道德修养可以"无事于"三戒。但他并没有进一步展开论述，没有如后来

---

① 陈祥道：《论语全解》卷五，《四库全书》本，上海古籍出版社1987年版。
② 陈祥道：《论语全解》卷八，《四库全书》本，上海古籍出版社1987年版。
③ 陈祥道：《论语全解》卷七，《四库全书》本，上海古籍出版社1987年版。
④ 陈祥道：《论语全解》卷二，《四库全书》本，上海古籍出版社1987年版。
⑤ 同上。
⑥ 陈祥道：《论语全解》卷三，《四库全书》本，上海古籍出版社1987年版。
⑦ 陈祥道：《论语全解》卷八，《四库全书》本，上海古籍出版社1987年版。

理学家那样把天理上升为判别情欲善恶的终极标准。

再次，他探讨了性理之学。在诠释过程中，陈祥道引入了性、理、命的概念。如《为政篇》"吾十有五而志于学"章，他注曰："志学至立，为学日益而穷理者也；不惑至耳顺，为道日损而尽性者也，然损之又损而至于命者也。"① 又，《雍也篇》"知之者不如好之者，好之者不如乐之者"章，陈氏注曰："知之者，为学日益而穷理者也。兴于诗者，能之好之者，为道日损而尽性者也。立于礼者，能之乐之者，损之又损而将以至于命者也。"② 在这两段文字中，陈祥道将《老子》四十八章"为学日益，为道日损。损之又损，以至于无为"和《易·说卦》"穷理尽性，以至于命"结合起来，将孔子的人生历程和求学的三个境界"知之""好之""乐之"诠释为"穷理尽性以至于命"的过程，生成了新的意义。进而，陈祥道还将"尽性"与伦理道德挂上了钩，指出："《诗》可以兴、可以观，穷理也；可以群、可以怨，尽性也。学至于尽性，则迩可以事父，远可以事君。若多识鸟兽草木之名，则学《诗》之所成终始也。盖学《诗》则知言，故可以兴；知言则有节于内，故可以观；有节于内则知所避就，故可以群；知所避就则出怨不怨，可以怨则人道尽矣。故以之事父则孝，以之事君则敬，此所以成孝敬厚人伦者也。"③ 陈氏的诠释将学《诗》的作用与穷理尽性搭挂起来，指出"尽性"则可以孝敬父母、敬事君长。

最后，阐发道德之意。有鉴于唐末以来道德沦丧的社会现实，北宋儒者希望通过道德重建，扭转社会风气，重振儒学雄风。陈祥道在《论语全解》中对此也予以了探讨。在他看来，道德是为人之本，是成为君子的必要条件。他说："道德者，本也；艺能者，末也。有其本而辅之以末，则不害为君子；若事其末而忘其本，则不免为众人。周公之多才多艺与孔子之多能，则多能亦圣人之所不废而非其所先也。"④ 进而，陈氏对道与德进行了剖析，他说："道无乎不在，物无乎非道，故默而成之于性命之理，道也；挥而散之于容貌辞气，亦道也。盖恭敬达之于容貌则无暴慢之容貌矣，诚信达之于颜色则无诈谄之颜色矣，忠顺达之于辞气则无鄙倍之辞气矣。于颜色言近信，则容貌近礼、辞气近和可知。于容貌言远暴慢，于辞

---

① 陈祥道：《论语全解》卷一，《四库全书》本，上海古籍出版社1987年版。
② 陈祥道：《论语全解》卷三，《四库全书》本，上海古籍出版社1987年版。
③ 陈祥道：《论语全解》卷九，《四库全书》本，上海古籍出版社1987年版。
④ 陈祥道：《论语全解》卷五，《四库全书》本，上海古籍出版社1987年版。

气言远鄙倍，则颜色远诞谩可知。"① 道是本体，无处不在，既可"默而成之于性命之理"，也可"挥而散之于容貌辞气"。他还说："道无喜怒而喜怒者，道之过；德无好恶而好恶者，德之失。失德而后仁，则仁者不离好恶而能好恶者也。盖仁者诚足以尽性，明足以尽理，不牵于憎爱之私，不惑于是非之似，故所好非作好而天下之所同是，所恶非作恶而天下之所同非，此所谓无欲而好仁，无畏而恶不仁也。黄帝之伐蚩尤任力牧，舜之命九官去四凶，不过如此。彼爱之欲其生，恶之欲其死，以至好人所恶、恶人所好，不仁可知也。"② 通过诠释，陈氏把仁与德、性、理联系了起来，指出仁者"不离好恶而能好恶"，"诚足以尽性，明足以尽理，不牵于憎爱之私，不惑于是非之似"，达到了道德的极致境界。

在道德修养上，陈氏提出了三点：一是存心。他说："君子以仁存心，故见齐衰者则不忍；以礼存心，故见衣裳者则不慢；以诚存心，故见瞽者则不欺。见之虽少，必作于长者，敬之可知矣。过之必趋，于与处者敬之可知矣。"③ 如果君子内心所怀的念头是仁、礼、诚，那么其所作所为就必然会合礼中节，符合道德的要求，由此便可断定此人是君子还是小人。在陈氏看来，"所存者在心，所行者在迹。心过于迹，则于君子为有余；迹过于心，则于善人为不足。盖善人之道未能有诸己者也，未能有诸己，则必以心践迹，然后能入于室"④。只有将动机和行为统一起来，才能达到较高的境界。

二是以性化性。陈祥道在解释《学而篇》"慎终追远，民德归厚矣"章时指出："《孝经》曰'擗踊哭泣哀以送之，卜其宅兆而安厝之'，慎终者也；'为之宗庙以鬼享之，春秋祭祀以时思之'，追远者也。于终慎之则生可知，于远追之则近可知，此民德所以归厚矣。《诗序》有云'民德归厚一'者，一者民之行，厚者民之性，则民性即民德，归厚一者，以行齐行也；民德归厚者，以性化性也。慎终追远，民德归厚，岂非以性化性哉？"⑤ 在他看来，"于终慎之则生可知，于远追之则近可知"，这是民德归厚的原因。而民性就是民德，所以谨慎地对待父母的去世，追念久远的

---

① 陈祥道：《论语全解》卷四，《四库全书》本，上海古籍出版社1987年版。
② 陈祥道：《论语全解》卷二，《四库全书》本，上海古籍出版社1987年版。
③ 陈祥道：《论语全解》卷五，《四库全书》本，上海古籍出版社1987年版。
④ 陈祥道：《论语全解》卷六，《四库全书》本，上海古籍出版社1987年版。
⑤ 陈祥道：《论语全解》卷一，《四库全书》本，上海古籍出版社1987年版。

祖先，自然就可以使老百姓的道德风俗归于淳朴厚道了，这样做就可以达到以性化性的目的，使整个社会风气都归之于淳朴厚道。

三是自修。陈祥道在诠释《学而篇》"贫而无谄，富而无骄"章时指出："谄失之卑，骄失之亢，二者非本于自然，而常出于或使，故贫而谄不若无谄，富而骄不若无骄。然无谄则能守而已未若乐，无骄则能恭而已未若好礼，此所以有其质者，不可不成之以学也。治骨与角谓之切磋，治玉与石谓之琢磨。切磋则以彼利器修此而成器，故譬之道学；琢磨则以谓见不善改此而成善，故譬之自修。道学所谓见贤思齐者也，自修所谓见不贤而内自省也。自切磋至于琢磨，然后器可用；自道学至于自修，然后道可成。故先切磋后琢磨，先道学后自修也。"①"道学"也好，"自修"也罢，都是个人追求道德修养的方法，一个是从正面来说——见贤思齐，一个是从反面来讲——见不贤内自省，由见贤思齐到见不贤内自省，人的道德会上升到一个高的境界。

自修要做到两点：其一是修性，就是做到"不迁怒，不贰过"，他说："不迁怒则犯而不校者也，不贰过则知不善未尝复行者也。盖能惩忿然后能不迁怒，能窒欲然后能不贰过，不迁怒、不贰过则能修性矣。"②其二是修德，就是要做到多思，他说："思于五行主土，百物非土不生，百事非思不成。君子于视能思则有视远之明，于听能思则有听德之聪，此其内达者也。于色能思则即之也温，于貌能思则恭而有礼，此其外见者也。如此，则在我者修矣。然后忠以接物而不欺，敬以临事而不慢，有疑则又问以辨之，则可为成德矣。然忿而不思难，见得而不思义则害于德，故终之戒焉。……此言修德之序也。"③

由上可见，我们不难发现，陈祥道《论语全解》既是荆公学派《论语》学的标志性作品，亦是《论语》学由汉学转向宋学的代表性成果之一。

第一，王安石及其徒众被称为荆公新学派，在此学派中，只有陈祥道传王氏之《论语》学。全祖望《陈用之论语解序》说："荆公六艺之学，各有传者。考之诸家著录中，耿南仲、龚深父之《易》，陆佃之《尚书》

---

① 陈祥道：《论语全解》卷一，《四库全书》本，上海古籍出版社1987年版。
② 陈祥道：《论语全解》卷三，《四库全书》本，上海古籍出版社1987年版。
③ 陈祥道：《论语全解》卷八，《四库全书》本，上海古籍出版社1987年版。

《尔雅》，蔡卞之《诗》，王昭禹、郑宗颜之《周礼》，马希孟、方悫、陆佃之《礼记》，许允成之《孟子》，其渊源具在，而陈祥道之《论语》，鲜有知者，但见于昭德晁氏《读书志》而已。荆公尝自解《论语》，其子雱又衍之，而成于祥道。长乐陈氏兄弟，深于礼乐，至今推之，乃其得荆公之传，则独在《论语》。昭德谓'绍圣以后，场屋皆遵此书'，则固尝颁之学官矣。或曰：'是书本出于道乡邹公，而托于祥道。'予谓：'道乡，伟人也，岂肯袭阮逸辈之所为哉！诸家为荆公之学者，多牵于《字说》，祥道疵颣独寡，为可喜也。况荆公父子之《论语》不传，而是书独存，亦已幸矣。'"① 另据晁公武《郡斋读书志》记载，"王介甫《论语注》，其子雱作《口义》，其徒陈用之作《解》。绍圣后皆行于场屋，为当时所重"②。可见，陈氏之《论语全解》曾影响一时。王氏父子《论语》注本现已亡佚，故陈氏《论语全解》就成为荆公新学释《论》的代表作。

第二，在注释《论语》的过程中，陈祥道一方面每每引证老、庄思想，特别是《庄子》的思想，反映了王安石所倡导的新学学派注释儒家经典的特点。陈氏这种援老学中合乎"义理"的部分以入儒的做法，使得儒家学说中的义理大为丰富和充实，顺应了北宋时期的儒、佛、道三教融合，三教归一的大的历史发展潮流。另一方面，陈氏注重义理解经，注重阐发《论语》中所直含的性命之理和道德之意，这充分体现了荆公新学重视道德性命之学的特点。金人赵秉文曾指出："自王氏之学兴，士大夫非道德性命不谈。"③ 侯外庐也认为："道德性命之学，为宋道学家所侈谈者，在安石的学术思想里，开别树一帜的'先河'，也是事实。"④ 受业师的熏陶，陈祥道在《论语全解》中注重抉发道德性命之学的做法，促进了《论语》学由"汉学"向"宋学"的转型，在《论语》学史上理应占有重要的地位。

---

① 黄宗羲、全祖望：《宋元学案·荆公新学略》，中华书局1986年版，第3260页。
② 顾宏义、戴扬本等编：《历代四书序跋题记资料汇编》，上海古籍出版社2010年版，第253页。
③ 赵秉文：《滏水集》卷一《性道教说》，《四库全书》本，上海古籍出版社1987年版。
④ 侯外庐：《中国思想通史》，人民出版社1954年版，第423页。

第四章

《论语》诠释与北宋理学体系的初建

北宋时，面对佛、老思想的挑战和儒学式微的局面，以周敦颐、张载、程颢、程颐及其弟子为代表的儒家学人通过对《论语》的创造性解释，揭示了其中富含的微言大义，生发出了大量的理学元素，初步建立了以儒家思想为本、以佛道思想为辅的理学思想体系。

第一节 《论语》诠释与濂溪之学

周敦颐（1017—1073），字茂叔，号濂溪，北宋营道楼田堡（今湖南道县）人，著名哲学家，是学术界公认的程朱理学派开山鼻祖。他以儒学为主，兼及佛道，站在时代的高度，以新的视野诠释《易传》《中庸》和《论语》等儒家经典，通过吸收、利用其中的思想资料建构起自己的学术思想体系。这其中，《易传》和《中庸》是其主要的学术依托，但《论语》在中间也扮演了重要角色，他通过对《论语》中有关思想的阐发，初步建构起了自己的学术思想体系。

一 重新诠释仁

在《论语》中，仁是一个重要的道德范畴，共出现了109次，占《论语》总字数的0.68%。周敦颐的"仁"论继承和发挥了孔子"仁者爱人"的思想。一是爱曰仁。《论语·颜渊篇》说："樊迟问仁。子曰：'爱人。'"周敦颐也把爱人看成是德的根本，认为"德，爱曰仁"①，这种爱

---

① 《周敦颐集》，岳麓书社2002年版，第20页。

是至高无上的道德，其爱是平等的、博大的，不会厚此薄彼，没有亲疏之分。二是仁指的是生育万物、敬爱万物。《论语·学而篇》说："泛爱众，而亲民。"其中"泛"是广泛的意思，"爱"是仁爱，"众"是社会大众。以广泛的爱心对待社会大众，称之为泛爱众。周敦颐引申发挥了孔子的这一思想，他指出："天以阳生万物，以阴成万物。生，仁也；成，义也。故圣人在上，以仁育万物，以义正万民。天道行而万物顺，圣德修而万民化。"① 在这里，周氏借用阴阳之说，强调了仁中富含的"生生"之意，天地之中，万物不管是好还是坏，天都平等地生发之，这就是仁的体现。圣人能够感通天地万物，故能践行仁义之道，做到爱民顺物。他又说："君子悉有众善，无弗爱且敬焉。"② 由此可见，周敦颐所说的"仁"不但指爱人，也指爱物；不但指敬人，而且指敬物。这就扩大了孔子的仁的内涵。三是诚为仁之本。他说："圣，诚而已矣。诚，五常之本，百行之源也。静无而动有，至正而明达也。五常百行非诚，非也。邪，暗塞也。故诚则无事矣。至易而行难，果而确，无难焉。故曰：'一日克己复礼，天下归仁焉。'"③ 这是说，诚是包括"仁"在内的五常的根本，是包括孝、悌、忠、信等各种品行的源泉。如此一来，诚就成为五常百行的本体论基础。如果失去了这个根本，那么社会中的一切道德规则和道德行为，都将是不道德的。因此，只有归本于诚，才能无事。虽然这样说容易，但真正做到却比较困难，故需要有决心来克服困难。"一日克己复礼，天下归仁焉"，这里的"克己"就是去掉私心杂念的意思，周敦颐引用孔子这句话用以说明所谓困难并非难以克服。

二 探求"孔颜之乐"的理想境界

孔颜之乐是周敦颐传授弟子的核心内容，《二程遗书》卷二有言："昔受学于周茂叔，每令寻颜子、仲尼乐处，所乐何事。"④ 那么何为孔颜乐处呢？

首先来看孔子之乐处。孔子之乐乃是天人合一之乐。据《论语·先进篇》记载，子路、曾晳、冉有、公西华侍坐。子曰："以吾一日长乎尔，

---

① 《周敦颐集》，岳麓书社2002年版，第30页。
② 同上书，第35页。
③ 同上书，第17—19页。
④ 程颢、程颐：《二程遗书》，上海古籍出版社2000年版，第66页。

毋吾以也。居则曰:'不吾知也!'如或知尔,则何以哉?"子路率尔而对,曰:"千乘之国,摄乎大国之间,加之以师旅,因之以饥馑,由也为之,比及三年,可使有勇,且知方也。"夫子哂之。"求,尔何如?"对曰:"方六七十,如五六十,求也为之,比及三年,可使足民;如其礼乐,以俟君子。""赤,尔何如?"对曰:"非曰能之,愿学焉!宗庙之事,如会同,端章甫,愿为小相焉。""点,尔何如?"鼓瑟希,铿尔,舍瑟而作。对曰:"异乎三子者之撰。"子曰:"何伤乎?亦各言其志也。"曰:"莫春者,春服既成;冠者五六人,童子六七人,浴乎沂,风乎舞雩,咏而归。"夫子喟然叹曰:"吾与点也!"众所周知,孔子是以天下为己任的,其一生大部分时间都是为了让天下安泰和平充满仁爱而奔波奋斗。可是,为什么在听完后孔子并没有夸赞满口经世纬国大业的前三个弟子,而将嘉许留给了只悠然描述了一幅"春风沂水"图的曾晳呢?窃以为,关键原因就在于前三子所向往的都是在各自为政的小国的治国理政之事,而曾晳所描绘的则是在和平的环境下,人们以亲近天地万物为乐,以身心与自然相契为乐,自然而然却能与天道合一。结合《述而篇》孔子所言"饭疏食,饮水,曲肱而枕之,乐亦在其中矣",我们不难发现,孔子之乐体现的就是一种与天地万物和谐共生而产生的大乐。这种大乐深为周敦颐欣赏,他说:"道德高厚,教化无穷,实与天地参而四时同,其惟孔子乎!"[①]"天道行而万物顺,圣德修而万民化。"[②] 在他看来,孔子道高德厚,参与天地之变四时之化,但不以己心干预自然之道,通过身教示范,使"政善民安","天地合","万物顺"[③],从而实现天人合一之乐。

其次来看颜子之乐。在《论语·雍也篇》中,孔子称赞颜回曰:"贤哉,回也!一箪食,一瓢饮,在陋巷,人不堪其忧,回也不改其乐。贤哉,回也!"在这里,孔子高度评价了颜渊的安贫乐道的生活方式。及至周敦颐,他不仅对颜子安贫乐道的精神境界予以了肯定,而且开始对人生的真正乐趣进行反思,对贫贱富贵有了新的认识。他说:"颜子一箪食,一瓢饮,在陋巷,人不堪其忧,而不改其乐。夫富贵,人所爱也。颜子不爱不求而乐乎贫者,独何心哉?天地间有至贵至爱可求而异于彼者,见其

---

① 《周敦颐集》,岳麓书社2002年版,第55页。
② 同上书,第30页。
③ 同上书,第39页。

大而忘其小焉尔。"① 在周敦颐看来，颜子之所以能够安于箪瓢陋巷的生活而不改其乐，关键原因就在于他能"见其大而忘其小"。在颜回的眼中，追求富贵乃人之常情，但人生中还有比富贵更值得追求的东西。这其中，贫贱富贵是"小"，是物质层面的东西；而超越物质层面的东西也就是所谓的"大"理应属于精神层面。在周敦颐看来，此"大"就是"道"，他说："君子以道充为贵，身安为富，故常泰，无不足，而铢视轩冕、尘视金玉，其重无加焉尔。"② 可见，真心体悟到"道"，"自然会超越对功名富贵的庸俗追求与计较，而获得一种高度、持久的精神快乐"③。颜子以希圣求贤为目标，故能在条件极为艰苦的条件下忘却"小"，得到至贵至爱的"大"，从而能体验到真正的精神层面的快乐。

周敦颐指出，能"见其大"则会带来"大乐"，带来一种高层次的精神享受。他说："见其大则心泰，心泰则无不足，无不足则富贵贫贱处之一也。处之一则能化而齐，故颜子亚圣。"④ 这里，所谓"心泰"，指的就是一种超然物外、淡薄宁静、闲适自得的精神境界。所谓"处一"，指的是能够一视同仁地对待贫贱富贵。在周敦颐看来，颜子之乐并非是因为贫贱本身可乐，而是因为颜子已经拥有了一种超然的人生境界和心理状态，所以即使身处困境也能泰然处之，也能够使内心得到满足，达到与天地同体、与万物相齐，不会影响、改变他的"乐"。可见，这种"乐"不是来源于外部的某种感性对象，而是源自于人的人格境界和心理状态，是一种高级的精神享受和超越了人生利害而达到的内在心理愉悦。这种"乐"也是一种"大乐"，是一种"与天道合一之乐"。

综上可见，无论是孔子之乐，还是颜子之乐，他们之所乐都是超越贫富贵贱而达到的与天地间自然万物共生共荣、"与天地和其德，与日月和其明"的大乐⑤。二者在本质上是一致的，只是在层次上略有高低之分，所以二者合称"孔颜之乐"。周敦颐所提出的这种人格境界在他自己身上有所体现，黄庭坚赞美他："人品甚高，胸怀洒落，如光风霁月。廉于取

---

① 《周敦颐集》，岳麓书社2002年版，第42—43页。
② 同上书，第52页。
③ 参见陈来《宋明理学》，华东师范大学出版社2004年版，第36页。
④ 《周敦颐集》，岳麓书社2002年版，第43页。
⑤ 洪梅、李建华：《寻"孔颜乐处"的生态价值取向——从周敦颐到程颢、程颐》，《齐鲁学刊》2012年第4期。

名而锐于求志，薄于徼福而厚于得民，菲于奉身而燕及茕嫠，陋于希世而尚友千古。"① 称赞他的人格境界韵致高远，淡泊洒落。

三 倡导"志伊学颜"的修养方法

周敦颐在《通书·志学》中提出了"士希贤、贤希圣、圣希天"的修养论，这是说，士人仰慕贤者，愿与之齐等；贤者仰慕圣人，愿与之齐等；圣人仰慕天，愿与之齐等。如此一来，士→贤→圣→天就形成了一个多层次修养目标。在周敦颐看来，人的道德修养要不断依次上进，"直至使自己的思想与客观自然规律融为一体，并从中体会到希贤、希圣、希天的乐趣"②。

周敦颐虽然提出了多层次修养目标，但他在利用、发挥《论语》中的思想材料时，却将论述重点放在了对"希贤"的论述上。在他看来，"伊尹、颜渊大贤也，伊尹耻其君不为尧舜，一夫不得其所，若挞于市。颜渊不迁怒，不贰过，三月不违仁"③。伊尹以不能使自己侍奉的君主成为尧、舜那样的圣君而感到耻辱，以不能使天下所有男人得到合适的安置而感到像在闹市被鞭挞一样难过；颜回不把自己内心的怒气转移到别人身上，同一过错不会再犯，其心长时间不离开仁德。因此，伊尹、颜回是大贤人。

如何成为伊尹、颜回这样的大贤人并进而成为圣人呢？在周敦颐看来，主要可以通过如下两种方法：

一是"志伊尹之所志"④。伊尹是辅佐商汤灭夏建商，商汤死后，又辅佐外丙、仲任、太甲。太甲继位三年，行暴政，坏汤法，伊尹将其放逐到桐宫，亲自摄政，接受诸侯的朝拜。三年后，太甲悔过自责，于是伊尹把太甲接出来，还政给他，自己告老还乡。因此，所谓"伊尹之志"，也就是说，位居高位，权倾朝野，却依然能够谨慎事主，正其谊而不谋其利，为国为民鞠躬尽瘁。在需要交出权力的时候能够胸襟坦荡，不恋权位。这样做，能够保证功成身退，为万世所颂扬。周敦颐将伊尹作为贤人的代表，并提出"志伊尹之所志"，就是要号召士人弘扬伊尹的精神，以天下国家为己任，敢于上以匡君，下以救民。

---

① 《宋史·周敦颐传》。
② 梁绍辉：《周敦颐评传》，南京大学出版社1994年版，第223页。
③ 《周敦颐集》，岳麓书社2002年版，第28页。
④ 同上书，第29页。

二是"学颜子之所学"①。颜渊，是孔门十哲德行科的高才生，是孔子称许的最有修养、最能吃苦、最善于学习的弟子。据《论语·雍也篇》记载，哀公问："弟子孰为好学？"孔子对曰："有颜回者好学，不迁怒，不贰过。不幸短命死矣，今也则亡，未闻好学者也。"在《论语》中还有五处孔子赞扬颜渊的句子。这在孔门和《论语》中也只有颜回一人了。颜渊死时，孔子是悲恸欲绝。颜渊从孔子那里学到了什么是仁，并以孔子所言"非礼勿视，非礼勿听，非礼勿言，非礼勿动"为终身实践的信条。颜渊从孔子处学到了"己所不欲，勿施于人"，学到了"发愤忘食，乐以忘忧"。周敦颐将其推为贤人，并提出"学颜子之所学"，就是提倡对"内圣之道"要有坚定的信念，要自觉坚持仁义忠信的原则。

在周敦颐看来，如果士人按照以上两条去做了，"过则圣，及则贤，不及则亦不失于令名"②。超过他们就是圣人，赶上他们就是贤人，即使赶不上他们也可能得到好的名声。

综上所述，周敦颐通过在新的语境下对"仁"的重新诠释，为儒家伦理道德找到了本体论的依据；通过对"志伊学颜"修养方法的论证，奠定了宋明儒学心性修养论的基础，成为有宋以降儒者修身养性的法宝；通过对"孔颜之乐"的探讨，周氏为儒家学说确立了一个精神超越的重要标志，促进了儒家学说的发展与完善，把儒学从外王之学提升到内圣外王之学。周敦颐被尊为理学鼻祖，与他通过对《论语》中有关思想资料的阐发，最早探讨这些问题是密不可分的。

第二节 《论语》诠释与横渠之学

张载（1020—1077），字子厚，祖居北宋大梁（今河南开封），后徙家凤翔郿县（今陕西眉县）横渠镇，学者称横渠先生，理学支脉"关学"创始人。他高度评价《论语》在儒学中的地位与作用，指出，《论语》了解、把握圣人精义、圣学精蕴的重要载体："要见圣人，无如《论》《孟》为要。《论》《孟》二书于学者大足，只是须涵泳。"③"学者信书，且须信

---

① 《周敦颐集》，岳麓书社2002年版，第29页。
② 同上。
③ 《张载集》，中华书局1978年版，第272页。

《论语》《孟子》。"①张载学术思想体系的建构，与利用、发挥《论语》《孟子》《六经》及《庄子》《老子》等经典中的思想有关。刘玑《正蒙会稿序》中称《正蒙》一书"出入乎《语》《孟》《六经》及《庄》《老》诸书，凡造化人事，自始学以至成德，《大学》之所谓格物致知，《孟子》之所谓尽心知性，无不备于此矣。"②王夫之在《张子正蒙注序论》中亦认为，张载之学除受《周易》影响外，还与其他儒家经典有着密切的联系："张子之学，无非《易》也，即无非《诗》之志，《书》之事，《礼》之节，《乐》之和，《春秋》之大法也，《论》《孟》之要归也。"③由此来看，《论语》是张载之学的主要学术依托之一。他曾著《论语说》一书，惜已亡佚，今散见于朱熹《论孟精义》《张子语录》《正蒙》等著作中，透过这些吉光片羽，我们约略可以管窥张载的《论语》学思想。

一 通过"心解"以求义理

张载注重对经典义理的阐发，在他看来，"万物皆有理，若不知穷理，如梦过一生"④。他批评有些学经的人"饱食终日，不图义理"⑤，导致"卒无所发明，不得见圣人之奥"⑥。因此，张载主张治经学要"游心经籍义理之间"⑦，"多求新意以开昏蒙"⑧，反对泥于文字而不从义理上识而求之，他说："若只泥文而不求大体则失之。"⑨在张载看来，治经应"濯去旧见以来新意"⑩，"当自立说以明性，不可以遗言附会解之"⑪，"须是自求，已能寻见义理，则自有旨趣，自得之则居之安矣"⑫，强调自立己说，以明性理，不可附会先儒的传注遗言来解经。

在如何求义理的问题上，张载强调通过"心解"，以掌握义理。他说：

---

① 《张载集》，中华书局1978年版，第277页。
② 《张载集·附录》，中华书局1978年版，第406页。
③ 张载撰，王夫之注：《张子正蒙注》，汤勤福导读，上海古籍出版社2000年版，第82页。
④ 《张载集》，中华书局1978年版，第321页。
⑤ 同上书，第271页。
⑥ 同上书，第321页。
⑦ 同上书，第276页。
⑧ 同上书，第321页。
⑨ 同上书，第276页。
⑩ 同上书，第321页。
⑪ 同上书，第323页。
⑫ 同上书，第273页。

"心解则求义自明，不必字字相校。"① 又说："诵《诗》虽多，若不心解而行之，虽授之以政则不达，使于四方，言语亦不能。如此则虽诵之多奚以为？"② 主张诠释主体用心体悟经典大义，对其中的义理能"心解而行之"，而不能以"字字相校"的训诂之学来轻视义理之学。他说："大凡说义理，命字为难，看形器处尚易，至要妙处本自博，以语言复小却义理，差之毫厘，缪以千里。"③ 指出虽然"命字为难"，但却不能囿于考证而小却义理，如果是这样，就是舍本逐末，就会酿成大错。

在如何通过"心解"以求义理的问题上，张载提出了两种解释方法：一是"观文势上下之意"。他说："凡观书不可以相类泥其义，不尔则字字相梗，当观其文势上下之意。"④ 也就是说，字、词、句之意的解读，要考虑和服务于经文整体旨意的理解。如《八佾篇》：子夏问曰："'巧笑倩兮，美目盼兮，素以为绚兮。'何谓也？"子曰："绘事后素。"曰："礼后乎？"子曰："起予者商也！始可与言诗已矣。"张载注曰："'巧笑倩兮，美目盼兮，素以为绚兮。'孔子曰：'绘事后素。'子夏曰：'礼后乎？'礼（物）因物取称，或［文或质，居］物之后而不可常也。他人之才未（善）［美］，故宜饰之以文，庄姜才甚美，故宜素以为绚。［下文'绘事后素'］，二素字用不同而义不相害。倩盼者，言其质美也，妇人生而天才有甚美者，若又饰之以文未宜，故复当以素为绚。礼之用不必只以文为饰，但各物上各取其称。文太盛则反素，若衣锦尚絅，礼太盛则尚质，如祭天扫地。绘事以言其饰也，素以言其质也。素不必白，但五色未有文者皆曰素，犹人言素地也，素地所以施绘。子夏便解夫子之意，曰'礼后乎'，礼所以为饰者也，素字使处虽别，但害他子夏之意不得。"⑤ 通过对上下文的分析，张载指出了两个"素"字"用不同而义不相害"。

又，《八佾篇》"君子无所争。必也射乎！揖让而升，下而饮，其争也君子"章，张载注曰："'揖让而升下'，或以为绝句，谓揖让而升降也，及以射礼不胜者亦饮之堂上，故不言。'下而饮'非也。升而让可也，下而让无此理也。礼文虽不说'下而饮'，不胜者自下而请饮，胜者又不可

---

① 《张载集》，中华书局1978年版，第276页。
② 同上书，第309页。
③ 同上书，第278页。
④ 同上书，第322页。
⑤ 同上书，第333—334页。

饮之于下，故升饮也。"① 通过对整章经文的分析，张载认为"下"字应从上断句为优，因为升而让合乎情理，下而让则反之。

二是"求作者之意"。张载说："观书必总其言而求作者之意。"② 这就是说，解释不要仅仅局限于字面意义，而要寻绎出经文背后的言下之意、言外之意，即作者本意。这是"心解"诠释观的最高要求。③ 如《宪问篇》"子曰：'贤者辟世，其次辟地，其次辟色，其次辟言。'子曰：'作者七人矣'"章，张载注曰：

> 克己行法为贤，乐己可法为圣，圣与贤，迹相近而心之所至有差焉。"辟世"者依乎中庸，没世不遇而无嫌，"辟地"者不怀居以害仁，"辟色"者远耻于将形，"辟言"者免害于祸辱，此为士清浊淹速之殊也。辟世辟地，虽圣人亦同，然忧乐于中，与"贤者""其次者"为异，故曰迹相近而心之所至者不同。④

> "作者七人"，伏羲也，神农也，黄帝也，尧也，舜也，禹也，汤也。所谓作者，上世未有作而作之者也。伏羲始服牛乘马者也，神农始教民稼穑者也，黄帝始正名百物者也，尧始推位者也，舜始封禅者也，尧以德，禹以功，故别数之。汤始革命者也。若谓武王为作，则已是述汤事也，若以伊尹为作，则当数周公，恐不肯以人臣谓之作。若孔子自数为作，则自古以来实未有如孔子者，然孔子已是言"述而不作"也。⑤

通过综合解读，张载深入挖掘了孔子在本章中的言外之意，在第一段解释文字中，张载指出，"贤"与"圣"的生命轨迹和生命状态虽然比较接近，但是在程度上还是有差别的，在境界上也有高低之分。圣者尽管也"辟世""辟地"，然而他们却寓"忧乐"于其中，能够做到与国与民共命

---

① 《张载集》，中华书局1978年版，第309页。
② 同上书，第275页。
③ 张茂泽：《"心解"：张载的诠释学思想》，载葛荣晋、赵馥洁、赵吉惠《张载关学与实学》，西安地图出版社2000年版，第205页。
④ 《张载集》，中华书局1978年版，第46页。
⑤ 同上书，第319页。

运。"贤者""其次者"则做不到这一点。在第二段诠释文字中,张载认定伏羲、神农、黄帝、尧、舜、禹、汤是"制法兴王之道"①的开创者,这不仅比将七人看作是逸民的解释更符合孔子原意,而且扩大了儒家道统的内涵,扩大了中华民族的文化认同范围。

二 阐发性理之学

通过《论语》诠释,张载从中阐发出了理学思想。如在解说《公冶长篇》"夫子之文章可得而闻也,夫子之言性与天道,不可得而闻也"章时,他指出:"子贡谓夫子所言性与天道不可得而闻,既云夫子之言,则是居常语之矣。""子贡曾闻夫子言性与天道,但子贡自不晓,故曰'不可得而闻也'。若夫子之文章则子贡自晓。圣人语动皆示人以道,但人不求耳。"②在子贡看来,"性与天道"是孔门弟子所"不可得而闻"的哲理,而张载通过对子贡之言进行重新解释,认为此言是孔子居常之语,只是子贡没有领悟到而已。在他看来,"性与天道"的学问不是"不可得而闻",而是接受者只以感官感知为闻,不晓得"耳不可以闻道","耳之闻未可以为闻"③,所以自己不知求闻,反而抱怨孔子不讲。他强调指出,子贡所谓"性与天道不可得而闻",是"不以苟知为得,必以了悟为闻"④。这就把感性的"苟知"与理性的"了知"予以了区别,说明只有理性的探索,才是了悟"性与天道"的不二法门。通过解释,张载不但肯定了孔子之学中"性与天道"的内容,而且也昭示了其自身学术以"性与天道"为主题的致思方向。⑤

在具体的理论建构过程中,张载一方面选择《论语》中有关天道性命的内容予以引申和发挥,如《阳货篇》"性相近也,习相远也"章,他注曰:"性犹有气之恶者为病,气又有习以害之,此所以要鞭(后)[辟]至于齐,强学以胜其气习。其间则更有缓急精粗,则是人之性(则)虽同,气则[有异]。天(理)[下]无两物一般,是以不同。孔子曰:'性相近也,习相远也',性则宽褊昏明名不得,是性莫不同也,至于习之异

---

① 《张载集》,中华书局1978年版,第37页。
② 同上书,第307页。
③ 同上书,第281页。
④ 同上书,第307页。
⑤ 参见肖永明《张载之学与〈四书〉》,《船山学刊》2007年第1期。

斯远矣。"① 对性和气的关系进行了阐述，其中所言之"气"乃指气质之性。在张载看来，人性虽相同，但人的禀性如刚柔缓急等却千差万别，所以人的善恶之习也相去甚远。虽人禀受之气有偏狭，但只要通过学习，"强学以胜其气习"，仍可以"推达于天性"。② 另一方面，他还从天道与心性的视角对《论语》中并无此内容的部分进行重新解读。如《卫灵公篇》"人能弘道，非道弘人"章，张载注曰："心能尽性，'人能弘道'也；性不知检其心，'非道弘人'也。"③ 原典经文本很平实，并无心性含义，而张载却据以提出了"心能尽性"的思想，认为心有意识，具有主观能动性，所以能够充分发挥人所具有的道德本性；而性没有意识，所以不具有知心、察心的功能。既主张心与性、人与道不可混同，又注意发挥人心的自学能动性和主体性原则，将性、道弘扬、推广开来。④

除了围绕性与天道这一主题展开论述之外，张载还通过创造性的解读阐发了其他理学思想，如《为政篇》"三十而立，四十而不惑，五十而知天命，六十而耳顺，七十而从心所欲不逾矩"下，张载通过糅合《易传》与《中庸》的思想资料，从中生发出了穷理尽性的思想。他说："三十器于礼，非强立之谓也。四十精义致用，时措而不疑。五十穷理尽性，至天之命；然不可自谓之至，故曰知。六十尽人物之性，声入心通。七十与天同德，不思不勉，从容中道。"从三十岁到五十岁，主要是积累、扩充知识和践履道德的阶段，以便为尽性做好准备。五十岁开始探究事物之条理及人之本性，虽说还没有掌握却已经初步了解了其中所包含的某种必然性（"命"）。这里，《论语》原文为"知命"，而张载却根据《易传》将其解释为"至于命"，在他看来，"至于命"必然包含"知命"在其中，如果不知命，就不可能至于命。之所以写作"知"，是孔子出于自谦的原因。⑤ 及至六十岁，已经"尽人物之性"，看到和听到任何征兆，心中自明。七十岁时，熟知人生和宇宙之真谛，所作所为，不假外求，自然而然地能够做到符合中庸之道，达到与天德合一的道德境界。"穷理尽性，然后至于命；尽人物之性，然后耳顺；与天地参，无意、必、固、我，然后范围天

---

① 《张载集》，中华书局1978年版，第329—330页。
② 同上书，第330页。
③ 同上书，第22页。
④ 参见蔡方鹿《宋明理学心性论》，巴蜀书社2009年第2版，第69页。
⑤ 参见方旭东《张载的"穷理"学》，《中国哲学史》2006年第3期。

地之化，从心而不逾矩；老而安死，然后不梦周公。"① 由"穷理""尽性"而"至于命"，人的精神便进入一个至诚至善、无私无欲、参赞天地之化育、贯通天人的最高境界。

又，在对《子罕篇》"毋意，毋必，毋固，毋我"章进行解释时，张载对其中的"意、必、固、我"做了理学色彩的阐释与发挥。他说："绝四之外，心可存处，盖必有事焉，而圣不可知也。""不得已，当为而为之，虽杀人皆义也；有心为之，虽善皆意也。正己而物正，大人也；正己而正物，犹不免有意之累也。有意为善，利之也，假之也；无意为善，性之也，由之也。有意在善，且为未尽，况有意于未善耶！仲尼绝四，自始学至成德，竭两端之教也。""意，有思也；必，有待也；固，不化也；我，有方也。四者有一焉，则与天地为不相似。"②"天理一贯，则无意、必、固、我之凿。意、必、固、我，一物存焉，非诚也；四者尽去，则直养而无害矣。"③ 他把"天理""心""诚""性"等理学家惯用的概念掺入了对经典的解释之中，生成了与众不同的意义。同时，他还进而把"毋意"解释为"毋常心"，说"'毋意'，毋常心也，无当心，无所倚也，倚也，有所偏而系着处也，率性之谓道则无意也。性何尝有意？无意乃天下之良心也，圣人则直是无意求斯良心也"④。区别了"性"和"意"，肯定了"无意乃天下之良心"，指出，圣人率性而行善，通过无意之心求取天下之良心。这体现了主体的自由意志。在张载看来，"有意为善，利之也，假之也"，王夫之解释说："利者利其功，假者假其名，非义也。"⑤ 所以"有意"就是"有心""有常心"的意思，即有追逐功名利禄的意思。因此，"有常心"就不能"虚心"，不"虚心"则不能"尽心、知心、知天"，不能步入"天人合一"的"诚明"之境。⑥

通过对《论语》进行的创造性阐释与发挥，张载使《论语》成为建构其理论体系的重要思想资源与学术依托。这在《论语》学史乃至儒学史上都具有重要的意义。

---

① 《张载集》，中华书局1978年版，第40页。
② 同上书，第28页。
③ 同上。
④ 同上书，第318页。
⑤ 张载撰，王夫之注：《张载正蒙注》，汤勤福导读，上海古籍出版社2000年版，第154页。
⑥ 参见宁新昌《张载康德伦理思想的相通与相异》，《道德与文明》2006年第6期。

首先，张载对《论语》的义理化诠释，促进了《论语》诠释范式的转型。唐宋之际中国经学发展的趋势就是以义理之学取代章句训诂注疏之学，这牵扯到经典诠释范式的转型。《论语》诠释也不例外，在这一进程中，张载做出了自己的贡献。他首倡"义理之学"这一概念，说："义理之学，亦须深沉方有造，非浅易轻浮之可得也。盖惟深则能通天下之志，只欲说得便似圣人，若此则是释氏之所谓祖师之类也。"① 这就是说，义理之学必须深入到形而上的本体论层面作基源性的思考才能够有所成就，而"浅易轻浮"则于事无补。虽然貌似圣人言语，而实则并不能领会其精神实质。因此，在《论语》诠释中，他结合上下语境以解《论》，以己之"心"遥契孔子之"心"，从而濯去"旧见"以获新解，在对《论语》经文的解读中生发出了新意。这体现出宋学探求义理的时代精神，而与汉学的治经旨趣迥然有别。

其次，张载对《论语》的解释在宋代理学史上占有十分重要的地位。他一方面通过对《论语》的创造性解读，将"天理""诚""气""心性"等理学概念注入其中，促进了《论语》学的理学化倾向；另一方面将孔子罕言的"性与天道"等问题确立为自己学术关注和探究的重点，以此为滥觞，围绕这个主题的争论贯穿了理学的始终，只是在不同时期有着"气本""理本""心本"论等思想形态上的差别。这两方面对理学的繁荣和发展都起到了重要的作用。同时他的这一做法，也顺应了北宋思想家通过重新诠释经典以建立符合时代需求的思想体系的努力方向。

第三节　《论语》诠释与明道之学

程颢（1032—1085），字伯淳，人称明道先生，河南府（今河南洛阳）人。嘉祐二年（1057）登进士第。历官鄠县主簿、上元县主簿、泽州晋城令、太子中允、监察御史、监汝州酒税、镇宁军节度判官、宗宁寺丞等职。程颢早年受父程珦之命，与弟程颐向周敦颐问学，由此立志于孔孟之道，但同时又泛览诸家。《宋史》本传称："慨然有求道之志。泛滥于诸家，出入于老、释者几十年，返求诸'六经'而后得之。"与弟程颐共同开创"洛学"，奠定了理学基础。在建构思想体系的过程中，程颢对《论

---

① 《张载集》，中华书局1978年版，第273页。

语》中的思想资料进行了大量的阐释、利用与发挥。

一 求自得之义

在二程看来，儒家经典乃圣人载道之物，他们说："经所以载道也，器所以适用也。学经而不知道，治器而不适用，奚益哉？""经者载道之器，须明其用。如诵《诗》须达于从政，能专对也。"① 因此，治经须明道，明道当先明义理，"如圣人作经，本欲明道。今人若不先明义理，不可治经"②。由此出发，二程重视儒经中的"义理"而鄙薄文字训诂，如程颢"常谈诗，并不下一字训诂，有时只转却一两字，点掇地念过，便教人省悟。"③ 他们注重从宏观上理解和把握经书的要旨、大义，主张凭己意自由解释儒经。其言曰："思索经义，不能于简策之外脱然有独见，资之何由深？居之何由安？非特误己，亦且误人也。"④ "读书将以穷理，将以致用也。今或滞心于章句之末，则无所用也。此学者之大患。"⑤ "义有至精，理有至奥。能自得之，可谓善学矣。"⑥ 倡导解经不能囿于章句训诂，要"于简策之外"有独到的创见。在注解《论语》时，程颢践行了这一主张。如《子罕篇》"知者不惑，仁者不忧，勇者不惧"句，与《宪问篇》所记"仁者不忧，知者不惑，勇者不惧"次序不同，对此，程颢解释曰："'仁者不忧，知者不惑，勇者不惧'，德之序也。'仁者不忧，知者不惑，勇者不惧'，学之序也。知以知之，仁以守之，勇以行之。"⑦ 这是说，"成德以仁为先，进学以知为先，此诚而明，明而诚也"⑧。由诚而明，是上天赋予人的本性，因为诚，所以明。由明而诚，是教化的结果。因为明（教化以后），所以诚。通过解释，程颢创造性地把经文次序的不同和"成德"与"进学"结合了起来，揭示了其中蕴含的大义微言。

又，《先进篇》"先进于礼乐，野人也；后进于礼乐，君子也。如用之，则吾从先进"章，程颢注释道："先进，犹言前辈也；后进，犹言后

---

① 程颢、程颐：《二程遗书》，上海古籍出版社2000年版，第144页。
② 同上书，第63页。
③ 曾恬、胡安国：《上蔡语录》卷三，《四库全书》本，上海古籍出版社1987年版。
④ 杨时编：《二程粹言》，中华书局1985年版，第18页。
⑤ 同上。
⑥ 同上书，第20页。
⑦ 程颢、程颐：《二程遗书》，上海古籍出版社2000年版，第172页。
⑧ 黎靖德编：《朱子语类》，中华书局1994年版，第985页。

辈也。先进之于礼乐，有其诚意而质者也，故曰野人。后进之于礼乐，习其容止而文者也，故曰君子。孔子患时之文弊，而欲救之以质，故曰：'如用之，则吾从先进。'取其诚意之多也。"① 这是说最初制作礼乐的人（先进）出于内心的真实情感（诚意）来制作礼乐，使其礼乐具有实质意义，非徒虚文而已，故此称他们为朴实而没有虚饰的人（野人）；相反，后来的人（后进）对于礼乐却并非发自内心的尊崇，虽号曰君子，但却只有外表的仪文而已。孔子欲救时弊，故取野人而舍弃君子。这里，程颢从"诚"的角度对野人和君子做了重新解读，生成了新的解释意义。

由于经典乃载道之具，故二程认为治经不但可以阐发义理，而且可以"致用"，有益于社会，他说："穷经，将以致用也。如'诵诗三百，授之以政不达，使于四方，不能专对，虽多亦奚以为？'今世之号为穷经者，果能达于政事专对之间乎？则其所谓穷经者，章句之末耳，此学者之大患也。"② 程颢在对《论语》的解读中较好地贯彻了这一理念。如《子路篇》"仲弓为季氏宰"章，程颢注曰："为政须要有纲纪文章，先有司，乡官读，法平价，谨权量，皆不可阙也。人各亲其亲，然后能不独亲其亲。仲弓曰：'焉知贤才而举之？'子曰：'举尔所知。尔所不知，人其舍诸？'便见仲弓与圣人用心之大小。据此义，则一心可以兴邦，一心可以丧邦，只在公私之间耳。"③ 在释文中，程颢充分揭示了"心"在社会活动中的重要性，当权者为政是出于公心还是私心，会导致兴邦与丧邦不同的结果。也就是说，为政者做事只有出于公心，才能国治邦兴。否则，就会导致国乱邦灭。

又，《颜渊篇》"子张问政，子曰：'居之无倦，行之以忠。'"《子路篇》"子夏为莒父宰，问政。子曰：'无欲速，无见小利。欲速则不达；见小利则大事不成。'"程颢在诠释这两章时，指出："子张问政，子曰：'居之无倦，行之以忠。'子夏问政，子曰：'无欲速，无见小利。'子张常过高而未仁，子夏之病常在近小，故孔子各以切己之事答之。"④ 这两章

---

① 朱熹：《论孟精义》，载朱杰人等编《朱子全书》第七册，上海古籍出版社、安徽教育出版社2002年版，第378页。
② 程颢、程颐：《二程遗书》，上海古籍出版社2000年版，第122页。
③ 朱熹：《论孟精义》，载朱杰人等编《朱子全书》第七册，上海古籍出版社、安徽教育出版社2002年版，第443页。
④ 同上书，第458页。

都是谈如何为政的问题。子张自命清高,而少诚信之意,孔子告诫他身居政位要身体力行,不可懈怠。莅民为治,信义第一;子夏则好求小利,难成大事,孔子告诫他干事不要仅仅强调速度,不要贪图眼前利益。如果求治太急,失去了次第,反而不能达到目的;如果只图蝇头小利,就不会办成大事。孔子根据弟子各自存在的缺点,采取了有针对性的指导,而程颢通过解释,告诫为政者工作要踏实,不要贪图眼前小利。

二 阐发"仁体"思想

程颢在继承孔子"仁者爱人""泛爱众""孝弟为仁之本""博施济众"等思想的基础上,把伦理道德之"仁"提升为哲学本体的"理",实现了孔孟伦理儒学到宋代哲理儒学的转化。①

首先,程颢对"仁"进行了新的诠释。程颢发挥了《易·系辞传》中"生生之谓易"和"天地之大德曰生"的思想,对仁进行了新的诠释。他说:"'生生之谓易',是天之所以为道也。天只是以生为道,继此生理者,即是善也。善便有一个元底意思,'元者善之长',万物皆有春意,便是'继之者善也'。"② 又说:"'天地之大德曰生','天地絪缊,万物化醇','生之谓性',万物之生意最可观,此元者善之长也,斯所谓仁也。人与天地一物也,而人特自小之,何耶?"③ 这就是说,"仁"即"万物之生意",所谓"生意"即是"春意",指天地万物生生不息的生命力,此"生"便是天之道,它表现了天之"善"。生生不已是万物生命力的表现,也是天地创造力的表现,"生"是天地之德的最高形式("大德"),它表现了天之"仁",因而,观察万物的"生意"便可体会"仁"。此仁与理可合二为一,他说:"所以谓万物一体者,皆有此理,只为从那里来。'生生之谓易',生则一时生,皆完此理。人则能推,物则气昏,推不得,不可道他物不与有也。"④ 人与万物都来自生生之理,天理之德性就由充满生意的万物体现出来,此德性落实到人身上就是仁。这样一来,仁的价值被进一步

---

① 杨翰卿:《论二程洛学继承创新的理论特征》,《中州学刊》2007年第6期。
② 程颢、程颐:《二程遗书》,上海古籍出版社2000年版,第79页。
③ 同上书,第167页。
④ 同上书,第84页。

提升，由人之道提升为天之道，成为天地化育万物的内在动力。①

其次，程颢提出了"仁，体也"的新观点。在程颢看来，以往儒者把"孝弟""爱人""博施济众"等视为"仁"，并没有真正把握"仁"之真义。这些说法仅涉及"仁"之用，并没有言及仁的"体"。那么，究竟什么是"仁"之体呢？程颢认为，"仁"之体就是"与万物同体"。他说："仁者，浑然与物同体。"②又说："仁者，以天地万物为一体，莫非己也。认得为己，何所不至？若不有诸己，自不与己相干。……故'博施济众'，乃圣之功用。仁至难言，故止曰：'己欲立而立人，己欲达而达人。能近取譬，可谓仁之方也已。'欲令如是观仁，可以得仁之体。"③凡仁者，能融天地万物为一体，故能爱人爱物，而未有视万物为己之身而不爱者。这是程颢对《论语》中孔子仁学思想的发挥，也是其由此生成的对宇宙和人生的根本看法。程颢进而把"仁"扩展开来，落实到义、礼、智、信中，他说："义、礼、智、信皆仁也。"④"仁、义、礼、智、信五者，性也。仁者，全体；四者，四支。仁，体也；义，宜也；礼，别也；智，知也；信，实也。"⑤ 这里，程颢将"五常"归结为性，揭示了"性"具有本然的"善"的内在德性结构，并界定了仁为性之体，义为性之宜，礼为性之别，智为性之知，信为性之实的"五常"内在道德关系和逻辑结构。在这一逻辑结构中，仁是体，是形而上的道；义、礼、智、信是用，是形而下的器。仁贯穿于义、礼、智、信之中，成为道德实践的关键。只有具备"仁"之德性者，才能与万物一体，才能成全其完整的德性，达到"万物与我为一"的自由境界。

再次，程颢通过对仁与孝悌的比较凸显了仁作为本体的超越性。《学而篇》载孔子弟子有若的话说："其为人也孝弟，而好犯上者鲜矣；不好犯上，而好作乱者，未之有也。君子务本，本立而道生。孝弟也者，其为仁之本与！"程颢依据仁体情用的模式，对《论语》中的这段话作了新的解释，使之与自己的仁论结合起来。他说："孝弟本其所以生，乃为人之

---

① 白奚：《从孟子到程、朱——儒家仁学的诠释与历史发展》，《首都师范大学学报》2003年第6期。
② 程颢、程颐：《二程遗书》，上海古籍出版社2000年版，第66页。
③ 同上书，第65页。
④ 同上书，第66页。
⑤ 同上书，第64页。

本。孝弟有不中理，或至于犯上，然亦鲜矣。孟子曰：'孰不为事？事亲，事之本也。孰不为守？守身，守之本也。'不失其身而能事其亲，乃诚孝也。推此可以知为仁之本。"① 又说："'孝弟也者，其为仁之本与！'言为仁之本，非仁之本也。"② 孝悌是为人之本，是达到仁的根本途径，但不是仁的根本，从而把孝悌之情与作为本体的仁分别开来。

最后，对"忠恕之道"予以了重新解读。在孔子的观念中，以行仁为宗旨的"忠恕之道"也就是"为仁之方"，它包括两个方面的内容：一方面是指"己所不欲，勿施于人"③，另一个方面是指"己欲立而立人，己欲达而达人"④。程颢在释读《里仁》"夫子之道，忠恕而已矣"时，对"忠恕"做了重新解读，他说："以己及物，仁也。推己及物，恕也。违道不远是也。忠恕一以贯之。忠者天理，恕者人道。忠者无妄，恕者所以行乎忠也。忠者体，恕者用，大本达道也。此与'违道不远'异者，动以天尔。"⑤ 忠是本体，是"天理"，落实在人上，就展现为恕；恕生成于天理本体的发用流行，因此是本体之用。这样一来，从天理到日用人伦，体用不离不二。

三 抉发理本论思想

在诠释《论语》经文时，程颢往往把理学的一些观点混入其中，从而使其引申和发挥超出经典原旨，从中生发出新的思想。如在其之前，"理""天理"虽皆已出现，但却并不具有本体的意义，而程颢却通过对"理"的一番创造性的解读，将其提升为最高范畴，提出了"天者理也"的命题，成为其哲学体系中的核心观念。

至于作为本体的"理"的含义，程颢说："天者理也，神者妙万物而为言者也。"⑥ 此处所谓"天"，是"自然而然"之意，"天者理也"，是说自然而然便是理。"理"又称"天理"，之所以在"理"字前加上"天"字，主要是因为"理"不为个人意志所左右。程颢说："天理云者，这一

---

① 朱熹：《论孟精义》，载朱杰人等编《朱子全书》第七册，上海古籍出版社、安徽教育出版社2002年版，第29—30页。
② 程颢、程颐：《二程遗书》，上海古籍出版社2000年版，第172页。
③ 《论语·卫灵公》。
④ 《论语·雍也》。
⑤ 程颢、程颐：《二程遗书》，上海古籍出版社2000年版，第170页。
⑥ 同上书，第178页。

个道理，更有甚穷已？不为尧存，不为桀亡。人得之者，故大行不加，穷居不损。这上头来，更怎生说得存亡加减？是佗元无少欠，百理具备。"①"理"又称为"道"或"天道"。他说："盖上下、本末、内外都是一理也，方是道。"②"言天之自然者，谓之天道。"③

在程颢看来，此"理"既不是任何人为的主观之理，也不是"别有安排"的神秘之物，而是完全的、"皆自然而然"之物。他说："天地万物之理，无独必有对，皆自然而然，非有安排也。"④ 他对这个"理"还解释说："《诗》曰：'天生蒸民，有物有则，民之秉彝，好是懿德。'故有物必有则，民之秉彝也，故好是懿德。万物皆有理，顺之则易，逆之则难，各循其理，何劳于己力哉？"⑤ 人与万物皆有自己的"理"，并依"理"而动，遵理行事。

程颢将其"自家体贴出来"⑥ 的具有本体意义的"理"用于《论语》经文的解释之中，给《论语》注入了理学的色彩。如《泰伯篇》"巍巍乎！舜禹之有天下也，而不与焉"章，程颢注曰："圣人之于天下事，自不合与，只顺它天理，茂对时育万物而已。"⑦ 圣人对于天下事并不另加干预，只是遵循"天理"规律，随时而动，化育万物。

《子罕篇》"知者不惑，仁者不忧，勇者不惧"句，王彦霖问："道者一心也。有曰仁者不忧，有曰智者不惑，有曰勇者不惧，何也？"程颢解释曰："此名其德耳，其理则一也。得此道而不忧者，仁之事也，因其不忧，故曰此仁也。智、勇亦然。岂可反以不忧谓之智，不惑谓之仁乎？凡名其德，千百皆然，但此三者，达德之大也。"⑧ 智、仁、勇是人的德性，三者都是天理在人身上的反映。

《子张篇》"子夏之门人小子，当洒扫、应对、进退，则可矣"句，程

---

① 程颢、程颐：《二程遗书》，上海古籍出版社 2000 年版，第 81 页。
② 同上书，第 54 页。
③ 同上书，第 172 页。
④ 同上书，第 167 页。
⑤ 同上书，第 170 页。
⑥ 程颢、程颐：《二程集》，中华书局 1981 年版，第 424 页。
⑦ 朱熹：《论孟精义》，载朱杰人等编《朱子全书》第七册，上海古籍出版社、安徽教育出版社 2002 年版，第 306 页。
⑧ 同上书，第 343 页。

颢注曰:"洒扫、应对、进退,便是形而上者,理无大小故也。"① 在他看来,洒扫、应对、进退之事虽然是形而下者,但洒扫、应对、进退之理却是形而上者,"理"是没有大小之分的,它就是形而上之道。

在程颢看来,"理"不仅具有形而上的意义,而且在社会生活中又体现为礼。在解释《八佾篇》"林放问礼之本"章时,他说:"礼者,理也,文也。理者,实也,本也。文者,华也,末也。理是一物,文是一物。文过则奢,实过则俭。奢自文所生,俭自实所出。故林放问礼之本,子曰:'礼与其奢也,宁俭。'言俭近本也。"② 这里,程颢一方面将理看作是礼的内容,另一方面又将文看作是礼的表现形式,因而礼是内容和形式的统一。同时,他又指出,内容和形式是本末关系,内容决定形式,因此,理在礼中起着决定性的作用。这样,具有本体意义的"理"就在伦常系统中获得了权威性,成为构建封建统治秩序的基石。

四 倡导"诚敬"的修养工夫

在《论语》注释中,程颢还提出了以"诚敬"为主的修养方法。在他看来,"诚者天之道,敬者人事之本。敬则诚"③。诚是符合天道(自然规律)的;敬是人际之间的根本,能够做到敬,便能做到诚。

在如何做到诚敬问题上,程颢将其与"天德"及"克己"联系起来。在注释《阳货篇》"子欲无言"章时,他说:"圣贤论天德,盖谓自家元是天然完全自足之物。若无所污坏,即当直而行之,若小有污坏,即敬以治之,使复如旧。所以能使如旧者,盖为自家本质原是完足之物。"④ 天德是天赋的、与生俱来的、完全的、自足的,如果它不受任何的污染败坏,就应顺心而发,畅顺其性;如果它小受污染败坏,就要通过诚敬的方式,使其恢复原来的状态。之所以要复其本然,是因为它是人之为人的纯粹至善之性。就一般人而言,如何上达此天德呢?在程颢看来,这就必须约束自己的种种欲望,使其复合礼的要求。正是从在这个意义上,程颢对孔子

---

① 朱熹:《论孟精义》,载朱杰人等编《朱子全书》第七册,上海古籍出版社、安徽教育出版社2002年版,第619页。
② 程颢、程颐:《二程遗书》,上海古籍出版社2000年版,第171页。
③ 同上书,第173页。
④ 朱熹:《论孟精义》,载朱杰人等编《朱子全书》第七册,上海古籍出版社、安徽教育出版社2002年版,第585—586页。

所说的"克己复礼"予以了重新解读。在他看来，所要"克"的"己"不是真我，而是具有个人私欲的自我。因此他指出，"克己则私心去，自能复礼，虽不学文，而礼意已得"①。由于圣人没有私欲，所以"在圣人则无事可克"，即没有要去"克"的"己"②。这样，程颢所说的"克己复礼"就演变成了克制个人欲望，从而恢复人之天性的意思，濡染了理学色彩。

由上可见，程颢之学，在许多方面都是在对《论语》思想资料的阐释、发挥的基础之上加以吸收、利用的产物，因此《论语》成为其思想形成及理论体系建构的重要学术来源之一。他在《论语》解释中阐发的仁学本体论、生成的理学思想、以义理注《论》的解经方法都在《论语》学史乃至中国理学史上占有重要的地位。

首先，在《论语》解读过程中，程颢将《论语》视为载道之文，以治经明道为目的，从阐发义理入手，循本求道，以至于日用，达于政事。在此基础上，部分展示了其庞大的理学思想——仁学本体论、理本论和"诚敬"的修养方法，为经学的发展开辟了以义理说经的新途径，改变了汉唐以来"以章句训诂为能穷遗经，以仪章度数为儒术；使圣人之道玩于腐儒讽诵之余，隐于百姓日用之末；反求诸己，则罔然无得；施之于天下，则若不可行；异端争衡，犹不与此"③的局面。诚如时人范祖禹所言："先生于经，不务解析为枝词，要其用在己而明于知天。其教人曰：'非孔子之道，不可学也。'盖自孟子没而《中庸》之学不传，后世之士不循其本而用心于末，故不可与入尧、舜之道。先生以独智自得，去圣人千有余岁，发其关键，直睹堂奥，一天地之理，尽事物之变。"④ 在范氏看来，程颢在经学上独辟蹊径，一反汉唐诸儒专务章句训诂的传统，以求孔子之道作为治经之学的目的，在圣学衰败千余年后，提振了孔孟儒学，把尧舜之道发展到了一个新的阶段。

其次，在《论语》诠释中，程颢从重建儒家价值系统的合法性基础出发，对孔子的仁学思想做出了形而上学的阐发、论证和拓展，不仅将

---

① 朱熹：《论孟精义》，载朱杰人等编《朱子全书》第七册，上海古籍出版社、安徽教育出版社 2002 年版，第 411 页。
② 同上。
③ 程颢、程颐：《二程遗书·附录》，上海古籍出版社 2000 年版，第 395 页。
④ 同上书，第 391 页。

"仁"由人之道提升为天之道，成为天地化育万物的内在动力，而且通过对仁与孝悌的比较凸显了仁作为本体的超越性，将"仁者浑然与物同体"作为境界追求的最高理想，增益了理学回应佛道挑战的精神力量。[①] 他还以体用关系来阐释儒理，把仁义礼智信、忠恕、孝悌等世间人伦道德，与天道自然、所以然沟通，从理论上解决了天之道与人之道的关系，从而为儒家思想提供了形而上的依据，完成了理学体系一元论的理论架构。

第四节 《论语》诠释与伊川之学

程颐（1033—1107），字正叔，北宋洛阳伊川（今河南洛阳伊川县）人，世称伊川先生。历官汝州团练推官、西京国子监教授、秘书省校书郎和崇政殿说书等职。其著述，除了与程颢编在一起的《河南程氏遗书》《河南程氏外书》以外，尚有《伊川易传》《河南程氏经说》等。在这些著作中，有好多地方涉及了对《论语》思想的引申和发挥。

一 由理义推索经旨

程颐对《论语》的注解体现了宋学以义理说经的一般特征。在他看来，"古之学者，先由经以识义理。盖始学者，尽是传授。后之学者，却先须识义理，方始看得经"[②]。明确指出只有识得义理，才能治经，从而把重义理之宋学与重训诂之汉学区分开来，表现出鲜明的宋学特征。

首先，程颐对汉唐诸儒惟古注马首是瞻的治经方法予以了批评。据《二程遗书》卷十八载：有人问："汉儒至有白首不能通一经者，何也？"程颐回答说："汉之经术安用？只是以章句训诂为事。且如解'尧典'二字，至三万余言，是不知要也。"[③] 在他看来，研治经学，理应抓住其中的关键点，而不能纠缠于其中的细枝末节。因此他提出："经所以载道也。诵其言辞，解其训诂，而不及道，乃无用之糟粕耳。"[④] 如果治经仅仅停留在诵读言辞、文字训诂上，而不及圣人之道，那么对社会就没有什么作

---

① 参见付长珍《仁者之乐——程颢境界哲学的主题审视》，《福建师范大学学报》2006年第5期。
② 程颢、程颐：《二程遗书》，上海古籍出版社2000年版，第211页。
③ 同上书，第283页。
④ 朱熹：《近思录》，中华书局1985年版，第44页。

用。在他看来,"善学者,要不为文字所梏。故文义虽解错,而道理可通行者不害也"①。在解经的过程中,只要符合义理,则不必拘泥于经书文字,甚至文义解错也无妨。这些见解大胆而新奇,是对汉儒经典诠释方式的挑战。

在对《论语》的解读中,程颐践行了他的主张。为了使经文符合己意,他有时不惜改动经文。如《述而篇》"子在齐闻《韶》,三月不知肉味,曰:'不图为乐之至于斯也'"章,程颐注曰:

"子在齐闻《韶》,三月不知肉味,曰:'不图为乐之至于斯也。'"曰:圣人不凝滞于物,安有闻《韶》虽美,直至三月不知肉味者乎?三月字误,当作音字。此圣人闻《韶》音之美,当食不知肉味,乃叹曰:"不图为乐之至于斯也。"门人因以记之。②

"子在齐闻《韶》,三月不知肉味",非是三月,本是音字。③

在程颐看来,作为圣人的孔子,能够顺时而为,不会为外界事物所拘束,也不应出现听到《韶》乐而至于"三月不知肉味"之事,因此此处的"三月"是字误,应改为"音"字。如此一来,经意就变成了"圣人闻《韶》音之美,当食不知肉味",这样才符合圣人之意。我们说,此说并不是程颐首创,在此之前韩愈已有此说④,该说没有得到多数学人的认可,即使程门弟子如朱熹者亦对此有不同意见。朱子《或问》载:问:程子改"三月"为"音"字如何?曰:以《史记》考之,则习之三月而忘肉味也。既有"音"字,又自有"三月"字,则非文之误矣。又《语录》曰:《史记》"三月"上有"学之"二字,"三月"当点句,盖是学《韶》乐三月,非三月之久不知肉味也。⑤

其次,在程颐看来,欲把握经典中的义理,就必须体悟其中包含的圣人之道。据《二程遗书》载,问:"圣人之经旨,如何能穷得?"曰:"以

---

① 程颢、程颐:《二程集》,中华书局1981年版,第378页。
② 程颢、程颐:《二程遗书》,上海古籍出版社2000年版,第154—155页。
③ 同上书,第339页。
④ 详见程树德《论语集释》,中华书局1990年版,第457页。
⑤ 同上书,第456—457页。

理义去推索可也。"①可以通过理义推索的方法探究圣人作经的微言大义。他还以读《论语》《孟子》为例，来说明读经明道之理：

> 或问："穷经旨，当何所先？"子曰："于《语》《孟》二书，知其要旨所在，则可以观五经矣。读《语》《孟》而不知道，所谓虽多亦奚以为。"②
>
> 学者先须读《论》《孟》。穷得《论》《孟》，自有个要约处，以此观他经，甚省力。《论》《孟》如丈尺权衡相似，以此去量度事物，自然见得长短轻重。某尝语学者，必先看《论语》《孟子》。③
>
> 读《论语》而不知道，所谓虽多奚为也。于是有要约精至之言，能深穷之而有所见，则不难于观五经矣。④

程颐指出，《论语》和《孟子》作为儒家经典，其中不乏"要约精至之言"，人们只有深入地探究其意，才能掌握书中蕴含的"要旨"。在掌握孔孟之道的基础上，再去研读六经，也就不难发现其中所蕴藏着的圣人之道了。他进而指出："学者当以《论语》《孟子》为本。《论语》《孟子》既治，则六经可不治而明矣。读书者，当观圣人所以作经之意，与圣人所以用心，与圣人所以至圣人，而吾之所以未至者，所以未得者，句句而求之，昼诵而味之，中夜而思之，平其心，易其气，阙其疑，则圣人之意见矣。"⑤这就是说，治经读书首先应当"观圣人所以作经之意""与圣人所以为圣人"，然后反观自己，寻找己之"所以未至""所以未得"，通过自己的体悟和思考，才能最终悟得圣人精义。

程颐通过研读《论语》，就体会出了其中蕴含的圣贤气象。他说："凡看《论语》，非只是要理会语言，要识得圣贤气象。如夫子曰：'盍各言尔志？'子路曰：'愿车马衣轻裘，与朋友共，敝之而无憾。'颜渊曰：'愿无伐善，无施劳。'孔子曰：'老者安之，朋友信之，少者怀之。'观此数句，便见得圣贤气象大段不同。若读此不见圣贤气象，他处也难见。学者

---

① 程颢、程颐：《二程遗书》，上海古籍出版社2000年版，第255页。
② 杨时：《二程粹言》，中华书局1985年版，第35页。
③ 程颢、程颐：《二程遗书》，上海古籍出版社2000年版，第255页。
④ 杨时：《二程粹言》，中华书局1985年版，第40页。
⑤ 程颢、程颐：《二程遗书》，上海古籍出版社2000年版，第379页。

须要理会得圣贤气象。"在程子看来，子路所言"愿车马衣轻裘，与朋友共，敝之而无憾"，乃"有志之事"，"此勇于义者，观其志，岂可以势利拘之哉？盖亚于浴沂者也"。颜渊所言是其"性分上事"，"颜子不自私己，故无伐善；知同于人，故无施劳"，"愿无伐善，则不私矣；无施劳，则仁矣。颜子之志，亦可谓大而无以加矣。然以孔子之言观之，则颜子之言，出于有心矣"，故为"大贤之事也"。而孔子所言"老者安之，朋友信之，少者怀之"，"犹天地之化工，付与万物，而己不劳焉，此圣人之所为也"，此乃"天地之道"，"是天理上事"，"是天地气象"，"圣人即天地也。天地中何物不有，天地何尝著心拣择善恶，一切涵养覆载，但处之有道尔。若善者亲之，不善者远之，则物不与者多矣，安得为天地？故圣人之志，止欲老者安之，朋友信之，少者怀之"①。在程颐看来，所谓圣贤气象，也就是圣贤风度、圣贤风范，是做人的最高境界。圣人以天地为心，"涵养覆载，但处之有道"，因此圣人之气象乃天地之气象，是一种脱略世故、超然于富贵功名之外的精神风貌。而贤人之气象，虽然已经达到"仁"的境界，"然尚未免于有焉"，故次之。"圣贤气象"的确立，一方面为理学确立了修养的目标，另一方面也使得圣人由呆板的偶像变成了"活泼泼"的偶像，为倡导圣学奠定了学理基础。因此，程子提出的"圣贤气象"，"为有宋理学家一绝大新发明"②。

二　生发理本论思想

在《论语》注解中，程颐阐明了理本论的思想。理是程颐哲学思想的核心范畴，其他思想均由其衍生出来。这在《论语》解释中也有所体现。

第一，在程颐看来，理是创造万事万物的根源，它在事物之中，又在事物之上，"凡物皆有理"③，是万事万物的最高准则。在他眼里，理与命、性、心是同一本体，天和人的性、心都统一于"理"本体，都是理的不同显现，"在天为命，在义为理，在人为性，主于身为心，其实一也"④。这

---

① 朱熹：《论语精义》，载朱杰人等编《朱子全书》第七册，上海古籍出版社、安徽教育出版社2002年版，第192—194页。
② 钱穆：《宋代理学三书随札》，生活·读书·新知三联书店2002年版，第152页。
③ 朱熹：《论语精义》，载朱杰人等编《朱子全书》第七册，上海古籍出版社、安徽教育出版社2002年版，第249页。
④ 程颢、程颐：《二程遗书》，上海古籍出版社2000年版，第254页。

也就是说，理与心是相通为一的。因此他指出："心即理，理即心。"① 认为理与心合二为一，从而把本体范畴主体化。

第二，理虽然是形而上，是无形而不可见的存在，但它却是实而不是虚（空）。他在解释《里仁篇》"朝闻道，夕死可矣"时写道："苟有朝闻道夕死可矣之志，则不肯一日安于所不安，何止一日，须臾不能，如曾子易箦，须要如此乃安。人不能若此者，只为不见实理。实理者，实见得是，实见得非。凡实理，得之于心自别。若耳闻口道者，心实不见，若见得，必不肯安于此。人之一身，尽有所不肯为，及至他事又不然。若士者，虽杀之，使为穿窬，必不肯为，其它未必然。至若执卷者，莫不知说礼义，又如王公大人，皆能言轩冕外物，及其临利害，则不知就义理，却就富贵，如此者，只是说得，不实见得。及蹈水火，则人皆避之，是实见得。须是有见不善如探汤之心，则自然别。昔曾伤于虎者，它人语虎，则虽三尺童子，皆知虎之可畏，终不如曾经伤者神色慑惧，至诚畏之，是实见得也。得之于心，是谓有德，不待勉强，学者则须勉强。古人有损躯陨命者，若不实见得，则乌能如此？须是实见得生不重于义，生不安于死也。故有杀身成仁者，只是成就一个是而已。"② 说明只有在闻见与心知结合的基础上得出的实理，才是可信的。

第三，理与礼等同，理作用于人间，便形成了"礼"。在解释《颜渊篇》首章"克己复礼为仁"句时，程颐指出："克，胜也。难胜者莫如己，胜己之私，则能有诸己，是反身而诚者也。凡言克者，未能有诸己也。必诚之在己，然后为克己。礼者，理也。有诸己，则无不中于理。君子慎独，敬以直内，义以方外，所以为克己复礼也。克己复礼，则事事皆仁，故曰'天下归仁焉'。"③ 或问："克己复礼，如何是仁？"曰："非礼处便是私意，既是私意，如何得仁？凡人须是克尽己私，只有礼时，方始是仁处。"④ 这就是说，克己是发自内在，是反身而诚的，人若能克尽己私，皆归于礼，当下即是天理朗现。

在解释该章"非礼勿视，非礼勿听，非礼勿言，非礼勿动"经文时，

---

① 朱熹：《论语精义》，载朱杰人等编《朱子全书》第七册，上海古籍出版社、安徽教育出版社2002年版，第395页。
② 同上书，第145页。
③ 同上书，第411页。
④ 同上书，第412页。

程颐又进一步指出,"视听言动非礼不为,即是礼,礼即理也。不是天理,便是私欲。入于私欲,虽有意于为善,亦是非礼。无人欲,即皆天理"①。指出人们的视听言动符合礼的规范,即是天理,否则,便是私欲。这样一来,儒家伦理的"礼"与作为本体的"天理"就结合了起来,从而将儒家人伦提升为天理。

三 探讨人性论命题

在《论语》注释中,程颐提出了较为完整的人性论。在程颐看来,性是理赋予人和物的自然本性,与理相通,属于同一层次的本体范畴。他说:"性即理,理则自尧舜至于途人,一也。"② 由于每个个体都禀有天理作为自己的本性,所以自圣贤以至于俗人,其本性皆同。这里,程颐创造性的提出了"性即理"的命题,把"性"和"理"搭挂起来,不仅将天理本体与人的道德本性统一了起来,为人性至善找到了本体论的根据,而且以天理本体说明人性问题,确立了人的主体地位,彰显了人的尊严。朱熹对此大加赞赏,指出:"'性即理也'四字,颠扑不破。……自孔孟后无人见得到此,亦是从古无人敢如此道。"③ 这一评价,不仅揭示了"性即理"的划时代意义,而且凸显了程氏对断绝一千四百多年的儒家道统的接续。④

在"性相近也,习相远也"注中,程颐对这一命题予以了进一步的阐发,他说:"性相近也,此言所禀之性,不是言性之本。若言其本,岂可谓相近。孟子所言便正言性之本。言性之本则无不善,言所禀之性则有善有不善。性即是理,理无不善。所禀之性,才也,才禀于气,禀其清者为贤,禀其浊者为愚。"⑤ 在回答弟子"性一也,孔子何以言相近"这一问题时,程颐又指出:"此只是言气质之性,如俗言性缓性急之类。性安有

---

① 朱熹:《论语精义》,载朱杰人等编《朱子全书》第七册,上海古籍出版社、安徽教育出版社 2002 年版,第 411—412 页。
② 同上书,第 567 页。
③ 黎靖德:《朱子语类》,中华书局 1994 年版,第 1387 页。
④ 李伟:《二程人性论思想研究》,硕士学位论文,陕西师范大学中国哲学专业,2006 年,第 7—8 页。
⑤ 朱熹:《论语精义》,载朱杰人等编《朱子全书》第七册,上海古籍出版社、安徽教育出版社 2002 年版,第 565 页。

缓急，此言性者，生之谓性也。"① 在程颐看来，孔子的"性相近"只论气禀，关注的是"气质之性"，与告子所言"生之谓性"中的"性"意思相近。而孟子的性善论讲的是"性之本"，即"天命之性"。这样一来，程颐就将孟子的性善论与天理论的观点结合起来，进一步补充和完善了孟子的性善论。

同时，程颐还把"所禀之性"称为"才"，在他看来，人与人之间的区别，究其原因就在于人禀气之不同，禀得"至清之气"为圣人，禀得"清气"为贤人，禀得"浊气"为愚人。从"气质"变化而言，"下愚"是否可移，关键在于肯学不肯学。由此他得出结论说"语其性则皆善也，语其才则有下愚之不移。所谓下愚有二焉，自暴也，自弃也。人苟以善自治，则无不可移者，虽昏愚之至，皆可渐摩而进也。惟自暴者拒之以不信，自弃者绝之以不为，虽圣人与居，不能化而入也，仲尼之所谓下愚也"②。即唯有自暴自弃的"下愚"之人是不能"变化气质"的。

程子在解说《雍也篇》"哀公问弟子孰为好学"章时还论及了性与情的关系。他说："天地储精，得五行之秀者为人。其本也真而静。其未发也，五性具焉，曰仁、义、礼、智、信。形既生矣，外物触其形而动于中矣，其中动而七情出焉，曰喜、怒、哀、乐、爱、恶、欲。情既炽而益荡，其性凿矣，是故学者约其情使合于中，正其心，养其性，故曰'性其情'。愚者则不知制之，纵其情而至于邪僻，梏其性而亡之，故曰'情其性'。凡学之道，正其心养其性而已，中正而诚，则圣矣。"③ 性之本静而真实，当其未被触发时，性具于心中；当触及物时，便外显为七情，因此要约情合乎中道，正心养性，"发而中节，即无往不善"④。这就是说，程颐既不主张绝情、灭情，又不主张放纵情欲以至于害性，而是主张通过正心养性来调节和控制情感、情欲，这就把主体能动性的发挥与道德修养联系起来，体现了宋明理学心性论的特征。⑤

---

① 朱熹：《论语精义》，载朱杰人等编《朱子全书》第七册，上海古籍出版社、安徽教育出版社2002年版，第567页。
② 同上书，第566页。
③ 同上书，第201页。
④ 朱熹：《四书章句集注》，中华书局1983年版，第251页。
⑤ 参见蔡方鹿《宋明理学心性论》，四川出版集团、巴蜀书社2009年第2版，第82页。

四 倡导"主敬"的进德工夫

在《论语》解释中，程颐还提出了"主敬"的道德工夫论。以敬作为修养方法，在《周易》中有"敬以直内，义以方外"，在《子路篇》中有"居处恭，执事敬"，此"敬"意为谨慎。程颐据此发挥为内心涵养工夫。他在解释"居处恭，执事敬"这句经文时指出："君子之遇事，无巨细，一于敬而已。简细故以自崇，非敬也；饰私知以为奇，非敬也；要之无敢慢而已。樊迟问仁，子曰：'居处恭，执事敬，与人忠。虽之夷狄，不可弃也。'然则执事敬者，固为仁之端也，推是心而诚之，则笃恭而天下平矣。"①这就是说，君子对待日常生活中的任何事情无论何时都应持有恭敬的态度，不用一些无关紧要的细琐之事来安慰自己，也不自作聪明，施用一些小技巧来搪塞蒙蔽自己，因为这样做都是内心缺乏诚敬的表现。

程颐主敬的道德工夫论一是强调内心敬畏。他在解释《雍也篇》"仲弓问子桑伯子"章"居敬而行简"和"居简而行敬"两句时指出："内主于敬而简，则为要直；内存乎简，则为疏略。""居敬而行简者，居敬则自然简；居简而行简者，似乎简矣，然乃所以不简。盖先有心于简，则多却一简也。居敬则心中无物，是乃简也。"②"居敬"之"敬"即"内主于敬"的"敬"，也就是指内心敬畏。"居简"则是"内存乎简"，内心怠慢，不敬慎其事，所以说"不简"。又，《颜渊篇》"仲弓问仁。子曰：'出门如见大宾，使民如承大祭。己所不欲，勿施于人。在邦无怨，在家无怨'"下，程颐解曰："大宾大祭，只是敬也，敬只是不私之说也。才不敬，便私欲万端，害于仁。"③敬是不私，不敬便有私欲害仁之行，这就是说敬则不私，不敬则不仁。或问："出门如见大宾，使民如承大祭。方其未出门使民时，如何？"程子曰："此俨若思时也。当其出门使民时，其敬如此，未出门使民，敬可知也。且见乎外者，出乎中者也。出门使民者，事也，非是因事上方有此敬，盖素敬也。"④敬是心中恒有之理念，它支配着人们的外在行为，因此出门使民前后是一样的，不会"因事上方有此

---

① 朱熹：《论语精义》，载朱杰人等编《朱子全书》第七册，上海古籍出版社、安徽教育出版社2002年版，第460页。
② 同上书，第200页。
③ 同上书，第416页。
④ 同上。

敬"。

二是强调外表严肃。在程颐看来,主敬要时刻注意自己的外在形象和行为举止,俾使其一一合乎礼的要求。他说:"俨然正其衣冠,尊其瞻视,其中自有个敬处。"① "非礼而勿视听言动,邪斯闲矣。"② "整齐严肃,则心便一,一则自是无非僻之奸。此意但涵养久之,则天理自然明。"③ 为了具体落实主敬工夫,程颐特制定了《四箴》,以为入手处,在前面的《序言》中,他说:"颜渊问克己复礼之目,夫子曰:'非礼勿视,非礼勿听,非礼勿言,非礼勿动。'四者,身之用也,由乎中而应乎外,制于外,所以养其中也。颜渊事斯语,所以进于圣人。后之学圣人者,宜服膺而勿失也。因箴以自警。"视听言动皆源自内在本性,但又是制于外的行为仪节;制于外也恰恰是保养其中,视听言动合于礼文才能使内在本性得以存养。④《四箴》的具体内容如下:视箴曰:"心兮本虚,应物无迹。操之有要,视为之则。蔽交于前,其中则迁。制之于外,以安其内。克己复礼,久而诚矣。"听箴曰:"人有秉彝,本乎天性。知诱物化,遂亡其正。卓彼先觉,知止有定。闲邪存诚,非礼勿听。"言箴曰:"人心之动,因言以宣。发禁躁妄,内斯静专。矧是枢机,兴戎出好。吉凶荣辱,惟其所召。伤易则诞,伤烦则支。己肆物忤,出悖来违。非法不道,钦哉训辞。"动箴曰:"哲人知几,诚之于思。志士励行,守之于为。顺理则裕,从欲惟危。造次克念,战兢自持。习与性成,圣贤同归。"⑤ 在程颐看来,人们从视听言动诸方面严格要求自己,看起来虽是个外在修养的问题,但经过在日常生活中持久地涵泳优悠,习久如天成,自然会不断迫近那即理的本心,内心之邪念私意将随之减少,道德原则也会逐渐演变成意识、情感活动的主导。⑥

三是强调敬则自静。"静"原本是佛、道两家追求的精神境界,及至宋代,受三教合流思潮的影响,静修之法也引起了理学家的关注。就程颐

---

① 程颢、程颐:《二程遗书》,上海古籍出版社 2000 年版,第 233 页。
② 同上书,第 76 页。
③ 同上书,第 197 页。
④ 参见牟坚《朱子对"克己复礼"的诠释与辨析——论朱子对"以理易礼"说的批评》,《中国哲学史》2009 年第 1 期。
⑤ 朱熹:《论语精义》,载朱杰人等编《朱子全书》第七册,上海古籍出版社、安徽教育出版社 2002 年版,第 412 页。
⑥ 参见陈来《宋明理学》,华东师范大学出版社 2005 年第 2 版,第 81—82 页。

而言，他虽强调主敬，但也不拒斥静，据《宋史·杨时传》记载："杨时笃志求师。一日往见程颐，颐偶瞑坐。杨时与游酢侍立于旁，久之不去。天甚寒，及颐觉，则门外雪深一尺矣。"又，据林拙斋《纪闻》记载，王蘋初见程颐，"令看《论语》，且略通大义，乃退而看之。良久，既于大义粗通矣，又往求教，令去玩索其意味。又退而读之，读了又时时静坐，静坐又忽读，忽然有个入处，因往伊川处吐露。伊川肯之"①。明儒陈献章曾言："伊川见人静坐，便叹其善学，此'静'字发源濂溪，程门更相授受。"② 不过，为了与佛教划清界限，凸显自己道德修养工夫学说的特色，程子将自家的"敬"与佛教主张的"虚静"做了区分，指出，"敬则自虚静，不可把虚静来唤做敬"③，敬可以生静，但静无法生敬，换言之，也就是说静是敬的效果兼必要条件，而非敬的充分条件，因此他以"居敬"说来代替"主静"说。

综上所述，程颐立足于时代，冲破旧学的园囿，通过对以往经学的批评，确立了以己意解经、以义理说经的治经理路，这不仅使注经方法发生了重大的转向，而且在注释经典的过程中，以思辨性的哲理来论证儒家伦理，构建天理论思想体系，在《论语》学史和理学史上均产生了重要影响。

在《论语》学发展史上，程子通过对《论语》的创造性解读，把《论语》学推向义理化。程颐在批判汉唐经学家滞心于训诂章句之末而无所用的基础上，以己意解《论》，以义理解《论》，从而把儒家经典与理学之义理结合起来，开创了《论语》诠释范式的新局面，促进了《论语》解经方法的转变和理学思想的发展，不仅对《论语》学，而且对整个中国文化的发展产生了重大影响。朱熹后来在注解《论语》时曾大量引述程颐的《论语》解释，《论语集注》中的许多观点也直接源自二程。

在理学史上，程颐通过解读《论语》，为理学提出了一系列的命题和范畴，这不仅为后来儒者深化这些范畴和命题打下了基础，同时对理学体系的建构也做出了贡献。他以天理为最高范畴，将其凌驾于万物之上，又将"礼与理同"，为理注入儒家伦理的内涵，"从而使儒家伦理学与哲学本

---

① 黄宗羲、全祖望：《宋元学案·震泽学案》，中华书局1986年版，第1052页。
② 湛若水：《白沙子古诗教解》引，载《陈献章集》（下），中华书局1987年版，第702页。
③ 朱熹：《论语精义》，载朱杰人等编《朱子全书》第七册，上海古籍出版社、安徽教育出版社2002年版，第200页。

体论结合起来,完成了自宋初以来思想家们致力于建立一种直接把本体论与伦理学统一起来的哲学体系的尝试,既为儒家的伦理原则提供了本体论的哲学依据,以抗衡精致的佛教哲学,又从本体的高度论证了封建社会统治秩序和道德规范的合理性"①。他以天理论性,赋予性论以时代的意义,以"性即理"的范式解决了中国历史上的有关人性善恶的争论。程子将"敬"字加以发挥,使之成为提升道德生命的工夫,进一步发展了儒家思想。盖如朱熹所言:"程先生所以有功于后学者,最是'敬'之一字有力。""'敬'字工夫,乃圣门第一义,彻头彻尾,不可顷刻间断。""'敬'之一字,真圣门之纲领,存养之要法。"②"'敬'字工夫之妙,圣学之所以成始成终者,皆由此。""秦汉以来,诸儒皆不识这'敬'字,直至程子方说得亲切。"③

---

① 蔡方鹿:《程颢程颐在宋学和理学中的地位》,《学习论坛》2007年第5期。
② 黎靖德编:《朱子语类》,中华书局1994年版,第210页。
③ 同上书,第207页。

第五章

程氏弟子的《论语》诠释与理学的承袭和发展

受二程的影响，其弟子大都注重对《论语》的诠释和阐发，且有著作传世，如谢良佐、游酢、杨时、侯仲良、尹焞等。只可惜这些著作部分已经散佚，幸有朱熹《论语精义》存留吉光片羽。透过这些注释，我们不难发现，二程弟子的《论语》注释，在承袭二程思想的基础上，又做了适度的引申和发挥，进一步推进了宋代《论语》学的发展。

第一节 "所见最为超越"[①]的谢良佐《论语解》

谢良佐（1050—1103），字显道，北宋寿春上蔡人（今河南汝州）人，人称上蔡先生或谢上蔡。师从二程，是程门四先生之一。历任河南渑池、湖北应城知县等职。所著有《上蔡语录》《论语解》等。其中《论语解》已散佚，大部现保存在《论语精义》中，兹借以寻绎谢氏《论语》诠释的特色。

一 援道释《论》

作为二程理学之传人，谢良佐一方面对老庄之学持批判态度，在他看来，"圣人之于礼，不求之人，而求之天，不稽之度数，而稽之性情"，而"老庄之徒，徒识其末节，遂以为忠信之薄，厌弃而绝灭之"[②]；另一方面

[①] 黄宗羲、全祖望：《宋元学案·上蔡学案》，中华书局1986年版，第931页。
[②] 朱熹：《论语精义》，载朱杰人等编《朱子全书》第七册，上海古籍出版社、安徽教育出版社2002年版，第103页。

又积极吸收和借鉴其学说为儒学服务，朱熹门人谓"上蔡老氏之学多"①。在诠释《论语》时，谢氏也时常援引《老子》《庄子》之学来证明己见。这又分为两种情况：

一种情况是直接引用老子和庄子之语，如：《雍也篇》"知者乐水"章，谢氏注曰："仁知合谓之圣，自非圣人，仁知必有所偏，故其趋向各异，则其成功亦不同也。内有所感，斯外有所乐，此乐山乐水所以不同也。以其动，是以周行而不殆；以其静，是以独立而不改。以其成物，是以动；以其成己，是以静。以得其用，故乐；以尽其性，故寿。若夫无乐也，无所不乐也，动亦静，静亦动，仁知不足以名之，盖其所乐有不存焉者矣，况寿乎？"② 其中"周行而不殆"和"独立而不改"来自《老子》第二十五章，其文曰："寂兮廖兮，独立而不改，周行而不殆，可以为天下母。"这里，谢氏借用老子"道之动静"说来论证仁知之动静关系，标举了"动亦静，静亦动"的仁知合一的崇高境界。

又，《里仁篇》"事父母几谏"章，谢氏注曰："以敬孝易，以爱孝难，以养口体易，以养志难。'事父母几谏，见志不从，又敬不违，劳而不怨'，以爱孝而养志之谓。几谏，谏于其微也，则志不拂而易从。又敬不违，此非从父之令，盖必非得罪于乡党州闾者也。劳而不怨，竭其力而无以有己之谓。"③ 其中"以敬孝易，以爱孝难"出自《庄子·天运篇》，其意为用敬来行孝容易，用爱来行孝难。接着，谢氏又结合《孟子·离娄上》曾氏父子相养之例④，推出了"养口体易，养志难"。在此基础上，他认为该段经文的意思应为"以爱孝而养志"，将用爱来行孝与能顺从父母意志结合起来，进一步提高了奉养父母的层次与难度。

一种情况是直接引证老子或庄子学说，如庄子说："天地与我并生，而万物与我为一。"⑤ 这反映了庄子"万物一体"的思想。他还说："有治

---

① 黎靖德编：《朱子语类》，中华书局1994年版，第2558页。
② 朱熹：《论语精义》，载朱杰人等编《朱子全书》第七册，上海古籍出版社、安徽教育出版社2002年版，第227—228页。
③ 同上书，第158页。
④ 曾氏父子相养之例见《孟子·离娄上》："曾子养曾晳，必有酒肉；将彻，必请所与；问有余，必曰'有'。曾晳死，曾元养曾子，必有酒肉；将彻，不请所与；问有余，曰'亡矣'，将以复进也，此所谓养口体者也。若曾子，则可谓养志也。事亲若曾子者，可也。"
⑤ 王先谦：《庄子集解》，三秦出版社2005年版，第30页。

在人，忘乎物，忘乎天，其名为忘己。忘己之人，是之谓入于天。"① "昔者庄周梦为胡蝶，栩栩然胡蝶也，自喻适志与！不知周也。俄然觉，则蘧蘧然周也。不知周之梦为胡蝶与，胡蝶之梦为周与？"② 这反映了庄子"物我两忘"的思想。谢氏在《论语解》中也借用了庄子的这些思想。如《宪问篇》"不怨天，不尤人，下学而上达"下，谢氏注曰："天人、物我、上下，本无二理。不怨天，则与天为一无可怨；不尤人，则与人为一无可尤；下学而上达，则上下一矣。如此，则人虽不我知，我其自知矣，我与天为一，谓之天知亦可。"③ 通过解读，谢氏生发出了天人合一、物我合一、上下合一的思想。又，《泰伯篇》"以能问于不能，以多问于寡；有若无，实若虚，犯而不校，昔者吾友尝从事于斯矣"下，谢氏注曰："以能问于不能，以多问于寡，有若无，实若虚，不知有余在我不足在人；犯而不校，不必以得为在己以失为在人。惟忘物我者能之。"④ 同篇"如有周公之才之美"章，谢氏注曰："不能忘我，故骄；不能忘物，故吝。有才而骄且吝者，功业盖世容有之，然必无公天下之心，卒归于小人。"⑤ 这种解释无疑借鉴了庄子的物我两忘的思想。在谈到读《论语》时，谢良佐进而指出："及其久也，习益察，行益著，知视听言动，盖皆至理；声气容色，无非妙用；父子君臣，岂人能秩序；仁义礼乐，岂人能强名。心与天地同流，体与神明为一，若动若植，何物非我，有形无形，谁其间之？至此，盖人与书相忘也。"⑥ 在他看来，读《论语》到极致，便可"心与天地同流，体与神明为一"，天人无间，人书两忘，融而为一。从"物我两忘"和"万物一体"两个方面论述了演习《论语》达到的境界。

此外，谢良佐对"曾点气象"之境界的欣赏，也颇具道家色彩。在诠释《先进篇》"点，尔何如"时，谢氏注曰："子路、冉有、公西华未识道体，未免于意必者也。乃若曾点之意，果何在乎？道以无所倚为至，夫子与之，非止乐其不愿仕，推曾点之学，虽禹、稷之事，固可以优为，特其志不存焉。"又说："鸢飞戾天，鱼跃于渊，无些私意。上下察，以明道

---

① 王先谦：《庄子集解》，三秦出版社2005年版，第162页。
② 同上书，第42页。
③ 朱熹：《论语精义》，载朱杰人等编《朱子全书》第七册，上海古籍出版社、安徽教育出版社2002年版，第505页。
④ 同上书，第292页。
⑤ 同上书，第300页。
⑥ 同上书，第21页。

体无不在，非指鸢鱼而言也。若指鸢鱼为言，则上面更有天，下面更有地在。知勿忘勿助长则知此，知此则知夫子与曾点之意。季路、冉求言志之事，非大才做不得，然常怀此意在胸中，在曾点看著，正可笑尔。学者不可著一事在胸中，才著些事，便不得其正。且道曾点有甚事，列子御风事近之，然易做，只是无心，近于忘。"① 谢氏在这里谈到了"道""道体"和"列子御风"②，都与老庄有关，且把曾点气象与"列子御风"相提并论，更透显了浓浓的道家气息。对此，朱熹曾评论说："窃惟此章之旨惟明道先生发明的当，若上蔡之说，徒赞其无所系著之意，而不明其对时育物之心。至于引列子之御风之事为比，则其杂于老、庄之见，而不近圣贤气象尤显然矣。"③ 在朱子看来，如此注说，有失偏颇，他说："夫子梦寐周公，正是圣人至诚不息处。然时止时行，无所凝滞，亦未尝不洒落也。故及其衰，则不复梦亦可见矣。若是合做底事，则岂容有所忽忘耶？以忘物为高，乃老庄之偏说。上蔡所论曾点事似好，然其说之流恐不免有此弊也。"④

我们说，谢良佐在诠释《论语》的过程中，积极吸收道家思想，以为实现儒家思想的转变张本。同时，为了与儒学的立场相一致，又对道家思想作了改造，从而既用于丰富儒学的宇宙论和天人合一观，也用它发展儒学的功夫境界论。如此一来，就不仅提升了儒学的哲理思辨水平，而且充实了儒学思想体系。⑤

二 援佛释《论》

北宋理学名家在建构学术思想体系的过程中，都或多或少的受到了佛教的影响。二程及其后学亦不例外。虽然谢良佐曾言早年受老师程颐指

---

① 朱熹：《论语精义》，载朱杰人等编《朱子全书》第七册，上海古籍出版社、安徽教育出版社2002年版，第408页。
② "列子御风"事见《庄子·逍遥游》："夫列子御风而行，泠然善也，旬有五日而后反。彼于致福者，未数数然也。此虽免乎行，犹有所待者也。若夫乘天地之正，而御六气之辩，以游无穷者，彼且恶乎待哉！故曰：至人无己，神人无功，圣人无名。"其意为任乎自然，忘记自身，自由逍遥。
③ 郭齐、尹波点校：《朱熹集》，四川教育出版社1996年版，第1356页。
④ 同上书，第2082页。
⑤ 参见孔令宏《宋明理学的纳道入儒与儒学的新发展》，《河北学刊》2008年第4期。

点，自诩"不入禅学"①，但此说遭到了朱熹弟子黄震的抨击，攻击他终身"以禅证儒"："第因天资之高，必欲不用其心，遂为禅学所入。虽自谓得伊川一语之救，不入禅学，而终身常以禅之说证儒，未见其不入也。"② 应该说，黄说是符合上蔡思想实际的。

在谢良佐看来，儒佛是有区别的，这主要表现在两个方面：一是有无上学下达的工夫。或问儒佛之辨。谢良佐答曰："吾儒下学上达，穷理之至，自然见道与天为一。故孔子曰：'知我者其天乎？'以天为我也。佛氏不从理来，故不自信，必待人证明而后信。"③ 儒家学者从下学入手，体认天道，故可以穷理见道，达到天人合一。而佛学无下学工夫，不去穷理，缺乏体认工夫，不能从理见道，所以不自信。二是在处理无可无不可的问题上，佛、老之学与圣人之学也不同。在诠释《里仁篇》"君子之于天下，无适也，无莫也，义之与比"章时，他说："适，可也。莫，不可也。无可无不可，苟无道以主之，不几于猖狂自恣乎？此佛老之学，所以自谓心无所住而能应变，卒得罪于圣人者，此也。圣人之学不然，于无可无不可之间，有义存焉，则君子之心，果有所倚乎！"④ 在儒学看来，天下的人和事只要符合道义，是无所谓可也无所谓不可的；而佛、老之学在处理人和事时，因"无道以主之"，所以做不到"义之与比"。不过，谢氏也认为，佛学也是有可取之处的，他说："旁蹊曲径，皆坦途之支别，故非不可由，特不能致远耳。若大路，则岂有碍也。庄、老、释氏之道，非无可观，特不可与入尧舜之道耳。尧舜之道，万世无弊，何泥之有？学者见其可观也，因以为同，亦误矣。"⑤ 因其有可观之处，故谢氏引之以证《论》。

---

① 《上蔡语录》卷一记载：问："太虚无尽，心有止，安得合一？"曰："心有止，只为用他。若不用。则何止。""吾丈莫已不用否？"曰："未到此地，除是圣人便不用。当初曾发此口，被伊川一句坏了二十年。曾往见伊川，伊川曰：'近日事如何？'某对曰：'天下何思何虑！'伊川曰：'是则有此理，贤却发得太早在。'"问："当初发此语时如何？"曰："见得这个事，经时无他念，接物亦应副得去。"问："如此，却何故被一句转却？"曰："当了终须有不透处。当初若不得他一句救拔，便入禅家去矣。伊川直是会锻炼得人，说了又却道'恰好著工夫也'。"问："闻此语后如何？"曰："至此未敢道到何思何虑地位。始初进步速，后来迟，十数年过却如梦。"问："何故迟？"曰："如挽弓，到满时愈难开。然此二十年，闻见知识却杀长。"
② 黄宗羲、全祖望：《宋元学案·上蔡学案》，中华书局 1986 年版，第 932 页。
③ 朱熹：《论语精义》，载朱杰人等编《朱子全书》第七册，上海古籍出版社、安徽教育出版社 2002 年版，第 505—506 页。
④ 同上书，第 147 页。
⑤ 朱熹：《论语精义》，载朱杰人等编《朱子全书》第七册，上海古籍出版社、安徽教育出版社 2002 年版，第 613 页。

第一，援引"无我"思想释《论》。"无我"是佛教的境界之一。《杂阿含经》曰："一切行无常，一切法无我，涅槃寂灭。"① 此之谓"三法印"，即印证是否真佛法的标准。其中"一切法无我"是说在一切有为无为的诸法中，无有我的实体。这在《论语解》中亦有体现。《述而篇》"发愤忘食，乐以忘忧，不知老之将至云尔"下，谢良佐注曰："发愤忘食，非济欲者；乐以忘忧，非累物者；不知老之将至云尔，不知年数之不足也。要其极亦无我之事。"②《卫灵公篇》"有一言而可以终身行之者乎"章，谢氏注曰："言恕则忠在其间，无忠，何所恕也。推其道可以极于无我，终身行之可也。"③ 在这两章的诠释中，为了凸显修养的最高境界，谢氏直接援用佛家术语表述之，把"圣人所说的境界表现推到极致而终归之于'无我'之境。这是没有任何私欲在内的纯粹至公的精神境界，而不是彻底地自我否定后得到的解脱境界"④，通过这样的解读，谢氏不仅揭示了儒家精神境界的真正含义，而且提升了这种境界的高度。

第二，受禅宗"以心传心"思想的影响，谢氏也将儒学视为传心之术。《坛经·行由品》曰："法则以心传心，皆令自悟自解。自古佛佛惟传本体，师师密付本心。"⑤ 所谓"以心传心"，也就是师徒间的传授不靠言语文字，而重在内心体悟。受此启发，为宣扬道统，谢良佐也把儒学视为圣人心性精义相传之术。在他看来，《论语》就是圣人心性精义的载体。他说："天下同知尊孔氏，同知贤于尧舜，同知《论语》书弟子记当年言行不诬也。然自秦汉以来，开门授徒者不过分章析句耳。晋、魏而降，谈者益稀。既不知读其书，谓足以识圣人心，万无是理；既不足以知圣人心，谓言能中伦，行能中虑，亦万无是理；言行不类，谓为天下国家有道，亦万无是理。君子于此盍阙乎？盖溺心于浅近无用之地，聪明日就雕丧，虽欲读之，固不得其门而入也。盖其辞近，其指远。辞有尽，指无穷。有尽者可索之于训诂，无穷者要当会之以神。譬诸观人，昔日识其

---

① 中国佛教文化研究所点校：《杂阿含经》（上册），宗教文化出版社1999年版，第214页。
② 同上书，第265页。
③ 朱熹：《论语精义》，载朱杰人等编《朱子全书》第七册，上海古籍出版社、安徽教育出版社2002年版，第533页。
④ 李根德：《谢良佐〈论语解〉的解释特点》，载庞朴主编《儒林》第二辑，山东大学出版社2006年版，第142页。
⑤ 冯国超主编：《坛经》，吉林人民出版社2005年版，第44页。

面,今日识其心,在我则改容更貌矣,人则犹故也,坐是故难读。"① 在谢氏看来,研读《论语》的主要目的就是要辨别"圣人心",要认识"圣人心"。而要达此目的,就得恢复"本心",做到与书合而为一。他说:"彼其道高深博厚不可涯涘也如此,倘以童心浅智窥之,岂不大有径庭乎!……方其胁肩谄笑以言餂人者读之,谓巧言令色宁病仁?未能素贫贱而耻恶衣恶食者读之,岂知饭疏食饮水,曲肱而枕之,未妨吾乐?注心于利末得已不已而有颠踬之患者读之,孰信不义之富贵真如浮云?诲尔谆谆听我藐藐者读之,孰谓回不惰师书绅为至诚服膺?过此而往,益高益深,可胜数哉!是皆越人视秦人之肥瘠也。惟同声然后相应,同气然后相求。是心与是书声气同乎不同乎?宜其卒无见也。是书远于人乎?人远于书乎?盖亦勿思尔。能返是心者,可以读是书矣。孰能脱去凡近,以游高明;莫为婴儿之态,而有大人之器;莫为一身之谋,而有天下之志;莫为终身之计,而有后世之虑;不求人知,而求天知;不求同俗,而求同理者乎?是人也,虽未必中道,然其心当广矣,明矣,不杂矣,其于读是书也,能无得乎?当不惟念之于心,必能体之于身矣。油然内得,难以语人,谓圣人之言真不我欺者,其亦自知而已。岂特思虑之效,乃力行之功。至此,盖人与书互相发也。"② 谢氏认为,不能以识见肤浅的心态读《论语》,不能用虚伪做作的卑劣姿态读《论语》,不能带着嫌弃粗略衣食的心态读《论语》,不能以汲汲于功利的心态读《论语》,只有使自己的心与《论语》同声同气,才能读《论语》。只有想着结交有识之士的人,只有抱着成大器的心态的人,只有带着为天下人谋福祉的志向的人,只有带着芳名留世的心态的人,只有带着提升精神境界的心态的人,只有抱着追求万事万物发展规律的人,读《论语》时,才能内得于心。在此基础上,再外化于行,从而达到人与书合一的境界。这里,谢氏突出强调了对圣人心性精义的内心体悟。

既然《论语》中包含着"圣人心"的因子,那么在后世它又是如何传承的呢?在诠释《学而篇》曾子所言"吾日三省吾身"时,他对此作了解答,说:"九流皆出于圣人,其后愈传而愈失其真。如子夏之后流为庄周,

---

① 朱熹:《论语精义纲领》,载朱杰人等编《朱子全书》第七册,上海古籍出版社、安徽教育出版社 2002 年版,第 20 页。

② 同上书,第 20—21 页。

则去圣人远矣。独曾子之学用心于内，故传之无弊。其亲炙而得之者，有子思，子思之学，《中庸》可见也，考《中庸》，则知曾子矣。闻而得之者，有孟子，考《孟子》之书，亦可以见子思矣。盖其所学至真至正如此。惜乎其嘉言善行不尽传于世，如《孟子》所称曾子之事，不载于《论语》者甚多，则其泯灭者有矣。今其幸存者，可不尽心乎？如此三者，未可以浅近论也。为人谋而忠，与人交而信，传而习，非真知道无二致，人与己为一，其能如此乎？为人谋而忠，非特临事而谋，至于平居静虑，思所以处人者，一有不尽，则非忠矣。与朋友交而信，非特践言而后信也，驩然有恩以相爱，粲然有文以相接，一有不尽，则非信矣。传者得之于人，习者得之于我，传而不习，则道自道，我自我，终不能相合而一矣。执柯伐柯，睨而视之，犹以为远者，以其二物故也。传而不习，他人之道，我何与焉？何以异于执柯伐柯也？惟习而熟，则道与我为一矣。凡此三者，几于无我则能之，是学之至也。"①谢氏认为，诸弟子中唯独曾子之学"用心于内"，独得圣学之真谛，继之者有子思和孟子，载之者为《中庸》和《孟子》。这实际上就构建了一个孔子→曾子→子思→孟子师师相传的谱系。由于"孔门未有专用心于内之说也，用心于内，近世禅学之说耳"②，所以谢上蔡所构建的儒学传承谱系实际上禅味十足。

在谢良佐看来，这个传承谱系，自孟子后未能得到儒家学者的重视，却被佛家窃取。他说："性本体也，目视耳听手举足运，见于作用者心也。自孟子没，天下学者向外驰求，不识自家宝藏，被他佛氏窥见一斑半点，遂将擎拳竖脚底事把持在手，敢自尊大，轻视中国学士大夫，而世人莫敢与之争，又从而信向归依之。使圣学有传，岂至此乎！"③佛教学者凭借从儒家学去的传心之法，与儒学分庭抗礼，世人非但不与之抗争，反而信而归之，致使圣学沦丧，实在可悲。

谢氏上述所言，一方面他把儒学视为传心之学，进一步彰显了理学的内圣特征；另一方面，把佛学的传心之法说成是从儒学借鉴过去的，从而为自己借鉴佛学法统构建儒学传承谱系奠定了学理基础。

第三，以觉释仁。"仁"是孔子思想的核心范畴之一，后世儒者大都

---

① 朱熹：《论语精义》，载朱杰人等编《朱子全书》第七册，上海古籍出版社、安徽教育出版社2002年版，第35页。
② 顾炎武：《日知录》卷十八，世界书局1936年版，第429页。
③ 曾恬、胡安国整理：《上蔡语录》卷一，《四库全书》本，上海古籍出版社1987年版。

比较重视对"仁"的解读。如二程曾言："医书言手足痿痹为不仁，此言最善名状。仁者，以天地万物为一体，莫非己也。"①"医家以不认痛痒谓之不仁，人以不知觉不认义理为不仁，譬最近。"②"心譬如谷种，生之性便是仁也。"③ 这些说法开以知觉和生意论仁之先声。谢良佐在承袭二程思想的基础上，又加以了引申和发挥。在诠释《泰伯篇》"曾子有疾，孟敬子问之"章时，谢良佐指出："仁者何也？活者为仁，死者为不仁。今人身体麻痹，不知痛痒，谓之不仁。桃杏之核，可种而生者，谓之桃仁杏仁，言有生之意。推此仁可见矣。学佛者知此谓之见性，遂以为了，故终归妄诞。圣门学者见此消息，必加功焉，故曰：'回虽不敏，请事斯语矣。''雍虽不敏，请事斯语矣。'仁操则存，舍则亡。故曾子曰：'动容貌，正颜色，出辞气。'出者，从此广大心中流出也，以私意发言，岂出辞之谓乎？夫人一日间，颜色容貌，试自点检，何尝正，何尝动，怠慢而已。若夫大而化之，合于自然，则正、动、出不足言矣。"④ 认为有且只有"活者""有知觉、识痛痒"，才是"仁"，"死者"、身体麻痹之人，都"不仁"。因而"仁"成了"知觉"和"生命"的统一体，且通过"桃杏之核有生意"形象地突出了"生是仁、仁是生"。

在此基础上，谢上蔡进而指出："心有所觉谓之仁，仁则心与事为一。草木五谷之实谓之仁，取名于生也，生则有所觉矣。四肢之偏痹谓之不仁，取名于不知觉也，不知觉则死矣。事有感而随之以喜怒哀乐，应之以酬酢尽变者，非知觉不能也。身与事接，而心漠然不省者，与四体不仁无异也。然则不仁者，虽生，无以异于死；虽有心，亦邻于无心；虽有四体，亦弗为吾用也。故视而弗见，听而弗闻，食而不知其味，此善学者所以急急于求仁也。"⑤ 仁是内心之知觉与外在事物相映生辉的产物，无论人或物，只有有生命，才能有感觉；如果四肢麻木毫无知觉，则谓之不仁。倘使一个人应事接物之时，心是冷漠的麻木的，那么就如同四肢麻痹无异。在谢氏看来，不仁之人，虽生犹死，其心、其肢体虽有犹无。这样的

---

① 程颢、程颐：《二程遗书》，上海古籍出版社 2000 年版，第 65 页。
② 同上书，第 84 页。
③ 同上书，第 232 页。
④ 朱熹：《论语精义》，载朱杰人等编《朱子全书》第七册，上海古籍出版社、安徽教育出版社 2002 年版，第 290 页。
⑤ 同上书，第 273 页。

人对外部事物视而不见、听而不闻、食之无味，故而善学者汲汲于求仁。

在这里，值得注意的是，谢氏所言知觉并非指一般的直觉，而是指个体的自我觉醒——心知。他说："知者，心有所觉也，非闻见之所及。只于闻见能择而从之识之，与心知殊异，故曰：'知之次也。'"① 联系上文所言"心有所觉谓之仁"，我们可以推知达到了心知，也就达到了仁德境界。在谢氏看来，有了心知，在现实生活中践行之，就能知仁。他说："盖仁之道，古人犹难言之，其可言者止此而已。若实欲知仁，则在力行、自省，察吾事亲从兄时此心知如之何，知此心，则知仁矣。"②

谢氏以觉训仁，显然是受到了佛教的影响。他自己就曾说："儒之仁，佛之觉。"③ 把儒家的追求"仁"与佛家追求的"觉"相提并论，认为二者是相同的。朱熹曾批评说："上蔡说仁说觉，分明是禅。"④ 另据《朱子语类》记载，问："上蔡以觉训仁，莫与佛氏说异？若张子韶之说，则与上蔡不同。"曰："子韶本无定论，只是迅笔便说，不必辨其是非。"某云："佛氏说觉，却只是说识痛痒。"曰："上蔡亦然。"又问："上蔡说觉，乃是觉其理。"曰："佛氏亦云觉理。"⑤ 在朱子看来，上蔡所言与佛说无异。朱子对谢氏的这种做法，作了一分为二的分析。在他看来，谢氏以觉言仁，是没有问题的，他说："觉者，是要觉得个道理。须是分毫不差，方能全得此心之德，这便是仁。"⑥ 但其病"患在以觉为仁。但以觉为仁，只将针来刺股上，才觉得痛，亦可谓之仁矣。此大不然也。"⑦ 不能以知觉为仁。

虽然遭到朱子的批评，但谢良佐将"觉"和"仁"互训，不仅将"觉"提升到了本体论的高度，而且也启发后世儒者持续关注"觉"和"心"的作用，进而导致了理学内部程朱理学和陆王心学的学派分野。⑧

---

① 朱熹：《论语精义》，载朱杰人等编《朱子全书》第七册，上海古籍出版社、安徽教育出版社 2002 年版，第 273 页。
② 同上书，第 31 页。
③ 曾恬、胡安国整理：《上蔡语录》卷二，《四库全书》本，上海古籍出版社 1987 年版。
④ 黄宗羲、全祖望：《宋元学案·上蔡学案》，中华书局 1986 年版，第 930 页。
⑤ 黎靖德编：《朱子语类》，中华书局 1994 年版，第 2562 页。
⑥ 同上。
⑦ 同上书，第 479 页。
⑧ 参见王光红《谢良佐仁学思想研究》，硕士学位论文，湘潭大学中国哲学专业，2008 年，第 10 页。

三 援引荆公新学

荆公新学是以王安石为首的一个学派，与二程理学鼎足而立。王安石和儿子王雱都有《论语》注本，可惜都已散佚。谢良佐没有顾忌学派之争，在《论语解》中共称引二人之解释13次，这在二程弟子中确是标新立异之举。其引用有两种情况，一是整个注释全用王氏父子之语，如：

《泰伯篇》"三年学，不至于谷，不易得也"下，谢氏直接采用了王安石的注释："介甫曰：'学者当知其难而自强不息。'"①

《子罕篇》"麻冕，礼也"章，谢氏直接采用了王安石的注释："介甫云：'众俭则从众，众泰则从礼，知礼之本故也。'"②

《子罕篇》"子见齐衰者"章，谢氏直接采用了王雱的注释："元泽曰：'孔子于此，有爱敬之道焉。冕衣裳，贵者之服。'"③

又，《先进篇》"颜渊死，门人欲厚葬之"章，谢氏直接采用了王雱的注释："元泽曰：'不与之车以为之椁者，义也。哭之恸者，恩也。不得视犹子者，分也。'"④

一是在注释中部分引用，如：

《颜渊篇》"子张问明"章，谢氏注曰："辨所难辨，此之谓明。已乱于未然，此之谓远。元泽曰：'浸润之谮，渐而不暴，肤受之愬，浅而不迫，故非明者无以止之。'浸润之谮行，则君子以忠信见疑；肤受之愬行，则小人以诞谩见信。则其出入不远矣。"⑤ 引用并阐发王雱之说，以证成经义。

《子路篇》"卫君待子而为政"下，谢氏注曰："正名不特为卫君而言也，为政之道当如此。子路不达，以为高远也，故孔子以为野。有名则有分守，故言顺而事成者，礼乐之实也。因实而节文和乐之，则礼乐兴民。介甫曰：'礼乐不兴，则廉耻和睦之风衰，而争狠诈伪之俗成，虽有善听

---

① 朱熹：《论语精义》，载朱杰人等编《朱子全书》第七册，上海古籍出版社、安徽教育出版社2002年版，第301页。
② 同上书，第316页。
③ 同上书，第325页。
④ 同上书，第387页。
⑤ 同上书，第422—423页。

者，犹不能无枉也。'"① 引用王安石之说，阐述了礼乐不兴的危害。

四 引经证经

作为二程弟子，谢良佐在打通《论语》和《大学》《中庸》《孟子》上也做了大量探索，一方面是引用《论语》经文证明《论语》，如《学而篇》"道千乘之国"章，谢氏注曰："学之为王者事久矣。子路曰：'有民人焉，有社稷焉，何必读书，然后为学？'此言是也。然夫子不与之者，特非所以待子羔也。子贡谓'夫子之得邦家者，所谓立之斯立，道之斯行，绥之斯来，动之斯和'。夫子未尝得邦家也，知其为邦家之道，则可以为天下国家矣。得志行乎中国，不得志行乎家人，其为道一也，况千乘乎？古人得百里之地而君之，皆可以一天下，朝诸侯，则千乘之国亦可以用心矣。"② 其中"有民人焉，有社稷焉，何必读书，然后为学"出自《先进篇》，"夫子之得邦家者，所谓立之斯立，道之斯行，绥之斯来，动之斯和"出自《子张篇》。又，《子路篇》"樊迟问仁"章，谢氏注曰："居处恭，执事敬，与'出门如见大宾，使民如承大祭'之意同，方是时，如屏气似不息者。"③ 其中"出门如见大宾，使民如承大祭"出自《颜渊篇》。

另一方面，引用《大学》《中庸》《孟子》解释《论语》。如《学而篇》"贤贤易色"下，谢氏注曰："贤贤易色，如恶恶臭，如好好色，天下之诚意无易于此。此好德如好色，亦可谓好德之至也。"④ 其中"如恶恶臭，如好好色"来自《大学》，其文曰："所谓诚其意者，毋自欺也。始恶恶臭，如好好色，此之谓自慊。"《八佾篇》"周监于二代"章，谢氏注曰："礼之文出于与时宜之。燔黍捭豚与以燔以炙陈其牺牲备其鼎俎，汙樽抔饮与玄酒在室醴醆在户粢醍在堂澄酒在下，蒉桴土鼓与列其琴瑟管磬钟鼓，文质虽不同，然有自来矣。故周监于二代，其文为备也。圣人有其德，无其位，特学之而已，于时王之理，不敢不从也。故《中庸》曰：'吾说夏礼，杞不足征也；吾学殷礼，有宋存焉；吾学周礼，今用之，吾

---

① 朱熹：《论语精义》，载朱杰人等编《朱子全书》第七册，上海古籍出版社、安徽教育出版社2002年版，第446页。
② 同上书，第37页。
③ 同上书，第460—461页。
④ 同上书，第41—42页。

从周。王天下有三重焉，其寡过矣乎！'使孔子有其位而制作礼乐，盖将考三代之礼而损益焉。如乘殷之辂，岂必从周也；如以作俑者为不仁，为刍灵者为善，岂必从周也。盖非天子不制度、不议礼、不考文也。"① 直接点名引用《中庸》。《里仁篇》"里仁为美"章，上蔡注曰："孟子因择术之论，尝引此矣，故继之曰：'夫仁，天之尊爵也，人之安宅也。莫之御而不仁，是不知也。'今当以此论为证。"② 此处所论见《孟子·公孙丑上》，其文曰："矢人岂不仁于函人哉？矢人唯恐不伤人，函人唯恐伤人。巫匠亦然。故术不可不慎也。孔子曰：'里仁为美，择不处仁，焉得智？'夫仁，天之尊爵也，人之安宅也。莫之御而不仁，是不智也。不仁、不智，无礼、无义，人役也。人役而耻为役，由弓人而耻为弓，矢人而耻为矢也。如耻之，莫如为仁。仁者如射：射者正己而后发；发而不中，不怨胜己者，反求诸己而已矣。"又，《述而篇》"德之不修"章，上蔡注曰："见道易，惟修德然后可以得道。言道易，惟讲学然后可以明道。闻义不能徙，与不闻同。不善不能改，则安于自弃矣。此四者，自众人观之，亦岂为显过哉！圣人则以为终于此而已，此非圣人之忧也与？孟子所谓'饱食煖衣，佚居而无教，圣人有忧之'，其意同。"③ 其中"饱食煖衣，佚居而无教，圣人有忧之"出自《孟子·滕文公上》，其文曰："后稷教民稼穑，树艺五谷，五谷熟而民人育。人之有道也，饱食煖衣，逸居而无教，则近于禽兽。圣人有忧之，使契为司徒，教以人伦：父子有亲，君臣有义，夫妇有别，长幼有叙，朋友有信。"

五 承袭和发挥天理论思想

二程以"天理"为核心，建构了一个庞大驳杂的思想体系。作为其弟子，谢良佐在《论语解》中也部分继承和发展了二程的天理论思想。

第一，谢良佐提出了"理是自然底道理"的思想，强调自然之理就是天。在二程看来，天和理是等同的，天理是宇宙万物的本源和运行法则。谢良佐继承了二程的这一思想，指出："所谓天者，理而已，只如视听动作，一切是天。天命有德，便五服五章，天讨有罪，便五刑五用，浑不是

---

① 朱熹：《论语精义》，载朱杰人等编《朱子全书》第七册，上海古籍出版社、安徽教育出版社2002年版，第117页。
② 同上书，第134—135页。
③ 同上书，第246页。

杜撰做作来，学者直须明天理为是自然底道理，移易不得。不然，诸子百家便人人自生出一般见解，欺诳众生。识得天理，然后能为天之所为。"① 天就是理，具有唯一性；天理是自然而然的道理，是不能随意改变的。人们只有识得天理，才能"为天之所为"。在《论语解》中，谢氏充分阐述了这一思想。如《季氏篇》"天下有道，则礼乐征伐自天子出"章，谢氏注曰："诸侯听命于天子，大夫听命于诸侯，如天无二日，所谓理也，故礼乐惟天子专之。自诸侯出，自大夫出，盖如灾异，何可常也，故愈逆理则其失愈近。"② 诸侯服从天子，大夫服从诸侯，就如同天上没有两个太阳一样，是自然而然的事情，是不能违反的；如果反其道而行之，就会像自然界的灾害一样，不会长久。又，《颜渊篇》"颜渊问仁"章，谢上蔡注曰："礼者，摄心之规矩。循理而天，则动作语默无非天也。"③ 在礼的规范下，遵循自然之道就是与天为一，如此，人的言行举止也就达到天人合一的地步了。

第二，谢良佐提出了"循理便是复礼"的思想，认为人伦就是天理。二程提出了"礼者，理也"④的思想，认为"不合礼则非理"⑤。谢氏继承和发挥了二程的上述思想。在诠释《尧曰篇》"不知礼，无以立也"时，他指出："礼者，理也，知之则为知，知崇，天也；履之则为礼，礼卑，地也。一退一进，一俯一仰，耳目所加，手足所措，盖有妙理存焉。理可行也，谁得而止之？理可止也，谁得而行之？此之谓立。"⑥ 礼就是理，理为本，礼为用，二者统一于敬，"礼、理之不可易者也，只是一个敬字"⑦。理存在于社会规范之中，它不仅是人类社会的应当遵循的社会准则，而且体现在日常生活的方方面面。因此，在现实生活中，循理而动，便是依礼而行。上蔡说："言动犹可以礼，视听有甚礼文？以斯视，以斯

---

① 黄宗羲、全祖望：《宋元学案·上蔡学案》，中华书局1986年版，第918—919页。
② 朱熹：《论语精义》，载朱杰人等编《朱子全书》第七册，上海古籍出版社、安徽教育出版社2002年版，第551页。
③ 同上书，第413页。
④ 程颢、程颐：《二程集》，中华书局1981年版，第125页。
⑤ 同上书，第699页。
⑥ 朱熹：《论语精义》，载朱杰人等编《朱子全书》第七册，上海古籍出版社、安徽教育出版社2002年版，第640页。
⑦ 同上书，第414页。

听，自然合理。合理便合礼文，循理便是复礼。"① 在他看来，按照理来做，便符合礼的要求，"何谓礼？顺理之谓也。顺理，则无违矣。"② 不顺理而为，即违礼。他说："父母唯其疾之忧，父母之爱其子，无所不至，惟其爱之，是以忧之也。以苟訾取危，是所忧也；以苟笑取辱，是所忧也；而况于好勇斗狠乎？苟不念此，则亲之不忘我者有矣，我之所以不忘亲者未之有也。岂非不孝？岂非不顺理？不顺理，岂非违也？违则岂知生事之以礼哉！"③ 有违于礼，即不顺理，"顺理为直，父不为子隐，子不为父隐，于理顺邪？"④ 父子不相隐，违背了礼，故于理不顺。

第三，谢良佐在承袭了二程的天理、人欲对立思想的基础上，扩大了人欲的范围。在二程看来，"天理"与"人欲"是对立的，"不是天理，便是私欲"⑤，欲存天理，就必须灭私欲，"人心私欲，故危殆；道心天理，故精微。灭私欲则天理明矣"⑥。谢氏承袭了二程的上述思想。他说："圣人之所以为圣，以其得天理而忘人欲；众人之所以为众人，以其灭天理而穷人欲。"⑦ 以对待天理和人欲的态度来区分圣人和一般人。在他看来，人心无欲则天理明、大道得。他说："人能操无欲上人心，人欲自灭，天理自明，大道其必得之矣。"⑧ 在此基础上，谢良佐还进一步扩大了人欲的范围，将唯利、用意亦视为人欲的表现。他说："所谓利者，岂必殖货财之谓，以私灭公，适己自便，凡可以害天理者，皆利也。"⑨ "刚与欲正相反也，能胜物之谓刚，故常伸于万物之上；为物掩之谓欲，故常屈于万物之下。……有意则有欲，有欲则不刚。"⑩ 由此可见，在灭人欲的问题上，谢氏比二程有过之而无不及。

在谢良佐看来，要消除人欲，需从两方面入手，一是克己之私，他

---

① 朱熹：《论语精义》，载朱杰人等编《朱子全书》第七册，上海古籍出版社、安徽教育出版社2002年版，第414页。
② 同上书，第74页。
③ 同上书，第74—75页。
④ 同上书，第459页。
⑤ 程颢、程颐：《二程集》，中华书局1981年版，第66页。
⑥ 同上书，第312页。
⑦ 朱熹：《论语精义》，载朱杰人等编《朱子全书》第七册，上海古籍出版社、安徽教育出版社2002年版，第204页。
⑧ 同上书，第219页。
⑨ 同上书，第217页。
⑩ 同上书，第177页。

说:"克己须从性偏难克处克将去。克己之私,则心虚见理矣。"①二是下学而上达,他说:"学须先从理上学,尽人之理,斯尽天之理,学斯达矣。下学而上达,其意如此。故曰:'知我者其天乎?'"②通过下学上达的工夫,先"尽人之理",后"尽天之理",如此一来,就达到了"天人合一"。

六 抉发求仁之道

在如何求仁问题上,谢氏指出,欲求仁,需先知仁。他说:"仁虽难言,知其所以为仁者,亦可以知仁矣,若孝弟为仁之本是也。知其远于仁者,亦可以知仁矣,若巧言令色鲜矣仁是也。"③要想知仁,须知"所以为仁者"和"远于仁者"。他还说:"博施济众,亦仁之功用,然仁之名不于此得也。子贡直以圣为仁,则非特不识仁,并于圣而不识也。故夫子语之曰:'必也圣乎!'又举仁之方也。己欲立而立人,己欲达而达人,亦非仁也,仁之方所而已。知方所,斯可以知仁,犹观天地变化草木蕃鲜,可以知天地之心矣。"④知道求仁应该努力的方向,才算知仁。

知仁之后,就应该在日常生活中下功夫求仁。在谢良佐看来,求仁应真心为之。他说:"夫仁之为道,非惟举之莫能胜,而行之莫能至,而语之亦难。其语愈博,其去仁愈远。古人语此者多矣,然而终非仁也。如'恭宽信敏惠为仁',若不知仁,则止知恭宽信敏惠而已。'克己复礼为仁',若不知仁,则止知克己复礼而已。'出门如见大宾,使民如承大祭',此特饬身而已,何以见其为仁?'仁者,其言也讱',此特慎言而已,何以见其为仁?有子之论仁,盖亦如此尔。为孝弟者近仁,然而孝弟非仁也。可以论仁者莫如人心,人心之不伪者莫如事亲从兄。庄子曰:'子之事亲,命也,不可解于心。'此可见其良心矣。至于从兄,则自有生以来良心之所未远者。以事亲从兄而充之,则何往而非仁也。"⑤从最基本的事亲从兄之良心出发,不断扩充之,无往而非仁。因此,在日常生活中,求仁需先

---

① 朱熹:《论语精义》,载朱杰人等编《朱子全书》第七册,上海古籍出版社、安徽教育出版社 2002 年版,第 414 页。
② 同上书,第 506 页。
③ 同上书,第 33 页。
④ 同上书,第 241 页。
⑤ 同上书,第 31 页。

正心诚意。谢氏说:"下学而极其道,则上达矣。……洒扫、应对、进退,乃动容貌、出辞气之事,必正心诚意而后能,与酬酢祐神之事何以异?孰以为可而先传,孰以为不可而后倦。如草木区以别矣,其为曲直一也。所以圣人克勤小物,而必有始卒,盖本末无二道。"① 然后,从小事入手,一方面涵养诚意。他说:"凡事不必须要高达,且从小处看,只如将一金与人,与将天下与人,虽大小不同,其实一也。我若有轻物底心,将天下与人,如一金与人相似。我若有吝底心,将一金与人,如将天下与人相似。又若行千尺台边,心便恐惧,行平地上,却安稳。我若去得恐惧底心,虽履千仞之险,亦只与行平地一般。只如洒扫,不著此心,怎洒扫得?应对不著此心,怎应对得?如曾子欲动容貌、正颜色、出辞气,为此。古人须要就洒扫应对上养取诚意出来。"② 另一方面,除去私欲。谢良佐说:"克己复礼,出门如见大宾,使民如承大祭,其言也讱,皆求仁之术也。能从事于斯,则仁可以忘言识也;不能从事于斯,乃欲以言求仁,譬如不食,终不知味。克己复礼,胜己之欲以循天之理,则天下之仁皆归焉。出门如见大宾,使民如承大祭,敬也。其言也讱,先难也。"③ 克己复礼的核心就是超越一己之私欲,按照天理的要求来做。在此基础上,在视听言动、容貌辞气上下功夫,使其都从心中流出,就能达至仁境。或问:"求仁如何下功夫?"谢氏曰:"如颜子视听言动上做亦得,如曾子颜色容貌上做亦得。出辞气者,犹佛所谓从此心中流出。今人唱一喏,若不从心中出,便是不识痛痒。古人曰:'心不在焉,视而不见,听而不闻,食而不知其味。'不见不闻不知味,便是不仁,死汉不识痛痒了。又如仲弓出门如见大宾,使民如承大祭,但存得如见大宾如承大祭底心在,便长识痛痒。"④ 说话做事都应发自内心,便仁;否则,便是不仁。

由于具有上述特色,所以谢氏《论语解》得到了后人的高度评价,其中阐发的思想对后世也产生了重要影响。

第一,就《论语解》而言,胡寅认为它甚有功于圣道。其《上蔡论语解后序》曰:"《论语》一书,盖先圣与门弟子问答之微言,学者求道之

---

① 朱熹:《论语精义》,载朱杰人等编《朱子全书》第七册,上海古籍出版社、安徽教育出版社 2002 年版,第 620—621 页。
② 同上书,第 621 页。
③ 同上书,第 419 页。
④ 同上书,第 414 页。

要也。而世以与诸子比，童而习之，壮而弃焉，训诂所传，虽未尝绝，然智不足以知圣人之心，学不足以得道德之正，遂以私智簧鼓其说，以眩天下。夫其侮圣人之言，何足深罪？特以斯文兴丧，于此系焉，此忧世之士所为动心者也。上蔡谢公得道于河南程先生，元祐中掌秦亭之教，遂著《论语解》发其心之所得，破世儒穿凿附会浅近胶固之论。如五星经乎太虚，与日月为度数，不可易也。其有功于吾道也卓矣，而学者初不以为然也。"① 朱子认为谢氏在文字上多有阐发，"胡侍郎尝教人看谢氏《论语》，以其文字上多有发越处"②，"上蔡《论语》却有启发人处。虽其说或失之过，然识得理后，却细密商量，令平正也"③。

第二，谢氏援佛入儒所生发的仁学思想、心学思想对后世心学体系的建构产生了积极的影响。朱熹曾评价说："孔子只说'为仁'，上蔡却说'知仁'，只要见得此心，便以为仁。上蔡之说，一转而为张子韶，子韶一转而为陆子静。上蔡所不敢冲突者，子韶尽冲突；子韶所不敢冲突者，子静尽冲突。"④ 认为张九成继承了谢良佐"见得此心，便以为仁"的思想，并经过大胆"冲突"，向下传到陆九渊那里。顾炎武也曾说："象山陆氏因谓曾子之学，是里面出来，其学不传；诸子是外面入去。今传于世者，皆外入之学，非孔子之真。遂于《论语》之外，自谓得不传之学，凡皆源于谢氏之说也。"⑤ 徐远和则从洛学传承的角度论述了谢良佐在心学形成过程中的作用，他说："在洛学创始人之一的程颢那里，已经具有某些心学因素。而作为洛学传人之一的谢良佐，对于程颢思想中的心学因素作了一定的发挥，谢良佐的思想又被张九成加以继承和推阐。陆九渊则集上述诸人思想而成心学。程颢—谢良佐—张九成—陆九渊，这是心学思潮发生、发展的一种必然趋势，也是洛学所经历的具体演变途径之一。"⑥

---

① 顾宏义、戴扬本等编：《历代四书序跋题记资料汇编》，上海古籍出版社2010年版，第250页。
② 同上。
③ 黄宗羲、全祖望：《宋元学案·上蔡学案》，中华书局1986年版，第931页。
④ 同上。
⑤ 顾炎武：《日知录》卷十八，世界书局1936年版，第429页。
⑥ 徐远和：《洛学源流》，齐鲁书社1987年版，第260页。

第二节　继往开来的游酢《论语杂解》

游酢（1053—1123），字定夫，号广平，又号廌山，北宋建阳（今福建省建阳市）人。曾先后师从程颢、程颐兄弟，历任萧山县尉、太学录、太常博士、颍昌府学教授、监察御史等职，也曾出知和州、汉阳军、舒州、濠州等地。所著有《中庸义》《易说》《诗二南义》《论语杂解》《孟子杂解》《文集》等。其中《论语杂解》是游氏诠释《论语》的代表作，具有鲜明的理学特色，体现了游酢的理学思想。

一　继承和发扬理本论思想

作为程门四大弟子之一，游酢很好地继承和发扬了二程的理学思想。在二程处，理本体有不同称法。他们说："天者，理也。"①　"此理，天命也。顺而循之，则道也。"②　"盖上天之载，无声无臭，其体则谓之易，其理则谓之道。"③　"理便是天道也。"④　可见，天、理、道、天命、天道五者是同等概念。游酢同二程一样，在涉及宇宙本原的问题上，也以"道""理"为哲学的最高范畴。

第一，游酢指出，道如同天一样具有唯一性和永恒性。在游酢看来，道就是天，"道者，天也"⑤。它是唯一的，"夫道一而已矣。天地一指也，万物一马也，无往而非一，此至人所以无己"⑥。在这里，游氏借用《庄子·齐物论》《庄子·逍遥游》之言指出，宇宙间虽有一物与万物、个体与整体的对立与统一，但从道的角度而言，它们之间没有差别，是统一的整体，所以说天地间只有一个道。修养境界高的人，能够达到与道为一，忘却自己。由于道唯一，所以它是恒常的、不变的，"惟一则无变，此道之大常"⑦。道的本性就在于恒常不变。游酢进而指出，这个具有本体意义

---

① 程颢、程颐：《二程遗书》，上海古籍出版社 2000 年版，第 178 页。
② 同上书，第 61 页。
③ 同上书，第 55 页。
④ 同上书，第 345 页。
⑤ 游酢：《游廌山集》卷一《论语杂解》，《四库全书》本，上海古籍出版社 1987 年版。
⑥ 同上。
⑦ 同上。

第五章　程氏弟子的《论语》诠释与理学的承袭和发展　203

的道,是无形的、抽象的,"形而上者谓之道,形而下者谓之器"①,普遍的、无形的、抽象的东西都属于"形而上的"的"道",而物质的、有形的东西则属于"形而下的"的"器"。它无有边际,无处不在,"盖道无方也,反而观之则无己,泛而观之则无物"②。道分布于天地万物之间,人和万物身上都体现着道,具体表现为道人合一和道物合一。在游氏看来,道生万物,人伦之善也与之有关。他说:"盖道之在天地,则播五行于四时,百物生焉,无非善者也,无恶也,故曰继之者善也。"③ 道在天地之间播散五行之气于四时,万物由此而生,善性由此而得。如此一来,游氏就确立了人伦道德的本体论依据。

游酢不仅论述了天道,而且还对人道予以了阐述。他说:"道之在人,则出作而入息,渴饮而饥食,无非性者也,无妄也。"④ 道在人世间,就如同日出而劳作,日落而休息,口渴就饮水,饥饿就吃食物一样,都是人自然本性的体现。在他看来,君臣、父子、夫妇、兄弟、朋友之间的五伦之道,是人间的通行不变之道。他说:"天下之达道五:君臣也,父子也,夫妇也,昆弟也,朋友之交也。先王之时,在上者舍是无以教,在下者舍是无以学。故孟子曰:'学则三代共之,皆所以明人伦也。'……学之为道,何以加此?"⑤ 五伦之道乃人类社会的秩序和原则,理应成为教与学的核心内容。

在游酢看来,学习人伦之道,关键在践履。在释读"或问禘之说"章时,他说:"祭祀之义,非精义不足以究其说,非体道不足以致其义。盖惟圣人为能飨帝,为其尽人道而与帝同德;惟孝子为能飨亲,为其尽子道而与亲同心也。仁孝之至,通乎神明,而神祇祖考安乐之,则与郊社之礼,禘尝之义,始可以言明矣。夫如是,则于为天下国家也何有?"⑥ 只有体道,才能明乎祭祀之中蕴涵的微言大义。游酢指出,体道唯有靠自我去体会,而不能外假于物。他说:"据于德者,止其所而自得也。自得于己无待于外,则有以胜物,而其固万物莫足以倾之。独立不惧,而其守举世

---

① 游酢:《游廌山集》卷一《论语杂解》,《四库全书》本,上海古籍出版社1987年版。
② 同上。
③ 同上。
④ 同上。
⑤ 同上。
⑥ 同上。

莫得以易之。……孟子所谓'富贵不能淫，贫贱不能移，威武不能屈'，则据于德之效也。据于德，所以体道也。"① 将道德内化于心，外化于行，就是体道。如果人能体道，就会处事得当。在解读"君子不器"章时，他指出："君子，体夫道者也，故不器，不器则能圆能方，能柔能刚，非执方者所与也。"② 这是说，君子能体道，所以处事有方。如"富与贵非其道得之，则君子不处，以有义也。君子宜富贵者也，今至于贫贱，是不以其道得之也"③。君子于富贵贫贱以是否合乎道之义为准则。

　　第二，游酢认为"理"是天地万物发展的规律。在二程看来，万物皆有其发展规律，此规律即是理，依理而为则顺，违理而为则难。他们说："万物皆有理，顺之则易，逆之则难，各循其理，何劳于己力哉？"④ 这里，二程关注了规律的自然属性。游酢承袭了二程的这一思想，在诠释"唯上智与下愚不移"章时，他说："苟得其性之本然，反身而诚，则天地万物之理得，而道自我成矣，故曰成之者性也。"⑤ 遵循事物的自然本性，内心存诚，就可得天地万物之理，而道也就自然而然的生成了。在这里，游氏不仅将理将视为天地万物发展的规律，而且也论及了"性""理""道"三者之间的关系。在此基础上，游氏还把理看作是人间的规律和法则，从道德本体的层面上予以解释。在诠释"微子去之"章时，他说："君子之求仁，亦曰循理而已矣。夫理之所不载，安在其为仁耶？故可逝者其心也，其不可陷者其理也。"⑥ 求仁需循理而行，无理则无仁。此"理"落到人间，便演化成人间的道德规范。如"直者，循理之谓也，惟其循理，故能尽生之经，与直养之直同"⑦，"人臣僭国君之礼，是无君也；陪臣僭天子之礼，是无王也。季氏以八佾舞，其心遂无王矣。是将拔本塞源，冠履倒施，灭天理而坏人伦矣，此而可忍孰不可忍也"⑧。由此可见，礼也好，直也好，都是理在现实社会的具体表现形式。如果人违礼而行，就违背了人类社会的行为规范。

---

① 游酢：《游廌山集》卷一《论语杂解》，《四库全书》本，上海古籍出版社1987年版。
② 同上。
③ 同上。
④ 程颢、程颐：《二程遗书》，上海古籍出版社2000年版，第170页。
⑤ 游酢：《游廌山集》卷一《论语杂解》，《四库全书》本，上海古籍出版社1987年版。
⑥ 同上。
⑦ 同上。
⑧ 同上。

二 抉发心性论思想

心性论是宋代理学讨论的核心问题,主要涉及心之本体、人性论和气禀说等内容。二程对以上问题多有论述,受其影响,在《论语杂解》中,游酢也阐发了自己的心性论思想。

第一,游酢论述了心之本体。在论述心性论时,游酢首先将"心"分为肉体之心和哲学之心,指出:"理也,义也,人心之所同然也。学问之道无他,求其心所同然者而已。学而时习之,则心之所同然者得矣,此其所以说也。故曰:'理义之说我心,犹刍豢之说我口。'今试以吾平居之学验之,若时习于礼,则外貌无斯须不庄不敬;时习于乐,则中心无斯须不和不乐。无斯须不庄不敬,则慢易之心无自而入,而本心之敬得矣;无斯须不和不乐,则鄙诈之心无自而入,而本心之和得矣。"① 其中的"本心"指哲学之心,即天生的善性,而其他句中之"心"指的是肉体之心。在游酢看来,求学主要是追求内心相同的东西,学习后不断地演习,就会得到内心相同的东西。如果我们平时经常演习礼乐,则内心和乐、外表庄敬,就不会产生慢易之心、鄙诈之心,天性就会和谐。

其次,将心之未发视为心之本体。在诠释《颜渊篇》"颜渊问仁"章时,游酢指出:"孟子曰:'仁,人心也。'则仁之为言,得其本心而已。心之本体,则喜怒哀乐之未发者是也。惟其徇己之私,则汩于忿欲,而人道熄矣。诚能胜人心之私,以还道心之公,则将视人如己,视物如人,而心之本体见矣。自此而亲亲,自此而仁民,自此而爱物,皆其本心随物而见者然也。"② 心之体就是喜怒哀乐固有的状态,如果人们不能克制自己的私心杂念,沉湎于愤怒和情欲而不能自拔,那么就会导致人之本性的泯灭,心之本体也就无法体现。只有战胜人心的私欲,回归天道之公心,才能达到"民胞物与"的境界,才能使本心得以呈现。诸如亲亲、仁民、爱物等,皆是本心呈现的表现。同时,游氏在这里也谈及了道心和人心,指出二者是对立的,前者为公心,后者为私心。

最后,将心之本体与仁搭挂起来。在诠释《颜渊篇》"颜渊问仁"章时,游酢进而指出:"心之本体,一而已矣,非事事而为之,物物而爱之,

---

① 游酢:《游廌山集》卷一《论语杂解》,《四库全书》本,上海古籍出版社1987年版。
② 同上。

又非积日累月而后可至也。一日反本复常，则万物一体，无适而非仁矣。故曰：'一日克己复礼，天下归仁焉。'"①这就是说，心之本体即是仁。在游氏看来，仁就是人心，它对于人来说颇为重要。他说："仁，人心也，不可须臾离也，犹饥之于食，渴之于饮，一日阙之，则必颠仆饿殍而殒命矣。人心一日不依于仁，则不足以为人焉。"②仁与人心的关系，就如同饥饿的人之于食物，口渴的人之于水一样，一日也离不开，如果离开了，人也就不能成其为人了。同样，"人而不仁，则人心亡矣"③，人如果做不到仁，那么人心就不存在了。游酢进而指出，人如果安心于仁道，就会存性保真、延年益寿。他说："仁者安仁，得于所性之妙，不逐末以忘本，不逐伪以丧真，不残生以伤性，可以保身，可以养生，可以尽年，故享年享国皆可长久，若尧、舜、文王皆度越百岁是也。"④仁者安心于仁，是由人性决定的。唯有安于仁，才不会逐末忘本、逐伪丧真、残生伤性，且可以延年益寿。在他看来，人如果能做到视仁为内心自发的修养，就可以成为圣人。他说："中心安仁，则纵目之所视，更无乱色。纵耳之所听，更无奸声。无思也，无为也，寂然不动，感而遂通天下之故，则发育万物，弥纶天地，而何克己复礼、三月不违之足言哉！此圣人之能事，而对时育万物者，所以博施济众也。仁至于此，则仲尼所不敢居，而且罕言也。"⑤内心安仁，则视听不违礼；内心安仁，则无思无为，感悟而能通晓天下之事，能养育万物，能包罗天地之道，能使大多数民众受惠，这是圣人才能做到的事。

第二，游酢阐发了自己的人性论学说。游氏对人性论的阐发，集中体现在他对《阳货篇》"唯上知与下愚不移"章的解释中。首先，游酢认为，性、善皆与道有关。他说："夫道未始有名，感于物而出，则善之名立矣；托于物而生，则性之名立矣。善者，性之德，故庄子曰：'物得以生谓之德。'性者，善之资也，故庄子曰：'形体保神谓之性。'"⑥性与善同源于道，性是善的根本，善是性外在表现的品德。二者相互依存，不可

---

① 游酢：《游廌山集》卷一《论语杂解》，《四库全书》本，上海古籍出版社1987年版。
② 同上。
③ 同上。
④ 同上。
⑤ 同上。
⑥ 同上。

分离。

其次，在游酢看来，孔孟的人性学说较为系统全面。他指出："孔子之言性，有以其本言之者，若继之者善、成之者性是也；有以人所见言之者，若性相近、习相远是也。孟子亦然，其道性善，深探其本也。其曰孺子将入井，皆有怵惕恻隐之心，乃若其情，则可以为善矣，姑据人所见而语之也。"① 在他看来，孔孟的人性学说深得人性论之精髓，他们一方面从人性的本质立言，如孔子的"继之者善、成之者性"，孟子的"性善论"；另一方面从人之所见立言，如孔子的"性相近、习相远"，孟子的"孺子将入井，皆有怵惕恻隐之心"。如此一来，游氏便从本质和现象两个层面系统的阐述了孔孟的人性论。

再次，游酢认为，上智、下愚与中人等差异与气禀有关。在游酢看来，人性本善，现实社会中之所以出现上智、下愚与中人等种种不同，关键是受气禀之影响。他解释说："惟其同出于一气，而气之所值，有全有偏，有邪有正，有粹有驳，有厚有薄，然后有上智、下愚、中人之不同也。犹之大块噫气，其名为风，风之所出，无异气也，而叱者吸者，叫者号者，其声若是不同，以其所托者物，物殊形耳，其声之不同而谓有异风，可乎？孟子谓性善，正类此也。"② 人之初，因所禀气有不同，故而产生了上智、下愚及中人的种种差异。但这些差异并不能否定"人之初，性本善"。正如虽然原始的风是一样的，但受地形及其地面附着物的影响，同时受风吹时，发出来的声音也千差万别，所以我们不能因此而说风不同。

最后，游酢对荀子的性恶论、扬雄的性善恶混论、韩愈的性三品说予以了批评。在游酢看来，荀子、扬雄、韩愈的人性学说都是从气禀的角度立论的，都没有抓住人性论的根本。他说："荀卿言性恶，扬雄言人之性善恶混，韩愈言性有三品，盖皆蔽于末流而不知其本也。观五方之民，刚柔轻重迟速异齐，则气之所禀可以类推之也。以尧为君而有丹朱，以瞽瞍为父而有舜，又何足疑乎？孔子言性相近者，以习而相远，则天下之性，或相倍蓰者固多矣。由是观之，则谓性有三品，未为不可，惟其止以是为性，则三子者之失也。'成性存存，道义之门。'盖非尽心知性者不足以与

---

① 游酢：《游廌山集》卷一《论语杂解》，《四库全书》本，上海古籍出版社1987年版。
② 同上。

此，宜乎夫子之言性，门人莫得而闻也。子贡知道者也，得其所以言矣，故其赞圣人者及此。"① 论性只从人之所见、只从气禀立论，有失偏颇，只有向孔孟一样，从本末两方面立言，才能得其仿佛。

三 阐明心性修养的工夫路径

游酢通过对《论语》的诠释，力图阐明儒学道德修养的心性工夫路径，从而彰显理学的实践意义和话语转换。在《论语杂解》中，游酢主要从以下几个方面对修养工夫的方法和路径予以了论述。

第一，正心。正心是儒家学者尤其是宋代儒家的一种道德修养的方法，谓使人心归向于正。游酢在诠释"哀公问弟子"章时，指出："不迁怒者，怒适其可而止，无溢怒之气也。《传》所谓'室于怒而市于色'者，迁其怒之甚者也。不迁怒，则发而中节矣。喜怒哀乐，不可无也，每思要发皆中节之为难耳。文武一怒而安天下之民，则何恶于怒哉？《记》曰：'心有所忿懥，则不得其正。'今至于不迁怒，则于正心之学，可谓自强矣。不贰过者，一念少差，而觉之早，不复见之行事也。盖惟圣人能寂然不动，故无过，颜子能非礼勿动而已。故或有不善始萌于中，而不及复行，是其过在心，而行不贰焉，则于修身之学，可谓自强矣。正心以修身，自强而不息，此孔子所谓好学，而颜子所以三月不违仁也。"② 只有正心，才能不迁怒、不贰过，才能喜怒哀乐发而皆中节，才能将不善扼杀在萌芽状态。

第二，主敬。主敬是程颐提出的一种道德修养方法。以敬作为修养方法，初见于《论语·子路》"居处恭，执事敬"和《周易·文言》"敬以直内，义以方外"。此处"敬"为谨慎的意思。程颐据此发挥为内心涵养功夫。游酢承袭了乃师的思想，在诠释《论语》时对此多有论述，如他曾说："主之以敬。"③ "思则知敬以直内，而中有主。"④ 在游氏看来，主敬一是需做到内心虔诚，无时不敬，无事不敬。他说："出门如见大宾，使民如承大祭，则以闲邪存其诚而已。出门如见大宾，则无时而不敬也；使

---

① 游酢：《游廌山集》卷一《论语杂解》，《四库全书》本，上海古籍出版社1987年版。
② 同上。
③ 同上。
④ 同上。

民如承大祭,则无事而不敬也。"① 出门会客要像接待贵宾一样恭敬,役使民众要像进行大祭祀那样诚实严肃,就做到了时时敬、事事敬。二是要做到外表时时刻刻端庄恭敬,这就要求人们平日要多多演习礼乐,他说:"时习于礼,则外貌无斯须不庄不敬;时习于乐,则中心无斯须不和不乐,且将日进于理义之地矣,故说。"② 经常演习礼乐,就会外表庄重,内心和乐。同时,在日常生活中,还要做到衣冠整齐,目不斜视,使人一见便生敬畏之心。在诠释《学而篇》"君子不重则不威"时,他说:"正其衣冠,尊其瞻视,俨然人望而畏之,此君子之重而威也。重而威,则德性尊矣,故君子日就,小人日远。"③ 外表庄重而又威严,反映了君子对德性的尊崇和对人对事的敬畏。在游氏看来,敬有诸多益处,"敬朝觐之事,则君臣严;敬冠婚之事,则男女别;敬丧纪之事,则民知哀死而慎终;敬祭祀之事,则民知报本而追远。事之所在,无所不用其敬焉,则民孰有不敬者哉!"④ 敬有助于正定名分,有助于厚民风。

第三,主忠信。游酢把忠信看作是修身进德的主要路径,在他看来,人而无信,则内心无所主,礼义无所成。他说:"人而无信,以輗軏为喻,何也? 曰:忠信所以进德,而义也礼也,以信成之。人而无信,则中无所主矣,以之为仁,则觱蘖而已;以之为义,则踶跂而已;为智则诬,为礼则伪,无所施而可也。輗軏,大车小车所恃以行者也,而有信,则大德小德所资以进也。故轮舆虽备,而无輗軏,则有车之名,而无运行之实;人而无信,则虽居之似忠信,行之似廉洁,终不可入尧舜之道,故其喻如此。"⑤ 没有信,则仁义礼智就失去了根。有了信,大德小德可以成,尧舜之道可以入。在他看来,主忠信对学者而言至为主要,他说:"忠信所以进德也,如甘之受和,白之受采,故善学者其心以忠信为主。不言则已,言而必忠信也,故其言为德言;不行则已,行而必忠信也,故其行为德行。止而思,动而为,无时而不在是焉,则安往而非进德哉? 故为仁不主于忠信,则仁必出于姑息;为义不主于忠信,则义必出于矫抗。操是心以往,则礼必出于足恭,智必出于行险,安往而非败德哉,而何进德之有

---

① 游酢:《游廌山集》卷一《论语杂解》,《四库全书》本,上海古籍出版社1987年版。
② 同上。
③ 同上。
④ 同上。
⑤ 同上。

焉？譬之欲立数仞之墙，而浮埃聚沫以为基，亦没世不能立矣。故主忠信者，学者之要言也。"① 为学者没有了忠信，就失去了基础，就不能成就自己的道德修养，将"没世不能立"。

第四，日省。在游氏看来，要想使自己的道德修养不断提高，还必须不断地进行自我反省。在诠释《学而篇》"吾日三省吾身"章时，他指出："考曾子之学，主于诚身，则其操心宜无不忠，其立行宜无不信，而处己者无憾矣。虑其所以接人者，或入于不忠不信而不自悟也，故日三省其身焉。省之如此其周，则有不善未尝不知，知之未尝复行者，庶乎可以企及矣。然此特曾子之省身者而已，若夫学者之所省，又不止此。事亲有不足于孝，事长有不足于敬欤？行或愧于心，而言或浮于行欤？欲有所未窒，而忿有所未惩欤？推是类而日省之，则曾子之诚身，庶乎可以跂及矣。"② 曾子之学，主以至诚立身行事，所以其反省主要围绕待人接物如何做到忠信而展开。而就为学者而言，不仅要做到曾子之三省，而且还需每天反思自己对待父母兄弟的态度，反思自己的言行举止，反思自己的心态，以及诸如此类的事情。惟其如此，才能日进其德。

综上可见，在《论语杂解》中，游酢不仅很好地继承并发扬了二程的学说，而且其观点还对后世学者产生了很重要的启示作用。一方面，在本体论上，他既将道视为宇宙万物的本源和人间的秩序和原则，又将理看作天地万物的规律和现实社会的道德规范。在心性论上，他既将"心之未发"视为心之本体，又将性、善与道联系起来。在修养工夫论上，他既提出了正心、主敬、日省的修德方法，又提出了主忠信的进德路径。另一方面，游酢的学说对朱熹有所启发。关于这一点，清人方宗诚曾这样论述："自二程夫子起，始独得于章句笺疏之外，而见圣贤立言之本心。先生（指游酢）及同门诸子，互有以发明之，于是经之大体大用始著。朱子继起，乃合汉唐之训诂。宋诸儒之义理，择之极其精，语之极其详，由是对圣贤之精义始如日月经天、江河行地，布帛菽粟之切于人生日用而不可离。譬之农焉，朱子则陈列修治而为之疆畎者也。然非始有既勤敷菑如先生（指游酢）辈者，则朱子一人，又岂易芟柞而耕获也哉。"③ 正是游酢

---

① 游酢：《游廌山集》卷一《论语杂解》，《四库全书》本，上海古籍出版社1987年版。
② 同上。
③ 游酢：《游定夫先生集》卷首《诸儒论述》，和州官舍清同治六年刻本。

的"既勤敷菑"才成就了朱子的"芟柞而耕获",这一点很明显地体现在朱熹的《论语集注》中。在书中,朱熹对游酢的观点多有继承和创新。如在"君子不重"和"人而不仁"章中,朱熹两次引用了游氏的观点来阐明自己的学说,从中不难看出游酢的理学思想对朱熹的影响。①

第三节 "作为护教学"的杨时《论语解》

杨时(1044—1130),字中立,号龟山,北宋南剑西镛州龙池团(今属福建明溪县瀚仙镇龙湖村)人。曾先后承学于程颢、程颐,为道学南传做出了贡献,被奉为"程氏正宗"。著有《周易解义》《论语解》《孟子义》《中庸义》《三经义辨》《二程粹言》等。

杨时对《论语》非常重视,将其视为圣学正宗传道之载体。在他看来,《论语》成于有子、曾子门人之手。他说:"《论语》之书,窃意有子、曾子之门人共成之也。孔子没,子夏以有若似孔子,欲以所事孔子事之;群弟子惟曾子为最少,而是书记其死。又惟二子独称子,余无称子者,则其尊之与夫子等,故首述二子之言继夫子之后,为是故也。"② 书中所记都是"圣人之微言",在诠释《尧曰篇》首章时,杨时注曰:"夫《论语》之书,皆圣人微言,而其徒传守之以明斯道者也。故于终篇具载尧、舜咨命之言,汤、武誓师之意,与夫施诸政事者,以明圣学之所传者,一于是而已,所以著明二十篇之大旨也。《孟子》于终篇,亦历叙由尧、舜至汤,由汤至文王,由文王至孔子,或见而知之,或闻而知之,皆此意也。"③ 这就是说,《论语》中所记载的孔子思想渊源有自,继承了尧、舜、汤、武治国理政的思想,是书也因之成为了王道之载体,成为了圣学正传的依据。所以,后世学者欲学先王之道、孔子之学,当以此为本。他说:"士之去圣人,或相倍蓰,或相什伯,所造固不同,然未有不志乎圣人而可以言学也。道废千有余年,百家之言盈天下,学者将安取正乎?质诸圣人而已矣。夫《论语》之书,孔子所以告其门人,群弟子所以

---

① 参见郑永《论游酢在闽学发展过程中的作用和地位》,《东南传播》2007年第7期。
② 朱熹:《论语精义》,载朱杰人等编《朱子全书》第七册,上海古籍出版社、安徽教育出版社2002年版,第32页。
③ 同上书,第636页。

学于孔子者也。圣学之传，其不在兹乎？"① 可见，《论语》是千载以下，学者所以得圣学之传的最为正宗的载体。

不过，在杨时看来，《论语》一书言近旨远，学者切不可小觑；否则，难入尧舜之道。他说："(《论语》) 其言近，其指远。世儒以其近也易之，以为童子之习而莫之究，入德之途背而去之，如在荒墟之中，曾无蓬庐以托宿焉，况能宅天下之广居乎！呜呼！道废千有余年，士不知所止，而缪悠荒唐之辞盈天下，穷高极微，而卒不可与入尧舜之道；间有英才异禀，不过骛为辞章，以夸多斗靡而已。"② 杨时指出，后世学者要想窥其堂奥，必须向伯乐相马一样，透过表象，抓住本质。他说："善夫伯乐之论马也，以为天下马不可以形容筋骨相，视其所视，而遗其所不视，则马之绝尘弥辙者无遗矣。余于是得为学之方焉。夫道之不可以言传也审矣。士欲窥圣学渊源，而区区于章句之末，是犹以形容筋骨而求天下马，其可得乎？余于是书，物色牝牡，有不能知者盖多矣。学者能视其所视，而遗其所不视，则于余言其庶矣乎！"③ 学者要想承继孔子之道，得窥圣学渊源，必不能拘泥于章句之末，而须于《论语》所载圣人微言中抉发之。

在此基础上，杨时还提出了圣学相承的正统源流，初步确立了儒家"道统"谱系。在他看来，《论语》是当之无愧的记述孔子之学的正统经典，"夫《论语》之书，孔子所以告其门人，群弟子所以学于孔子者，士之有志乎圣人者，所宜尽心也"④。杨时认为，孔子辞世后，得其真传者唯有曾子。他说："盖尝谓曾子在孔门，当时以为鲁，学道宜难于他人。然子思之《中庸》，圣学所赖以传者也，考其渊源，乃自曾子，则传孔子之道者曾子而已矣，岂非以鲁得之乎？"⑤ 如此一来，杨时便确立了曾子在"道统"谱系中的核心地位，确立了子思和《中庸》在圣学传承中的位置，推动了孔子→曾子→子思→孟子传承体系的建立和"四书"经典体系的构建。

鉴于《论语》的特殊地位，所以杨时非常注重对《论语》的解读。在

---

① 杨时：《龟山集》卷二十五《论语义序》，《四库全书》本，上海古籍出版社1987年版。
② 朱熹：《论语精义纲领》，载朱杰人等编《朱子全书》第七册，上海古籍出版社、安徽教育出版社2002年版，第22页。
③ 同上。
④ 同上。
⑤ 同上书，第23页。

诠释《论语》时，他采用了引经释《论》、引史证经的方法，凸显了理学思想的特色。

一 引经释《论》

杨时在诠释《论语》时，大量引用五经、《大学》《中庸》《孟子》和《论语》经文，用以证成经义。

一是引用《尚书》《礼记》《周易》《诗经》《周官》《春秋》等诠释《论语》。如《述而篇》"子在齐闻韶"章，杨时注曰："《书》曰：'箫韶九成，凤凰来仪。'盖前古所无，而后无继者，则《韶》之尽善尽美，可谓至矣。此夫子所以不图乐之至于斯也，故闻之不知肉味。"[①] 其中"箫韶九成，凤凰来仪"出自《尚书·益稷》，指高雅的艺术可以上通神灵，使吉兆来临。《述而篇》"圣人吾不得而见之矣。得见君子者，斯可矣"章，杨氏注曰："《礼运》自禹、汤、文、武、成王、周公，通谓之六君子，则君子者，圣贤之通称也。对圣人之言，则君子其次也，故圣人不得而见之，得见君子斯可矣。"[②] 间接引用了《礼记·礼运》篇的内容。原文如下："今大道既隐，天下为家。各亲其亲，各子其子，货力为己。大人世及以为礼，城郭沟池以为固。礼义以为纪，以正君臣，以笃父子，以睦兄弟，以和夫妇，以设制度，以立田里，以贤勇知，以功为己，故谋用是作，而兵由此起。禹、汤、文、武、成王、周公，由此其选也。此六君子者，未有不谨于礼者也。以著其义，以考其信，著有过，刑仁讲让，示民有常。如有不由此者，在执者去，众以为殃。是谓小康。"《子罕篇》"子在川上曰"章，杨时注曰："人自幼壮以至老死，逝而不反，其犹川流不舍昼夜也。《易》曰：'品物流形。'流言逝而不反也。知逝者如斯，则知有不逝者异乎此矣。"[③] 其中"品物流形"出自《周易·彖卦》，意为繁育万物，赋予形体。《乡党篇》自"食不厌精"到"不撤姜食。不多食"下，杨时注曰："色恶，若狗赤股鸟骩色之类。臭恶，若蝼蝈之类。《诗》曰：'物其有矣，唯其时矣。君子之食，唯其时物。'……至于疾而后用

[①] 朱熹：《论语精义》，载朱杰人等编《朱子全书》第七册，上海古籍出版社、安徽教育出版社2002年版，第258页。
[②] 同上书，第272页。
[③] 同上书，第333页。

医，则末矣。故《周官》疾医，施于万民而已，君子不与焉。"① 其中"物其有矣，唯其时矣"出自《诗经·小雅·鱼丽》，"疾医"出自《周礼·天官冢宰》，其文曰："疾医：掌养万民之疾病。四时皆有疠疾：春时有痟首疾，夏时有痒疥疾，秋时有疟寒疾，冬时有嗽上气疾。以五味、五谷、五药，养其病；以五气、五声、五色，眡其死生。两之以九窍之变，参之以九藏之动。凡民之有疾病者，分而治之。死终，则各书其所以，而入于医师。"《宪问篇》"晋文公谲而不正，齐桓公正而不谲"章，杨时注曰："晋文公召王，以诸侯见，而《春秋》书曰：'天王狩于河阳。'盖不与其召也。又书曰：'公朝于王所。'言诸侯自朝于王，盖不与其以也。文公有勤王之心，而不知以臣召君不可以训，故曰谲而不正。齐桓公责楚以包茅不入，故其有夹辅王室之诚心，而其事则正矣，故曰正而不谲。"② 两引《春秋》以证经义。

二是引《论语》诠释《论语》。如在解释《学而篇》首章时，杨时注曰："颜渊'请问其目'，学也；'请事斯语'，则习矣。"③ 其中"请问其目"和"请事斯语"借用了《颜渊篇》中的经文，原文是：颜渊问仁。子曰："克己复礼为仁。一日克己复礼，天下归仁焉。为仁由己，而由人乎哉？"颜渊曰："请问其目。"子曰："非礼勿视，非礼勿听，非礼勿言，非礼勿动。"颜渊曰："回虽不敏，请事斯语矣。"同篇"礼之用，和为贵"章，杨时注曰："礼以敬为本，进为文，进而不已则离，故以用和为贵。《易》曰：'履和而至。'至则不可以有加矣，故先王之道斯为美也。然小大皆由之，则有所不行焉。孔子与上大夫言，訚訚如也，与下大夫言，侃侃如也。侃侃，和也。上下异施，则非小大由之也。此之谓'知和而和'，然和而不以礼节之，则流矣，亦不可行也。"④ 其中"与上大夫言，訚訚如也，与下大夫言，侃侃如也"来自《乡党篇》。《述而篇》"若圣与仁，则吾岂敢"章，杨时注曰："子曰：'何事于仁，必也圣乎？'则仁与圣宜若相远矣。又曰：'若圣与仁，则吾岂敢？'则仁与圣皆孔子不敢居也。盖仁者通上下言之也，苟有功施于仁，皆可谓之仁，故虽管仲，亦

---

① 朱熹：《论语精义》，载朱杰人等编《朱子全书》第七册，上海古籍出版社、安徽教育出版社2002年版，第363页。
② 同上书，第485页。
③ 同上书，第29页。
④ 同上书，第53页。

曰'如其仁'。语仁之至,非大人其孰能当之?若夫圣人,则人伦之至,无以尚之也。然孔子所不敢居者名而已,为之不厌,诲人不倦,则仁且智。夫子既圣矣,有其实而不居其名,正唯弟子之不能学也。"① 其中"何事于仁,必也圣乎"出自《雍也篇》,管仲"如其仁"出自《宪问篇》,原文是:"子路曰:'桓公杀公子纠,召忽死之,管仲不死。'曰:'未仁乎?'子曰:'桓公九合诸侯,不以兵车,管仲之力也。如其仁,如其仁。'"

三是引用《孟子》《大学》《中庸》等来解释《论语》。杨时在诠释《论语》时,有时也利用《孟子》《大学》等儒家经典中去解释《论语》经文,使得文本义理得到跨文本的证明。如《学而篇》"君子食无求饱"章,杨时注曰:"'君子无终食之间违仁,造次必于是,颠沛必于是。'则是心不可须臾离也。夫食而求饱,居而求安,亦常人之情也,虽贤者盖有不敢不饱者,如亥唐是也。君子何容心哉?随所遇而已。而志在于求饱与安,则违是远矣。孟子曰:'仁,人心也。学问之道无他,求其放心而已矣。'则学者学此者也。"② 其中"仁,人心也。学问之道无他,求其放心而已矣"取自《孟子·告子上》,指出了学者理应学习的内容。

《为政篇》"道千乘之国,敬事而信,节用而爱人,使民以时"下,杨时注曰:"滕文公问为国,孟子曰:'民事不可缓也。'盖有土有民,无非事者。然而事不敬则下慢,敬而不信则下疑,下慢而疑,则事不立矣。敬而信,以身先之也。《易》曰:'节以制度,不伤财,不害民。'盖侈用则伤财,伤财必至于害民,故爱人必先于节用。然使之不以其时,则力本者不获自尽,虽有爱人之心,而人不被其泽矣。若春析夏因,既蜡而不兴功之类,所谓时也。然此特道之而已,未及为政也,苟无是心,虽有政不行焉,与孟子论王道之始同。"③ 通过引用《孟子》之经文诠释《论语》之经文,达到了儒家经典的"自我诠释"④。

《述而篇》"盖有不知而作之者"章,杨氏注曰:"孔子述而不作,况有不知而作之者与?故曰:'我无是也。'夫致知在格物,物格而后知至,

---

① 朱熹:《论语精义》,载朱杰人等编《朱子全书》第七册,上海古籍出版社、安徽教育出版社2002年版,第279页。
② 同上书,第58页。
③ 同上书,第38—39页。
④ 李承贵:《中国哲学的"自我诠释"》,《福建论坛》2009年第4期。

多闻多见未足以与此，故为知之次。"① 其中"致知在格物，物格而后知至"出自《大学》。

《子罕篇》"我未见好德如好色者也"下，杨时注曰："言好德之无诚心也。故《大学》曰：'所谓诚其意者，毋自欺也，如恶恶臭，如好好色。'如好好色，则无诚意矣。"② 这里援引了《大学》经文，很好地阐明了经文的意涵。

《子罕篇》"可与共学，未可与适道。可与适道，未可与立。可与立，未可与权"章，杨时注曰："《中庸》之书不言权，其曰君子而时中，即所谓权也。"③ 通过串讲，将《中庸》与《论语》搭挂了起来。

二 引史证经

在诠释《论语》时，杨时有时将历史事实引入到对经文的解释中，通过以史证经，以明经文之语境。如《述而篇》"夫子为卫君乎"章，杨时注曰："卫太子蒯聩得罪于灵公而奔宋，已而之晋赵氏。灵公怨其出奔也，谓少子郢曰：'我将立若为后。'灵公卒，夫人立郢为太子，曰：'此灵公命也。'郢曰：'有亡人之子辄在，不敢当。'于是卫人立辄为君。昔者公仪仲子之丧，舍其孙而立其子，子游问诸孔子，孔子曰：'否，立孙。'则世子亡而立嫡孙，礼也。然则郢之让，辄之立，正也。赵简子欲立蒯聩，而卫人以兵拒之，不得入。夫蒯聩得罪于灵公出奔，不宜有卫也，卫人以辄为君矣，则其拒之宜若可然，故冉求以为问。夫君子居是邦，不非其大夫，况其国君乎？居卫而问卫君，宜夫子之不告也，故子贡以夷齐问之。夫伯夷、叔齐，孤竹君二子也。伯夷兄也，叔齐弟也。父欲立叔齐，而叔齐以伯夷为兄而让之，伯夷以为父命也，不受而逃去，故国人立其中子。而夫子贤之。子贡以是知其不为卫君也。何以言之？盖为臣而不命于其君，为子而不授于其父，而有其国，义之所不与也。伯夷为兄，叔齐让之，犹弗受也，况得罪于其父乎？则蒯聩不宜有卫明矣。夫人以灵公之命而立郢，受之可也，而以辄在为辞，其庶几叔齐之义乎！然辄之立，以蒯聩尝为世子故也。蒯聩未尝为世子，则郢何辞为，而辄亦何自而立耶？故

---

① 朱熹：《论语精义》，载朱杰人等编《朱子全书》第七册，上海古籍出版社、安徽教育出版社2002年版，第274页。
② 同上书，第334页。
③ 同上书，第347页。

《春秋》书赵鞅帅师纳卫世子蒯聩于齐,书世子所以罪辄也。然则蒯聩之人,为辄者宜奈何?去位从之可也,拒之不可也。国人拒之而立郢,则其义两得矣。说者以为善兄弟之让,则恶父子之争可知。夫恶父子之争,虽庸夫愚妇知之矣,而谓求、赐之贤,必待问而后知耶?失其旨矣。"① 通过引史证经,揭示了为国以礼、让国以义的道理。

《先进篇》"若由也,不得其死然"下,杨时注曰:"夫君子所谓得其死者,非必考终命而后为得也,死于义而已。若比干谏而死,孔子谓之仁人是也。子路为孔氏宰,食焉而不避其难,义也。孔悝被劫而盟,子路往救之,救之而不获,亦可以死矣。然以孔子不为卫君言之,亦可以无死矣。可以死,可以无死,而死之,伤勇故也。故孔子闻卫乱,曰:'嗟乎!柴也其来乎?由也其死矣!'则圣人以其行行,得之于眉睫之间,而知之如是其审也。"② 其中子路之事及孔子所言"嗟乎!柴也其来乎?由也其死矣"引自《史记·卫康叔世家》,通过引用,使读者明白了孔子之言的来历。

《宪问篇》"桓公杀公子纠"章,杨时注曰:"纠与小白未尝为世子,而俱出奔,故《春秋》不书子,而书曰'公伐齐纳纠','齐小白入于齐'。(左氏曰:'纳子纠。'《公》、《谷》皆曰'纳纠',其义当以《公》、《谷》为正。)以齐系小白者,明小白之宜有齐者也。纠不称子又不系之齐者,外之不宜有齐者也。不宜有齐而入之,是为乱而已。管仲相之,又射桓公中钩焉,则济恶以成其乱者也。及其败亡也,又乌得而仇桓公哉?知其罪而请囚焉,听命于齐,正也。桓公既入,取子纠而杀之,则已甚矣,故卒书曰齐人取子纠杀之。书子,所以恶齐也。然管、召之纠,既当相之,委质为臣矣,以其分言之,盖可以死也;然而争非其义,则可以无死矣。可以死可以无死,故召忽死之为伤勇,管仲不死为徙义。孔子所以称其仁而与其不死也。方齐之未有君也,诸公子在外,先入者得之,人臣各为其主用,乌敢贰哉?其射桓公也,非有私焉,忠于其主而已。故管仲处之不自以为嫌,而桓公遇之不得以为罪,义固然也。"③ 通过引用历史事实,说明了管仲所为的正确性。

---

① 朱熹:《论语精义》,载朱杰人等编《朱子全书》第七册,上海古籍出版社、安徽教育出版社 2002 年版,第 259—260 页。
② 同上书,第 390 页。
③ 同上书,第 489 页。

三　继承和发展二程之学

作为嫡系弟子，杨时笃守二程之学，他在《中庸义序》中曾明言："于是追述先生之遗训，著为此书。以其所闻推其所未闻者，虽未足尽传先生之奥，亦妄意其庶几焉。"① 表明了自己承继和阐发洛学的基本立场。这在《论语》诠释中亦多有表现。

首先，阐发求仁之学。仁学是儒家的核心思想，历代儒者对此都非常重视。及至二程，他们对孔子的仁学又做了进一步的引申和发挥，指出，"大抵尽仁道者，即是圣人，非圣人则不能尽得仁道"②。又说："学者须先识仁。仁者，浑然与物同体。义、礼、知、信皆仁也。"③ 他们把孔子所强调的爱人、博施济众、克己复礼等仁学思想，引申和发展为与"万物为一体"的境界，前者为仁之"用"，后者为仁之"体"。受此影响，杨时也非常重视仁学。在他看来，"道二，仁与不仁而已，此君子小人之分也"④。将"仁"作为划分君子和小人的标准。在与其弟子讨论读《论语》时，他更是突出强调"识仁"的重要性。范济美问："读《论语》以何为要？"杨时答曰："要在知'仁'。孔子说'仁'处最宜玩味。"又问："孔子说'仁'处甚多，尤的当者是何语？"曰："皆的当。但其门人所至有不同，故其答之亦异。只如言'刚毅木讷近仁'，自此而求之，仁之道亦自可知。"⑤ 在杨时看来，研读《论语》最重要的就是要知"仁"，孔子说仁虽不同，但都是有针对性的，都对。因此，杨时极力倡导求仁之学。他说："君子之学，求仁而已。"⑥ 而"求仁"之关键在于搞清仁之体为何物。杨时认为，虽然《论语》有多处地方论仁，但这些谈论皆是讨论为仁之方，并未谈及仁之体，故有孔子"罕言利与命与仁"之说。或问曰："孔子罕言仁，何也？"杨时答曰："孔子告诸弟子，只是言仁之方，盖接

---

① 杨时：《龟山集》卷二十五《中庸义序》，《四库全书》本，上海古籍出版社1987年版。
② 程颢、程颐：《二程遗书》，上海古籍出版社2000年版，第231页。
③ 同上书，第66页。
④ 朱熹：《论语精义》，载朱杰人等编《朱子全书》第七册，上海古籍出版社、安徽教育出版社2002年版，第173页。
⑤ 朱熹：《论语精义纲领》，载朱杰人等编《朱子全书》第七册，上海古籍出版社、安徽教育出版社2002年版，第22—23页。
⑥ 朱熹：《论语精义》，载朱杰人等编《朱子全书》第七册，上海古籍出版社、安徽教育出版社2002年版，第293页。

第五章 程氏弟子的《论语》诠释与理学的承袭和发展

之使从此来以至于仁。若仁之本体，则未尝言。"① 这个孔子未尝言的"仁之本体"，在杨时看来，孟子体会的比较到位。问："《论语》言仁处，何语最为亲切？"他回答说："皆仁之方也，若正所谓仁，则未之尝言也。故曰'子罕言利与命与仁'。要道得亲切，唯孟子言仁人心也，最为亲切。"② 在杨时看来，孟子把仁说成人心，"窥见了仁的'德性'之体"③。然而，这一说法却并不完美，真正的仁之体应是"万物与我为一"，他说："仁，人心也。学问之道，求其放心而已，放而不知求，则人欲肆而天理灭矣。扬子曰：'胜己之私谓之克。'克己所以胜私欲而收放心也。虽收放心，闲之为艰，复礼所以闲之也。能常操而存者，天下与吾一体耳，孰非吾仁乎？"④ 只有收放心，克制己欲，视听言动依于礼，达到"视天下无一物之非仁"⑤ 的境界，才算把握了仁之本体的真谛。

在讲清楚仁体的基础上，杨时进而探讨了求仁之方。在他看来，此方主要有：

一是志于仁。在杨时看来，要想成为仁者，必先立志于仁。只要志于仁，虽有过举，但能坚守不为恶。在诠释《里仁篇》"苟志于仁矣，无恶也"章时，杨时指出："苟志于仁，未必无过举也，然而为恶则无矣。"⑥ 如果志于仁，就能辨别善恶，不行恶事，也就不会违仁。他说："有不善未尝不知，知之未尝复行，则其不违可知矣。"⑦ 如果志于仁，就会做到时刻不违仁。在诠释《里仁篇》"君子去仁，恶乎成名？君子无终食之间违仁，造次必于是，颠沛必于是"章时，杨时注曰："道二，仁与不仁而已，去仁何以成名。""道不可须臾离也，故无终食之间违仁，虽造次颠沛，亦必于是焉。然所谓是者，果安在乎？曰仁而已。"⑧ 如果志于仁，即使偶尔违仁，因离仁不远，也会很快加以纠正。他说："三月不违，未能无违也，

---

① 朱熹：《论语精义》，载朱杰人等编《朱子全书》第七册，上海古籍出版社、安徽教育出版社 2002 年版，第 314 页。
② 同上。
③ 兰宗荣：《杨时的仁学思想》，《宜宾学院学报》2013 年第 8 期。
④ 朱熹：《论语精义》，载朱杰人等编《朱子全书》第七册，上海古籍出版社、安徽教育出版社 2002 年版，第 415 页。
⑤ 同上书，第 292 页。
⑥ 同上书，第 138 页。
⑦ 同上书，第 210—211 页。
⑧ 同上书，第 140 页。

然而其复不远,则与日月至焉者异矣。《记》曰:'中心安仁者,天下一人而已。'盖非圣人不足以与此。"① 杨时进而指出,只有好仁,才能远离不仁,天下归仁。他说:"好仁,则天下归仁焉,其孰能尚之? 恶不仁,则不仁者远矣,故不使加乎其身。"②

二是为仁由己。在杨时看来,仁德的养成主要靠自我的努力与锻炼,"欲仁则求诸己"③。在诠释《述而篇》"仁远乎哉? 我欲仁,斯仁至矣"章时,他说:"为仁由己,则我欲仁,斯仁至矣。"④ 在求仁的过程中,关键在于自己是不是真正去做,不存在心有余而力不足的事。杨时说:"为仁由己,我欲仁,斯仁至矣,何力不足之有? 然人尝用力于此矣,然后力有足有不足。世无用力者,则有力不足无以见,故曰'盖有之矣,我未之见也'。"⑤ 杨时认为,仁就在人们身边,并非遥不可及,只要努力去做,自然得仁。这就要求人们:一方面要做到好学慎思,他说:"为仁由己,非求之于远也。故博学而笃志,切问而近思,则仁在其中矣。"⑥ 另一方面,要做到按照礼的要求行事,他说:"尧舜之仁不遍爱,急亲贤而已。以天下之广,人物之众,而欲博施而济之,虽尧舜不能不以为病也。君子之仁,岂谓是哉? 观孔子所以告其门人,其义可知矣。故颜渊问仁,则曰'克己复礼为仁';仲弓问仁,则曰'出门如见大宾,使民如承大祭'。则所谓仁者,何事于博施济众乎? 我欲仁,斯仁至矣。故又告之以为仁之方,使知所趣也。由是而求之,斯得仁矣。"⑦ "敬以守之,恕以行之,则仁在其中矣。颜渊克己复礼,克之,己与礼一,而克复之名亡,则圣人之事也。仲弓可使南面,故告之以见大宾、使民之事,由是守之,可以为仁而已。"⑧ 依礼而行,便可求仁而得仁。

三是行忠恕之道。在杨时看来,"忠恕者,仁之方也"⑨,把忠恕作为

---

① 朱熹:《论语精义》,载朱杰人等编《朱子全书》第七册,上海古籍出版社、安徽教育出版社2002年版,第210页。
② 同上书,第142页。
③ 同上书,第639页。
④ 同上书,第275页。
⑤ 同上书,第142—143页。
⑥ 同上书,第615页。
⑦ 同上书,第241页。
⑧ 同上书,第418页。
⑨ 杨时:《杨仲远字序》,《全宋文》第124册,上海辞书出版社、安徽教育出版社2006年版,第379页。

仁之方。他在诠释《里仁篇》"夫子之道，忠恕而已矣"时，指出："忠恕固未足以尽道，然其违道不远矣，由是而求之，则于一以贯之，其庶矣乎！"[1] 由忠恕而求之，则孔子一贯之仁道，可得矣。杨时认为，尽己之谓忠，他说："仁之与人，无彼己之异。谋之在人，犹在己也，谋之不忠，违仁远矣。"[2] 把别人的事当作自己的事，诚实无欺，就做到了仁。推己之谓恕，恕是仁之施。就个人而言，躬行恕道，可以使四海之内皆兄弟。他说："夫万物盈天地之间，各以其类从，而人与人类也莫亲焉。吾之所以直内者敬而无失，所以与人者恭而有礼，有能一日用力乎此，天下归仁矣。四海之内，非兄弟而何？然则士或以无兄弟为忧者，皆自私之过也。"[3] 就为政之道而言，躬行恕道，可以厚民德、得人才。他说："为政者，自家推之国而已，此为政之本也。"[4] "自亲亲推之于敬故，自敬大臣推之不求备于一人，则所以厚民德、用人才者至矣。为国之道，孰先于是乎？"[5] 因此，"君子之学，求仁而已，舍恕，其孰可终身行之乎？"[6] 恕可终身行之，行恕乃求仁之道。在此基础上，杨时提出了"仁者无不爱"[7]的主张，主张对天下万物一视同仁，这理应是为仁的最高境界。

四是务孝悌。杨时认为，求仁当自孝悌入手。在诠释《学而篇》"弟子入则孝，出则弟，谨而信，泛爱众而亲仁"章时，他说："自孝弟而达之于泛爱亲仁，盖推其所为也。君子之所务者本而已。"[8] 在他看来，以孝弟为抓手，才是泛爱亲仁之本。他说："笃于亲，为人之本也，本立故民兴仁。"[9] "入以事其父兄，出以事其长上，举斯心加诸彼而已，无二道也。事亲有隐而无犯，则孝弟之人宜无犯上者；移之事君，有犯而无隐，则犯上盖有不得已而然者，谓之好则鲜矣。孝弟非仁之本，盖为仁之本也。欲

---

[1] 朱熹：《论语精义》，载朱杰人等编《朱子全书》第七册，上海古籍出版社、安徽教育出版社 2002 年版，第 155 页。
[2] 同上书，第 36 页。
[3] 同上书，第 422 页。
[4] 同上书，第 92 页。
[5] 同上书，第 607 页。
[6] 同上书，第 533 页。
[7] 同上书，第 592 页。
[8] 同上书，第 40 页。
[9] 同上书，第 287 页。

为仁当务孝弟，此务本之一事耳。"① 孝悌虽不是仁之根本，但却是为仁之本，所以求仁当自孝弟入手。

杨时终其一生关注"求仁"之学，并将其视为道德实践的系统，在他看来，识仁之体，确立求仁之志，做到为仁由己，践行忠恕原则，躬行孝悌之道，就会有助于成为仁者。

其次，阐发性命之学。性命之学是北宋诸儒探讨的核心话题之一，如张载提出了天地之性与气质之性相分的思想，主张变化气质，回归天地之性；二程则提出了天命之性与气禀之性相分的思想，主张天、理、命、性为一。杨时在继承和发展张载、二程性命之学的基础上，在《论语解》中对此也予以了较为深入的探讨。

在杨时看来，《论语》一书富含"性与天道"之理。他说："夫《论语》之书，盖圣贤之微言，为学之大方也，其言性与天道备矣。"② 虽然《公冶长篇》中明言"夫子之言性与天道，不可得而闻也"，但杨时却视而不见，放言《论语》书中多有这方面的内容，只是人们没有认识到罢了。在对本章文字进行诠释时，他说："夫子之文章，与言性与天道，无二致焉，学者非默而识之，则不可得而闻也。子贡至是始与知焉，则将进乎此矣。"杨氏明言文章与性、天道是一致的，"夫子之文章，乃所以言性与天道，非有二也，闻者自异耳"③。这就是说，"性与天道为文章之'所以言'者，与文章之为'言'相对"，"能默识者则文章、性与天道皆可得闻，不能识者则止乎文章而不能于文章中识得性与天道"④。

在此基础上，杨时还进而探讨了性、命和天道的关系。在他看来，性是天地万物的根源，天地万物源于一性。他说："性者，万物之一源也。"⑤ 它与天道、命一体而异名，"天命之谓性，率性之谓道，性命道三者，一体而异名，初无二致也。故在天曰命，在人曰性，率性而行曰道，特所从

---

① 朱熹：《论语精义》，载朱杰人等编《朱子全书》第七册，上海古籍出版社、安徽教育出版社2002年版，第32页。
② 同上书，第641页。
③ 同上书，第180页。
④ 甘祥满：《〈论语〉"性与天道"章疏证》，《中国哲学史》2012年第3期。
⑤ 朱熹：《论语精义》，载朱杰人等编《朱子全书》第七册，上海古籍出版社、安徽教育出版社2002年版，第569页。

第五章 程氏弟子的《论语》诠释与理学的承袭和发展 　223

言之异耳。所谓天道者，率性是也，岂远乎哉！"① 杨时认为，这个万物一源之性和天命本是一物，性就是天命、就是天道，因此，性、命、道离我们并不远。它们就存在于日常行为规范之中，"圣人所谓性与天道者，岂尝离夫洒扫、应对、进退之间哉？故其始也此即以为学，其卒也非离此以为道"②。所以，人只要通过尽心知性，就能知命。他说："命非尽心知性不足以知之"③，"知性而后可与言命，尽心然后可与言仁"④。人如果不知命，治身行己就会受到私欲的干扰，就不可能成为君子。他说："不知命，则治身行己，人欲之私得以乱之也，何以为君子？"⑤ 人只有知存心养性，才能受命；如果不能受命，则是受到外物影响的缘故。他说："知存心养性以事天，然后能受命，未能受命，则物或累之。"⑥ 因此，欲成为圣人，就必须做到"不以一物置其胸中"⑦，达到"大而化之，则形色天性，无二致也，无物不空矣"⑧。

　　杨时还接受了张载的天地之性和气质之性的思想。在他看来，性原本是善的。杨时说："生而善，天下之性也。"⑨ 这也就是所说的"天命之性"。但受气禀的影响，人性更多的则表现为气质之性。在《阳货篇》"唯上知与下愚不移"下，《论语精义》记载了一段杨时和弟子的对话，光祖问："横渠言气质之性，孔子初无此说。"杨时答曰："孔子云性相近，习相远也，唯上知与下愚不移，便是言气质之性。"又问："孟子以犬羊人之性不等，则是性有二矣。"曰："此亦言气质之性。"光祖又问："说气禀有偏正，自是容有不同，既说其体一，自是可反，何用更言气质之性？"曰："当更思量，不可轻议他。"从彦问："天地之性人为贵，则气质之性，盖已在其中矣。"曰："固是。"⑩ 杨时认为天地之性与气质之性是相伴而生的，孔子所言多就气质之性上来说，孟子所言"犬羊人之性不等"亦是

---

① 朱熹：《论语精义》，载朱杰人等编《朱子全书》第七册，上海古籍出版社、安徽教育出版社2002年版，第180页。
② 同上书，第621页。
③ 同上书，第641页。
④ 同上书，第314页。
⑤ 同上书，第641页。
⑥ 同上书，第397页。
⑦ 同上书，第398页。
⑧ 同上书，第397页。
⑨ 同上书，第290页。
⑩ 同上书，第569页。

谈气质之性。

那么，为什么气质之性有善恶之分呢？在杨时看来，其原因有四：一是受外物影响的缘故，"其为不善，因物有迁耳"①。二是性有所偏蔽，他说："愚则不明，鲁则不敏，辟则未能弗畔，喭则御人以口给。皆其性之偏蔽，故语之使知自励也。"② 三是天赋有异，"有相近，有上知，有下愚，资禀异也"③。四是气禀有偏差。他说："有中人上下者，气禀异也。"④"气失其平则为厉疾，狂、矜、愚，气禀之偏也，故亦谓之疾。"⑤ 受气禀的影响，人才有了差别。因此，要想变化气质，必须通过后天的教育和学习，这就为提倡道德教化找到了理论根据。

杨时在继承二程"天、命、性为一"思想的基础上，大胆吸收张载"气质之性"的思想，主张文章、性及天道一体，这不仅是对二程人性论思想的一个有益补充和发展，而且也使自己的性命之学在二程弟子中独具特色。

最后，阐发中庸之道。杨时在继承二程"不偏之谓中""中者，天下之正道"⑥等思想的基础上，对中庸之道也做了适当的引申和发挥。

一是将"中"视为"天下之大本"。他说："中者天下之大本也，三圣之相授，汤、武之征伐，其事不同，其道则趋于中而已。"⑦ 中是稳定天下之根本，无论是尧、舜、禹，还是商汤、周武王，皆以中道治国理政。在杨时看来，道的终极是中，即无过无不及，他说："夫道止于中而已矣，过乎中则为过，未至乎中则为不及也，故以中庸为至。"⑧ 又说："道止于中，而以出乎中则过，未至则不及，故唯中为至。夫中也者，道之至极，故中又谓之极。屋极亦谓之极，以其中而高故也。"⑨ 以中道为正。

二是在释"中"时，引入了"权"的概念，这也是其思想的一大特

---

① 朱熹：《论语精义》，载朱杰人等编《朱子全书》第七册，上海古籍出版社、安徽教育出版社2002年版，第290页。
② 同上书，第395页。
③ 同上书，第569页。
④ 同上书，第224页。
⑤ 同上书，第584页。
⑥ 程颢、程颐：《二程遗书》，上海古籍出版社2000年版，第148页。
⑦ 朱熹：《论语精义》，载朱杰人等编《朱子全书》第七册，上海古籍出版社、安徽教育出版社2002年版，第636页。
⑧ 同上书，第236页。
⑨ 同上。

色。《子罕篇》"可与共学，未可与适道。可与适道，未可与立。可与立，未可与权"下，杨时在与弟子探讨此章经义时，对"中"与"权"的关系予以了论述：

> 或问曰："中所以立常，权所以尽变。不知权，则不足以应物；知权，则中有时乎不必用矣。是否？"杨氏曰："知中即知权，不知权，是不知中也。"曰："既谓之中，斯有定所，必有权焉，是中与权固异矣。"曰："犹坐于此室，室自有中。移而坐于堂，则向之所谓中者今不中矣，堂固自有中。合堂室而观之，盖又有堂室之中焉。若居今之所，守向之中，是不知权，岂非不知中乎？又如以一尺之物，约五寸而执之，中也。一尺而厚薄大小之体殊，则所执者轻重不等矣，犹执五寸以为中，是无权也。盖五寸之执，长短多寡之中，而非厚薄小大之中也。欲求厚薄大小之中，则释五寸之约，唯轻重之知，而其中得矣。故权以中行，中因权立。"①

在杨时看来，中与权虽有异，但知中即知权，二者并不矛盾。在具体的行权过程中，执中须因时而变，用权就是为了取中，所以"权以中行，中因权立"。

三是从体用的角度重新解读"高明"与"中庸"的关系。在"高明"与"中庸"的关系上，程颐曾指出"中庸乃高明之极"②的思想，杨时由此出发，从体用的角度重新阐发了二者之间的关系，他说："高明则中庸也。高明者中庸之体，中庸者高明之用耳。高明亦犹所谓至也。"③高明是中庸之体，中庸是高明之用，二者相互依存，不可或缺。在诠释《雍也篇》"中庸之为德也"章时，他说："极高明而不道中庸，则贤智之过也；道中庸而不及乎高明，则愚不肖之不及也。世儒以高明中庸析为二致，非知中庸者也。以为圣人以高明处己中庸待人，则圣人处己常失之过，道终

---

① 朱熹：《论语精义》，载朱杰人等编《朱子全书》第七册，上海古籍出版社、安徽教育出版社2002年版，第347页。
② 程颢、程颐：《二程集》，中华书局1981年版，第1181页。
③ 朱熹：《论语精义》，载朱杰人等编《朱子全书》第七册，上海古籍出版社、安徽教育出版社2002年版，第236页。

不明不行，与愚不肖者无以异也。"① 如果将高明与中庸剥离开来，则或为"过"，或为"不及"，这是不知中庸的缘故，故圣人不可能"以高明处己中庸待人"。

四是认为中庸之道寓于日常生活之中，只不过普通人习以为常而不知道罢了。在诠释《雍也篇》"中庸之为德也"章时，杨时指出："夫道若大路，行之则至，故孟子曰：'尧舜之道，孝悌而已矣。'其为孝弟，乃在乎行止疾徐之间，非有甚高难能之事，皆夫妇之愚所与知者，虽舜、颜不能离此而为圣贤也，百姓特日用而不知耳。"② 在杨时看来，中庸之道就像大路一样，只要走就能达到，所以在现实社会中践行中庸之道并非难事。

由上可见，杨时在表明自己的《论语》观时，提出了圣学相承的正统源流，初步确立了儒家"道统"和《论语》在其中的核心经典地位。在《论语》诠释中他非常重视求仁之学的阐发和性命之学的揭示。这种做法被黄俊杰称之为"作为护教学的儒家诠释学"③。尤其是求仁之学，对后世影响极大。对此，陈来先生曾评价说："比起程门其他人来说，龟山更注重（求仁之学），在他的影响下，'求仁'成为南宋早期道学的中心话语，朱子的老师一辈和朱子早年无不受此影响。"④ 从某种意义上来说，他所阐发的仁学思想、性命之学和中庸之道，为集理学之大成的朱熹学术体系的诞生提供了学脉渊源，促进了洛学在南方的传播与发展。

第四节 "明白劲正"的侯仲良《论语说》

侯仲良（生卒年不详），字师圣，陕西华阴人。他自幼养成于二程家，后又师从之，故对其推崇备至，"言必称二程先生"，并说"吾以为志在天下，视不义富贵如浮云者，二程先生而已"⑤。其著作主要有《论语说》《雅言》《孟子解》《中庸解》。其中《论语说》已散佚，部分内容保存在《论语精义》中，今据此以探讨其诠释学思想。

---

① 朱熹：《论语精义》，载朱杰人等编《朱子全书》第七册，上海古籍出版社、安徽教育出版社2002年版，第236页。
② 同上书，第236—237页。
③ 黄俊杰：《中国孟学诠释史论》，社会科学文献出版社2004年版，第413页。
④ 陈来：《中国近世思想史研究》，商务印书馆2003年版，第52页。
⑤ 《宋史·胡安国传》。

一 引经解《论》

这里所说的引经解《论》，主要是指引用《论语》《孟子》《中庸》来解读《论语》，借以实现这几部经典的内在融合，搭建新的经学体系。

第一，引用《论语》进行内在诠释。借用《论语》前后文，来解读《论语》，以期实现《论语》内部的融合。

《学而篇》"君子食无求饱，居无求安，敏于事而慎于言，就有道而正焉，可谓好学也已"章，侯氏注曰："食欲饱也，求饱则志于饱。居欲安也，求安则志于安。志于饱，志于安，非学者也。'学如不及，犹恐失之'，事不可不敏也。'御人以口给，屡憎于人，不知其仁，焉用佞'，言不可不慎也。学欲诣理，就有道而正焉，求所以诣理而自信也，苟如是，非好学而何？"① 其中"学如不及，犹恐失之"来自《泰伯篇》，用以形容做其他事情的迫切心，借以解释"敏于事"；"御人以口给，屡憎于人，不知其仁，焉用佞"出自《公冶长篇》，意为不要用口才来衡量人，借以解释为什么孔子说要"慎于言"。

《颜渊篇》"听讼，吾犹人也，必也使无讼乎"章，侯氏注曰："夫子之志，则老者安之，朋友信之，少者怀之。夫子之在邦家，则立之斯立，道之斯行，绥之斯来，动之斯和。夫如是，讼何自而兴哉？尧之黎民于变时雍，文王之民耕让畔，行让路，皆其徵也。此孔子所以言'必也使无讼乎'！有讼，则孰不能听之哉？"② 其中"老者安之，朋友信之，少者怀之"出自《公冶长篇》，"立之斯立，道之斯行，绥之斯来，动之斯和"出自《子张篇》，二者都代表了一种美好的社会状态，在此状况下，根本不会出现有人打官司的情况，以此来解释孔子所言"必也使无讼乎"可谓较为恰当。

又，《子路篇》"不得中行而与之，必也狂狷乎"下，侯氏注曰："子曰：'不得中行而与之，必也狂狷乎！'如曾点之狂，夫子喟然曰：'吾与点也。'则其狂可使俯而就之矣。子谓子夏曰：'女为君子儒，无为小人儒。'则不及者尚可勉而至之也。如自暴自弃者，虽不为狂狷，尚可得而

---

① 朱熹：《论语精义》，载朱杰人等编《朱子全书》第七册，上海古籍出版社、安徽教育出版社2002年版，第58页。
② 同上书，第430页。

进退乎？"① 其中"吾与点也"出自《先进篇》，"女为君子儒，无为小人儒"来自《雍也篇》，借以解释"狂狷"之意，通俗明白，便于理解。

第二，援引《孟子》和《中庸》以解读《论语》。《四书》是二程提倡的新经学体系，如何实现四部经典之间的融贯性解释，是能否构建新体系的关键。侯氏在这方面也做了探索。

《卫灵公篇》"君子谋道不谋食"章，侯氏注曰："君子志于道，食非所谋也，志于食则害道矣。犹耕也本为谋食，非求馁也，而馁在其中矣。学本进道，非求禄也，而禄在其中。学者唯道之不进为忧，贫非所忧也。孟子曰：'修其天爵，而人爵从之。'禄在其中矣。"② 其中"修其天爵，而人爵从之"出自《孟子·告子上》，原文为："有天爵者，有人爵者。仁义忠信，乐善不倦，此天爵也；公卿大夫，此人爵也。古之人修其天爵，而人爵从之。今之人修其天爵，以要人爵，既得人爵，而弃其天爵，则惑之甚者也，终亦必亡而已矣。"修养个人品德，乐于行善，持之以恒，那么功名利禄自然就会到来。劝诫人们不要舍本逐末。用以解释此章，甚合经义。

《微子篇》"柳下惠为士师"章，侯氏注曰："子谓柳下惠降志辱身矣。孟子谓柳下惠不羞汙君，不卑小官，进不隐贤，必以其道，遗佚而不怨，阨穷而不悯。疑其和光同尘，不与臧否，玩世不恭者也。及为士师，三黜，曰：'直道而事人，焉往而不三黜？枉道而事人，何必去父母之邦。'其出处取与之际，不合圣人盖亦鲜矣，岂非和而能介者乎？孟子谓之圣之和，而夫子曰：'言中伦，行中虑，不亦宜乎？'和而介，乃介之量也。然子曰降志辱身，孟子曰不恭，盖欲绝其流也。"③ 其中"柳下惠不羞汙君，不卑小官，进不隐贤，必以其道，遗佚而不怨，阨穷而不悯"和"圣之和"均来自《孟子·万章下》，"柳下惠不恭"来自《孟子·公孙丑上》。通过引用《孟子》之说，进一步理解了经义，深化了对柳下惠的认识。

又，《微子篇》"逸民：伯夷、叔齐、虞仲、夷逸、朱张、柳下惠、少连"章，侯氏注曰："作逸民之道者七人，而制行不同，各尽其所至而已。

---

① 朱熹：《论语精义》，载朱杰人等编《朱子全书》第七册，上海古籍出版社、安徽教育出版社2002年版，第462—463页。
② 同上书，第539页。
③ 同上书，第597—598页。

夷、齐，非其义也，非其道也，弃千乘之国而饿，非为名也，洁身而清者也，不降其志，不辱其身，邻于仁矣。下惠、少连，降志辱身，疑其汙也，而言中伦，行中虑。柳下惠三公不能易其介。虞仲、夷逸，隐居放言，隐居，所以身中清，放言以自废，所以中权。然皆非圣人之中道。故曰：'我则异于是，无可无不可。'圣人之中道，志亦有可降时，身亦有可辱时，亦有不可降辱时，各因其时而已。故《中庸》曰：'溥博渊泉，而时出之。'"① 借用《中庸》之言，来说圣人之智慧思虑深远，接连不断，因时而变，正好对应经文"无可无不可"。

二 承袭二程思想

"理"和"仁"是二程思想的核心理念，作为其弟子的侯仲良对此也格外重视，在《论语》诠释中，也不断生发这类思想。

第一，阐发理本论的思想。二程认为"天即理"，将"理"看作是世界的本原，侯氏亦持此观点。他说："圣人之学，顺理而已，天即理也，何常师之有？而又焉不学？"②"圣人之学，穷理尽性以至于命，一贯而已，何用多学哉？"③ 在此基础上，他还谈及了"天理"与"命"关系，说："命，天理也，道之兴废，顺天可也。"④谈及了"圣人之道"与"理"的关系，"圣人之道，明理是也"⑤。形而上的"理"在现实社会中展开为人类社会的道德规范，"以德报德，以直报怨，理之顺也"⑥，"敬之，理也，顺理而已"⑦，"父子相隐，直也，岂有反天理而为直哉？故孔子曰：'父为子隐，子为父隐。'"⑧在侯氏看来，"以德报德，以直报怨"、敬、父子相隐都是顺理而为。

第二，阐发仁学思想。如果说理是二程思想体系中的最高范畴，那么仁在其思想体系中则是天所赋予、己心所禀之仁性、仁德。侯氏亦继承了

---

① 朱熹：《论语精义》，载朱杰人等编《朱子全书》第七册，上海古籍出版社、安徽教育出版社2002年版，第605页。
② 同上书，第628页。
③ 同上书，第518页。
④ 同上书，第506页。
⑤ 同上书，第325页。
⑥ 同上书，第504页。
⑦ 同上书，第325页。
⑧ 同上书，第460页。

上述思想。他说:"仁,性之故有。"① "盖仁者理之得也,得于义得于礼得于智者也,其色有歉于心,则不可谓之仁矣。"② 在他看来,仁有广义和狭义之分,"以全体言之,唯践行者可以谓之仁。其余或以一事而名仁者亦有之,或言仁之功,或言近乎仁,或为仁之方,或为仁之术,皆非所谓尽仁者也"③。以道德实践作为为仁之本,更加凸显了道德践履的伦理观。

侯仲良还探讨了仁与义之间的关系,他说:"仁与义,学者宜究其体用而默识之。孔子只言仁,而孟子言仁必言义,义所以成仁也。集义而生浩然之气,仁也。"④行事合乎道义,反求诸己而无所愧疚亏欠,浩然之气就会自然而然地由衷产生,这才达到仁的境界。他指出,仁与义从本质上说是一体的,"仁人求生害仁,杀身成仁,皆义也,非仁也。仁义本无二,学者当于一道上别出"⑤,"忠信徙义,求仁之方也"⑥,以忠诚信实为主,见义而从,这是追求仁德的方法。

侯氏对作为为仁之方的忠恕之道也予以了探讨。他说:"己所不欲,勿施于人,恕也。恕,忠之用也。忠且恕也,虽圣人亦不越如是而已,岂不可终身行之乎?"⑦ "恕,忠之用",就从体用的角度对忠恕之道进行了诠释。在他看来,忠恕不可分割,"无恕不见得忠,无忠做恕不出来。诚有是心之谓忠,见于功用之谓恕"⑧,他认同程颢所言"忠恕二字,要除一个除不得"⑨。他指出,处于不同地位的人,对忠恕之道的认识是不同的,"'老者安之,朋友信之,少者怀之',孔子之忠恕。'无伐善,无施劳',颜子之忠恕。'施诸己而不愿,亦勿施人',子思之忠恕。'老吾老,以及人之老,幼吾幼,以及人之幼',孟子之忠恕。其地位至此,则说出如此话,仲尼与天地造化合,故别"⑩。有弟子问:"子思言忠恕违道不远,如何?"他回答说:"此是子思地位。子思之忠恕,施诸己而不愿,亦勿施诸

---

① 朱熹:《论语精义》,载朱杰人等编《朱子全书》第七册,上海古籍出版社、安徽教育出版社2002年版,第440页。
② 同上书,第186页。
③ 同上。
④ 同上书,第542—543页。
⑤ 同上书,第524页。
⑥ 同上书,第161页。
⑦ 同上书,第533页。
⑧ 同上书,第156页。
⑨ 同上。
⑩ 同上书,第155页。

人，此已是违道。若圣人，则不待施诸己而不愿，然后勿施诸人也。"① 由上可见，颜子也好，子思、孟子也好，在忠恕之道上是与圣人是有差距的。侯氏还对二程的忠恕之道提出了自己的看法，有弟子问："明道曰：'维天之命，于穆不已，不其忠乎？天地变化，草木蕃，不其恕乎？'伊川曰：'维天之命，于穆不已，忠也。乾道变化，各正性命，恕也。'何以言恕字不同？"侯氏答曰："伊川说得尤有功。天授万物之谓命，春生之，冬藏之，岁岁如是，天未尝一岁误万物也，可谓忠矣。万物洪纤高下长短，各得其所欲，可谓恕矣。圣人这个道理，直是坦易明白，后人只管去求玄求妙，愈高愈远。"② 侯氏认为小程说得更有理。

三 抉发为政之道

侯仲良生活在北宋末年，连年不断的战争、割地赔款的耻辱，使其不得不考虑如何治国理政的问题。所以，在《论语》诠释中，也多次涉及为政之道。

第一，为政者应以身作则。在侯氏看来，作为为政者，首先应自身要正。他说："身者，人之标准也，苟能正其身矣，于从政乎何有？"③只有领导者的个人修养达到一定的水准，才能政出令行。他认为，为政者要率先垂范，"政者正也，当以正帅民，若专用杀以齐民，非政也，则贼道也"④，如果一味实行高压政策，则非为政之正道。在诠释《为政篇》"临之以庄则敬，孝慈则忠，举善而教不能"章时，侯仲良进而指出："庄非敬也，临之以庄，孰不敬哉？孝慈非忠也，孝于亲而慈于下，孰不为忠哉？善者举而用之，不能者矜而教之，孰不劝哉？虽尧舜之政，不出于斯而已。"⑤ 贤王之政，亦是如此。

第二，君臣各尽其道。在侯氏看来，欲国治民安，必须为君者尽君道，为臣者尽臣道。在诠释《八佾篇》"君使臣以礼，臣事君以忠"章时，他指出："君使臣以礼，尽君道也。臣事君以忠，尽臣道也。为人君

---

① 朱熹：《论语精义》，载朱杰人等编《朱子全书》第七册，上海古籍出版社、安徽教育出版社2002年版，第155—156页。
② 同上书，第155页。
③ 同上书，第455页。
④ 同上书，第434页。
⑤ 同上书，第91页。

止于仁，为人臣止于敬。知礼知忠，则诚敬之道立而仁矣。定公问君使臣、臣事君，孔子对曰以礼以忠，君臣之道尽矣。圣人之言无精粗远近，顾知之者如何尔。以礼尽忠，虽尧舜不过如此。伊川先生曰'圣人之言，其远如天，其近如地'者，此也。"① 君臣各司其职，各安其分，足以保全天下。他说："君君、臣臣、父父、子子，所谓达道也。先王之政，达此道以保天下而已。不然，几何而不为禽兽也。"② 如果君守其道，就会"官得其人，则政事举"③；如果君不守君道，就会导致"谏不行，言不听"④，纲纪废弛，朝政崩坏。

第三，要以德待民。在如何处理君民关系上，侯仲良指出，"政得其道，则民之从之也轻矣"⑤。为此，一是要薄税敛，他说："省刑罚，薄税敛，使民仰足以事父母，俯足以畜妻子，暇日修其孝悌忠信，为政之大方也。"⑥ 在他看来，只有民足，才能君足。在诠释《颜渊篇》"哀公问于有若"章时，他说："君以民为主，民以食为天，百姓足，则君足矣。故哀公问年饥、用不足，而有若对以彻，则足民之道也。百姓苟足，君必与焉，孰与为不足哉？若困民以自足，则非足也。"⑦ 二是教民。侯氏认为，为了更好的治民，必须教民。他说："既庶既富矣，逸居而无教，则近于禽兽。"⑧ 只有教民，才能化民。在诠释《为政篇》"道之以政齐之以礼"章，他说："道，治也。以政治之，以刑齐之，霸者之事，非有以教之也。道之以德，齐之以礼，则教之也。教之，则民日迁善而化矣，王者之政也。故有耻且格。"⑨ 通过教民，使之向善，成为顺民。

综上所述，我们不难发现，无论是侯仲良引经释《论》，还是他阐发的理学思想，基本上都是沿袭了二程的思想，不过其中也有一些精妙之义与精彩之论，如关于"忠恕之道""仁义关系"和"君臣各尽其道"的探

---

① 朱熹：《论语精义》，载朱杰人等编《朱子全书》第七册，上海古籍出版社、安徽教育出版社 2002 年版，第 123 页。
② 同上书，第 428 页。
③ 同上书，第 491 页。
④ 同上书，第 474 页。
⑤ 同上书，第 434 页。
⑥ 同上。
⑦ 同上书，第 426 页。
⑧ 同上书，第 452 页。
⑨ 同上书，第 67 页。

讨，是有独特的价值与贡献的。

侯仲良对《论语》的诠释，在朱熹看来，既有其优点，又有其不足，他评价说："侯师圣《论语解》，大抵明白劲正，而无深潜缜密、沉浸醲郁之味，故于精微曲折之际，不免疏略。"①

第五节 "深味其旨而有所自得"的尹焞《论语解》

尹焞（1071—1142），字彦明，一字德充，北宋朝洛（今河南洛阳）人。曾师事程颐，深得程学精髓，据《宋史》本传记载，"当是时，学于程颐之门者固多君子，然求质直弘毅、实体力行若焞者盖鲜。颐尝以'鲁'许之，且曰：'我死，而不失其正者尹氏子也'"。他终生忠实践履程氏之学，被誉为"道学中的行动者"②。主要著作有《和靖集》《论语解》《孟子解》等。兹以保留在《论语精义》中的部分《论语解》为据，来考察尹焞《论语》诠释的洛学特色。

一 援引《孟子》释《论》

伴随着《孟子》的升格运动，受乃师二程尊崇孟子的影响，尹焞对《孟子》也格外看重，曾撰《孟子解》一书。因此，他对孟子及孟子思想极为了解。体现在《论语解》中，就是他时常间接或直接引用《孟子》来解释《论语》，力图通过跨文本的解释打通孔孟思想。

一是直接称引《孟子》原文来解读《论语》经文。如《为政篇》"吾十有五而志于学"章，尹焞解曰："立，能自立于斯道也。不惑，则无所疑也。知命，穷理尽性也。耳顺，所闻皆通也。从心，则不勉而中也。孔子生而知之者，而言十五至于七十，成德之序如此，其亦勉进学者不躐等之意。孟子曰：'盈科而后进，不成章不达。'亦此意也。"③ 其中"盈科而后进"出自《孟子·离娄下》"原泉混混，不舍昼夜，盈科而后进，放乎四海"；"不成章不达"出自《孟子·尽心上》"流水之为物也，不盈科

---

① 顾宏义、戴扬本等编：《历代四书序跋题记资料汇编》，上海古籍出版社2010年版，第246页。
② 陆敏珍：《洛学传人与洛学学派的建构》，《暨南大学学报》2011年第4期。
③ 朱熹：《论语精义》，载朱杰人等编《朱子全书》第七册，上海古籍出版社、安徽教育出版社2002年版，第71—72页。

不行；君子之志于道也，不成章不达"。二者都强调为道之人，应当注重日积月累，终至大成。这也正好可以解释孔子所讲的为学之道，二者异曲同工。《子罕篇》"譬如为山，未成一篑，止，吾止也。譬如平地，虽覆一篑，进，吾往也"章，尹氏曰："为学者譬如为山，虽一篑之未至，犹未成也。孟子谓掘井九仞而不及泉，犹为弃井，亦此意也。"① 其中"掘井九仞而不及泉，犹为弃井"出自《孟子·尽心上》，原文为："有为者譬若掘井，掘井九仞而不及泉，犹为弃井也。成败之数，视此而已。"二者都主张为学应持之以恒，不能功亏一篑，故可通释。又，《子路篇》"樊迟请学稼"章，尹氏注曰："孟子曰：'有大人之事，有小人之事。'又曰：'养其大体为大人，养其小体为小人。'樊迟舍礼义而不为，而请学农圃，故谓之小人。"② 其中"有大人之事，有小人之事"出自《孟子·滕文公上》，"养其大体为大人，养其小体为小人"出自《孟子·告子上》，其文曰："体有贵贱，有小大。无以小害大，无以贱害贵。养其小者为小人，养其大者为大人。"通过引证《孟子》，说明孔子为什么斥樊迟为小人。

　　二是间接称引《孟子》以解释《论语》。如《乡党篇》"厩焚。子退朝，曰：'伤人乎？'不问马"下，尹氏注曰："贵人贱畜，理当然也。君子亲亲而仁民，仁民而爱物之意。"③ 其中"亲亲而仁民，仁民而爱物"出自《孟子·尽心上》，原文如下："君子之于物也，爱之而弗仁；于民也，仁之而弗亲。亲亲而仁民，仁民而爱物。"君子施爱应按照先亲、次民、后物的次序，故孔子问人不问马，符合人之常情。《先进篇》"子路问'闻斯行诸'"章，尹氏曰："圣人之为教，各救其所偏而已。孟子所谓成德达才者是已。"④ 其中"成德达才"出自《孟子·尽心上》，原文为："君子之所以教者五：有如时雨化之者，有成德者，有达财者，有答问者，有私淑艾者。"所谓成德，意为成就品德；所谓达才，意为使之成才。尹氏在这里通过间接引用孟子之言，用以说明孔子之为教，就在于使人为人为学方面有所建树。

---

① 朱熹：《论语精义》，载朱杰人等编《朱子全书》第七册，上海古籍出版社、安徽教育出版社2002年版，第335页。
② 同上书，第448页。
③ 同上书，第368页。
④ 同上书，第401页。

二　引证程颐、张载之说

由于尹焞所诠释的《论语》，是进奉给皇帝看的，其《进解序》曰："臣自布衣，入侍经筵，被旨解《论语》以进。臣备职劝讲，不敢以寡陋辞。"① 所以在解释过程中，他大量引用了程颐及张载的解释，借以提高自己解说的权威性。其引用大致分以下几种情况：

一是整章解释完全用程颐或张载之说。如《为政篇》"非其鬼而祭之"章，尹氏曰："臣闻师程颐曰：'不当祭而祭之，谄于鬼神也。时多非礼之祀，人情狃于习俗。知义之不可，而不能止，盖无勇耳。'"②《公冶长篇》"女与回也孰愈"章，尹氏曰："臣闻师程颐曰：'子贡喜方人，故问其与回也孰愈。既曰何敢望回，而云吾与女弗如者，岂圣人真所不及哉，所以勉子贡进学也。'"③ 又，《微子篇》"太师挚适齐"章，尹氏曰："臣闻张载曰：'师挚之始，乐失其次，徒洋洋盈耳而已。夫子自卫反鲁，一尝治之，其后伶人贱工识乐之正。及鲁益衰，三家僭妄，自太师以下，皆知散之四方，逾河蹈海以去乱。夫圣人俄顷之助功化已如此，其曰用我者期月而已可也，岂虚言哉？'"④《宪问篇》"作者七人矣"章，尹氏曰："臣师及张载皆谓伏羲、神农、黄帝、尧、舜、禹、汤，制法兴王之道，非有述于人者也。"⑤ 整个注释基本沿用了张载的说法："作者七人，伏羲、神农、黄帝、尧、舜、禹、汤，制法兴王之道，非有述于人者也。"⑥

二是用程颐或张载之说为己说做注脚。如《公冶长篇》"道不行，乘桴浮于海"章，尹焞注曰："浮海居夷，讥天下无贤君以行其道。子路勇于使命，无所裁度也。臣闻师程颐曰：'古者材与裁通用。'"⑦ 同篇"颜渊季路侍"章，尹焞注曰："夫子安仁，颜渊不违仁，季路求仁。臣闻师

---

① 朱熹：《论语精义》，载朱杰人等编《朱子全书》第七册，上海古籍出版社、安徽教育出版社2002年版，第23—24页。
② 同上书，第97页。
③ 同上书，第175页。
④ 同上书，第606页。
⑤ 同上书，第508页。
⑥ 同上。
⑦ 同上书，第172页。

程颐曰：'欲见圣贤气象，当于此致意焉。'"①《子罕篇》"子绝四"章，尹氏注曰："圣人之绝四者，非止之之辞，盖无之也。张载曰：'四者或有一焉，则与天地不相似。'"② 这三处引用，都是借他人之说来证成己说。

三是截取程颐之说，但没有明说。如《公冶长篇》"吾未见能见其过而内自讼者也"章，尹氏注曰："知过非难，自讼为难。苟自讼不置，能无改乎？"③ 而程颐之解曰："夫人能自知其过者鲜矣。然知过非难也，能自讼之为难。自讼不置，能无改乎？"④ 两相比较，截取之义甚明。《雍也篇》"季康子问"章，尹氏注曰："人各有所长，能取其所长，皆可用也。"⑤ 而程颐之解曰："季康子问仲由、子贡、冉有其才可以从政乎？夫子答以各有所长。非惟三子者，人各有所长，能取其长，皆可用也。"⑥ 截取之处只字不差。又，《述而篇》"子之燕居"章，伊川解曰："申申，和适之貌。夭夭，温裕之貌。"⑦ 尹氏直接照抄之⑧，二者的解释一模一样。

三 注重理、性、命问题的探讨

作为二程的嫡系弟子，尹焞对其理学思想笃信不疑，时常引用之。如"时敏问子在川上一段：'先儒有以死生为言者，其说如何？'先生曰：'不如此。某尝以此问伊川，伊川曰：此盖形容道之体也。天运而不已，日往则月来，寒往则暑来，水流而不息，物生而不穷。可窥而易见者莫如川。君子法之，自强不息，及其至也，纯亦不已。某亦引解在第九篇。'"⑨ 直接引用老师的解释。除直引外，他在《论语》诠释中，还常常继承和发挥程子的有关思想。

第一，在《论语》诠释中阐发"理"的思想。众所周知，"理"是二程哲学思想的最高范畴，是万事万物的本源。在二程看来，万事万物

---

① 朱熹：《论语精义》，载朱杰人等编《朱子全书》第七册，上海古籍出版社、安徽教育出版社2002年版，第195页。
② 同上书，第318—319页。
③ 同上书，第196页。
④ 同上。
⑤ 同上书，第212页。
⑥ 同上书，第211页。
⑦ 同上书，第246页。
⑧ 同上书，第247页。
⑨ 尹焞：《和靖集》卷五，《四库全书》本，上海古籍出版社1987年版。

各有一理，此为分殊；万事万物各自之理都源于天理，此为理一。尹氏亦持这一观点。他在诠释《先进篇》"季路问事鬼神"章时指出："能事人则能事鬼，知生则知死，盖一理也，所以深告子路。"① 鬼神乃性命道德中之一物，生死乃性命道德中之一事，事人、事鬼、生、死虽各有其理，但它们都源自一理，故"能事人"就"能事鬼"，能"知生"就能"知死"。理落实到人间，便是礼。他在诠释《颜渊篇》"颜渊问仁"章时指出："弟子问仁者多矣，唯对颜子为尽。问何以至于仁？曰复礼则仁矣。礼者，理也，去私欲则复天理，复天理者仁也。礼不可以徒复，唯能克己，所以复也。又问克己之目，语以视听言动者，夫然，则为仁在内，何事于外乎？盖难胜莫如己私，由乎中而应乎外，制其外，所以养其中，视听言动必以礼，而其心不正者，未之有也，是之谓复天理。颜子事斯言，而进乎圣人，它弟子所不能及也。"② 尹氏继承二程的思想，将"礼"与"理"等同起来，认为去除个人私欲，言行举止合乎礼，就可以恢复天理，达到仁的境界。如此一来，他便将万事万物运行的规律——"理"与人类社会的道德规范"礼"融为一体，使人的道德与天理结合起来。

在此基础上，尹氏一方面对顺天理的行为给予了高度评价，他指出："圣人无为而治者也。顺乎天理，茂对时育万物而已，此圣人所以巍巍乎不可及也。"③ 划分季节，确定时令，制定历法以指导生产，这是顺应自然法则的事，虽圣人也难以做到。另一方面，对逆天理的行为予以了批判，他说："幼而不逊弟，长而无所述，老而不死，皆贼天理者也。若原壤之放旷，非可以言喻也，故叩其胫而深责之。"④ 认为有悖天理的行为是应当受到严厉责备的。如礼乐征伐理应出自天子，若出自诸侯，则是无道之行为，其衰落是情理之中的事。他说："礼乐征伐，出于天子者也，诸侯专之，逆天理也，未有能过十世而不亡者。愈逆于理，则其亡愈近，故大夫不过五世，陪臣不过三世。"⑤

---

① 朱熹：《论语精义》，载朱杰人等编《朱子全书》第七册，上海古籍出版社、安徽教育出版社2002年版，第389页。
② 同上书，第415—416页。
③ 同上书，第307页。
④ 同上书，第513页。
⑤ 同上书，第552页。

第二，阐发性命之学。在二程看来，性是天赋的，有至善之性（天命之性）和禀气之性（气质之性）；指出，"天命之谓性，此言性之理"①，"天之付与之谓命，禀之在我之谓性"②，理、命、性等是统一的。尹焞继承了二程的这些思想，在《论语》诠释中也涉及这方面的问题。在人性论方面，尹氏主张人性本为善，在诠释《卫灵公篇》"有教无类"章时，他指出："人性无不善也，教之以善则成善类，教之以恶则为恶类也。"③ 人性本善，至于成为善人还是恶人，关键在于后天的教育和引导。他说："性一也，何以言相近，盖由习则远而为言。"④ 突出了习染的影响。尹氏认为好的品德都是性中固有的，他说："仁，性也"⑤，"直，性也。罔，失性者也"⑥。

在天命论方面，尹氏认为，贫富是由命中注定的。他说："颜子箪食瓢饮，不以累其心，空心而受其道也，贫富有命焉。子贡之初，犹役心于货殖，苟以货殖累其心，是不受命也。"⑦ 在他看来，作为君子，理应知命安命，"知命者，知命而安之，穷通得丧，无所动其心，故可为君子"⑧，"君子于利害之际，安之以命而已矣"⑨。在此基础上，他主张人事、理、天命、性为一，在《宪问篇》"莫我知也夫"章的注释中，尹焞指出："天人事理本无二也，下学人事，而上达天命，自洒扫应对，以至乎穷理尽性，本无二道也。"⑩ 由于四者为一体，所以"知命，穷理尽性也"⑪，"穷理尽性，然后至于命"⑫。这是说伦理道德是人与生俱来的本性，践履天理乃人之神圣使命。

---

① 程颢、程颐：《二程集》，中华书局1981年版，第91页。
② 同上书，第92页。
③ 朱熹：《论语精义》，载朱杰人等编《朱子全书》第七册，上海古籍出版社、安徽教育出版社2002年版，第545页。
④ 同上书，第565页。
⑤ 同上书，第32页。
⑥ 同上书，第223页。
⑦ 同上书，第398页。
⑧ 同上书，第642页。
⑨ 同上书，第506页。
⑩ 同上。
⑪ 同上书，第71页。
⑫ 同上书，第315页。

四 注重修持之道的生发

注重道德修养是宋明理学的一大特点，如二程曾说："要修持它这天理，则在德，须有不言而信者。言难为形状。养之则须直不愧屋漏与慎独，这是个持养底气象也。"① 受此影响，尹焞也持类似观点，他说："大抵学问不在新奇，全在涵养以养其气质而已。"② 这在《论语》诠释中多有涉及。

第一，非常重视道德修养的意义。在尹焞看来，就个人而言，"德必修而后成"③，人生在世，应以德行为本，"德行，本也。文艺，末也。故穷其本末，知所先后，可以入德矣"④，"施于人者必本于己，故君子以修己为本"⑤。就从政而言，只有不断提高自身的修养，才能从政。在诠释《为政篇》"子张学干禄"章时，尹氏指出："臣闻归罪为尤，罪己为悔。多闻而阙其所疑者，寡尤之道也。多见而阙其不安者，寡悔之道也。子张以仕为急，故夫子告以慎乎言行，修天爵而人爵从之故也。能慎言行，则禄在其中矣。"⑥ 修养天赐的爵位——仁义忠信，自然而然的就能得到人授的爵位——公卿大夫。他认为，为政之道就在于正人先正己，"修己为政之本"⑦，"政者正也，正身而已。所以施于天下国家者，其为道一也"⑧，身正才能化民，"君好之则民从之，上行之则下效之，皆在上之化而已"⑨，"欲使民敬，当临之以庄；欲使民忠，当先孝慈；欲使民劝，当举善而教不能。未有不自己出而能化人者也"⑩。

第二，非常重视自修之道。在如何来进行道德修养的问题上，尹氏非常注重自我修养之道：一是注重反求诸己。尹焞主张修身应反求诸己，他

---

① 程颢、程颐：《二程集》，中华书局1981年版，第30页。
② 尹焞：《和靖集》卷七，《四库全书》本，上海古籍出版社1987年版。
③ 朱熹：《论语精义》，载朱杰人等编《朱子全书》第七册，上海古籍出版社、安徽教育出版社2002年版，第246页。
④ 同上书，第41页。
⑤ 同上书，第512页。
⑥ 同上书，第89页。
⑦ 同上书，第290页。
⑧ 同上书，第92页。
⑨ 同上书，第511页。
⑩ 同上书，第91页。

说："夫子教人入德也，能内省不疚而后可安。"① 要努力做到向贤者学习和自我反省的结合，"见贤思齐之，见不贤而自省之，自修之道如此"②。要知道不断的进行反求诸己，"君子无不求诸己"③，"反求诸己，不愿乎外也"④。在他看来，只有内在修养好了，才能达济天下，"修己之要，钦以直内，推而及物，至于百姓，皆被其泽，犹天地之养万物，无不得其所者。其本皆在于身修，故驯致可至于天下平"⑤。二是要做到有过立改。他说："迁善贵速，故过则勿惮改。君子自修当如是也。"⑥ 在诠释《述而篇》"闻义不能徙，不善不能改"时，尹氏更是将"见善能徙，改过不吝"视为学者"日新之要"⑦。三是要做到贫穷仍能乐道，富贵仍然好礼，他说："至于贫而乐，富而好礼，非自修者不能也。"⑧ 四是要在道德上互相砥砺，他说："切磋琢磨，自修之谓也。"⑨

第三，主张修己以诚。尹氏将"诚"作为修身的方法，在注释《学而篇》"吾日三省吾身"章时，他说："曾子之三省，诚而已。为人谋而不忠，与人交而不信，不习而传于人，皆诚所未至也。曾子守约，故动必求诸身。"⑩ 故求学主要学习如何做到"尽其诚"，他在诠释《学而篇》"贤贤易色"章时说："贤其贤，则敬贤之诚见于色，故曰易色。于其事君、事亲、与朋友交，皆尽其诚，无所不用其极也。学者，学此者也。"⑪ 具体做法：一是做到"哀有丧，尊有爵，不欺其不见"，同圣人一样"诚心内外一者"⑫。他说："圣人处己为人，其心一致，无不尽诚故也。"⑬ 二是做到畏天命、畏大人、畏圣人之言，"三畏者，修己之诚当然也。小人不务

---

① 朱熹：《论语精义》，载朱杰人等编《朱子全书》第七册，上海古籍出版社、安徽教育出版社2002年版，第420页。
② 同上书，第157页。
③ 同上书，第532页。
④ 同上书，第500页。
⑤ 同上书，第512—513页。
⑥ 同上书，第47页。
⑦ 同上书，第246页。
⑧ 同上书，第60页。
⑨ 同上。
⑩ 同上书，第36页。
⑪ 同上书，第42页。
⑫ 同上书，第325页。
⑬ 同上书，第547页。

修身诚己,则何畏之有?"①

第四,主张修己达仁。尹焞将仁与理搭挂起来,指出"仁"就是"正理"。在诠释《八佾篇》"人而不仁,如礼何? 人而不仁,如乐何"章时,他说:"乐由天作,礼以地制,皆正理也。仁者天下之正理,夫人而不仁,其如礼乐何? 失正理,则无序而不和矣。"②可见,仁就是理,礼乐不能脱离仁。如此一来,仁就成了人类社会理所当然之理,此之谓仁之体;而仁德、仁性是得于天而居于心的。在他看来,具备仁德对个人而言非常重要,"志于仁者,何不善之有?"③ 一个人有志于仁道,则无一念不存乎仁,故无有不善之言行。一个人一旦具备了"仁德",就可以"泰而不骄,穷而不滥"④,就可以"克、伐、怨、欲咸无焉"⑤,就可以"无所择于利害,而为所当为"⑥,就能"恶不仁,不使不仁者加其身"⑦,就能超越富贵之欲,"富贵人之所欲,所欲有甚于富贵者,仁是也"⑧,就能够做到"行之而不厌,诲人而不倦"⑨,就能够躬行"恭、宽、信、敏、慧"⑩,就能够做到"好恶皆当于理"⑪。因此,依据是否拥有仁德,就可以把君子和小人划分开来,他说:"去仁,则不得名君子矣。"⑫ "君子失于厚,小人失于薄;君子过于爱,小人过于忍。各于其类观之,仁不仁可知矣。"⑬ 在如何达到仁的境界问题上,尹氏指出,尽仁道惟有圣人才能做到。他说:"尽仁道者圣人之事,君子行仁,或未能尽之,则有矣。至于小人,岂复有仁哉?"⑭ 尽管只有圣人才能尽仁道,然而只要做事符合仁,就算行仁之道。他说:"尽仁道即圣也,唯圣人为能尽仁道。夫子自谦而不敢当,然行之

---

① 朱熹:《论语精义》,载朱杰人等编《朱子全书》第七册,上海古籍出版社、安徽教育出版社 2002 年版,第 557 页。
② 同上书,第 102 页。
③ 同上书,第 138 页。
④ 同上书,第 136 页。
⑤ 同上书,第 473 页。
⑥ 同上书,第 596 页。
⑦ 同上书,第 143 页。
⑧ 同上书,第 141 页。
⑨ 同上书,第 279 页。
⑩ 同上书,第 574 页。
⑪ 同上书,第 137 页。
⑫ 同上书,第 141 页。
⑬ 同上书,第 144 页。
⑭ 同上书,第 477 页。

而不厌,诲人而不倦,则知仁备矣。"① 又说:"非仁小而圣大也,盖仁可以通上下而言,圣则其极也。今有一事之仁,亦可谓之仁,至于尽仁之道,亦不过曰仁而已。"② 可见,仁道还是可求的。

在尹氏看来,求仁之方主要有:一是以孝弟为本,他指出:"为仁之道由孝弟而生,故为仁者必本乎孝弟。"③ 为仁之道来源于孝弟,故为仁需以之为根本。在尹氏看来,如果君子能忠实地对待其亲族,受其影响,老百姓就会具有仁爱之德,"君子笃于亲,则民化而仁爱"④。二是为仁由己。在尹氏看来,实行仁德,主要在于自己。他说:"人能好仁,则何以尚之。"⑤ 一个人喜欢仁德,没有比这更高尚的了。"为仁由己,欲之则至,何远之有?"⑥ 一个人想成为有仁德之人,就能梦想成真。这其中的关键主要在于一方面要向仁贤学习,他说:"欲为仁者,当先择仁贤而从之,犹工之先利器也。"⑦ 另一方面,就是要知道仁道之美,有选择性的践行之,这非常有利于自身仁德的提升,他说:"知仁之为美,择而行之,利其仁也。"⑧ 三是推行恕道。在诠释《雍也篇》"博施于民而能济众"章时,尹焞指出:"推己之恕以及人,乃为仁之方也。"⑨ 将推己之恕以及人视为为仁的基本方法。四是做到敬以直内。尹氏把"居处恭,执事敬,与人忠"看作是"为仁之方"⑩。在诠释《颜渊篇》"仲弓问仁"时,尹氏指出:"敬以直内,为仁之要也。恕者,敬之及物也,敬则不私,不敬则多欲,故寡欲则至于仁矣,盖言无时不敬也。出门使民,接于事者也,见乎外者由乎中,非谓接于事方敬也。"⑪ 为仁最重要的就是用严肃恭敬的态度来保持内心的正直和真诚。

---

① 朱熹:《论语精义》,载朱杰人等编《朱子全书》第七册,上海古籍出版社、安徽教育出版社2002年版,第279页。
② 同上书,第241页。
③ 同上书,第32页。
④ 同上书,第287页。
⑤ 同上书,第143页。
⑥ 同上书,第275页。
⑦ 同上书,第525页。
⑧ 同上书,第136页。
⑨ 同上书,第241页。
⑩ 同上书,第461页。
⑪ 同上书,第418页。

五 注重为学之道的抉发

尹焞继承了二程"学以至圣人之道"①的思想,非常重视为学之道,认为为学与否是圣人和普通人的区别。他说:"生而知之,更不待学。困者谓有所不通,困而不学,可谓下愚不移者矣。圣人与常人之性类也,在学与不学,勉与不勉之间而已。"②因此,要想成圣必须为学。

那么,如何为学呢?在尹焞看来,就其内容而言,一是为学应该知"要",这是为学之根本。《卫灵公篇》子贡问曰:"有一言而可以终身行之者乎?"子曰:"其恕乎?己所不欲,勿施于人。"尹氏在诠释该章时,指出:"学贵乎知要,子贡之问,可谓知要矣。孔子告之,求仁之方也,推而极之,虽圣人无我,不出乎此也,终身行之,不亦宜乎?"③子贡之问抓住了求学之根本,所得夫子之解答,可以终身行之。二是学要为己。在诠释《宪问篇》"古之学者为己,今之学者为人"章时,尹氏注曰:"学者本于为己,修己既至,然后可以推而及人也。为人而学者,非务本之学也。"④为己之学乃为学之本。三是学贵自得。他说:"学无自得,君子所不取。"⑤四是要注重学思结合。在诠释《为政篇》"学而不思则罔,思而不学则殆"章时,尹氏注曰:"学而不思,则罔然无所得。力索而不学,则劳而无所安。"⑥他还说:"废寝食以思,不如学之益也。故曰思而不学则殆。"⑦五是要学习正道。他说:"学所以为道也"⑧,"学所以致其道也。百工居肆,必务成其事;君子之于学,可不知其所务者哉?"⑨学者只有通过学习,才能获得他所追求的道。在求学过程中,不要受感性因素影响,"君子之学,在乎不为血气所使"⑩;不要有所偏差,"不取正于有道者,未免有差。如杨墨者,学仁义而差者也,其流至于无父无君,谓之好

---

① 程颢、程颐:《二程集》,中华书局1981年版,第577页。
② 朱熹:《论语精义》,载朱杰人等编《朱子全书》第七册,上海古籍出版社、安徽教育出版社2002年版,第558页。
③ 同上书,第533页。
④ 同上书,第497页。
⑤ 同上书,第582页。
⑥ 同上书,第85页。
⑦ 同上书,第538页。
⑧ 同上书,第539页。
⑨ 同上书,第615—616页。
⑩ 同上书,第556页。

学可乎？"①因此，"学以忠信为主，而徙于义，则崇德矣"②。六是要学圣人言行。在尹焞看来，《论语·乡党篇》详细记载了圣人的德容，想成为圣人须仔细阅读学习。他说："《乡党》一篇，门人弟子写出一个圣人之德容，学者当潜心焉。"③ 又言："甚矣孔门弟子之嗜学也。于圣人之容色言动，无不谨书而备记之，以贻后世。今读其言，即其事，宛然如圣人之在目也。虽然，圣人岂拘拘而为之者哉？盖盛德之至，动容周旋，自中乎礼耳。学者欲潜心于圣人，宜于此求焉。"④《乡党篇》虽自始至终只记载了孔子在各种场合的言行举止，但动容周旋无不合乎礼，体现出了圣人的标准与风度，学者理应心解力行之。七是学贵有用。在尹氏看来，要学以致用。他说："季札闻《诗》而知国政，则《诗》者政之所系也。不学《诗》无以言，则学《诗》者有志乎言也。授之以政不能通达，又不能善其言，然则诵之虽多，亦何以为？大抵为学贵乎有用而已。"⑤ 学《诗》徒能诵其章句，而不能经世致用，此学者之大患也。

就学习方法而言，一是为学要有次序。在诠释《子张篇》"子夏之门人小子"章时，尹氏指出："学有本末，有远近，然有本末远近，不可分而为二也，不可分而为二，则其教亦无得而优劣矣。夫洒扫应对，小子之职也。道不可须臾离，则洒扫应对，与夫精义入神，不可得而精粗矣。子游以为末而无本，是不知本末一理也。故子夏以为过，且曰：君子之教，岂有以为先而传之者，岂有以为后而倦教者，大小本末，皆所以为道。辟诸草木，区以别矣，大小虽不同，实无草木之别者也。君子之道，焉可诬也哉！若夫始卒皆学，无先后小大之序，则圣人矣，学者岂可同日而语也！"⑥ 虽然圣人之道通贯乎大小本末之中，但教人有序，先传以近者小者，继而传以大者远者。具体而言，就《诗》、礼、乐来说，就应当按照《诗》→礼→乐的顺序来学，在诠释《泰伯篇》"兴于《诗》，立于礼，成于乐"章时，尹氏注曰："三者学之序也，《诗》发乎情性，言近而易知，

---

① 朱熹：《论语精义》，载朱杰人等编《朱子全书》第七册，上海古籍出版社、安徽教育出版社 2002 年版，第 58 页。
② 同上书，第 427 页。
③ 黄宗羲、全祖望：《宋元学案》，中华书局 1986 年版，第 1005 页。
④ 朱熹：《论语精义》，载朱杰人等编《朱子全书》第七册，上海古籍出版社、安徽教育出版社 2002 年版，第 350 页。
⑤ 同上书，第 449 页。
⑥ 同上书，第 621—622 页。

可以兴起其志者也。礼著乎法度，防民之伪而教之中，可以立其身者也。乐，乐之也，乐则安，安则久，久则可以成其德矣。"① 兴志→立身→成德，依次进行，才能成圣。

二是为学要好问。尹焞认为，在为学过程中，要将"学"与"问"结合起来，有疑便问，不懂便问，可以问师长，也可以问同门，互相砥砺，以求共同进步。如《颜渊篇》"樊迟问仁"章，孔子针对樊迟之问，以"爱人"释"仁"，以"知人"释"知"，樊迟听后对后者不明白。孔子又加以解释道："举直错诸枉，能使枉者直。"樊迟仍不得其解。他便向同窗子夏请教，子夏通过具体的事例加以讲解，樊迟才弄明白。尹氏对此加以解释说："学者之问也，不独欲闻其说，又必欲知其方；不独欲知其方，又必欲为其事，如樊迟问仁问知也。夫爱人，仁者之事也；知人，知者之事也。孔子告人未有不尽者也，樊迟未达，故又以举直错诸枉能使枉者直告之。樊迟闻其说，而犹未知所以为之者何也，故退而问诸子夏。子夏告以舜举皋陶，汤举伊尹，然后知其所以为之矣。使其未喻，必将复问也。既问诸师，又辨诸友，当是时，学者之务实也如是。"② 为学既需要老师的引导，也需要同伴的切磋，因此，好问对求学非常重要。

三是学贵力行。尹焞曾说："某在经筵进《论语解》，别无可取。只一篇序，却是某意，曰：'学贵力行，不贵空言。若欲意义新奇，文辞华赡，则非臣所知。'此是某意。"③ "学贵力行，不贵空言"表明了尹氏的治学态度。他在《论语》诠释时也多次提出这样的观点，如他说："力学而日新，勤以教人。"④ "君子贵实行而耻虚言也。"⑤ 在解读《学而篇》"君子食无求饱，居无求安，敏于事而慎于言，就有道而正焉，可谓好学也已"章时，尹氏更是强调指出："君子之学如此，可谓笃志力行者矣。"⑥ 力行

---

① 朱熹：《论语精义》，载朱杰人等编《朱子全书》第七册，上海古籍出版社、安徽教育出版社2002年版，第296页。
② 同上书，第439页。
③ 尹焞：《和靖集》卷五，《四库全书》本，上海古籍出版社1987年版。
④ 朱熹：《论语精义》，载朱杰人等编《朱子全书》第七册，上海古籍出版社、安徽教育出版社2002年版，第245页。
⑤ 同上书，第498页。
⑥ 同上书，第58页。

需要恒心，他说："为学者譬如为山，虽一篑之未至，犹未成也。"①学习不能半途而废，要持之以恒，"学而时习之，无时而不习也"②。要自强不息，"三年学而不至于善，岂力不足哉，不能自强故也"③。即使做了官，也需要学习。他说："学与仕一也，君子仕未尝不学，学未尝不仕，念终始典于学之意。"④同时，力学还需要诚心真心。他说："子张之学，病在乎诚不至。"⑤"学者无所用心，则非僻之心入之矣。"⑥ 不真心向学，就会受到干扰。尹焞不仅是这样说的，而且也是这样做的。其人曾受到高宗的赞赏："先生既进《语解》。一日德寿忽谓赵丞相曰：'朕看尹某日间所行，全是一部《论语》。'赵曰：'陛下可谓知人矣。'德寿问先生：'卿如何养得如此粹厚？'先生曰：'臣但一生不敢作过。'上笑之。"⑦ 尹焞言行一致，修养淳厚，所行所为便是《论语》的样式。

尹焞的《论语解》无论是在洛学发展史上还是《论语》诠释史上都具有独特的地位和作用。一方面，在《论语解》中，尹焞通过对经文的创造性解释，探讨了理、性、命等理学的核心概念，阐发了以涵养气质为主的修持之道和以学贵力行为主的为学之道，继承和发展了二程学说。对此，全祖望曾赞曰："和靖尹肃公于洛学最为晚出，而守其师说最醇。五峰以为程氏后起之龙象，东发以为不失其师传者，良非过矣。"⑧ 其在洛学发展史上的地位和作用由此可见一斑。另一方面，尹焞所著《论语解》，在二程弟子所著《论语》注本中受到的评价也较高，如韩元吉《书尹和靖论语后》曰："和靖先生《论语解》，词极简严，将俾学者深味其旨而有所自得也。"⑨ 朱熹亦给予了高度评价，说："《论语》中，程先生及和靖说，只于本文上添一两字，甚平淡，然意味深长，须当子细看。要见得他意味

---

① 朱熹：《论语精义》，载朱杰人等编《朱子全书》第七册，上海古籍出版社、安徽教育出版社 2002 年版，第 335 页。
② 同上书，第 29 页。
③ 同上书，第 301 页。
④ 同上书，第 622 页。
⑤ 同上书，第 624 页。
⑥ 同上书，第 591 页。
⑦ 尹焞：《和靖集》卷六，《四库全书》本，上海古籍出版社 1987 年版。
⑧ 黄宗羲、全祖望：《宋元学案》，中华书局 1986 年版，第 1001 页。
⑨ 顾宏义、戴扬本等编：《历代四书序跋题记资料汇编》，上海古籍出版社 2010 年版，第 258 页。

方好。"① 又说："尹氏解《论语》守得定，不走作，所少者精神尔。"② 另据《朱子语类》卷十九记载：

> 先生问："寻常《精义》，自二程外，孰得？"曰："自二程外，诸说恐不相上下。"又问辈卿。答曰："自二程外，惟龟山胜。"曰："龟山好引证，未说本意，且将别说折过。人若看它本说未分明，并连所引失之。此亦是一病。"又问仲思。答曰："据某，恐自二程外，惟和靖之说为简当。"曰："以某观之，却是和靖说得的当。虽其言短浅，时说不尽，然却得这意思。"③

不仅认为尹氏之解释简洁明了，合乎经义，意味深长，而且将尹氏《论语解》视为可以与二程《论语》诠释旗鼓相当的著作，其在《论语》学史上的地位和作用也因之得以显现。

---

① 顾宏义、戴扬本等编：《历代四书序跋题记资料汇编》，上海古籍出版社 2010 年版，第 258 页。
② 同上书，第 259 页。
③ 黎靖德编：《朱子语类》，中华书局 1994 年版，第 442 页。

第六章

南宋心学派的《论语》诠释

南宋心学派是以"心"为万物本原的一个学派，先有张九成，继之有陆九渊、杨简、钱时等，其中陆九渊为之冠。全祖望在《宋元学案·象山学案》中曾说："象山之学，先立乎其大者，本乎孟子。……程门自谢上蔡以后，王信伯、林竹轩、张无垢至于林艾轩，皆其前茅，及象山而大成，而其宗传亦最广。"① 他们主要是将"《论语》作为展示演绎其思想观点的园地"②，"其学大抵发明本心，议论宏伟，指擿痛决，闻者皆有得焉"③。

第一节 张九成的《论语》诠释与心学阀门的开启

张九成（1092—1159），字子韶，自号横浦居士，又号无垢居士，南宋杭州钱塘（今浙江杭州）人。先从杨时学程朱理学，后与径山僧宗杲游，而逃儒以归于释。历官镇东签判、著作郎、宗正少卿、权礼部侍郎等职。著有《孟子传》《论语解》《论语绝句一百首》《横浦集》等。本文就以这些文本为主，管窥张九成在《论语》研究方面的成就。

一　阐发程氏理学思想

张九成幼承庭训，"八岁默诵六经，通大旨"④。后从学于龟山杨时之

---

① 黄宗羲、全祖望：《宋元学案·象山学案》，中华书局1986年版，第1884页。
② 戴维：《论语研究史》，岳麓书社2011年版，第287页。
③ 《宋史·杨简传》。
④ 黄宗羲、全祖望：《宋元学案·横浦学案》，中华书局1986年版，第1313页。

门，深得程朱理学思想之精髓，于《论语》诠释中最明显的就是天理人欲之说和仁体说。

第一，天理人欲说。首先，天理是自然万物存在和发展的根据。二程指出，"凡物皆有理"①，张九成继承和阐发了这一思想。在他看来，"夫天下无一物之非理"②。在诠释《述而篇》"吾无隐乎尔"节时，他进而指出："'天何言哉？四时行焉，百物生焉。'使天徒颓然在上，何足以为天？惟其不言而四时行、百物生，故凡春生夏长，根荄枝叶，一皆天理之所寓。"③ 四时的运行，万物的生长，无一不依天理而行。

其次，理是人类社会的道德原则或规范法则。在二程看来，"人伦者，天理也。""人之所以为人者，以有天理也。天理之不存，则与禽兽何异矣"④，把社会人伦之礼视为天理。张九成亦持此观点，他在《乡党统论》中说："夫夫子乡党燕居、宗庙朝廷、饮食寝处、言语应对，一皆天理"，孔子"或动或静，皆出天理；或见或寂，亦出天理"。这就是说，孔子于日用间，视听言动，出入起居，皆出自天理，从而把人类社会特有的道德原则提升为整个宇宙的普遍规律。在张氏看来，孔子之"动也天，其发于音声、见于步趋、形于衣服、著于寝处、具于饮食，无非天也。虽使皇天上帝居处人间，亦不过如夫子而已"，这是天理在人类社会规范中的具体体现，"夫子之动也，是天理之应于用也，群弟子即其动处而察之"；孔子之"静也天，音声未发、步趋未见、衣服未形、寝处未著、饮食未具，亦无非天也。虽上天之载无声无臭，亦不过如斯而已矣"，这是天理之本体所在，"夫子之静也，是天理之全其体也，群弟子即其静处而察之"。如此一来，张九成就从体用的角度对孔子的动与静予以了论述，从孔子饮食起居的日常生活中掘发了微言大义。在此基础上，他进而指出，《乡党篇》能与《春秋》相表里，"不学《乡党》，无以知《春秋》之用；不学《春秋》，无以知《乡党》之神"⑤。这就把原本仅仅记载孔子起居饮食之常的《乡党篇》与承载孔子"一字之褒贬"的《春秋》相提并论，大大提高了该篇的地位。

---

① 程颢、程颐：《二程集》，中华书局1981年版，第107页。
② 张九成：《横浦集》卷十九《杂著》，《四库全书》本，上海古籍出版社1987年版。
③ 张九成：《横浦日新录·吾无隐乎尔》，《四库全书存目丛书》本，齐鲁书社1997年版。
④ 程颢、程颐：《二程集》，中华书局1981年版，第1272页。
⑤ 张九成：《横浦集》卷五《乡党统论》，《四库全书》本，上海古籍出版社1987年版。

最后，灭人欲存天理。"理欲"关系是二程反映人的道德理性与感性欲求的关系的思想。在他们看来，"人心，私欲，故危殆。道心，天理，故精微。灭私欲则天理明矣"①，"'人心'，私欲也；'道心'，正心也"②。将理欲关系看作是"社会规范与个人需求，群体利益与个体利益的关系"③。张九成承袭了二程之说，将其纳入了对《论语》经文的解读。他将"天理"与伦常之"礼"等同起来，希望通过"克己复礼"，达到"灭人欲存天理"的目的。在他看来，"己"就是私欲，"礼"就是"天理"，他说："有己则理暗，无己则理明。己者，何也？人欲也。礼者，何也？天理也。"因此，只有克己，才能"灭人欲尽天理"。不能"克己"，则"视、听、言、动皆私欲"；如能"克己"，则"视、听、言、动皆天理"。那么，如何做到"克己灭欲"呢？一是学礼守礼。他说："克己也者，灭人欲者也。己何自而克、人欲何自而灭乎？本乎学而已矣。其学安在？曰礼而已矣。非礼勿视，视皆理也；非礼勿听，听皆礼也；非礼勿言、非礼勿动，言动皆理也。夫视以礼，听以礼，言、动以礼，视、听、言、动一循乎天理之中，则人欲灭矣。私己克矣，天理明矣，天下皆归于仁矣。"做到视听言动一准乎礼，则私欲灭天理明。二是"不迁怒""不贰过"。他说："夫'不迁怒'者，克己也；'不贰过'，克己也。私己已克，人欲已灭，天理著焉。"三是有志于仁。他说："使学者无志于仁则已，如有志于仁，亦恶得不行克己复礼之说？"倘若能做到"克己复礼"，则不仅能得"颜子之心"，也能渐入"孔子之阃域"④。张九成之所以将"克己复礼"与"灭人欲存天理"联系起来，目的就是将儒家伦理学与哲学本体论搭挂起来，一方面为儒家所提倡的社会规范寻找哲学依据，另一方面为传统社会秩序和道德规范提供合法性依据。

第二，仁体说。二程认为"仁"之"体"是一种境界⑤，这种境界就是"以天地万物为一体"⑥，"浑然与物同体"⑦。张九成承袭了这一说法。他指出："仁乃圣门第一语，不存养数年，而欲求决于一日之间，是以易

---

① 程颢、程颐：《二程集》，中华书局1981年版，第312页。
② 同上书，第256页。
③ 王育济：《论二程的"天理人欲之辨"》，《山东大学学报》1991年第2期。
④ 张九成：《横浦集》卷十九《杂著》，《四库全书》本，上海古籍出版社1987年版。
⑤ 徐洪兴：《二程论"仁"和礼乐》，《云南大学学报》2006年第4期。
⑥ 程颢、程颐：《二程遗书》，上海古籍出版社2000年版，第65页。
⑦ 同上书，第66页。

心窥仁也"①,"仁之一理,最是圣门亲切学问"②。既然"仁"的地位如此之高,那么该如何来认识"仁"呢?

在张氏看来,非圣人则不能知仁、讲仁,非贤人则不能论仁、问仁。他说:"非大圣则不能名仁,非大贤则不能当圣人之论仁。惟圣人行仁之久,故知仁之深眇而昌言之无疑焉。学不至于大贤,则其问也不切,而圣人之告之也,亦姑因其材而成就之耳。至于仁之正体,则不以告也。非不告也,以其未足以当之也。"因此,在《论语》中,孔子对部分弟子问仁时的回答,如"子贡问仁,不过曰'己欲立而立人,己欲达而达人'耳;樊迟问仁,不过曰'居处恭,执事敬,与人忠'耳;子张问仁,不过曰'恭、宽、信、敏、惠'耳",只是围绕仁的具体表现而言,"姑因其材而成就之"罢了。后世学者,有的以爱释仁,更是曲解了孔子论仁之意:

> 世之论仁者,见樊迟问仁,孔子对之曰"爱人",乃择之不精而语之不详,如庄周者有见于此,则昌言于天下曰"爱人利物之谓仁";如韩愈者有见于此,则昌言于天下曰"博爱之谓仁",而不知爱特仁之一端而已。爱岂足以尽仁乎?后之士见庄周之说、韩愈之说,以谓诚合乎孔子之意也,乃见《诗》、乃见《书》、乃见《易》、乃见礼、乐之谈仁者,而通以一言该之曰"爱"。呜呼!仁诚谓爱乎?"己欲立",爱乎?"己欲达",爱乎?"居处恭,执事敬,与人忠",爱乎?"恭、宽、信、敏、惠",爱乎?此特考之不审、极之不深,且以一爱自欺而已。恶足以知仁乎?

不惟后世学者误读了孔子之仁,甚至连孔门弟子也存在这样的问题。张九成说:"至于孔门诸子之论仁,如子夏之论,则曰'博学而笃志,切问而近思'。呜呼!诚如子夏之说果爱也耶?又如孟子之论仁,则曰'贵德尊士,贤者在位,能者在职'。呜呼!诚如孟子之说果爱也耶?"这些说均未及仁之根本。

在张九成看来,孔门弟子中惟有颜子得孔子仁说之真传,"孔子之门,

---

① 张九成:《横浦集》卷十八《答徐得一书》,《四库全书》本,上海古籍出版社1987年版。
② 张九成:《无垢先生横浦心传录》卷上,《四库全书存目丛书》本,齐鲁书社1997年版。

惟仁为极致；三千之众，惟颜子为独高，故颜子之问仁，异乎诸子之问仁；孔子之对颜子，异乎平居之对二三子"，"明乎此，则孔子之告颜子曰'克己复礼为仁'，其有在矣"。这就是说，惟有贤如颜子者，孔子才告之以心传之要——"克己复礼"，这才是"仁之正体"，是孔门的心传大法。他说：

> 克己复礼，此仁之正体也。以此通乎子贡之说，"己欲立""己欲达"果仁矣；以此通乎樊迟之说，"居处恭，执事敬，与人忠"果仁矣；以此通乎子张之说，"恭、宽、信、敏、惠"果仁矣；以至通乎子夏之说，"博学""笃志""切问""近思"，非仁而何？通孟子之说，"贵德""尊士"，贤者、能者在位、在职，非仁而何？又泛而入乎樊迟爱人之说、庄周爱人之说、韩愈博爱之说，乃深知其为仁之端耳。是克己复礼之说，是仁之正体也。非孔子孰能言之？非颜子孰能当之哉？此乃孔子心传之要、大学之宗，学者不可忽也。①

通晓了仁之本——克己复礼，以此观上述之说，则都是仁矣。

张九成也将仁看作是一种境界，他在诠释《雍也篇》"何事于仁"时说："仁体从来大似天，事之方见失于偏。是何尧舜犹为病？一或容心便不然。"② 仁体乃天德流行，不容有丝毫的拟议，如果存心为善，即使是尧舜，也难免不发生偏颇。在诠释《宪问篇》"如其仁"时指出："仁体从来不可名，方圆随处便成形。要之自在初非力，以力为之恐失经。"③ 主张"排除达到自我本领觉醒的意识性努力"④，倡导天下归仁、万物一体。他说："佛氏说到身心皆空处为上义。当孔子告颜子以'一日克己复礼，天下归仁'，此是甚境界？或云'其愚'，或云'其坐忘'，而不知斯人物我都无了，如何拟议得？"⑤ 又，在《论语绝句》中诠释"克己"时，他说："虽然此影不离形，莫向形中便认真。形影两亡都不见，当于此处认斯

---

① 张九成：《横浦集》卷十九《杂著》，《四库全书》本，上海古籍出版社1987年版。
② 张九成：《论语绝句》，《四库全书存目丛书》本，齐鲁书社1997年版。
③ 同上。
④ 松川健二：《论语百篇诗——充满禅味的思想诗》，松川健二编，林庆彰等合译《论语思想史》，万卷楼图书股份有限公司2006年版，第294页。
⑤ 张九成：《无垢先生横浦心传录》卷上，《四库全书存目丛书》本，齐鲁书社1997年版。

人。"① 这两段文字很好地揭示了张氏的超越物我、超越形影相对的"万物一体的仁这一境界"②。

二 借佛释《论》

张九成既是理学传人，终生服膺孔孟之道；又是佛教居士，一生频参禅僧，足迹遍布禅林，对佛教教义教理颇有心得，故好以佛语释儒书。在这方面他做的突出贡献就是借助禅宗颂古释《论》。

所谓颂古，是指举出古人指导弟子所开示的公案或古则，将其作为参禅者的法则，并用简洁的偈颂揭示其中所包含的意义。是禅师说法的一种形式。③ 如文远是赵州从谂禅师的侍者，有一次文远在佛殿拜佛，给从谂禅师看见了，就用禅杖打了他一下，问："你在干什么？"文远回答："我在拜佛！"赵州又问："拜佛干什么？"文远说："拜佛也是好事呀！"赵州和尚淡淡地说："好事不如无！"大慧宗杲就此颂云："文远修行不落空，时时瞻礼紫金容，赵州挂杖虽然短，脑后圆光又一重。"在从谂禅师看来，不懂佛门宗旨，所有事为皆是造作，故"好事不如无"。此处所言实得大自在的境界，故而大慧宗杲做偈语以揭橥其中的奥义。张九成也深谙此道，这在《论语绝句》中多有呈现。

第一，通过释读《论语》，抉发禅宗本心论。禅宗的本心论就是解释本心的澄明、觉悟、圆满与超越的内涵。禅宗认为，本心无形无相，澄明圆满。以般若智慧觉知本心真性，彻见本源，彰显本来面目，即是见性成佛。④ 张九成在诠释《论语》时也发挥了这种思想。他在解读《颜渊篇》"克己复礼为仁。一日克己复礼，天下归仁焉"时说："虽然此影不离形，莫向形中便认真。形影两亡都不见，当于此处认斯人。"⑤ 个人的身体为形，行为举止为影，影不能离形而独存，所以欲使影正，就需要克制住形。而形体是受制于内心的，因此，真正的为仁之道就在于认识自己的本心，而不用关注自己的形体和言行举止。张氏此论与禅宗之识取自家"父

---

① 张九成：《论语绝句》，《四库全书存目丛书》本，齐鲁书社1997年版。
② 松川健二：《论语百篇诗——充满禅味的思想诗》，松川健二编，林庆彰等合译《论语思想史》，万卷楼图书股份有限公司2006年版，第295页。
③ 参见韩焕忠《南宋无垢居士的〈论语〉偈颂——张九成〈论语绝句一百首〉浅析》，第九届吴越佛教暨南宋佛教学术研讨会论文集，2011年，第703页。
④ 参见吴言生《禅宗公案颂古的象征体系》，《陕西师范大学学报》2002年第4期。
⑤ 张九成：《论语绝句》，《四库全书存目丛书》本，齐鲁书社1997年版。

又，在释读《子罕篇》"如有所立卓尔"时，他指出："见得分明乃谓如，分明如此尚为疏。莫于见处留形迹，方信心斋万象虚。"① 在张九成看来，脱却身心的一切烦恼妄想，就可跃入物我两忘、心境一如的自由之境。

第二，通过释读《论语》，抉发禅宗迷失论。禅宗认为，人的本来面目清纯无染。随着自我意识的产生，人们陷于二元对待的观念之中，从而导致了自性的沉迷涸浊。迷失论反省本来面目失落的缘由。② 张九成的《论语绝句》对此也有生动的表征。

如《雍也篇》"贤哉，回也！一箪食，一瓢饮，在陋巷，人不堪其忧，回也不改其乐。贤哉，回也"章，张九成拈出"颜子箪瓢"四字颂曰："贫即无聊富即骄，回心独尔乐箪瓢。个中得趣无人会，惆怅遗风久寂寥。"③ 当人们大都陷入了由贫富不同而带来的"无聊"与"骄"的二元对待的观念中时，唯独颜渊固守箪食瓢饮，独享其乐，没有迷失自己。

又，《公冶长篇》"宁武子，邦有道则知，邦无道则愚；其知可及也，其愚不可及也"章，其意思是说，宁武子是一个处世为官有方的大夫，当国家政治开明时，他就充分发挥自己的聪明智慧，为卫国的政治竭力尽忠。当君主昏暗无度时，他就退居幕后装起糊涂，以便等待时机。孔子认为宁武子这种聪明别人可以做的到，但他那种装糊涂就不是一般的人能做的到了。张氏摘出"其智可及也，其愚不可及也"颂曰："武子人皆指作愚，不知愚意竟何如？虽愚到底无人识，始觉从来智者疏。"④ 人们纠结于智愚的对立，迷失了自己的本性，过分地追求智慧，殊不知愚不可及才是一种极高的道德境界。

第三，通过释读《论语》，抉发禅宗开悟论。禅宗开悟论阐明开悟成佛的方法。主要以大乘佛教经典的思想为接机法门。这在公案颂古中主要表现为截断意路、语默不二、自他不二、体用不二、空有不二等。⑤

如《公冶长篇》记载子贡之言曰："夫子之文章可得而闻也，夫子之

---

① 张九成：《论语绝句》，《四库全书存目丛书》本，齐鲁书社1997年版。
② 参见吴言生《禅宗公案颂古的象征体系》，《陕西师范大学学报》2002年第4期。
③ 张九成：《论语绝句》，《四库全书存目丛书》本，齐鲁书社1997年版。
④ 同上。
⑤ 吴言生：《禅宗公案颂古的象征体系》，《陕西师范大学学报》2002年第4期。

言性与天道，不可得而闻也。"张九成不同意子贡将夫子文章与性命天道两分的看法，他说："既是文章可得闻，不应此外尚云云。如何夫子言天道，肯把文章两处分。"① 孔子的文章是载体，天道就包含在其中，子贡既闻文章，就理应洞晓其中的天道。从佛教的立场上说，性与天道为内蕴的本体，文章则是显现出来的作用，二者显微无间，就意味着体用不二。

又，在禅宗看来，如果仅仅从书册上讨知解，从言语上寻思路，一味向外驰求，贪多图得，就会触犯参禅者的大忌讳，故而大禅师之问东答西，棒喝交加，其目的就是截断参学者之意路。在张九成看来，孔子亦有类似之做法。如《八佾篇》载，有人向孔子咨询禘的详细情况，孔子回答说："不知也，知其说者之于天下也，其如示诸斯乎？"张九成拈此颂云："此理寻常岂不如，奈何人不反思之。故应指掌从君示，想亦于斯更勿疑。"② 张九成认为，禘之义理，实乃平常，如孔子者岂能不知；如若真的不知，亦不能指其掌而示之矣！只是人们不能反思禘礼之本义何在，乃至做出僭越非礼的事来，故而答云不知，其意正在绝其狂惑。另，《阳货篇》载，子曰："予欲无言。"子贡曰："子如不言，则小子何述焉？"子曰："天何言哉！四时行焉，百物生焉，天何言哉！"在张氏看来，子贡等人只知道口传耳受，不知如何去体会天道本体，夫子以"天何言哉"为例，意在扭转其驰求之心③，他对此颂云："如何夫子欲无言，此理疑其或未然。若看阴阳运行处，方知与物自周旋。"④

第四，通过释读《论语》，抉发禅宗境界论。禅宗以彻见本来面目为终极关怀。明心见性的禅者，超越了相对的二元观念，以般若慧眼来观照世界，其生命境界空明澄澈，高华圆美，其美学范式是现量境、直觉境、圆融境、日用境等。张九成也以此来观照《论语》。

如《先进篇》载，孔子与子路、冉有、公西华、曾晳等人一起谈论人生志向时，曾晳舍瑟而作，对曰："暮春者，春服既成，冠者五六人，童子六七人，浴乎沂，风乎舞雩，咏而归。"孔子对此极为赞赏，大发感慨地说："吾与点也。"张九成对此亦颇有感触，他连作了两首颂对此予以评

---

① 张九成：《论语绝句》，《四库全书存目丛书》本，齐鲁书社1997年版。
② 同上。
③ 参见韩焕忠《南宋无垢居士的〈论语〉偈颂——张九成〈论语绝句一百首〉浅析》，第九届吴越佛教暨南宋佛教学术研讨会论文集，2011年，第703页。
④ 张九成：《论语绝句》，《四库全书存目丛书》本，齐鲁书社1997年版。

论，一则曰："于时舍瑟方锵尔，岂意吾师亦喟然。此际风流人不识，只应潇洒得心传。"①再则曰："点尔何如鼓瑟希，舞雩之下咏而归。喟然不觉令吾谈，岂与其他较是非。"②只有剿绝情识，才能心灵安定宁静，才能享受这种高情雅致，这是超出世俗的惬意，不以物使，不为物役，天地何可不乐。这是其深得夫子心法的表现。

又，《述而篇》曾记孔子言曰："甚矣吾衰也，久矣吾不复梦见周公。"世人多以此为孔子感叹自己衰老之词，而张九成则以此为孔子达于圆融境界之征："向也于公隔一重，寻思常在梦魂中。如今已是心相识，尔自西来吾自东。"③早年自身修行未到，常常于梦中求助于周公。及至暮年，修行已经达到了一定境界，则自然可以了达东西亲切相交一体无别之境界。

三 抉发心本论思想

程颢建立哲学本体论时，提出了"心是理，理是心"的命题，认为"只心便是天"，天、理、心为一体，世界万物"都自这里出"④。其弟子谢良佐进而指出："心者，何也？仁是已。"⑤在此基础上，张九成进一步发挥了心与仁的关系，一定程度上将心提升到本体的地位。⑥他说："心有所觉谓之仁，故草木之实谓之仁，以其得土而生也。四体不知疴痒谓之不仁，故利在一己、害及他人而不恤者谓之不仁，以其学脉不通也。"⑦在张九成看来，草木之实能够得土而生，说明它有"觉"，故可谓之仁；人之四体无疴痒之觉，则谓之不仁。如此一来，他就把心和仁联系了起来。牟宗三先生对此评价道："'心有所觉谓之仁'，此语等于说：心有所感觉，不麻木，谓之仁。句中虽有'所'字，然实非认知活动中能所之所，而是著重在此'觉'字之本身。"⑧另据《心传录》卷上记载，张九成还曾重点探讨过"仁"与"觉"的关系：

---

① 张九成：《论语绝句》，《四库全书存目丛书》本，齐鲁书社1997年版。
② 同上。
③ 同上。
④ 程颢、程颐：《二程集》，中华书局1981年版，第34页。
⑤ 谢良佐：《上蔡语录》卷上，《四库全书》本，上海古籍出版社1987年版。
⑥ 朱军：《从谢良佐到张九成：洛学心本体的建构》，《科学·经济·社会》2013年第2期。
⑦ 张九成：《孟子传》卷十四，《四库全书》本，上海古籍出版社1987年版。
⑧ 牟宗三：《心体与性体》下，上海古籍出版社1999年版，第251—252页。

或问:"孔子言仁,未始有定名,如言仁之本、仁之方。以刚、毅、木、讷为近;以克、伐、怨、欲不行为难。樊迟之问,则异于子贡;司马牛之问,则异于子张;颜渊之问,则异于仲弓。文子止得为清,子文止得为忠,管仲止得为如,往往皆无一定之说。而先生论仁,每断然名之以觉,不知何所见?"先生曰:"墨子不觉,遂于爱上执著,便不仁。今医家以四体不觉痛痒为不仁,则觉痛痒处为仁矣。自此推之,则孔子皆于人不觉处提撕之,逮其已觉,又自指名不得。"或曰:"如此则义亦可说?"先生曰:"若能于义上识得仁,尤为活法。"

可见,无觉即无仁。从另一角度进一步论证了"心有所觉谓之仁"的命题。在此基础上,张九成又对心、仁、觉的关系展开了论述,指出:"仁即是觉,觉即是心。因心生觉,因觉有仁。脱体是仁,无觉无心。有心生觉,已是区别。于区别中熟,则融化矣。"[1] 在这段不长的文字中,一方面张九成把仁、觉、心并列等同起来,另一方面又突出了心的根本地位,指出心生觉、觉生仁,认为仁植根于人的心性,而心性具有知觉的功能与意义。

张九成的上述思想,"将心与性(仁)连接起来,一方面解决了仁性从潜在到现实何以可能的问题,另一方面将心(或觉)上升到了本体的高度,心之所以在造化和认识宇宙上具有决定性意义,完全在于心之'觉',从而开始了心学的创立。因为以心为本,所以他强调'正心'之学,以唤起时人麻木的心灵"[2]。

确立了心学本体论后,张九成在《论语》诠释中多次对经文"施以心学的思考进路"[3]。如《里仁篇》"朝闻道,夕死可矣"章,张氏对其中的"闻"字进行了解读:"有闻于人,尤为学者之病,况求闻者?其病不可疗矣。曾参之鲁,寂不见其所闻;而悟道之敏,得于一'唯'。其间,如子路之勇、冉求之艺、子贡之辨,名字藉藉。以一勇、一艺、一辨,掩其所学,遂皆堕于大病,每每得夫子医治,遂各少愈。子路至于'唯恐有闻',

---

[1] 张九成:《无垢先生横浦心传录》卷上,《四库全书存目丛书》本,齐鲁书社1997年版。
[2] 刘玉敏:《论张九成"仁即是觉,觉即是心"》,《孔子研究》2007年第2期。
[3] 松川健二:《论语百篇诗——充满禅味的思想诗》,松川健二编,林庆彰等合译《论语思想史》,万卷楼图书股份有限公司2006年版,第287页。

子贡至于言'性与天道不得而闻'，皆病少愈之时也。如冉求乃有'鸣鼓而攻'之消，则其病亦难疗矣。"① 这里涉及"见闻知"的传授知识方法，"是一个大大地倾向重视心知的主张"②。在诠释《述而篇》"默而识之"时亦表达了这样的思想，他说："不因闻见得心传，此理于吾甚晓然。若使一流闻见里，故知厌倦有时焉。"③ 又，《里仁篇》记载，子曰："参乎！吾道一以贯之。"曾子曰："唯。"子出。门人问曰："何谓也？"曾子曰："夫子之道，忠恕而已矣。"关于这段文字，张九成曾和弟子进行过讨论。据《心传录》卷中记载，或问："曾子既'唯'孔子一贯之说，及门人有'何谓'之问，乃答以'夫子之道，忠恕而已矣'。曾子何不以此答门人？"先生曰："当其'唯'时，万理皆无间断，所见尽是道理。门人既非曾子所见，而曾子纵口所言，亦不知所以答之者，门人往往便于忠恕上寻一贯。虽一贯不离于忠恕，而忠恕又自有名字，有名字则有间断。须当着迹去论。"或又问："此理毕竟如何？"先生曰："理到熟处，亦不可言传，只管去影上寻，故转觉相远矣。且自去体认。"一方面我们可以从中悟到"理向心中求"和"随处体认天理"的心学踪迹，另一方面可以看出理的传授不能用言语表达，只能以心传心。这也可以从《论语绝句》中找到佐证，他说："参闻吾道无心语，只在当时一唯间。多学反嗟疑子贡，望云犹隔数重关。"④ "门人唯诺亦寻常，彼此如何较短长？自是旁人不曾识，指为鸣凤在朝阳。"⑤

由上可见，张九成既以传孔孟之道为志，以圣人之道自处，于洛学深造有得；又多年游于佛林为其涵养性情，于禅宗教外别传之旨心领神会。《横浦集》提要中称："九成研精经学，于诸经皆有训释。少受业于杨时，以未发之中为主。史称其早于佛学者游，故议论多偏。然根底深邃，实卓然不愧为大儒。"⑥ 所以他对《论语》的诠释，在《论语》学史和思想史上都占据一定的地位。

第一，开创了新的诠释形式。《论语绝句》是以七言绝句的形式来阐

---

① 张九成：《无垢先生横浦心传录》卷上，《四库全书存目丛书》本，齐鲁书社1997年版。
② 松川健二：《论语百篇诗——充满禅味的思想诗》，松川健二编，林庆彰等合译《论语思想史》，万卷楼图书股份有限公司2006年版，第288页。
③ 张九成：《论语绝句》，《四库全书存目丛书》本，齐鲁书社1997年版。
④ 同上。
⑤ 同上。
⑥ 永瑢等：《四库全书总目》，中华书局1965年版，第1362页。

发《论语》中词句的内涵。张九成从《论语》中精选出几个字或几句经文，采用禅宗颂古的形式，深挖其中蕴含的意义，由此形成了《论语绝句一百首》。这种形式在明末受到重视，很多学者纷纷唱和横浦《论语绝句》，如明末刊行的《唱和无垢（张九成）诗集》。除了唱和之外，明末一些阳明门人也在著作中引用《论语绝句》，如周海门《四书宗旨·论语篇》中有五处对《论语绝句》的直接引用。周海门及其门人陶望龄都曾为《唱和无垢诗集》作序，陶望龄序中称："宣尼（孔子）有没弦琴一张，传之二千年矣，而子韶（张九成）始为作谱。子韶谱后，复三百年，而三君子（张懋之、白子熙、祁尔光）始为之足曲，真儒门一段奇特。"张九成经解虽在南宋受朱熹一脉排斥，及至明末，其仅存的阐发《论语》的著作——《论语绝句》却广受重视，重新被纳入到圣门之传，这也可算是不幸之中的万幸。①

第二，促进了洛学向心学的转化。一方面张九成融通儒佛，《论语》诠释多以心立说，对此朱熹曾评价说："张公始学于龟山之门，而逃儒以归于释。……故凡张氏所论著，皆阳儒而阴释，其离合出入之际，务在愚一世之耳目，而使之恬不觉悟以入乎释氏之门，虽欲复出而不可得。本末指意略如其所受于师者，其二本殊归，盖不特庄周出于子夏，李斯原于荀卿而已也。窃不自揆，尝欲为之论辨以晓当世之惑，而大本既殊，无所不异，因览其《中庸说》，姑掇其尤甚者什一二著于篇，其他如《论语》《孝经》《大学》《孟子》之说不暇遍为之辨，大抵忽遽急迫，其所以为说，皆此书之类也。"②陈亮亦云："近世张给事学佛有见，晚从杨龟山学，自谓能悟其非，驾其说以鼓天下之学者，靡然从之。家置其书，人习其法，几缠缚胶固，虽世之所谓高明之士，往往溺于其中而不能以自出。其为人心之害，何止于战国之杨墨也！"③ 二者都认为张九成解经掺杂佛学思想，并对其予以了批评。但不可否认的是，正是张九成的这种努力，才使得洛学中心学的成分越来越明显。另一方面张九成以"觉"训仁训心，不仅从现实而非潜在的层面提出仁性存在并发挥作用之所在，而且将心（或

---

① 参见李春颖《张九成著作考》，http://blog.renren.com/share/7178/6697115030。
② 朱熹：《张无垢中庸解》，《晦庵先生朱文公文集》，上海人民出版社2002年版，第473页。
③ 陈亮：《龙川文集》卷十九《与应仲实》，《丛书集成初编》本，中华书局1985年版，第220页。

觉）上升到了本体的高度，从而促进了洛学向心学的转向，开启了心学发展的阀门。①

第二节 《论语》诠释与陆九渊心学体系的建构

陆九渊（1139—1193），字子静，号存斋，谥文安。南宋抚州金溪（今江西省金溪县）人，哲学家，陆王心学的代表人物。因讲学象山书院（位于今江西省贵溪县），世称"象山先生"，学术界常称其为"陆象山"。他自幼便对《论语》十分重视，曾在这方面下过大功夫。《年谱》记载，十一岁时，他曾和五哥陆九龄在疎山寺诵读过《论语》，"向与复斋家兄读书疎山寺，止是一部《论语》，更无他书。"② 在他看来，《论语》须经常读，他说："如《中庸》《大学》《论语》诸书，不可不时读之，以听其发扬告教。"③ 为了很好地掌握《论语》的内容，他曾将《论语》中孔子和门人的话语分别录出，仔细研读，"或问：'曾见先生将圣人与门人语分门，各自录作一处看。'先生曰：'此是幼小时事。'"④

陆九渊读《论语》很刻苦，"从幼读书便着意，未尝放过。外视虽若闲暇，实勤考索"⑤。在"实勤考索"的基础上，他又主张读《论语》要有疑，认为有疑方有觉，有疑方有进。"一见便有疑，一疑便有觉。""小疑则小进，大疑则大进。"⑥ 因此，他"初读《论语》，即疑有子之言支离"⑦。除此之外，陆九渊对《论语》的部分经文也提出了质疑，他说："《论语》中多有无头柄的说话，如'知及之，仁不能守之'之类，不知所及，所守者何事；如'学而时习之'，不知时习者何事。"⑧ 他还说："由治千乘之赋，求宰百乘之家，赤可使与宾客言，二三子盖自谓其能，而夫子亦以是许之。不识其在夫子之门独以是为业乎？抑亦所学于夫子者又不在是也？他日独立，伯鱼过庭，乃使学《诗》。既学矣，他日乃使之

---

① 刘玉敏：《论张九成"仁即是觉，觉即是心"》，《孔子研究》2007年第2期。
② 《陆九渊集》，中华书局1980年版，第482页。
③ 同上书，第63页。
④ 同上书，第482页。
⑤ 同上。
⑥ 同上。
⑦ 同上书，第388页。
⑧ 同上书，第395页。

学礼。不识伯鱼之未学《诗》也,亦有所学乎无也?既学礼矣,亦有所学乎无也?'小子何莫学夫《诗》',又曰'学于《诗》',夫子盖屡教人以学《诗》,不识凡居夫子之门者,举皆以学《诗》为业乎?陈亢固在弟子列,乃问伯鱼而后闻《诗》闻礼,无乃先是未知其说乎?子以四教:文行忠信,此固门弟子纪述之辞,然亦必有所据而言。所谓文行忠信者,果何如而以为教也?三千之中,独荐颜渊为好学,而称之则曰'终日不违如愚',曰'三月不违仁',曰'不改其乐',曰'不迁怒,不贰过',不识亦有可得而知者乎?读《论语》者,固当求所以为学之方,日肄之业,故愿与诸君论其所疑。"① 这就是说,孔子教学到底教授什么?孔门弟子为学之方何在?《论语》在论述中,存有抵牾之处,不得不使人产生怀疑。不仅如此,在陆氏看来,《论语》中有关礼的记述,还部分掺杂了老子的思想,"后世之论《春秋》者,多如法令,非圣人之旨也。观《春秋》《诗》《书》《易》,经圣人手,则知编《论语》者亦有病,顾记礼之言,多原老氏之意"②。

虽然对《论语》有所质疑,但在陆九渊的"心学"思想体系中,多有依傍《论语》、融汇《论语》者在。义利之辩、《论语》注我,我注《论语》的释读原则、"道"为"天下万世之公理"的哲理内涵等,构成了陆九渊《论语》学思想的最主要内容。

一 《论语》注我,我注《论语》

在中国古代,注疏经书常常是博学高士、硕儒鸿俊的志业,他们往往借助注解经书来阐发自己的思想、建构自己的理学体系,借助于圣人为自己的学说、主张摇旗呐喊。而陆九渊却没有这样做,他终生未撰写一部专门的经学著作。当有人"问先生何不著书"时,陆九渊答曰:"六经注我,我注六经。"③ 又据《宋史·陆九渊传》载:"或劝九渊著书,曰:'六经注我,我注六经。'"与其相关联的还有一句:"学苟知本,六经皆我注脚。"④ 将这三段文字串联起来解读,我们不难发现,所谓"六经注我",即"六经皆我注脚",也就是说打通经文间的各种壁垒,通过对原典的创

---

① 《陆九渊集》,中华书局1980年版,第290页。
② 同上书,第504页。
③ 同上书,第399页。
④ 同上书,第395页。

造性解释，使其为建立新的思想体系服务。同样，"我注六经"应指"我皆六经注脚"，也就是说，用我之思想体系来注解经书，使六经融合为一个整体。因此，既然我之思想体系与六经之经义相互印证，相互融通，那么何必在六经之外另著书以作说明呢？实际上，这句话也道出了陆氏心学建立的根源和特点——其心学既是六经的注脚，又是超越六经而成一家之言的思想学说。不惟六经如此，《论语》亦是如此。

首先，陆九渊借《论语》为自己的心学服务。在孔子那里，仁是最高的道德原则、道德标准和道德境界。及至陆九渊，他以仁为人心，将仁的实质归结为"本然之心"，使仁的思想更加丰富，恢复了仁学的目的论精神，仁学也真正成为一种时代精神。陆九渊说："仁，人心也。为仁由己，而由人乎哉？我欲仁，斯仁至矣。仁也者，固人之所自为者也。"① 此所言之"仁"即人的本心，为仁由己而不由他，则表明自觉为仁的根源内在于人，不待外铄。只要是自己一心向仁，就能达到仁之境界。可见，因为"为仁由己"，所以"由己"便同"人心"直接联系起来。这样一来，仁就被纳入了心学体系之中。

在陆九渊看来，"从心所欲不逾矩，此圣人之尽仁"②。而就一般人而言，只要下工夫，也能达至仁的境界，成为仁人。他说："常人固未可望之以仁，然亦岂皆顽然而不仁？圣人之所为，常人固不能尽为，然亦有为之者。圣人之所不为，常人固不能皆不为，然亦有不为者。于其为圣人之所为与不为圣人之所不为者观之，则皆受天地之中，根一心之灵，而不能泯灭者也。使能于其所不能泯灭者而充之，则仁岂远乎哉？仁之在人，固不能泯然而尽亡，惟其不能依乎此以进于仁，而常违乎此而没于不仁之地，故亦有顽然而不仁者耳。"③ 这就是说，常人和圣人有同质之处，"皆受天地之中，根一心之灵"，只要常人能够"于其所不能泯灭者而充之"，就能成为仁人。

陆九渊认为，"仁"就是己好仁而欲人皆仁，己恶不仁而药人之不仁。他说："人非木石，不能无好恶，然好恶须得其正，乃始无咎。故曰：'惟仁者能好人，能恶人。'恶之得其正，则不至于忿嫉。夫子曰：'我未见好

---

① 《陆九渊集》，中华书局1980年版，第377页。
② 同上书，第264页。
③ 同上。

仁者，恶不仁者。'盖好人者，非好其人也，好其仁也；恶人者非恶其人也，恶其不仁也。惟好仁，故欲人之皆仁；惟恶不仁，故必有以药人之不仁。"① 如何药人之不仁呢？陆九渊认为关键在引导人们去"己私"，他说："夫子所谓'克己复礼为仁'，诚能无毫发己私之累，则自复于礼矣。礼者理也，此理岂不在我？使此志不替，则日明月著，如川日增，如木日茂矣。必求外铄，则是自湮其源，自伐其根也。"② 只要反求诸己，去掉己私之累，就能达到"仁"。

陆九渊指出，只要人人保存仁心，人人好仁，人人克尽己私，就可以达到天下归仁。他说："然吾之独仁，不若与人焉而共进乎仁。与一二人焉而共进乎仁，孰若与众人而共进乎仁。与众人焉共进乎仁，则其浸灌薰陶之厚，规切磨砺之益，吾知其与独为之者大不侔矣。故一人之仁，不若一家之仁之为美；一家之仁，不若邻焉皆仁之为美；其邻之仁，不若里焉皆仁之为美也。"③ 个体与一家、一邻、一里以至人人都共进乎"仁"的道德境界，就建成以"仁"为美之邦。这是陆九渊"以仁为美"的理想社会。

其次，陆九渊以自家的学说为《论语》做注。陆九渊在诠释《论语》经文时，把自己的心学思想渗入其中。如在解释《学而篇》"主忠信"句时，他首先指出，"人不可以无所主"，也就是说，人心应该有所主，如果无所主，"则伥伥然无所依归，将至于无所不为，斯固无所不可也"。不过，人有所主固然好，但是人"尤不可以主非其所主"，如果"主非其所主，则念虑云为举出于其心之所主，方且陷溺于其中而自以为得，虽有至言善道，贤师良友，亦无如之何？"故"主非其所主"，"则又不若无所主者之或能入于善也"④，这就是说，人心之所主，对于个人能否向善至关重要。

接着，陆九渊指出，忠信是一种诚实无伪的品德，是"人之所固有，心之所同然"的普遍存在。他说："忠者何？不欺之谓也；信者何？不妄之谓也。人而不欺，何往而非忠；人而不妄，何往而非信。忠与信初非有二也。特由其不欺于中而言之，则名之以忠；由其不妄于外而言之，则名

---

① 《陆九渊集》，中华书局1980年版，第191页。
② 同上书，第159页。
③ 同上书，第377—378页。
④ 同上书，第373—374页。

之以信。果且有忠而不信者乎？果且有信而不忠者乎？名虽不同，总其实而言之，不过良心之存，诚实无伪，斯可谓之忠信矣。由是言之，忠信之名，圣人初非外立其德以教天下，盖皆人之所固有，心之所同然者也。"① 这里，陆九渊把忠与信对解，忠就是不欺骗，信就是不说谎，忠信是相通的。人而不妄，何往而非忠；人若不欺骗，去什么场合能不忠呢？人而不妄，何往而非信：人若不说谎，走到哪里会得不到信任呢？忠与信两者本来就不是互不相干的，就其不欺自己的心而言就叫作忠，就其言行不妄为而言就叫作信。忠与信虽然名词不同，就其实质来说，不过有良心在，诚实不虚伪，这就可说是忠信了。讲忠信而强调"良心之存"，体现了其"心学"的特色。

虽然忠信之德为人心所固有，但是有些人因为没有反身而求，致使这种天赋之德性为物欲所蔽。圣人欲使人回归本心，离开"主忠信"无以成之。他说："然人之生也，不能皆上智不惑。气质偏弱，则耳目之官，不思而蔽于物，物交物，则引之而已。由是向之所谓忠信者，流而放僻邪侈，而不能以自反矣。当是时，其心之所主，无非物欲而已矣。然则圣人所欲导还其固有，舍曰'主忠信'，其何以哉？"② 也就是说，陆九渊认为，求放失之心必须反而求之，这便突出了个人的内省直觉。

在陆九渊看来，忠信之品德是协调君臣、兄弟、夫妇、朋友关系的普遍行为准则。"是故为人子而不主于忠信，则无以事其亲；为人臣而不主于忠信，则无以事其君；兄弟而不主于忠信则伤；夫妇而不主于忠信则乖；朋友而不主于忠信则离。"③ 因此，人们的日常生活离不开忠信："视听言动，非忠信则不能以中理；出处语默，非忠信则不能以合宜。"人们的文辞之学和六艺之技，也不能离开忠信之道："凡文辞之学，与夫礼乐射御书数之艺，此皆古之圣贤所以居敬养和，周事致用，备其道全其美者。一不出于忠信，则虽或能之，亦适所以崇奸而长伪，况其余乎？"④ 陆九渊进而把忠信看作是人区别于动物，人之所以为人的标识，他痛骂那些不讲忠信的人，视其为禽兽。他说："呜呼！忠信之于人亦大矣。欲有所主，舍是其可乎？故夫子亟以告门人弟子，而子张问崇德，亦以是告之；

---

① 《陆九渊集》，中华书局1980年版，第374页。
② 同上。
③ 同上。
④ 同上。

至于赞《易》，则又以为'忠信所以进德也'。诚以忠信之于人，如木之有本，非是则无以为木也，如水之有源，非是则无以为水也。人而不忠信，果何以为人乎哉？鹦鹉鹧鸲，能人之言，猩猩猿狙，能人之技，人而不忠信，何以异于禽兽者乎？呜呼！学者能审其所主，则亦庶几乎其可矣。"① 由此可知，陆九渊认为，人兽之别就在于人有"忠信"，有些动物尽管能像人一样说话、尽管具有人的技能，但由于没有"忠信"，故不能归入禽兽之列。陆九渊这种从道德性来区别人与动物的做法是值得肯定的。

由于忠信如此重要，所以陆九渊也将其视为能成圣成贤之道。他说："国以君为主，则一国之事，莫不由君而出；军以将为主，则一军之事，莫不有将而出；家以长为主，则一家之事，莫不有长而出。人能以忠信为主，则念虑云为，举一身之事，莫不由忠信而出，然而不能进于圣贤者，吾未之信也。"② 他以国、军、家分别以君、将、长为主而其事由其出为例，指出，假如人能以忠信为主，则其思虑言行均从忠信而出，则其人就能进入圣贤的行列。

总之，陆九渊将忠信内视为"良心之存""人之所固有，心之所同然"，外视为协调君臣、兄弟、夫妇、朋友关系的普遍行为准则，成圣成贤的必由之路，为挽救儒学伦理危机开出了一剂良方。

二 抉发义利之辨的为学宗旨

义利之辨是宋儒理性思辨的重要论题之一，因此陆九渊也将义利之辨纳入了自己的心学体系，并作了系统的引申和发挥。这主要表现在三个方面：

首先，将义利之辨视为为学之本。陆九渊非常重视义利之辨的，将其看作是为学之要旨。他说："凡欲为学，当先识义利公私之辨。今所学果为何事？人生天地间，为人自当尽人道，学者所以为学，学为人而已，非有为也。"③ 为学只在于学习如何做人，没有其他功利目的。他把"学为人"当作学习的目标，把义利之辨看作是为学的根本所在。

---

① 《陆九渊集》，中华书局1980年版，第374—375页。
② 同上书，第375页。
③ 同上书，第470页。

其次，将义利之辨与"辨志"联系起来。志是指人的行为的一种思想动机或志向、意志。所谓辨志，也就是从"从作掩饰、供利用的东西中直追进去"，"以露出一个赤裸裸的人，使是非善恶无所遁形，因而迫人不能不在这种根源究竟之地，作一真正抉择，以决定各人做人的大方向"。[1] 陆九渊认为辨义利首先得会"辨志"，关于这一点，我们可以从他与弟子的对话中看出来。据《年谱》记载，"陈正己自槐堂归，问先生所以教人者。正己曰：'首尾一月，先生谆谆只言辨志。'"[2] 而辨志的具体内容就是义利之辨。《语录上》记载："傅子渊自此（象山精舍——笔者注）归其家，陈正己问之曰：'陆先生教人何先？'对曰：'辨志。'正己复问曰：'何辨？'对曰：'义利之辨。'若子渊之对，可谓切要。"[3] 傅子渊得到称许，就在于其回答恰如其分地指出了陆氏为学之宗旨。

陆九渊之所以在义利之辨中强调"辨其志"，关键是因为在他看来，志向对于一个人的健康成长具有决定意义，志于义则习于义，志于利则习于利。他在解读"君子喻于义，小人喻于利"章时说："此章以义利判君子小人，辞旨晓白，然读之者苟不切己观省，亦恐未能有益也。某平日读此，不无所感：窃谓学者于此，当辨其志。"[4] 他认为，儒家以义利判君子小人，其核心问题是辨志。原因就在于，"人之所喻由其所习，所习由其所志"，人的认识来源于日常的习染，而人的志向决定习染的结果，故"志乎义，则所习者必在于义，所习在义，斯喻于义矣。志乎利，则所习者必在于利，所习在利，斯喻于利矣"[5]。立志于"利"者，日常行为必唯利是图；有志于"义"者，平日所行唯义是从，所以"学者之志不可不辨也"[6]。

在陆九渊看来，"义"来源于本心，是人本身所固有的，所以人人理应喻于义。他说："义也者，人之所固有也。果人之所固有，则夫人而喻焉可也。"[7] 但是在现实生活中真正喻于义的人并不多，这是因为"必有以夺之，而所志所习之不在乎此也。孰利于吾身，孰利于吾家，自声色货利

---

[1] 徐复观：《中国思想史论集》，上海书店2004年版，第6—7页。
[2] 《陆九渊集》，中华书局1980年版，第489页。
[3] 同上书，第398页。
[4] 同上书，第275页。
[5] 同上。
[6] 同上。
[7] 同上书，第377页。

至于名位禄秩，苟有可致者，莫不营营而图之，汲汲而取之，夫如是，求其喻于义得乎？"①由于汲汲于利，所志所习发生了偏差，所以多数人丢失了原本属于自己的义。他结合当时科举取士选拔人才的制度，指出："科举取士久矣，名儒钜公皆由此出。今为士者固不能免此。然场屋之得失，顾其技与有司好恶如何耳，非所以为君子小人之辨也。而今世以此相尚，使汩没于此而不能自拔，则终日从事者，虽曰圣贤之书，而要其志之所乡，则有与圣贤背而驰者矣。推而上之，则又惟官资崇卑、禄廪厚薄是计，岂能悉心力于国事民隐，以无负于任使之者哉？从事其间，更历之多，讲习之熟，安得不有所喻？顾恐不在于义耳。"②由于主要看文章作的技艺如何，及是否投主考官之所好，所以科举取士导致了人们汲汲于功名利禄，而对国事民隐少有关心。受其影响，为学者的所志所习大都追求一己之利，而与圣贤的教导背道而驰。

陆九渊指出，只有那些异于常人的君子，才能不为外在的利所惑，所志所习皆在于义。他说："君子则不然，彼常人之所志，一毫不入于其心，念虑之所存，讲切之所及，唯其义而已。夫如是，则亦安得而不喻乎此哉？然则君子之所以喻于义者，亦其所志所习之在是焉而已耳。"③虽则如此，君子仍怕沦为小人，所以每日勉励，勿忘其志，"不可使之为小人之归，其于利欲之习，怛焉为之痛心疾首，专志乎义而日勉焉"④，不断加强自己的学习，力求做到"博学审问，慎思明辨而笃行之"⑤，广泛地多方面学习，详细审慎地问，慎重地思考，明确地分辨，坚定踏实地实行。由此"而进于场屋，其文必皆道其平日之学、胸中之蕴，而不诡于圣人。由是而仕，必皆共其职，勤其事，心乎国，心乎民，而不为身计。其得不谓之君子乎"⑥。只要志乎义，且能保持下去，君子无论是为文，还是从政，都可以无异于圣人，为安国定邦做出自己的贡献。

最后，将义利之辨与"立志"联系起来。既然所志决定人的未来，因此陆九渊指出要想克服人们汲汲于利的趋向，就必须从源头上进行遏制，

---

① 《陆九渊集》，中华书局1980年版，第377页。
② 同上书，第276页。
③ 同上书，第377页。
④ 同上书，第276页。
⑤ 同上。
⑥ 同上。

而遏制的方法就是立志。"人惟患无志，有志无有不成者"，"若果有志，且须分别势利道义两途。"① 他在解释"毋友不如己者"句时说："耳目之所接，念虑之所及，虽万变不穷，然观其经营，要其归宿，则举系于其初之所向。布乎四体，形乎动静，宣之于言语，见之于施为，酝酿陶冶，涵浸长养，日益日进而不自知者，盖其所向一定，而势有所必然耳。"② 可见最初之所志，对于个人的自我修养至关重要。不惟如此，它也是区分君子小人的重要标志。"人之技能有优劣，德器有小大，不必齐也。至于趋向之大端，则不可以有二。同此则是，异此则非。向背之间，善恶之分，君子小人之别，于是决矣。"③ 有鉴于此，陆九渊在释读"志于道"句时指出："士之于道，由乎己之学。然无志则不能学，不学则不知道。故所以致道者在乎学，所以为学者在乎志。"④ 也就是说，士子们要先立志，然后为学，才能致道。在他看来，圣人也是由志学开始，而后一步一步达到圣人境界的。据《语录上》记载：

> 或问："吾十有五而志于学，三十而立，既有所立矣，缘何未到四十尚有惑在？"曰："志于学矣，不为富贵贫贱患难动心，不为异端邪说摇夺，是下工夫；至三十，然后能立。既立矣，然天下学术之异同，人心趋向之差别，其声讹相似，似是而非之处，到这里多少疑在？是又下工夫十年，然后能不惑矣。又下工夫十年，方浑然一片，故曰五十而知天命。"⑤

这是说十五岁立志为学，做到不为利欲"动心"，不为邪说摇夺，下工夫去学。及至三十，"虽有所知，未免乍出乍入，乍明乍晦，或警或纵，或作或辍。至三十而立，则无出入、明晦、警纵、作辍之分矣"⑥。然在四十岁之前，"于事物之间未能灼然分明见得。至四十始不惑"⑦。五十之前，虽"不惑矣，未必能洞然融通乎天理矣，然未必纯熟"。"至六十而所知已

---

① 《陆九渊集》，中华书局1980年版，第439—440页。
② 同上书，第375页。
③ 同上。
④ 同上书，第264页。
⑤ 同上书，第430页。
⑥ 同上书，第476页。
⑦ 同上。

到，七十而所行已到。事不师古，率由旧章，学于古训，古训是式。所法者，皆此理之，非徇其迹，仿其事。"①通过去名利之念，不徇流俗，明理而自得，由"知到""行到"，达到完美的道德境界。

三 抉发道本论思想

"道"是南宋思想界非常重视的一个哲学范畴，在陆九渊的心学体系中，"道"作为一个哲学范畴，来源于心，"道未有外乎其心者"②。此"道塞宇宙，非有所隐遁，在天曰阴阳，在地曰柔刚，在人曰仁义"③，故"天有天道，地有地道，人有人道"④。这样，陆九渊就"从'天'（宇宙）而'人'（伦理），使'天''人'相接而合一"⑤，在此基础上，构建了他的心学理论。

关于"道"的理解与规定，陆九渊在阐发《论语》经文时，部分予以了阐明。如在解读《述而篇》"志于道"句时，他说："道者，天下万世之公理，而斯人之所共由者也。"⑥ 指出"道"是自然、社会的公理或法则，此"道"具体到现实社会中，就成为道德伦理性的实体："君有君道，臣有臣道，父有父道，子有子道，莫不有道。"⑦ 这样，陆九渊就把三纲中的君为臣纲、父为子纲说成是具有普遍性和永恒性的道德伦理。无论是圣人，还是常人，都理应有这种伦理道德。但在"尽道"方面，"圣人"和"常人"不同，"惟圣人惟能备道，故为君尽君道，为臣尽臣道，为父尽父道，为子尽子道，无所处而不尽其道。常人固不能备道，亦岂能尽亡其道？夫子曰：'谁能出不由户，何莫由斯道也。'田野陇亩之人，未尝无尊君爱亲之心，亦未尝无尊君爱亲之事，臣子之道，其端在是矣"⑧。只有圣人才能集君道、臣道、父道、子道于一身，无论何时何地、居于何位都能尽"道"。常人虽不能备集全道，但他们也具有这种道德的端绪，只要对他们进行教化，民众就会趋向于备道。如果不教化，则杀父弑君之事也就

---

① 《陆九渊集》，中华书局1980年版，第476页。
② 同上书，第228页。
③ 同上书，第9页。
④ 同上书，第17页。
⑤ 李泽厚：《中国古代思想史论》，人民出版社1985年版，第224页。
⑥ 《陆九渊集》，中华书局1980年版，第263页。
⑦ 同上。
⑧ 同上书，第263—264页。

不免发生了。他说:"然上无教,下无学,非独不能推其所为以至于全备,物蔽欲汩,推移之极,则所谓不能尽亡者,殆有时而亡矣。弑父与君,乃尽亡之时也。民之于道,系乎上之教。"① 普通民众之于"道",有赖于统治者的教化,而对于士君子而言,则由乎专心致志的学"道",不学则不知"道"。因此,陆九渊说:"志道、据德、依仁,学者之大端。"②"所谓学之者,从师亲友,读书考古,学问思辨,以明此道也。故少而学道,壮而行道者,士君子之职也。"③ 士君子志于"道",则有"德"。他说:"士志于道,岂能无其德,故夫子诲之以'据于德'。""苟能据之而不失,亦必日积日进,日著日盛,日广日大矣。"④ 倘若能据"德"而不失"道",就能日益著盛和广大。

综上,陆九渊一方面通过对《论语》文本的重新审视,得出了《论语》非圣道之全、《论语》有抵牾之处、《论语》有该移动经文这样一些对经典的新认识,从而破除了从前人们对《论语》的盲目信仰。另一方面,陆九渊对《论语》部分经文重新进行了诠释,为建立宋学新范式做出了努力,充分体现了"《论语》注我,我注《论语》"的精神。这一解释原则和方法表达出的主要阐释学观念是:意义的理解是主体的个人行为,意义理解应该是个人的独创,文本只是意义生成的基本材料,或者说,经典文本只是为意义的生成提供了一种意义的可能,至于意义究竟为何,这决定于阐释者自身。因此,由"我注六经,六经注我"衍生出的"《论语》注我,我注《论语》"可以被视为中国古代的主体性阐释学。⑤ 它不仅具有主动领悟、主观发挥的含义,更呈现出陆九渊哲学以心为本的色彩。这样一来,"《论语》注我,我注《论语》"就不仅是儒学解释意识成熟的标志及经学向哲学的解经形态转向的象征,而且也暗示出新儒学中的陆王心学一派逐渐摆脱经学的倾向。⑥

---

① 《陆九渊集》,中华书局1980年版,第264页。
② 同上书,第434页。
③ 同上书,第26页。
④ 同上书,第264页。
⑤ 参见李凯《"六经注我":宋代理学的阐释学——兼谈朱熹在经学阐释史上的贡献》,《中国哲学史》2006年第3期。
⑥ 参见陈少明《六经注我:经学的解释学转折》,《哲学研究》1993年第8期。

第三节　心学特色鲜明的杨简《论〈论语〉》

杨简（1141—1226），字敬仲，谥号文元，南宋庆元府（今浙江宁波）慈溪人，曾就学于陆九渊。乾道五年（1169）中进士，历任富阳主簿、秘书郎、朝请郎、秘书省著作佐郎、兵部郎官、礼部郎官、国史编修兼实录院检讨官、温州知府、工部郎官、秘阁修撰、宝谟阁直学士等职。主要著作有《慈湖遗书》《慈湖诗传》《杨氏易传》等。在《慈湖遗书》中有两卷《论〈论语〉》，今据以管窥杨简《论语》诠释的特色。

一　质疑《论语》内容

《论语》乃圣言之所载，历来少有人提出异议。而杨简则认为《论语》内容存在问题：

首先，部分该收录的内容没有收录。他说："今记集者见识乃出有子之下，则何以知圣言之本旨？所幸大圣之言虽纪录有差，大体犹在。孔子每每止绝学者之意，每每止绝学者之固，止绝学者之必，止绝学者之我。纵不能尽记，或每事记其二三，则犹可以明示后世。其余至言，当亦备记。如今《孔子闲居》一篇，《燕居》一篇，《礼运》一篇，及所与子思言'心之精神是谓圣'，及鲁公曰：'是非吾言也，吾一闻于师也。'孔子吁焉其色，曰：'嘻，君行道矣。'公曰：'道耶？'子曰：'道也。'能详记如此，则一以贯之之道，岂不大彰明也哉！"[①] 尤其是"心之精神是谓圣"一语，杨简非常欣赏这句话，把它作为构建自己心学思想体系的主要依托。而《论语》没有记录此言，在杨简看来，这是不懂圣人之道。他说："'心之精神是谓圣'，乃孔子所以告子思，此可谓圣人至言。而《论语》不载，首篇乃多载有子之言，有子乃曾子之所不可者，则记《论语》者，固不足以知圣人之至言也。"[②]

其次，内容记载有偏差。他说："有子尚为曾子所不可，而况其徒乎？其所记亦难尽信。子以四教：文、行、忠、信。此记者之辞耳，非孔子之

[①] 杨简：《慈湖遗书》卷十一，《家记五·论〈论语〉下》，《四库全书》本，上海古籍出版社 1987 年版。
[②] 同上。

言也。孔子曰：'行有余力，则以学文。'而记者冠文于首，见识又不逮有子矣。所幸圣言本无瑕，故记者虽差，亦可默会。"① 在他看来，"子以四教：文、行、忠、信"与孔子所言"行有余力，则以学文"矛盾，故是记录者的话，而非孔子本言本意。"志于道，据于德，依于仁，游于艺"，简明扼要的叙述了孔门进德修业之法，但在杨简看来，这是有问题的："子曰：'志于道，据于德，依于仁，游于艺。'孔子当日启诲门弟子之时，其详必不如此。记录者欲严其辞而浸失圣人之旨也，然而圣言之大旨终在。孔子之本旨，非并列而为四条也，叙事先后浅深云尔。"② 又，对于四科十哲，杨简也认为有问题。其弟子汲古问："子曰：'从我于陈蔡者，皆不及门也。德行：颜渊、闵子骞、冉伯牛、仲弓。言语：宰我、子贡。政事：冉有、季路。文学：子游、子夏。'以自'德行'而上为孔子言也，'德行'而下则门人之所记也，如何？"他回答说："晦翁《集注》弟子因孔子之言记此十人，而并目其所长。某因其书字不书名，此非孔子之言。然分为四科又害道。孔子曰：'心之精神是为圣。'孟子亦道性善，言必称尧舜。此书德行则善，而谓宰我、子贡止于言语，冉有、季路止于政事，子游、子夏止于文学则害道。子夏虽为小人儒，使西河之民疑。子夏于夫子以言不称师，而曾子责之，然孔子于子夏未尝弃绝，忠告无隐，况余子虽不及颜闵，而精神之圣盖人之所同，奚可止科之以言语，或政事，或文学乎？大不可。吁以孔门，而知道者如此之寡，无惑乎？子夏、子张、子游以有若似圣人，强曾子，而曾子不可也。一贯之妙，知之者有几？"③ 杨简认为，四科十哲非孔子所言，不能简单地将十个人以其所长来划分，这不符合孔子本意。

二 批判理学家观点

自学派诞生之日起，学派之争便应运而生。作为心学派的代表人物，杨简在对《论语》诠释的过程中，也对理学派的观点予以了批判。

首先，批判程朱"以理释礼"的观点。"礼者，理也"是程朱学派的

---

① 杨简：《慈湖遗书》卷十一，《家记五·论〈论语〉下》，《四库全书》本，上海古籍出版社1987年版。
② 同上。
③ 同上。

共识。如朱熹就曾指出:"礼,只是理,只是看合当恁地。"① 在他们看来,礼是理应然的体现。杨简却不这样认为,他指出:"或者以礼为理,非的也。礼固理之不可易者,而必易以理为礼,则不可也。盖因《小戴记》有曰'礼也者,理之不可易者也',故近世学者多以理释礼,舍礼而言理,以三百三千之众,多疑其不可以为约也,故必归之于理,不知夫三百三千条目虽多,为礼则一。三百三千,非自外至,皆由人心以生者也。尊尊卑卑,升降揖逊,周旋裼袭,皆循吾心之所安,加一毫不可也,损一毫不可也,一而已矣,不必舍三百三千而言也。即礼而未尝不约也,即其至繁而未尝不至简也。《小戴记》有曰'礼自外作'者,非知礼之言也。博学之初,多识前言往行,不胜其多,故曰博。犹未得返约之本,至于礼,则一贯矣、约矣。惟近世学者沈溺乎义理之意,说胸中常存一理不能忘舍,舍是则豁焉无所依凭,故必置理字于其中,不知圣人胸中初无如许意度。此曰'博文约礼',正谓三百三千之礼,岂不易简?岂不中庸?岂非天下之至理?若必舍礼而言理,乃不知理。"② 心外无礼,尊尊卑卑、升降揖逊、周旋裼袭,皆由心而生,依心而动。

其次,批判程氏的"格物致知"说。"格物致知"是程朱理学的一个重要命题,其主要特征就是主张客观外求的思维向度。杨简对此颇不以为然,在他看来,"格物"就是格去心中之物,而并非客观事物。他在诠释《里仁篇》"士志于道,而耻恶衣恶食者,未足与议也"章时,指出:"此心在道则不在物,在物则不在道。耻恶衣恶食是堕在事物中,为事物移换。未能格物而欲致之,是无理也。格物不可以穷理。言文曰格耳,虽有至义,何为乎转而为穷?文曰物耳,初无理字义,何为乎转而为理?据经直说,格有去义,格去其物耳。程氏倡穷理之说,其意盖谓物不必去,去物则反成伪。既以去物为不可,故不得不委曲迁就而为穷理之说,不知书不尽言言不尽意。古人谓欲致知者,在乎格物,深病学者之溺于物而此心不明,故不得已为是说,岂曰尽取事物屏而去之耶?岂曰去物而就无物耶?有去有取,犹未离乎物也。格物之论,论吾心中事耳。吾心本无物,忽有物焉,格去之可也。物格则吾心自莹,尘去则鉴自明,滓去则水自清

---

① 黎靖德编:《朱子语类》,中华书局1994年版,第911页。
② 杨简:《慈湖遗书》卷十一,《家记五·论〈论语〉下》,《四库全书》本,上海古籍出版社1987年版。

矣。天高地下，物生之中，十百千万，皆吾心耳，本无物也，天下同归而殊途，一致而百虑，天下何思何虑，事物之纷纷起于虑念之动耳。思虑不动，何者非一？何者非我？思虑不动，尚无一与我，孰为衣与食？必如此，而后可以谓之格物。"① 他进而指出，"格物"会动于思虑，会越格越乱，无法达到"穷理"的目的："格物而动于思虑，是其为物愈纷纷耳，尚何以为格？若曰今日格一物，明日又格一物，穷尽万理乃能知至，吾知其不可也。程氏自穷理有得，遂以为必穷理而后可，不知其不可以律天下也。"②

再次，批判程颐对"一以贯之"的解读。《里仁篇》："子曰：'参乎！吾道一以贯之。'曾子曰：'唯。'子出，门人问曰：'何谓也？'曾子曰：'夫子之道，忠恕而已矣。'"程颐在解释该章时，把"一"释为"忠"，将"恕"释为"忠之用"。杨简对此进行了批判："或问：'吾道一以贯之，而曰忠恕而已矣，则所谓一者即仁否？'程正叔曰：'然。此一字当仔细体认，一还多在忠上，多在恕上？'曰：'多在恕上。'曰：'不然。多在忠上。才忠便是一，恕即忠之用。'此论殊为蔽塞。既已谓之一矣，何多何少？体认两字便见用意积力之状。孔子未尝教人体认，惟曰一以贯之，别无注脚。曾子曰忠恕，发明亦坦夷明白。不谓后世学者穿凿撰造至于此，其病甚著。"③ 杨简认为忠恕是对"吾道一以贯之"的最简易的解释，无须再加解释。

最后，批张载对"季文子三思而后行"的解释。杨简说："季文子三思而后行。子闻之，曰：'再，斯可矣。'张横渠以为圣人深美之辞，若曰'再，斯可矣'，况能三耶！所以明夫思之可贵，所以明夫思之不可不深。曰思曰睿，睿作圣；曰思无邪，曰思之弗得弗措也。周公仰而思之，夜以继日，何止于三而已乎？又曰思之一门，其大矣哉！横渠之论，甚有味乎其言。但圣贤立言，不必以一定论。执言语以求圣人之道，非但圣人所望于学者。横渠发挥思之一义尽美尽妙，而不可以此论'再，斯可矣'之旨。圣贤之言有时如此论，有时乎不如此论，要当会圣贤之意，不可执圣贤之言。况季文子之思，乃每事必三思而后行。思曰睿，终身思可也；思

---

① 杨简：《慈湖遗书》卷十，《家记四·论〈论语〉上》，《四库全书》本，上海古籍出版社1987年版。

② 同上。

③ 同上。

之弗得弗措，终年思可也。周公思兼三王以施四事，夜以继日，思之可也。至于日用之事，苟每事必三思而后行，则过矣，滞矣，不通矣。随遇辄应而不思，固不可思之。思之又思之，每事如此亦不可。随遇辄应，谓之太简；每事三思，谓之太详。太简谓之不及，太详谓之过。太简未是，太详亦未是。太简则有简之意，太详则有详之意，皆非无意无必大中至正之道也。是道也，初非绝思虑之谓。得此中，虽终日思虑终年思虑不可谓动心也；失此中，虽终日不思虑终年不思虑不可谓不动心也。周公日夜以思，乃圣人之道；原壤登木之歌，乃反而用之。智者，知其动心也。圣人扣之以为老贼，此非得圣人大中之道，未易辩此。"① 张载认为孔子所言"再，斯可矣"暗含赞美季文子之意，借以说明思之可贵，思之不可不深。而杨简则认为，思要针对对象而言，国之大事可以多思，而日常之事，则没有必要多思。思要合乎"大中至正之道"，要"毋意"。

三 建构彻底的心本论

在承袭陆九渊心学思想的基础上，杨简又对心学本体论予以了延展，进一步明确了"心"的本原性和主宰性，绝对化倾向更加凸显。

首先，心为天地万物之本。在杨简看来，心是天赋的，"上帝所以降于我，天以是覆，地以是载，人以是生者，在人谓之心"②，是宇宙万物的本原，"天高地下，物生之中，十百千万，皆吾心耳，本无物也"③，"人心广大虚明，变化万状不出于中，其曰范围天地，发育万物"④，"此心之无体、无方、无限量，则范围天地，发育万物，何思何虑，澄然而静，自无所不照矣"⑤。认为虚明之心，无边无际，囊括天地，发育万物。在杨简看来，心是一个精神实体，无所不在，无时不在，变化无方，他说："此

---

① 杨简：《慈湖遗书》卷十，《家记四·论〈论语〉上》，《四库全书》本，上海古籍出版社1987年版。
② 杨简：《慈湖遗书》卷十一，《家记五·论〈论语〉下》，《四库全书》本，上海古籍出版社1987年版。
③ 杨简：《慈湖遗书》卷十，《家记四·论〈论语〉上》，《四库全书》本，上海古籍出版社1987年版。
④ 杨简：《慈湖遗书》卷十一，《家记五·论〈论语〉下》，《四库全书》本，上海古籍出版社1987年版。
⑤ 同上。

心非物，无形、无限量、无终始、无古今，无时不然"①，"心无形体，故变化无方"②。它"可以通于神明，光于四海，无所不通，自西自东，自南自北，无思不服"③。此"心"无法具体言说，"穷天下万世之思虑，集天下万世之名称，不足以尽此心之形容"④。杨氏进而指出，"是心人皆有之"⑤，它存在于人们平常的视听言动中："是心有安有说，无劳无苦。是心初无奇，初无心，则吾目视耳听、手持足履、口语心思之心"⑥。正因如此，所以圣人之"心"与普通人之"心"别无二致，只是圣人先知先觉罢了。他说："《易大传》言：'范围天地之化。'《中庸》言：'圣人之道，发育万物。'圣人与人同耳。圣人先觉我心之所同然耳。举天下万古之人，皆能范围天地、发育万物，而人不自知也。"⑦ 不仅普通人之"心"与圣人之"心"同，而且古今人之"心"亦相同："吾心所可得而知者，以吾之心即夫子之心也，以古今无二心也。文王之不识不知，颜子之如愚，子思之无声无臭，孟子之圣不可知，一辙也，以古今不容有二心也。"⑧

其次，心为万德之源。在诠释过程中，杨简将《论语》中的许多德目都看作是人之本心所自有的。他说："人心自神，人心自灵，人心自备众德。不学而能，不虑而知。自温、自良、自恭、自俭，自温而厉，自威而不猛，自恭而安人。"⑨ "是心有慈有爱，有恭有敬，有忠有信，有刚大，有高明，有博厚，有神圣，有武文。"⑩ 他还说："孔子曰：'心之精神是谓圣。'孟子曰：'仁，人心也。'所谓'入则孝，出则弟'者，此心也；

---

① 杨简：《慈湖遗书》卷十，《家记四·论〈论语〉上》，《四库全书》本，上海古籍出版社1987年版。
② 同上。
③ 杨简：《慈湖遗书》卷十一，《家记五·论〈论语〉下》，《四库全书》本，上海古籍出版社1987年版。
④ 同上。
⑤ 同上。
⑥ 杨简：《慈湖遗书》卷十，《家记四·论〈论语〉上》，《四库全书》本，上海古籍出版社1987年版。
⑦ 同上。
⑧ 杨简：《慈湖遗书》卷十一，《家记五·论〈论语〉下》，《四库全书》本，上海古籍出版社1987年版。
⑨ 杨简：《慈湖遗书》卷十，《家记四·论〈论语〉上》，《四库全书》本，上海古籍出版社1987年版。
⑩ 杨简：《慈湖遗书》卷十一，《家记五·论〈论语〉下》，《四库全书》本，上海古籍出版社1987年版。

所谓'忠恕者',此心也;所谓'恻隐、羞恶、恭敬、是非'者,此心也。"①如此一来,"心"就成了儒家伦理的精神实体。杨氏还对个别德目进行了详细的论述。

第一,"礼即人心之妙用"②。在杨简看来,"经礼三百,曲礼三千,皆吾心中之物,无俟乎复思,无俟乎复虑"③,礼"本于大一,分为天地,转为阴阳,变为四时,生而为万物,行而为万务,为经礼三百、曲礼三千。父以此慈,子以此孝,君以此尊,臣以此卑,兄弟以此笃,夫妇以此和,是谓天则,是谓帝则,是岂以有文与献而存、无文与献而亡?近在人心,本非外物,贤献知之,愚众惑之"④。

第二,"忠信即吾之心"⑤。杨简指出:"忠信即我之道心。"⑥"吾心日用平常无诈伪是为忠信,是即吾之主本,非吾心之外复有忠信也。人皆有此忠信之心,而不自知其为吾之主本。"⑦

第三,忠恕"亦吾之心也"。杨简指出,"夫子之忠恕,固夫子之心也,亦吾之心也,天下同然者谓之心"⑧。何为忠恕之心呢?"忠恕之心,即吾孝友之心,即吾事亲之心也"⑨。此心出于天而不由乎人,"忠恕之心,盖每发见,是心之发,不由矫激,不由要誉,悠然出于其天,而不由乎人。此固夫子之大全,天地之大用,尧舜之大德,而非曾子一人之论也"⑩。得此"忠恕之心",就会有好的结果,"天得此忠恕而高明,地得此忠恕而博厚,日月得此而明,四时得此而行,鬼神得此而灵,万物得此而散殊于天地之间,人得此忠恕而为君臣、父子、夫妇、长幼"⑪。

第四,德在人心。杨简指出,"德之在人心,人皆有之,非惟君天下者

---

① 杨简:《慈湖遗书》卷十一,《家记五·论〈论语〉下》,《四库全书》本,上海古籍出版社1987年版。
② 杨简:《慈湖遗书》卷十,《家记四·论〈论语〉上》,《四库全书》本,上海古籍出版社1987年版。
③ 同上。
④ 同上。
⑤ 同上。
⑥ 同上。
⑦ 同上。
⑧ 同上。
⑨ 同上。
⑩ 同上。
⑪ 同上。

独有也。圣人先得我心之所同然耳。得其所同然者谓之德；同然者，天下同此一心，同此一机"①。心有此大德，"天以此覆，地以此载，日月以此明，四时以此行，百物以此生，君以此尊，臣以此卑，父以此慈，子以此孝，家以此齐，国以此治，故曰孝弟之至，通于神明，光于四海，无所不通。《诗》云：'自西自东，自南自北，无思不服。'何以能至此也？天下同此一德故也。孟子亦曰'圣人先得我心之所同然耳'，人皆有此德"②。

四　抉发心性论思想

心性论是关于心性的理论或学说，是理学派和心学派争论的焦点问题之一。

首先，人心即道心。人心与道心是宋代以降儒家学派关于心性论的一对概念。杨简对此也提出了自己的观点。在他看来，"心即道"③，人心即道心，他说："孔子曰：'心之精神是谓圣。'孟子亦曰：'仁，人心也。此心即道，故舜曰道心。'"④ 它具有"常一"的特点："孔子之心常一，而无二变化，云为日用万殊，而道心常一，此一人人所自有，而自不知自不信。"⑤ 杨简指出，道心与人心均非"实有可执可指之物"。他说："人心即道，是谓道心。无体无方，清明静一，其变化云为，虽有万不同，如水镜之毕照万物而非动也，如日月之溥照万物而非为也，世名之曰心，而非实有可执可指之物也，言其无所不通而托喻于道，谓如道路之四通，人所共由，而非有可执可指之物也。"⑥ 此心人皆有之，"道心，人所自有，本不必更求"⑦，"人皆有此良心，有此质直心，此质直心即道心"⑧。突出

---

① 杨简：《慈湖遗书》卷十，《家记四·论〈论语〉上》，《四库全书》本，上海古籍出版社1987年版。
② 同上。
③ 杨简：《慈湖遗书》卷十一，《家记五·论〈论语〉下》，《四库全书》本，上海古籍出版社1987年版。
④ 杨简：《慈湖遗书》卷十，《家记四·论〈论语〉上》，《四库全书》本，上海古籍出版社1987年版。
⑤ 同上。
⑥ 杨简：《慈湖遗书》卷十一，《家记五·论〈论语〉下》，《四库全书》本，上海古籍出版社1987年版。
⑦ 同上。
⑧ 杨简：《慈湖遗书》卷十，《家记四·论〈论语〉上》，《四库全书》本，上海古籍出版社1987年版。

了"心一"的特点:"孔子之心常一,而无二变化,云为日用万殊,而道心常一,此一人人所自有,而自不知自不信。"① 在此基础上,杨简指出,圣人所传之"道"即是"心",由孔子→曾子→子思→孟子一脉相传:"百圣所传,唯此一心。曾子传之子思,子思曰:'道不远人,人之为道而远人。'心,我心也,为则成外物也。子思传之孟子,孟子曰:'仁,人心也。'可谓直而无隐,而学者不省也。又曰:'行之而不著焉,习矣而不察焉,终身由之而不知其道者,众也。'又曰:'君子之言也,不下带而道存焉。'非心而何?"② 圣人所传之"心统",没有引起很多人的共鸣,人们大都疑而不信,"人皆有此心,皆闻曾子之言,往往直信而不疑者千百无一二,若信而忠以为未必然者皆是也,此非曾子之言犹有隐乎而也。指金而告人曰此金也,识者固信,不识者固疑"③。由于怀疑,所以绝大多数人离"心"而向外求"道",虽终日碌碌,但却无法得"道":"天下之至深常存乎至浅,天下之至难常存乎至易至浅。故虽明告之以此心即道,往往复疑以为天下之至妙必不止此,于是乎始他求,始放其心,纷纷支离,终日不休,终岁不休,终身不休也。"④ 既然如此,那么曾子为何不径直告诉人们"人心即道"呢?这是因为直接告知,不如让人自得其心。他说:"曾子既明知此矣,何不明告人曰此心而已?盖道虽不离此心,而径告之则往往未必自悟,未必自信,不如发其端,形容其似,而使人自得也。"⑤只有自悟自得,才能使自己的行为符合圣人之道。

其次,心之精神是谓圣。在《论〈论语〉》中,杨简多次提到"心之精神是谓圣",对其十分推崇,将其视为圣人之至言。他说:"心之精神是谓圣,乃孔子所以告子思,此可谓圣人至言。"⑥ 虽然他并未明确阐述或解释过"心之精神是谓圣"的含义,但这一命题一是突出了心所处的虚明无

---

① 杨简:《慈湖遗书》卷十,《家记四·论〈论语〉上》,《四库全书》本,上海古籍出版社1987年版。
② 杨简:《慈湖遗书》卷十一,《家记五·论〈论语〉下》,《四库全书》本,上海古籍出版社1987年版。
③ 杨简:《慈湖遗书》卷十,《家记四·论〈论语〉上》,《四库全书》本,上海古籍出版社1987年版。
④ 杨简:《慈湖遗书》卷十一,《家记五·论〈论语〉下》,《四库全书》本,上海古籍出版社1987年版。
⑤ 同上。
⑥ 杨简:《慈湖遗书》卷十,《家记四·论〈论语〉上》,《四库全书》本,上海古籍出版社1987年版。

体而又无思无为的神秘状态:"子曰:'心之精神是谓圣。'精神虚明无体,未尝生,未尝死,人患不自觉耳。"①"学者率求于无思无为之说,而不悟无思无为之实乃人心之精神妙用。"② 二是突出了"心"的神圣性和至善至完满的品性:"所谓心之精神是谓圣,虚明无际,万善具足。"③"孔子曰:'心之精神是谓圣。'孟子曰:'仁,人心也。'所谓'入则孝,出则弟'者,此心也;所谓忠恕者,此心也;所谓恻隐、羞恶、恭敬、是非者,此心也。不学而能,不虑而知,不疾而速,不行而至,孟子谓之良知良能,诚非作为之所到。"④ 三是突出了"心"所具有的普遍性:"心之精神是为圣。人皆有是心,即平常实直之心,空洞无形体,无际畔变化。"⑤从而为道德的可能性提供了先天的依据。四是突出了"道"与"我"的一致性:"孔子曰:'心之精神是谓圣。'孟子亦曰:'仁,人心也。'道在我矣,何假他求?我即道矣,何必复求?"⑥ 由此更加彰显了"心"所具有的普遍性品格和自善自明的特征。

最后,心性合一。杨简继承了陆九渊心性一元的思想,认为心性为一,不必分二,性为万物之本体,人性皆善。一是性即道,性即心。在他看来,"人性即道"⑦,"人性自善,又能尽集天下之善,则道在我矣"⑧。他说:"(孔子)曰'性相近,习相远',孟子亦曰'尧舜与人同耳',又曰'圣人先得我心之所同然耳',孔子又曰'心之精神是为圣',然则所谓中人以下者,自昏自迷耳。一日内明忽开,方悟吾性本与圣贤同,殊不相远。"⑨ 在"性"字前面加一"吾"字,说明此性具有主体的意义,性即心,本体即主体。二是天地人物之变化皆吾性之变化。他说:"夫道在

---

① 杨简:《慈湖遗书》卷十,《家记四·论〈论语〉上》,《四库全书》本,上海古籍出版社1987年版。
② 同上。
③ 杨简:《慈湖遗书》卷十一,《家记五·论〈论语〉下》,《四库全书》本,上海古籍出版社1987年版。
④ 同上。
⑤ 杨简:《慈湖遗书》卷十,《家记四·论〈论语〉上》,《四库全书》本,上海古籍出版社1987年版。
⑥ 杨简:《慈湖遗书》卷十一,《家记五·论〈论语〉下》,《四库全书》本,上海古籍出版社1987年版。
⑦ 同上。
⑧ 杨简:《慈湖遗书》卷十,《家记四·论〈论语〉上》,《四库全书》本,上海古籍出版社1987年版。
⑨ 同上。

圣人，当哀而自哀，当乐而自乐，当敬惧而自敬惧，当舒徐而自舒徐，当微哀而自微哀，当极哀而自极哀，当甚敬而自甚敬，当小敬而自小敬，不待斟酌审处，圣人之心自如此也，故曰成性存存，道义之门。天下无穷之义，皆自性中出也。"① 三是人性皆善。他说："人心之善谓之德，此德即道也。"② 在他看来，治国之要道在于顺民之善性，"天下之道二，善与不善而已矣。善者，天下之公道；不善者，非天下之公道。直者善道，为公为民，心之所服。枉者不善道，为不公，为民心之所不服。一开其端，其类咸应。于戏！直者，民心之所同然；枉者，非民心之所同然。圣人得我心之所同然，举之于上，而民心之所同然者应矣，此之谓要道"③。

五 阐发心学工夫论

在修身工夫论上，杨简主张以"毋意""从简""省己"等作为内圣的工夫，从而为人们净化心灵、提升道德境界提供了一套独特的指导方法。

首先，毋意。"意"是杨简思想体系中特有的概念，在他看来，"人心本善，本自清明"，之所以有邪恶之事发生，就是因为"意"。"人之本心自如此，不昏不放，则常如此；微昏微放，则不如此。意起则昏，意起则放。"④ "心无实体，安有内外？微起意象，辄昏辄迷。"⑤ "举匙施筷，仁也；咀嚼厌饫，仁也；别味知美恶，仁也。但于其中微起意焉，则心始动始迁始不仁矣。仁，人心也。人心清明，澄然如鉴，万象毕照而不动焉。"⑥ "人心之善谓之德，此心天下之所同然。同然之机，翕然而应，众所共服，苟动乎意，则邪枉而民不服。"⑦ 何为"意"呢？"何谓意？微起焉，皆谓之意，微止焉，皆谓之意。意之为状，不可胜穷，有利有害，有是有非，有进有退，有虚有实，有多有寡，有散有合，有依有违，有前有后，有上有下，有体有用，有本有末，有此有彼，有动有静，有古有今，

---

① 杨简：《慈湖遗书》卷十一，《家记五·论〈论语〉下》，《四库全书》本，上海古籍出版社1987年版。
② 杨简：《慈湖遗书》卷十，《家记四·论〈论语〉上》，《四库全书》本，上海古籍出版社1987年版。
③ 同上。
④ 同上。
⑤ 同上。
⑥ 同上。
⑦ 同上。

若此之类，虽穷日之力，穷年之力，纵说横说，广说备说，不可得而尽。"① 由此可见，所谓意"不仅仅是指私欲和从个体之小我出发的意念，而是指游离于本心自然发育流行之外的一切思维，一切不合乎道德本能的意识活动或意向状态"②。意起之后，危害无穷，众蔽百恶皆从意出，"孔子绝四，止绝学者四病，意、必、固、我，无越四者，病本不去，祸流无穷，众蔽百恶，皆自此出"③。以起意而求道，则会导致昏蔽："视听言动者，道也；俯仰屈伸者，道也；寐如此，寤如此，动如此，止如此，徒以学者起意欲明道，反致昏塞。若不起意，妙不可言；若不起意，则变化云为，如四时之错行，如日月之代明。故孔子每每戒学者毋意。"④ 意起失心，意起失道，千错万过皆由意出，"人心本清明，动于意欲，始有过"⑤。因此，要保持本如明镜的人心，只有"毋意"。

怎样才能做到"毋意"呢？杨简认为，一是做到一切行为皆由心生。他说："大抵精神外浮，此心方逸，则安得仁？仁，人心也。动则失之，而况于外浮乎？放逸乎？由心而发，为事亲，为从兄，为众善，为百行，如四时之错行，如日月之代明。随物而动，为昏迷，为机巧，为诈妄。"⑥一切行为源自内心，则善行自然流露；若随物而动，则邪枉顿生。二是保持本心的良知良能。他说："孟子曰：'人之所不学而能者，其良能也；所不虑而知者，其良知也。孩提之童无不知爱其亲，及其长也，无不知敬其兄也。'使胸中有意有说，则失其所以为真孝真弟矣。不真则伪，伪则终于失。孔子诲学者使出入之间无非孝弟，则真而不伪，不思不勉自爱自敬矣。谨则无放逸，无思虑，信则允塞，亦安得有思虑？惟如此者，乃能泛爱。其不能泛爱者，必其思虑纷扰，私意横生，则不虚明，不广大也。"⑦要使心保持原始的"虚明"状态，使之无思无虑，不受私欲的诱惑。要克制违背封建伦理的意念的萌生："夫子告以能克己复礼则仁，礼者，道心之发见，于文为之名，经礼三百，曲礼三千，皆吾心所自有。以动乎意而

---

① 黄宗羲、全祖望：《宋元学案·慈湖学案》，中华书局 1986 年版，第 2476 页。
② 曾凡朝：《杨简心学工夫论发微》，《理论学刊》2007 年第 6 期。
③ 杨简：《慈湖遗书》卷十，《家记四·论〈论语〉上》，《四库全书》本，上海古籍出版社 1987 年版。
④ 同上。
⑤ 同上。
⑥ 同上。
⑦ 同上。

第六章　南宋心学派的《论语》诠释　283

放逸，始失之。今复我本有之礼，无一点私意，则孔子所谓心之精神是谓圣，虚明无际，万善具足，谓之天下归仁不为过。"①认为礼即人心，所有名目繁多之礼都是人心中之物，由于"意"动而失，复礼就是恢复自己本有之礼。从这个意义来看，杨简的"毋意"是想达到"立心、做人"的目的。

其次，践仁。所谓践仁，也就是要在日常生活实践中用力于仁，践行仁。一是用力于仁。杨简虽然主张"求仁于心外故难，求仁于心内亦难，心无实体，安有内外"②，但他还是主张用力于仁。在他看来，"舜曰惟精惟一，用力于仁也；孔子发愤忘食，用力于仁也"③。至于为什么要用力于仁，究其原因在于人们学道伊始，还没有达到精明纯一的境界，所以不可不用力。他说："子曰：'有能一日用其力于仁矣乎？我未见力不足者。盖有之矣，我未之见也。'虽已闻道而未精未一，奚可不用其力？是力非思非为，故孔子未见力不足。盖有之矣，谓他人，他人不知道，用思为之力，故有不足。"④用力于仁之力，是一种不思不为之力，与一般人所认为的"力"是不一样的，"用力于仁之力，异乎他人之所谓力。他人之用力乃意、必、固、我之力，故有不足；用于仁之力，乃不识不知之力，故无不足"⑤。因此，用力于仁之力不存在足与不足的问题，据《论〈论语〉》记载，"汲古问：'学者用力果有不足处否？'先生曰：'学道安得有力不足？足与不足是人心自为之。如冉求曰"非不说子之道，有力不足也"，故孔子曰："力不足者，中道而废，今汝画。"'汲古问：'用力于仁又如何？'先生曰：'用力于仁，无思无为，精明纯一。'"⑥可见，杨简所谓用力于仁并非用力于心外，而是用力于虚明之心。在他看来，用力之足与不足，皆是自心所为，"夫斯道，忠信而已矣，何思何为，何阻何碍，而曰

---

① 杨简：《慈湖遗书》卷十一，《家记五·论〈论语〉下》，《四库全书》本，上海古籍出版社 1987 年版。
② 杨简：《慈湖遗书》卷十，《家记四·论〈论语〉上》，《四库全书》本，上海古籍出版社 1987 年版。
③ 杨简：《慈湖遗书》卷十一，《家记五·论〈论语〉下》，《四库全书》本，上海古籍出版社 1987 年版。
④ 杨简：《慈湖遗书》卷十，《家记四·论〈论语〉上》，《四库全书》本，上海古籍出版社 1987 年版。
⑤ 同上。
⑥ 同上。

力不足乎？足与不足，皆人心自作此见，道初不如此。不作足不足之见，则人心之灵未始不一贯，非力不足"①。只有达到圣人的境界时，才不会出现足与不足的情况。他指出，孔子最初也用力，何况他人？"孔子曰：'我学不厌。'孔子犹用力，而况于他人乎？至于耳顺，从心所欲不逾矩，则无所用其力。"② 孔子得道后，就不需用其力了。他说："孔子得道，道心无思无为，而如日月之光，无所不照，故其力未见不足。君子道心初明，旧习未释，断不可不用力。未精未熟，岂能遽绝思为？久而精纯，泯然无际。孔子曰用力，其旨甚明，特其初不免于思为，然亦至平至易。过失之泯，如雪入水；道心发光，如太阳洞照。无拟议，无渐次，不可度思，矧可斁思。自然无力不足之患。"③ 只有修行达到"耳顺""从心所欲不逾矩"的境界，才会"无所用其力"，才会"无力不足之患"。二是在实践中践行仁。在杨简看来，人不仅要认识到自身所具有的仁，而且要在日常行为中去实践"仁"："仁则常觉常明，如日月，如水鉴，如天地。《中庸》曰：'力行近乎仁。'仁非徒知不行之谓。果实核中之所藏曰仁，此仁无思无为而能发生，仁道亦然。"④他指出，在《论语》中，孔子多次强调"仁非徒知不行之谓"："圣门讲学每在于仁。圣人曰：'知及之，仁不能守之；虽得之，必失之。'又曰：'力行近乎仁。'以此知仁非徒知不行之谓。吾目视、耳听、鼻嗅、口尝、手执、足运，无非大道之用，而有一私意焉隔之。不觉不知，谓之不仁可也。然则仁者谓己常觉之，非徒知而已。圣人曰：'造次必于是，颠沛必于是。'非徒知而已也。又曰：'不仁者不可以久处约，不可以长处乐。'非徒知而足也。又曰：'唯仁者能好人，能恶人。'必于好恶间验之，非知者所能也。又曰：'观过，斯知仁矣。'必无过而后谓之仁，过失未尽去未可谓之仁也。"⑤ 在孔子回答弟子的话语中，可以看出孔子所强调的仁多体现在日常行为中，"答颜子之问以克己复礼，答仲弓之问以敬与恕，答司马牛之问以讱其言，答子张之问以能行五者，答樊迟之问以爱人，又答以居处恭，执事敬，与人忠，无非

---

① 杨简：《慈湖遗书》卷十，《家记四·论〈论语〉上》，《四库全书》本，上海古籍出版社1987年版。
② 同上。
③ 同上。
④ 同上。
⑤ 杨简：《慈湖遗书》卷十一，《家记五·论〈论语〉下》，《四库全书》本，上海古籍出版社1987年版。

即实履，以语学者"①。只要在实际生活中践行仁，无论结果如何，都是在"以仁为己任"："达之者本末贯通，浑然天成，即孝弟忠信，即无声无臭之妙，即戒谨恐惧，即不识不知之则，即人伦日用，即惟精惟一之极。未达者循循慎谨，业业恭愿，不失为寡过之士。必无异端猖狂妄行，为小人之无忌惮。是故儒者不可不以仁为己任，用力于仁。圣人深志三月不违，亚圣之仁；日月至焉，诸子之仁。"② 只有践行仁，成为仁者，才能长寿，"惟仁者为能静，知者虽得乎动之妙，终不及也。惟仁者乃能寿，为其念虑闲静，气凝而意平，长年之道也。此固非徒知者所能到，学而不仁非儒者也"③。

括而言之，杨简《论〈论语〉》虽然不是对全部《论语》篇章做的诠释，且字数不多，但却充分展现了心学派的"六经注我，我注六经"的学术特色，体现了宋代学术思想的特点。

一是杨简对《论语》内容的怀疑，不仅是北宋以来疑经思潮的延续，而且反映了心学派"六经注我"的思想。为了建构自己的思想体系，他既可以把原本《论语》中的内容说成是记载有偏差，也可以将原本《论语》中没有的内容归咎于集成者的失误，真可谓用心良苦。这也正是宋代学术的一大特色。

二是杨简对程氏"以理释礼"的批判，否定了理本论，阐明了心外无礼的主张；对程氏"格物致知"说的批判，否定了理学家的致思路向，展示了心学家的内圣学说；对程颐"一以贯之"和张载"季文子三思而后行"解释的评判，揭示了自己的去意明心的主张。真可谓有破有立。

三是杨简通过对《论语》的创造性诠释，进一步完善了心学体系。在诠释《论语》的过程中，杨简在陆九渊心学思想的基础上，在本体论上，既延展了心的形而上学意义，又将心之本体与伦理圆融为一，认为本体之心自然具有仁义道德的属性，从而将外在的自然律则和社会伦常纳入内心，实现了体用的圆融贯通；在心性论上，他十分推崇"心之精神是为圣"，突出了"心"之神圣性、至善性、和自善自明性，探讨了心、道、性的关系；在工夫论上，他以人心自明自灵为前提，强调"毋意"，努力

---

① 杨简：《慈湖遗书》卷十一，《家记五·论〈论语〉下》，《四库全书》本，上海古籍出版社1987年版。
② 同上。
③ 同上。

做到不起意，做到一切行为皆由心生，做到在实践中用力于仁，践行仁，实现了工夫和本体的完美而有机的统一，从而建构起了自己的集心本论、心性论和修养工夫论于一体的心学思想体系。这就奠定了他在心学史上的地位。全祖望指出："文元之学，先儒论之多矣。或疑发明本心，陆氏但以为入门，而文元遂以为究竟，故文元为陆氏功臣。"① 刘宗贤先生曾指出："从心学的发展过程来看，却是杨简发挥了陆九渊心学的核心部分，使陆学在哲学理论上能够独立于朱熹理学，而后才经过明代王守仁学说的接续、发展，完善了心学的理论体系，形成支配一代学术的思想潮流。"② 此言不虚。

　　四是杨简通过对《论语》的创造性诠释，丰富了《论语》学思想的内涵。中国古代《论语》学的发展，有赖于历代学者根据各个时期的不同社会问题和历代统治者的不同政治需要，通过语言的诠释来揭示昭明《论语》中蕴含的圣人"微言大义"，并借此来阐发己见，建立一个新的思想理论体系，以满足时代的需要。张岂之先生曾指出："中国思想史重经学形式，许多思想家托圣人而立言，通过注解经书来阐述自己的思想，很少独立的发表意见。"③ 如果没有这些儒家学者的合乎时代特征的诠释、疏解、阐发，那么《论语》只不过是一个死的毫无生气的物质载体而已。不仅不会在社会上发挥作用，而且自身的流传恐怕也成问题。杨简针对南宋面临的时代问题，力图通过对《论语》的创造性诠释，抉发圣人之意，以重建传统政治的合法性依据。于是乎他"为本心之说"④，"又假托圣人之言，牵就释意，以文盖之"，"以为真有得于千载不传之正统"⑤，创建了既有别于传统《论语》诠释，又不同于朱熹《论语集注》的心学视域下的《论语》学思想，从这个意义上讲，杨简的《论语》学思想无论是从南宋时期，还是就整个中国《论语》学史发展历程上来看，都有其独到的价值。只是由于杨简论《论语》的内容是散见在《慈湖遗书》中的，所以没有引起人们的注意，但这不应成为削弱其本身所具有的独特价值的理由。⑥

---

① 黄宗羲、全祖望：《宋元学案·慈湖学案》，中华书局1986年版，第2479页。
② 刘宗贤：《陆王心学研究》，山东人民出版社1995年版，第149页。
③ 张岂之：《中国思想史·序》，西北大学出版社1993年版。
④ 黄宗羲、全祖望：《宋元学案·慈湖学案》，中华书局1986年版，第2480页。
⑤ 同上书，第2478页。
⑥ 参见曹亚美《杨简四书学思想研究》，硕士学位论文，华中师范大学历史文献学专业，2008年，第52—53页。

第四节 融合汉学与心学的钱时《融堂论语管见》

钱时（1175—1244），字子是，号融堂，南宋淳安县蜀阜人。他自幼聪颖好学，及长更是卓尔不群，不与俗儒为伍，绝意科考。因师从杨简，遂成为心学学派中人。主要著作有《周易释传》《融堂书解》《融堂四书管见》《两汉笔记》《蜀阜集》《冠昏记》《百行冠冕集》等。其中《融堂四书管见》包括《论语》十卷，《孝经》《大学》《中庸》各一卷，"俱先列《经》文，略加音训，而诠释其大旨于后。《孝经》用古文。《大学》但析为六章，不分《经》《传》。盖时之学出于杨简，简之学出于陆九渊，门户迥殊，故不用程朱之本"①。兹以《论语》十卷为本，管窥钱时诠释《论语》之特色。

一 略加音训

音训，是指对古籍中的字词注音释义。由于钱时《融堂四书管见》是"因讲习积而成编"，是"传之家塾"②之作，故而注重对字词的注音和释义。

（一）注音

在古代，中国没有拼音字母，所以古人要标识难读的汉字，只能借助其他的汉字来进行。于是乎便先后产生了如字法、直音法、反切法等注音方式。这在钱时《融堂四书管见·论语》中多有体现。

第一，如字法。当字同意异而有两个或两个以上读法的时候，要以习惯上最通行的读音读，按照最通常的意义解释，叫如字。如：

《为政篇》"吾十有五而志于学，三十而立，四十而不惑，五十而知天命，六十而耳顺，七十而从心所欲，不逾矩"章，钱时指出，"七十而从心所欲"中的"从"如字。③

《里仁篇》"苟志于仁矣，无恶也"章，钱时指出，"无恶也"中的"恶"如字。④

---

① 永瑢等：《四库全书总目》，中华书局1965年版，第271—272页。
② 钱时：《融堂四书管见·原序》，《四库全书》本，上海古籍出版社1987年版。
③ 钱时：《融堂四书管见·论语》卷一，《四库全书》本，上海古籍出版社1987年版。
④ 钱时：《融堂四书管见·论语》卷二，《四库全书》本，上海古籍出版社1987年版。

《述而篇》"多闻择其善者而从之，多见而识之，知之次也"下，钱时指出，"多见而识之"中的"识"如字。①

《先进篇》"鲁人为长府"下，钱时指出，"长府"中的"长"如字。②

《微子篇》"齐人归女乐，季桓子受之"下，钱时指出，"齐人归女乐"中的"归"如字或作馈。③

第二，直音法。所谓直音法，即用同音字来注音。如：

《学而篇》"学而时习之，不亦说乎？有朋自远方来，不亦乐乎"章，钱时指出，"不亦说乎"中的"说"读作"悦"，"不亦乐"中的"乐"读作"洛"④。

《为政篇》"人而无信，不知其可也。大车无輗，小车无軏，其何以行之哉"章，钱时指出，"小车无軏"中的"軏"读作"月"⑤。

《八佾篇》"子入大庙，每事问"章，钱时指出，"子入大庙"中的"大"读作"太"⑥。

《公冶长篇》"子贡问曰：'赐也何如？'子曰：'女器也。'曰：'何器也？'曰：'瑚琏也'"下，钱时指出，"女器也"中的"女"读作"汝"，"瑚琏"中的"瑚"读作"胡"⑦。

《乡党篇》"食不厌精，脍不厌细"下，钱时指出，"食不厌精"中的"食"读作"嗣"⑧。

《先进篇》"千乘之国，摄乎大国之间，加之以师旅，因之以饥馑"下，钱时指出，"因之以饥馑"中的"饥"读作"机"，"馑"读作"仅"⑨。

第三，反切法。反切即拼读的意思，用两个汉字相拼给一个汉字注音。其中第一个字（反切上字）注声母，第二个字（反切下字）注韵母和声调。如《论语·先进》"子路、曾皙、冉有、公西华侍坐"章，《融堂

---

① 钱时：《融堂四书管见·论语》卷四，《四库全书》本，上海古籍出版社1987年版。
② 钱时：《融堂四书管见·论语》卷六，《四库全书》本，上海古籍出版社1987年版。
③ 钱时：《融堂四书管见·论语》卷九，《四库全书》本，上海古籍出版社1987年版。
④ 钱时：《融堂四书管见·论语》卷一，《四库全书》本，上海古籍出版社1987年版。
⑤ 同上。
⑥ 钱时：《融堂四书管见·论语》卷二，《四库全书》本，上海古籍出版社1987年版。
⑦ 钱时：《融堂四书管见·论语》卷三，《四库全书》本，上海古籍出版社1987年版。
⑧ 钱时：《融堂四书管见·论语》卷五，《四库全书》本，上海古籍出版社1987年版。
⑨ 钱时：《融堂四书管见·论语》卷六，《四库全书》本，上海古籍出版社1987年版。

四书管见》曰：

> 子路、曾皙［星历切］、冉有、公西华侍坐［才卧切］。子曰："以吾一日长乎尔，毋吾以也。居则曰：'不吾知也！'如或知尔，则何以哉？"子路率尔而对曰："千乘之国，摄乎大国之间，加之以师旅，因之以饥馑；由也为之，比［必二切。下同］及三年，可使有勇，且知方也。"夫子哂［诗忍切］之。"求！尔何如？"对曰："方六七十，如五六十，求也为之，比及三年，可使足民。如其礼乐，以俟君子。""赤！尔何如？"对曰："非曰能之，愿学焉。宗庙之事，如会同，端章甫，愿为小相焉。""点！尔何如？"鼓瑟希，铿［苦耕切］尔，舍瑟而作。对曰："异乎三子者之撰［士免切］。"子曰："何伤乎？亦各言其志也。"曰："莫春者，春服既成。冠者五六人，童子六七人，浴乎沂［鱼依切］，风乎舞雩，咏而归。"夫子喟然叹曰："吾与点也！"三子者出，曾皙后。曾皙曰："夫三子者之言何如？"子曰："亦各言其志也已矣。"曰："夫子何哂由也？"曰："为国以礼，其言不让，是故哂之。""唯求则非邦也与？""安见方六七十如五六十而非邦也者？""唯赤则非邦也与？""宗庙会同。非诸侯而何？赤也为之小，孰能为之大？"①

在这段文字中，钱时利用反切法对其中的"皙""坐""比""铿""撰""沂"进行了反切注音。

（二）注声调

声调又叫字调，是指声音的高低升降的变化。它具有区别意义的作用，声调不同，字就不同。如《学而篇》"其为人也孝弟，而好犯上者，鲜矣"下，钱时对"弟""好""鲜"的读音予以了注解，其中"弟""好"为"去声"，"鲜"为"上声"。② 又，《子路篇》子贡问"何如斯可谓之士矣"章，钱时对孔子所言"使于四方"中的"使"、"乡党称弟焉"中的"弟"、"行必果"中的"行"的读音进行了说明，指出三者都当读

---

① 钱时：《融堂四书管见·论语》卷六，《四库全书》本，上海古籍出版社1987年版。
② 钱时：《融堂四书管见·论语》卷一，《四库全书》本，上海古籍出版社1987年版。

为"去声"。①

(三) 释义

为求得经文之确义，钱时在《融堂四书管见·论语》中还运用了声训、义训两种训解词义的方法。先看声训，如《为政篇》"为政以德，譬如北辰，居其所而众星共之"下，钱时注云："政者，正也，所以正人之不正也。德者，得也，不失其本心之谓也。"②《八佾篇》"夏礼吾能言之，杞不足征也；殷礼吾能言之，宋不足征也。文献不足故也，足则吾能征之矣"下，钱时注云："征，证也。""献，贤也。"③ 上述两例中的"政者，正也"、"德者，得也"、"征，证也"、"献，贤也"都是通过运用汉字声音的相同或相近来探求和诠释词义，亦即因声求义。再看义训，它是指以通语、常言去解释不易知的文语、古语或方俗语。其方式主要有直训和义界两种。直训就是用一个义同或义近的字直接去解释另一个字。如《子罕篇》"子罕言利与命与仁"下，钱时注云："罕，少也。"④《颜渊篇》"草上之风，必偃"下，钱时注曰："偃，仆也。"⑤《子路篇》"使于四方，不能专对"下，钱时注曰："专，独也。"⑥ 义界就是揭示并确定经典中字词的含义的界限。如《八佾篇》"八佾舞于庭"下，钱时注曰："佾，舞列也。天子八，诸侯六，大夫四，士二。每佾八人。"⑦《雍也篇》"子华使于齐，冉子为其母请粟。子曰：'与之釜。'请益。曰：'与之庾。'冉子与之粟五秉。子曰：'赤之适齐也，乘肥马，衣轻裘。吾闻之也，君子周急不继富。'原思为之宰，与之粟九百，辞。子曰：'毋！以与尔邻里乡党乎！'"下，钱时注曰："釜，六斗四升。庾，十六斗。秉，十六斛。九百，九百斛。五家为邻，五邻为里，万二千五百家为乡，五百家为党。"⑧《乡党篇》"乡人饮酒，杖者出，斯出矣"下，钱时注曰："杖者，老人也。六十杖于乡。"⑨《先进篇》"千乘之国，摄乎大国之间，加之以师旅，因之

---

① 钱时：《融堂四书管见·论语》卷七，《四库全书》本，上海古籍出版社1987年版。
② 钱时：《融堂四书管见·论语》卷一，《四库全书》本，上海古籍出版社1987年版。
③ 钱时：《融堂四书管见·论语》卷二，《四库全书》本，上海古籍出版社1987年版。
④ 钱时：《融堂四书管见·论语》卷五，《四库全书》本，上海古籍出版社1987年版。
⑤ 钱时：《融堂四书管见·论语》卷六，《四库全书》本，上海古籍出版社1987年版。
⑥ 钱时：《融堂四书管见·论语》卷七，《四库全书》本，上海古籍出版社1987年版。
⑦ 钱时：《融堂四书管见·论语》卷二，《四库全书》本，上海古籍出版社1987年版。
⑧ 钱时：《融堂四书管见·论语》卷三，《四库全书》本，上海古籍出版社1987年版。
⑨ 钱时：《融堂四书管见·论语》卷五，《四库全书》本，上海古籍出版社1987年版。

以饥馑;由也为之,比及三年,可使有勇,且知方也"下,钱时注曰:"二千五百人为师,五百人为旅。谷不熟曰饥。菜不熟曰馑。"①《子路篇》"如有王者,必世而后仁"下,钱时注曰:"三十年为一世。"②

由上可见,钱时的音训既继承了汉唐时期音训的风格,又具有自己的特色,汉唐音训叠床架屋,比较烦琐,而钱氏的音训则简洁明了。这在注重义理阐发的宋代确实是独树一帜的。

二 阐发本心论思想

作为南宋心学派的代表人物,钱时在诠释《论语》时,既秉承了陆九渊和杨简的"本心论"思想,又在此基础上有所引申和发挥。

心学的主要特征就是不仅把心视为具有思维功能的一个器官,而且将其视为具有万物本源性质的抽象本体。钱时的思想亦是如此。一方面,他承认心是人体的一个器官,具有思虑的功能。在诠释"君子有九思:视思明,听思聪,色思温,貌思恭,言思忠,事思敬,疑思问,忿思难,见得思义"时,他指出:"此一章正是行著习察精密处,人之行己,那一事不就不思上坏了。其目虽九,其本则一。何谓一?曰由乎心。不明乎心而欲逐项正救,难矣。思明则非礼勿视,思聪则非礼勿听,思忠则非礼勿言。此外大抵非礼勿动之事也。"③ 也就是说,思明、思聪、思温、思恭、思忠、思敬、思问、思难、思义皆由心而生。这实际上与《孟子·告子上》所说的"心之官则思"异曲同工。另一方面,他又提出了"心之本体"④——"本心"的概念,并以此作为构建学术思想体系的基本范畴。在他看来,"心之本体,与天同运,自强不息,所以配天"⑤,本体之心可以与天相比并,具有天的属性。它无边无际,无所不在,无所不通,"心本未始不广大也"⑥,"心本虚明,无方无体,范围天地,其大无外,只为

---

① 钱时:《融堂四书管见·论语》卷六,《四库全书》本,上海古籍出版社1987年版。
② 钱时:《融堂四书管见·论语》卷七,《四库全书》本,上海古籍出版社1987年版。
③ 钱时:《融堂四书管见·论语》卷八,《四库全书》本,上海古籍出版社1987年版。
④ "心之本体"亦称"心本","心本"犹"本心"。《汉书·郭解传》曰:"既已振人之命,不矜其功,其阴贼著于心本发于睚眦如故云。"颜师古注云:"心本,犹言本心也。"
⑤ 钱时:《融堂四书管见·论语》卷九,《四库全书》本,上海古籍出版社1987年版。
⑥ 钱时:《融堂四书管见·论语》卷一,《四库全书》本,上海古籍出版社1987年版。

有我"①,"本心昭融,通于神明,光于四海,无所不通"②,此虚明之心,至大无外,将天地都囊括在内,一切万物都源于此,"物物皆我心"③,心外无物。在钱时看来,本心不存在时间和种族的差别,"此心万古同,本无夷夏殊"④。在诠释《卫灵公篇》"有教无类"章时,他更指出,无论贫富、贵贱、智愚、善恶,人同此心,心同此理。他说:"种类虽或不同,然同有此心,则同有此理。"⑤

在《论语》诠释中,钱时还对本心予以了多角度的解读。

一是"仁即人之本心"⑥。在诠释《学而篇》"巧言令色鲜矣仁"章时,钱时说:"仁,人心也。""得其本心,斯谓之仁。"⑦ 仁是人心所固有的,人之本心就是仁。因此,欲求仁,需觉其本心。他说:"觉其本心而至于常,觉常明者也。"⑧ 心欲求仁,则仁自至,不假外求。他说:"仁,人心也,岂远于人哉?然而举世茫茫,不啻数千万里之隔者,人自远之耳。欲仁,仁至,非有物自外而来也。"⑨ 在钱时看来,仁者应"用心高远,以广惠爱为仁",努力做到"己欲立而欲人之皆立,己欲达而欲人之皆达,此仁者之心也"⑩。他进而指出,仁者不能失去本心。在诠释《卫灵公篇》"志士仁人,无求生以害仁,有杀身以成仁"时,钱时说:"仁者,不失其本心之谓。义所当死而幸生苟免,则本心亡矣。生犹无生也。当死而死,浩然无愧,乃所以成仁。虽然,各惟其可而已。苟可以不死而勇于自杀,则与求生害仁者,均一失也。岂志士仁人之所为哉?"⑪ 义当该死,而苟活于世,就失去了本心,就有害于仁。

二是礼为本心之妙用。在钱时看来,礼乐与人心关系密切。他说:"礼者,人心之大闲,天则之不可逾者,故立于礼。乐所以养人心之和,

---

① 钱时:《融堂四书管见·论语》卷六,《四库全书》本,上海古籍出版社1987年版。
② 钱时:《融堂四书管见·论语》卷一,《四库全书》本,上海古籍出版社1987年版。
③ 钱时:《融堂四书管见·论语》卷八,《四库全书》本,上海古籍出版社1987年版。
④ 同上。
⑤ 同上。
⑥ 钱时:《融堂四书管见·论语》卷六,《四库全书》本,上海古籍出版社1987年版。
⑦ 钱时:《融堂四书管见·论语》卷一,《四库全书》本,上海古籍出版社1987年版。
⑧ 钱时:《融堂四书管见·论语》卷三,《四库全书》本,上海古籍出版社1987年版。
⑨ 钱时:《融堂四书管见·论语》卷四,《四库全书》本,上海古籍出版社1987年版。
⑩ 钱时:《融堂四书管见·论语》卷三,《四库全书》本,上海古籍出版社1987年版。
⑪ 钱时:《融堂四书管见·论语》卷八,《四库全书》本,上海古籍出版社1987年版。

使无非僻之侵,故成于乐。"① "仁,人心也。礼者,履此而已。乐者,乐此而已。非徒玉帛钟鼓之云也。不仁,则何以为礼乐?此为前二者发。"②如此一来,钱时就把礼乐和人心搭挂了起来,二者也成了人心中先天固有的元素。在《新安州学讲义》中,钱时通过对《颜渊篇》"颜渊问仁"章予以了详细的讲解,进而探讨了礼和本心的关系。他说:"礼者,天则之不可逾者也,一逾此,则无非己私。有一毫己私,即不足以为礼,有一毫非礼,即不足以为仁。先圣于此,不曰克己为仁,而曰'克己复礼为仁',非于礼之外而他有所谓仁也,曰'复礼为仁'者,所以明复礼之即仁也。大哉,礼乎!分而为天地者此也,转而为阴阳者此也,变而为四时者此也,列而为鬼神者此也,此即本心之妙,即所谓仁也。克己即复礼矣,复礼即为仁矣。夫以天地之广大,阴阳之阖辟,四时之运行,鬼神之变化,而此礼实为之则。一日克己,豁然清明,道心大同,范围无外,谓之天下归仁,良不为过。"③ 礼之所以能成为天地、阴阳、四时、鬼神运行变化的规则或规律,关键就在于人之本心发挥了作用。

三是本心具有正直、无邪、不偏不倚的特点。在钱时看来,本心是正直无邪的。他说:"本心本直本无邪枉。"④ 本心是不偏不倚的,他说:"本心虚明,略无偏倚,是之谓中。"⑤ "本心本中,本无偏也。抑其过,勉其不及,则中。"⑥

正是由于本心具有上述属性,所以钱时才在承袭陆九渊"学问之要,得其本心而已"⑦ 思想基础上,将"本心"作为构建学术思想体系的基本范畴。他之所以不直接用"心",而使用"本心",主要是为了"强调道德意识是每个人心的本来状态,它存在于任何时代任何人身上,是永恒的和普遍的"⑧。

---

① 钱时:《融堂四书管见·论语》卷四,《四库全书》本,上海古籍出版社1987年版。
② 钱时:《融堂四书管见·论语》卷二,《四库全书》本,上海古籍出版社1987年版。
③ 黄宗羲、全祖望:《宋元学案·慈湖学案》,中华书局1986年版,第2486页。
④ 钱时:《融堂四书管见·论语》卷三,《四库全书》本,上海古籍出版社1987年版。
⑤ 钱时:《融堂四书管见·论语》卷十,《四库全书》本,上海古籍出版社1987年版。
⑥ 钱时:《融堂四书管见·论语》卷六,《四库全书》本,上海古籍出版社1987年版。
⑦ 《陆九渊集》,中华书局1980年版,第519页。
⑧ 陈来:《宋明理学》,华东师范大学出版社2004年版,第191—192页。

三　抉发心学修养工夫

在钱时看来，仁义忠信等道德原则是人的天性所固有的，不是外铄的。他说："天爵良贵，天之所以予我，而人之所以自别于禽兽者。"① 此处的"天爵良贵"出自《孟子·告子上》，指的就是仁义忠信等道德原则。正是因为这些道德原则是天赋的，所以钱时主张修养工夫在于求诸内，在于存养。具体方法是：

第一，内省。所谓内省，就是对自己的所思所为进行内在的反思，看其是否合乎道德规范的要求。钱时非常重视内省工夫。在他看来，仁义忠信等道德原则之所以在某些人身上丢失了，关键就在于这些人不知自我反省。他说："我之所固有者，乃茫然不知自反。"② 他们"甘心自弃，溷溷于蛆蝇粪壤而不知反"③。因此，人们欲提高自己的道德修养，就必须进行自反内省。他说："学者诚切已而反求，庶不缪其所趋向矣。"④ 在钱时看来，"君子务内，只是自反"⑤，"君子所可致力者，尽其在我而已"⑥。只有内省，才能自得，"圣人之心，无入而不自得也"⑦，"一旦感悟，心通内明，乃自得耳"⑧。只有内省，才能改过迁善，"内省则改过"⑨；只有做到无愧于内心，才能恢复心的本然状态。在诠释《颜渊篇》"内省不疚"时，他指出："不疚者，此心澄然，无纤毫疵病之谓。素其位而行，无入而不自得，何所忧惧乎？……内省二字，是用力处。"⑩ 只有发自内心的自我拷问，才能知错改错。在诠释《公冶长篇》"吾未见能见其过而内自讼者也"时，钱时注曰："是非之心，人皆有之。鲜有过而不知者，不能讼，故不改耳。发于本心，自悔自罪，痛自咎责，如抱冤屈以求伸者焉，方可谓之内自讼。念念不舍，过无由生，讼不由中，改必不力。夫子以为未见

---

① 钱时：《融堂四书管见·论语》卷七，《四库全书》本，上海古籍出版社1987年版。
② 同上。
③ 同上。
④ 钱时：《融堂四书管见·论语》卷三，《四库全书》本，上海古籍出版社1987年版。
⑤ 钱时：《融堂四书管见·论语》卷八，《四库全书》本，上海古籍出版社1987年版。
⑥ 钱时：《融堂四书管见·论语》卷六，《四库全书》本，上海古籍出版社1987年版。
⑦ 钱时：《融堂四书管见·论语》卷四，《四库全书》本，上海古籍出版社1987年版。
⑧ 钱时：《融堂四书管见·论语》卷五，《四库全书》本，上海古籍出版社1987年版。
⑨ 钱时：《融堂四书管见·论语》卷二，《四库全书》本，上海古籍出版社1987年版。
⑩ 钱时：《融堂四书管见·论语》卷六，《四库全书》本，上海古籍出版社1987年版。

而发'已矣'之叹，警动学者改过之机，至深至切。"① 看到自己的错误，能发自本心的自我反省，才能彻底改掉。

第二，居敬。钱时非常重视居敬的修养工夫。在他看来，"人患不能敬耳"②，只有持身恭敬，才能敬行其事，"所居者敬，则所行无非敬"③。因此，修身需以敬为主。钱时在诠释《宪问篇》"子路问君子"章时指出："修己以敬，正《大学》之要旨。所谓治国之道及平天下，皆本于是。子路不能切实内省，意若未足，而再三问之。夫子既答以安人，又答以安百姓，次第推究，不离修己二字。又恐其未喻也，直以尧舜犹病答之。呜呼！敬哉！外此而求，多也哉？"④ 这就是说，保持敬心，维持敬意是修身第一要务。而此敬心，是人固有之本心。他说："孩提之童，知爱其亲，本未始不孝也，惟不敬，故失之。敬则私意断绝，本心昭融，通于神明，光于四海，无所不通，于是乎在养。而不敬，与兽畜之者无异，谓之孝可乎？虽然，指能养者而言耳。"⑤ "斯民尊君亲上之心，本未始不敬，本未始不忠，本未始不劝。上之人无道以临之，遂使民彝泯乱，不获尽其分。季康子，鲁大夫也，由是而知所以临民，则善矣。抑思敬忠以劝，所以事其君哉。"⑥ 孝亲尊上之心为人所固有，或受私意蒙蔽，或因无道之治的影响，才导致此心的断绝。修养的过程就是摒弃外来的干扰，保持敬心。"若以利禄先入，其心只是私意，安得能敬？"⑦ 如何保持敬心呢？需从小教之以礼。钱时说："贼，仁者谓之贼，侈然自放则本心亡矣。非贼而何？然其病则自不孙弟始。方其童幼，傲然莫知有敬事其长上之道，不孙不弟，习以性成。及其长也，又无一善之可称。果何贵于食天地之粟，而谓是人也？老而不死是为贼耳。因原壤踞肆，推明三节以谕之，复叩其胫以警之。夫子教人未有如此章之切直者。然则童蒙之日，可不以孙弟为先务，而使习于礼训也哉！"⑧ 只有自幼道之以礼，才能习以性成，使之熟知"敬事其长上之道"。

---

① 钱时：《融堂四书管见·论语》卷三，《四库全书》本，上海古籍出版社1987年版。
② 钱时：《融堂四书管见·论语》卷八，《四库全书》本，上海古籍出版社1987年版。
③ 钱时：《融堂四书管见·论语》卷三，《四库全书》本，上海古籍出版社1987年版。
④ 钱时：《融堂四书管见·论语》卷七，《四库全书》本，上海古籍出版社1987年版。
⑤ 钱时：《融堂四书管见·论语》卷一，《四库全书》本，上海古籍出版社1987年版。
⑥ 同上。
⑦ 钱时：《融堂四书管见·论语》卷八，《四库全书》本，上海古籍出版社1987年版。
⑧ 钱时：《融堂四书管见·论语》卷七，《四库全书》本，上海古籍出版社1987年版。

第三，心有所主。在钱时看来，"人之心，固各有所主也"①。只有心有所主，才能言行不放逸，才能屏去闻见思虑的烦扰，才能强化自己的内心涵养。他说："才不放逸，则本心本自无害。居处恭，不放逸于暗室屋漏之地也。执事敬，与人忠，不放逸于交事应物之时也。然有须臾间断，便不可。"② 而"一失所主，横流奔放，其祸有不可胜言"③。心无所主，人之视听言动就会毫无约束，就会使本心受到伤害。在诠释《里仁篇》"以约失之者鲜矣"章时，他指出："约，不放逸也。约则有守，自然寡过。才放逸，便失了。"④ 言行不放逸，则表明心有所守，自然过错少；如果稍有放逸，则会有害于本心。他说："始昏始亏，放逸乎天则之外，而本心蚀矣。"⑤ 如果过于放逸，则会导致本心的消失，"侈然自放，则本心亡矣"⑥。

既然"心有所主"如此重要，那么该主于什么呢？钱时指出，"惟主于忠信，方是立德之本"⑦，"所主者忠信，大本立矣"⑧。"主忠信"在《论语》中先后出现了三次，钱时认为这体现了孔子的良苦用心，"主忠信凡三出，示人立德之本，至深切矣"⑨。在他看来，孔子所教也是以忠信为主。在诠释《述而篇》"子以四教：文、行、忠、信"章时，钱时指出："非文不著，非行不实，非忠信不立，名四而实一。忠信为主，行次之，文又次之。"⑩ 进一步彰显了忠信的地位。在他看来，如果心主忠信，则爱恶就不能为所欲为。他说："《洪范》曰：'无有作好，遵王之道；无有作恶，遵王之路。'爱恶皆私意也。死生有命，岂他人私意所能为哉？此惑之大者，才主忠信，自无此事。"⑪ 主于忠信，则能胜私为公，使私意无所施。

钱时指出，作为立身之本，忠信在日常生活中断不可一时一刻无之。

---

① 钱时：《融堂四书管见·论语》卷五，《四库全书》本，上海古籍出版社1987年版。
② 钱时：《融堂四书管见·论语》卷七，《四库全书》本，上海古籍出版社1987年版。
③ 钱时：《融堂四书管见·论语》卷五，《四库全书》本，上海古籍出版社1987年版。
④ 钱时：《融堂四书管见·论语》卷二，《四库全书》本，上海古籍出版社1987年版。
⑤ 钱时：《融堂四书管见·论语》卷六，《四库全书》本，上海古籍出版社1987年版。
⑥ 钱时：《融堂四书管见·论语》卷七，《四库全书》本，上海古籍出版社1987年版。
⑦ 钱时：《融堂四书管见·论语》卷五，《四库全书》本，上海古籍出版社1987年版。
⑧ 钱时：《融堂四书管见·论语》卷一，《四库全书》本，上海古籍出版社1987年版。
⑨ 钱时：《融堂四书管见·论语》卷六，《四库全书》本，上海古籍出版社1987年版。
⑩ 钱时：《融堂四书管见·论语》卷四，《四库全书》本，上海古籍出版社1987年版。
⑪ 钱时：《融堂四书管见·论语》卷六，《四库全书》本，上海古籍出版社1987年版。

他说:"日用工夫,往往多就交际应酬上走作,故曾子三省,以忠信为先。《记》曰:'忠信大道。'《易》曰:'忠信所以进德。'谋不忠,交不信,则所以传而习之者,何事哉?"① 因此,孔子"或言或不言,虽各有宜,无往而非忠信笃敬也"②。不惟圣人如此,即使在州里蛮貊,忠信之道也成为人们遵奉的行为规范。在《卫灵公篇》"子张问行"注中,钱时对此予以了阐发:"子张尝问干禄,尝问达,此又问行,大抵皆务外,以求遂其所欲。夫子一使反求诸己,就言行上切实用功,正切子张之病而教之也。远而蛮貊,近而州里,习俗虽异,本心则同,忠信笃敬感无不通。见其参前,见其倚衡,则是无时而非忠信笃敬也,无往而非忠信笃敬也。举天地万物,万变万化,皆我忠信笃敬之妙也。行矣,虽百世以俟,圣人而不惑矣。何州里蛮貊之间哉?子张书绅,惜乎未领。"③ 把忠信视为了本心固有的道德原则。

忠信不仅是修身之本,而且是为政之本。在钱时看来,"不欺于心为忠"④。他在诠释《颜渊篇》"子张问政"章中孔子所言"居之无倦,行之以忠"时,指出:"无倦则不息,以忠则不欺,为政之本也。一言以蔽之,曰诚而已矣。夫子之告子张,大抵如此。居是心之所安处。"⑤ 执行政令时忠诚无欺,不折不扣,此之谓为政之本。同时,钱时还指出,"信则事事皆实,无信则事事皆虚"⑥,因此,信无论是对个人而言,还是对国家而言,都具有重要的意义。在诠释《颜渊篇》"子贡问政"章时,他对此进行了详细的解释:"人之所信,如木有根。其根一拨,随即僵仆。是故父子无信,则无以亲。君臣无信,则无以义。夫妇无信,则无以别。长幼无信,则无以序。纲沦法斁,人道泯灭矣。何自而能立哉?夫子始论为政,谓斯民不得其养,不安其生,则非空言所可孚耳,非谓信在兵食之后也。兵食,即所以信也。子贡直就三者反复问难,究见根底。此圣门之所以善学欤。论食则兵为轻,论信则死为轻。"⑦ 信于人道、治道都举足轻重,决定着人能否立于世,国能否长治久安。有鉴于此,他建议为政者存心于

---

① 钱时:《融堂四书管见·论语》卷一,《四库全书》本,上海古籍出版社1987年版。
② 钱时:《融堂四书管见·论语》卷五,《四库全书》本,上海古籍出版社1987年版。
③ 钱时:《融堂四书管见·论语》卷八,《四库全书》本,上海古籍出版社1987年版。
④ 钱时:《融堂四书管见·论语》卷一,《四库全书》本,上海古籍出版社1987年版。
⑤ 钱时:《融堂四书管见·论语》卷六,《四库全书》本,上海古籍出版社1987年版。
⑥ 钱时:《融堂四书管见·论语》卷一,《四库全书》本,上海古籍出版社1987年版。
⑦ 钱时:《融堂四书管见·论语》卷六,《四库全书》本,上海古籍出版社1987年版。

信，以取信于民。他说："宽则为众所归，信则为民所赖，敏则与天同运故有功，公则一视同仁故说。此四者，夫子所常言，而帝王之所以治国平天下也。"①"宽、信、敏、公，大抵是言其存心处。"② 这就是说，只有心中怀信，才能为民所赖。

第四，去意。杨简"以不起意为宗"③，在他看来，"人心本清明，动于意欲，始有过"④。钱时继承和发展了乃师的观点。他认为孔子所言"毋"乃是所以绝之意，"绝"乃是去之意。他说："意、必、固、我皆私也，大抵都从意上起，一节深一节。本心澄然虚明，如何著得此四字。绝者，去之。毋者，所以绝也。"⑤

在钱时看来，人先天固有之心，清虚纯洁，澄然清明："本心虚明纯然"⑥，"心本洞然，万里昭彻，无纤毫凝滞也"⑦，"君子之心，虚明洞然，无毫发意念"⑧。认为只要"起意"，便会导致本心的偏离。他说："本心本直，微起意，即失之流俗。"⑨ "本心本直，微起意，即失之。"⑩ "心本直也，有一点私意，便失其直。"⑪ 他还把仁、本心与意联系起来，指出："不违仁者，无纤毫意念蔽其本心也。"⑫ 而一旦意起，便会违仁，便会蒙蔽本心："念虑之微，纤毫微动，便是违仁，岂若小人之所谓不仁者哉？颠冥人欲横流之中，醉生梦死，浮沉溷溷，安知本心之本仁也？"⑬ 意起欲兴，使人丧失澄明之心，害道甚矣。钱时进而对意起之后的危害进行了剖析。在《新安州学讲义》中谈到《颜渊篇》"颜渊问仁"章时，他指出："仁，人心也。此心即仁，虚明浑融，本无亏阙，为意所动始失其所以为仁，为物所迁始失其所以为仁，为习所移始失其所以为仁，为欲所

---

① 钱时：《融堂四书管见·论语》卷十，《四库全书》本，上海古籍出版社1987年版。
② 同上。
③ 黄宗羲、全祖望：《宋元学案·慈湖学案》，中华书局1986年版，第2479页。
④ 杨简：《慈湖遗书》卷十，《家记四·论〈论语〉上》，《四库全书》本，上海古籍出版社1987年版。
⑤ 钱时：《融堂四书管见·论语》卷五，《四库全书》本，上海古籍出版社1987年版。
⑥ 钱时：《融堂四书管见·论语》卷三，《四库全书》本，上海古籍出版社1987年版。
⑦ 钱时：《融堂四书管见·论语》卷六，《四库全书》本，上海古籍出版社1987年版。
⑧ 钱时：《融堂四书管见·论语》卷四，《四库全书》本，上海古籍出版社1987年版。
⑨ 钱时：《融堂四书管见·论语》卷三，《四库全书》本，上海古籍出版社1987年版。
⑩ 同上。
⑪ 钱时：《融堂四书管见·论语》卷八，《四库全书》本，上海古籍出版社1987年版。
⑫ 钱时：《融堂四书管见·论语》卷三，《四库全书》本，上海古籍出版社1987年版。
⑬ 钱时：《融堂四书管见·论语》卷七，《四库全书》本，上海古籍出版社1987年版。

纵始失其所以为仁,狂迷颠倒,醉生梦死,昏昏愦愦,日用而不知,皆已私为之窟宅,非本心然也。"① 在他看来,如果本心上有私意,就不能躬行恭宽信敏惠之事:"本心上有纤毫私意,如何行得此五事?能行五者于天下,即为仁矣。恭则诚,宽则裕,信则实,敏则不懈,惠则溥。"② 如果率意而为,则与禽兽无别:"率意妄作,几无以自别于禽兽。"③

既然"起意"有害于本心,那么如何才能做到不起意,从而保持本心的虚明纯然之态呢?一是觉其本心,以仁守之,以礼行之。在诠释《学而篇》首章时,钱时注曰:"学者,觉其所固有而已,故曰:'大学之道,在明明德。'心本无体,虚明无所不照;为物所诱,为意所蔽,为情所纵,而昭昭者昏昏矣。是故贵于觉也,不觉则何以习?"④ 这里,钱时将"学"释为"觉所固有",并强调心本来虚明澄澈,但易为物所诱、为意所蔽、为情所纵,所以"觉"就是使心恢复虚明澄然的原初状态。他进而指出,人要想成就内圣外王之业,就必须在觉此本心的基础上,守此本心,去除意欲念动,做到临民时端庄,举措施为时唯礼是从。在解释《卫灵公篇》"知及之,仁不能守之,虽得之,必失之。知及之,仁能守之,不庄以莅之,则民不敬。知及之,仁能守之,庄以莅之,动之不以礼,未善也"章时,钱时说:"知及之者,觉此本心之谓也。觉则至矣,故曰知及。大学之道,在明明德。《晋》之《象》曰:'君子以自昭明德。'明此,斯谓之知。守此,知而不失,斯谓之仁。旧习蔽锢,安能尽净,意欲念动,如云忽兴,兢业不继,用力微懈,虽得必失。昏昏如,故甚可畏也。仁能守矣,至于临民则又不可不庄庄矣,至于举措施为则又不可不以礼。知及仁守,所以成己也。庄莅礼动,所以经世也。异端之教,自谓识心见性,而呵佛骂祖,果庄已乎?离伦绝类,果礼已乎?"⑤ 只有觉其本心,且持之以恒的守之以仁、行之以礼,才能尽除私意杂念,才能做到既能成己又能经世。二是克己,就是约束自己。钱时在诠释《颜渊篇》"颜渊问仁"章时,阐述了详细的克己工夫。他说:"大凡意念虽各不同,未有不从我上起,有我则百邪交丛,无我则百念皆空,是故贵于克也。已克则心本无

---

① 黄宗羲、全祖望:《宋元学案·慈湖学案》,中华书局1986年版,第2486页。
② 钱时:《融堂四书管见·论语》卷九,《四库全书》本,上海古籍出版社1987年版。
③ 钱时:《融堂四书管见·论语》卷七,《四库全书》本,上海古籍出版社1987年版。
④ 钱时:《融堂四书管见·论语》卷一,《四库全书》本,上海古籍出版社1987年版。
⑤ 钱时:《融堂四书管见·论语》卷八,《四库全书》本,上海古籍出版社1987年版。

恙，天则不逾。所谓复礼也，非复礼之外又有仁也，复礼即所以为仁也。故曰：'克己复礼为仁。'诚能一日克己复礼，霾雾披扫，清明洞然，而天下皆归吾仁矣。非今日而始归也，天下本在吾仁中。昔蔽而今悟也。虽然用工切实，则诚在我，岂他人所能致其力哉。下文视听言动之目，即为人由己之事也。且如视时，是虽欲视，动于一念，隐然未露，知其非礼，随即灭然，是之谓克。以至曰听，曰言，曰动，未有不息念虑之微，而致其力者。非制之于口耳，制之于事为，而后谓之勿也。"① 在他看来，"己克"则无我，无我则私心杂念无由起，私心杂念无由起则视听言动皆依于，从而天下归仁。

第五，力行。在陆九渊看来，心正则行直，致知重在"力行"②，故其特别重视践履之学。③ 钱时亦是如此。在他看来，"本心上有纤毫欠阙，所行必有不慊处"④，本心出了问题，行动上也一定会出问题。在心正的基础上，就需着力考虑力行的问题。钱时指出，力行首在立志。他说："匹夫有志尚不可夺，况志学者乎。此是力行第一个字。"⑤ 志为力行第一要义，决定着人们的价值取向："人之趋向，全在立志。苟志于仁，即念念在仁矣，自然无恶。"⑥ 只有笃志力行，才能"博学于文而约以礼"⑦，才能"不求安饱，能敏事慎言"⑧。其次，力行贵在持之以恒。在诠释《述而篇》"善人吾不得而见之矣！得见有恒者，斯可矣。亡而为有，虚而为盈，约而为泰，难乎有恒矣"时，钱时指出："善人者，无不善之名。有常者，不变之谓。惟能不变，方可进学而纯于善耳。然而亦不易得也，故曰斯可矣。如下文所言三者，虚诞无实，乃后学之通患。如之，何其有常哉？圣门工夫只一'常'字，是力行之要，所以拳拳乎此。"⑨ 惟能有恒心，才能日进其德。再次，力行贵在致知。在钱时看来，要想力行，需先知道力行下手处，这就需要致知，即明理。他说："毕竟仁在何处，如何是不违，

---

① 钱时：《融堂四书管见·论语》卷六，《四库全书》本，上海古籍出版社1987年版。
② 樊浩：《道德之"民"的诞生》，《道德与文明》2014年第2期。
③ 张品端：《朱熹与陆九渊哲学思想之比较》，《武夷学院学报》2013年第3期。
④ 钱时：《融堂四书管见·论语》卷九，《四库全书》本，上海古籍出版社1987年版。
⑤ 钱时：《融堂四书管见·论语》卷五，《四库全书》本，上海古籍出版社1987年版。
⑥ 钱时：《融堂四书管见·论语》卷二，《四库全书》本，上海古籍出版社1987年版。
⑦ 钱时：《融堂四书管见·论语》卷三，《四库全书》本，上海古籍出版社1987年版。
⑧ 钱时：《融堂四书管见·论语》卷一，《四库全书》本，上海古籍出版社1987年版。
⑨ 钱时：《融堂四书管见·论语》卷四，《四库全书》本，上海古籍出版社1987年版。

如何是必于是，知乎此，则知所用力。"①认为致知后力行，才能不断进步，"知所以说则知所以用力，知所以用力则自强不息，日进无疆矣"②。在《论语》诠释中，钱时还进一步探讨了致知与力行的关系，他说："学而不思，则无致知之功，故罔。思而不学，则无力行之实，故殆。"③"知，所以致知也。勇，所以力行也。知则仁矣，仁则勇矣。三者只一事。"颇有知行合一的味道。又次，力行贵在少言多行。在钱时看来，"与其言浮于行也，不若行浮于言也"，孔子之所以说"君子耻其言而过其行"，就在于警告学者勿言过于行，"夫子于言上着一耻字，于行上着一过字，大抵学者空言多，力行少，所以警切之"④。钱时指出，人们应"以躬行不逮为耻"⑤，应"实见实履，不在言语上"⑥。他说："大率先言者，未必能行。诚力行，虽不言可也。"⑦ 认为要想成为道德高尚之人，必须"实履"。在诠释《先进篇》"子张问善人之道。子曰：'不践迹，亦不入于室'"时，他说："践迹，实履也。入于室者，入善人之室也。堂堂乎张，未必实履，徒问之何益？所谓善人者，念念无恶之人耳。然非实履，则亦不能自造其奥也。践迹二字，正切子张之病，箴之。"⑧ 只有切实按照善人的标准去做，才能深造自得；徒问之，而不行之，无益于个人品行的提升。最后，力行应着力于打造细节。如在对父母孝的问题上，钱时认为关键在于如何做到敬和和颜悦色，尤其是敬。在诠释《为政篇》"色难。有事弟子服其劳，有酒食先生馔，曾是以为孝乎"时，他说："得父母于容色之间，非先意承志者不能。然须识所以难者何在。若嘻嘻媚悦，不以其道，则非所难也。服劳具馔，亦皆人子事，但不可专以是为孝耳。和气浃洽，天性昭明，骨肉之间，无非大顺。四子问孝，答之不同，而其人品亦自可见。游、夏，圣门高弟，违礼节、危父母之事，宜无有也，故直以敬与色难警策之。即此，便是学问用力精微处，且未有不敬而能顺色者也。四者皆当

---

① 钱时：《融堂四书管见·论语》卷二，《四库全书》本，上海古籍出版社1987年版。
② 钱时：《融堂四书管见·论语》卷三，《四库全书》本，上海古籍出版社1987年版。
③ 钱时：《融堂四书管见·论语》卷一，《四库全书》本，上海古籍出版社1987年版。
④ 钱时：《融堂四书管见·论语》卷七，《四库全书》本，上海古籍出版社1987年版。
⑤ 钱时：《融堂四书管见·论语》卷二，《四库全书》本，上海古籍出版社1987年版。
⑥ 同上。
⑦ 钱时：《融堂四书管见·论语》卷一，《四库全书》本，上海古籍出版社1987年版。
⑧ 钱时：《融堂四书管见·论语》卷六，《四库全书》本，上海古籍出版社1987年版。

以敬为主。"① 又，在求仁的过程中，钱时认为应努力做到"不迁怒，不贰过"。他说："不迁怒，不贰过，真用力于仁者。圣门之好学如此哉！旁遇他事，微有未平，即所谓迁；萌于隐微，斩截不果，即所谓贰。此二语工夫极精密。"② 从细微处入手，才能将力行工夫做得精密。

由上可见，在修身问学中，钱时一方面主张以"内省""居敬""去意""心有所主"等作为内圣的工夫，从而为人们净化心灵、提升道德境界提供了一套独特的指导方法；另一方面，他又主张"力行"，试图通过实功而进行心性修养，从而将属于"内圣"范围的实功即实修的思想转化为"实行""实践"的"外王"行为，为造就"内圣外王"型的真正圣人提供了新的路径。③

综上所述，钱时所做《论语》诠释，一方面注重训诂，不仅重视对字词的注音，而且重视对名物典制的释义，具有浓厚的汉学底蕴。另一方面，又注重义理阐发，不仅重视心学本体论的建设，而且重视从工夫论的角度思考内圣外王问题，具有鲜明的心学特色。这在《论语》诠释史上可谓独具特色。

---

① 钱时：《融堂四书管见·论语》卷一，《四库全书》本，上海古籍出版社1987年版。
② 钱时：《融堂四书管见·论语》卷三，《四库全书》本，上海古籍出版社1987年版。
③ 参见刘晓梅《溯源本心实体 寻找达用工夫——杨简修身问学方法论探讨》，《宁波党校学报》2006年第2期。

第七章

湖湘学派的《论语》诠释

湖湘学派又称湖南学，是由胡安国、胡宏父子创立的一个儒家学派。他们在湖南衡山创立书院，潜心研究理学并授徒讲学，传播理学，逐渐形成为一个具有地方特色、历史传承的地域学派。该学派重视对《论语》的研究，胡寅、胡宏、张栻等人都诠释过《论语》，而尤以张栻《论语解》为优。

第一节 评点他说的胡宏《论语指南》

胡宏（1102—1161），字仁仲，号五峰，人称五峰先生，南宋崇安（今福建崇安）人。他幼受庭训，志于大道。十五岁时即自撰《论语说》，以发己见。后又师从杨时、侯仲良，精研理学，终成湖湘学派创立者。主要著作有《知言》《论语指南》和《易外传》等。其中《论语指南》是"证黄祖舜继道、沈大廉元简之说"[1]，即对二人的《论语》诠释所作的评论。该书的特色主要有：

一 体例新颖

《论语指南》一书采用了与众不同的编写体例，这主要表现在：一是打破了按章节次序进行诠释的惯例；一是通过对他人注释的点评以表明自己的观点。特别是后者尤为突出。

第一，先列出他人之说，再予以评点。这又包括几种情况：

---

[1] 《胡宏集》，中华书局1987年版，第301页。

一是对列出的他人之说予以肯定。如《八佾篇》"射不主皮,为力不同科,古之道也"下,胡氏先列出黄祖舜和沈大廉的注释,黄氏曰:"古者,射有五善,不特主皮,兼取礼乐容节也。古者,力役之事分而为二,欲其可法也。后世徒以中皮为善,强弱无别,同为一科,故夫子言古之道以明今之不然。"沈氏曰:"尝见赵岐有是说而然之,当无以易也。"然后点评曰:"二氏之说极是。"① 对所列二人之说持赞同的态度。

二是对列出的他人之说予以否定。如《卫灵公篇》"当仁,不让于师"下,胡氏亦是先列出黄、沈之说,黄氏曰:"人之于师,所当让也。至于仁,则为之唯恐不及,若出人于患难,拯人于饥溺,皆所急务者,何暇让乎?"沈氏曰:"此言为仁之急如此,值当为之时,师亦不让,非真不让也。"在胡氏看来,二人之说不当,他点评曰:"人之于仁,犹饥食渴饮不可让,不饥者使食,不渴者使饮也。当饥则食,当渴则饮,非不让也。非谓'为仁之急',亦非谓'为之唯恐不及'而不暇让也,师所以发吾仁也。言当仁虽师不让,所以明仁之义也。"②

三是对列出的他人之说比较优长。如《雍也篇》,子谓仲弓,曰:"犁牛之子骍且角,虽欲勿用,山川其舍诸?"黄氏注曰:"此论仲弓之德不用于天子,必用于诸侯,如牛之骍且角,虽不用于郊山川,亦不舍之矣。鲧殛而禹兴,不以其类废之也。"沈氏注曰:"先儒谓指仲弓之父,言非也。斥父称子,岂圣人之意?人之才德,不系于世类。才者,虽不大用,必小用,故以郊与山川言之,亦非谓天子诸侯也。"胡氏评曰:"沈氏之说为长。"③

四是对列出的注释是者是之,非者非之。如《八佾篇》有关于祭祀的三段经文,子曰:"禘自既灌而往者,吾不欲观之矣。"或问禘之说,子曰:"不知也;知其说者之于天下也,其如示诸斯乎?"指其掌。祭如在,祭神如神在。子曰:"吾不与祭,如不祭。"对于这几段文字,黄氏注曰:"鲁跻僖公,乱昭穆也。既灌之后,所以降神,故'不欲观之'。或者不喻而穷其说。孔子为鲁讳,故托以不知而指其掌,其意若曰:明乎上下之分,治天下无难矣。夫祭以诚为主,今从逆祀而失昭穆之义,于诚何有?

---

① 《胡宏集》,中华书局1987年版,第303页。
② 同上书,第314页。
③ 同上书,第307页。

是祭与不祭等矣。此孔子所以不与，若'吾与点也'之'与'同。"沈氏注曰："'逆祀'之说极好。'指其掌'，上词已断矣，下所言，以类记之者也，不必比而同之。'与'字一说，恐未安也。"胡氏评曰："'逆祀'之说固好，但恐孔子之意不止谓此也。鲁之郊禘，逆祀之大者。明，则有礼乐；幽，则有鬼神，此情状见于礼乐，不可乱也。禘祫之礼乐不同，其鬼神亦异，岂可乱乎？'祭如在，祭神如神在'，连上文说，亦通。'吾不与祭，如不祭'，恐却是以类记，故有'子曰'二字题之。'与'字一说，诚未安也。"① 对黄氏之说中的"逆祀之说"认为虽然不错，但却并没有将孔子的意思完全表达出来。关于"与"字的解释认为不确。对于沈氏之"逆祀极好"说不认同，而对其关于"与"字的说法表示认可。

《泰伯篇》"以能问于不能，以多问于寡；有若无，实若虚，犯而不校，昔者吾友尝从事于斯矣"下，黄氏曰："学道未至于无心，非善学也。自问不能，至实若虚，无矜伐之心也；犯而不校，无物我之心也；此颜子克己之学。"沈氏曰："矜伐之心，由物我之心生也。自'能问'、'若虚'以至'不校'，皆是无物我之事，不必分也。"胡氏评曰："黄氏以此五者为颜子克己之学，甚好。而曰'学道未至于无心，非善学也'，异乎愚所闻矣。学道者，以传心为主，不知如何却要'无心'？心可无乎？又二氏皆有'无物我'之说，愚窃惑焉。盖天地之间无独必有对，有此必有彼，有内则有外，有我则有物，是故'一阴一阳之谓道'，未有独者也。而圣人曰'毋我'者，恐人只见我而不见人，故云尔也。若物我，皆无不知酬酢万变，安所本乎？"② 在评论过程中，既对黄氏之说中的"以此五者为颜子克己之学"给予了肯定，又对其"学道未至于无心，非善学也"之说予以了批评，同时指出了黄氏、沈氏的"无物我"之说的不足之处。

又，《子张篇》子游曰："子夏之门人小子，当洒扫应对进退，则可矣，抑末也。本之则无，如之何？"子夏闻之，曰："噫！言游过矣！君子之道，孰先传焉？孰后倦焉？譬诸草木，区以别矣。君子之道，焉可诬也。有始有卒者，其惟圣人乎？"黄氏注曰："道不离动静语默之间，所谓洒扫应对进退，无非道也。下学而上达，非于下学之外复有上达也。故君子之道初无二致，孰以为先而不传，孰以为后而或倦，譬诸草木，其始生

---

① 《胡宏集》，中华书局1987年版，第302—303页。
② 同上书，第307—308页。

也，及其长也，区以别之，虽若不同，而所以为曲直之性则一而已。子夏之门人所谓小子者，知克勤小物于正心诚意之时，其进于成人之德无疑矣。苟不达此而概以为末务，是厚诬也。子夏推明君子之道，以正言游之失，以为道之在人，其致无本末，其施无先后，而小子之学率由始，以成其终，其序不可越也。若以为必求其本，而不循始终之序，则虽圣人，亦不能凌节而施矣。"沈氏注曰："理一而已，本末先后贯焉，如草木一曲之内，种子根茎华实具在，其中人未之见也。下学上达，亦在识之而已。"胡氏评曰："草木生于粟粒之萌，及其长大，根茎华实虽凌云蔽日、据山蟠地，从初具乎一萌之内，而未尝自外增益之也，故区以别矣。君子下学而上达，其道正如此。沈氏曰'亦在识之而已'，此至言也。愚以谓正当心了，不以言语到也。黄氏曰'下学而上达，非于下学之外复有上达也'，其言妙矣；而曰'克勤小物于正心诚意之时'，则愚所不解也。夫正心诚意，自先自后，彻本彻末，岂可以时节言哉？又曰'道之在人，其致无本末，其施无先后'，亦愚之所未解也。夫道有本末，有先后，人之行不失本末先后，则当于道矣。子游不识本末先后，故子夏正之。"①肯定了沈氏之说，而对黄氏之说则区别对待，既赞其长，又批其短。

第二，寓二说于评点之中。除先列出黄氏、沈氏之说再予以评点外，有时胡氏也直接采用点评形式，而将对两人的评论融入其中。如《乡党篇》"食不厌精，脍不厌细"下，胡氏直接评曰："黄氏尝读'厌'作平声，可见圣人之中节，一切世务不能移也。"②认可黄氏之言。又，《宪问篇》"宪问耻。子曰：'邦有道，谷；邦无道，谷，耻也。''克、伐、怨、欲不行焉，可以为仁矣？'子曰：'可以为难矣，仁则吾不知也'"下，胡氏也采用了直接点评的方式，他说："原宪说克、伐、怨、欲不行，便以为仁，是未识仁也，故孔子提醒之曰：要克、伐、怨、欲不行，可以为难矣。使原宪自此能克去克、伐、怨、欲，如人饮水，冷暖当自知之。孔子不得而与之也，故曰：'仁则吾不知也。'此圣人著力为原宪处，可得之于意表，不可以言语求也。若黄氏之言制克、伐、怨、欲不行，未若泊然无心，克、伐、怨、欲不萌于中，亦无有制之者，然后为仁。此说大体既

---

① 《胡宏集》，中华书局1987年版，第316页。
② 同上书，第310页。

非,所以言仁且泊然无心之语,大有病也。"① 在阐述自己观点的同时,也指出了黄氏之说存在的问题。

二 间发己见

作为二程的再传弟子,胡宏也承袭了乃师的思想,反对汉唐章句之学,强调指出"事不在章句"②,而在于透过语言文字,自得义理。他说:"天下有大义,亘古亘今,不可磨灭,要在识之而已。……然心之精微,言岂能宣?涉著言语,便有滞处。历圣相传,所以不专在言语之间也。""又,先儒之学,须傍附义理,不可轻破,要在自以意观之。所谓以田为地统者为是。"③ 这就是说,要想获得经典所传之微言大义,不能仅靠释读经书中的语言文字,而必须透过这些文字,以心识之,以己意说经,才能做到。胡宏在《论语指南》中践行了这一主张,在评点他人之说的过程中,也间发己见,生成了自己的观点。

胡宏对《论语》非常重视,将之视为攻治六经的关要,他说:"六经,指道之大路,而《语》、《孟》,又指入六经之关要也。"④ 欲求圣人之道,须由《论语》而至六经,由六经来指示入道之路径。胡宏指出,《论语》之所以如此重要,关键就在于圣人之道一言以蔽之曰仁,而《论语》一书正是讲求仁之方的。他说:"夫圣人之道,本诸身以成万物,广大不可穷,变通不可测,而有一言可以蔽之者,曰:仁而已。仁也者,人也。人而能仁,道是以生。……《论语》一书,大抵皆求仁之方也,审取其可以药己病。病去则仁,仁则日新,日新则乐矣。此岂言语之所能及乎!"⑤ 圣人之道概而言之就是仁,而仁即人,人若能做到仁,那就是道的体现。

胡宏在《论语指南》中对仁予以了深入的探讨,《里仁篇》有两句孔子之言"唯仁者能好人,能恶人","苟志于仁矣,无恶也",黄氏注曰:"仁,人心也。私意不萌于心,故能公天下之好恶。苟志于仁,有心于仁也,虽未能见于所行,而一念之间已向于善矣。"沈氏注曰:"弟子之善记事如此。上言仁者好恶矣,然言能恶人,则或者疑焉,于是复明仁者之

---

① 《胡宏集》,中华书局1987年版,第313页。
② 同上书,第57页。
③ 同上书,第145页。
④ 同上书,第159页。
⑤ 同上书,第196—197页。

心，曰：本无所恶也。"胡氏在评论时指出："仁者之心如鉴，妍者来则妍，丑者来则丑。方其妍也，乌得不谓之妍？方其丑也，乌得不谓之丑？好恶如此，吾心初未尝动也。若恐或者以恶人为疑，复明仁者之心，曰：本无所恶。则是当好恶之时，胸中原未了了也，乌得为仁？苟志于仁矣，无恶也。'恶'字或读作入声。'有心于仁'，如此立言，恐不识心，不识仁也。"①

又，颜渊问仁。子曰："克己复礼为仁。一日克己复礼，天下归仁焉。为仁由己，而由人乎哉？"黄氏注曰："颜回问为邦，夫子尝以四代之礼乐告之。而此曰'克己复礼，天下归仁'，盖其德行纯备，心不违仁，可以为人上矣，故以是道明之也。《记》曰：'一家仁，一国仁；一家让，一国兴让；一人贪戾，一国作乱。其机如此。'则天下归仁系乎一人之克己复礼，不可不慎其机也。夫仁，人心也。心之不仁，私欲害之也。私欲苟萌，则视听言动举越于礼，而施为之间，流风浸远，天下必受其弊，况能使之归仁乎？惟自反而充于礼，不役耳目，乱之不作，好恶扰之，正心诚意于上，而天下安于无事，风俗自是归于淳厚矣。所谓'天下归仁'也。必曰一日者以见克己，诚非自外至，其用力甚寡，其成效甚远，而功利之及于天下者甚博也。"胡氏评曰："黄氏所言仁之功也，须要见颜子居陋巷，一日克己复礼，天下归仁处，方是真有所见仁人之心也。'心之不仁，私欲害之也。'窃谓人有不仁，心无不仁，此要约处不可毫厘差。"②

对于上述两段胡宏之论，宋楼鑰在《跋胡五峰论语指南》中给予了高度评价，认为胡氏所言是在探讨《论语》的本体。他说："《论语》一书，自昔大儒不知几人，未有能发明'仁'之一字。樊迟问仁，夫子固尝答以'爱人'矣。韩昌黎《原道》首曰：'博爱之谓人'，他何望焉！自伊、洛二先生始发千古之秘。洙泗言仁，深见本原。兹读《指南》一卷，枢密黄公、察院沈公，皆深于此者，五峰断以一言，方见二公犹有差处。一曰'有心于为仁'，则曰'如此立言，恐不识心、不识仁也'；一曰'能恶人'则或者疑焉，于是复明仁者之心，曰本无所恶也'，则曰'只是当时好恶之时，胸中原未了了也，乌得为仁'？又颜渊问仁之下有曰：'人有仁不仁，心无不仁，此要约处不可毫厘差。'鸣乎！此言旨哉，此《论语》

---

① 《胡宏集》，中华书局1987年版，第303—304页。
② 同上书，第311页。

之本体也。"①

在此基础上，胡宏还探讨了道、心、仁的关系以及求仁之方。这主要体现在以下两段评论中。

《里仁篇》"参乎，吾道一以贯之"章，胡氏在列举了黄氏之说后，评论道："唯仁者为能一以贯天下之道，是故欲知一贯之道者，必先求仁；欲求仁者，必先识心。'忠恕'者，天地之心也。人而主忠行恕，求仁之方也。施诸已而不愿，亦勿施于人，即主忠行恕之实也。黄氏之言，非不高妙，然言意支离，恐使学者惑也。夫圣人，垂世立教者是也，而黄氏以垂世立教与道为二途。其支离者一也。圣人所传者心也，所悟者心也，相契者心也。今曰传以言，悟以心，相契以心，是人与心为二、心与道为二矣。其支离者二也。夫忠恕即道也，而子思谓之'违道不远'者。闻诸侯师圣先生曰：'以学者施诸已而不愿，然后不施诸人，故谓之"违道不远"，非以忠恕为违道不远也。'今黄氏似以忠恕为违道不远，其支离者三也。夫人心忠，则为忠；恕，则为恕。今曰'忠之为心'、'恕之为心'，似以忠恕又自有心。又曰'忠恕生于吾心，则彼已不立'，夫人能忠恕，推己及彼，轻重先后，不失其宜，仁之至，义之尽也。若'彼已不立'，是无本矣。墨子二本，孟子辟之，况无本乎？"②

《季氏篇》"生而知之者上也"章，胡氏在黄氏和沈氏之说后，评论说："圣人与道一体，故不用学。学者，学道者也。若体与道一，则更何用学。惟未能与道为一，故须学也。学道，便是行仁义也。至于德盛仁熟，则由仁义行，不用行仁义矣。'道也者，不可须臾离也；可离，非道也'。指大体而言也。欲求全体，故须戒慎恐惧，莫使有亏欠也。戒慎恐惧，便是行也。至于纯熟，自不用戒慎恐惧，然后谓之由仁义行矣。诚之，便是行仁义也。若曰'行仁义，非学之至'，则可矣。"③

从以上评述中，我们不难看出，一是胡宏把道—仁—心三者贯通起来，提出了由识心以求仁、由求仁而知道的主张，凸显了人心的作用，"心中充满仁，与万物浑然一体，心藏万物，天道又体现在万事万物之中，这样天道也就存在人的心中"④，因此，人与心、道与心是一体的，不可分

---

① 《胡宏集》，中华书局1987年版，第345页。
② 同上书，第305—306页。
③ 同上书，第315页。
④ 曾小明、肖永明：《张栻仁学的发展》，《湖湘论坛》2008年第1期。

割的，圣人所传之道也就是所传之心。二是求仁之方就是主忠行恕，"人主忠行恕，则人与天地之心为一，人与天地之心为一就是人之心与天地之心为一"①。三是胡氏认为"忠恕即道"，指出"人能忠恕，推己及彼，轻重先后，不失其宜，仁之至，义之尽也"，倡导"学道，便是行仁义"，如此一来便"将仁义、忠恕的道德原则纳入'道'的本体范畴之中，体现了其哲学宇宙论与伦理学密切结合的特点"②。四是求学就是学道，具体而言就是学行仁义。除圣人与道一体不用学外，其他人都要学，学到德盛仁熟，达到"由仁义行"就可以了。

综上所论，胡宏的《论语指南》虽然字数不多，但的确有特色，在形式上，它独树一帜，没有按照章句先后一一注释，而是择而评之；在具体操作时，一般先列黄祖舜、沈大廉之解说，然后加以评点，有时则寓评点于解说之中，指出其优缺点，使读者更加清晰明白。在评论中，他还间发己见，阐明了自己的仁学思想，探讨了道、心、仁的关系以，提出了求仁之方，推进了湖湘学的形成与发展。

第二节　《论语解》与湖湘学体系的建构

张栻（1133—1180），字敬夫，号南轩，世称南轩先生，南宋汉州绵竹（今四川绵竹县）人，后迁于衡阳（今属湖南）。他幼承庭训，及长师从胡宏，成为湖湘学派集大成者。著作有《论语解》《孟子说》《诸葛武侯传》《南轩集》等。其中《论语解》始撰于乾道三年（1167）前后，历时六年，成于乾道九年（1173）癸巳，故书又名《癸巳论语解》。成于不惑之年的该书，代表了张栻较为成熟时期的思想，是研究其经学和理学思想的重要参考资料。

一　注重义理阐发

南宋乾道、淳熙年间（1165—1189）是理学传播的黄金时期，各个学派为了阐发自己的观点，纷纷借助于对儒家经典的注释来构建思想体系。作为湖湘学派代表的张栻，其经学思想以义理之学为主，主张通过对儒家

---

① 黄晓荣：《胡宏的心论探析》，《上饶师范学院学报》2002年第4期。
② 方国根：《胡宏心性哲学的理论特色》，《哲学研究》1995年第8期。

经典的研究和阐释，来发明义理，为现实社会治理服务。这在《论语解》有明证。张栻说："使之诵《诗》、读《书》、讲《礼》、习《乐》，以涵泳其情性，而兴发于义理。师以导之，友以成之，故其所趋，日入于善而自远于利。"① 可见，在张栻看来，治经之旨归在于兴发义理，使学者趋善而远利，而不是为了治经学而治经学。由此出发，张栻一方面对部分篇章之微言大义予以了归纳和总结，如《学而篇》篇后曰："此篇列于《鲁论》之首，所记大抵皆欲学者略文华趋本实，敦笃躬行，循序而进，乃圣人教人之大方，从事于此，则不差也。其间所载道千乘之国，亦是言为治之本，务其本而后可以驯致。成己成物一也。学者宜深味此意，不然，贪高慕远，而卒无实地可据，岂不殆哉！"② 这里，张栻通过总结第一篇《学而》，生发出了"舍华取实""敦笃躬行""成己成物"的义理。《乡党篇》篇首曰："此篇所记于夫子言语、容貌、衣服、饮食之际，可谓察之精矣。门人亦善学圣人哉。盖圣人之道，如是其高深也，茫然测度，惧夫泛而无进德之地也，故即其显见之实而尽心焉，存而味之，则而象之，于此有得，则内外并进，体用不离，而其高深者为可以驯致矣。真善学圣人者哉！百世之下读是篇者，亦可以知所用力也。"③《乡党篇》原本主要是记述孔子日常生活中的吃穿住行等方面的琐事，但张栻却将此看成是学圣成圣的门径和用力之处，在他看来，于此体会省察，则可以"内外并进，体用不离"，进而提升自己的境界。

另一方面，在对《论语》的解读中，他不注重词语训释，而意在阐释义理。

如《八佾篇》"子曰：'《关雎》乐而不淫，哀而不伤'"句，张栻释曰："哀、乐，情之为也，而其理具于性。乐而至于淫，哀而至于伤，则是情之流而性之汩矣。乐而不淫，哀而不伤，发不逾则，性情之正也。非养之有素者，其能然乎？《关雎》之诗，乐得淑女以配君子，至于钟鼓乐之，琴瑟友之，所谓乐而不淫也。哀窈窕，思贤才，至于寤寐思服，辗转反侧，所谓哀而不伤也。玩其辞义者，可不深体于性情之际乎？"④ 在解释

---

① 张栻：《张南轩先生文集》卷四《雷州学记》，丛书集成初编本，中华书局1985年版，第67页。
② 张栻：《论语解》卷一，《四库全书》本，上海古籍出版社1987年版。
③ 张栻：《论语解》卷五，《四库全书》本，上海古籍出版社1987年版。
④ 张栻：《论语解》卷二，《四库全书》本，上海古籍出版社1987年版。

过程中，张栻发前人所未发，通过引申和发挥，阐发出了性情论观点，指出性是根，情是芽，性是未发，情是已发。有这性便发出这情，因此情而见得此性。在他看来，修养有素者，能得性情之正，做到"乐而不淫，哀而不伤，发不逾则"。而修养不到位者，则任情而失性，故"乐而至于淫，哀而至于伤"。

《雍也篇》"子曰：'齐一变至于鲁，鲁一变至于道'"章，张栻注曰："自当时观之，则齐强而鲁弱矣。圣人观人之国盖不如此。齐自管仲相桓公，急于功利，先王之法废革殆尽矣。鲁虽不能举行先王之法，然其法犹在，未至若齐之变乱也。齐一变而至于鲁，谓当易其功利之为而反之正也。鲁一变而至于道，则神而明之，存乎其人而已。味圣人之意，则知所以为国之道，在此而不在乎彼也。"①张栻通过创新性解读，生发出了治国之道的微言大义，指出治国之道理应放弃追逐功利之举，而恢复先王之法。联系南宋初年的历史事实，我们不难看出张栻解释的时代价值和政治含义。

又，《述而篇》"冉有曰：'夫子为卫君乎？'子贡曰：'诺，吾将问之。'入，曰：'伯夷、叔齐何人也？'曰：'古之贤人也。'曰：'怨乎？'曰：'求仁而得仁，又何怨？'出，曰：'夫子不为也'"章，张栻解曰："叔齐之让伯夷，以为伯夷之长当立，无兄弟之义，而何以为国乎？伯夷之不受国，以为叔齐之立父命也，无父子之义而何以为国乎？二人者宁去国而存此矣。卫辄之事，国人论之以为蒯聩既得罪于先君而出奔，而辄受先君之命，宗国不可以无主，则立辄而拒蒯聩可也。曾不知蒯聩，父也；辄，子也，父子之义先亡，而国其可一日立乎？故子贡以夷、齐之事为问。方是时，夫子在卫，辄立之事盖难言也，赐也微其辞以测圣人之旨，可谓善为辞者矣。中有所悔慕皆谓之怨，其曰怨乎者，谓二子委国而去，独不顾其宗国而有所悔于中乎。夫子告之以求仁而得仁，谓二人者求夫天理之安而已，夫岂利害之计乎？明乎此而后知古人所以处身谋国之宜矣。"②这里，张栻通过对伯夷、叔齐让国和卫辄、蒯聩争国事件的论述，解读出了处身谋国之道，这就是要讲求父子、兄弟之义，也就是要讲求传统伦理纲常。在他看来，只有这样，才能安乎天理。

---

① 张栻：《论语解》卷三，《四库全书》本，上海古籍出版社1987年版。
② 张栻：《论语解》卷四，《四库全书》本，上海古籍出版社1987年版。

二　引证程朱理学之说

在《论语解》中，张栻还引用了二程及其后学的注释为自己张目。如《学而篇》首章即引用了程子之说，《里仁篇》"仁者安仁，知者利仁"章引用了上蔡谢氏（谢良佐）之说，同篇"事父母几谏"章引用了河东侯氏（侯仲良）之说，《述而篇》次章引用了汲郡吕氏（吕大临）之说，《乡党篇》引用了尹氏（尹焞）、杨氏（杨时）、范氏（范祖禹）之说，其他篇章还有，兹不赘述。这里面虽然没有提及同时代的理学朱熹，不过由于张栻在注释过程中，曾向朱熹征求过意见，所以实际上吸收更多。如《泰伯篇》"民可使由之"句，张栻初注曰"使自得之"，朱熹认为此注欠妥，指出："此亦但谓使之由之耳，非谓使之知也。"[1] 张栻接受了朱熹的建议，所以今本《论语解》改成："凡圣人设教，皆使民之由之也。……使之由之，所谓知之之道固在其中矣。"[2]《宪问篇》"修己以敬"句，张栻初注曰："敬有浅深，敬之道尽，则修己之道亦尽，而安人安百姓皆在其中。"朱熹认为此注立意虽好，但有不当之处，指出："此意甚善，但'敬有浅深'一句，在此于上下文并无所当，反使人疑修己是敬之浅者，安百姓是敬之深者。今但削去此四字及下文一'亦'字，则意义通畅，自无病矣。"[3] 张栻对朱熹的建议，予以了吸收，删除了"敬有浅深"四字，但保留了后面的"亦"字，改成："修己之道，不越乎敬而已。敬道之尽，则所为修己者亦无不尽，而所以安人安百姓者皆在其中矣。"[4] 又《子张篇》"学以致其道"句，张栻初注曰："致者，极其致也。"朱熹认为此注不确当，指出："恐当云'致者，极其所至也。'"[5] 张栻采纳了他的意见，今本《论语解》作了修正，改成"致者，极其至也"[6]。

---

[1] 朱熹：《朱子大全·文集》卷三十一《与张敬夫论〈癸巳论语说〉》，中华书局1936年版。
[2] 张栻：《论语解》卷四，《四库全书》本，上海古籍出版社1987年版。
[3] 朱熹：《朱子大全·文集》卷三十一《与张敬夫论〈癸巳论语说〉》，中华书局1936年版。
[4] 张栻：《论语解》卷七，《四库全书》本，上海古籍出版社1987年版。
[5] 朱熹：《朱子大全·文集》卷三十一《与张敬夫论〈癸巳论语说〉》，中华书局1936年版。
[6] 张栻：《论语解》卷十，《四库全书》本，上海古籍出版社1987年版。

三 阐发理本论思想

张栻遥承二程之学,在《论语解》中,他也将"理"作为宇宙的本原和自己本体论哲学中的基本范畴。他说:"所谓天者,理而已。"① 这个"理"无处不有,无时不在,"万理盈于天地间"②,"天理初不外乎人事"③。此"理"落实到具体的事物上,就成为每个事物具有的规律——"则"。张栻说:"有是理则有是事,有是物"④,"有是物必有是则,苟失其则,实已非矣"⑤。主张每个事物都有自己的固有法则,离开了"则",便会导致"乱"。如"好德因人之秉彝,而目之于色亦出于性也。然此则溺其流而不止,彼则汩其情而不察。是何欤?则以夫物其情故耳。故君子性其性,而众人物其性。性其性者,天则之所存也;物其性者,人欲之所乱也。若好德如好色,则天则存而人欲遏,性情得其正矣"⑥。在张栻看来,人们之所以会离"则"生"乱",关键就是不知"所以然"。他说:"天下之事,莫不有所以然,不知其然而作焉,皆妄而已。圣人之动,无非实理也,其有不知而作者乎?"⑦ 在这里,张栻"承认每个事物都有自己的规律,这在哲学上具有某种合理性,对宇宙的探讨通过'理'由宏观进入到微观的领域,以'理'为事物的具体规律,这是湖湘学派思想一个特点,也是与程朱学派的重要分歧之一"⑧。

在张栻的《论语解》中,"理"不仅是天地之理,而且也人伦之理,"礼者,理也"⑨,理作为一种伦理道德原则,指称的就是人伦道德关系的一种尊卑等级秩序。对此,张栻一再申说:"夫礼者,天之秩也。禘之为礼,惟天子得用之,而诸侯不得用之者,盖天理之所当然也。"⑩ "盖幼者

---

① 张栻:《论语解》卷七,《四库全书》本,上海古籍出版社1987年版。
② 同上。
③ 同上。
④ 张栻:《孟子说·离娄上》卷三,《四库全书》本,上海古籍出版社1987年版。
⑤ 张栻:《论语解》卷三,《四库全书》本,上海古籍出版社1987年版。
⑥ 张栻:《论语解》卷五,《四库全书》本,上海古籍出版社1987年版。
⑦ 张栻:《论语解》卷四,《四库全书》本,上海古籍出版社1987年版。
⑧ 陈谷嘉:《张栻与湖湘学派研究》,湖南教育出版社1991年版,第26页。
⑨ 张栻:《论语解》卷二,《四库全书》本,上海古籍出版社1987年版。
⑩ 同上。

当孙弟，是乃天理也。"① "父子之亲，性之理也。"② "无违，谓无违于理也。礼者，理之所存也。生，事之以礼，以敬养也。死，葬之以礼，必诚必信也；祭之以礼，致敬而忠也。亲虽有存没之间，而孝子之心则一而已。存是心而见于节文者无不顺，所谓以礼也。"③ 把作为儒家伦理道德的"礼"提升到本体论的高度，把父子之亲、兄弟之爱视为理之在人之表现形式，这是湖湘学派以伦理为本位的哲学体系的突出表现。张栻在对儒家经典《论语》的诠释中，把哲学诠释与经学诠释结合起来，通过对儒家经典的注解，在二程思想的基础上，加以理论创新，提出了系统、完整的理学思想体系，从而丰富并发展了中国哲学。

四 抉发求仁之学

在《论语解》中，张栻承袭并深入阐发了儒家的仁学思想。仁是儒家思想中最基本的概念之一，梁启超曾说："儒家言道言政，皆植本于仁。"④ 及至宋代，仁学曾一度成为理学关注的核心。黄宗羲在概括程颢之学时就曾明言："明道之学，以识仁为主。"⑤ 在其影响下，门人后学也多著力于仁学的阐发。张栻亦是如此，在其理学思想中，仁学思想和求仁之说也占有重要位置。在他看来，"仁"是后学研读孔孟圣学的首要内容，是圣学的中心，"欲游圣门，以何为先，其惟求仁乎！仁者圣学之枢，而人之所以为道也"⑥。因此，他一生汲汲于求仁之学，于此用力颇多。这在《论语解》中也多有体现。

首先，在《论语解》中，张栻对仁之内涵进行了重新解读。如在诠释《颜渊篇》"樊迟问仁"章时，他抉发了"爱之理乃仁"的思想，说："原人之性，其爱之理乃仁也。……仁者视万物犹一体，而况人与我同类乎？故仁者必爱人。然则爱人果可以尽仁乎？以爱人为可以尽仁则未可，而其所以爱人者，乃仁之所存也。"⑦ 仁者必爱人，但不能把爱人说成仁，仁和

---

① 张栻：《论语解》卷七，《四库全书》本，上海古籍出版社1987年版。
② 同上。
③ 张栻：《论语解》卷一，《四库全书》本，上海古籍出版社1987年版。
④ 梁启超：《先秦政治思想》，天津古籍出版社2004年版，第67页。
⑤ 黄宗羲：《黄宗羲全集》，浙江古籍出版社1994年版，第223页。
⑥ 张栻：《张南轩先生文集》卷二《答陈择之》，丛书集成初编本，中华书局1985年版，第19页。
⑦ 张栻：《论语解》卷六，《四库全书》本，上海古籍出版社1987年版。

爱是体用关系。又，在解释《雍也篇》"如有博施于民而能济众"章时，张栻说："夫仁道难名，惟公近之。人惟有己则有私，故物我坐隔，而昧夫本然之理。己欲立而立人，己欲达而达人，于己而譬，所以化私欲而存公理也。然便以此为仁则未可，此仁之方也，于其方而用力则可以至于仁焉。先言仁者而后以仁之方结之，圣人之示人至矣。"① 这里，以公言仁，承袭了程颐的"仁道难名，惟公近之，非以公便为仁"②的说法，强调了"公"是践行仁的主要方法，但公却并不就是仁。

其次，在《论语解》中，张栻还阐述了求仁之方。在他看来，"人而不仁，病于有己"③，"夫民所以不肯为仁，若是其甚者，其故何哉？私欲蔽之也，能克其私，则其于仁也孰御？"④ 世人之所以不能达到仁的境界，究其原因就在于人们心中常怀一己之私欲，因此，只有克其私，才能成为仁人。怎样才能克尽私呢？那就要做到克己复礼。他说："'克己复礼'之说，所谓礼者，天之理也，以其有序而不可过，故谓之礼。凡非天理，皆己私也。己私克则天理存，仁其在是矣。"⑤ "克尽己私，一由于礼，斯为仁矣。礼者，天则之不可逾者也。本乎笃敬而发，见于三千三百之目者，皆礼也。曰'一日克己复礼'者，此言克己之至也。'天下归仁'者，无一物之不体，无一事之不该也。……或曰：'克己之功，自始学至于成德，皆所当从事乎？'曰：'然。始学者当随事自克，觉其为非礼则克之。克之力则所见渐深，所见深则其克也益有所施矣。及其至也，苟有一毫人为，皆为非礼，克之之功犹在所施。至于大而化之，则成乎天，而后无所用夫克矣。'"⑥ 可见，张栻之说，是要求人们完全克制自己的欲望，视听言动一由乎礼，言行举止合乎社会规范。

五 宣扬复性说

在《论语解》中，张栻提出了变化气禀之性以复其初的思想。人性论问题是宋儒讨论的热点问题之一，如二程就把人性区分为天命之性与气禀

---

① 张栻：《论语解》卷三，《四库全书》本，上海古籍出版社1987年版。
② 程颢、程颐：《二程集》，中华书局1981年版，第63页。
③ 张栻：《论语解》卷三，《四库全书》本，上海古籍出版社1987年版。
④ 张栻：《论语解》卷八，《四库全书》本，上海古籍出版社1987年版。
⑤ 黄宗羲、全祖望：《宋元学案·南轩学案》，中华书局1986年版，第1618页。
⑥ 张栻：《论语解》卷六，《四库全书》本，上海古籍出版社1987年版。

之性。其中天命之性是天赋的，是善的；而气禀之性是后天的，决定着人们的智愚与圣凡。张栻承袭了这种观点。在他看来，从本体的意义上来说，性是至善至纯的，"原性之理，无有不善，人物所同也"①，没有人、物之分，没有善恶之别。但是在现实中，不仅性有人性、物性之别，而且人性又有善有不善之分。之所以会出现如此状况，在张栻看来，其原因就在于天命之性衍生出的气禀之性，"论性之存乎气质，则人禀天地之精，五行之秀，固与禽兽草木异。然就人之中不无清浊厚薄之不同，而实亦未尝不相近也，不相近则不得为人之类矣。而人贤不肖之相去，或相倍蓰，或相什伯，或相千万者，则因其清浊厚薄之不同，习于不善而日远耳。习者，积习而致也"②。张栻指出，就气质之性而言，虽然人与禽兽草木不同，但人与人之间相去不远。贤者与不肖之人之所以会出现大的差别，主要是由于气质清浊、厚薄不同，且又受后天不善之积习影响的缘故。不过此恶之性是可以改变的，只要变化气质，克气禀之偏，便可复天性之善。其法有二：一曰教，他说："人所禀之质虽有不同，然无有善恶之类一定而不可变者。盖均是人也，原其降衷，何莫而不善？故圣人有教焉，所以反之于善也。教之行，愚者可使之明，柔者可使之强，其其气类之不可变者乎？然尧之子不肖，舜之子亦不肖，则气类又若有异，何也？盖气有可反之理，人有能反之道，而教有善反之功，其卒莫之能反者，则以其自暴自弃而已。"③ 通过教育，可恢复人的善性，不能恢复者，是自暴自弃之人。一曰学，他说："上知则不沦于下，下愚则不达于上，苟非上知下愚，则念不念之分固可得而移也。上知下愚一存于气禀乎？曰不然。上知固生知之流，然亦学而可至也。均是人也，虽气禀之浊，亦岂有不可变者乎？惟其自暴自弃而不知学，则为安于下愚而不可移矣。"④ 人受气禀之影响有上智和下愚之分，但这种区分是可改变的，改变的关键就在于"学"，不学就不能改变。在张栻看来，人性之变移，是往"善性"方面转化，是使下愚转变为上智，这是质的变化，而不是位的变换。因而，他说："善学者，克其气质之偏，以复其天性之本，而其近者亦可得而一矣。"⑤ 改变

---

① 张栻：《论语解》卷九，《四库全书》本，上海古籍出版社1987年版。
② 同上。
③ 张栻：《论语解》卷八，《四库全书》本，上海古籍出版社1987年版。
④ 张栻：《论语解》卷九，《四库全书》本，上海古籍出版社1987年版。
⑤ 同上。

"气质之偏",就是要恢复人的天命之性,即人的本性。

张栻宣扬复性说,就是主张通过教和学来改变人的气质,恢复天命之善性,以成就理想人格。此理论把人的教和学目的归结到实现价值目标上,具有劝人改恶从善的社会意义,它强调发挥社会教化和个人觉醒的作用,消除与理学原则相悖的气质之偏,以利于重建儒家伦理纲常的秩序。①

六 重视"居敬"工夫

在《论语解》中,张栻详细阐述了"居敬主一"的工夫论。"居敬"语出《雍也篇》"居敬而行简",意为以恭敬自持。在理学家们看来,所谓"居敬",就是"心"的"主一""专一""自作主宰",不为外物所牵累。故而"居敬主一"就是通过自我修养和抑制,使自己固有的善良之心保持专一不二、不为外物所动的修养方法。张栻的道德工夫即一"敬"字,在他看来,"平日涵养一于敬"②,"修己之道,不越乎敬而已"③,"敬事者,事无大小,一于敬也"④,"居处恭,亦敬也"⑤。要想提高自己的内圣功夫,那就要在平日之存养过程中,事无大小,皆"一于敬"。只有做到了诸事一于敬,才能做到齐家、治国、平天下,"敬道之尽,则所为修己者亦无不尽,而所以安人安百姓者皆在其中矣。盖一于笃敬,则其推之家以及于国以及于天下,皆是理也"⑥。张栻把"主一"又称之为"敬","夫主一之谓敬,居敬则专而不杂,序而不乱,常而不迫,其所行自简也"⑦。敬即是主一,专心无适谓之一,居无越思,摒弃一切杂念,一心一意地用力于此事。如"事君者,主于敬其事而已。官有尊卑,位有轻重,而敬其事之心则一也"⑧。这种工夫看似容易,操作起来却极难,如果稍有懈怠,心就会出走和放失,故张栻云:"君子无终食之间违仁,是心无时而不存也,造次必于是,颠沛必于是,主一之功也。"⑨ 以"敬"为可以

---

① 参见石训、姚瀛艇等《中国宋代哲学》,河南人民出版社1992年版,第1007—1009页。
② 张栻:《论语解》卷六,《四库全书》本,上海古籍出版社1987年版。
③ 张栻:《论语解》卷七,《四库全书》本,上海古籍出版社1987年版。
④ 张栻:《论语解》卷一,《四库全书》本,上海古籍出版社1987年版。
⑤ 张栻:《论语解》卷七,《四库全书》本,上海古籍出版社1987年版。
⑥ 同上。
⑦ 张栻:《论语解》卷三,《四库全书》本,上海古籍出版社1987年版。
⑧ 张栻:《论语解》卷八,《四库全书》本,上海古籍出版社1987年版。
⑨ 张栻:《论语解》卷二,《四库全书》本,上海古籍出版社1987年版。

行之终身的修养方法,这说明张栻对"居敬"修养功夫的重视。主一而定,心主一事一物,道德修养功夫的旨归最终落在涵养本心即内圣上。①

七 强调"知行互发"

在《论语解》中,张栻阐发了相须并进的知行观。知行观是宋明理学的一个重要内容。二程和朱熹都强调知难行易、知先行后,张栻在扬弃他们知行学说的基础上,进而提出了"知行互发"的主张。他说:"《论语》之书,孔子之言行莫详焉。所当终身尽心者,宜莫先乎此也。圣人之道至矣,而其所以教人者,大略则亦可睹焉。盖自始学,则教之以为弟为子之职,其品章条贯,不过于声气容色之间,洒扫应对进退之事,此虽为人事之始,然所谓天道之至赜者,初亦不外乎是,圣人无隐乎尔也。故自始学则有致知力行之地,而极其终则有非思勉之所能及者,亦贵于行著习察,尽其道而已矣。孔子曰:'道之不行也,我知之矣,知者过之,愚者不及也。道之不明也,我知之矣,贤者过之,不肖者不及也。'秦汉以来,学者失其传,其间虽或有志于力行,而其知不明,擿埴索途,莫适所依,以卒背于中庸。本朝河南君子,始以穷理居敬之方开示学者,使之有所循求,以入尧舜之道。于是道学之传,复明于千载之下。然近岁以来,学者又失其旨,曰:吾惟求所谓知而已,而于躬行则忽焉。故其所知,特出于臆度之见,而无以有诸其躬,识者盖忧之。此特未知致知力行互相发之故也。孔子曰:'学而不思则罔,思而不学则殆。'历考圣贤之意,盖欲使学者于此二端兼致其力,始则据其所知而行之,行之力则知愈进,知之深则行愈达,是知常在先而行未尝不随之也。知有精粗,必由粗以及精;行有始终,必自始以及终。内外交正,本末不遗,条理如此,而后可以言无弊。然则声气容色之间,洒扫应对进退之事,乃致知力行之原也。其可舍是而他求乎?"② 这段文字共说明了以下几层意思:第一,张栻虽然承认"知先行后",但更主张"知行互发"。在他看来,人们在开始做某事时是根据已有的知识去行动,但在行动过程中不断深化固有的认识,并进而用这种发展提高了的认识去指导行动,从而把事情做得更好。不过他同时又

---

① 参见何英旋、吕锡琛《论张栻德治思想》,《船山学刊》2008 年第 2 期。
② 张栻:《张南轩先生文集》卷三《论语说序》,丛书集成初编本,中华书局 1985 年版,第 46—47 页。

认为知来源于行，虽然这里所讲的"行"仅指"声气容色、洒扫应对进退"等日常生活琐事，但毕竟是实践活动。因此，知行互相依赖、互相促进，不可偏废。张栻在其知行观上的见解比其同侪确有高明之处。第二，张栻关注到了知的层次性及认识是一个逐步深化的过程，他所谓的"粗"之知相当于感性认识，"精"之知相当于理性认识，这两个阶段是相互联系的，感性认识必然上升为理性认识。因此，从某种程度上说，张栻已认识到了知识发展的两个阶段。第三，行自始至终贯穿于认识事物的整个过程中，所以张栻力主躬行，反对离行谈知。他认为即使君子、圣人也必须要"躬行""践履"，只有这样，才能得到真知。他说："圣门实学，贵于践履，隐微之际，无非真实，盖所谓存乎德行者也。"① 又说："君子主于行，而非以言为先也，故其言之所发，乃其力行所至，言随之也。夫主于行而后言者为君子，则夫易于言而行不践者，是小人之归矣。"②

为了进一步阐明知行互发的观点，批判知先行后说，张栻对"生而知之"重新予以了解读。他说："圣人之所以异于人者，果独在于好学耶。夫子盖生而知之者，而未尝居焉，使人知圣由学而可至也。然生而好学，则是其所为生知者，固亦莫掩矣。谓圣人所以异于人者，在于好学，亦岂不可矣。"③ 这是说，圣人异于常人之处就在于好学，好学是其成为圣人的先决条件。因此，生而知之也就是好学知之。于是好学取代天赋成为能否成圣的重要前提条件。在张栻看来，"圣可学而至，虽有其质而不学，则终身为乡人而已。……圣人不居生知，所以勉人以学也"④。即使天生具备成圣的资质，如果不学习，也只能终身为常人；如果努力学习，即使天生不具备圣人资质的普通人，也可以成圣。这样一来，张栻就为常人成为圣人开辟了一条学而成圣的路径。强调学而成圣，否认先天的良知说，这是真张栻知行观的又一鲜明特色。

八 关注义利之辨

在《论语解》中，张栻详细阐述了自己独特的义利观。宋代理学家都把义利之辨作为"尊德性，道问学"的一个重要问题，张栻自不例外，他

---

① 张栻：《论语解》卷四，《四库全书》本，上海古籍出版社1987年版。
② 张栻：《论语解》卷一，《四库全书》本，上海古籍出版社1987年版。
③ 张栻：《论语解》卷四，《四库全书》本，上海古籍出版社1987年版。
④ 张栻：《论语解》卷三，《四库全书》本，上海古籍出版社1987年版。

将义利视为了解、把握孔孟之学的门径,在他看来,"学者潜心孔孟,必得其门而入。愚以为莫先于义利之辨"①。既然学孔孟,首先要明义利之辨,那么义利之别何在?张栻认为,"盖圣学无所为而然也。无所为而然者,命之所以不已,性之所以不偏,而教之所以无穷也。凡有所为而然者,皆人欲之私,而非天理之所存,此义利之分也"②。无所为即是无私之为,无私欲而为之则循性顺命,故得性之全,所以是义;有所为即是有私之为,有私欲而为之则违性逆命,而得性之偏,所以是利。因此,他指出,"义者,天理之公"③。"夫义,人之正路也,倚于一偏则莫能遵于正路矣。惟君子之心无适也而亦无莫也,其于天下惟义之亲而已。盖天下事事物物皆有义焉。义者,存于中而形于外者也。"④ "放于利而行者,凡事每求便利于己也,怨由不得其欲而生,彼虽每求便利,而事亦岂能尽利于己哉。不得其欲则怨矣。"⑤ 故"自未尝省察者言之,终日之间鲜不为利矣,非特名位货殖而后为利也。斯须之顷,意之所向,一涉有所为,虽有浅深之不同,而其徇己自私则一而已"⑥。此乃理解张栻义利观的要旨所在。

循此思路出发,在对《论语》经文的解说中,张栻首先从公私的视角解读经义。如《里仁篇》"君子喻于义,小人喻于利"章,他注解曰:"喻,谓通达其趣也。盖君子心存乎天下之公理,小人则求以自便其私而已,其所趋所行,久且熟也,能无喻乎?喻则好笃而不可反矣。此君子小人之分也。"⑦ 义即是"天下之公理",利则是一己之私而已。其次,他还援天理人欲以辨义利。如《子路篇》"君子和而不同,小人同而不和"下,张栻解释说:"和者,和于理也。同者,同其私也。和于理则不为苟同,同其私则不能和义,天理人欲不两立也。"⑧ 又,《宪问篇》"君子上

---

① 张栻:《张南轩先生文集》卷三《孟子讲义序》,丛书集成初编本,中华书局1985年版,第47页。
② 同上书,第47—48页。
③ 张栻:《论语解》卷八,《四库全书》本,上海古籍出版社1987年版。
④ 张栻:《论语解》卷二,《四库全书》本,上海古籍出版社1987年版。
⑤ 同上。
⑥ 张栻:《张南轩先生文集》卷三《孟子讲义序》,丛书集成初编本,中华书局1985年版,第48页。
⑦ 张栻:《论语解》卷二,《四库全书》本,上海古籍出版社1987年版。
⑧ 张栻:《论语解》卷七,《四库全书》本,上海古籍出版社1987年版。

达，小人下达"句，他注释说："达者，达尽其事理也。上达者，反本天理也；下达者，趋末人欲也。皆云达者，如君子喻于义，小人喻于利，皆云喻也。"① 可见，学人理应加强修养，达到私欲净尽而天理纯粹的境界。

虽然强调义利之分，但张栻并没有把义利绝对对立起来，他主张："义所当然则亦无不利者。"② 这就是说，正常而适当的功利要求，非是人欲，而是义，合乎天理。由此可见，义利并非截然对立的，二者互相包涵，互为表里。这样，张栻就通过孔子义利之说的重新解读，使之成为其理学思想体系的重要内容。

可见，通过对《论语》的重新解读，张栻把经学研究与理学研究结合了起来，建构了自己的思想体系，推动了经学以及理学自身的发展，因而在经学史和在理学史上均占有重要地位。

首先，在《论语》学史上，张栻的《论语解》占有重要的地位。作为与朱熹同时的理学大师，湖湘学派的代表人物，张栻在《论语解》序中曾言："因河南余论，推以己见，辑《论语说》。"③ 也就是说，该书是张栻在继承二程学说的基础上，辅以己意而成。在撰写过程中，他也曾同朱熹共同研讨，往复辨难，商订此书。据《朱子大全集》记载，朱熹为此书抉摘瑕疵达一百一十八处，故张在此书中采纳了朱氏的部分意见；朱熹作《论语集注》，于张注亦有所采纳。二人相互切磋，共同促进了《论语》学的发展。尽管在某些注释上，二人意见相左，但这并不意味着此优彼劣，此是彼非。对此，四库馆臣曾评论曰：

> 考《朱子大全集》中备载与栻商订此书之语，抉摘瑕疵多至一百一十八条，又订其误字二条。以今所行本校之，从朱子改正者仅二十三条，余则悉仍旧稿，似乎断断不合。然"父在观其志"一章，朱子谓旧有两说，当从前说为顺。反复辩论，至于二百余言。而后作《论语集注》，乃竟用何晏《集解》所引孔安国义，仍与栻说相同。盖讲学之家，于一字一句之异同，务必极言辩难，断不肯附和依违。中间笔舌相攻，或不免于激而求胜。迨学问渐粹，意气渐平，乃是是非

---

① 张栻：《论语解》卷七，《四库全书》本，上海古籍出版社1987年版。
② 张栻：《论语解》卷五，《四库全书》本，上海古籍出版社1987年版。
③ 张栻：《张南轩先生文集》卷三《论语说序》，丛书集成初编本，中华书局1985年版，第47页。

非,坦然共白,不复回护其前说。此造诣之浅深,月异而岁不同者也。然则此一百一十八条者,特一时各抒所见,共相商榷之言,未可以是为栻病。且二十三条之外,栻不复改,朱子亦不复争,当必有涣然冰释,始异而终同者。更不必执文集旧稿,以朱子之说相难矣。①

此说不虚。我们说,虽然《论语解》由于张栻早死,其门人弟子多改换门庭,故流布不广,不及朱子的《论语集注》影响大,但在当时也可以说是独树一帜,有着自己的鲜明特色的。在后世也有一定的影响,清儒刘宝楠的《论语正义》和民国时期的程树德的《论语集释》都曾引述过张栻的注释。

其次,在理学史上,张栻作为南宋时与朱熹齐名的著名理学家,其思想也具有超越旧说、勇于创新的特色。在超越和创新的过程中,他对《论语》的思想资料非常重视,将其视为学术思想体系建构的重要思想资源与学术依托,其本体论、人性论、义利观、知行观、理欲观、工夫论、仁学思想的建构,是与对《论语》思想资料的阐释、发挥、利用紧密联系在一起的,体现了经学与理学的结合。在对《论语》思想资料的重新解读中,他在继承和发展二程思想的基础上,进一步解决了儒家伦理缺乏哲学本体依据的问题,把"理"作为自己本体论哲学中的基本范畴,且此"理"既是天地之理,又是人伦之理,这就把哲学本体论与儒家伦理学有机结合起来,从哲学本体的高度为儒家的伦理政治原则找到了依据。在知行观上,张栻也颇多创获,他不仅主张知行互发,而且提出了知有精粗、相互促进的学说,在知行关系问题上提出了新见。这是对中国哲学知行说的贡献。在义利观上,张栻不仅援用公私和天理人欲来解读义利关系,而且提出了"义所当然则亦无不利者"的主张,这样一来就把义利之辨上升到了理欲之辨、公私之辨的高度。此外,张栻在人性论等方面建立了具有自己独特风格的哲学思想体系,由此鼎足并立于南宋思想界的各大流派之中。张栻在哲学理论上的成就,体现了他勇于创新的精神。② 朱熹曾赞曰:"独其见于论说,则义利之间,毫厘之辨,盖有出于前哲之所欲言而未及究者。"③

---

① 永瑢等:《四库全书总目》,中华书局1965年版,第295页。
② 参见蔡方鹿《宋代蜀学的特征及影响》,http://pol.sicnu.edu.cn/ZhuXi/UploadFiles_7700/200710/20071022140629338.doc。
③ 张栻:《张南轩先生文集·朱序》,丛书集成初编本,中华书局1985年版,第1页。

清儒张伯行赞曰:"其平日之讲究心性者,盖深契乎伊洛之遗言,而上接邹鲁之统。而其所得力,则尤在辨晰义利,不使有毫厘之差,故胸次洒然,光明坦荡,纯乎天理。……盖有古大儒之学,纯臣之风焉。且与考亭夫子志同道合,往来切磋,举凡天道之精深,圣言之奥妙,德业之进修,行藏之大义,莫不有以共悉其源流,而一归于正大。朱子尝亟称之,以为天资甚高,闻道甚早,其学问日新无穷,其议论出人意表。此亦可以见先生之不可以及矣。"[1] 其中虽有夸大之词,但基本上反映了张栻在经学和理学上的造诣。

---

[1] 张栻:《张南轩先生文集·原序》,丛书集成初编本,中华书局1985年版,第1页。

第八章

朱熹的《论语》诠释与理学体系的建立

朱熹（1130—1200），字元晦，一字仲晦，号晦庵、晦翁、沧州病叟、遯翁，自称云谷老人，别号紫阳，南宋江南东路徽州府婺源县（今江西省婺源）人。历官泉州同安主簿、枢密院编修官、秘阁修撰、知南康军，提举两浙东路常平茶盐公事、提点江南西路刑狱公事、知漳州、焕章阁待制兼侍讲、实录院同修撰等职。卒后赐谥曰文，称朱文公。著作主要有《朱文公文集》《朱子语类》《朱子遗书》《资治通鉴纲目》《西铭解义》《太极图说解》《通书解》《古今家祭礼》《周易本义》《易学启蒙》《孝经刊误》《诗集传》《韩文考异》《四书或问》《四书章句集注》《名臣言行录》《程氏遗书》《楚辞集注》等。其中《四书章句集注》是其"覃思最久，训释最精，明道传世，无复遗蕴"[1]的旷世之作，最能代表朱熹的经学思想。这中间就包括了朱子对《论语》的诠释。

第一节 朱熹与《论语》地位的提升

朱熹对《论语》评价甚高，他曾说："某向卯角读《论》《孟》，自后欲一本文字高似《论》《孟》者，竟无之。"[2] 他指出，《论语》一书成书于孔子之再传弟子之手，"《论语》之书，亦是七十子之门人纂录成书"[3]，

---

[1] 李性传：《饶州刊朱子语续录后序》，载朱杰人等编《朱子全书》第十八册，上海古籍出版社、安徽教育出版社2002年版，第4356页。
[2] 朱杰人等编：《朱子全书》第十七册，上海古籍出版社、安徽教育出版社2002年版，第3427页。
[3] 朱杰人等编：《朱子全书》第二十一册，上海古籍出版社、安徽教育出版社2002年版，第1624页。

并非孔子自作，故"言语时有长长短短不类处"①，但它却集中体现了孔子的思想，所以在他看来，"理会得《论语》，便是孔子"②。"盖《论语》中言语，真能穷究极其纤悉，无不透彻，如从孔子肚里穿过，孔子肝肺尽知了，岂不是孔子!"③ 主张通过穷究《论语》中孔子的话语，来探悉孔子的思想。他说："孔子言语一似没紧要说出来，自是包含无限道理，无些渗漏。如云'道之以政，齐之以刑；道之以德，齐之以礼'数句，孔子初不曾着气力，只似没紧要说出来，自是委曲详尽，说尽道理，要走它底不得。"④ 认为孔子所说，看似无关紧要，其实义理无穷，故读《论语》要透过表面文字，体味其中蕴含的义理，避免读了后全然无事。因此他要求弟子陈淳看《论语》时，务必穷察细品。朱熹问："《论语》如何看?"陈淳答："见得圣人言行，极天理之实而无一豪之妄。学者之用工，尤当极其实而不容有一豪之妄。"朱熹曰："大纲也是如此。然就里面详细处，须要十分透彻，无一不尽。"⑤ 也就是说，读《论语》要做到透彻穷尽，"极天理之实而无一豪之妄"。

正是基于上述原因，所以朱熹极力提高《论语》的地位。

一　建立四书经典体系

《论语》《大学》《中庸》《孟子》这四本经典原本是分行的。二程首先将其并列。《宋史·道学传序》说："仁宗明道初年，程颢及弟颐实生，及长，受业周氏，已乃扩大其所闻，表章《大学》《中庸》二篇，与《语》《孟》并行，于是上自帝王傅心之奥，下至初学入德之门，融会贯通，无复余蕴。"《宋史·程颐传》说程颐"其学本于诚，以《大学》《语》《孟》《中庸》为标指，而达于《六经》"。由上可见，"四书"之所以能够并行，得益于二程的"表章"。但真正确立"四书"名字及经典体系的却是朱子。其弟子李方子详细论述了朱子整理"四书"的过程，他说："《语》《孟》二书，世所诵习，为之说者亦多，而析理未精、释言未备。

---

① 朱杰人等编：《朱子全书》第十四册，上海古籍出版社、安徽教育出版社 2002 年版，第 650 页。
② 同上书，第 649 页。
③ 同上。
④ 同上书，第 663 页。
⑤ 同上书，第 652 页。

《大学》《中庸》自程子始表章之,然《大学》次序不论,阙遗未补;《中庸》虽为完篇,而章句浑沦,读者亦莫知其条理之粲然也。先生搜集先儒之说,而断以己意,汇别区分,文从字顺,妙得圣人之本旨,昭示斯道之标的。又使学者先读《大学》以立其规模,次及《语》《孟》以尽其蕴奥,而后会其归于《中庸》。尺度权衡之既当,由是以穷诸经,订群史,以及百氏之书,则将无理之不可精,无事之不可处矣。"① 明初王袆也曾指出:"《论语》先汉时已行,诸儒多为之注。《大学》《中庸》二篇在《小戴记》中,注之者郑康成也。《孟子》初列于诸子,及赵岐注后遂显矣。爰自河南程子实尊信《大学》《中庸》而表章之,《论语》《孟子》亦各有论说。至朱子始合四书谓之'四子',《论语》《孟子》则为之《注》,《大学》《中庸》则为之《章句》《或问》。自朱子之说行而旧说尽废矣,于是四子者与六经并行,而教学之序莫先焉。"② 四库馆臣亦说:"特其论说之详,自二程始;定著'四书'之名,则自朱子始耳。"③ 据束景南教授考证,朱子于淳熙九年(1182),在浙东提举任上,首次刊印了《四书章句集注》,"这个宝婺刻本,是朱熹首次把《大学章句》《中庸章句》《论语集注》与《孟子集注》集为一编合刻,经学史上与'五经'相对的'四书'之名第一次出现"④。

那么,朱熹为什么要将这四部经典并列起来而构建新的经典体系呢?这是因为在朱熹看来,《大学》《中庸》《论语》《孟子》是承载儒家基本思想的重要载体,掌握了这四部经书,则在为人、为学方面就可以得心应手。他说:"《大学》《中庸》《语》《孟》四书,道理粲然。人只是不去看。若理会得此四书,何书不可读!何理不可究!何事不可处!"⑤ "人自有合读底书,如《大学》《语》《孟》《中庸》等书,岂可不读!读此四书,便知人之所以不可以不学底道理,与其为学之次序,然后更看《诗》《书》《礼》《乐》。"⑥ 在朱熹看来,"四书"在思想内容方面具有一致性,是一个有机的整体。他说:《论语》《孟子》都是《大学》中肉菜,先后

---

① 顾宏义、戴扬本等编:《历代四书序跋题记资料汇编》,上海古籍出版社2010年版,第14页。
② 同上书,第15页。
③ 同上书,第2页。
④ 束景南:《朱子大传》,福建教育出版社1992年版,第766页。
⑤ 黎靖德编:《朱子语类》,中华书局1994年版,第249页。
⑥ 同上书,第1658页。

浅深，参差互见。若不把《大学》做个匡壳子，卒亦未易看得。①

或云："《论语》不如《中庸》。"曰："只是一理，若看得透，方知无异。《论语》是每日零碎问。譬如大海是水，一勺也是水。所说千言万语，皆是一理。须是透得，则推之其它，道理皆通。"又曰："圣贤所说只一般，只是一个'择善固执之'。《论语》则说'学而时习之'，《孟子》则说'明善诚身'，下得字各自精细，真实工夫只一般。须是知其所以不同，方知其所谓同也。而今须是穷究得一物事透彻方知。如入个门，方知门里房舍间架。若不亲入其门户，在外遥望，说我皆知得，则门里事如何知得。"②

因为四部经典所说"皆是一理"，所以它们完全可以辑合在一起，构成一个新的经典体系。在朱子看来，这一体系中的《论语》《孟子》直接记载了孔孟之言，立说传道，深得圣人本意，通过研读，即可掌握圣人之道。而《诗》《书》《易》《春秋》等经书，与圣人之本意已隔有一两重，甚至三四重。且"《春秋》义例、《易》爻象虽是圣人立下，今说者用之，各信己见，然于人伦大纲皆通，但未知曾得圣人当初本意否？"因此，朱熹指出，"《大学》一篇乃入德之门户，学者当先讲习，知得为学次第规模，乃可读《语》《孟》《中庸》。先见义理根原体用之大略，然后徐考诸经以极其趣，庶几有得。盖诸经条制不同，功夫浩博，若不先读《大学》《论》《孟》《中庸》，令胸中开明自有主宰，未易可遽求也"③。从而把"六经"置于从属于《论语》《孟子》等《四书》的位置。由此可见，《四书》新经典体系的建立，大大提高了《论语》在中国经学史的地位，使其从居于辅助性地位的经典一跃而成为居于主导性地位的经典。

二　确定《论语》在《四书》研习中的次序

朱熹排定了《四书》内部的先后次序，将《论语》列在重要的位置。在他看来，按照为学次序，《四书》的先后位置理应为《大学》《论语》

---

① 黎靖德编：《朱子语类》，中华书局1994年版，第428页。
② 同上。
③ 朱杰人等编：《朱子全书》第二十一册，上海古籍出版社、安徽教育出版社2002年版，第1180页。

《孟子》《中庸》。他说：

> 专看《大学》，首尾通贯，都无所疑，然后可读《语》《孟》。《语》《孟》又无所疑，然后可读《中庸》。今《大学》全未晓了，而便兼看《中庸》，用心业杂如此，何由见得详细耶？①
>
> 《大学》是个大坯模。《大学》譬如买田契，《论语》如田亩阔狭去处，逐段子耕将去。②
>
> 学问须以《大学》为先，次《论语》，次《孟子》，次《中庸》。《中庸》工夫密，规模大。③
>
> 某说个读书之序，须是且著力去看《大学》，又著力去看《论语》，又著力去看《孟子》。看得三书了，这《中庸》半截都了，不用问人，只略略恁看过。不可掉了易底，却先去攻那难底。④
>
> 某要人先读《大学》，以定其规模；次读《论语》，以立其根本；次读《孟子》，以观其发越；次读《中庸》，以求其古人之微妙处。《大学》一篇有等级次第，总作一处，易晓，宜先看。《论语》却实，但言语散见，初看亦难。《孟子》有感激兴发人心处。《中庸》亦难读，看三书后，方宜读之。⑤
>
> 盖不先乎《大学》，无以提挈纲领而尽《论》《孟》之精微；不参之《论》《孟》，无以融贯会通而极《中庸》之归趣；然不会其极于《中庸》，又何以建立大本，经纶大经，而读天下之书，论天下之事哉？以是观之，则务讲学者，固不可不急于《四书》，而读《四书》者，又不可不先于《大学》，亦已明矣。⑥

---

① 朱杰人等编：《朱子全书》第二十三册，上海古籍出版社、安徽教育出版社 2002 年版，第 2568 页。
② 黎靖德编：《朱子语类》，中华书局 1994 年版，第 250 页。
③ 朱杰人等编：《朱子全书》第十四册，上海古籍出版社、安徽教育出版社 2002 年版，第 419 页。
④ 黎靖德编：《朱子语类》，中华书局 1994 年版，第 1479 页。
⑤ 朱杰人等编：《朱子全书》第十四册，上海古籍出版社、安徽教育出版社 2002 年版，第 419 页。
⑥ 朱杰人等编：《朱子全书》第六册，上海古籍出版社、安徽教育出版社 2002 年版，第 515 页。

也就是说，无论是从难易程度上而言，还是从治学修身的次第上而言，《论语》在《四书》中都处于次席的位置。在朱子看来，《论语》发孔子之言，蕴含着圣人之道，以传道立言，故在读完《大学》，定下道学规模之后，便要通过研习《论语》来"立其根本"，以掌握圣人之道的原则。本根立，才能"观发越"，才能"求古人之微妙处"。"这种研习次第安排显然是服务于其理学思想体系建构这一目标的。"①

三　确立《论语》在儒家道统中的地位

在朱熹看来，《四书》的先后顺序还可以排列为《大学》《论语》《中庸》《孟子》，如他在《学校贡举私议》中说："若合所当读之书而分之以年，使天下之士各以三年而共通其三四之一，则亦若无甚难者。故今欲以《易》《书》《诗》为一科，而子年午年试之；《周礼》《仪礼》及二戴之《礼》为一科，而卯年试之；《春秋》及三《传》为一科，而酉年试之。诸经皆兼《大学》《论语》《中庸》《孟子》。"② 在《沧州精舍谕学者》中说："归家杜门，依老苏法，以二三年为期，正襟危坐，将《大学》《论语》《中庸》《孟子》，及《诗》《书》《礼记》、程、张诸书分明易晓处，反复读之，更就自己身心上存养玩索，著实行履，有个入处，方好求师。"③ 在《黄州州学二程先生祠记》中说："先生之学，以《大学》《论语》《中庸》《孟子》为标指，而达于六经，使人读书穷理，以诚其意、正其心、修其身，而自家而国以及于天下。"④ 朱熹在漳州刊行的《四书》也是采用的这样的顺序，他在《书临漳所刊四子后》中说："程夫子之教人，必先使之用力乎《大学》《论语》《中庸》《孟子》之书，然后及乎六经，盖其难易、远近、大小之序固如此而不可乱也。故今刻四古经，而遂及乎此四书者，以先后之。"⑤ 之所以这样安排，究其原因在于，是为了建构儒家的道统传承体系。朱熹不仅提出了"道统"这一概念，而且建立了传道谱系。他说：

---

① 朱汉民、肖永明：《宋代〈四书〉学与理学》，中华书局2009年版，第356页。
② 朱杰人等编：《朱子全书》第二十三册，上海古籍出版社、安徽教育出版社2002年版，第3359页。
③ 朱杰人等编：《朱子全书》第二十四册，上海古籍出版社、安徽教育出版社2002年版，第3593—3594页。
④ 同上书，第3797页。
⑤ 同上书，第3895页。

盖自上古圣神继天立极，而道统之传有自来矣。其见于经，则"允执厥中"者，尧之所以授舜也；"人心惟危，道心惟微，惟精惟一，允执厥中"者，舜之所以授禹也。……夫尧、舜、禹，天下之大圣也。以天下相传，天下之大事也。……自是以来，圣圣相承：若成汤、文、武之为君，皋陶、伊、傅、周、召之为臣，既皆以此而接夫道统之传，若吾夫子，则虽不得其位，而所以继往圣、开来学，其功反有贤于尧舜者。然当是时，见而知之者，惟颜氏、曾氏之传得其宗。及曾氏之再传，而复得夫子之孙子思，则去圣远而异端起矣。子思惧夫愈久而愈失其真也，于是推本尧舜以来相传之意，质以平日所闻父师之言，更互演绎，作为此书，以诏后之学者。盖其忧之也深，故其言之也切；其虑之也远，故其说之也详。其曰"天命率性"，则道心之谓也；其曰"择善固执"，则精一之谓也；其曰"君子时中"，则执中之谓也。世之相后，千有余年，而其言之不异，如合符节。历选前圣之书，所以提挈纲维、开示蕴奥，未有若是之明且尽者也。自是而又再传以得孟氏，为能推明是书，以承先圣之统，及其没而遂失其传焉。则吾道之所寄不越乎言语文字之间，而异端之说日新月盛，以至于老佛之徒出，则弥近理而大乱真矣。然而尚幸此书之不泯，故程夫子兄弟者出，得有所考，以续夫千载不传之绪；得有所据，以斥夫二家似是之非。盖子思之功于是为大，而微程夫子，则亦莫能因其语而得其心也。①

由上可见，朱熹所建立的传道谱系是尧→舜→禹→成汤、文、武之君，皋陶、伊、傅、周、召之臣→孔子→颜子、曾子→子思子→孟子→二程子，在这里，他之所以把曾子、子思编入这一谱系，其原因就是为了构建以《四书章句集注》为核心经典的四书学体系。在朱熹看来，《大学》"经一章，盖孔子之言，而曾子述之。其传十章，则曾子之意而门人记之也"②；《论语》一书成于七十子之门人，主要是曾子之门人；《中庸》乃子思忧道学之失其传而作，是"孔门传授心法"，由子思"笔之于书，以

---

① 朱熹：《四书章句集注》，中华书局1983年版，第14—15页。
② 同上书，第4页。

授孟子"①；《孟子》一书成于孟子及其弟子之手。同时，"孟轲师子思，而子思之学出于曾子"②。因此，《大学》《论语》《中庸》《孟子》的这一排序不仅体现了作者的先后次序，而且也体现了儒家的道统思想。

第二节 朱熹诠释《论语》的学术历程

朱熹幼承庭训，自幼便诵习《大学》《中庸》《论语》和《孟子》等儒家经典，"某自卯读四书，甚辛苦"③。十四岁后，他师从胡宪、刘子翚、刘勉之，此三人既习程门理学，又好佛学，故朱熹受他们的影响，儒释兼修。在后来回忆这段学习经历时，朱熹曾言："我昔从学，读《易》《语》《孟》。究观古人，之所以圣。既不自揆，欲造其凤。"④ "某少时为学，十六岁便好理学，十七岁便有如今学者见识。后得见谢显道《论语》，甚喜，乃熟读。"⑤ "某少时未有知，亦曾学禅。"⑥ 二十三岁后，朱熹师事程门三传弟子李侗，开始弃禅归儒，他说："后赴同安任，时年二十四五矣，始见李先生。与他说，李先生只说不是。某却倒疑李先生理会此未得，再三质问。李先生为人简重，却是不甚会说，只教看圣贤言语。某遂将那禅来权倚阁起。意中道，禅亦自在，且将圣人书来读。读来读去，一日复一日，觉得圣贤言语渐渐有味，却回头看释氏之说，渐渐破绽，罅漏百出。"⑦ 这一学术路向的转变，为朱熹成为一代儒宗奠定了坚实的基础。

一 编撰《论语要义》

在求学期间，朱熹就编写了第一本《论语》注本——《论语要义》。他在自序中说：

> 《鲁论语》二十篇，《古论语》二十一篇，分《尧曰》下章"子张问"别一篇，鲁共王毁孔子旧宅得之。《齐论语》二十二篇，有

---

① 朱熹：《四书章句集注》，中华书局1983年版，第17页。
② 同上书，第198页。
③ 黎靖德编：《朱子语类》，中华书局1994年版，第2611页。
④ 郭齐、尹波点校：《朱熹集》，四川教育出版社1996年版，第5698页。
⑤ 黎靖德编：《朱子语类》，中华书局1994年版，第2783页。
⑥ 同上书，第2620页。
⑦ 同上。

《问王》《知道》二篇。魏何晏等集汉魏诸儒之说，就《鲁论》篇章，考之《齐》《古》，为之注。本朝至道、咸平间，又命翰林学士邢昺等取皇甫侃《疏》约而修之，以为《正义》。其于章句训诂、名器事物之际详矣。熙宁中，神祖垂意经术，始置学官以幸学者。而时相父子，逞其私智，尽废先儒之说，妄意穿凿，以利诱天下之人而涂其耳目，一时文章豪杰之士，盖有知其非是而傲然不为之下者。顾其所以为说，又未能卓然不叛于道，学者趋之，是犹舍夷貉而适戎蛮也。当此之时，河南二程先生独得孟子以来不传之学于遗经，其所以教人者，亦必以是为务。然其所以言之者，则异乎人之言之矣。熹年十三四时，受其说于先君，未通大义而先君弃诸孤。中间历访师友，以为未足。于是遍求古今诸儒之说，合而编之。诵习既久，益以迷眩。晚亲有道，窃有所闻，然后知其穿凿支离者固无足取，至于其余，或引据精密，或解析通明，非无一辞一句之可观。顾其于圣人之微意，则非程氏之侔矣。隆兴改元，屏居无事，与同志一二人从事于此，慨然发愤，尽删余说及其门人朋友数家之说，补辑订正，以为一书，目之曰《论语要义》。盖以为学者之读是书，其文义名物之详，当求之注疏，有不可略者，若其要义，则于此其庶几焉。学者第熟读而深思之，优游涵泳，久而不舍，必将有以自得于此。本既立矣，诸家之说有不可废者，徐取而观之，则其支离诡谲、乱经害性之说，与夫近世出入离遁、似是而非之辨，皆不能为吾病。呜呼！圣人之意，其可以言传者具于是矣，不可以言传者，亦岂外乎是哉！深造而自得之，特在夫学者加之意而已矣。[①]

从中我们不难看出，朱熹之所以着手撰写《论语》注本，一是基于何晏《论语集解》、邢昺《论语义疏》详于"章句训诂、名器事物"；二是基于王安石父子尽废先儒之说、另作新注用以利诱、蒙蔽天下之人；三是基于对二程《论语》学未能通晓。于是"历访师友"，"遍求古今诸儒之说"，写成了一部《论语》注本（该书不详何名）。然而他"诵习既久，益以迷眩"。待到师从李侗，进一步研习了二程的学问后，才深感该书

---

① 朱杰人等编：《朱子全书》第二十四册，上海古籍出版社、安徽教育出版社2002年版，第3613—3614页。

"穿凿支离",与二程所传圣人之义相去甚远。于是在孝宗隆兴元年(1163),三十四岁的朱熹约"同志一二人"把该书中的凡不合二程之说的"古今诸儒之说"全部删去,独取二程"及其门人朋友数家之说,补辑订正",著成《论语要义》。在他看来,这部书既包含对名物典制的训诂,也包括对经文大意的阐发,熟读此书,就可获得圣人之道。这部书是《论语集注》的雏形,"是朱熹理学思想从未成熟走向成熟的过程中的最早的一部注释《论语》的著作"[①],是"朱子独遵二程以求孔孟大义之第一步"[②]。它的出现,标志着朱熹的理学思想逐渐趋向成熟。

二 编写《论语训蒙口义》

《论语要义》编成后不久,鉴于该书训诂略而义理详,不便于童蒙研习,于是朱熹以此为蓝本,又改编成一部集训诂、正音、经义于一体的《论语训蒙口义》(后改名《论语详说》)。关于该书的编写意图、体例和学术宗旨,他在自序中进行了详细的说明:

> 予既序次《论语要义》,以备览观,暇日又为儿辈读之。大抵诸老先生之为说,本非为童子设也,故其训诂略而义理详。初学者读之,经之文句未能自通,又当遍诵诸说,问其指意,茫然迷眩,殆非启蒙之要。因为删录,以成此编。本之注疏,以通其训诂;参之《释文》,以正其音读。然后会之于诸老先生之说,以发其精微。一句之义,系之本句之下;一章之指,列于本章之左。又以平生所闻于师友而得于心思者,间附见一二条焉。本末精粗,大小详略,无或敢偏废也。然本其所以作,取便于童子之习而已,故名之曰《训蒙口义》,盖将藏之家塾,俾儿辈学焉,非敢为他人发也。
>
> 呜呼!小子来前。予幼承父师之训,从事于此二十余年,材资不敏,未能有得,今乃妄意采掇先儒,有所取舍,度得量力,夫岂所宜,然施之汝曹,取其易晓,本非述作,以是庶几可幸无罪焉尔。夫其训释之详且明也,日讲焉则无不通矣;义理之精而约也,日诵焉则无不识矣。通者已知而时习,识者未解而勿忘,予之始学,亦若斯而

[①] 邱汉生:《四书集注简论》,中国社会科学出版社1980年版,第27页。
[②] 钱穆:《朱子学提纲》,生活·读书·新知三联书店2002年版,第182页。

已矣。呜呼！小子其懋敬之哉！汲汲焉而毋欲速也，循循焉而毋敢惰也。毋牵于俗学而绝之，以为迂且淡也；毋惑于异端而蹠之，以为近且卑也。圣人之言，大中至正之极，而万世之标准也，古之学者，其始即此以为学，其卒非离此而为道。穷理尽性，修身齐家，推而及人，内外一致，盖取诸此而无所不备，亦终吾身而已矣。舍是而他求，夫岂无可观者，然致远恐泥，昔者吾几陷焉。今裁自脱，故不愿汝曹之为之也。呜呼，小子其懋戒之哉！[1]

朱熹之所以编写这样一部"训释详且明""义理精而约"的书，其目的一是便于初学者研习；二是让初学者少走弯路，使其尽快体悟圣人之言和圣人之道。该书的体例，既有对经典文本的训诂，又有对经文中部分字词的注音；既有章旨，也有每句之大意；同时，期间还杂有个人对某些经文的独到见解，可谓是详略得当，相得益彰。他非常自信地认为，笃学于此，即可得圣人之道，"穷理尽性，修身齐家，推而及人，内外一致，盖取诸此而无所不备"，这也正是朱熹编写此书的学术宗旨之所在。

三 编纂《论语精义》

孝宗乾道八年（1172），朱熹又在《论语要义》的基础上，吸取同张栻、吕祖谦、蔡元定等人反复讨论的结果，对《论语要义》进行了一次全面修订，并将其与同时修订的《孟子集解》合为一书，取名《论孟精义》。其自序曰：

> 《论》《孟》之书，学者所以求道之至要，古今为之说者，盖已百有余家。然自秦汉以来，儒者类皆不足以与闻斯道之传。其溺于卑近者，既得其言而不得其意；其骛于高远者，则又支离蹐驳。或乃并其言而失之，学者益以病焉。宋兴百年，河洛之间，有二程先生者出，然后斯道之传有继。其于孔氏、孟氏之心，盖异世而同符也。故其所以发明二书之说，言虽近而索之无穷，指虽远而操之有要，使夫读者非徒可以得其言，而又可以得其意；非徒可以得其意，而又可以并其

---

[1] 朱杰人等编：《朱子全书》第二十四册，上海古籍出版社、安徽教育出版社2002年版，第3614—3615页。

所以进于此者而得之。其所以兴起斯文，开悟后学，可谓至矣。间尝搜辑条疏，以附本章之次，既又取夫学之有同于先生者，若横渠张公、范氏、二吕氏、谢氏、游氏、杨氏、侯氏、尹氏，凡九家之说，以附益之，名曰《论孟精义》，以备观省。而同志之士有欲从事于此者，亦不隐焉。

抑尝论之，《论语》之言，无所不包，而其所以示人者，莫非操存涵养之要。七篇之指，无所不究，而其所以示人者，类多体验充扩之功。夫圣贤之分，其不同固如此，然而体用一源也，显微无间也，是则非夫先生之学之至，其孰能知之？呜呼！兹其所以奋乎百世绝学之后，而独得夫千载不传之传也欤！若张公之于先生，论其所至，窃意其犹伯夷、伊尹之于孔子；而一时及门之士，考其言行，则又未知其孰可以为孔氏之颜、曾也。今录其言，非敢以为无少异于先生而悉合乎圣贤之意，亦曰大者既同，则其浅深疏密，毫厘之间，正学者所宜尽心耳。至于近岁以来，学于先生之门人者，又或出其书焉，则意其源远未分，醇醨异味而不敢载矣。

或曰："然则凡说之行于世而不列于此者，皆无取已乎？"曰："不然也。汉魏诸儒正音读、通训诂、考制度、辨名物，其功博矣。学者苟不先涉其流，则亦何以用力于此？而近世二三名家，与夫所谓学于先生之门人者，其考证推说，亦或时有补于文义之间。学者有得于此而后观焉，则亦何适而无得哉！特所以求夫圣贤之意者，则在此而不在彼耳。若夫外自托于程氏，而窃其近似之言，以文异端之说者，则诚不可以入于学者之心。然以其荒幻浮夸，足以欺世也，而流俗颇已乡之矣，其为害岂浅浅哉！顾其语言气象之间，则实有不难辨者，学者诚用力于此书而有得焉，则于其言虽欲读之，亦且有所不暇矣。"然则是书之作，其率尔之诮，虽不敢辞，至于明圣传之统，成众说之长，折流俗之谬，则窃亦妄意其庶几焉。①

朱熹在这里首先否定前人章句注疏之学，认为它们要么得言不得意，要么支离蹖驳，要么言意皆失。其次，认为二程之说不仅得其言得其意，

---

① 朱杰人等编：《朱子全书》第二十四册，上海古籍出版社、安徽教育出版社2002年版，第3630—3631页。

而且承继了道统和学统,起到了"兴起斯文,开悟后学"的作用。再次,在二程之说下,又取"学之有同于"二程者,若张载、范祖禹、吕希哲、吕大临、谢良佐、游酢、杨时、侯仲良、尹焞、周孚先十家解释《论语》《孟子》之说,以附益之。最后,朱熹自称该书做到了"明圣传之统,采众说之长,折流俗之谬",即起到了尊二程、排异端的作用,是一部打击"外自托于程氏,而窃其近似之言,以文异端之说者"的好书。是书先在建阳刻板行世,淳熙年间重刻于豫章郡学时,略加增补,更名为《论孟要义》。朱熹《书语孟要义序后》说:"熹顷年编次此书,锓版建阳,学者传之久矣。后细考之,程、张诸先生说尚或时有所遗脱。既加补塞,又得毗陵周氏说四篇有半于建阳陈焞明仲,复以附于本章。豫章郡文学南康黄某商伯见而悦之,既以刻于其学,又虑夫读者疑于详略之不同也,属熹书于前《序》之左,且更定其故号《精义》者曰《要义》云。"① 后又经朱子修订,更其名曰《论孟精义》(今传刊本即是此名)。"这部书是《论语集注》和《孟子集注》最切近的前身。"②

朱熹对此书自视甚高,他说:"读《论语》,须将《精义》看。先看一段,次看第二段,将两段比较孰得孰失,孰是孰非。又将第三段比较如前。又总一章之说而尽比较之。其间须有一说合圣人之意,或有两说,有三说,有四五说皆是,又就其中比较疏密。如此,便是格物。及看得此一章透彻,则知便至。"③"诸朋友若先看《集义》,恐未易分别得,又费工夫。不如看《集注》,又恐太易了。这事难说。不奈何,且须看《集注》教熟了,可更看《集义》。《集义》多有好处,某却不编出者,这处却好商量,却好子细看所以去取之意如何。须是看得《集义》,方始无疑。某旧日只恐《集义》中有未晓得义理,费尽心力,看来看去,近日方始都无疑了。"④

四 撰成《论语集注》《论语或问》

虽然对《论孟精义》较为满意,但在朱熹看来仍然不完美,其中所收

---

① 顾宏义、戴扬本等编:《历代四书序跋题记资料汇编》,上海古籍出版社2010年版,第99页。
② 邱汉生:《四书集注简论》,中国社会科学出版社1980年版,第29页。
③ 黎靖德编:《朱子语类》,中华书局1994年版,第441页。
④ 同上书,第439页。

诸家之说除二程外，均不同程度地存在问题他说："读书考义理，似是而非者难辨。且如《精义》中，惟程先生说得确当。至其门人，非惟不尽得夫子之意，虽程子之意，亦多失之。"① 于是乎历经五年的思考，朱熹在《论语集义》的基础上，又约其精粹妙得本旨者为《论语集注》，"《集注》乃《集义》之精髓"②是也；又疏其所以去之之意为《论语或问》。

《论语集注》主要是"发明程子之说，或足其所未尽，或补其所未完，或白其所未莹，或贯其所未一，其实不离乎程说之中"③。后人对该书评价甚高。如黄榦说："朱子《集注》于一字未安，一语未顺，覃思静虑，更易不置，或一二日而未已，用心如此。学者顾以易心读之，安能识圣贤之意哉！"陈淳曰："《集注》遍阅诸家说，虽一字一句皆为抄掇，旋加磨刮，翦繁趋约，不啻数百过。"又曰："学者须专事《集注》为标准，复读餍饫，胸中已有定见，然后参以《集义》，方识诸家是非得失，始知《集注》明洁亲切，辞约而理富，义精而味长，信为万世不刊之书。"陈振孙亦曰："《集注》大约本程氏学，通取注疏古今诸儒之说，间复断以己意。晦庵先生平生讲解，此为第一，所谓毫发无遗憾者矣。"④

《论语或问》主要是剖析诸说之异同及《集注》于诸说去取之意。《四库全书总目》卷三十五说："朱子既作《四书章句集注》，复以诸家之说纷错不一，因设为问答，明所以去取之意，以成此书。"⑤

对于二书之间的关系，前人多有论述，如黄震说："晦庵《集注论语》祖诂训，明字义，使本文坦然易知，而后择先儒议论之精者一二语附之，以发其指要。诸说不同，恐贻误后学，又为《或问》以辨之。"⑥ 陈淳说："《论》《孟》须以《集注》为正，如《或问》后来置之不修，未得为成书，今细观之，时觉有枯燥处，亦多有不稳处，亦多有失之太甚处，比之《大学》《中庸或问》之书大不同。若姑借之以参订《集注》之所未详，

---

① 黎靖德编：《朱子语类》，中华书局1994年版，第442页。
② 同上书，第439页。
③ 朱彝尊：《经义考》卷二百十七引朱熹语，中华书局1998年影印版，第1112页。
④ 以上引文见顾宏义、戴扬本等编《历代四书序跋题记资料汇编》，上海古籍出版社2010年版，第281—282页。
⑤ 永瑢等：《四库全书总目》，中华书局1965年版，第294页。
⑥ 顾宏义、戴扬本等编：《历代四书序跋题记资料汇编》，上海古籍出版社2010年版，第282页。

则可矣，未可全案之以为定论也。"① 陈振孙说："朱子撰《集注》既成，复论次其取舍之所以然，别为一书，而篇首述二书纲领与读者之要法，其与《集注》实相表里，学者所当并观也。"② 王应麟说："约其精粹为《集注》十卷，又疏其所以去取之意为《或问》十卷。其后《集注》删改日以精密，而《或问》不复厘正，故其去取间有不同者。"③

《论语集注》成书后，初刊于南宋淳熙四年（1177），时年朱熹四十八岁。然而，该书的最初付梓，却并非出自朱子本意。《朱子语类》有言曰："《论语集注》盖某十年前本，为朋友间传去，乡人遂不告而刊。及知觉，则已分裂四出，而不可收矣。其间多所未稳，煞误看读。"④ 其后不久，朱熹在南康刊印了自己手定的《论语集注》，是为南康定本。对于该定本，朱熹也不满意。他在六十七岁时写给孙敬甫的信中仍说："南康《语》《孟》，是后来所定本，然比读之，尚有合改定处，未及下手。"⑤

朱子对《论语集注》一书，直至身死，一直没有停止过修改。故保留下来的朱门弟子所举《论语集注》的问语中，往往有与今本不同之处；而《论语集注》与《论语或问》也有自相抵牾处。对此，《四库全书总目》卷三十五分析说："《晦庵集》中有《与潘叔端书》曰：'《论语或问》，此书久无工夫修得。只《集注》屡更不定，却与《或问》前后不相应'云云。可见异同之迹，即朱子亦不讳言，并录存之。其于《集注》合者，可晓然于折衷众说之由；其于《集注》不合者，亦可知朱子当日原多未定之论。未可于《语录》《文集》偶摘数语，即为不刊之典矣。"⑥

由上可见，《论语集注》是朱子穷毕生精力之所为，故他曾颇为自信的说："某于《论》《孟》，四十余年理会，中间逐字称等，不教偏些子。学者将注处，宜子细看。"⑦ "《论语集注》如称上称来无异，不高些，不

---

① 顾宏义、戴扬本等编：《历代四书序跋题记资料汇编》，上海古籍出版社2010年版，第285页。
② 朱彝尊：《经义考》卷二百十七引陈振孙语，中华书局1998年影印版，第1112页。
③ 顾宏义、戴扬本等编：《历代四书序跋题记资料汇编》，上海古籍出版社2010年版，第285页。
④ 黎靖德编：《朱子语类》，中华书局1994年版，第438—439页。
⑤ 朱杰人等编：《朱子全书》第二十三册，上海古籍出版社、安徽教育出版社2002年版，第3064—3065页。
⑥ 永瑢等：《四库全书总目》，中华书局1965年版，第294页。
⑦ 黎靖德编：《朱子语类》，中华书局1994年版，第437页。

低些。自是学者不肯用工看。如看得透，存养熟，可谓甚生气质。"① "某《语孟集注》，添一字不得，减一字不得，公子细看。""不多一个字，不少一个字。"② 透过寥寥数语，不难体味朱子于《论语》一书所下之工夫。

由于《论语集注》乃精心结撰之作，且和《孟子集注》《大学章句》《中庸章句》一起被朱熹编入《四书章句集注》这一里程碑式的经学巨著中，从而名著于世，故研究该书对于我们了解朱熹的思想大有裨益。

第三节 朱熹《论语》诠释的特色

在众多儒家经典中，朱熹对《论语》一书用力可谓最为精勤，终其一生完成了《论语要义》《论语训蒙口义》《论孟精义》《论语集注》《论语或问》五部著作。这些《论语》著作具有鲜明的时代特色：

一 兼采众善，而以程氏之学为主

为了重振儒学雄风，中唐以后，儒家学者开始寻找新的经典以代替汉唐以来的"五经"系统，于是唐宋间出现了包括《论语》在内的"四书"的升格运动。及至宋代，许多儒家学者纷纷对"四书"予之训解，涌现出众多诠释性著作。这其中既包括理学诸子，也包括不在理学之中的其他儒家学人。从现存的《论语》诠释来看，朱熹都是"略本程氏学，通取注疏古今诸儒之说，间复断以己意"③ 而成的。如他曾说："如《论》《孟》，诸家解有一箱，每看一段，必检许多，各就诸说上推寻意脉，各见得落著，然后断其是非。是底都抄出，一两字好亦抄出。虽未如今《集注》简尽，然大纲已定。今《集注》只是就那上删来。"④ 这就是说，其《论语集注》是在先儒已成之说的基础上删减、加工而成的。下面我们就从现存的朱子有关《论语》的注释来分析一下他对先儒成果的借鉴与批判。

首先，大量援引二程及其门人弟子之说。朱熹乃理学传人，所以他对二程及其弟子、再传弟子之说大加引用。据笔者统计，在《论语精义》中，共引用十家2846条注释，除张载和范祖禹外，其他八家均是二程及

---

① 黎靖德编：《朱子语类》，中华书局1994年版，第437页。
② 同上。
③ 朱彝尊：《经义考》卷二百十七引陈振孙语，中华书局1998年影印版，第1112页。
④ 黎靖德编：《朱子语类》，中华书局1994年版，第2886页。

其弟子的注释，其中共引用程颢注释109条，程颐注释206条，吕大临注释196条，谢良佐注释487条，游酢注释47条，杨时注释504条，侯仲良注释197条，尹焞注释504条，这些相加共占总注释的79%。具体分布如下表所示：

人物 篇目	程颢	程颐	张载	范祖禹	吕大临	谢良佐	游酢	杨时	侯仲良	尹焞
学而	7	15	3	16	11	16	10	16	2	16
为政	1	19	4	24	14	19	4	21	7	24
八佾	2	20	3	25	12	23	5	25	8	25
里仁	4	19	2	23	11	25	3	25	9	23
公冶长	2	24	5	27	12	28	2	27	3	27
雍也	8	27	7	28	23	29	8	29	5	29
述而	5	36	7	36	16	37	3	38	1	37
泰伯	10	19	5	18	11	21	2	21	2	21
子罕	7	13	11	28	11	28	2	29	12	27
乡党	3	13	5	37	3	39	0	38	18	44
先进	9	15	3	25	10	22	0	24	11	24
颜渊	3	10	5	23	7	22	3	23	11	23
子路	7	15	3	25	6	29	0	30	16	29
宪问	9	19	8	43	13	42	0	44	25	43
卫灵公	10	12	5	42	8	40	1	40	26	37
季氏	0	6	4	14	8	12	0	13	8	13
阳货	9	9	8	26	12	24	2	23	13	25
微子	2	3	3	10	4	5	1	10	5	11
子张	8	9	4	24	3	22	0	25	15	23
尧曰	3	3	1	6	1	4	1	3	0	3
合计（条）	109	206	96	500	196	487	47	504	197	504
%	3.8	7.238	3.4	17.6	6.9	17	1.7	18	7	18

如《学而篇》"弟子入则孝，出则弟，谨而信，泛爱众而亲仁。行有余力，则以学文"章，除范祖禹的注释外，朱熹又先后列举了二程、吕大临、谢良佐、游酢、杨时、侯仲良、尹焞的注释：

明道曰："行有余力者，当先立其本也。有所本而后学文，然则有本则文自至矣。"

伊川《解》曰："为弟子之职，力有余则学文。不修其职而先文，非为己之学也。"又《语录》曰："学文便是读书。人生便知有父子、兄弟，须先尽得孝弟，然后读书，非谓以前不可读书。"

吕曰："行谨而言信。"

谢曰："此言学者当知所先后也。天下之人，爱亲为易，尽孝为难；事长为易，尽弟为难。能尽孝弟，则能明人之大伦，又能'庸言之信，庸行之谨'，充其无欲害人之心，而亲仁以成己，则在我者立矣。至于行有余力则以学文者，其游于艺之谓乎？"

游曰："入孝而出弟，身谨而言信，处众而泛爱，则友而亲仁，君子之务，此其本也。有所未能，则勉为之；有所未至，则力致之；待其有余也，然后从事于文，则其文足以增美质矣。犹木之有本根也，然后枝叶为之芘覆，苟其无本，则枝叶安所附哉？夫文者，诗书礼乐之谓也。诗者，言此情而已。书者，述此事而已。礼者，体此而已。乐者，乐此而已。使其孝不称于宗族，其弟不称于乡党，交游不称其信，丑夷不称其和，仁贤不称其智，则其文适足以灭质，其博适足以溺心，以为禽犊者有之，以资发冢者有之。托真以酬伪，饰奸言以济利心者，往往而是也。然则无本而学文，盖不若无文之愈也。是以圣人必待行有余力，然后许之以学文，不然，固有所未暇也。后之君子，稍涉文义，则沾沾自喜，谓天下之美尽在于是。或訾其无行，则鹜然不顾；或诋其不足，则忿疾如深仇，亦可谓失羞恶之心矣，乌知圣人之本末哉！"

杨曰："自孝弟而达之于泛爱亲仁，盖推其所为也。君子之所务者本而已，学文乃其余事。"

尹曰："为弟为子之职，孝于亲，弟于长，谨于行，信于言，泛爱乎众而亲仁人，此德行也。行之有余力，则以学文。德行，本也。文艺，末也。故穷其本末，知所先后，可以入德矣。"①

---

① 朱杰人等编：《朱子全书》第七册，上海古籍出版社、安徽教育出版社2002年版，第39—41页。

另据笔者统计，在《论语集注》中，朱熹直接提到姓氏的注解有26家520处，另有不知姓氏者15处，其中引用的注解也以二程及其弟子为主，二程之说达159处，约占总数的30.57%，程门弟子如尹焞、杨时、谢良佐、吕大临、游酢、侯仲良、胡寅、张栻、曾几、黄祖舜、李郁、周孚先12家注解共237处，约占总数的45.57%。二者相加达到396处，约占总数的76.14%。这些注解遍布各个篇章。具体分布如下表所示：

人物 篇目	二程	尹焞	杨时	谢良佐	吕大临	游酢	侯仲良	胡寅	张栻	曾几	黄祖舜	李郁	周孚先
学而	12	6	1	3	0	3	0	1	1	0	0	0	0
为政	10	0	0	1	1	0	0	4	1	0	0	0	1
八佾	7	5	5	5	1	1	0	0	0	0	1	1	0
里仁	8	3	2	4	0	1	0	4	0	0	0	0	0
公冶长	13	0	0	3	0	0	0	3	0	0	0	0	0
雍也	17	2	2	3	2	0	1	2	2	0	0	0	0
述而	12	5	2	5	1	0	0	0	1	0	0	0	0
泰伯	9	3	2	1	0	0	0	0	0	0	0	0	0
子罕	11	4	5	3	1	0	2	1	0	0	0	0	0
乡党	2	1	4	3	0	0	0	0	0	0	0	0	0
先进	8	4	1	0	0	0	0	6	1	0	0	0	0
颜渊	9	4	6	1	0	0	0	4	0	1	0	0	0
子路	12	3	5	3	0	0	0	4	0	0	0	0	0
宪问	9	5	2	4	0	0	0	6	0	0	0	1	0
卫灵公	7	7	4	2	0	0	0	1	0	0	0	2	0
季氏	1	5	1	2	0	0	0	1	0	0	0	0	0
阳货	5	2	3	0	0	0	1	2	2	0	0	2	0
微子	2	2	1	1	0	0	0	2	0	0	0	0	0
子张	4	4	2	3	0	0	0	0	0	0	0	0	0
尧曰	1	2	1	0	0	0	0	0	0	0	0	0	0
合计（处）	159	67	49	47	6	5	4	41	8	1	1	7	1

如在诠释《学而篇》"道千乘之国：敬事而信，节用而爱人，使民以

时"章时，朱熹就先后征引了程子、杨时和胡寅的注释：

> 程子曰："此言至浅，然当时诸侯果能此，亦足以治其国矣。圣人言虽至近，上下皆通。此三言者，若推其极，尧舜之治亦不过此。若常人之言近，则浅近而已矣。"
>
> 杨氏曰："上不敬则下慢，不信则下疑，下慢而疑，事不立矣。敬事而信，以身先之也。《易》曰：'节以制度，不伤财，不害民。'盖侈用则伤财，伤财必至于害民，故爱民必先于节用。然使之不以其时，则力本者不获自尽，虽有爱人之心，而人不被其泽矣。然此特论其所存而已，未及为政也。苟无是心，则虽有政，不行焉。"
>
> 胡氏曰："凡此数者，又皆以敬为主。"

这就清楚地表明，朱熹之《论语集注》，是以二程及其弟子的言论思想为主来解释《论语》的，这样做的结果，就把《论语》纳入了一种新的经学解释范式，代替了汉魏以来对《论语》的解释，成为宋儒解《论》的代表。

不过，应当注意的是，在《论语》注释中，朱熹虽然大量援引二程及其门人弟子之说，但是他并非盲目崇信，不加分别地照抄照搬，而是抱着扬弃的态度，理性地加以引用。他曾对二程弟子的《论语》注释评价说："《精义》中，惟程先生说得确当。至其门人，非惟不尽得夫子之意，虽程子之意，亦多失之。""上蔡《论语解》，言语极多。看得透时，它只有一两字是紧要。""尹氏语言最实，亦多是处。但看文字，亦不可如此先怀权断于胸中。如谢氏说，十分有九分过处，其间亦有一分说得恰好处，岂可先立定说。"① 在《论语或问》中，朱熹还对二程弟子的《论语》诠释予以了评点，指出了其优点与不足。如《学而篇》"巧言令色，鲜矣仁"章，朱熹在《论语精义》中共引用了吕大临、谢良佐、游酢、杨时、尹焞的注释：

> 吕曰："君子言非不欲巧，色非不欲令，盖修于外者，本有所不立，修于内者，末足以兼之。"

---

① 黎靖德编：《朱子语类》，中华书局1994年版，第442—443页。

谢曰："仁虽难言，知其所以为仁者，亦可以知仁矣，若孝弟为仁之本是也。知其远于仁者，亦可以知仁矣，若巧言令色鲜矣仁是也。然巧言令色，知之亦难。《礼》曰：'情欲信，辞欲巧。'《诗》称仲山甫之德曰：'令仪令色。'然《礼》所谓'辞欲巧'，亦鲜仁乎？仲山甫之德，亦鲜仁乎？至于圣人所谓'孙以出之'，辞亦巧矣，'逞颜色，怡怡如也'，色亦令矣，岂以好其言语，善其颜色，直以为鲜仁也哉！至于小人，盖尝讦以为直矣，言何尝巧；虽内荏而色厉，色何尝令！然则何者为巧言？何者为令色？若能知出辞气可远鄙倍，则知之矣。此宜学深思而力索，不可以言语道也。"

游曰："仁者，诚而已矣，无伪也，何有于巧言？仁者敬而已矣，无谄也，何有于令色？巧言入于伪，令色归于谄，其资与木讷反矣，宜其鲜于仁也。使斯人之志在于巧言令色而已，则孔子所谓'朽木粪墙'，孟子所谓'乡原终不可以入德'；使其人之志在于善，而失其所习，则犹可以自反，此圣人所以不绝其为仁，而止言其鲜也。然则仲尼之恶令色也如此，而诗人以美仲山甫何也？盖诗人之所谓'令色'者，与仲尼之意异。善观诗者，以意逆志可也。"

杨曰："君子服其服，则文之以君子之容；有其容，则文之以君子之辞；容辞以文之，而实之以君子之德，虽或巧令，未为过也。故《记》曰'辞欲巧'，《诗》美仲山甫，而以'令仪令色'称之，则巧令非尽不仁也。然是之人务为容辞之文而不实之以其德者多矣，故鲜矣仁。"又曰："便僻姣厉，其去道远矣，焉得仁？"

尹曰："巧言令色，而仁者鲜矣。知巧言令色之非仁，则知仁矣。"①

这些注释在《论语集注》中一个也没有保留，究其原因就在于这些解说在朱子看来都存在着某些问题：

曰：吕氏之说，不亦善乎？曰：言固欲巧，而不可巧其言，色固欲令，而不可令其色。今曰欲巧欲令，而不明此意，则已疏矣。且徒

---

① 朱杰人等编：《朱子全书》第七册，上海古籍出版社、安徽教育出版社 2002 年版，第 33—34 页。

以修之内外为别，而不知为己为人之有异，亦不足以定取舍之极也。盖诚为己也，则修于外者，乃所以养其内，而不患本之不立。诚为人也，则其饰乎外者，安得谓之修，其为害又岂但本之不立而已哉！曰：谢氏之说，所引多端，而不为判决，子以其意为如何也？曰：彼其所引若多端者，然一言以蔽之，亦曰为己为人之不同而已。盖意诚在于为己，则容貌辞气之间，无非持养用力之地；一有意于为人，而求其说已，则心失正而鲜仁矣。故夫子告颜渊以克己复礼之目，不过视听言动之间，而曾子所言君子所贵乎道者，亦在于容色辞气四者而已。所谓"逊以出之，情信辞巧"者，但不欲其直情径行，以招悖入之患而已。至于诗人所谓令仪令色者，则大贤成德，能远暴慢之效；《乡党》之所记恂恂怡怡者，则圣人盛德之至，动容周旋中礼之妙也。若夫小人讦以为直，色厉内荏，则虽若与为巧令者不同，然核其矫情饰伪之心，则实巧令之尤者耳！学者于谢氏之说，以是辩之，庶乎其得之也。但所谓出词气者，则非曾子之意，请及其本章而论之。曰：游、杨、周氏之说，如何？曰：游氏大抵不切，而其所谓诚敬伪谄者，名义皆若未当。其曰不绝其为仁者，则又若范氏之失而小不同也。杨氏所谓便儇皎厉者，其初本也意本甚正，而其次本乃引《表记》以为说，则本末倒置，而非圣人之意矣。彼虽托于夫子之言，其流传之有误乎，喜援据而不择是非，其累有如此者。且不察巧令之所以为巧令者，亦若吕氏之失。其曰非尽不仁者，又若范、游之失，而复小不同也。盖范氏乃以一人而言，游氏以二人恶有浅深而言，杨氏则直以善恶相对而言耳。若周氏者，其庶几乎！然其曰违仁多矣，似亦失程子本意，而狂者荡、愚者诈以下不可晓，岂其辞之未达者与？①

朱熹不仅对程门弟子之说如此，而且对二程之说也时有异见。如上引《学而篇》"弟子入则孝"章，朱熹在《论语或问》中对程颢之说提出了批评，他说："程子本立而文自至者，失之太快耳。"②

又，《学而篇》"信近于义，言可复也。恭近于礼，远耻辱也。因不失

---

① 朱杰人等编：《朱子全书》第六册，上海古籍出版社、安徽教育出版社2002年版，第617—618页。
② 同上书，第621页。

其亲，亦可宗也"章，二程对此均有解释：

> 明道曰："信本不及义，恭本不及礼，然信近于义，恭近于礼也。信近于义，以言可复也。恭近于礼，以远耻辱也。因恭信而不失其所以亲，近于礼义，故亦可宗也。如言礼义虽不可得见，得见恭信者斯可矣。"
>
> 伊川《解》曰："信能守约，恭能远耻，近于礼义也。因不失于相近，亦可尚也。"又《语录》曰："信非义，近义者，以其言可复尔。恭非礼，近于礼者，以其远耻辱尔。信恭因不失近于礼义，亦可宗敬也。亲亦训近。"又曰："因其近礼义而不失其亲，亦可宗也，况于尽礼义者乎！"①

朱熹对此评论道："程子四说，大率相似，其意盖曰：'为信而言终可复，则其信为近于义矣；为恭而能远耻辱，则其恭为近于礼矣；因恭信而不失其近于礼义，则亦可宗也。'此文义固亦可通，但语意曲折，似稍费力，而远耻辱之意，尤不分明。盖其本意固以为不合礼而自耻辱者，然于文未有所见，则安知不有苟为卑巽，以求免乎耻辱者，而冀其得近于礼者耶？此由不先求近乎礼义，而俟其言之终可复，且既远乎耻辱，而后卜之，是以其说至于若是迂远而难通也。"② 正由于此，故朱熹在《论语集注》中于二程之说未加引用。

综上可见，《论语集注》中所保留的二程及其弟子之说是朱子精心甄选的结果，充分反映了朱子对于学术的审慎态度。

其次，对宋代其他儒家学者注解《论语》的成果也多有吸收。朱熹对宋代其他儒家学者的《论语》诠释著作，采取了扬弃的态度，虽攻其短，但也取其长。

一是对于不属于二程一派的理学诸子的《论语》诠释大加引用。在《论语精义》中共引用张载和范祖禹的注释596条，占总引条数的21%。在《论语集注》中共引用70条，约占总数的13%。朱子虽然大量引用了

---

① 朱杰人等编：《朱子全书》第七册，上海古籍出版社、安徽教育出版社2002年版，第53—54页。
② 朱杰人等编：《朱子全书》第六册，上海古籍出版社、安徽教育出版社2002年版，第630页。

二者的注释，但是他对二者注释中的不当之处也予以了批评。如《为政》"吾十有五而志于学"章，《论语精义》中引用了张载和范祖禹的注释：

> 横渠曰："三十器于礼，非强立之谓也。四十精义致用，时措而不疑。五十穷理尽性，至天之命，然不可自谓之至，故曰知。六十尽人物之性，声入心通。七十与天同德，不思不勉，从容中道。"又曰："常人之学，日益而莫自知也。仲尼行著习察，异于它人，故自十五至七十，化而知裁，其进德之盛者欤！"又曰："穷理尽性，然后至于命。尽人物之性，然后耳顺。与天地参，无意我固必，然后范围天地之化。从心而不逾矩，老而安死，然后不梦周公。"又曰："从心莫如梦，梦见周公志也。不梦，欲不逾矩也。不愿乎外也，顺之至也。老而安死也，故曰吾衰也久矣！"
>
> 范曰："圣人生而知之，不勉而中，不思而得，此所异于人也。自十五始志于学，至七十而从心所欲，此与人同者也。三十而立者，既壮矣，非礼无以立，立于礼者，三十之事也。四十而天下之理得矣，不惑者，孟子所谓不动心者也。五十而学《易》，穷理尽性，故知天命。六十而耳顺者，耳之所听无非道也。七十而从心所欲，惟不逾矩也，是以能从之。夫血气有衰，而志气无衰。舜耄期倦于勤者，其血气衰也，志气塞于天地者也，无时而衰。七十而从心所欲，所以养血气也。君子困以致命遂志，而老则从心所欲，皆所以一其德也。舜曰：'俾予从欲以治。'又曰：'予欲左右有民，汝翼；予欲宣力四方，汝为。'此舜之所欲也。'老者安之，朋友信之，少者怀之'，孔子之所欲也。及夫时不用，道不行，则定礼乐，修《春秋》，此从心所欲之大者也。盖自七十以下，未与于此，若其逾矩，则何以为法乎？"①

朱熹在《论语或问》中对此予以了点评，在他看来，二者对"三十而立"的"立"字的解释有问题："张子、范氏必以礼言，则少拘矣。张子所谓器于礼以成性，而非强立之谓，则又必以为圣人之事，而极其言之过

---

① 朱杰人等编：《朱子全书》第七册，上海古籍出版社、安徽教育出版社2002年版，第68—69页。

也。"对于"四十不惑"中的"不惑"的解释也不尽如人意:"曰:所谓不惑者,何也?曰:既立矣,加以十年玩索涵养之功,而知见明彻,无所滞碍也。盖于事物之理,几微之际,毫厘之辨,无不判然于胸中,若程子、张子、范、吕、谢氏之说,是也。但范氏引《孟子》不动心为比,似亦小差,盖曰不惑而后能不动心则可耳。"对"五十而知天命"的解释也存在着某些缺陷:"若张子所谓知天之命则过也。范氏学《易》之云,尤无所谓。"对"六十而耳顺"的解释亦是如此:"张子后说,所谓尽人物之性者,则恐其未安也。范氏所言疏略,无以知其意之所指,若曰耳之所闻,无不有以别其是非可否之理,则可;若曰凡耳所闻,更无奸声,则恐其言之过也。然诚有别其是非可否之理焉,则谓之无奸声亦可,但恐其或出于列御寇、庄周之谓,则不可耳。"对"从心所欲不逾矩"的解释也提出了批评:"范氏虽不以从心为绝句,然其音读,亦不免于误也。若其大义,则程子、张子固不害于得之。但张子兼不思不勉而言,不若程子之分之为当耳。其论不梦周公,迂回难通,殊不可晓。……范氏之说,殊无伦次,而养血气、一其德、致命遂志等语,尤不可晓,且与其下文所引舜、孔子事亦相反,不知其果何谓也?"① 正是由于存在上述不当之处,所以在《论语集注》中朱熹没有保留二家之说。

不过,批评归批评,朱熹的《论语》学思想受二者的影响还是蛮大的,尤其是范祖禹,朱熹除了直接引用其说之外,还在多处地方间接采用了范说。这主要表现在几个方面:一是在章句上,《子罕篇》最末两章原为一章,范祖禹和苏轼始分为两章,为朱熹采用。二是在训诂上,如《雍也篇》"子见南子"章,范氏依古训,训"矢"为"誓",为朱熹"遵用"。《述而篇》"子所雅言"章训"雅"为"正""常",亦为朱熹吸取。三是在考证上,如《先进篇》"颜渊死门人欲厚葬"章,范氏认为此处之"门人"是孔子而非颜渊门人,朱熹认为"近是"。四是在旨意上,这是范说影响朱熹最多的一点,在《集注》中不论直接征引,还是间接吸取,都主要是旨意的解释,不少属于义理的阐发。②

二是对不在理学之中的其他儒家学人的《论语》注释也予以引用。朱

---

① 朱杰人等编:《朱子全书》第六册,上海古籍出版社、安徽教育出版社2002年版,第641—643页。
② 参见粟品孝《朱熹与宋代蜀学》,高等教育出版社1998年版,第120页。

熹虽然整体上对理学之外的这些儒家学者的解释持否定态度，但对于其中合理的见解并非一概拒斥，在注解《论语》时，常常加以援引。据笔者统计，《论语集注》中共直接引用邢昺之说 1 条、苏轼之说 12 条、吴棫之说 12 条、洪适之说 8 条、晁说之之说 6 条、王雱之说 2 条，共计 41 条，约占总数的 7.7%，即属此类。

如对于苏轼之《论语说》，朱熹在《论语或问》《朱文公文集》和《论语集注》中多处提及，涉及除《先进》和《微子》两篇外的所有篇目，"在总共 499 章（节）中，共有 62 章（节）论及，占总数的 12%；其中绝大多数都是肯定、借鉴和吸取的内容，并有 12 章（节）所解为朱熹《集注》直接征引"①。这在《学而》"贫而无谄"章体现得最为明显。对于此章，苏轼解曰："磋者，切之至者也；磨者，琢之至者也。切之可矣，而复磋之，琢之可矣，而复磨之，君子之学也，欲其见可而不止也。往者，其已言者也；来者，其未言者也。子贡言'贫而无谄，富而无骄'，此之所谓可者。盖贫则防其谄也，富而防其骄也，纷纷乎自防之不给。孔子曰：'贫而乐，富而好礼。'夫贫而乐，虽欲谄不可得也；富而好礼，虽欲骄亦不可得也，岂不贤于彼二言哉！然亦未可以为至也。自是而上，见可而不止，则必有至焉者矣。子贡得是二言而识其所未言者，故孔子予之。"朱熹认为苏子之说"于文意最为得之"，并承认己说受其影响，"吾之说，诚不异于彼矣"，但在《集注》中朱子并没有直接引用苏说，其原因在于，朱子认为二说大旨不同："盖彼谓乐而好礼，未足为至，自是而不已，则是将有至焉者矣。而吾谓以贫富而为言，则至于乐与好礼而无以加矣。夫苏氏之意，岂以为将有忘乎贫富者，然后为至耶？此老、佛之余，而非孔子之意矣。故胡氏非之曰：'贫而乐，非颜子不能；富而好礼，非周公不能。夫子所以诱掖子贡者高矣，犹以为未至，则孰可以为至者耶？'其说当矣。"②虽然没有直接援引，但朱熹此章注解曾借鉴苏说当无疑。

又，朱熹对吴棫之说曾予以批评，谓"建安吴才老（才老是吴棫的字——笔者注）作《论语十说》，世以为定夫（定夫是游酢的字）作者，

---

① 粟品孝：《朱熹与宋代蜀学》，高等教育出版社 1998 年版，第 81 页。
② 朱杰人等编：《朱子全书》第六册，上海古籍出版社、安徽教育出版社 2002 年版，第 633—634 页。

非也。其功浅，其害亦浅。又为《论语考异》，其功渐深，而有深害矣。至为《语解》，即以己意测度圣人，谓圣人为多诈轻薄人矣！"① 但朱子亦肯定其有价值之处："近世考订训释之学，惟吴才老、洪庆善为善。"② 所以，《论语集注》中对其解说亦加引用。内容涉及《学而篇》"贤贤易色"章、《八佾篇》"夷狄之有君"章、《里仁篇》"人之过也，各归其党"章、《公冶长篇》"子谓子产"章、《述而篇》"陈司败问昭公知礼乎"章、《泰伯篇》"恭而无礼则劳"章、《子罕篇》"大宰问于子贡"章和"颜渊喟然叹曰"章、《先进篇》"柴也愚"章、《子路篇》"子路问政"章、《季氏篇》"邦君之妻"章、《子张篇》"大德不逾闲"章。

最后，对汉唐学人的注释也有选择地加以利用。在朱熹看来，汉魏儒者虽在治学方法上存有问题，"惟知章句训诂之为事，而不知复求圣人之意，以明夫性命道德之归"③，但他们在训诂方面取得的成果却相当丰厚，这些成果对于探求圣人之意具有重要的辅助作用。他说："汉魏诸儒正音读、通训诂、考制度、辨名物，其功博矣。学者苟不先涉其流，则亦何以用力于此？"④ 所以，在注解中，朱熹虽然直接引用汉魏古注不多，但他却间接引用了大量汉魏古注，并在某些地方作了发挥。

朱熹对《论语》字词的解诂，有许多渊自何晏《论语集解》和陆德明《论语音义》辑录的汉魏古注。关于朱注承袭《论语集解》的问题，清儒陈澧曾有过论述。他说："朱子《集注》，多本于何氏《集解》，然不称'某氏曰'者，多所删改故也。"并举例云："'由也果'，包曰：'果，谓果敢决断''赐也达'，孔曰：'达，谓通于物理''求也艺'，孔曰：'艺，谓多才艺。'朱《注》云：'果，有决断。达，通事理。艺，多才能。''克、伐、怨、欲'，马曰：克，好胜人。伐，自伐其功；怨，忌小怨；欲，贪欲也。《朱注》云：'克，好胜。伐，自矜。怨，怨恨。欲，贪欲。'如此之类，皆本于《集解》而整齐之。"⑤

关于承袭陆德明《论语音义》的问题，有人做过专门研究，认为朱子

---

① 黎靖德编：《朱子语类》，中华书局1994年版，第443页。
② 同上书，第3279页。
③ 朱杰人等编：《朱子全书》第二十四册，上海古籍出版社、安徽教育出版社2002年版，第3640页。
④ 同上书，第3631页。
⑤ 陈澧：《东塾读书记》卷二，中华书局2012年版，第31页。

《论语集注》对陆氏《论语音义》的承袭主要表现在释音和释义两个方面。就释音而言，如《学而篇》"不亦说乎"，《论语音义》云："亦说：音'悦'，《注》同。"《论语集注》云："'说'、'悦'同。"同篇"人不知而不愠"，《论语音义》云："不愠：纡问反，怒也。"《论语集注》云："愠，纡问反。"同篇"吾日三省吾身"，《论语音义》云："省：悉井反，视也。"《论语集注》云："省，悉井反。"三处释音全部袭用陆氏之说，而这仅仅是《学而篇》的例子，它篇还有很多，兹不赘述。就释义而言，如《公冶长篇》"山节藻棁"下，《论语音义》云："藻：音早，水草有文者也；棁：本又作'掇'，……梁上短柱也。"《论语集注》云："藻，水草名。棁，梁上短柱也。"其中"藻""棁"两字之义本诸陆氏而来。又《雍也篇》"子曰：'与之釜。'请益。曰：'与之庾。'冉子与之粟五秉"句，《论语音义》云："釜：音父，六升四斗也；庾：十六斗；秉：音丙，十六斛也。"《论语集注》注云："釜，六升四斗。庾，十六斗。秉，十六斛。"三个数量词的意思本诸《论语音义》而来。可见，无论是释音，还是释义，朱熹《论语集注》取诸陆德明《论语音义》之处所在多有。①

当然，对于何晏《论语集解》和陆德明《论语音义》辑录的汉魏古注，朱熹亦非一味尊奉，而是有承袭有改造。有的地方在袭用的基础上做了增加，如《卫灵公篇》"子张书诸绅"句，《论语集解》引孔安国曰："绅，大带也。"②《论语集注》则曰："绅，大带之垂者。书之，欲其不忘也。"③ 二者相较，朱注详于孔注，不但使注义更加周密，而且使读者知晓了"绅"之作用。有的地方则在袭用的基础上进行了发挥，超越了前人。如《学而篇》"巧言令色，鲜矣仁"章，《论语集解》引包氏云："巧言，好其言语。令色，善其颜色。皆欲令人说之，少能有仁也。"④ 朱熹在《论语集注》中利用古注对其中的个别字词予以了解读，并做了适当的发挥。他说："巧，好。令，善。好其言，善其色，致饰于外，务以悦人，则人欲肆而本心之德亡矣。圣人辞不迫切，专言鲜，则绝无可知，学者所当深

---

① 参见邱德修《朱子〈论语集注〉初探》，http://www.hfu.edu.tw/~ph/lbc/BC/4TH/BC0412.HTM。

② 何晏：《论语集解》，《儒藏·精华编·四书类论语属》，北京大学出版社2005年版，第60页。

③ 朱熹：《四书章句集注》，中华书局1983年版，第162页。

④ 何晏：《论语集解》，《儒藏·精华编·四书类论语属》，北京大学出版社2005年版，第1页。

戒也。"① 两相比较，可见朱注在承袭包注的基础上，又对该章的意思做了扼要的阐释，比包注更有助于读者清楚的了解经文的含义。

有的地方则对古注予以了更换，如《乡党篇》"朝，与下大夫言，侃侃如也；与上大夫言，訚訚如也"下，《论语集解》引孔安国注曰："侃侃，和乐之貌也。訚訚，中正之貌也。"②《论语集注》注云："此君未视朝时也。《王制》，诸侯上大夫卿，下大夫五人。许氏《说文》：'侃侃，刚直也。訚訚，和悦而诤也。'"③ 对于"侃侃""訚訚"四字的解释，朱熹弃孔注而采取了许注，个中原因朱熹曾有过解释。《朱子语类》卷三十八载：

> 问："先生解'侃侃、訚訚'四字，不与古注同。古注以侃侃为和乐，訚訚为中正。"曰："'衎'字乃训和乐，与此'侃'字不同。《说文》以侃为刚直。《后汉书》中亦云'侃然正色'。訚訚是'和说而诤'，此意思甚好。和说则不失事上之恭，诤则又不失自家义理之正。"④
>
> 亚夫问"朝，与下大夫言，侃侃如也；与上大夫言，訚訚如也"。曰："侃侃，是刚直貌。以其位不甚尊，故吾之言可得而直遂。至于上大夫之前，则虽有所诤，必须有含蓄不尽底意思，不如侃侃之发露得尽也。'闵子侍侧'一章，义亦如此。"
>
> 问："《注》云：'侃侃，刚直。''訚訚'，是'和悦而诤'，不知诤意思如何？"曰："说道和悦，终不成一向放倒了。到合辨别处，也须辨别，始得。内不失其事上之礼，而外不至于屈从。如古人用这般字，不是只说字义，须是想像这般意思是如此。如'恂恂'，皆是有此意思，方下此字。如《史记》云：'鲁道之衰，洙泗之间龂龂如也。'（'龂'、'訚'字同。）这正见'和悦而诤'底意思。当道化盛时，斑白者不提挈，不负戴于道路，少壮者代其事。至周衰，少壮者尚欲执其任，而老者自不肯安，争欲自提挈，自负戴，此正是'和悦

---

① 朱熹：《四书章句集注》，中华书局 1983 年版，第 48 页。
② 何晏：《论语集解》，《儒藏·精华编·四书类论语属》，北京大学出版社 2005 年版，第 36 页。
③ 朱熹：《四书章句集注》，中华书局 1983 年版，第 117 页。
④ 黎靖德编：《朱子语类》，中华书局 1994 年版，第 998 页。

而诤'。"①

可见，朱熹训解字词真是殚精竭虑，一字一词之训释，皆经过深思熟虑，他曾说："某释经，每下一字，直是称等轻重方敢写出。"② 读罢上述文字，可知绝非虚言。

二 兼用多种诠释方法

朱熹毕生研治四书，从事对《论语》等儒家经典的诠释，在这个过程中，提出了别具特色的经典诠释方法，这主要包括训诂与义理相结合法、跨文本诠释法、融贯性诠释法等。

第一，训诂与义理结合法。朱熹的《论语》学不仅继承了二程的重义理传统，而且也承袭了汉儒的章句训诂传统。在诠释过程中，朱熹有机的将二者融为一体，从而拓展了其治学方法的兼容性。

对于汉唐诸儒只重训诂而不及义理的治学方法，朱熹提出了批评，他说："圣人教人，只是个《论语》，汉魏诸儒只是训诂。《论语》须是玩味。"③ 指出须探求《论语》中的义理。与此同时，他对不事章句训诂、坐谈空妙的宋儒也颇为不满。在他看来，训诂是探求义理的前提与基础："学者观书，先须读得正文，记得注解，成诵精熟。注中训释文意、事物、名义，发明经指，相穿纽处，一一认得，如自己做出来底一般，方能玩味反复，向上有透处。若不如此，只是虚设议论，如举业一般，非为己之学也。"④在这里，朱熹实际上已透露出他的解经原则，即重视义理阐发而不废章句训诂，首先通过解释经文字词之义，以达到通经之目的，然后在此基础上达到对经文义理的理解和把握，也就是"通经以求理"。在他看来，训诂是为了通经，通经是为了得理，最终以得理为目的。他说："经之有解，所以通经。经既通，自无事于解，借经以通乎理耳。理得，则无俟乎经。"⑤ 强调治经之目的在于"借经以通乎理"。这样，朱熹便将章句训诂

---

① 黎靖德编：《朱子语类》，中华书局1994年版，第999页。
② 朱杰人等编：《朱子全书》第十七册，上海古籍出版社、安徽教育出版社2002年版，第3446页。
③ 朱杰人等编：《朱子全书》第十四册，上海古籍出版社、安徽教育出版社2002年版，第652页。
④ 同上书，第349页。
⑤ 同上书，第350页。

与义理探求有机地结合了起来,使章句之学与义理之学相得益彰。这也成为朱熹《论语》注本不同于同时代其他《论语》学著作的一个重要特点。

基于上述解经原则,朱熹在对《论语》予以释读的过程中,注意对原文字词的疏通工作,他说:"某所集注《论语》,至于训诂皆子细者,盖要人字字与某着意看,字字思索到,莫要只作等闲看过了。"① 力求在释读字词的基础之上阐发义理。认为解经要"先释字义,次释文义,然后推本而索言之"②。如在诠释《先进篇》"子路、曾皙、冉有、公西华侍坐"章曾点言志句时,朱熹说:

> 铿,苦耕反。舍,上声。撰,士免反。莫、冠,并去声。沂,鱼依反。雩音于。四子侍坐,以齿为序,则点当次对。以方鼓瑟,故孔子先问求、赤而后及点也。希,间歇也。作,起也。撰,具也。春服,单袷之衣。浴,盥濯也,今上巳祓除是也。沂,水名,在鲁城南,地志以为有温泉焉,理或然也。风,乘凉也。舞雩,祭天祷雨之处,有坛墠树木也。咏,歌也。曾点之学,盖有以见夫人欲尽处,天理流行,随处充满,无少欠阙。故其动静之际,从容如此。而其言志,则又不过即其所居之位,乐其日用之常,初无舍己为人之意。而其胸次悠然,直与天地万物上下同流,各得其所之妙,隐然自见于言外。视三子之规规于事为之末者,其气象不侔矣,故夫子叹息而深许之。而门人记其本末独加详焉,盖亦有以识此矣。③

在这里,朱熹首先正音读,采用反切法、直音法和标声法对"铿""舍""撰""莫""冠""沂""雩"予以了解读;然后又通训诂,对"希""作""撰""春服""浴""沂""风""舞雩""咏"进行了解释;而后用"人欲""天理"等理学家们"发明"的话语阐发原文之义,使得这段文字意义显豁,义理通观。但这种阐发生成的思想观点已远远超出原典本身的思想意义,其注解成了表达他自己思想的物质外壳。

---

① 朱杰人等编:《朱子全书》第十四册,上海古籍出版社、安徽教育出版社2002年版,第349页。
② 朱杰人等编:《朱子全书》第二十一册,上海古籍出版社、安徽教育出版社2002年版,第1352页。
③ 朱熹:《四书章句集注》,中华书局1983年版,第130页。

第二，跨文本诠释法。所谓"跨文本诠释法"，也就是"以经解经"，是指以一部经典的观念、概念、命题、理论等去解释另一部经典。① 朱熹在注疏《论语》时，为了打通"四书"，构建一以贯之的理学经典体系，大量借用了《大学》《中庸》《孟子》等儒家典籍的思想，从孔子的言行中引申出了许多有关性（包括心、情等）、天道（包括天命、天理、太极等）以及格物穷理等思想，从而建构了一种理学化的圣人之道。②

如《公冶长》篇目下，朱熹注曰："此篇皆论古今人物贤否得失，盖格物穷理之一端也。"③ 其中"格物"语出《大学》："物格而后知至。""致知在格物。"《子张篇》"子夏之门人小子，当洒扫、应对、进退，则可矣。抑末也，本之则无。如之何"章，朱熹注曰："子游讥子夏弟子，于威仪容节之间则可矣。然此小学之末耳，推其本，如《大学》正心诚意之事，则无有。"④ 其中"正心诚意"出自《大学》："欲正其心者，先诚其意。"这两处显然是借用了《大学》的思想来解读《论语》。

又，《学而篇》"学而时习之"章，朱子注曰："学之为言效也。人性皆善，而觉有先后，后觉者必效先觉之所为，乃可以明善而复其初也。"⑤ 文中的"人性皆善"显然是孟子"性善论"的翻版，而"觉有先后，后觉者必效先觉之所为"显然是借用并改造了《孟子·万章下》中"天之生民也，使先知觉后知，使先觉觉后觉"的说法。这样一来，朱熹就将"学"与人性、与明善、与复性联系起来，从原文中引申出了学习与道德教育的关系问题。

另据《里仁篇》记载，子曰："参乎！吾道一以贯之。"曾子曰："唯。"子出。门人问曰："何谓也？"曾子曰："夫子之道，忠恕而已矣。"这里，曾子所言孔子之道是指如何处理人际关系的人道，但朱熹却从中生发出了"天道"，他注解说："圣人之心，浑然一理，而泛应曲当，用各不同。曾子于其用处，盖已随事精察而力行之，但未至其体之一尔。夫子知其真积力久，将有所得，是以呼而告之。曾子果能默契其指，即应之速而

---

① 刘笑敢：《从注释到创构：两种定向 两个标准——以朱熹〈论语集注〉为例》，《南京大学学报》2007年第2期。
② 参见朱汉民、张国骥《两宋的〈论语〉诠释与儒学重建》，《中国哲学史》2008年第4期。
③ 朱熹：《四书章句集注》，中华书局1983年版，第75页。
④ 同上书，第190页。
⑤ 同上书，第47页。

无疑也。……夫子之一理浑然而泛应曲当，譬则天地之至诚无息，而万物各得其所也。自此之外，固无余法，而亦无待于推矣。曾子有见于此而难言之，故借学者尽己、推己之目以著明之，欲人之易晓也。盖至诚无息者，道之体也，万殊之所以一本也；万物各得其所者，道之用也，一本之所以万殊也。以此观之，一以贯之之实可见矣。"① 在诠释孔子"一以贯之"的人道时，朱熹"汲取了《中庸》《孟子》以'诚'综合人道与天道的思想，从人道中推演到'天地之至诚无息，而万物各得其所'的天道。特别是他借用'一本万殊'的宇宙哲学来论证道之体用以及天道与人道的关系。这些均是《论语》中没有的思想，而是朱子综合了《中庸》《孟子》在内的各种思想而诠释《论语》的结果"②。

通过这种自觉地跨文本诠释，朱熹一方面赋予《论语》思想以更明确、更严密的思想系统③，另一方面结束了魏晋以降以《老子》《庄子》解释《论语》的学术风尚，从而回归到儒学体系，并因此导致了一个新的儒家经典体系的建立。这种重构儒家新经典体系的结果，就使得朱熹的《论语》学不仅在学术形态方面发生了重大变化，而且导致其思想内容的深刻变化。④

第三，融贯性诠释法。所谓融贯性诠释就是指在多种借用文本和对象文本的差异性之中制造出一种统一性，贯穿于诠释作品之中。⑤ 在《论语集注》中，朱熹不仅将理、天理、气、性等理学特有的观念注入到对经文的解释中，而且表面上给人一种注释与其思想相互融通的感觉。这是朱熹创建经典体系的一个重要步骤。

仅以理和天理为例，《论语》中原没有这两个语词，但朱子的《论语集注》在解释中却用了28次"天理"、164次"理"，构成了自身融贯一体的新架构。⑥

---

① 朱熹：《四书章句集注》，中华书局1983年版，第72页。
② 朱汉民、张国骥：《两宋的〈论语〉诠释与儒学重建》，《中国哲学史》2008年第4期。
③ 参见刘笑敢《从注释到创构：两种定向 两个标准——以朱熹〈论语集注〉为例》，《南京大学学报》2007年第2期。
④ 参见朱汉民、张国骥《两宋的〈论语〉诠释与儒学重建》，《中国哲学史》2008年第4期。
⑤ 参见刘笑敢《从注释到创构：两种定向 两个标准——以朱熹〈论语集注〉为例》，《南京大学学报》2007年第2期。
⑥ 同上。

如《公冶长篇》"令尹子文三仕为令尹"章，朱注云："其所以三仕三已而告新令尹者，未知其皆出于天理而无人欲之私也，是以夫子但许其忠，而未许其仁也。"① 朱子将天理人欲之说引入注释之中。

《雍也篇》最后一章有"夫仁者，己欲立而立人，己欲达而达人。能近取譬，可谓仁之方也已"句，朱子注云："以己及人，仁者之心也。于此观之，可以见天理之周流而无间矣。状人之体，莫切于此。……近取诸身，以己所欲譬之他人，知其所欲亦犹是也。然后推其所欲以及于人，则恕之事而仁之术也。于此勉焉，则有以胜其人欲之私，而全其天理之公矣。"② 朱注将道德层面的仁与形而上层面的天理搭挂起来，并引入了天理与人欲。

又，《八佾篇》"王孙贾问曰"章有"不然，获罪于天，无所祷也"句，朱注云："天，即理也；其尊无对，非奥灶之可比也。逆理，则获罪于天矣，岂媚于奥灶所能祷而免乎？言但当顺理，非特不当媚灶，亦不可媚于奥也。谢氏曰：'圣人之言，逊而不迫。使王孙贾而知此意，不为无益；使其不知，亦非所以取祸。'"③ 这里，朱熹将"天"直接解释为理。

《公冶长篇》"子使漆雕开仕。对曰：'吾斯之未能信。'子说"章，朱注云："斯，指此理而言。信，谓真知其如此，而无毫发之疑也。开自言未能如此，未可以治人，故夫子说其笃志。程子曰：'漆雕开已见大意，故夫子说之。'又曰：'古人见道分明，故其言如此。'谢氏曰：'开之学无可考。然圣人使之仕，必其材可以仕矣。至于心术之微，则一毫不自得，不害其为未信。此圣人所不能知，而开自知之。其材可以仕，而其器不安于小成，他日所就，其可量乎？夫子所以说之也。'"④ "斯"字显然指称的是从"仕"之事，朱子却故意将之误读为"理"，并引程子及其弟子之说进行补正，其良苦用心由此可见一斑。

朱子在诠释《论语》时，强行加入"理""天理""人欲"等概念，虽然可与当下结合，生发出新意，但也难免脱离原文之旨，导致原文与注文的抵牾。如对于上引"子使漆雕开仕"章朱注，钱穆先生就曾指出："此条斯字显指仕言，谓己于仕事胜任否未能自信也。而朱子以理字释之，

---

① 朱熹：《四书章句集注》，中华书局1983年版，第80页。
② 同上书，第92页。
③ 同上书，第65页。
④ 同上书，第76页。

谓其未能真知此理而无毫发之疑，则试问此理又何理乎？……细玩本章所引上蔡语，似主要尚不在见此理，而更要在信得及此心之所见，此显是禅味深厚，孔门当时决不有此等意态。"① 又对于"王孙贾问曰"章朱注，钱穆先生也曾指出："此注天即理也四字，清儒大肆诟病。若仅谓天尊无对，逆理则获罪于天矣，故但当顺理云云，此亦无何不可。今必谓天即理，则当云获罪于天即是逆理，或逆理即是获罪于天，然朱子亦似心知其不安，乃改下一则字，曰：逆理则获罪于天矣，则仍见天之不即是理。《论语》他节天字，朱子亦不一一以理字作注。又如《孟子》'天之降才尔殊'，岂能云'理之降才尔殊'乎？《中庸》'天命之谓性'，又岂能云'理命之谓性'乎？然此处朱子终下此一注曰'天即理'也，此非朱子之轻率处，而实是朱子之郑重处。此等乃程朱、孔孟思想绝大歧异所在，孰是孰非，非训诂考据之所能定也。"② 朱熹明知这样做有违经文原意，但仍极力弥合，究其原因就在于他力图将自己建构的理学体系贯穿到《论语集注》中，并进而打通四书，将先秦儒家经典转化为适合时代需要的融贯性的儒学经典。③

第四节 《论语》诠释与理学体系的建构

通过对《论语》的创造性诠释，朱熹建构了包括本体论、心性论和工夫论思想在内的宏大精致的理学体系。

一 建构理本论

在传统儒家那里，"天"是至高无上的、唯一的和无所不包的。朱子在解读《论语》的过程中，通过以"理"解"天"的方式确立了"理"的地位。"通过这种方式，一方面使传统的'天'范畴被纳入了理学轨道，而另一方面，也是更为重要的，通过这种解说，'理'也成为与'天'处于同一层次、可以彼此置换的范畴，具有了与'天'同等的地位，'天

---

① 钱穆：《孔子与论语》，台北：联经出版事业有限公司1991年版，第153—154页。
② 同上书，第139—140页。
③ 参见刘笑敢《从注释到创构：两种定向 两个标准——以朱熹〈论语集注〉为例》，《南京大学学报》2007年第2期。

理'范畴亦由此确立。"① 如在解释《八佾篇》"获罪于天，无所祷也"句时，"天"就被直接解释为"理"，朱注云："天，即理也；其尊无对，非奥灶之可比也。逆理，则获罪于天矣。"② 朱熹通过重新解读，确立了"理"的尊贵无比、不容违逆的地位。他还把"天道""天理"搭挂起来，说"天道者，天理自然之本体，其实一理也"③，认为二者内涵相当，同属本体范畴，亦即是理。其中"天道"是《论语》原有的经文，而天理则是程朱理学的最基本范畴，他将天理与天道相通为一，赋予了天道理学本体论的时代精神。

在《朱子语类》卷第二十五《论语七》中，朱熹对此予以了进一步的阐释："周问：'"获罪于天"，《集注》曰："天即理也。"此指获罪于苍苍之天耶，抑得罪于此理也？'曰：'天之所以为天者，理而已。天非有此道理，不能为天，故苍苍者即此道理之天，故曰："其体即谓之天，其主宰即谓之帝。"如"父子有亲，君臣有义"，虽是理如此，亦须是上面有个道理教如此始得。'"④ 如此一来，理便演变成了现实世界中有形迹可寻的自然之天存在的本质属性，成了万事万物之所以能够存在的根据。"理"也因此成为朱子思想体系的最高本体范畴。

在朱熹看来，天理流行，无时不在，无处不在。这在《论语》诠释中也有所体现。如《先进篇》最后一章有"吾与点也"句，程子解曰："孔子与点，盖与圣人之志同。"⑤ 在《朱子语类》卷第四十《论语二十二》中，朱熹对程子的解释予以了引申和发挥。他说：

> "孔子与点，与圣人之志同"者，盖都是自然底道理。安老、怀少、信朋友，自是天理流行。天理流行，触处皆是。暑往寒来，川流山峙，"父子有亲，君臣有义"之类，无非这理。如"学而时习之"，亦是穷此理；"孝弟仁之本"，亦是实此理。所以贵乎格物者，是物物上皆有此理。此圣人事，点见得到。盖事事物物，莫非天理，初岂是安排得来！安排时，便凑合不著。这处更有甚私意来？自是著不得私

---

① 朱汉民、肖永明：《宋代〈四书〉学与理学》，中华书局2009年版，第361页。
② 朱熹：《四书章句集注》，中华书局1983年版，第65页。
③ 同上书，第79页。
④ 黎靖德编：《朱子语类》，中华书局1994年版，第621页。
⑤ 朱熹：《四书章句集注》，中华书局1983年版，第131页。

意。圣人见得，只当闲事，曾点把作一件大事来说。他见得这天理随处发见，处处皆是天理，所以如此乐。①

另据《朱子语类》卷第四十一《论语二十三》记载，朱子在回答弟子所问"为国以礼"之"礼"与"克己复礼"之"礼"的异同时说：

> 礼是那天地自然之理。理会得时，繁文末节皆在其中。"礼仪三百，威仪三千"，却只是这个道理。千条万绪，贯通来只是一个道理。夫子所以说"我道一以贯之"，曾子曰"忠恕而已矣"，是也。盖为道理出来处，只是一源。散见事物，都是一个物事做出底。一草一木，与他夏葛冬裘，渴饮饥食，君臣父子，礼乐器数，都是天理流行，活泼泼地。那一件不是天理中出来！见得透彻后，都是天理。理会不得，则一事各自是一事，一物各自是一物，草木各自是草木，不干自己事。②

在这两段解说中，天理存在的普遍性被形象地描绘了出来。

朱熹在诠释《论语》时还试图通过阐述理一分殊思想来充实、完善其本体论体系。理一分殊最早是由程颐提出来的一个哲学范畴，后为朱子接受并加以发挥，遂成为理学的重要范畴。其含义是总合天地万物的理，只是一个理，分开来，每个事物都各自有一个理。然千差万殊的事物都是那个理一的体现。朱子在《论语》诠释中阐发了其理一分殊的思想。如《里仁篇》"吾道一以贯之"下，朱子注解说："圣人之心，浑然一理，而泛应曲当，用各不同。……夫子之一理浑然而泛应曲当，譬则天地之至诚无息，而万物各得其所也。……至诚无息者，道之体也，万殊之所以一本也；万物各得其所者，道之用也，一本之所以万殊也。"③ 在这段文字中，朱子从体用关系的角度阐明了一本与万殊的关系，即天理与万物的关系。在《朱子语类》卷第二十七《论语九》中，朱子又对该章意旨作了进一步的发挥。或问"理一分殊"。朱子答曰："圣人未尝言理一，多只言分殊。

---

① 黎靖德编：《朱子语类》，中华书局1994年版，第1033页。
② 同上书，第1049页。
③ 朱熹：《四书章句集注》，中华书局1983年版，第72页。

盖能于分殊中事事物物，头头项项，理会得其当然。然后方知理本一贯。不知万殊各有一理，而徒言理一，不知理一在何处。圣人千言万语教人，学者终身从事，只是理会这个。要得事事物物，头头件件，各知其所当然，而得其所当然，只此便是理一矣。如颜子颖悟，'闻一知十'，固不甚费力。曾子之鲁，逐件逐事一一根究著落到底。孔子见他用功如此，故告以'吾道一以贯之'。若曾子元不曾理会得万殊之理，则所谓一贯者，贯个什么！盖曾子知万事各有一理，而未知万理本乎一理，故圣人指以语之。曾子是以言下有得，发出'忠恕'二字，太煞分明。且如'礼仪三百，威仪三千'，是许多事，要理会做甚么？如《曾子问》一篇问礼之曲折如此，便是理会得川流处，方见得敦化处耳。孔子于《乡党》，从容乎此者也；学者戒慎恐惧而慎独，所以存省乎此者也。格物者，穷究乎此者也；致知者，真知乎此者也。能如此著实用功，即如此著实到那田地，而理一之理，自森然其中，一一皆实，不虚头说矣。"① 他还说："所谓一贯者，会万殊于一贯。如曾子是于圣人一言一行上一一践履，都子细理会过了，不是默然而得之。观《曾子问》中问丧礼之变，曲折无不详尽，便可见曾子当时功夫是一一理会过来。圣人知曾子许多道理都理会得，便以一贯语之，教它知许多道理却只是一个道理。曾子到此，亦是它践履处都理会过了，一旦豁然知此是一个道理，遂应曰：'唯！'及至门人问之，便云：'忠恕而已矣。'忠是大本，恕是达道。忠者，一理也；恕便是条贯，万殊皆自此出来。虽万殊，却只一理，所谓贯也。"② 在这两段文字中，朱子从哲学和伦理的角度对理一分殊的思想予以了阐述，说明了作为世界本源的天理与其派生的宇宙万物的关系。

朱熹进而把"天理"降到人间，将形而上的"天理"与形而下的"礼"结合起来。在他看来，天理不仅是形而上的最高范畴，而且也是人的伦理，是社会的秩序，是封建的伦理道德，"礼者，天理之节文也"③。因此，在现实生活中，只有人人克己复礼，才能除去人欲，达至天理，成为符合统治者要求的仁人。《颜渊篇》"颜渊问仁"章，朱熹注曰："仁者，本心之全德。克，胜也。己，谓身之私欲也。复，反也。礼者，天理

---

① 黎靖德编：《朱子语类》，中华书局1994年版，第677—678页。
② 同上书，第679页。
③ 朱熹：《四书章句集注》，中华书局1983年版，第131页。

之节文也。为仁者,所以全其心之德也。盖心之全德,莫非天理,而亦不能不坏于人欲。故为仁者必有以胜私欲而复于礼,则事皆天理,而本心之德复全于我矣。归,犹与也。又言一日克己复礼,则天下之人皆与其仁,极言其效之甚速而至大也。又言为仁由己而非他人所能预,又见其机之在我而无难也。日日克之,不以为难,则私欲净尽,天理流行,而仁不可胜用矣。"① 日日克己,事事戒惧,私欲净尽,天理自然流行了。这就将儒家修养论与本体论挂上了钩,为封建伦理道德找到了形而上的依据。

同时,朱熹指出,礼虽源于理、体现理,但二者并不能相互替代。他说:"'克己复礼',不可将'理'字来训'礼'字。克去己私,固即能复天理。不成克己后,便都没事。惟是克去己私了,到这里恰好著精细底工夫,故必又复礼,方是仁。圣人却不只说克己为仁,须说'克己复礼为仁'。见得礼,便事事有个自然底规矩准则。"② 在朱熹看来,"理"之所以不能代替"礼",其原因就在于"说'复理''约理'就会脱离现实精细的践履工夫,会导致学者们学无持守。'复礼''约礼',才能在实践中认识到事事有个自然的规矩准则,才能依照确定的规范礼仪行事持守。"③ 有弟子问朱熹:"所以唤做礼,而不谓之理者,莫是礼便是实了,有准则,有著实处?"朱子回答说:"只说理,却空去了。这个礼,是那天理节文,教人有准则处。佛老只为元无这礼,克来克去,空了。"④ 仅仅从口头上说理而不复礼,就会缺少践履工夫,而践履恰是儒家的特色,是它与佛教、道家相区别的重要标志。他进而指出:"世间却有能克己而不能复礼者,佛老是也。佛老不可谓之有私欲。只是他元无这礼,克己私了,却空荡荡地。他是见得这理元不是当。克己了,无归著处。"⑤

二 建构心性论

朱熹在继承、改造和发展先贤心性之学的基础上,通过对《论语》的重新解读,提出了一系列独到的见解,建立起了自己的心性论思想体系。

在诠释《论语》的过程中,朱熹对性的本源问题予以了探讨。《公冶

---

① 朱熹:《四书章句集注》,中华书局1983年版,第131—132页。
② 黎靖德编:《朱子语类》,中华书局1994年版,第1045页。
③ 殷慧:《天理与人文的统一——朱熹论礼、理关系》《中国哲学史》2011年第4期。
④ 黎靖德编:《朱子语类》,中华书局1994年版,第1048页。
⑤ 同上。

长篇》"夫子之言性与天道，不可得而闻也"章下，朱子注曰："性者，人所受之天理；天道者，天理自然之本体，其实一理也。"① 在《朱子语类》卷二十八《论语十》中，他同意弟子对这段文字做的阐发："盖性者是人所受于天，有许多道理，为心之体者也。天道者，谓自然之本体所以流行而付与万物，人物得之以为性者也。"② 从而肯定了人物之性皆得自天理。在此基础上，朱熹进而将"性"提高到本体论的高度，提出了"性即理"的命题。《学而篇》"君子务本，本立而道生。孝弟也者，其为仁之本与"句下，朱熹注曰："仁者，爱之理，心之德也。"③ 在《朱子语类》卷第二十《论语二》中，他对自己的注释做了进一步的说明。有弟子问"爱之理，心之德"，朱熹答曰："理便是性。缘里面有这爱之理，所以发出来无不爱。程子曰：'心如谷种，其生之性，乃仁也。'生之性，便是'爱之理'也。"④ 通过上述论述，朱熹阐明了性与理的关系，解决了人性的本源问题，丰富和发展了儒家传统的人性论。

既然人皆禀理成性，那么人性理应是善的，但现实中为什么有的人性表现为恶呢？朱熹在继承二程、张载等气禀之说的基础上，对这一问题从理论上做出了说明。

在对《阳货篇》"性相近也，习相远也"的解释中，朱子说："此所谓性，兼气质而言者也。气质之性，固有美恶之不同矣。然以其初而言，则皆不甚相远也。但习于善则善，习于恶则恶，于是始相远耳。"⑤ 朱子认为，"性相近"是就气质之性而言的，通言善恶智愚之相近。至于本然之性是"天之所命，何尝有异？正缘气质不同，便有不相似处，故孔子谓之'相近'"⑥。这里，朱子以"本然"与"气质"来分判现实中具体人物之性的殊异。

在《论语》诠释中，朱熹多次谈及由于气禀不同而导致的诸方面的差异。如《卫灵公篇》"有教无类"章下，朱熹注曰："人性皆善，而其类有善恶之殊者，气习之染也。故君子有教，则人皆可以复于善，而不当复

---

① 朱熹：《四书章句集注》，中华书局1983年版，第79页。
② 黎靖德编：《朱子语类》，中华书局1994年版，第726页。
③ 朱熹：《四书章句集注》，中华书局1983年版，第48页。
④ 黎靖德编：《朱子语类》，中华书局1994年版，第469页。
⑤ 朱熹：《四书章句集注》，中华书局1983年版，第175—176页。
⑥ 黎靖德编：《朱子语类》，中华书局1994年版，第69页。

论其类之恶矣。"① 人性先天都是善的,后天之所以有善恶之别,皆因环境习染使然。《雍也篇》有"亡之,命矣夫"句,据《朱子语类》卷第四《性理一》记载,或问:"'亡之,命矣夫!'此'命'是天理本然之命否?"曰:"此只是气禀之命。富贵、死生、祸福、贵贱,皆禀之气而不可移易者。"祖道曰:"'不知命无以为君子'与'五十知天命',两'命'字如何?"曰:"'不知命'亦是气禀之命,'知天命'却是圣人知其性中四端之所自来。如人看水一般:常人但见为水流,圣人便知得水之发源处。"② 在朱子看来,人之富贵、死生、祸福、贵贱等命数之不同,都是由气禀所决定的。

又,《述而篇》"子温而厉,威而不猛,恭而安"章下,朱熹注曰:"人之德性本无不备,而气质所赋,鲜有不偏,惟圣人全体浑然,阴阳合德,故其中和之气见于容貌之间者如此。"③ 在《朱子语类》卷第四《性理一》中,朱熹作了进一步阐明:

> 履之说:"子温而厉,威而不猛,恭而安。"因问:"得清明之气为圣贤,昏浊之气为愚不肖;气之厚者为富贵,薄者为贫贱,此固然也。然圣人得天地清明中和之气,宜无所亏欠,而夫子反贫贱,何也?岂时运使然邪?抑其所禀亦有不足邪?"曰:"便是禀得来有不足。他那清明,也只管得做圣贤,却管不得那富贵。禀得那高底则贵,禀得厚底则富,禀得长底则寿,贫贱夭者反是。夫子虽得清明者以为圣人,然禀得那低底、薄底,所以贫贱。颜子又不如孔子,又禀得那短底,所以又夭。"④

朱熹指出,人之本性原无差别,但由于受所禀之气影响,遂产生了圣凡、贫富、贵贱、死生、祸福之别。以上这些论述,不仅肯定了天命之性的作用,而且"强调了气质的作用,对人的品性差别及恶之所从来的问题做出了回答"⑤。

---

① 朱熹:《四书章句集注》,中华书局1983年版,第168页。
② 黎靖德编:《朱子语类》,中华书局1994年版,第79页。
③ 朱熹:《四书章句集注》,中华书局1983年版,第102页。
④ 黎靖德编:《朱子语类》,中华书局1994年版,第79页。
⑤ 朱汉民、肖永明:《宋代〈四书〉学与理学》,中华书局2009年版,第370页。

在《论语》诠释中，朱熹还探析了性、情之间的关系。《学而篇》"君子务本，本立而道生。孝弟也者，其为仁之本与"句下，朱熹注曰："仁者，爱之理，心之德也。"① 在《朱子语类》卷第二十《论语二》中，朱子对这一解释作了进一步的发挥。他说："'仁者爱之理'，只是爱之道理，犹言生之性，爱则是理之见于用者也。盖仁，性也，性只是理而已。爱是情，情则发于用。性者指其未发，故曰'仁者爱之理'。情即已发，故曰'爱者仁之用'。"②在这里，朱熹以未发和已发对性情关系予以了说明，指出，未发为性，已发为情。与此相联系，朱子又提出了性体情用的主张。仁父问"仁者爱之理"，朱子答曰："这一句，只将心性情看，便分明。一身之中，浑然自有个主宰者，心也。有仁义礼智，则是性；发为恻隐、羞恶、辞逊、是非，则是情。恻隐，爱也，仁之端也。仁是体，爱是用。"③ 朱熹视仁义礼智为性，视恻隐、羞恶、辞逊、是非四端为情，认为性是情的内在依据，情为性的外在表现，二者之间是一种体用关系。

朱熹还在对《论语》思想资料的阐发过程中，通过"心兼性情"这一命题对心、性、情之间的关系进行了论述。在朱熹之前，虽然张载已经提出了"心统性情"说，但未及深论，朱子则对此予以了阐发。据《朱子语类》卷第二十《论语二》记载：

问："伊川曰：'仁是性也。'仁便是性否？"曰："'仁，性也。''仁，人心也。'皆如所谓'乾卦'相似。卦自有乾、坤之类，性与心便有仁义礼智，却不是把性与心便作仁看。性，其理；情，其用。心者，兼性情而言；兼性情而言者，包括乎性情也。孝弟者，性之用也。恻隐、羞恶、辞让、是非，皆情也。"④

可见，朱熹所说的"心兼性情"就是心兼有性情两个方面，也就是把性情都纳入心的兼容之中。这一命题体现了人的理智之心对人的本性及情感的把控，凸显了人的主观能动性，为个体加强道德修养提供了理论依据。

---

① 朱熹：《四书章句集注》，中华书局1983年版，第48页。
② 黎靖德编：《朱子语类》，中华书局1994年版，第464页。
③ 同上。
④ 同上书，第475页。

三 建构工夫论

在朱子看来，孔子终生致力于"内圣外王"的修己安人的实践活动，其所思所想、所作所为被弟子记录下来，形成了《论语》。通过创造性解读，《论语》中的这些东西可以转化为人伦日用的实践工夫。他说：

> 孔子之言，多且是泛说做工夫，如"居处恭，执事敬"，"言忠信，行笃敬"之类，未说此是要理会甚么物。待学者自做得工夫透彻，却就其中见得体段是如此。①

> 孔子教人"居处恭，执事敬，与人忠"等语，则就实行处做功夫。如此，则存心、养性自在。②

> 《论语》之书，无非操存、涵养之要；《七篇》之书，莫非体验、扩充之端。盖孔子大概使人优游餍饫，涵泳讽味；孟子大概是要人探索力讨，反己自求。故伊川曰："孔子句句是自然，孟子句句是事实。"亦此意也。如《论语》所言"居处恭，执事敬，与人忠"，"出门如见大宾，使民如承大祭"，"非礼勿视听言动"之类，皆是存养底意思。孟子言性善，存心，养性，孺子入井之心，四端之发，若火始然，泉始达之类，皆是要体认得这心性下落，扩而充之。于此等类语玩味，便自可见。③

这都体现了朱子诠释《论语》的工夫论特色。

在对《论语》诠释的过程中，朱子对"主敬"的修养工夫和境界予以了高度重视。他指出："'敬'字工夫，乃圣门第一义，彻头彻尾，不可顷刻间断。"④"'敬'之一字，真圣门之纲领，存养之要法。"⑤"敬"不仅是圣学之源，而且是修身工夫论的道统依据。"因叹'敬'字工夫之妙，圣学之所以成始成终者，皆由此，故曰：'修己以敬。'下面'安人'、'安百姓'，皆由于此。只缘子路问不置，故圣人复以此答之。要之，只是

---

① 黎靖德编：《朱子语类》，中华书局1994年版，第430页。
② 同上。
③ 同上书，第444—445页。
④ 同上书，第210页。
⑤ 同上。

个'修己以敬',则其事皆了。"① 这就是说,"敬"的工夫源于孔子的"修己以敬"②。

朱熹在为"敬"的工夫寻找历史渊源的同时,也在承袭二程学说的基础上对其予以了创造性的解释,赋予了"敬"新的内涵。

首先,朱熹在承继程颐"主一之谓敬"思想的基础上,提出了"主一无适之谓敬"的命题和敬为根本工夫的主张。程颐曾言:"所谓敬者,主一之谓敬。所谓一者,无适之谓一。"③ 朱熹合而言之,谓"敬"为"主一无适"。他在解释《学而篇》"道千乘之国,敬事而信,节用而爱人,使民以时"章中的"敬"字时写道:"敬者,主一无适之谓。敬事而信者,敬其事而信于民也。"就《论语》原文而言,孔子要求统治者在办理国家大事时要严谨认真,而朱子的注释,则着重强调"一心一意"。据《朱子语类》卷二十一《论语三》记载,有弟子问:"'敬事而信',疑此敬是小心畏谨之谓,非'主一无适'之谓。"朱子回答曰:"遇事临深履薄而为之,不敢轻,不敢慢,乃是'主一无适'。"④

在解释中,朱子还将"敬""信""节用而爱人,使民以时"做了主次区分,提出了以"敬"为本的思想。

> "敬事而信",是"节用爱人,使民以时"之本。敬又是信之本。⑤
>
> 问:"'道千乘之国',杨氏云:'未及为政也。'"曰:"然此亦是政事。如'敬事而信',便是敬那政事也。节用,有节用之政事;爱人,有爱人之政事;使民,有使民之政事。这一段,是那做底。子细思了,若无敬,看甚事做得成!不敬,则不信;不信,则不能'节用爱人';不'节用爱人',则不能'使民以时'矣。所以都在那敬事上。若不敬,则虽欲信不可得。如出一令,发一号,自家把不当事忘了,便是不信。然敬又须信,若徒能敬,而号令施于民者无信,则为徒敬矣。不信固不能节用,然徒信而不能节用,亦不济事。不节用固

---

① 黎靖德编:《朱子语类》,中华书局1994年版,第207页。
② 参见朱汉民、肖永明《宋代〈四书〉学与理学》,中华书局2009年版,第341页。
③ 程颢、程颐:《二程遗书》,上海古籍出版社2000年版,第216页。
④ 黎靖德编:《朱子语类》,中华书局1994年版,第494页。
⑤ 同上。

不能爱人,然徒能节用而不爱人,则此财为谁守邪!不爱人固不能'使民以时',然徒能爱人,而不能'使民以时',虽有爱人之心,而人不被其惠矣。要之,根本工夫都在'敬'字。若能敬,则下面许多事方照管得到。自古圣贤,自尧舜以来便说这个'敬'字。孔子曰:'修己以敬。'此是最要紧处!"①

子升问:"《集注》云:'五者相因,各有次序。'"曰:"圣人言语,不应胡乱说去。敬了,方会信;信了,方会节用;节用了,方会爱人;爱人了,方会'使民以时'。又敬了,须是信;信了,须是节用;节用了,须是爱人;爱人,须是'使民以时'。如后面'弟子入则孝,出则弟,谨而信'之类,皆似此有次第。"②

在朱子看来,敬为诸事之本,乃根本工夫,是自尧舜以来圣圣相传的"收拾得自家精神"③的真功夫。

其次,朱熹将"敬"解释为"畏"。他说:"敬只是一个'畏'字。"④"敬不是万事休置之谓,只是随事专一,谨畏,不放逸耳。"⑤"敬非是块然兀坐,耳无所闻,目无所见,心无所思,而后谓之敬。只是有所畏谨,不敢放纵,如此则身心收敛,如有所畏。常常如此,气象自别。"⑥ 这里,朱子将"敬"与"畏"联系起来,认为敬就是畏,其中含有虔诚的精神状态,如此一来,敬就被描绘成了一种超然的境界。

在朱子看来,人们只有时刻保持"敬畏"的心态,才能遏制人欲,才能存天理。他曾说:"敬则天理常明,自然人欲惩窒消治。"⑦ 因此"敬畏"是遏人欲、存天理,臻至"天人合一"的必不可少的心态。在《季氏篇》"君子有三畏"章中,他对"畏天命"做了这样的注释:"畏者,严惮之意也。天命者,天所赋之正理也。知其可畏,则其戒谨恐惧,自有不能已者。而付畀之重,可以不失矣。大人圣言,皆天命所当畏。知畏天

---

① 黎靖德编:《朱子语类》,中华书局1994年版,第495页。
② 同上书,第495—496页。
③ 同上书,第206页。
④ 同上书,第211页。
⑤ 同上。
⑥ 同上。
⑦ 同上书,第210页。

命，则不得不畏之矣。"① 畏天命是根本，是后两畏的基础。所以朱熹又说："'畏天命'三字好。是理会得道理，便谨去做，不敢违，便是畏之也。如非礼勿视听言动，与夫戒慎恐惧，皆所以畏天命也。"② "畏天命"就是一方面不违礼，视听言动皆依礼而行，另一方面内心应时刻处于一种警觉、警省的状态，始终目标纯一，不可有丝毫的懈怠与放松。"畏天命"的思想不仅体现了居敬功夫的核心宗旨，而且也体现了"敬畏"思想的最大特点。③

最后，朱熹主张"敬义夹持"，强调把内心工夫和对外实践结合起来。据《朱子语类》卷十二《学六》记载，问："敬何以用工？"曰："只是内无妄思，外无妄动。"④ 主内外双修。在朱熹看来，"若只守着主一之敬，遇事不济之以义，辨其是非，则不活。若熟后，敬便有义，义便有敬。静则察其敬与不敬，动则察其义与不义。如'出门如见大宾，使民如承大祭'，不敬时如何？'坐如尸，立如齐'，不敬时如何？须敬义夹持，循环无端，则内外透彻。"⑤ 以敬作为涵养的工夫，以义作为处事的准则，要做到主敬时有"义"，行"义"时有"敬"，此之谓"敬义夹持"，达到一定程度后，便成为有活力的活敬，静时则察其心是否敬，动时则察其行是否合"义"，如此则会内外一致，表里如一。

朱子在《论语》诠释中，对这一思想予以了充分的解读。如《八佾篇》"居上不宽"章有"为礼不敬"句，朱熹注："为礼以敬为本。"⑥ 在他看来，敬是为礼之本，"为礼紧要在敬"⑦，若不敬，"则纵其他有是处，皆不在论量之限"；若不敬，"其本既亡，则虽有条教法令之绝，威仪进退之节，……皆无足观者"⑧。敬为礼之本，通过敬可以观个人为礼的程度，如果在为礼时不敬，则其他无足观矣。在解释《颜渊篇》"仲弓问仁"章时，朱熹又进一步予以了阐发："敬以持己，恕以及物，则私意无所容而心德全矣。内外无怨，亦以其效言之，使以自考也。程子曰：'孔子言仁，

---

① 朱熹：《四书章句集注》，中华书局1983年版，第172页。
② 黎靖德编：《朱子语类》，中华书局1994年版，第1173页。
③ 参见金仁权、崔昌海《二程与朱熹的主敬思想》，《东疆学刊》2000年第1期。
④ 黎靖德编：《朱子语类》，中华书局1994年版，第211页。
⑤ 同上书，第216页。
⑥ 朱熹：《四书章句集注》，中华书局1983年版，第69页。
⑦ 黎靖德编：《朱子语类》，中华书局1994年版，第639页。
⑧ 同上书，第638页。

只说出门如见大宾,使民如承大祭。看其气象,便须心广体胖,动容周旋中礼。惟谨独,便是守之之法。'或问:'出门使民之时,如此可也;未出门使民之时,如之何?'曰:'此俨若思时也,有诸中而后见于外。观其出门使民之时,其敬如此,则前乎此者敬可知矣。非因出门使民,然后有此敬也。'愚按:克己复礼,乾道也;主敬行恕,坤道也。颜、冉之学,其高下浅深,于此可见。然学者诚能从事于敬恕之间而有得焉,亦将无己之可克矣。"① 苟其心能敬,则视、听、言、动自无不合于礼,而我心之仁亦自然呈露。出门如见大宾,使民如承大祭,是敬。人能践行一本于礼,对人自无不敬。心行相发,内外交融,亦一以贯之。

在《论语或问》中,朱子又对本章中的部分解释进行了说明:

或问"推己及物之谓恕"。曰:"'推己及物',便是'己所不欲,勿施于人',然工夫却在前面。'出门如见大宾,使民如承大祭',须是先主于敬,然后能行其恕。"或问:"未出门、使民之前,更有工夫否?"曰:"未出门、使民之时,只是如此。惟是到出门、使民时易得走失,故愈著用力也。"②

伯羽问:"持敬、克己,工夫相资相成否乎?"曰:"做处则一。但孔子告颜子、仲弓,随他气质地位而告之耳。若不敬,则此心散漫,何以能克己。若不克己,非礼而视听言动,安能为敬。"仲思问:"'敬则无己可克',如何?"曰:"郑子上以书问此。"因示郑书,曰:"说得也好。"(郑书云:"孔子惟颜子、仲弓,实告之以为仁之事,余皆因其人而进之。颜子地位高,担当得克己矣,故以此告之。仲弓未至此,姑告以操存之方,涵养之要。克己之功难为,而至仁也易;敬恕之功易操,而至仁也难。其成功则一。故程子云'敬则无己可克',是也。但学者为仁,如谢氏云'须于性偏处胜之',亦不可缓。特不能如颜子深于天理人欲之际,便可至仁耳。非只敬恕他不克己也。")又曰:"郑言学者克己处,亦好。大底告颜子底便体、用全似仲弓底。若后人看不透,便只到归里去,做仲弓底了,依旧用做颜子底。克己,乾道也;敬恕,坤道也。'忠信进德','修辞立诚',表里通彻,

---

① 朱熹:《四书章句集注》,中华书局1983年版,第133页。
② 黎靖德编:《朱子语类》,中华书局1994年版,第1071页。

无一毫之不实，何更用直内。坤卦且恁地守。颜子如将百万之兵，操纵在我，拱揖指挥如意。仲弓且守本分。敬之至，固无己可克；克己之至，亦不消言敬。'敬则无己可克'者，是无所不敬，故不用克己。此是大敬，如'圣敬日跻'，'于缉熙敬止'之'敬'也。"①

这就进一步阐明了持敬与克己的关系，指出"无己可克"乃是"大敬"。只有做到表里如一，敬义夹持，才能遏制人欲，才能为学，才能进而达到仁的境界。

朱熹不仅集宋学之大成，而且兼取汉、宋，融合义理之学与训诂之学，其《论语》诠释达到了当时《论语》学发展的高峰，对中国哲学和中国人的社会生活都产生了重要的影响。

第一，《论语集注》是《论语》学史上最有影响的一部著作。朱熹对《论语集注》煞费苦心，在文字训诂方面，他字斟句酌，反复修改，力求通达和洗练。在义理方面，很重视义理的阐发，成为义理解经的代表作。因此，《论语集注》既不像汉唐诸儒那样拘泥于章句训诂而"不敢轻有变焉"，"不能精思明辨以求真是"②，也不像一般宋儒那样"全不略说文义，便以己意立论"③，而是既注重训诂，又注重义理，从而融训诂与义理为一炉，将义理阐发建立在对经义的解释之上。当然，朱熹《论语集注》也并非完美无缺，诚如近人梁启雄所言："朱子殚毕生之心力于《集注》，书成而复屡经修改，至老不辍，直迄易箦之前数日犹有改削；论者谓其书精实切当，深得孔门之真旨，迥非汉魏六朝诸儒所能及；惟亦间有小节未尽契合经义者，此则或沿旧注之讹舛而未及正，或过于求深而反失其实，此正所谓'大醇小疵'未足为《集注》病也。"④ 由此遂使《论语集注》从众多《论语》注本中脱颖而出，成为继郑玄《论语注》、何晏《论语集解》、皇侃《论语义疏》、邢昺《论语注疏》之后《论语》学史的又一个标志性的注本。后世学者纷纷以之为本，或附和之，或发挥之，或补订之，形成

---

① 黎靖德编：《朱子语类》，中华书局1994年版，第1074—1075页。
② 朱杰人等编：《朱子全书》第二十三册，上海古籍出版社、安徽教育出版社2002年版，第3360页。
③ 朱杰人等编：《朱子全书》第二十一册，上海古籍出版社、安徽教育出版社2002年版，第1352页。
④ 梁启雄：《论语注疏汇考》，《燕京学报》第34期，1948年6月。

了羽翼《集注》的《论语》学著作群。南宋宁宗嘉定五年（1212），《论语集注》和《孟子集注》被列入官学，成为法定的教科书。理宗宝庆三年（1227），《四书集注》全部列入官学。元代以降，《四书集注》更成为传统社会的学官教科书和科举考试的标准答案，对中国封建社会后期思想乃至东南亚文化史上都产生了深远、巨大的影响。因而，可以说朱熹著包括《论语集注》在内的《四书章句集注》是继孔子删定《诗》《书》及纂修《春秋》，董仲舒倡"罢黜百家，独尊儒术"之后，中国经学发展史上的又一件具有历史性意义的重大事件。后人甚至将朱子《四书章句集注》与孔子删定"六经"相提并论，称："呜呼！微夫子《六经》，则五帝三王之道不作；微文公《四书》，则夫子之道不著，人心无所于主。"①"夫子之《六经》不得行于再世，而公之《四书》乃得彰于当代。"②《论语集注》也因此而成为《论语》学史上最有影响的一部著作。

第二，朱熹的《论语》诠释思想促进了中国经学和中国哲学的发展。在对《论语》思想资料的诠释过程中，朱子提出了较为丰富的诠释学理论。一方面，他成功运用了跨文本诠释法和融贯性诠释法等诠释方法，不仅借用《大学》《中庸》《孟子》等儒家经典和儒家学者的观点来重新解读《论语》，而且将理学特有的一些概念注入对《论语》等四本经典的诠释中，使其融为一体，共同为构建新的理学体系服务。另一方面，他借助《论语》诠释发挥儒家学说，论述了理、性、命、心等哲学范畴，并加以阐释发挥，建构了颇具时代特色的包括本体论、心性论和工夫论在内的较为系统、完整的理学思想体系。这些努力，不仅"建构了一种理学型的《论语》学，使《论语》学发展到一个新的高峰"③，而且也促进了中国哲学的发展，影响了社会生活的诸多方面，诚如朱汉民、肖永明两位先生所言，"理学理论体系的发展至此完全成熟，儒学在理论思维水平上也达到前所未有的高度。此后，随着理学权威的逐渐树立及其制度化，理学思想向后期中国封建社会的各个领域渗透，对人们的思想观念、价值取向乃至社会生活习俗各方面都产生了深刻影响，其余波至今未已。"④

---

① 黄宗羲、全祖望：《宋元学案·晦翁学案下》，中华书局1986年版，第1584页。
② 同上书，第1586页。
③ 朱汉民、张国骥：《两宋的〈论语〉诠释与儒学重建》，《中国哲学史》2008年第4期。
④ 朱汉民、肖永明：《宋代〈四书〉学与理学》，中华书局2009年版，第6页。

第九章

宗朱学派的《论语》诠释

朱子的《论语集注》问世以后，遂被其弟子及追随者奉为治学的圭臬，纷纷为其续作纂疏，印证发挥朱学思想，形成了羽翼朱学的《论语》诠释著作群。

第一节 "多所发明"的陈淳《论语》诠释

陈淳（1159—1223），字安卿，亦称北溪先生，南宋漳州龙溪（今福建龙海）人。一生以训蒙为业。著作有《北溪字义》《北溪大全集》等。他对《论语》的诠释散见于上述两部著作中，今籍以管窥之。

一 串讲注释

陈淳曾作《论语讲义》，依《论语》章句逐一讲解，可惜此书现已残缺，《北溪大全集》中唯有《学而篇》至《为政篇》"吾十有五而志于学"章，就是这些中还有部分文字遗失。从这些残存的讲义中，我们不难发现，陈淳诠释《论语》的一个特色就是将朱子《集注》中的注释予以串讲，融朱注于串讲之中。

如《学而篇》首章"学而时习之，不亦说乎"下，朱注曰："说、悦同。学之为言效也。人性皆善，而觉有先后，后觉者必效先觉之所为，乃可以明善而复其初也。习，鸟数飞也。学之不已，如鸟数飞也。说，喜意也。既学而又时时习之，则所学者熟，而中心喜说，其进自不能已矣。程子曰：'习，重习也。时复思绎，浃洽于中，则说也。'又曰：'学者，将以行之也。时习之，则所学者在我，故说。'谢氏曰：'时习者，无时而不习。坐如尸，坐时习也；立如齐，立时习也。'"在《论语讲义》中，陈淳对这段注释进行了疏解，他说："学之为言效也，未能肖圣人而效为圣人者也。盖天之生人，其性皆善，皆有圣人之质，惟其禀气感物之不齐，圣人所禀纯而清，又无物欲之汨，本然之善无所蔽，无所事学。自贤者而下，所禀不能以纯清，而有浊之参焉，物欲又从而汨之，本然之善不能无所蔽，必有待于学以明之。所谓学者，亦不过效圣人之所为，而去其气禀物欲之蔽，以明善而复其初尔，其纲条节目则具在圣人之训。习之为言有重温不已之义，在学者之效圣人，必即其所效条目重温之而不已焉，乃所谓习。时习者，无时而不习也。时时习之而无间断，则所学者熟，趣味源源而出，中心不期悦怿而进，进自不能止矣，此学之始也。"在陈淳看来，这是学习的开始阶段。所谓学就是学圣人之所为，内容是圣人之训，习就是按照圣人之训不间断地温习，从中获得乐趣，以至于不断进取。

"有朋自远方来，不亦乐乎"下，朱注曰："乐，音洛。朋，同类也。自远方来，则近者可知。程子曰：'以善及人，而信从者众，故可乐。'又曰：'说在心，乐主发散在外。'"在《论语讲义》中，陈淳疏曰："朋者，同为此学者也。自远方来者，以善及人而信从者众也。盖所学之善，乃人心之所同然，非一己之得私吾之得于己者。既足以及人，而人之同为是学者，又有以兴起其善，而信从之如此其众，则是率天下之人皆有以复其初，而均得此心之所同然。吾之志愿毕矣，安得不惬快于中而悠然适其乐哉？此学之中也。夫有朋之来，是道同志合者也。"在陈淳看来，这是学习的第二阶段。自己不断按照圣人之训去学善、行善，志同道合者便会慕名而来，能够影响众多人向善，岂不乐哉！

"人不知而不愠，不亦君子乎"下，朱注曰："愠，纡问反。愠，含怒意。君子，成德之名。尹氏曰：'学在己，知不知在人，何愠之有。'程子曰：'虽乐于及人，不见是而无闷，乃所谓君子。'愚谓及人而乐者顺而易，不知而不愠者逆而难，故惟成德者能之。然德之所以成，亦曰学之正、习之熟、说之深，而不已焉耳。程子曰：'乐由说而后得，非乐不足以语君子。'"① 在《论语讲义》中，陈淳疏曰："其不见知，则道不同者也。学本为己，非求人之知也。人知不知何与吾内，而何足以为喜愠？详味不愠之旨，见其胸中洒落明莹，岂复有纤毫物我之私介于其间哉？然朋

---

① 朱熹：《四书章句集注》，中华书局1983年版，第47页。

来而乐者,顺境也,易为力;人不知而不愠者,逆境也,难为功,非信之笃而养之厚、得之深而守之固,不足以与此,必惟成德君子能之,此学之终也。"在陈淳看来,这是学习的第三阶段。人不知而不愠,说明自己已经达到了"信之笃而养之厚、得之深而守之固"的程度,成了有德之君子。

陈淳最后总结说:"合三节而论,其中之乐,必由始之悦而后得;而非中之乐,亦不足以成其终之德。然始之所由,学者不正,则节节从而差,亦不能有时习之悦矣,亦无自而有朋来之乐矣,亦不复有以成其君子之德矣。惟始不迷其所从入,而终不失其所造极,乃所谓善学者也。"[1] 在这里,陈氏强调指出了第一阶段的重要性。如果最初的学习出现问题,就不能有后面的成功。

总之,陈氏在疏解时,结合朱注中的解释,将这段文字视为孔子在讲为学之道,三节文字叙述了学习的三个阶段。如此一来,它们便成为了一个有机的整体。

又,《学而篇》"道千乘之国:敬事而信,节用而爱人,使民以时"章,朱注曰:"道、乘,皆去声。道,治也。马氏云:'八百家出车一乘。'千乘,诸侯之国,其地可出兵车千乘者也。敬者,主一无适之谓。敬事而信者,敬其事而信于民也。时,谓农隙之时。言治国之要,在此五者,亦务本之意也。程子曰:'此言至浅,然当时诸侯果能此,亦足以治其国矣。圣人言虽至近,上下皆通。此三言者,若推其极,尧舜之治亦不过此。若常人之言近,则浅近而已矣。'杨氏曰:'上不敬则下慢,不信则下疑,下慢而疑,事不立矣。敬事而信,以身先之也。《易》曰:"节以制度,不伤财,不害民。"盖侈用则伤财,伤财必至于害民,故爱民必先于节用。然使之不以其时,则力本者不获自尽,虽有爱人之心,而人不被其泽矣。然此特论其所存而已,未及为政也。苟无是心,则虽有政,不行焉。'胡氏曰:'凡此数者,又皆以敬为主。'愚谓五者反复相因,各有次第,读者宜细推之。"[2]

陈氏在《论语讲义》中对此予以了串讲,他说:"此章最可玩圣人之言,小大浅深,纵横颠倒,无不混沦处。"在他看来,虽然"道"可解为

---

[1] 陈淳:《北溪大全集》卷十八,《四库全书》本,上海古籍出版社1987年版。
[2] 朱熹:《四书章句集注》,中华书局1983年版,第49页。

"治",但"道千乘之国"不能说成"治千乘之国",这是因为,"治,其事也;以政言道,其理也,以为政者之心"。接下去,他对"敬事""信""节用""爱人""使民以时"予以了解读,指出:"言其目五者,则皆其心之所存,而未及为政,乃所以为政之本也。敬事者,心存于事而不苟也。信者,令信于民而不数易也。节用者,俭而不妄费也。爱人者,惠而不伤也。使民以时者,于农隙而使之也。此五者,夫子为诸侯之国而言,至近而易行矣。然皆治道所当务,至确而不可易,至要而不容阙,推而极之,虽天下亦不外此,而尧舜之治亦不过此。"认为五者乃为政之本,可以用来治天下。在这五者之中,敬是最主要的,他说:"合五者而观,又皆以敬为主。盖敬者,主一无适之谓,乃心之生道,而万事之根本,所以成终而成始者也。为信而不敬,则出令必苟,而不能确定矣。节用而不敬,则所节必苟,而不有常度矣。爱人而不敬,则所爱必苟,而不免姑息矣。使民而不敬,则所使必苟,而不复计其劳逸矣。"敬源于心,而为万事之本。在此基础上,陈淳又对朱注所言"五者反复相因,各有次第"进行了推演,指出:"又自上顺而观,敬而后能信,不敬则事事皆苟,而不能以信矣。信而后能节用,不信,则有时乎节,有时乎不节矣。节用而后能爱人,不节用则必至于伤财而害民矣。爱人而后能使民以时,不爱人则轻用民力而不暇,惟其时矣。又自下溯而观,敬事者又不可以不信,不信则朝令夕改,亦无从而敬谨矣。为信者又不可以不节用,不节用则泛滥无度,亦不能以保其信矣。节用者又不可以不爱人,不爱人则视人之膏血如泥沙,亦不能以啬其用矣。爱人者又不可不使民以时,不以时则力本者不获自尽,虽有爱人之心,而人不被其泽矣。凡小用大用,浅用深用,横观竖观,颠倒而观,无所不通,而无所不圆。由圣人胞中浑沦太极之体,随所感触不觉,流而为此语,皆莫非自然而然,非有意于安排布置,此其所以为圣人之言欤。"[①] 认为圣人之言无论"横观""竖观",还是"颠倒而观",都是"无所不通","无所不圆"的。通过串讲,陈淳将本章视为治国理政之环环相扣的要道。

二 解疑释惑

在《北溪大全集》卷三十七、卷三十八和卷三十九《答陈伯澡问论

[①] 陈淳:《北溪大全集》卷十八,《四库全书》本,上海古籍出版社1987年版。

语》中，陈淳通过答问的形式对《集注》中的有关问题给予了解答，进一步加深了读者对朱注的理解。

解疑释惑主要围绕三个方面来展开：

第一，围绕《集注》所引他家之说展开。如有人问"游氏程子如礼乐何之说"，陈淳答曰："仁者此心，天理之全体也。程子正理之说，虽宽而实切，却见得仁与礼乐相关甚密处，然须更兼游氏人心之说乃圆，所以《集注》并言之也。"① 解释了《集注》并录二说的原因。

第二，就《集注》中的朱子自注展开。如《学而篇》首章"学而时习之"句，朱子自注有"人性皆善，而觉有先后，后觉者必效先觉之所为，乃可以明善而复其初也"句，陈淳指出："《集注》数语须当详玩。所谓明善而复其初者，其中极有含蓄，乃兼知行而言，非谓明善便是复其初也。学自是兼知行工夫，岂但明此善而已哉！"② 从知行的角度论学，深化了对"明善而复其初"的认知。"问'雍也仁而不佞'《集注》'仁道至大全体不息'段"，陈淳答曰："仁，惟此心纯是天理之公，而绝无一毫人欲之私以间之，乃可以当其名。《集注》所谓全体云者，非指仁之全体而言，乃所以全体之也，仲弓又不止日月至焉之地位。"③ 对朱注予以了进一步的说明。"问'克伐怨欲'章《集注》'拔去病根'意"，陈淳答曰："学者惟患不能自知己之病根所在耳，若果知，却合下便当下克己工夫，对境直截与之拔去，一举净尽，然后为快，岂有放缓第一著，且做第二著，且制之不行，待他时工夫稍熟后，乃渐进以拔之邪？若然，则恐病根转深，不可得而拔，胸中一起一伏，转为之扰，非所谓笃志求仁之道也。"④ 对朱子自注中的"拔去病根"进行了引申和发挥。"问'子张问政'章注"，陈淳答曰："凡文公之说，皆所以发明程子之说，或足其所未尽，或补其所未圆，或白其所未莹，或贯其所未一，其实不离乎程说之中，必如是，而后谓有功于程子，未可以优劣校之。"⑤ 揭示了朱子发明程子之说的具体做法。

第三，解释《集注》新旧说之不同。如有人问《泰伯篇》"所贵乎道

---

① 陈淳：《北溪大全集》卷三十七，《四库全书》本，上海古籍出版社1987年版。
② 同上。
③ 陈淳：《北溪大全集》卷三十八，《四库全书》本，上海古籍出版社1987年版。
④ 陈淳：《北溪大全集》卷三十九，《四库全书》本，上海古籍出版社1987年版。
⑤ 同上。

者三"句《集注》新旧说,陈淳答曰:"斯字,犹必字意。据曾子此章主意,不在斯字上,最重在贵字上,动容貌以能远暴慢为贵,正颜色以能近信为贵,出辞气以能远鄙倍为贵,其意止此而已。程子及门人发明究极三者之所以然,则有平时涵养之功,有临事持守之力。以平时涵养而言,则工夫在上三句之前,而下三句乃其效验处,斯字犹'绥之斯来'之斯,谓其必能如此也。以临事持守而言,则工夫在上三句之时,而归宿在下三句,斯字犹'闻斯行之'之斯,谓其必要如此也。是二义皆曾子意之所未及。《集注》旧本以为修身之验,非庄敬诚实涵养有素者不能,则申程门平时涵养之说也。改本以为修身之要,学者所当操存省察而不可有造次颠沛之违,则申程门临事持守之说也。今考之平时涵养之说,虽有根原,然却在三言之外起意,其工夫全在日前,而目下则疏阔,有任其自尔如前。所谓信脚动信口出之,不若改本工夫缜密亲切,既可以包平日涵养在内,又从目今临事以至于将死一息未绝之前,皆无有顷刻之违,其所谓操存则在上三句,所谓省察则在下三句,本末不偏,终始兼贯。其义为长,却皆在曾子三言之中起意,于曾子正意不相悖,所以《集注》如此改定,而程子、尹氏之发明有味,不可废,亦必系之于其后也。"① 在陈淳看来,改本立足曾子之言,做到了"本末不偏,终始兼贯",所以"其义为长"。

三 详论细说

在《北溪大全集》卷六、卷七、卷八的《问目》中,陈淳对《集注》中的有关注释进行了详尽的解说。如"详学道立权章集注"下,陈氏曰:"学道立权章,《集注》举杨氏曰:'信道笃,然后可与立。'且笃信是好学,前事既笃信,然后能好学也。今于此既学适道之后,却言信道笃,何也?恐信字彻首彻尾,不可分先后,如笃信而后好学者,方只信个大概;既学之后而又信道笃者,是真知而信之,所信意味自不同,其言各有主,而此章所引笃字,又应立字为切否。"② 解释了杨氏何以这样说的原因,便于读者理解。

又,《先进篇》有"吾与点也"句,朱子自注曰:"曾点之学,盖有以见夫人欲尽处,天理流行,随处充满,无少欠阙。故其动静之际,从容

---

① 陈淳:《北溪大全集》卷三十八,《四库全书》本,上海古籍出版社1987年版。
② 陈淳:《北溪大全集》卷六,《四库全书》本,上海古籍出版社1987年版。

如此。而其言志，则又不过即其所居之位，乐其日用之常，初无舍己为人之意。而其胸次悠然，直与天地万物上下同流，各得其所之妙，隐然自见于言外。视三子之规规于事为之末者，其气象不侔矣，故夫子叹息而深许之。而门人记其本末独加详焉，盖亦有以识此矣。"① 陈淳对这段文字专列"详集注与点说"，进行了详尽的疏解，他说：

> 天理自然流行圆转，日用万事无所不在。吾心见之明而养之熟，随其所处，从容洒落而无一毫外慕之私，然后有以契乎天理自然流行之妙，在在各足而无处不圆。尧舜之所以为尧舜者，不能加毫末于此矣。如尧自明德，亲族平章协和，以往小而析因夷隩之授其时，大而传贤以天与，无非浑然此理也。舜之饭糗茹草，若将终身焉，则此理行乎贫贱之中者也；及被袗、鼓琴、二女媒，若固有之，则此理行乎富贵之中者也。人悦富贵好色，无足以解忧，惟顺于父母可以解忧，则此理行乎事亲之中者也。象忧亦忧，象喜亦喜，则此理行乎兄弟之中者也。凡所谓五典，而天叙五礼，而天秩五服，而天命五刑，而天讨于天下事事物物，无一不从容乎天理之自然，而舜皆无纤毫容私焉。如孔子之志，老者安之，朋友信之，少者怀之，亦无非对时育物，使之各遂其天理，而无咈焉尔，与尧舜同一道也。若曾点之言志，盖有见乎此，故不必外求，而惟即吾身之所处，而行吾心之所乐，从容乎事物之中，而洒落乎事物之表，固非滞著以为卑，而亦非放旷以为高，固非窘迫而有所助，而亦非脱略而有所忘，此正有与物为春并育同乐之意，即尧舜之气象，而夫子之志也。推此以往，随其所应触处，洞然冰融冻释。小而洒扫进退、三千之仪，大而军国兵民、百万之务，何所而非此理，何所而非此乐哉？故尧舜事业于此可卜，其必优为之矣。若三子之事，亦莫非此理之所当为，但身未当其时，履其地而区区焉，以是横于心而不忘者，何哉？是则理在彼而不在此，在异日而不在今日，在吾身外而不在日用之见，定便觉出位越思，而有凝滞、倚著、窘迫、正助之病。较之于点，则点见事无非理，三子则事重而理晦。点于理密而圆，三子则阔而偏，不可与同日语矣。虽然点亦只是窥见圣人之大意如此而已，而固未能周晰乎体用

---

① 朱熹：《四书章句集注》，中华书局1983年版，第130页。

之全，如颜子卓尔之地；而其所以实践处，又无颜子缜密之功，故不免为狂士。是盖有上达之资，而下学之不足安其所已成，而不复有日新之意。若以漆雕开者比之，则开也正所以实致其下学之功，而进乎上达不可得而量矣。在学者，于点之趣味固不可不涵泳于中，然所以日致其力者，则不可以躐高而忽下，而当由下以达高，循开之所存，而体回之所事，开之志既笃，则点之地可造；回之功既竭，则点之所造又不足言矣。①

整段文字，以朱子之说为依据，极尽阐发之能事，几无所越。其中不仅探讨到了天理之体与自然万物、人伦日用之间的关系，也涉及了如何通过涵养本源以把握儒学的简约方法。

在《北溪字义》中，陈淳还对《论语》中涉及的有关概念进行了充分的解读，在解读时，一是完全按照《集注》的意思去疏解，如《述而篇》"志于道"下，对于"志"，朱子自注曰："志者，心之所之之谓。"陈淳在《北溪字义》中顺着朱注疏解曰："志者，心之所之，之犹向也，谓心之正面全向那里去。如志于道，是心全向于道；志于学，是心全向于学。一直去求讨要，必得这个物事，便是志。若中间有作辍或退转底意，便不谓之志。""志有趋向、期必之意。心趋向那里去，期料要怎地，决然必欲得之，便是志。人若不立志，只泛泛地同流合污，便做成甚人？须是立志，以圣贤自期，便能卓然挺出于流俗之中，不至随波逐流，为碌碌庸庸之辈。若甘心于自暴自弃，便是不能立志。"② 在朱注的基础上，对"志"做了进一步的引申和发挥。

一是"每拈一字，详论原委，旁引曲证，以畅其论"③。如《里仁篇》"忠恕而已矣"下，《集注》曰："尽己之谓忠，推己之谓恕。而已矣者，竭尽而无余之辞也。夫子之一理浑然而泛应曲当，譬则天地之至诚无息，而万物各得其所也。自此之外，固无余法，而亦无待于推矣。曾子有见于此而难言之，故借学者尽己、推己之目以著明之，欲人之易晓也。盖至诚无息者，道之体也，万殊之所以一本也；万物各得其所者，道之用也，一

---

① 陈淳：《北溪大全集》卷八，《四库全书》本，上海古籍出版社1987年版。
② 陈淳：《北溪字义》卷上，《四库全书》本，上海古籍出版社1987年版。
③ 永瑢等：《四库全书总目》，中华书局1965年版，第787页。

本之所以万殊也。以此观之，一以贯之之实可见矣。或曰：'中心为忠，如心为恕。'于义亦通。程子曰：'以己及物，仁也；推己及物，恕也，违道不远是也。忠恕一以贯之：忠者天道，恕者人道；忠者无妄，恕者所以行乎忠也；忠者体，恕者用，大本达道也。此与违道不远异者，动以天尔。'又曰：'"维天之命，于穆不已"，忠也；"乾道变化，各正性命"，恕也。'又曰：'圣人教人各因其才，吾道一以贯之，惟曾子为能达此，孔子所以告之也。曾子告门人曰："夫子之道，忠恕而已矣"，亦犹夫子之告曾子也。《中庸》所谓"忠恕违道不远"，斯乃下学上达之义。'"① 应该说，朱子这段对"忠恕"二字的解释既有自己的理解，也有引用程子的解释，算得上比较清楚明白了。但陈淳在《北溪字义》中，却在此基础上，又进行了更为详细的解释，他说：

> 忠信是以忠对信而论，忠恕又是以忠对恕而论。伊川谓："尽己之谓忠，推己之谓恕。"忠是就心说，是尽己之心无不真实者。恕是就待人接物处说，只是推己心之所真实者以及人物而已。字义中心为忠，是尽己之中心无不实，故为忠。如心为恕，是推己心以及人，要如己心之所欲者，便是恕。夫子谓："己所不欲，勿施于人。"只是就一边论。其实不止是勿施己所不欲者，凡己之所欲者，须要施于人方可。如己欲孝，人亦欲孝，己欲弟，人亦欲弟，必推己之所欲孝、欲弟者以及人，使人得以遂其欲孝欲弟之心；己欲立，人亦欲立，己欲达，人亦欲达，必欲推己之欲立、欲达者以及人，使人亦得以遂其欲立欲达之心，便是恕。只是己心底流去到那物而已。然恕道理甚大，在士人，只一门之内，应接无几，其所推者有限。就有位者而言，则所推者大，而所及者甚广。苟中天下而立，则所推者愈大。如吾欲以天下养其亲，却使天下之人父母冻饿，不得以遂其孝；吾欲长吾长、幼吾幼，却使天下之人兄弟妻子离散，不得以安其处；吾欲享四海之富，却使海内困穷无告者，不得以遂其生生之乐。如此便是全不推己，便是不恕。
>
> 大概忠恕只是一物，就中截作两片则为二物。上蔡谓："忠恕犹形影。"说得好。盖存诸中者既忠，则发出外来便是恕。应事接物处

---

① 朱熹：《四书章句集注》，中华书局1983年版，第72—73页。

不恕，则在我者必不十分真实。故发出忠底心，便是恕底事。做成恕底事，便是忠底心。

在圣人分上，则日用千条万绪，只是一个浑沦真实底流行去贯注他，更下不得一个推字。曾子谓："夫子之道忠恕。"只是借学者工夫上二字来形容圣人一贯之旨，使人易晓而已。如木根上一个生意是忠，则是这一个生意流行贯注于千枝万蕊底便是恕。若以忠恕并论，则只到那地头定处，枝成枝、蕊成蕊，便是恕。

大概忠恕本只是学者工夫事。程子谓："'维天之命，于穆不已'，忠也；'乾道变化，各正性命'，恕也。"天岂能尽己推己，此只是广就天地言，其理都一般耳。且如维天之命，元而亨，亨而利，利而贞，贞而复元，万古循环，无一息之停，只是一个真实无妄道理。而万物各具此以生，洪纤高下，各正其所赋受之性命，此是天之忠恕也。在圣人，也只是此心中一个浑沦大本流行泛应，而事事物物莫不各止其所当止之所，此是圣人之忠恕也。圣人之忠便是诚，更不待尽。圣人之恕便只是仁，更不待推。程子曰："以己及物，仁也；推己及物，恕也。"无他，以己者是自然，推己者是著力。

有天地之忠恕，至诚无息，而万物各得其所是也。有圣人之忠恕，吾道一以贯之是也。有学者之忠恕，己所不欲勿施于人是也。皆理一而分殊。

圣人本无私意，此心豁然大公，物来而顺应，何待于推？学者未免有私意锢于其中，视物未能无尔汝之间，须是用力推去，方能及到这物上。既推得去，则亦豁然大公矣。所以子贡问：一言而可以终身行之者，其恕乎？盖学者须是著力推己以及物，则私意无所容而仁可得矣。

忠是在己底，恕是在人底。单言恕，则忠在其中，如曰"推己之谓恕"、"己所不欲，勿施于人"，只"己"之一字，便含忠意了。己若无忠，则从何物推去？无忠而恕，便流为姑息，而非所谓由中及物者矣。《中庸》说"忠恕违道不远"，正是说学者之忠恕；曾子说"夫子之道忠恕"，乃是说圣人之忠恕。圣人忠恕是天道，学者忠恕是人道。

夫子语子贡之恕曰"己所不欲，勿施于人"，此即是《中庸》说"施诸己而不愿，亦勿施于人也"。异时，子贡又曰"我不欲人之加我也，吾亦欲无加诸人"，亦即是此意，似无异旨。而夫子乃以为"赐也，非尔所及"。至程子又有仁恕之辨，何也？盖是亦理一而分殊。曰"无加"云者，是以己自然及物之事。曰"勿施"云者，是用力推己及物之事。

自汉以来，恕字义甚不明，至有谓"善恕己量主"者。而我朝范忠宣公亦谓"以恕己之心恕人"，不知恕之一字就己上著不得。据他说，恕字只似个饶人底意，如此则是己有过且自恕己，人有过又并恕人，是相率为不肖之归，岂古人推己如心之义乎？故忠宣公谓"以责人之心责己"一句说得是，"以恕己之心恕人"一句说得不是。其所谓恕，恰似今人说"且恕""不轻恕"之意。字义不明，为害非轻。①

两相对照，我们不难看出，陈淳真可谓是"详论原委，旁引曲证"，不仅准确地解释了"忠恕"的内涵，而且厘清了二者之间的内在脉络；得出了"忠是就心说，是尽己之心无不真实者。恕是就待人接物处说，只是推己心之所真实者以及人物而已"，"发出忠底心，便是恕底事。做成恕底事，便是忠底心"，"忠是在己底，恕是在人底"，"圣人忠恕是天道，学者忠恕是人道"等结论，达到了从总体上把握义理的目的。如此一来，不但使人们对"忠恕"二字的意义有了全面的认识，而且进一步引申和阐发了朱子的思想。

由上可见，陈淳对《论语》的诠释一以朱子《集注》为本，不仅对其中涉及的重要范畴有释析，而且对其中的注释和存在疑惑的地方也加以疏释论述，借以羽翼并发挥朱熹《论语集注》的思想。其阐述朱学，可谓是不遗余力，诚为有功于朱学之人。

第二节 "有铨择刊润之功"的《论语集编》

真德秀（1178—1235），字景元，学者称西山先生，南宋建宁浦城（今属福建）人。历官太学博士、校书郎、秘书郎、起居舍人、右文殿修撰知泉州、礼部侍郎、户部尚书、资政殿学士等职。所著有《西山甲乙稿》《对越甲乙集》《经筵讲义》《四书集编》《文章正宗》《大学衍义》

---

① 陈淳：《北溪字义》卷上，《四库全书》本，上海古籍出版社1987年版。

等书。其中《四书集编》分《大学》一卷,《中庸》一卷,《论语》十卷,《孟子》十四卷。这二十六卷书稿并非全部由真德秀手定,他所亲定者唯《大学》《中庸》而已,其子真志道《学庸集编原序》称:"《大学》《中庸集编》,先公手所定也。公每晨起坐堂上,炷香开卷,必雠校一章,从而演说其义,子侄皆立侍焉。既终篇,呼志道而前,告之曰:'《大学》《中庸》之书,至于朱子而理尽明,至予所编而说始备。虽从《或问》《辑略》《语录》中出,然铨择刊润之功亦多。间或附以己见,学者倘能潜心焉,则有余师矣。'"① 而《论语》《孟子》二书,真德秀虽已点校,集编则未成。后刘承因德秀旧例,因之遗著补辑成书,始成完帙。刘才《四书集编原序》称:"近得西山所编《中庸》《大学》,本之朱子《集注》,附以诸儒问辨,间又断之以己意,荟萃详,采择精,诚后学所愿见者。已锓之梓,为衍其传。惟《论》《孟》二书阙焉。扣之庭闻,则云已经点校,但未编辑。是《论》《孟》固未尝无成书也。一旦论诸堂上,学正刘朴豁承谓《读书记》中所载《论》《孟》处,与今所刊《中庸》《大学》凡例同,其他如《文集》《衍义》等书亦有可采摭者。因勉其汇集成书,凡五阅月而帙就,又五阅月而刊毕。"② 是《论语》十卷、《孟子》十四卷,皆刘承以德秀遗书补辑成之者也。因此,我们可以说,虽然《论语集编》和《孟子集编》未经真德秀亲定,但由于是因其体例、采其遗说,故二书仍然可以记在真德秀名下,仍然反映了其思想。下面我们就以《论语集编》为例,探讨真德秀《四书集编》的注释特色。

一 广采朱子学说

朱子穷其毕生之力研究《大学》《论语》《孟子》《中庸》,《四书章句集注》乃最终成果,该书文简而辞约,其所以去取之意,散见于《或问》《朱子语类》《朱子文集》中,不能一一尽载。而这些书又多属一时未定之说,读者往往病其不一。真德秀于是首列朱子《集注》之说以明其本,次列《或问》《论孟集义》《朱子语类》《朱子文集》以补充说明,有时亦

---

① 顾宏义、戴扬本等编:《历代四书序跋题记资料汇编》,上海古籍出版社2010年版,第23页。
② 同上书,第24页。

问下己意。

如《泰伯篇》"君子所贵乎道者三：动容貌，斯远暴慢矣；正颜色，斯近信矣；出辞气，斯远鄙倍矣。笾豆之事，则有司存"下，真德秀首列《集注》解曰：

> 贵，犹重也。容貌，举一身而言。暴，粗厉也。慢，放肆也。信，实也。正颜色而近信，则非色庄也。辞，言语。气，声气也。鄙，凡陋也。倍，与背同，谓背理也。笾，竹豆。豆，木豆。言道虽无所不在，然君子所重者，在此三事而已。是皆修身之要、为政之本，学者所当操存省察，而不可有造次颠沛之违者也。若夫笾豆之事，器数之末，道之全体固无不该，然其分则有司之守，而非君子之所重矣。程子曰："动容貌，举一身而言也。周旋中礼，暴慢斯远矣。正颜色则不妄，斯近信矣。出辞气，正由中出，斯远鄙倍。三者正身而不外求，故曰笾豆之事则有司存。"尹氏曰："养于中则见于外，曾子盖以修己为为政之本。若乃器用事物之细，则有司存焉"。

接着引用了《论语或问》中的一段文字：

> 《或问》此章之说曰："胡氏所考曾子之事则善。"胡氏曰："曾子之疾见于此者二，见于《檀弓》者一。愚尝考其事之先后，窃意此章最先，前章次之，而易箦之事最在其后，乃垂绝时语也。当是时也，气息奄奄，仅在，而声为律，身为度，心即理，理即心，其视死生犹昼夜然。夫岂异教坐亡幻语、不诚不敬者所可仿佛？学者诚能尽心于此，则可以不惑于彼也。"

真氏在此加一按语，指出胡氏之说的来源，他说："案：程子曰：'曾子易箦之意，心是理，理是心，声为律，身为度。'胡氏盖本诸此。"

真德秀还对这段文字谈了自己的看法，他说："愚谓曾子之启手足也，盖以为知免矣。而易箦一节，犹在其后，使其终于大夫之箦，犹为未正也。全归之难如此，学者其可不战兢以自省欤！"

尔后，他又引《论语集义》中的注释："《集义》吕氏曰：'貌也，色也，言也，皆以道正之，则心正而身修矣。'谢氏曰：'人之应事，不过容貌、辞气、颜色三事，特系所养如何耳。动也，正也，出也，君子自牧处，故暴慢鄙倍不生于心。远，自远也，信以实之谓也。与礼乐不斯须去身之意同。'"

最后，他又引用了朱子之说：

> 朱子曰："明道之言简约明白，意趣深远，深得曾子未发之意。尹氏之言温厚易直，有得于平日涵养之深。谢氏之言发强刚毅，有得于临事持守之要。吕氏之言深潜缜密，有得于涵养持守之则。学者合是三者而用力焉，无使偏废，则日用之间、动静语默，无非妙用。而曾子之意、程子之言，亦不外是矣。"
>
> 不庄不敬，则其动容貌也非暴则慢；惟恭敬有素，则动容貌斯远暴慢矣。内无诚实，则其正颜色者色庄而已；惟诚实有素，则正颜色斯近信矣。涵养不熟，则其出辞气也必至鄙倍；惟涵养有素，则出辞气斯远鄙倍矣。曾子亦以为君子，于是持养既久，晬面盎背，不设施而自尔也，故皆以斯言之。此说当矣。
>
> 暴是粗戾，慢是放肆。盖人之容貌少得和平，不暴则慢。暴是刚急之过，慢是宽柔之过。鄙是凡浅，倍是背理。今人议论有见得，虽不甚差，只是浅近，此是鄙；又有说得甚高，而实倍于理，此是倍。
>
> 曾子曰云云，其要在正、动、出之时。曰曾子工夫更在三字之前，此特语其效验耳。
>
> 问云虽曰曾子之意只是说人之用力有此三处，此大而彼小，此急而彼缓耳。笾豆之事，固是末节，然亦非全然忽略，不以为意，但当付之有司，使供其事，而非吾之常切留意者尔。[①]

此段文字，引用不可谓不广，凡是与之有关的朱子之说全都囊括于此。期间还阐明了的观点，比较典型的反映了《论语集编》的特色。

真德秀在引用时也并非全都如上来做，有时他主要选择那些在他看来较为经典的加以引用。如《里仁》"不仁者不可以久处约"章，在《朱子语类》卷二十六中，朱子和弟子之间的讨论答问长达1625字。真德秀在《论语集编》中间接引用了其中的部分内容，条列于该章注释之下：

[①] 真德秀：《四书集编·论语集编》卷四，《四库全书》本，上海古籍出版社1987年版。

先生再三诵"安仁则一，利仁则二"之语，以为解中未有及此者，因叹云："此公见识直是高。"

问"利仁莫是南轩所谓'有所为而为者'否？"曰："'有所为而为'不是好底，与利仁不同。"

仁者温淳笃厚，义理自然充足，不待思而为之，而所为皆是义理，其心常怡怡地，所谓仁也。知者即有是非，而取正于义理，以求其是而去其非，所谓知也。

非颜闵以上不知此味，到颜闵地位知得此味，犹未到安处也。[①]

这些引用文字虽不及原来文字的九分之一，但却将朱子的意思表达的很清楚。

真德秀在发现朱子《集注》中没有直接标明其观点的话语时，便加以补充之。如《子路篇》"刚毅木讷近仁"章，朱子《论语集注》只是引用了程子和杨时之说，并没有直接阐明自己的观点，真德秀则引用了《朱子文集》卷八十三中的内容，将朱子自己对该问题的看法表达了出来。他说："朱氏《跋苏氏刚说》曰：'刚之所以近仁，为其不诎于欲，而能有以全其本心之德，不待见于治人然后可知也。'"[②] 朱子之说可以与《集注》所引之说互相发明。

二 承袭和阐发朱子思想

真德秀早年从师于朱熹弟子詹体仁，成为朱学的信仰者。庆元党禁之后，程朱理学得以复兴，多出其力，因此，《宋史》本传说他"独慨然以斯文自任，讲习而服行之。党禁既开，而正学遂明于天下后世，多其力也"。他对朱学推崇备至，尝自谓是朱子的私淑弟子，称朱子学术为集大成，"去圣既云远，至理日以冥。言道指虚玄，语性杂精灵。正传久芜没，异学得魁横。卓哉周程张，磊隗三代英。妙蕴发天地，玄言昭日星。后来紫阳翁，抑又集大成。煌煌八书训，凛凛万世程。学者生此时，坦然有规

[①] 真德秀：《四书集编·论语集编》卷二，《四库全书》本，上海古籍出版社1987年版。
[②] 真德秀：《四书集编·论语集编》卷七，《四库全书》本，上海古籍出版社1987年版。

绳"①。因此，真德秀的学术思想以承袭和阐发朱学为主要特征。如朱子主张"惟有天理，而无人欲，是以圣人之教必欲尽去人欲而复全天理"②，对于这一思想，真德秀也极为重视。在注释《里仁篇》"士志于道而耻恶衣恶食者，未足与议也"时，他指出："志于道者，心存于义理也；耻衣食之恶者，心存于物欲也。理之与欲不能两立，故圣人以此为戒也。"③ 将天理和人欲直接对立起来，视二者为不可共存之物。

又，朱子主张"存心养性"，认为此是力行功夫。他在解释《里仁篇》"富与贵，是人之所欲也；不以其道得之，不处也。贫与贱，是人之所恶也；不以其道得之，不去也。君子去仁，恶乎成名？君子无终食之间违仁，造次必于是，颠沛必于是"章时，指出："言君子为仁，自富贵贫贱取舍之间，以至于终食、造次、颠沛之顷，无时无处而不用其力也。然取舍之分明然后存养之功密，存养之功密则其取舍之分益明矣。"④ 进而他又解释说："'富与贵，贫与贱'，方是就至粗处说。后面'无终食之间违仁'，与'造次、颠沛必于是'，方说得来细密。然先不立得这个至粗底根脚，则后面许多细密工夫更无安顿处，人更无可得说。须是先能于富贵不处，贫贱不去，立得这个粗底根脚了，方可说上至细处去。若见利则趋，见便则夺，这粗上不曾立得定，更说个甚么！正如'贫而无谄，富而无骄'，与'贫而乐，富而好礼'相似。若未能无谄无骄，如何说得乐与好礼！却是先就粗处说上细上去。"⑤ 真德秀在朱子学说基础上，进一步释解道："此章当作三节看，处富贵贫贱之间而不苟此一节，犹是粗底工夫；至终食不违又是一节，乃是存心养性细密底工夫，然犹是平居暇日之事，可以勉而至者；至于急遽之时，患难倾覆之际，若非平时存养得已熟，至此鲜有不失其本心者。到此而犹不违，乃是至细至密工夫，其去安仁地位已不远矣。然此三节乃近德之始终，若无粗底工夫作根脚基址，岂有能进于细密之地者？故必以审富贵、安贫贱为本，然后能进于终食不违之地；

---

① 真德秀：《西山先生真文忠公文集·赠盱江张平仲》，《四部丛刊初编》本，商务印书馆1936年版。
② 朱熹：《答陈同甫》，载朱杰人等编《朱子全书》第二十册，上海古籍出版社、安徽教育出版社2002年版，第1586页。
③ 真德秀：《四书集编·论语集编》卷二，《四库全书》本，上海古籍出版社1987年版。
④ 朱熹：《四书章句集注》，中华书局1983年版，第70页。
⑤ 黎靖德编：《朱子语类》，中华书局1994年版，第649—650页。

能终食不违矣,然后能进于造次颠沛不违之地。用工之序,盖如此。"① 真德秀将此章看作是近德修行的三个阶段,由"处富贵贫贱之间而不苟",到"终食不违",再到"造次颠沛不违",德行依次提升,修养工夫渐臻细密。这样,真氏就总结、归纳和发挥了朱子的思想,使其变得更加清楚明白。

在朱熹学术思想体系中,诚也是个重要的心性修养的范畴,它与忠信之间关系密切。他说:"一心之谓诚,尽心之谓忠。诚是心之本主,忠又诚之用处。"②"忠信只是一事。但是发于心而自尽,则为忠;验于理而不违,则为信。忠是信之本,信是忠之发。"③"忠是体,信是用。自发己自尽者言之,则名为忠,而无不信矣;自循物无违者言之,则名为信,而无不出于忠矣。"④ 在此基础上,真德秀归纳总结说:"《论语》止言忠信,不言诚,至子思、孟子然后言诚。盖诚指全体而言,忠信指用功处而言。忠是尽于中者,信是形于外者。有忠方有信,不信则非所以为忠,二者表里体用之谓,如形之有影也。心无不尽之谓忠,言与行无不实之谓信,尽得忠与信即是诚。故孔子虽不言诚,但欲人于忠信上著力,忠信无不尽,则诚在其中矣。孔子教人,大抵只就行处说,行到尽处自然识得本源。子思、孟子则并源出以示人,其义一也。"⑤ 真氏进一步发挥了朱子的学说,将忠信之间的关系、忠信与诚的关系论述的更加清楚明白。在他看来,诚为形而上者,忠信为形而下者,而忠信之间是表里体用关系,忠为里、为体,信为表、为用。

三　引证张栻之说

张栻是南宋著名理学家和教育家,湖湘学派集大成者。与朱熹、吕祖谦齐名,时称"东南三贤"。他与朱子学术上都承传二程,学术观点相同之处甚多但亦有区别。因此,真德秀在《论语集编》中大量引用了张栻的学说。据笔者粗略统计,其中《学而篇》共 16 章,引用张氏之说 7 处;《为政篇》共 24 章,引用张氏之说 9 处;《八佾篇》共 26 章,引用张氏之

---

① 真德秀:《四书集编·论语集编》卷二,《四库全书》本,上海古籍出版社 1987 年版。
② 黎靖德编:《朱子语类》,中华书局 1994 年版,第 486 页。
③ 同上。
④ 同上书,第 490 页。
⑤ 真德秀:《四书集编·论语集编》卷一,《四库全书》本,上海古籍出版社 1987 年版。

说 5 处;《里仁篇》共 26 章,引用张氏之说 12 处;《公冶长篇》共 27 章,引用张氏之说 11 处;《雍也篇》共 29 章,引用张氏之说 15 处;《述而篇》共 37 章,引用张氏之说 17 处;《泰伯篇》共 21 章,引用张氏之说 6 处;《子罕篇》共 30 章,引用张氏之说 15 处;《乡党篇》共 7 章,引用张氏之说 2 处;《学而篇》共 16 章,引用张氏之说 7 处;《先进篇》共 25 章,引用张氏之说 9 处;《颜渊篇》共 24 章,引用张氏之说 11 处;《子路篇》共 13 章,引用张氏之说 3 处;《宪问篇》共 47 章,引用张氏之说 29 处;《卫灵公篇》共 41 章,引用张氏之说 12 处;《季氏篇》共 14 章,引用张氏之说 4 处;《阳货篇》共 26 章,引用张氏之说 7 处;《微子篇》共 11 章,引用张氏之说 3 处;《子张篇》共 25 章,引用张氏之说 13 处;《尧曰篇》共 3 章,引用张氏之说 2 处。全书共计引用张氏之说 192 处,40% 的章节出现了张氏之说,分布不可谓不广。

真德秀不仅只是引用张氏之说,而且有时也对朱子和张氏之说予以评论。如《述而篇》"盖有不知而作之者,我无是也"章,真德秀先引朱注之说:"不知而作,不知其理而妄作也。孔子自言未尝妄作,盖亦谦辞,然亦可见其无所不知也。识,记也。所从不可不择,记则善恶皆当存之,以备参考。如此者虽未能实知其理,亦可以次于知之者也。"继之又引张栻之说:"天下之事莫不有所以然,不知其然而作焉皆妄而已。圣人之言动,无非实理也,其有不知而作者乎!虽然,知未易至也,故又言知之次者,使学者有所持循,由其序而至焉。多闻择善而从,多见而识其善。由闻见而求其善,虽未及乎知之至,然知之次也,择焉而益详,识焉而不已,则其知岂不日新乎?"在分别引用了朱子和张氏之说后,真德秀加案语曰:"愚案:'多见而识之'一句,二先生所释不同,以文义求之,则南轩似优。"①

总之,经过真德秀的加工改造,《论语集编》不仅成为研究《论语集注》的最直接的参考辅助材料,而且亦开创了"依注作书"的先河,正如四库馆臣所言:"是编博采朱子之说以相发明,复间附己见,以折衷讹异。志道《序》述德秀之言,自称有铨择刊润之功,殆非虚语。……自是以

---

① 真德秀:《四书集编·论语集编》卷四,《四库全书》本,上海古籍出版社 1987 年版。

后，踵而作者汗牛充栋，然其学皆不及德秀，故其书亦终不及焉。"[1] 周中孚《郑堂读书记》亦曰："盖自朱子作《章句集注》，而后西山始创为依注作书之例。从此以迄，永乐《大全》而集其成。自永乐以迄今，兹改修《大全》者，又更仆难数，然皆是书为之滥觞也。"[2]

第三节 "词约理该"的《论语集说》

蔡节（生卒年不详），南宋永嘉（今浙江温州）人，曾任朝散郎、集英殿修撰、知婺州、知庆元等职。曾著《论语集说》十卷，上呈朝廷。关于该书编纂的目的和意义，他在《进表》中予以了详细的说明：

> 臣节言：五月十一日具奏，乞投进所编《论语集说》，奉圣旨许令投进者。伏以求知行之实，诚莫切于《鲁论》，加讲习之功，端有裨于圣学。喜数年之编集，幸一旦之际逢。窃惟洙泗垂训之书，莫非帝王传道之要。存心为大，主敬以胜百邪；克己实难，为仁以该众善。能博文而约礼，复笃志而近思。视明听聪，截然天理人欲之辨；直举枉错，判乎君子小人之分。思君位之至艰，畏天命之不易。欲如北辰之众共，当正南面以笃恭。权不至于下移，礼乐征伐之自出；俗必期于丕变，德礼刑政之并行。尝念四海之困穷，用济群生于富庶。宁菲衣而菲食，庶足国以足民。放郑声，远佞人，邦国以立；举逸民，继绝世，人心攸归。详味圣言，悉关后德。岂惟一王之程式，抑亦百代之宏规。兹盖恭遇皇帝陛下性本生知，学由时习，洞明一贯之旨，深省四勿之几。伏愿惟精惟一以执中，克勤克俭而无间。体成汤之罪己，简在帝心；法帝尧之则天，大兹君道。臣干冒天威，无任激切屏营之至。臣所编到《论语集说》二十卷，缮写成一十册，用黄罗夹复封全，谨随表上进以闻。臣节惶惧惶惧，顿首顿首，谨言。[3]

在他看来，《论语》一书乃"帝王传道之要"，其中富含修身之道、治

---

[1] 顾宏义、戴扬本等编：《历代四书序跋题记资料汇编》，上海古籍出版社2010年版，第25页。
[2] 同上。
[3] 同上书，第316页。

国理政之程式，可为"百代之宏规"。因此，他编纂《论语集说》，既希望有裨于圣学，又希望有补于治道。该书的注释特色主要有二：

一 编纂体例新颖清晰

蔡节为了清晰地表述自己的编纂意图，采用了新的编纂体例。这一体例共分五种形式：

一是"集曰例"：全用一家之说，则独书姓氏于下；兼用诸家之说，则各书姓氏于下；杂用众家之说，则于末后总书姓氏，添入己意者，则于末后书本某氏说，此通谓"集曰例"。如：

《子路篇》"苟正其身矣，于从政乎何有？不能正其身，如正人何"章，蔡节注曰："集曰：正之本在身，身正则政立矣。其身不正，未有能正人者（河南尹氏）。"①因为是全用一家之说，故独书其名。

《公冶长篇》"晏平仲善与人交，久而敬之"章，蔡节注云："集曰：晏平仲，齐大夫，姓晏名婴，平，谥也（周氏注）。善，谓克尽其道也（郑氏注）。人之交久则敬衰，久而能敬，所以为善（伊川程子）。"②在这段解释文字中，蔡节共选用了前人周氏、郑玄和程子三家注分别对晏平仲、善和久而敬之予以了解读。因为引用了三家之说，故各注本语之下。

《里仁篇》"以约失之者鲜矣"下，蔡节曰："集曰：不侈然以自放之谓约，凡事能约则其失鲜矣（本上蔡谢氏说）。"③朱子《论语集注》引谢氏曰："不侈然以自放之谓约。"蔡节在此基础上又润之以己意，故书曰"本上蔡谢氏说"。

二是"释曰例"。所谓"释曰例"，即全附以己意。如：

《里仁篇》"父母之年，不可不知也。一则以喜，一则以惧"章，蔡节注云："节释曰：知，犹记忆也。惧，恐怖也。人未有不知其亲之年者，曰不可不知，欲其加察也。盖寿考固可喜，而衰老亦可惧。人子爱日之心，自有不可忘者矣。"④这是蔡节发表的个人见解，故谓之曰"释"。

三是"注书例"。集曰已编正说，有它说可以互相发明者，则附注于下。释曰同。谓之"注书例"。如《学而篇》首章，蔡节注曰："集曰：

---

① 蔡节：《论语集说》卷七，《四库全书》本，上海古籍出版社1987年版。
② 蔡节：《论语集说》卷三，《四库全书》本，上海古籍出版社1987年版。
③ 蔡节：《论语集说》卷二，《四库全书》本，上海古籍出版社1987年版。
④ 同上。

子谓孔子也（马氏注）。学之为言效也，习者重习也（伊川程子曰：'如鹰，乃学习之义。'）"这里，"学之为言效也"乃《集注》朱子语，"习者重习也"乃《集注》程子语。① 此为正说。蔡节又引程颐之说夹注之，以证成之。又，《学而篇》"慎终追远，民德归厚矣"章，蔡节注曰："节释曰：死者，人之终也。远者，其岁月久也。敬以持之之谓慎，思以及之之谓追。于其终者而谨之，于其远者而追之，此民德所以归于厚也。"紧接着他又引用了程颐之说以互相发明之，"伊川程子曰：丧尽礼，祭尽诚，谨终追远之大者"。最后，又引用了苏轼之说："东坡苏氏曰：略于丧祭，则背死忘生者众而俗薄矣。"②

四是"节谓例"。所谓"节谓例"，就是集诸家说后附己意。如：

《子罕篇》"子绝四：毋意，毋必，毋固，毋我"章，蔡节注曰："集曰：绝，无之尽者。毋，无通。意者，私意也。必者，期必也。固者，执滞也。我者，有己也。毋意者，浑然天理，不任私意也。毋必者，随事顺理，不先期必也。毋固者，过而不留，无所执滞也。毋我者，大同于物，不私一身也。一念之私意动于内而系于事，故有必。必则守而不移，故有固。固则不能忘己，故有我。必、固、我皆出于意，故意为之先，而我复生意，物欲牵引，循环不穷矣。夫子于此四者，非待有所禁止，盖自无有耳。（晦庵朱氏、成都范氏）南轩张氏曰：'意与我相近，必与固相类，然而不同也。意则发见，而我则其所存也。必则期于事之前，固则凝于事之后也。'又曰：'仲尼绝四，自始学至成德，竭两端之教也。'（横渠张子）节谓：始学者则当绝去此四事，成德者则绝无此四事。"③ 这里，蔡节在解读时，首先杂用了朱熹、范祖禹的注解，接着把与之互相发明的张栻之说夹注于下，又把推阐旁意的张载低一字书写，最后别附己说于后。

五是"低集释一字例"。非正说而旁引可以见意者，则低一字书，谓之"低集释一字例"。低"集"一字例，如《八佾篇》"子夏问曰：'"巧笑倩兮，美目盼兮，素以为绚兮。"何谓也？'子曰：'绘事后素。'曰：'礼后乎？'曰：'起予者商也！始可与言《诗》已矣。'"章，蔡节注曰："集曰：上三句，逸诗也。倩，好口辅也。盼，目黑白分也。素，粉地画

---

① 朱熹：《四书章句集注》，中华书局 1983 年版，第 47 页。
② 蔡节：《论语集说》卷一，《四库全书》本，上海古籍出版社 1987 年版。
③ 蔡节：《论语集说》卷五，《四库全书》本，上海古籍出版社 1987 年版。

之质也。绚，采色画之饰也。绘事，绘画之事也。后素，后于素也。起，犹发也。起予言，能起发我之志意也。倩、盼，盖妇人之有美质者，言有此美质又加以文饰，亦犹绘画者因素地而施以采色也。子夏疑其以素为饰，故问之绘事后素，言绘画之事后素功也。礼后乎，言礼以忠信为质，必忠信之人而后可以学礼也。子曰绘事后素，而子夏曰礼后乎，可谓善于发明圣人言外之意矣。商之可与言诗者以此。（本晦庵朱氏说）"下面低一字说："又曰：子贡因论学而知《诗》，子夏因论《诗》而知学，故皆可与言《诗》。"① 低"释"一字例，如《子路篇》"'不恒其德，或承之羞。'子曰：'不占而已矣。'"下，蔡节释曰："上二句《易·恒卦》九三爻辞也。下系以子曰者，所以别《易》文也。承，受也。羞，辱也。言人无恒德，则羞辱有时而至。占，验也。夫子之意以为无恒之人必受羞辱，此理甚明，人自不验之耳。苟知验之，则必能恒厥德而远耻辱矣。"下面低一字说："又曰：此章连上章诸家合为一。今从东溪刘氏分为两章。"②

蔡节在体例上的创新，既保存了前人的注释，又间下了己意。既有对前人成说的因袭，又有在前人基础之上的引申和发挥，可为后世治经者之范式。

二 宗主朱学

蔡节之《论语集说》，大旨率从朱子《论语集注》。这主要表现在：

一是部分注释直接袭用朱子《论语集注》。如《八佾篇》首章"八佾舞于庭"下，蔡节注曰："季氏以大夫而僭用天子之乐，孔子言其此事尚忍为之，则何事不可忍为（晦庵朱氏）。"此处完全袭用了朱注。又，《子路篇》"叶公问政"章，蔡节注曰："集曰：被其泽则悦，闻其风则来。然必近者悦，而后远者来也（晦庵朱氏）。"③ 本章注释也是一字不落地抄用了朱子之说。

二是部分注释在朱注基础上润色以己意。如《子张篇》"堂堂乎张也，难与并为仁矣"下，蔡节注云："集曰：堂堂，虚骄之貌也。仁，人心也，惟用心于内者得之。子张饰堂堂之容，则务外自高，不可辅而为仁，亦不

---

① 蔡节：《论语集说》卷二，《四库全书》本，上海古籍出版社1987年版。
② 蔡节：《论语集说》卷七，《四库全书》本，上海古籍出版社1987年版。
③ 同上。

能有以辅人之仁也。（本晦庵朱氏）"① 朱注曰："堂堂，容盛之貌。言其务外自高，不可辅而为仁，亦不能有以辅人之仁也。"② 两相比较，虽然大意相同，但蔡氏增加了对"仁"的阐释，对"堂堂"一词的解释也与朱注略有出入，体现了自己的思想。

三是在解释时沿用朱子思想。如《为政篇》"吾十有五而志于学，三十而立，四十而不惑，五十而知天命，六十而耳顺，七十从心所欲，不逾矩"章，蔡节注曰："节谓：自十有五而志于学，则念念在此而为之不厌矣。既学矣，加以十五年持守之功，则其学之所至，卓然而能有所立矣。既立矣，加以十年探索之功，则所见明彻，无所滞碍，而事事物物之理莫不洞然于胸中矣。又十年，则理无不穷，性无不尽，而知天之所命者矣。此则知之至也。又十年，则声入于耳，心无不通，所谓不思而得者也。又十年，则心与理一，动皆天则，所谓不勉而中者也。学而至此，此圣人之德所以为至也。"③ 这里的"穷理尽性""心与理一"等思想都借鉴了朱子的学说。又，《阳货篇》"性相近也，习相远也"章，蔡节自为说曰："性相近云者，兼气禀而言之也。一性之理，天之所命者，本无尔殊。然气禀则不无清浊，而理之所受亦无不浅深，其相去初不远也，所以远者，习有善恶之异耳。"④ 从"气禀""性理""气禀不无清浊""习有善恶"等说，我们不难看出蔡氏之说深深打上了朱学的烙印。

但蔡节并非一味承袭朱学，有时也间下己意，其注解中有数条与朱子之说迥不相谋。四库馆臣总结曰：

> 是时朱子之说已行，故大旨率从《集注》。其间偶有异同者，如"贤贤易色"谓贤人之贤为之改容更貌，"攻乎异端"谓攻为攻击、害为反贻吾道之害（案此郑汝谐之说）。"知其说者之于天下也"谓知鲁之僭禘则名正、名正而天下不难治，"无所取材"谓无所取桴材（案此郑玄之说）。"不有祝鮀之佞"三句谓美色尚不足以免祸，惟口才乃可免；"不图为乐之至于斯也"，谓《韶》本揖逊之乐，今乃至于齐国（案此亦郑汝谐之说）。"五十以学易"谓夫子是时年未五十，故云加

---

① 蔡节：《论语集说》卷十，《四库全书》本，上海古籍出版社1987年版。
② 朱熹：《四书章句集注》，中华书局1983年版，第191页。
③ 蔡节：《论语集说》卷一，《四库全书》本，上海古籍出版社1987年版。
④ 蔡节：《论语集说》卷九，《四库全书》本，上海古籍出版社1987年版。

年;"互乡童子"一章不作错简;"不至于穀"谓三年不能至于善,则所学已难乎有得;"没阶趋进"谓"进"疑作"退";"虽疏食菜羹瓜祭"谓"瓜"为"如"字,以"祭"字属下句;"三嗅而作"谓"嗅"当作"叹"(案此徐积之说)。"冉有退朝"谓朝为从季氏至鲁君之朝,"不恒其德"一节谓别为一章,"曰今之成人者何必然"谓为子路之言,"有马者借人乘之"谓即史之阙文,"齐景公有马千驷"章连上为一章(案此郑汝谐、钱时二家之说)。"太师挚适齐"一章谓鲁君荒于女乐,故乐官散去。其中惟"太师挚"一章可备一说,余皆牵强穿凿。盖朱子于注《易》、注《诗》,诚不免有所遗议。至于《论语集注》,则平生精力具在于斯,其说较他家为确,务与立异,反至于不中理也。然出入者不过此数条,其余则皆诠释简明,词约理该,终非胡文炳等所可及焉。①

四库馆臣之说,立足于朱学,认为除"太师挚适齐"一章的说解勉强可做一说外,余者皆牵强穿凿,这完全是从正统立场而言的,并不符合实际。朱子之说也不可能全部正确,只是相对而言较他说为优而已,后人对《集注》多有修正就可证明此点。同时,我们说,敢于与《集注》有所不同,也反映了蔡节不唯权威,在具体问题上敢于申明自己观点的治经态度。

总之,蔡氏之说大皆本于朱子之说,诠释简明,词约理该,深得朱子理学之精髓,甚有补于《论语集注》的研究。对此,宋姜文龙《论语集说跋》曾评价说:"晦庵先生尝语门人曰:'看《集注》熟了,再看《集义》,方始无疑。'又曰:'不看《集义》,终是不浃洽。'永嘉蔡先生《集说》之作,自《集义》中来,本之明道、伊川二先生,参以晦庵《或问》,而于晦庵、南轩先生尤得其骨髓。盖南轩学于五峰先生,又与晦庵相讲磨,故语说多精切。是书也,说率博而所会者约,文虽约而所该者博,大有益于后学,遂请刊于湖頖。"②

---

① 永瑢等:《四库全书总目》,中华书局1965年版,第297页。
② 顾宏义、戴扬本等编:《历代四书序跋题记资料汇编》,上海古籍出版社2010年版,第317页。

第四节 "反复发明,务求其是"的《读论语》

黄震（1213—1280），字东发，南宋慈溪古窑人（今浙江慈溪市掌起镇戎家村），历官吴县尉、史馆校阅、广德郡通判、抚州知州、江西提点刑狱、浙东提举等职。著有《黄氏日抄》《古今纪要》《古今纪要逸编》《戊辰修史传》《读书一得》《礼记集解》《春秋集解》等。其中《黄氏日抄》中有《读论语》一卷，集中体现了其《论语》学特色。

一 宗主朱学

黄震是南宋四明朱学主要传人，全祖望指出："四明之专宗朱氏者，东发为最。《日抄》百卷，躬行自得之言也，渊源出于辅氏。晦翁生平不喜浙学，而端平以后，闽中、江右诸弟子，支离、舛戾、固陋无不有之，其能中振之者，北山师弟为一支，东发为一支，皆浙产也。"① 由于这样的特殊身份，所以他极力推崇朱子，以之与孔子并列，指出，朱熹"究孔孟之正传，为千万世道学之宗主，虽使先生出将入相，功著一时，以彼易此，孰得孰失耶？故愚尝妄谓：孔子穷而在下者也，故能集尧、舜以来列圣之大成；晦翁郁而不伸者也，故能集伊、洛以来诸儒之大成。似皆有造物者司其数于间，而穷者乃所以为达，呜呼盛哉！"② 因为推崇朱子，故黄震对朱子《论语集注》青睐有加。在他看来，"汉唐诸儒不过诂训以释文义，而未尝敢赞一辞"，而宋儒"讲明理学，脱去诂训，其说虽远过汉唐，而不善学者求之过高，从而增衍新说，不特意味反浅，而失之远者或有矣"，唯有朱熹《论语集注》融训诂与义理于一身，"至晦庵为《集注》，复祖诂训，先明字义使本文坦然易知，而后择先儒议论之精者一二语附之，以发其指要"，成为诠释《论语》之佼佼者。他引用乃师王宗谕之说，对《论语集注》予以了高度评价："晦庵读尽古今注解，自音而训，自训而义，自一字而一句，自一句而一章，以至言外之意，透彻无碍，莹然在心，如琉璃然，方敢下笔，一字未透，即云未详。"③ 这就是说，朱熹的

---

① 黄宗羲、全祖望：《宋元学案·东发学案》，中华书局1986年版，第2884页。
② 黄震：《黄氏日抄》卷三十八《晦庵先生语类二》，《四库全书》本，上海古籍出版社1987年版。
③ 黄震：《黄氏日抄》卷二《读论语》，《四库全书》本，上海古籍出版社1987年版。

《论语集注》集汉唐诸儒和宋朝诸儒《论语》诠释之大成,不仅通过训诂以明字义,而且抉发了其中蕴含的微言大义,达到了"自音而训,自训而义,自一字而一句,自一句而一章,以至言外之意,透彻无碍"的境地。

由此出发,黄震主要做了以下几方面的工作:

一是对于不尊信朱子的《论语》解释予以驳斥。如《学而篇》"学而时习"章,黄震云:

> 近世有石赓,学于晦庵门人李闳祖,作《四书疑义》,谓晦庵注此章"学之为言效也,人性皆善,而觉有先后"为有病,必言"气禀有清浊,故质有昏明,而觉有先后"。愚谓此与文字上生枝节,实则觉有先后,则清浊昏明者已在其中矣。晦庵折衷诸家而归之简净。读《集注》者,何必更以求多为哉?若陆象山尝谓"《论语》有无头柄底说话,如'学而时习之',不知时习者何事"。及其门人杨慈湖,又改"时习"为"不习"。其说不知何如。要之,学者且当尊信吾圣人之训。①

对于他人对《论语》的质疑和对朱注的不尊信,黄震予以辩驳,极力维护《集注》的权威性。

二是对于《集注》予以疏通发明。黄震一方面对于《集注》中论说粗略处予以补充说明,如《宪问篇》"霸诸侯"下,他说:

> 《注》云:"霸与伯同,长也。"愚意天下之主谓之王,诸侯之长谓之伯,此指其定位而名也。以德方兴而为天下所归则王(平声),声转而为王(去声)。王政不纲,而诸侯之长自整齐,其诸侯则伯,声转而为霸,皆有为之称也。正音为静字,转声为动字。②

对于为什么"霸与伯同",及其读音,进行了较为详细的疏解。

又,《颜渊篇》"颜渊问仁"章下,朱注中有这样一句注释:"为仁

---

① 黄震:《黄氏日抄》卷二《读论语》,《四库全书》本,上海古籍出版社1987年版。
② 同上。

者，所以全其心之德也。"① 在黄氏看来，朱注指向不明确："此章前曰'克己复礼为仁'，后曰'为仁由己'，此注恐指'为仁由己'之'为仁'耳。盖以语脉而详之。'克己复礼为仁'云克己复礼即所为仁，'为'非用力之字；若'为仁由己'，则'为'乃用力之字。语虽相似，而脉则不同也。要之，为仁之工夫，即是上文克己复礼，盍更详之。"对于注文中的"为仁"从语脉上确定了其诠释所指。

另一方面，对于《集注》中的注释不太好理解处，再进行解说。如《学而篇》"因不失其亲"章，黄震云：

> 《集注》以为"所依者不失其可亲之人，则亦可宗而主之矣"是一章三节，各自为义也。《或问》以为"因上二者而不失其所亲则为可宗，则下一节承上二节而言也"。恐不若《集注》为径。然此一节终觉未易晓。先师王宗谕贯道尝讲此章云："宗者，人所取为宗师，宜超然卓立之人也。因者，因仍于古而非自立者也。惟因而不失其可亲之人，则源流既正，亦可宗之也。"此语似于《集注》有发。②

引用其师之解说，进一步深化了朱子的解说。

三是疏通《集注》与《或问》。对于《集注》与《或问》相抵牾处，黄震进行了疏通。如《八佾篇》"三归"下，《集注》与《或问》所载旧说不同，黄氏对此予以了解说：

> 《集注》云："三归，台名。事见《说苑》。"而《或问》载旧说"妇人谓嫁曰归。三归云者，一娶三姓而备九女，如诸侯之制也"。愚按：《说苑》谓管氏避得民而作三台，殆如萧何田宅自污之类，想大为之台，故言非俭。而台以处三归之妇人，故以为名欤。③

又，《为政篇》"民免无耻"章，黄震云：

---

① 朱熹：《四书章句集注》，中华书局1983年版，第131页。
② 黄震：《黄氏日抄》卷二《读论语》，《四库全书》本，上海古籍出版社1987年版。
③ 同上。

《集注》谓:"苟免刑罚而无所羞耻。"《或问》谓:"范、吕、谢、尹氏皆以苟免为言,殊失文意。盖所谓免,正以其革面而不敢为非,真有免为罪戾耳,岂冒犯不义,以至于犯上作乱,而脱漏宪纲,以幸免于刑诛之谓哉?"愚按:二说似微不同,实则经文惟言"免"字,晦庵言"苟免"字以发之,恐后学看苟字粗浅,故于《或问》再发以足之。①

经过黄震的解释,原本自相乖戾的两说变成了意义相一致的说法,而《或问》之说成了《集注》之说的补充与完善。

虽然黄震对于《集注》非常推崇,但它却并不是盲目崇拜,对于其中的不足,他也毫不讳言。

一是《集注》中的注释有不当之处。如《里仁篇》"里仁为美"章,黄氏曰:"《注》以'焉得知'为失其是非之本心,理故如此,但本文自明白,此语恐觉微重耳。"② 认为朱注判语有些重。《卫灵公篇》"有教无类"下,他说:"《注》专主变化气质类,愚恐夫子与进互童子、孟子来者不拒之意,皆在其中也。"③ 认为朱注有些内容没包括进去。《雍也篇》"祝鮀宋朝"章,他说:"范氏说'无鮀之佞,而独有朝之美,协于不有至而有'之文,晦庵以巧言令色不得分轻重而去其说,且以'虐悖独而畏高明'比此句之句法。然《书》云无者总为禁止之辞,'无虐悖独而畏高明'是一句而平下两事,两事相比也。此句'不有祝鮀之佞,而有宋朝之美',相反者是一句而兼下两事,两事相反也,句法似亦不类。如以辨佞为尤足以苟免乱世,而宋朝自然之美色与人为之令色亦不同,则范氏分轻重之说,恐亦自通。学者更详之。"④ 认为朱子对范氏之说的评价不确切。又,《集注》中还录有不恰当解释,如《里仁篇》"无适无莫"章,黄氏指出:"君子于天下,无必欲为之心,亦无必不为之心,惟义是从而已,此本旨也。无此两者,惟有义耳。谢氏谓:'于无可无不可之间,有义存焉。'则于两者之间,参酌其义,又是一意,与经旨微不同。"⑤ 谢氏注释

---

① 黄震:《黄氏日抄》卷二《读论语》,《四库全书》本,上海古籍出版社1987年版。
② 同上。
③ 同上。
④ 同上。
⑤ 同上。

与经旨有违，但仍被收录。

二是《集注》中有赘言。如《宪问篇》"孔子沐浴而朝"章，黄氏曰："胡氏曰：'仲尼此举先发后闻可也。'愚谓孔子于义尽矣。此事果可先发后闻，则夫子亦为之矣，不待胡氏发其所不及也。此言似不必附《集注》。"① 认为《集注》收录胡氏之说乃画蛇添足。《子路篇》"仲公问政"章，朱子在《集注》中援引了范祖禹之说，其中有"失此三者，不可以为季氏宰，况天下乎"句，黄氏认为该句"恐亦衍文"②。

三是《集注》中录有异端之学。《学而篇》"曾子三省"章，黄震云："《集注》首载尹氏曰：'曾子守约，故动必求诸身。'语意已足矣。次载谢氏曰：'诸子之学，皆出于圣人，其后愈远而愈失其真。独曾子之学，专用心于内，惜其嘉言善行不尽传。'窃意用心于内者，无形动；求诸身，躬行也，其所指之一虚一实，已不同。盖心所以具万理而应万事，正其心者，正欲施之治国平天下。孔门未有专用心于内之说也。用心于内，近世禅学之说耳。后有象山因谓曾子之学是里面出来，其学不传；诸子是外面入去。今传于世皆外入之学，非孔子之真，遂于《论语》之外自称得不传之学。凡皆源于谢氏之说。此说今视晦庵殊不侔，使晦庵《集注》于今日，谢氏之说不知亦收载否。二说虽《集注》所并收，然不可不考其异。"③ 在他看来，谢良佐之说夹杂有禅学成分，甚至影响到了象山学派的解说，理应删去。又，《里仁篇》"仁者安仁，知者利仁"下，《集注》引谢氏曰："仁者心无内外远近精粗之间，非有所存而自不亡，非有所理而自不乱，如目视而耳听，手持而足行也。知者谓之有所见则可，谓之有所得则未可。有所存斯不亡，有所理斯不乱，未能无意也。安仁则一，利仁则二。安仁者非颜、闵以上，去圣人为不远，不知此味也。诸子虽有卓越之才，谓之见道不惑则可，然未免于利之也。"④ 黄震认为，谢良佐之诠释多有异端之说，如其中的"仁者心无内外远近精粗之间，非有所存而自不亡"之说，"此佛氏心学之说。若夫子本旨，不过谓'仁者安仁'与仁为一耳"；其中的知者"未能无意"，"窃疑此亦佛氏绝意念之说。若夫子本意，不过谓'知者知仁'之为美，慕而行之耳"。指出："异端之说，皆

---

① 黄震：《黄氏日抄》卷二《读论语》，《四库全书》本，上海古籍出版社1987年版。
② 同上。
③ 同上。
④ 朱熹：《四书章句集注》，中华书局1983年版，第69页。

从庄子寓言死灰其心一语来，近世诸儒或慕其高而言之。然人决不能无心，心决不能无意。心是活物，凡动处皆是意，特意有美恶耳。虽仁者安仁，此心亦何尝不流行哉。于吾夫子'七十而从心所欲不逾矩'可知矣。"① 在诠释过程中，黄氏不仅指出了谢注中存在的问题，而且点出了经文的本意，分析了成因。

四是《集注》中有些注释不如《或问》。对于《或问》优于《集注》的，他一方面主张用《或问》来补充《集注》，如《学而篇》"有子孝弟"章下，黄氏曰："晦庵《或问》中云：'孝弟，则固仁之发而最亲者。'此语为婉而切，似当收置《集注》，使学者知孝即仁之事，而仁即性之有可也。"②《子罕篇》"鄙夫空空"章下，黄氏注曰："《或问》谓：'空空，指鄙夫而言。'此语合入《集注》。盖《集注》未尝明言空空指谁。"又，《子罕篇》"子罕言利"章下，黄氏指出：

《集注》惟载程氏之言曰："计利则害义，命之理微，仁之道大，故皆罕言。"愚按：自孟子不言利，世以利谓不美字，而此章以利与命、仁并言，故世疑之。惟《或问》中晦庵言"利者，义之和，全于义则利自至。若多言利则人不知义，而反害于利矣。命者，天之令，修己以俟，然后可以立命。若多言命，则人事不修，而反害于命矣。仁者，性之德，必忠信笃敬、克己复礼，然后能至。若多言仁，则学者凭虚躐等，而反害于仁矣。三者皆理之正，不可以不言，而忧深虑远，又不可多言也。"此言似合入《集注》，可免世俗分轻重美恶之疑。

另一方面，黄震主张弃《集注》从《或问》。如《公冶长篇》"乘桴浮海"章，黄氏解曰："程子谓：'浮海之叹，伤天下之无贤君。'晦庵于《集注》录之，于《或问》言其未尽善。因知经旨之本明白者，不必赘辞也。当从《或问》。"又，《雍也篇》"居敬行简"章，他说："《集注》云：'伯子，盖太简者。'而仲弓疑夫子之过许，盖未喻夫子可字之意，而其所言之理有默契焉者，故夫子然之。《或问》云：'夫子虽不正言其居简

---

① 黄震：《黄氏日抄》卷二《读论语》，《四库全书》本，上海古籍出版社 1987 年版。
② 同上。

之失，而所谓可者，固有未尽善之意矣。仲弓乃能默契圣人之微旨，而分别夫居敬居简之不同，夫子所以深许之也。'愚按：二说皆出晦庵而不同，恐当从《或问》之说。"① 又，《季氏篇》"季氏将伐颛臾"章，黄氏说："《集注》云：'远人，谓颛臾。分崩离析，谓四分公室，家臣屡叛。'《或问》载苏氏考究，定公十年，子路为季氏宰。哀公十一年，冉求为季氏宰，则伐颛臾在季康子之世。哀公七年，季康子伐邾，以召吴寇，故曰：'远人不服，而不能来也。'十五年，公孙宿以成叛，故曰：'邦分崩离析，而不能守也。'恐当以《或问》所载为正。盖颛臾在邦域之中，难指其为远人，而夫子此语正因季氏将伐颛臾而概及当时之国事，谓他有当理者尚多也。所谓远人，非正指将伐之颛臾也。"②

对于《集注》与《或问》各有优长的，一方面他主张二者并存，如《尧曰篇》"虽有周亲，不如仁人"下，黄氏注曰："《集注》载孔氏曰：'周，至也。言纣至亲虽多，不如周家之多仁人。'《或问》则曰：'范氏之说因上文而以"周亲"为"周室之亲"亦善，但于书文不协。'愚意于书文虽不协，于本文则协；且免得添'纣'字与'多'字，又免得改'周'字为'至'字，似当两存耳。"③ 另一方面，他主张《集注》与《或问》合参，如《雍也篇》"孟之反不伐"章，黄氏注曰："《集注》载谢氏称孟之反无欲上人之心，及孟之反可法之语。《或问》以谢氏为过，且云'恐非夫子之意'。夫释经亦顺其本旨而已，合参《或问》之说。"④ 同章"何莫由斯道"章，黄氏解曰："洪氏将'何'字少歇，而以人莫能由斯道，晦庵独取之，盖云世之不由于道者不少也。程氏等说谓人何能不由斯道，若曰日常常行者皆道也。盖众说说得'道'字轻，指天下之道也，故以为莫不由之；洪说说得'道'字重，指道之践履于身者也，故以为莫能由之。恐合参考。"⑤

总之，黄震抱着扬弃的态度，对于朱注中存在的个别问题，能够做到是者是之、非者非之，绝不盲从，反映了作者独立思考的精神和严谨的治学态度。钱穆先生就此评论曰："盖黄东发之学，专崇朱子，其学博，即

---

① 黄震：《黄氏日抄》卷二《读论语》，《四库全书》本，上海古籍出版社1987年版。
② 同上。
③ 同上。
④ 同上。
⑤ 同上。

承朱子之教而来。然于朱子成说亦时有纠正，不娓娓姝姝务墨守。……朱子论学极尊二程，亦时于二程有纠正。东发之能纠正朱子，乃正见其善学也。"① 诚哉斯言！

二　务求本意

黄震治经力求经文本意，他说："夫释经亦顺其本旨而已。"② 因此，在对《论语》进行解释时，他一方面注重名物典制考证，一方面主张求本意的注释原则。

第一，注重学求其是。黄震比较注释考证，举凡《集注》中涉及的字词、人物、史实、名物解释不明者、有异议者，他大都予以了说明。

一是字词考证。如《为政篇》"举直措枉"章中的"诸"字，朱注与他说不同，他分析说："举直措枉而民服，词义晓然，自不待注。所不可晓者，'诸'字耳。两语交互，归宿正在'诸'字。若单云举直措枉，舍'诸'字不言，则不可耳。今《集注》以'诸'字作'众'字，说如诸侯之诸，是云众枉众直也。然晚学亦未易晓，或疑诸者助辞，即之于二字连声。错者，置也，如贾谊'置诸安处则安'之类。错诸者，犹云举而加之也，举直者而置之于枉者之上，是君子在位、小人在野，此民所以服。或举枉者而置之于直者之上，是小人得志、君子失位，此民所以不服。庶几此章两下相形之意方明，未知然否。若如旧说，则举者用也，错者不用也，二字相背；若如今说，则举者举斯加彼之举也，错者置之于此之名也，二字相因，其义训皆不同矣。"③ 在他看来，两说可以并存，不能因朱说而废他说。

二是人物考证。如《微子篇》"虞仲"下，黄氏说："《注》云：'虞仲即仲雍，与泰伯同窜荆蛮者。'愚按：仲雍尝治吴为君，恐不可言逸民，亦无隐居放言之事。兼仲雍生伯夷、叔齐之前，使虞仲果仲雍也，亦何为反序次于夷齐之后？恐先儒自有所据耳。"④《集注》将"虞仲"视为"仲雍"，与史实有违。

三是考证名物典制。如《八佾篇》"使民战栗"章，其中有关于

---

① 钱穆：《黄东发学述》，《故宫图书季刊》1971年第1卷第3期。
② 黄震：《黄氏日抄》卷二《读论语》，《四库全书》本，上海古籍出版社1987年版。
③ 同上。
④ 同上。

"社"的记载,"胡氏因郊社之文,以社为祭地之礼",朱子则认为"未可知也",黄氏则指出:"然其言有据,存而考之可也。愚谓社固祭地也,然所祭指吐生百谷之土,与稷为比,则举地之一而言之,自王社以下皆然,故春祈秋报皆于社焉。若王者父天母地之大祭,全举地而言,恐又不止于此社而已。"① 通过黄氏的解释,我们对这一礼仪形式有了新的了解,同时也补充了朱说的不足。又,《八佾篇》"反坫"章,黄氏对此予以了详细的解说:

> 郑《注》谓:"坫在两楹之间,反爵其上。"按:今世释奠反爵,乃以四方板而圆坎其中,或云此反坫之余制。然坫字从土,而云在两楹间,岂常设之者欤?按:《郊特牲》"台门而旅树反坫",《杂记》"旅树而反坫",郑氏亦以树为屏,以反坫为反爵之地。然《内则》载阁食之制云:"土于坫。"《明堂位》载朝会之制云:"反坫出尊,崇坫康圭。"《士虞礼》载苴茅之制云:"僎于西坫上。"是则累土而为之者,皆可名坫,而坫亦有高卑东西之不同,非必反爵之处也。如"台门而旅树反坫",当是立反坫于台门之内,如今行在所之骐骥院、牛羊司与凡营垒,多于台门内立土墙之类欤。郑氏之释,皆本《论语》,其指坫为反爵,皆本好之一字意,两君之好为饮酒,故云耳。然以坫之反为爵之反,似异于经文。又按,《汲冢周书》云:"乃立五官,咸有四阿反坫。"注云:"反坫,外向室也。"则反坫又非反爵之地,反主坫言非主爵言也。反,殆向外之名。坫,殆别设大门屏之名。岂两君之好,必欲容其仪卫之众,而为此外向之室欤?世远不可知。若据《郊特牲》,以反坫与台门相联,《汲冢书》以反坫与四阿相联,则《论语》以反坫与树塞门相联,恐均为宫室僭侈之事。②

通过考证,黄氏在评说前人注释的基础上,运用书证、理证参伍错综的考证方法,对"反坫"予以了说明,纠正了朱注的不足。

四是对考辨史实。如《泰伯篇》"泰伯至德"章,黄氏曰:

---

① 黄震:《黄氏日抄》卷二《读论语》,《四库全书》本,上海古籍出版社1987年版。
② 同上。

《或问》有疑泰伯父死不赴、伤毁发肤，皆非贤者之事。晦庵辨以太王之欲立贤子圣孙，为其道足以济天下，而非有憎爱之间、利欲之私也，是以泰伯去之而不为狷，王季受之而不为贪。父死不赴，伤毁发肤而不为不孝。使泰伯而不有以深自绝焉，则亦何以必致国于王季，而安其位哉？愚按：王充《论衡》谓："泰伯知太王欲立王季，入吴采药，断发文身，以随吴俗。太王薨，泰伯还，王季再让。泰伯不听，三让，曰：'吾之吴越，吴越之俗，断发文身。吾刑余之人，不可为宗庙社稷主。'王季始知其不可而受之。"此其所载颇详，且与吾夫子三以天下让之说合，可以破或者信史书言泰伯父死不赴之疑。《或问》又载苏黄门谓子夏言泰伯端委以治吴，则未尝断发文身。愚按：黄门作古史，专据《左传》，以辟《史记》。然世远，安知此是而彼非耶？今其主《左传》，谓至仲雍而后断发文身则惑矣。泰伯、仲雍始入吴，而断发文身者，随其俗也。泰伯果端委于其先矣。仲雍继之为君而方断发文身，岂人情也？且断发文身者，始入吴之事也；端委而治者，吴人尊信之后，泰伯君吴之事也。发虽尝断，何妨复长；身虽尝文，何妨被衣，两义固不相害也。其始随俗，及得位，则临之以礼，理固然也。若谓泰伯端委，至仲雍继位，而后断发文身，是谓仲雍不肖也。为君而不肖者有矣，未有下同庶民者也。且时仲雍已老矣，发星星，何可断身？黑者，何可文耶？①

　　在黄氏看来，《或问》中记载的有人怀疑"泰伯父死不赴、伤毁发肤，皆非贤者之事"，朱子虽对此有所辩解，但不如王充《论衡》所载之史实具有说服力。对于苏辙所说"泰伯端委以治吴，仲雍而后断发文身"之说提出了质疑，认为此说不合人情，与史不符。

　　第二，注重唯求本意。黄震反对文外求意、反对以后事释经、反对过高之论、反对务新奇、反对以己意注经，体现出求本意的注释原则。

　　一是反对过度诠释，即"求多于本文之外"。按照诠释学的理论，人们对经文的解释是有边界的，也即需在一定的范围内进行，超过了这一边界，就会造成过度解释。如《学而篇》"有子孝弟"章，黄氏曰："按：《论语》首章言学，次章即言孝弟。圣门之教人，莫切于孝弟矣。此章象

----

① 黄震：《黄氏日抄》卷二《读论语》，《四库全书》本，上海古籍出版社1987年版。

山斥其为支离,固不可知。程子言'为仁以孝弟为本,论性则以仁为孝弟之本。性中只有仁义礼智,曷尝有孝弟来?'其说性尤精,而'性中曷尝有孝弟'之语,后觉乍见亦或以为疑,盖实则父子之道天性,而其说微觉求多于本文之外也。晦庵《或问》中云:'孝弟,则固仁之发而最亲者',此语为婉而切,似当收置《集注》,使学者知孝即仁之事,而仁即性之有,可也。"① 在他看来,程子之说增加了本文没有的内容,不如朱子《或问》中所言恰当。又,《述而篇》"子所雅言"章,黄氏曰:"程曰:'若性与天道,则有不可得而闻者,要在默而识之也。'愚按:本文未尝及此。"②《子路篇》"仲弓问政"章,黄氏曰:"范氏曰:'失此一者,不可以为季氏宰,况天下乎!'恐亦衍义。"③《学而篇》"知和而和"章,黄氏曰:"本意不过礼以和为贵,和又当以礼节之耳。范氏以知和而和属之乐,而晦庵取焉。礼乐虽相关,但恐于本文有添。"④《先进篇》"先进于礼乐"章,黄氏曰:"晦庵以先进为前辈,野人为郊外之民;后进为后辈,君子为士大夫。此甚平实。引程子曰:'先进于礼乐,文质得宜,今反谓之质朴,而以为野人。'愚谓若以先进为朝廷邦国行礼乐之人,则宜如程子宛转其说;若泛言前一辈人,而于礼乐亦止泛言礼乐之事,则程子之说视本文为有添矣。或止云'先辈质朴,故于礼乐之事犹野人也',则与晦庵叶。"⑤ 这几章的解说,黄震认为都犯了诠释过度的错误,都是在脱离本文而自顾自说。

二是反对以后事释经。黄震认为,释经者应具有历史的眼光,不应苛求古人。《为政篇》"攻乎异端"章,黄震云:"孔子本意似不过戒学者它用其心耳。后有孟子,辟杨、墨为异端,而近世佛氏之害尤甚,世亦以异端目之,凡程门之为佛学者,遂阴讳其说,而曲为回护,至以攻为攻击,而以孔子为不攻异端。然孔子时,未有此议,论说者自不必以后世之事,反上释古人之言。诸君子又何必因异端之字与今偶同,而回护至此耶?"⑥ 在黄震看来,孔子之时,既没有杨墨之学,也没有佛氏之学,而崇信佛学

---

① 黄震:《黄氏日抄》卷二《读论语》,《四库全书》本,上海古籍出版社1987年版。
② 同上。
③ 同上。
④ 同上。
⑤ 同上。
⑥ 同上。

之部分程氏弟子，在解说这段文字时，极尽回护之能事，不惜曲为解说，将"攻"释为"攻击"，认为孔子不攻异端，这实际上就犯了"以后世之事，反上释古人之言"的错误。

三是反对过高之论。在黄震看来，解说立言不醇正笃实，不切于人情，不近于事理，迂阔难行，即谓过高之论。如《八佾篇》"君子无争"章，黄氏曰："辞义晓然，本无可注。近世立高论者回护争字，其说杂然。晦庵本注疏旧说射礼为证，其说始平。"① 为了拔高孔子，释经者不遗余力地回护"争"字，以凸显圣人形象。又，《先进篇》"子路曾皙冉有公西华侍坐"章，黄氏曰："后世谈虚好高之习胜，不原夫子谓叹之本旨，不详本章所载之始末，单撷与点数语而张皇之，遗落世事，指为道妙，甚至谢上蔡以曾皙想像之言为实有，暮春浴沂之事云三子为曾皙独对春风，冷眼看破，但欲推之使高，而不知陷于谈禅。是盖学于程子而失之者也。程子曰：'子路、冉有、公西华言志自是实事。'此正论也。又曰：'孔子与点，盖与圣人之志同，便是尧舜气象。'此语微过于形容，上蔡因之而遂失也。曾皙岂能与尧舜易地皆然哉？至若谓曾皙狂者也，未必能为圣人之事，而能知夫子之志，遂以浴沂咏归之乐指为老安少怀之志，曾皙与夫子又岂若是其班哉？窃意他日使二三子盍各言尔志，此泛言所志，非指出仕之事也。今此四子侍坐，而告以如或知尔则何以哉，此专指出仕之事，而非泛使之言志也。老安少怀之志，天覆地载之心也，适人之适者也；浴沂咏归之乐，吟风弄月之趣也，自适其适者也。曾皙固未得与尧舜比，岂得与夫子比？而形容之过如此，亦合于其分量而审之矣。"② 仅仅因为孔子所言"吾与点也"，后人便将曾皙提高到可与尧舜比肩，与孔子同列，实为过高之论。

四是反对务新奇。黄震反对释经追求新鲜奇特，罔顾事实和经文。在讲解《八佾篇》"使民战栗"章时，他指出："苏氏谓'公与宰我谋诛三桓，而为隐辞以相语。'有以问尹氏者，尹氏艴然曰：'说经而欲新奇，何所不至矣！'此论最于说经有益，闻者当戒。"③ 借助尹氏之口，表明了自己的治经态度。又，《公冶长篇》"性与天道"章，黄氏指出："子贡明言

---

① 黄震：《黄氏日抄》卷二《读论语》，《四库全书》本，上海古籍出版社1987年版。
② 同上。
③ 同上。

不可得而闻，诸儒反谓其得闻而叹美，岂本朝专言性与天道，故自主其说如此耶？要之，子贡之言，正今日学者所当退而自省也。"① 为求新，不惜有意误读经文。

综上所述，黄震通过对字词注释、历史人物、名物典制的考证，进一步厘清了《论语》注释中存在的一些模糊认识，做到了训诂、考证和义理辨析相结合，具有考论结合的特点。同时，黄震反对文外求意、反对以后事释经、反对过高之论、反对务新奇的做法，旗帜鲜明的摆明了自己求本意的注释原则，体现了求真的精神。四库馆臣曾评价说："盖震之学朱，一如朱之学程，反复发明，务求其是，非中无所得而徒假借声价者也。"② 诚非虚言。

三 断以己意

黄震在《读论语》中，也时常在胪列《集注》《或问》之说的基础上，综合诸说，断以己意。这也正是他有功于朱学之处。对此，全祖望在《泽山书院记》中曾有所评论："朱徽公之学统，累传至双峰北溪诸子，流入训诂派。迨至咸淳而后，北山、鲁斋起于婺（金华），先生起于明（四明），所造博大精深，徽公瓣香为之重整。婺学出于长乐黄氏（黄勉斋斋，建安（谓朱熹）心法之所归，其渊源固极盛。先生则独得之遗籍，默识而冥搜，其功尤巨。试读其《日抄》，诸经说间，或不尽主建安旧讲，大抵求其心之所安而止，此其所以为功臣也。"③ 黄震之所以成为朱学之功臣，正由于他能突破朱子之说，而"求其心之所安"。

如《公冶长篇》"非尔所及"章，黄氏注曰："诸说以仁字总罩一章之意，因而说仁、恕不同，于本文似不曾解。窃意理虽一定，而人情不齐，在己者可勉，在人者不可强；我欲无加诸人可能也，欲人之无加诸我不可必也，故以为'非尔所及'耳。故夫子言'己所不欲，勿施于人'，尽其在己而已。《大学》言'所恶于上，勿施于下，以至左右前后皆然'，尽其在己而已。必欲强人之我若，而彼此皆平，则岂可得哉！"④ 在评价诸说的基础上，黄氏提出了自己的见解，从理一情异的视角，提出了"在己

---

① 黄震：《黄氏日抄》卷二《读论语》，《四库全书》本，上海古籍出版社1987年版。
② 永瑢等：《四库全书总目》，中华书局1965年版，第786—787页。
③ 黄宗羲、全祖望：《宋元学案·东发学案》，中华书局1986年版，第2886页。
④ 黄震：《黄氏日抄》卷二《读论语》，《四库全书》本，上海古籍出版社1987年版。

者可勉，在人者不可强"的观点，指出人生在世，应"尽其在己"。

又，《阳货篇》"性相近"章，《集注》曰："此所谓性，兼气质而言者也。气质之性，固有美恶之不同矣。然以其初而言，则皆不甚相远也。但习于善则善，习于恶则恶，于是始相远耳。程子曰：'此言气质之性。非言性之本也。若言其本，则性即是理，理无不善，孟子之言性善是也。何相近之有哉？'"① 黄氏就此发表了的解说。他说："性者，此理素具于此心，人得之于天以生者也。自一阴一阳之谓道，而继之者善，于以赋予于万物。人为万物之灵，其性之所自来固无有不善，而既属于人，则不能以尽同，故夫子一言以蔽之曰'性相近也'。"人性缘自天赋，具有先天之善，但却因人而异，所以孔子说"性相近"。而孟子之所以专言性善，乃时代使然。他说："至孟子，当人欲横流之时，特推其所本然者以晓当世，故专以性善为说，自此言性者纷纷矣。"接着，黄氏又结合古往今来圣贤众庶的例子，指出："由今观之，谓性为相近，则验之身，稽之人，参之往古，考之当今，上探之圣贤，下察之众庶，无一不合，信乎其为相近也。谓性为皆善，则自己而人，自古而今，自圣贤而众庶，皆不能不少殊，推禹、汤、文、武之圣，亦未见其尽与尧舜为一。孟子盖独推其所本然者以晓人也。"孟子之性善说从本然的角度出发，而落实到每个人身上则有不妥；而孔子之性相近说，从实然的角度立论，能够很好地解释人性禀赋于天而又有个性差异的事实。在黄震看来，宋儒所言"天地之性"与"气质之性"只不过是对孟子"性善论"的一种丰富完善而已，他说："言性之说，至本朝而精，以善者为天地之性，以不能尽善者为气质之性。此说既出，始足以完孟子性善之说。世之学者乃因此阴陋吾夫子之说，而不敢明言其为非，则曰性相近是指气质而言，若曲为之回护者。然则孟子之言性何其精，而夫子之言性何其粗耶！窃意'天命之谓性'，所谓'天地之性'，是指推天命流行之初而言也，推性之所从来也。所谓'气质之性'，是指既属诸人而言也，斯其谓之性者也。夫子之言性，亦指此而已耳。本朝之言性，特因孟子性善之说，揆之人而不能尽合，故推测其已上者以完其义耳。"以性为天地之性、气质之性，也只不过是说清了性善论。在此基础上，黄震指出，孔子的"性相近"说是完整无缺的，学者们毋庸多言，回归孔子即可。"言性岂有加于夫子之一语哉？且天下之生，凡同

---

① 朱熹：《四书章句集注》，中华书局1983年版，第175—176页。

类者无有不同，而纤悉则不能尽同，此其所以为造化之妙。如桐梓之生一也，而枝条花叶之横斜疏密则无一同。然要其所以为桐梓者，终相若也。此相近之说也，而可以知人矣。人之形体一也，而耳目口鼻之位置美恶则无一同，然要其所以为人者终相若也。此相近之说也，而可以知其无形者矣。人之能言一也，而其声音之清浊高下则无一同，然要其所以为人声者终相若也。此相近之说也，而可以推人之性矣。其赋自天，何有不善？自阴阳杂揉，属之人而谓之性，宜不能粹，然而皆善，此相近之说也。奈何独主性善之说，而遂废性相近之说耶？故尝谓夫子言性相近，惟指其实然者，故他日言中人以上、中人以下、生而知、学而知、人品节节不同，皆与相近之言无戾。孟子专言性善，惟推其本然者，故他日言二之中四之下性之反之先觉后觉人品亦各各不同，终归于夫子相近之说。学者亦学夫子而已。夫子未尝言性，言性止此一语，何今世学者言性之多也？无亦知其性之相近，而戒其习之相远，可乎？"① 认为论性无出于孔子者矣，后世各种性论都不出孔子所言范围。

由上可见，黄震敢于直面批判前人所说，尤其是其尊崇的程朱之学，充分表现了自己追求"自得"的学术风格。黄宗羲就此评论曰："学问之道，盖难言哉。无师授者，则有多歧亡羊之叹；非自得者，则有买椟还珠之诮，所以哲人代兴，因时补救，视其已甚者而为之一变。当宋季之时，吾东浙狂慧充斥，慈湖之流弊极矣，果斋（魏文翁之号）、文洁（黄震之谥号）不得不起而救之。然果斋之气魄，不能及于文洁，而《日抄》之作，折衷诸儒，即于考亭亦不肯苟同，其所自得者深也。今但言文洁之上接考亭，岂知言哉！"② 同时，黄震对朱注的修正，也对明清之际的学者产生了一定的影响，"就思想发展的流变来看，……黄震对程朱理学的修正，是与明清之际批判理学的思潮脉络相通的。"③

第五节 "有功于朱子"的《论语纂疏》

赵顺孙（1215—1277），字和仲，号格庵，南宋缙云云塘（今浙江丽

---

① 黄震：《黄氏日抄》卷二《读论语》，《四库全书》本，上海古籍出版社1987年版。
② 黄宗羲、全祖望：《宋元学案·东发学案》，中华书局1986年版，第2886页。
③ 樊克政：《黄震对程朱理学的继承与修正》，《中国史研究》1984年第1期。

水)人。出生儒学世家,八岁能诵解九经。历官太平州学教授、临安府学教授、秘书郎兼崇正殿说书、监察御史、端明殿学士、同签书枢密院事、代参知政事、参知政事、资政殿大学士、知福州、福建安抚使等职。著有《奏草》《四书纂疏》《近思录》《精义录》《孝宗系年录》《中兴名臣言行录》《文集》等。其中《四书纂疏》是赵顺孙为《四书章句集注》所作的疏,中有《论语纂疏》。该书的特色主要有:

一 博采朱学

赵顺孙对朱子极为推崇,视朱子《四书章句集注》为经,他撰写《四书纂疏》就是想效法古人注疏之法,汇聚朱子及其弟子之说,以昌明朱学。他在为本书写的序中说:"子朱子《四书注释》,其意精密,其语简严,浑然犹经也。顺孙旧读数百过,茫若望洋,因遍取子朱子诸书,及诸高弟讲解有可发明注意者,悉汇于下,以便观省,间亦以鄙见一二附焉。因名曰《纂疏》。顾子朱子之奥,顺孙何足以知之,架屋下之屋,强陪于颖达、公彦后,祇不韪尔。"① 这里我们需要注意两点,一是他遍取朱子之书,二是他广采弟子中阐发朱注者。

第一,广采朱子之说。清人纳兰容若《四书纂疏序》云:"其书一以朱子为归,不杂异论。……于《论语》《孟子》则一本《集注》,而采《或问》《集义》《详说》《语录》所载分注焉。"② 这就是说,赵顺孙在撰写《论语纂疏》时,对朱子之说可谓是广搜博采。如《学而篇》"礼之用,和为贵"章,《集注》引范氏曰:"凡礼之体主于敬,而其用则以和为贵。敬者,礼之所以立也;和者,乐之所由生也。若有子可谓达礼乐之本矣。"赵顺孙在此注下又引用了朱子《文集》和《语录》中的说法,《文集》曰:"和固不可便指为乐,然乃乐之所由生。"《语录》曰:"自心而言,则心为体,敬、和为用;以敬对和而言,则敬为体,和为用。大抵体用无尽时,只管恁地移将去。"③ 进一步深化了对经文和注文的认识。

又,《雍也篇》"伯牛有疾"章,朱注有"命谓天命"句,赵顺孙又引用了《或问》和《语录》之言,对该句作了进一步的说明,《或问》:

---

① 顾宏义、戴扬本等编:《历代四书序跋题记资料汇编》,上海古籍出版社2010年版,第30页。
② 同上书,第31页。
③ 赵顺孙:《四书纂疏·论语纂疏》卷一,《四库全书》本,上海古籍出版社1987年版。

"命曰有生之初,气质有禀,盖有一定而不可易者,孟子所谓莫之致而至者也。"《语录》曰:"命之正者出于理,命之变者出于气。质要之,皆天所付予。但当自尽其道,则所值之命皆正命也。"又曰:"问此命是天理本然之命否?曰:'此只是气禀之命。富贵、死生、祸福、贵贱,皆禀之气而不可移易者。'"① 通过这一说明,使得读者对"命"的了解更加清晰。

第二,悉汇朱门之说。除了援引朱子本人之说外,赵顺孙还大量引用了朱子弟子门人之说,借以羽翼朱子之说。周中孚《郑堂读书记·四书类》曰:"考真西山《集编》专采朱子之说以疏朱注,此编则又兼采诸儒为朱子之学者之说,以疏朱注。"② 如《学而篇》"学而时习之,不亦说乎"句,朱注曰:"学之为言效也。人性皆善,而觉有先后,后觉者必效先觉之所为,乃可以明善而复其初也。"在其下,赵氏又引用了五种说法:

黄氏曰:"学问之道固多端,然其归在于全其本性之善而已。明善谓明天下之理,复其初则复其本然之善也。"

陈氏曰:"所谓明善而复其初者,其中极有含蓄,乃兼知行而言,非止知之便是复其初也。学自是兼知行工夫,岂但明此理而已!"

胡氏曰:"人性皆善,人皆可学也。觉有先后,后觉者必效先觉之所为学之端也,乃可以明善而复其初,学之效也。"

莆田黄氏曰:"人虽由气以或形,而气原于理,故曰人性皆善也。然气无定形,升降上下,往来消息,交互错糅,易于昏杂,而难得清明,故人之受是气也,亦通者少蔽者多,通则为先觉,故曰觉有先后也。理寓气中,则未尝变,惟理不变,故学可胜气。虽昏蔽之甚者,得先觉觉之,则亦觉焉,故曰后觉必效先觉之所为,乃可以明善而复其初也。必曰明善者,盖不明乎善,则虽欲为善,而不知其孰为善。今因先觉之所为,然后能明其为善而效之复其初者,又明此善乃吾有生之初元得于天者。如此,向也为气禀之昏蔽而不知,今始知其善而为之,非取彼先觉之有以增我所无,复其初而已。"又曰:"先觉之所为,理之所当为也,理乃天所同命以为人者。不如是,则不能为

---

① 赵顺孙:《四书纂疏·论语纂疏》卷三,《四库全书》本,上海古籍出版社1987年版。
② 顾宏义、戴扬本等编:《历代四书序跋题记资料汇编》,上海古籍出版社2010年版,第32页。

人矣。"

蔡氏曰："性者，人心所禀之天理，寂然不动之时，万善具足之名也。由是而之五常百行，无非至善。但人为气质所昏，物欲所汩，又不能学以通之，既无以知其本然之善，则亦无以施其存养之功，惟能效夫先觉者之所为，乃可以明善而复其初。明以知者言也，复以能者言也，朱子以明善复其初以求能开示学者，切矣。"①

此五说，或长或短，但都围绕着朱注展开，都是对朱注的进一步阐发。

又，《学而篇》"礼之用，和为贵"章，《集注》自注曰："愚谓严而泰，和而节，此理之自然，礼之全体也。毫厘有差，则失其中正，而各倚于一偏，其不可行均矣。"赵顺孙在此下又将朱子弟子门人之说胪列：

辅氏曰："礼之体则严，其用则和。而人之于礼，则当严而不失其泰，和而不失其节，不倚于一偏，不昧于全体，则无处而不可行矣。"

陈氏曰："礼之体严而用和，本非判然不相入。其严也，无不泰，而所谓和者中已具，岂复有胜而离？其和也，无不节，而所谓严者未尝失，岂复有胜而流？必如是，然后得性情之正，而为礼之全也。若稍过中，而流于一偏，则其不可行均矣。岂但和之流，然后为不可行哉。"

蔡氏曰："有子专以礼之用为言，朱子兼以礼之体为言。论礼之用固以和为贵，论礼之体则礼中本有自然之和。若谓知和而和不以礼节之，则礼与和成二物矣。此朱子所以因有子言礼之用，而以礼之体发其所未发也。"

真氏曰："严而泰，即礼中有乐；和而节，即乐中有礼。"②

四子之说皆宗主朱子，从不同角度对其注释进行了解读，使朱注更加易于理解和把握。

---

① 赵顺孙：《四书纂疏·论语纂疏》卷一，《四库全书》本，上海古籍出版社1987年版。
② 同上。

二　疏通发明

赵顺孙的《论语纂疏》并不是仅仅抄录朱子及其高弟之说就完事了，而是间附己见，对《集注》予以充实、疏通和评点。

第一，充实朱注。在赵顺孙看来，朱注言简义丰，因此有些地方需要加以充实。如《八佾篇》"邦君树塞门，管氏亦树塞门"下，朱子自注曰："屏谓之树。塞，犹蔽也。设屏于门，以蔽内外也。"赵氏对朱注进行了补充说明，他说："愚谓古者人君别内外于门，树屏以蔽塞之。盖小墙当门中也。礼：天子外屏，诸侯内屏，大夫以帘，士以帷。"① 通过释读，人们了解了屏风的位置及设置等级。

《八佾篇》"邦君为两君之好，有反坫，管氏亦有反坫。管氏而知礼，孰不知礼"下，朱子自注曰："好，谓好会。坫，在两楹之间，献酬饮毕，则反爵于其上"，赵氏在其下补充说："愚谓古者诸侯与邻国为好，会主君献宾，宾筵前受爵，饮毕，反此虚爵于坫上，于西阶上拜，主人于阼阶上答拜。宾于坫取爵，洗爵，酌以酢主人，主人受爵，饮毕，反此虚爵于坫上。主人阼阶上拜，宾答拜。是宾主饮毕，反爵于坫上也。大夫则无之。"② 对古代邦君相会的礼仪细节进行了详细的描述。

《雍也篇》"子华使于齐，冉子为其母请粟。子曰：'与之釜。'请益。曰：'与之庾。'冉子与之粟五秉"下，朱注曰："釜，六斗四升。庾，十六斗。秉，十六斛。"赵氏对这三个量词予以了释读，他说："愚案：《左传》晏子云：'齐旧四量：豆、区、釜、钟。四升为豆，各自其四，以登于釜。'杜注云：'四豆为区，区斗六升。四区为釜，釜六斗四升是也。'又案：《聘礼记》云：'十斗曰斛，十六斗曰籔，十籔曰秉。'郑注云：'秉，十六斛，今江淮之间量名有为籔者，今文籔为逾。'是庾、逾、籔，其数同也。"③ 通过引用经文及古注，对这三个量词的内涵予以了说明。

《先进篇》"子畏于匡"章，朱注曰："后，谓相失在后。何敢死，谓不赴斗而必死也。"赵氏对此表示了自己的看法，他说："愚谓后为相失者，因夫子以颜渊为死而知也。死为赴斗而死者，因颜子言何敢死而知

---

① 赵顺孙：《四书纂疏·论语纂疏》卷二，《四库全书》本，上海古籍出版社1987年版。
② 同上。
③ 赵顺孙：《四书纂疏·论语纂疏》卷三，《四库全书》本，上海古籍出版社1987年版。

也。死生亦大矣，以为何敢死则不以死为重，而以轻于死为重也。当问答之时，为师者知弟子必能赴义而已，不疑其重死以求生；为弟子者，亦不以死为难，但以死而合于义为难，于死生犹然，他可知已。"① 对朱注进行了详尽的解读，使读者不仅知其然，而且知其所以然。

第二，疏通注文。在赵顺孙看来，朱子《集注》中的注释有些地方不容易理解，需要加以疏通说明，以便于理解。这主要表现在两个方面：一是疏通朱子之说。如《为政篇》"为政以德"章，朱子自注有"德之为言得也，得于心而不失也"句，赵氏按语曰："愚案：旧说德者行道而有得于身，今作得于心而不失，不言身而言心，心切于身也。"② 通过疏解，将旧说与朱注统一了起来。《八佾篇》"季氏八佾舞于庭"章，朱子自注有"或曰：'忍，容忍也。'盖深疾之之辞"句，赵氏按语曰："愚案：忍之一字，有敢忍之忍，《春秋传》所谓'忍人'也；有容忍之忍，《春秋传》所谓'君其忍之'是也。二义皆通，而敢忍之说为长，故《集注》以容忍之说居后。"③ 揭示了朱注的来历和用意。又，《公冶长篇》篇首，朱子有曰："此篇皆论古今人物贤否得失，盖格物穷理之一端也。"赵顺孙疏曰："愚谓他人之是否，若非切己之实，然借是以分辨形，以剖析毫厘。在人者既明，则在己者亦明矣，所以为格物穷理之一端。"④ 赵氏将朱子把"古今人物贤否得失"视为"格物穷理之一端"的原因予以了说明，易于读者理解。

二是疏通其他注文。如《八佾篇》"季氏八佾舞于庭"章，《集注》引用了范氏和谢氏之说，范氏曰："乐舞之数，自上而下，降杀以两而已，故两之间，不可以毫发僭差也。孔子为政，先正礼乐，则季氏之罪不容诛矣。"谢氏曰："君子于其所不当为不敢须臾处，不忍故也。而季氏忍此矣，则虽弑父与君，亦何所惮而不为乎？"对于以上两说，赵氏予以了解释，他说："愚谓范氏就制度上说，故以容忍为义，言不可容忍之甚也。谢氏就心上说，故以敢忍为义，言其心既敢于此，则虽极天下之大恶，亦敢为之矣。"⑤ 同样一句经文，从不同的维度来解读，其意义也就不同。通

---

① 赵顺孙：《四书纂疏·论语纂疏》卷六，《四库全书》本，上海古籍出版社1987年版。
② 赵顺孙：《四书纂疏·论语纂疏》卷一，《四库全书》本，上海古籍出版社1987年版。
③ 赵顺孙：《四书纂疏·论语纂疏》卷二，《四库全书》本，上海古籍出版社1987年版。
④ 赵顺孙：《四书纂疏·论语纂疏》卷三，《四库全书》本，上海古籍出版社1987年版。
⑤ 赵顺孙：《四书纂疏·论语纂疏》卷二，《四库全书》本，上海古籍出版社1987年版。

过疏解，揭示了二者解释不同的原因。

第三，点评注文。赵顺孙在间下己意时，有时还对《集注》所引注释进行评点，以比较优长。如《学而篇》"弟子入则孝，出则弟，谨而信，泛爱众，而亲仁。行有余力，则以学文"章，朱注引用了尹氏、洪氏之说，朱子也谈了自己的观点，尹氏曰："德行，本也。文艺，末也。穷其本末，知所先后，可以入德矣。"洪氏曰："未有余力而学文，则文灭其质；有余力而不学文，则质胜而野。"朱子说："愚谓力行而不学文，则无以考圣贤之成法，识事理之当然，而所行或出于私意，非但失之于野而已。"赵顺孙对以上三种注释进行了点评，他说："愚谓尹氏以文对德行，有本末先后之分，说得文字轻。洪氏以文对质而言，不可偏胜，说得文字差重。朱子以学文为致知与力行为对，谓所知不明则所行不当于理，说得文字极重。三者互相发明，盖但知文之为轻，而不知其为重则将有废学之故，不得不交致抑之意。然德固不可以一日而不修，而学亦不可一日而不讲也。"① 从文字轻重角度，对三人的注释予以了分层次的解说，认为三者可互相发明。

《先进篇》"子畏于匡"章，《集注》引胡氏曰："先王之制，民生于三，事之如一。惟其所在，则致死焉。况颜渊之于孔子，恩义兼尽，又非他人之为师弟子者而已。即夫子不幸而遇难，回必捐生以赴之矣。捐生以赴之，幸而不死，则必上告天子、下告方伯，请讨以复雠，不但已也。夫子而在，则回何为而不爱其死，以犯匡人之锋乎？"赵氏点评曰："愚谓弟子何缘有恩于师，胡氏谓颜渊之于孔子恩义兼尽者，恐误，当作孔子之于颜渊可也。"② 指出了胡氏解释中的所谓"错误"，并作了修正。

《卫灵公篇》"子路愠见"章，《集注》引何氏曰："滥，溢也。言君子固有穷时，不若小人穷则放溢为非。"程子曰："固穷者，固守其穷。"朱子认为两说皆通。赵氏评曰："愚谓泛言其理，则何氏之说为长；就子路言之，则程子之说为切，故《集注》以为皆通，而必以何氏之说为先也。"③ 在赵氏看来，何氏和程子之说立论不同，一个是泛言，一个是具体而言，故可皆通，但何氏之说比程子之说略占上风。

---

① 赵顺孙：《四书纂疏·论语纂疏》卷一，《四库全书》本，上海古籍出版社1987年版。
② 赵顺孙：《四书纂疏·论语纂疏》卷六，《四库全书》本，上海古籍出版社1987年版。
③ 赵顺孙：《四书纂疏·论语纂疏》卷八，《四库全书》本，上海古籍出版社1987年版。

《阳货篇》"礼云礼云，玉帛云乎哉？乐云乐云，钟鼓云乎哉"章，朱子注曰："敬而将之以玉帛，则为礼；和而发之以钟鼓，则为乐。遗其本而专事其末，则岂礼乐之谓哉？"《集注》又引程子曰："礼只是一个序，乐只是一个和。只此两字，含蓄多少义理。天下无一物无礼乐。且如置此两椅，一不正，便是无序。无序便乖，乖便不和。又如盗贼至为不道，然亦有礼乐。盖必有总属，必相听顺，乃能为盗。不然，则叛乱无统，不能一日相聚而为盗也。礼乐无处无之，学者须要识得。"赵氏对此评论曰："愚谓朱子以敬与和言，是就心上说；程子以序与和言，是就事上说。二说相须，其义始备。"① 朱子和程子，一个从心上立意，一个从事上立意，只有将二者结合起来，才能真正把经文的意义揭示出来。

赵顺孙的《论语纂疏》，不仅把朱子"微词奥旨散见于门人所记录"② 者采集在一起，又把弟子中能与《集注》相发明的注释编辑在一起，作为《论语集注》的附翼和补充，以发挥义理，宣扬师说。对此，后人多给予了正面评价。宋洪天锡曰："文公朱子之于《论》《孟》，既成《集义》，又作《详说》，既约其精者为《集注》，又疏其所以去取之意为《或问》。其后《集注》删改日以精密，而《或问》遂不复修。文公自谓《集注》乃《集义》之精髓，一字秤轻等重，不可增减，读《论》《孟》者，取足是书焉可也。格庵赵公复取文公口授，及门人高弟退而私淑与《集注》相发明者，纂而疏之，间以所闻附于其后，使读之者如侍考亭师友之侧，所问非一人，所答非一日，一开卷尽得之。……文公一生精力多在此书，一章之旨，一字之义，或数年更易而后定，或终夜思索而未安，学者以易心读之，岂能得圣贤之意哉！如援先儒与诸家之说，有随文直解，不以先后为高下者；有二说俱通，终以前说为正者；有二说相须，其义始备，不可分先后者。设非亲闻，未易意逆，此《纂疏》所以有功于后学也。"③ 宋应俊云："朱子《四书》，如日星丽天，万象昭著。然学者傥不精体深验，而以易心读之，则毫厘之差，违道已远。盖其语脉流行之处，辞气抑扬之间，皆精义至理之所寓也。格庵赵公始作《纂疏》，搜辑一门师友之言，字字研核，又为推说其所未备，而后读者涣然怡然，皆得其门而入。朱子

---

① 赵顺孙：《四书纂疏·论语纂疏》卷九，《四库全书》本，上海古籍出版社1987年版。
② 顾宏义、戴扬本等编：《历代四书序跋题记资料汇编》，上海古籍出版社2010年版，第32页。
③ 同上书，第30页。

有功于《四书》，格庵又有功于朱子矣。"① 四库馆臣亦曰："是书（指《四书纂疏》——笔者注）备引朱子之说，以翼《章句集注》。所旁引者惟黄榦、辅广、陈淳、陈孔硕、蔡渊、蔡沈、叶味道、胡泳、陈植、潘柄、黄士毅、真德秀、蔡模一十三家，亦皆为朱子之学者，不旁涉也。邓文原作胡炳文《四书通序》，颇病顺孙此书之冗滥，炳文亦颇摘其失。然经师所述，体例各殊。注者词尚简明，疏者义存曲证。顺孙书以疏为名，而《自序》云'陪颖达、公彦后'，则固疏体矣。繁而不杀，于理亦宜。文原殆未考孔、贾以来之旧式，故少见而多怪欤？"② 诚为的论。此书不仅保存了多家注释，资料价值较高，而且"尚繁而不杀，可备宋学之一种焉"③。

---

① 顾宏义、戴扬本等编：《历代四书序跋题记资料汇编》，上海古籍出版社2010年版，第31页。
② 永瑢等：《四库全书总目》，中华书局1965年版，第298页。
③ 顾宏义、戴扬本等编：《历代四书序跋题记资料汇编》，上海古籍出版社2010年版，第33页。

第十章　南宋其他学人的《论语》诠释

南宋时期，除了前面介绍的心学派、湖湘学派和朱子学派的《论语》诠释外，其他学人也对《论语》进行了研究，形成了别具特色的《论语》学著作。

第一节　以己意逆圣人之志的《论语意原》

郑汝谐（1126—1205；一说为不详），字舜举，号东谷居士，南宋青田（今属浙江）人。绍兴二十七年（1157）进士，历任两浙转运判官、江西转运副使、大理寺少卿、吏部侍郎、任宗正少卿兼右文殿修撰等职，著有《东谷易翼传》《论语意原》《东谷集》等。其中《论语意原》一书中的"意原"即原意，郑氏认为其论能发《论语》原意，故题名《论语意原》。

一　疑经改经

受文化宽松政策的影响，宋儒疑经改经之风蔚然成风。郑汝谐也位列其中。在《论语意原》中，他极尽"疑经改经"之能事。这主要表现在：

一是认为经文有误字。《述而篇》"加我数年，五十以学《易》，可以无大过矣"章，郑汝谐注曰："《史记》载孔子以哀公十一年反鲁，成六艺，晚而喜《易》，序《彖》《系》《象》《说卦》《文言》。读《易》，韦编三绝。曰：'假我数年，若是，我于《易》彬彬矣。'是时，夫子年几七十矣，乃知'加'当作'假'，'五十'字必误也。阙之以俟来者。"[①]

[①] 郑汝谐：《论语意原》卷二，《四库全书》本，上海古籍出版社1987年版。

又,《乡党篇》"三嗅而作"下,郑汝谐注曰:"'嗅'当作'叹'。"①

二是认为经文有阙误。《述而篇》"互乡难与言,童子见,门人惑。子曰:'与其进也,不与其退也,唯何甚!人洁己以进,与其洁也,不保其往也'",郑汝谐注曰:"唯何甚,亦曰不为己甚尔,疑其文有阙误也。"②《颜渊篇》"文犹质也,质犹文也",郑汝谐注曰:"'质犹文也'之下疑有阙文。"③《尧曰篇》"子张问于孔子曰"章有"犹之于人也"句,郑汝谐注曰:"'犹之于人也',疑其文有阙误。"④

三是认为经文有脱字。《泰伯篇》"君子笃于亲,则民兴于仁;故旧不遗,则民不偷"章,郑汝谐注曰:"先儒谓此曾子之言也。脱'曾子曰'三字。"⑤《先进篇》"闵子侍侧,訚訚如也;子路,行行如也;冉有、子贡,侃侃如也。子乐。'若由也,不得其死然'"章,郑汝谐注曰:"表里之符,不可掩也。'子乐'下少一'曰'字,戒之也。"⑥《先进篇》"子路曾皙冉有公西华侍坐"章:

> 子路、曾皙、冉有、公西华侍坐。子曰:"以吾一日长乎尔,毋吾以也。居则曰:'不吾知也!'如或知尔,则何以哉?"子路率尔而对曰:"千乘之国,摄乎大国之间,加之以师旅,因之以饥馑;由也为之,比及三年,可使有勇,且知方也。"夫子哂之。"求,尔何知?"对曰:"方六七十,如五六十,求也为之,比及三年,可使足民。如其礼乐,以俟君子。""赤,尔何如?"对曰:"非曰能之,愿学焉。宗庙之事,如会同,端章甫,愿为小相焉。""点,尔何如?"鼓瑟希,铿尔,舍瑟而作,对曰:"异乎三子者之撰。"子曰:"何伤乎?亦各言其志也!"曰:"莫春者,春服既成,冠者五六人,童子六七人,浴乎沂,风乎舞雩,咏而归。"夫子喟然叹曰:"吾与点也!"三子者出,曾皙后。曾皙曰:"夫三子者之言何如?"子曰:"亦各言其志也已矣!"曰:"夫子何哂由也?"曰:"为国以礼,其言不让,是故哂之。"

---

① 郑汝谐:《论语意原》卷二,《四库全书》本,上海古籍出版社1987年版。
② 同上。
③ 郑汝谐:《论语意原》卷三,《四库全书》本,上海古籍出版社1987年版。
④ 郑汝谐:《论语意原》卷四,《四库全书》本,上海古籍出版社1987年版。
⑤ 郑汝谐:《论语意原》卷二,《四库全书》本,上海古籍出版社1987年版。
⑥ 郑汝谐:《论语意原》卷三,《四库全书》本,上海古籍出版社1987年版。

"唯求则非邦也与?""安见方六七十如五六十而非邦也者?""唯赤则非邦也与?""宗庙会同,非诸侯而何?赤也为之小,孰能为之大?"

郑汝谐注曰:"'唯求则非邦也与'与'唯赤则非邦也与'皆曾晳之问,上各少一'曰'字。'安见方六七十'以下、'宗庙会同'以下皆夫子之对,上亦各少一'曰'字。"①

四是认为篇章分合有误。《卫灵公篇》"知德者鲜矣"章,郑汝谐注曰:"合在'穷斯滥矣'之下。"②《季氏篇》有两章:

> 孔子曰:"见善如不及,见不善如探汤。吾见其人矣,吾闻其语矣。隐居以求其志,行义以达其道。吾闻其语矣,未见其人也。"
> 齐景公有马千驷,死之日,民无德而称焉。伯夷、叔齐饿于首阳之下,民到于今称之。其斯之谓与?

在郑汝谐看来,二者本应为一章,他注曰:"'见善如不及',有志于善也;'见不善如探汤',未免于尝试也。夫厥疾不瘳,则元气未必固;去恶不果,则善心易以亡。君子有志于善,必力去不善以成之。不然,则好善之心终为不善之所胜也。齐景公闻夫子君君臣臣父父子子之言,则深善之;闻晏子惟礼可以为国之言,则又善之,见善如不及也。知陈氏之僭不能已其僭,知子荼之孽不能忘其孽,见不善如探汤也。景公悠悠于善恶之间,是以死之日虽有马千驷,民无德而称焉。夷、齐之隐居,至于舍国而逃,所以遂求仁之志也,其行义也。至于叩马而谏,所以达万世之道也。二人果于自信、勇于力行,是以饿死首阳,民到于今称之。夫子于景公,盖见其人矣;于夷、齐则不见其人也,因其有是语而证之以其人,故以'其斯之谓与'结之。"③

五是认为经文文字排列有误。《阳货篇》"子贡曰:'君子亦有恶乎?'子曰:'有恶。恶称人之恶者,恶居下流而讪上者,恶勇而无礼者,恶果敢而窒者。'曰:'赐也亦有恶乎?''恶徼以为知者,恶不孙以为勇者,

---

① 郑汝谐:《论语意原》卷三,《四库全书》本,上海古籍出版社1987年版。
② 郑汝谐:《论语意原》卷四,《四库全书》本,上海古籍出版社1987年版。
③ 同上。

恶讦以为直者。'"郑汝谐注曰："'曰赐也亦有恶乎'，'曰'字当在'乎'字之下。赐虽方人，亦非敢从事于徼讦也。"①

郑氏上述见解，有些是沿用前人之说，如视"加"为"假"，"五十"为字误，即是因袭了宋初刘安世的说法②，足可略备一说；有些则是自己的独创，如将"'见善如不及'二节连下齐景公、伯夷、叔齐为一章，则太奇矣"③。

二 承袭伊洛之学

郑汝谐虽然和二程没有师承关系，但其学又与二程有着千丝万缕的关系。真德秀《论语意原序》称："东谷郑公之学，本于伊洛诸君子。"④ 这主要表现在：

（一）直接引用伊洛诸君子之说

在《论语意原》中，郑汝谐多次引用二程、张载、杨时和谢良佐的诠释，略举几例以示之。

《雍也篇》"人不堪其忧，回也不改其乐"句，郑汝谐注曰："程子又曰：'其字当玩味，自有深意。'"⑤ 直接引用二程之说。

同篇"人之生也直，罔之生也幸而免"章，郑汝谐注曰："横渠曰：'生理直顺则吉凶莫非正也，不直其生者非幸福，于回则免难于苟也。'"⑥ 直接引用张载之说。

同篇"子游为武城宰"章，郑汝谐注曰："杨氏曰：'后世不由径，人必以为迂。不至其室，人必以为简。非孔氏之徒，其谁知而取之？'"⑦ 直接引用杨时之说。

《子路篇》"善人教民七年，亦可以即戎矣"章，郑汝谐注曰："谢氏曰：'教之使民亲其上、死其长，如子弟之卫父兄，手足以捍心腹，以此

---

① 郑汝谐：《论语意原》卷四，《四库全书》本，上海古籍出版社1987年版。
② 朱熹《论语集注》："刘聘君见元城刘忠定公自言尝读他《论》，'加'作'假'，'五十'作'卒'。盖'加'、'假'声相近而误读，'卒'与'五十'字相似而误分也。"
③ 永瑢等：《四库全书总目》，中华书局1965年版，第295页。
④ 顾宏义、戴扬本等编：《历代四书序跋题记资料汇编》，上海古籍出版社2010年版，第278页。
⑤ 郑汝谐：《论语意原》卷二，《四库全书》本，上海古籍出版社1987年版。
⑥ 同上。
⑦ 同上。

战也，其克必矣。不然，则弃之之道也。'"① 直接引用谢良佐之说。

(二) 承袭伊洛之学

伊洛之学是二程以孔孟思想为基础，吸收佛、道以及周敦颐、张载、邵雍等人思想，建立起的理学体系。该体系包括道统说、天理本体论、气禀说、去人欲说、主敬说等内容，对后世影响极大。部分思想在《论语意原》中亦有体现。

第一，承袭了道统说。所谓道统，也就是儒家传道的脉络和系统——尧、舜、禹、汤、文、武、周公、孔、孟关于道的传授系统。该学说自韩愈倡议后，得到了二程、张栻、杨时、朱熹等人的认可，进而为世人所承认。郑汝谐在诠释《尧曰篇》首章时也谈到了这一问题，他说："尧、舜、禹、汤、文、武之道传诸夫子，故历叙数圣人之言，以见其一，出于正大也。"② 虽然少了周公，但承传的谱系还是很明确的。孔孟之间的传承在郑氏看来也是非常清楚的，"孟子之学因于子思，子思之学因于曾子，因不失其亲也。庄周之学因于田子方，子方之学因于子夏，因而失其亲也。庄周之学传之而弊，孟子之学万世可宗，差与不差之间也"③。郑氏进而指出，虽然孔孟之间有异同，但这只是圣贤之间的区别，在学理上则是一致的。这主要表现在：一是孔子倡言尊君，孟子倡言尊道，但二者并行而不相害。他说："夫子尽礼于其君，孟子乃谓用上敬下谓之尊贤，孔孟非固为异也。孔子尊君，孟子尊道。孔子之道固尊也，不自尊而尊君，所以励犯分之臣，然不失其为尊道也。孟子之道，人未之尊也，藐其君而自尊，所以励枉己之臣，亦无害于尊君也。"④ 二是在君臣之道上，孔孟所言亦有不同，不过这主要是因为时势不同的缘故。他说："夫子言君使臣、臣事君，各欲尽其道而已。至孟子乃有土芥、犬马、国人、寇仇之喻。夫子之时，君臣之失道犹未沦胥也；至孟子之时，君臣直以利合，遂相与为施报矣。虽然父虽不父，子不可以不子；君虽不君，臣不可以不臣。孟子之言，固有所激，然圣贤之分，可见于此。"⑤ 三是在设教问题上，孔子强调自得，孟子强调教学，不过其心则一。他说："夫子示人以其端，欲学者

---

① 郑汝谐：《论语意原》卷三，《四库全书》本，上海古籍出版社1987年版。
② 郑汝谐：《论语意原》卷四，《四库全书》本，上海古籍出版社1987年版。
③ 郑汝谐：《论语意原》卷一，《四库全书》本，上海古籍出版社1987年版。
④ 同上。
⑤ 同上。

至于自得；孟子阐其秘以示人，与天下皆可知。夫子之设教，元气也，雨露所滋，万物自遂；孟子之设教，生物也，既栽培之，又浇灌之。孔孟之心则一。所以为圣贤者，固有分量也。"①

第二，探讨了"理""仁""心"的关系。对于"理""仁""心"的关系，二程及其弟子都曾有过论述，在他们看来，心、理、仁都是天地万物的最高范畴，都具有本体论的意义。这在郑氏书中也有体现。他说："仁，天理也。……一念不纯于天理，乃违乎仁。"② 这样，仁与天理一样就具有了本体的意义。他进而指出："仁人之心，天理昭融"③，"天理之在人心，未始亡也；利欲惑之，则忘其初矣"④，"仁者，人心之天也"⑤，"仁，人心也"⑥，将仁、理、心并列起来。在郑氏看来，世间万事万物都源于心、理，他说："礼乐之起，本于人心也。"⑦ "宽也、敬也、哀也，皆内心之发也。凡不出于内心，其末不足观也。"⑧ "克，胜心也。伐，矜心也。怨，忿心也。欲，贪心也。四者皆为仁之病也。"⑨ "动静、语言、饮食、衣服，皆天理之发见也。"⑩ 世间的道德伦理、言行举止、食物衣服等都是本体的外现。

第三，论述了"存天理，灭人欲"的修养论。在二程等人看来，从道德修养的角度来看，天理即是至善，是人们必须孜孜以求并用以自律的普遍道德原则；人欲则是指个体为保持生命的存续而产生的各种欲求，二者之间是矛盾关系。因此，人要想成其为人，就必须通过去除物欲、泯灭己私的工夫，才能复明人的先天善性。郑汝谐也持相似观点。一是修养要达到"下学人事，上达天理，与天为一"⑪。二是修养要达到"仁"，在郑氏看来，"夫仁者之心，循乎天理。天理所安，何怨之有？"⑫ 仁就是天理，

---

① 郑汝谐：《论语意原》卷一，《四库全书》本，上海古籍出版社1987年版。
② 郑汝谐：《论语意原》卷二，《四库全书》本，上海古籍出版社1987年版。
③ 郑汝谐：《论语意原》卷四，《四库全书》本，上海古籍出版社1987年版。
④ 郑汝谐：《论语意原》卷一，《四库全书》本，上海古籍出版社1987年版。
⑤ 同上。
⑥ 同上。
⑦ 同上。
⑧ 同上。
⑨ 郑汝谐：《论语意原》卷三，《四库全书》本，上海古籍出版社1987年版。
⑩ 郑汝谐：《论语意原》卷二，《四库全书》本，上海古籍出版社1987年版。
⑪ 郑汝谐：《论语意原》卷三，《四库全书》本，上海古籍出版社1987年版。
⑫ 郑汝谐：《论语意原》卷二，《四库全书》本，上海古籍出版社1987年版。

仁者循天理而行。在如何达到"仁"的问题上，郑氏认为就是要做到克己复礼，他说："力胜之之谓克，中于理之谓礼。人之一身私欲易炽，惟用力克去之，则无一不中乎理。复者，反其初也。仁者，吾心之本然之德也。用力既到，一日而觉，则天下皆在吾仁之中矣。曰克己曰由己，己虽同，而由、克之义异。己者，我也。私欲生于我，为仁亦在于我。"① 战胜自己，言行举止合于礼，就能恢复自身的本然德行。三是消尽人欲。郑氏指出："仁则公，不仁则私。公者天理，私者人欲。夫子言仁每每以好恶为言。盖人欲之私，莫甚于好恶也。同乎己者好之，异乎己者恶之。事适于吾心则好之，拂于吾心者则恶之。好恶百出，无非行于人欲之中。人欲之胜，天理之灭也。人皆曰好仁，私情乱之故，所好者未必仁；人皆曰恶不仁，私情乱之故，所恶者未必不仁。如使所好者诚仁，不可以有加矣；所恶者诚不仁，则不善者不能亲其身矣。惟其所好非所好，所恶非所恶，是以终其身不至于仁，宜圣人叹其未之见也。"② 私欲之害由此可见。因此，"有志于学者，则以天理而胜人欲"③。只有这样，才能做到"人欲净尽，天理浑融"④，"人欲消尽，天理粹然"⑤。

（三）与朱子立异

郑汝谐之学虽出于伊洛，然有些《论语》说解颇与朱子相异。

《学而篇》"道千乘之国"章，其中的"道"字，朱注曰："道，治也。"⑥ 而郑汝谐注曰："道，犹大路也，谓其必出于此也。"⑦ 一曰治，一曰大路；一个释为动词，一个释为名词。

《为政篇》"《诗》三百，一言以蔽之，曰：'思无邪'"章，其中的"蔽"字，朱注曰："蔽，犹盖也。"⑧ 而郑汝谐则将"蔽"解之为"断"，他说："案：《小尔雅》：'蔽，断也。'《书》经所用'蔽'字多作'断'解，如'惟先蔽志'、'丕蔽要囚'之'蔽'，皆'断'义也。"⑨ 一曰盖，

---

① 郑汝谐：《论语意原》卷三，《四库全书》本，上海古籍出版社1987年版。
② 郑汝谐：《论语意原》卷一，《四库全书》本，上海古籍出版社1987年版。
③ 同上。
④ 郑汝谐：《论语意原》卷二，《四库全书》本，上海古籍出版社1987年版。
⑤ 同上。
⑥ 朱熹：《四书章句集注》，中华书局1983年版，第49页。
⑦ 郑汝谐：《论语意原》卷一，《四库全书》本，上海古籍出版社1987年版。
⑧ 朱熹：《四书章句集注》，中华书局1983年版，第53页。
⑨ 郑汝谐：《论语意原》卷一，《四库全书》本，上海古籍出版社1987年版。

一曰断,显然有别。

《公冶长篇》"子谓子贱,'君子哉若人!鲁无君子者,斯焉取斯'"章,朱注曰:"子贱盖能尊贤取友以成其德者。故夫子既叹其贤,而又言若鲁无君子,则此人何所取以成此德乎?因以见鲁之多贤也。"① 而郑汝谐则对此持有异议,他说:"释者谓子贱之贤,非得鲁之君子熏染渐渍,安取其为君子?夫舍其人之善而不称,乃归于他人之渐染,非圣人忠厚之言。盖子贱之为人,必沈厚简默,不祈人之知者,自非鲁之君子,孰能取其为君子也?观子贱之为宰,不下堂,弹琴而化,则其气象可知。使其生于他邦,与谋臣说士混然而并处,则子贱之贤亦无以自见于世矣。"② 在郑氏看来,子贱本身德行贤明,非受惠于鲁国君子的熏陶,而是鲁国君子发现了他,与朱注不同。

《八佾篇》"子贡欲去告朔之饩羊"章,朱注曰:"鲁自文公始不视朔,而有司犹供此羊,故子贡欲去之。"③ 郑氏对朱注提出了批评,他指出:"说者谓自鲁文公不视朔,惟用饩羊,故子贡欲去之。此未之深考也。《春秋》书'文公四不视朔',皆以疾也。使视朔之礼因文公而废,则当书'初不视朔',如书'初献六羽''初税亩'之类,特书'四不视朔',是余月犹视朔也。古者天子以季冬颁来岁十二月之朔于诸侯,藏于祖庙。每朔则以特羊告庙,请而行之。子贡之意谓四时各有祭庙之礼,请朔于庙告焉可也,不必用饩羊也。夫子之意若曰夫礼有其举之,莫敢废也。"④ 视朔之礼不是因文公而废,子贡与夫子之言各有其意,朱注未及深究,故理解有误。

三　发前人所未发

《论语》作为孔子思想的载体,其经文具有一定的固定意义或者限定意义,后世学者身处独特的历史环境之中,"他们总是从自己的历史性出发去解读文本,并在与文本的思维性沟通中形成文本意义的过程,换言之,理解的过程其实也就是意义创生的过程"⑤。诚如伽达默尔所言:"本

---

① 朱熹:《四书章句集注》,中华书局1983年版,第76页。
② 郑汝谐:《论语意原》卷一,《四库全书》本,上海古籍出版社1987年版。
③ 朱熹:《四书章句集注》,中华书局1983年版,第66页。
④ 郑汝谐:《论语意原》卷一,《四库全书》本,上海古籍出版社1987年版。
⑤ 彭启福:《理解之思——诠释学初论》,安徽人民出版社2005年版,第38页。

文的意义超越它的作者,这并不止是暂时的,而是永远如此的。因此,理解就不只是一种复制的行为,而始终是一种创造性的行为。"① 可见,经典诠释贵在创新,贵在发前人所未发,言前人所未言,明今人所未明。郑汝谐意识到了这一点。他在《论语意原序》中说:"圣人之言溥薄渊深,非若诸子可俄而测度也。汉唐以来,鲜有识其旨者。本朝二程、横渠、杨、谢诸公互相发明,然后此书之义显。谓诸公有功于此书则可,谓此书之义备见于诸公之书则不可,何者?言有尽,旨无穷。譬之山海之藏,随取而获,取者虽多,未见能竭其藏也。学者志于自得而已,徒取信于他人之得,不知反吾心以求其得,谓是口耳之学,君子无取导。予于此书,少而诵,长而辨,研精覃思,以求其指归,积有年矣。日进月化,颇窥圣心之万一。既断以己说,复附以诸公之说。理之所在,不知其出于人也,出于己也。期归于当而已。"② 郑氏是这样说的,也是这样做的。

《学而篇》首章"学而时习之,不亦说乎?有朋自远方来,不亦乐乎?人不知而不愠,不亦君子乎",前人大都认为这三句话各有各的意思,互不相连,而郑汝谐则将其看作是"孔门入道之要",看作是治学的三种境界,将三者串联了起来。他说:"此数语盖孔门入道之要,故以为首章。古人之学必有入处,于所入处而用力焉,是之谓习。颜子之克己、曾子之三省,皆习也。习曰时习,非曰无时不习也。当其可之谓时也。譬之婴孩,其始无一能焉,已而学言则能言也,已而学步则能步也,已而学揖逊、学数与方名又皆能也,每进一步则一时也。其进之之时,岂不大可说乎?学者日知其所无,月无忘其所能,其知也,其能也,果何物哉?皆习之而有得也。所说在我,非外慕也。在远之朋,何自而来也?一气生春,万物潜动;水必流湿,火必就燥。志气之合,相与涵泳于太和之中,其乐顾可量哉!至此则举天下之物不足易吾之乐,人之知不知于我无分毫损益也。犹之八珍之美,虽食焉而后知味,彼不我知者,盖未尝食也;以其未尝食,而愠其不知味,岂理也哉?三千之子所以依依于洙泗之上,虽患难穷困,不肯舍去者,盖深造此境,熟知此味也。"③ 郑氏对"时""习"的解读,对整章经文的串解,的确是有其独到之处。在他看来,于学所入处

---

① 伽达默尔:《真理与方法》,洪汉鼎译,上海译文出版社1999年版,第380页。
② 顾宏义、戴扬本等编:《历代四书序跋题记资料汇编》,上海古籍出版社2010年版,第278页。
③ 郑汝谐:《论语意原》卷四,《四库全书》本,上海古籍出版社1987年版。

而用力，不断进步，习之而有得，此之谓第一境界。来自于远方的志同道合之士，互相切磋，互相砥砺，共同进步，其乐融融，此之谓第二境界。自得求学、切磋其乐，不理会外界知与不知，此之谓第三境界。

《子罕篇》"子绝四：毋意，毋必，毋固，毋我"章，汉宋诸儒都注为孔子绝"意、必、固、我"四者，惟郑汝谐的解释与众不同，他说："'毋'，禁止之辞，犹有心也。子之所绝者，非意必固我也，绝其毋也。禁止之心绝，则化矣。非弟子察识之精，安能知之？"① "毋"乃有心为之，及至孔子的境界，工夫已至从心所欲不逾矩，无往而不率性，"毋"也就自然的绝了。程树德认为此解最合圣人地位。他说："按：此解最胜，恰合圣人地位。盖仅绝意必固我，此贤者能之。惟圣人乃能并绝其毋。姑以佛学明之，能不起念固是上乘功夫，然以念遣念之念亦念也，并此无之，乃为无上上乘。程子以此'毋'字非禁止辞。《四书或问》云：'绝非屏绝之绝，盖曰无之尽云尔。'《朱子文集·答吴晦叔书》曰：'绝四有两说：一说孔子自无此四者，一说孔子禁绝学者毋得此四者。然不若前说之明白平易也。'杨敬仲作《绝四说》云：'"毋"改为"无"，不以为止学者之病，遂塞万世入道之门。'杨氏以不起意为教学者宗旨，故云然也，然尚不若郑说之鞭辟入里。"②

《微子篇》"微子去之，箕子为之奴"章，郑汝谐注曰："古今论者皆谓微子知纣之将亡，去而归周，以存宗祀。箕子谏纣不听，被发佯狂而为奴。其说害理之甚。夫二子之于商，以分言之，则君臣也；以亲言之，则庶兄诸父也。纣犹在位，微子乃抱祭器以归于周，是率天下以叛其君也。箕子佯狂以为奴，是爱一死以忘其君也。诚如是，夫子安得以为仁人乎？盖微、箕皆国名；子，其爵也。古者虽有封国，皆入仕于朝，故微子入为卿士，箕子入为太师。微子数谏不听，遂去之。去之者，舍卿士之位去而之国也。武王既克商，微子乃持微国之祭器以告武王存商之祀，武王遂释微子而复其位。谓其先归周者，妄也。《武成》曰：'释箕子之囚，封比干之墓。'是武王灭商之时，箕子尚为纣所囚，故武王未及下车而释之。谓其佯狂者，亦妄也。太史公于《商本纪》载'商之太师、少师持其祭乐器奔周，周武王于是率诸侯伐纣'，其说既非矣。至《微子世家》载：'太

---

① 郑汝谐：《论语意原》卷二，《四库全书》本，上海古籍出版社 1987 年版。
② 程树德：《论语集释》，中华书局 1990 年版，第 575 页。

师、少师劝微子去，遂行。武王伐纣，微子乃持其祭器造于军门，肉袒面缚。'则是二书自相抵牾，何以取信？所可信者，夫子之言，可以理推也。"① 在他看来，"微子去之"是舍卿士之位而去微国，武王克商后，"微子乃持微国之祭器以告武王存商之祀，武王遂释微子而复其位"，而不是先抱祭器归周以叛纣。箕子在武王灭商之时，还被纣王囚禁着，是被武王释放的，说他"被发佯狂"也是不对的。这其中有些观点的确有个人见解，足以备一说。

综上可见，郑汝谐对《论语》的解读可谓自有特色，后人对其评价也一分为二，一方面，指出其中存在的不足，如《郡斋读书附志·拾遗》曰："《论语意原》十卷。右东谷郑汝谐所著也。然所原'三仁'之说，晦庵先生多不然之。晦庵谓《论语》只言微子去之，初无面缚衔璧之说。今乃舍孔子而从左氏，史迁已自难信，义不得已而曲为之说，以为微子之去，乃去纣而适其封国，则尤为无据矣。"② 另一方面，多给予正面评价，如宋郑如冈曰："《意原》之作，盖将发明先圣之奥旨，而为学问有成者之助也。"③ 宋郑陶孙说："因念自晦庵先生《集注》之行于世，学者往往不复求自得之学，间有取《集注》以前先儒之说者，辄如惊诧，以为叛于考亭。西山先生亦尝追序《意原》矣，西山岂叛考亭者哉？理本无终穷，学者尚不可以《集注》自画，况可谓《集注》之外可尽废乎？此非不肖孙之私心，乃学者之通论也。"④ 朱熹说："赣州所刊《论语解》，乃是郑舜举侍郎著，中间略看，亦有好处。"⑤《四库提要》称《论语意原》："综其大致，则精密者居多。"⑥ 真德秀曰："东谷郑公之学，本于伊洛诸君子，而沈潜玩绎，必求至于深造自得之地，《易》与《论语》皆其用力书也。……至读《意原》，则以其己意而逆圣人之志，盖多得之。于《八佾篇》，谓其伤权臣之僭窃，痛名分之紊乱，大指与《春秋》相表里。于'子贱'章，谓其为人沈厚简默，非鲁多君子，不能取其为君子。于'闻韶'章，谓以揖逊之乐作于僭窃之国，圣人盖伤之。于'三仁'章，谓微

---

① 郑汝谐：《论语意原》卷四，《四库全书》本，上海古籍出版社1987年版。
② 顾宏义、戴扬本等编：《历代四书序跋题记资料汇编》，上海古籍出版社2010年版，第279页。
③ 同上。
④ 同上。
⑤ 同上。
⑥ 永瑢等：《四库全书总目》，中华书局1965年版，第295页。

子之去为去王朝而之国，非归周也。若是者不可殚书。其言虽若异于先儒，而未尝不合于义理之正，有微显阐幽之益而无厌常求异之过，盖信乎其为自得也。前辈问学之不苟如此，可以为法矣。"①

第二节 "切近明白"的《石鼓论语答问》

戴溪（1141—1215），字肖望，亦作少望，又名谷老，谥号文端，学者称岷隐先生，南宋永嘉（今浙江温州）人。历官太学博士、庆元府通判、兵部郎官、太子詹事兼秘书监、工部尚书、华文阁学士等职。光宗时，领石鼓书院山长。一生著有《石鼓论语答问》《孟子答问》《春秋讲义》《续吕氏家塾读书记》《十先生奥论注前集》等书。其中《石鼓论语答问》作于石鼓书院，乃"与湘中诸生集所闻"②而成，该书的特色如下：

一 疑经勘注

宋代庆历年后，经学突变，疑经思潮日渐兴盛，不仅汉唐以来群儒固守、不敢稍加怀疑的"传注"遭到了猛烈攻击，而且神圣不可侵犯的经典本身也未能摆脱或疑、或讥、或毁、或黜的命运。在这场声势浩大的经学怀疑思潮中，作为圣人之道载体的《论语》也未能幸免。戴溪《石鼓论语答问》中也有这方面的内容。

第一，疑经。在戴溪看来，《论语》中部分章节存在问题。如《颜渊篇》"棘子成曰：'君子质而已矣，何以文为？'子贡曰：'惜乎夫子之说君子也！驷不及舌。文犹质也，质犹文也，虎豹之鞟犹犬羊之鞟'"章，戴溪指出："子贡曰'惜乎夫子之说君子'，谓下'君子'两字误。子若只说人亦质而已矣，固未甚害，但不合实说。君子却不得。盖既说君子，则不当独说质也；若说文与质相似，是虎豹之鞟犹犬羊之鞟也，其可乎？"③认为"惜乎夫子之说君子"之中的"君子"两字为衍字，与文意有害。《卫灵公篇》"吾犹及史之阙文也，有马者借人乘之，今亡矣夫"

---

① 顾宏义、戴扬本等编：《历代四书序跋题记资料汇编》，上海古籍出版社2010年版，第278—279页。
② 永瑢等：《四库全书总目》，中华书局1965年版，第295页。
③ 戴溪：《石鼓论语答问》卷中，《四库全书》本，上海古籍出版社1987年版。

章，戴溪指出："前辈常说有马者借人乘之，此乃阙文也，不言何人之马，借何人乘之。盖相传妄自增加也，观圣人作《春秋》可见矣。"① 认为"有马者借人乘之"语义不明，应为衍句。

又，《子张篇》"虽小道，必有可观者，致远恐泥，是以君子不为也"章，戴溪指出："子夏之学流为庄周，其原盖出于此。盖此语有病，圣人立论决不如此。先圣之道，凡小道皆异端也，岂惧其致远而泥，乃有所不为哉？"② 同篇"君子有三变：望之俨然，即之也温，听其言也厉"章，戴溪指出："此章语亦有病。所谓子温而厉者，温中有厉，不是听其言方知其厉。君子有三变，随物赋形，从容中道，何啻万变？本于此一而已，《乡党》一篇可见。望之俨然，即之也温，便是子温而厉。此章多是子夏言，乃其门人私记，如此病处甚多，与圣人之言全别，大率说得极辛苦。"③ 认为这两章出自子夏门人之手，皆存在语病。

戴氏上述所言，或认为这些章节有衍字、衍句现象，或认为有语病，敢于质疑经典，其精神可嘉，但其说却并没有得到后人的认可。

第二，指陈前人注释之得失。在《石鼓论语答问》中，戴溪对前人注释进行了检视，是者是之，非者非之。如《学而篇》"弟子入则孝"章，戴溪注曰："近有新说云'则以学文'者，以学而文之也，此说害理。只上面便是学，如何更以学去文之也？只依旧说。"④ 在这里，戴氏肯定了旧说，而否定了新说。对于在他看来与经义不合的注释则直陈其失。如《学而篇》"学而时习之"章，戴溪注曰："来解谓'当其可之谓时'，非也。此时只是尝尝玩习，令意思不间断。'有朋自远方来'，来解以为人见吾学力之至，皆不惮远而归之，所以乐，却非也。如此是要人知己，若要人知己便乐，则人不知己，如何不愠？兼人知己，如何会乐？乐自是胸次中事，油然生于其中，要勉强不得人，便富贵之极，亦只是自喜，如何会乐？惟是性分中，方始言得乐字，孟子所谓'王天下不与存焉'者，是也。'有朋自远方来'者，是得天下之贤者，相与共学，彼此相发明，有不容言之妙，故其为乐也至矣。"⑤ 在戴氏看来，前人对"时"和"有朋

---

① 戴溪：《石鼓论语答问》卷下，《四库全书》本，上海古籍出版社1987年版。
② 同上。
③ 同上。
④ 戴溪：《石鼓论语答问》卷上，《四库全书》本，上海古籍出版社1987年版。
⑤ 同上。

自远方来"的解释是不对的，这里的"时"应是"尝尝玩习，令意思不间断"的意思，而"有朋自远方来"指的是"得天下之贤者，相与共学，彼此相发明"的意思。又，《泰伯篇》"三分天下有其二，以服事殷。周之德，其可谓至德也已矣"句，戴溪注曰："前辈多言'三分天下有其二，以服事殷'，此夫子言文王之至德，亦有不足于武王之意。然参考此段，夫子只言周之德，不指言文王，安知便专说文王？中间又不曾间以'子曰'，只是连上文说武王事，亦难为专指文王也。"①认为前人之解释将"三分天下有其二，以服事殷"专属文王有误，应当指的是周之德。

第三，评点理学大师的诠释。戴溪之学出于伊洛，其《石鼓论语答问》曾被朱熹称为近道，"朱子尝一见之，以为近道"②。如"天理""格物穷理"是二程之学的核心理念，戴溪在《石鼓论语答问》中对此也有阐述。在诠释《子罕篇》"子畏于匡"章时，他曾说："天下之事不当如是而如是者，皆天也。人见其人而不见其天，圣人见其天而不见其人。见其人，故有忿怒、有怨恨、有计较、有恐惧；见其天，故无忿怒、无怨恨、无计较、无恐惧。此一段是圣人见得天理透彻，担负得过、断制得坚处，只怕文王既没，文不在此；又怕天断丧斯文，使后死者不得与闻斯道，便不奈何。若世道决无灭绝之理，文王之文决在圣人，世亦决无人事胜天之理。"③将"天理"引入了对经文的解读之中，生成了新的意义。又，在诠释《学而篇》"由，诲汝知之乎"章时，他指出："古人以致知为学问之首，致知在格物，若不向穷理上用功，如何事事自知？夫子曰：'盖有不知而作之者，我无是也。多闻择其善者而从之，多见而识之，知之次也。'由此言之，以不知为知，不特子路一人。除非圣人便是生知，若以下更有学知，亦有困而知之者，不知而欲强知，是无时而可知也。若自以为不知，求所以知之，则有时而知之矣。此圣人诲子路致知之道也。"④将"格物穷理"渗入到对经文的诠释里，凸显了解读的义理性。

虽然戴溪承袭了二程之学的衣钵，但对理学家们的诠释则是有褒有贬的。如《泰伯篇》"如有周公之才之美"章，戴溪注曰："谢上蔡谓：'克己工夫未肯加，吝骄封闭缩如蜗。骄是不能进善，吝是不能改过。骄吝不

---

① 戴溪：《石鼓论语答问》卷中，《四库全书》本，上海古籍出版社1987年版。
② 永瑢等：《四库全书总目》，中华书局1965年版，第295页。
③ 戴溪：《石鼓论语答问》卷中，《四库全书》本，上海古籍出版社1987年版。
④ 戴溪：《石鼓论语答问》卷上，《四库全书》本，上海古籍出版社1987年版。

除，自为封闭，其缩如蜗。'是也。"①《子罕篇》"凤鸟不至，河不出图"章，戴溪注曰："谢上蔡说此一段好。云非必指河图出与凤鸟至也，特借此言明王不与尔，故尝为之说。曰颜渊、子路死，圣人观之人事；凤鸟不至，河不出图，圣人察之天理；不复梦见周公，圣人验之吾身。夫然后知斯道果不可行，而天下之果无意于斯世也。"② 这两段文字都对程门弟子谢良佐的诠释表示了认同。而在《子罕篇》"子在川上曰"章，戴氏则对程颐的解释发表了不同意见，说："此圣人观物之学。天下之事，日夜相代乎前；矢激川流，一息不停，尚复固闭留滞，亦可谓所过不化矣。伊川先生曰：'言道之在'。如此恐未然。东坡曰：'逝者如斯而未尝往也。'此语乃佳。当知川流不息而水之清明者未尝动，则知君子所存者神矣。"③又，《泰伯篇》"笃信好学"章，戴溪注曰："笃信好学，横渠先生曰：'笃信若不好学，亦不失为善人信人。'此语恐未必然。"④《颜渊篇》"樊迟问仁"章，戴溪注曰："横渠以为举直错诸枉兼答仁智，说得甚深切，恐经意未然。盖樊迟自谓子夏言乡者吾见于夫子而问知，不曾说仁；若说子夏谓不仁者远是兼说仁智，然樊迟问仁，子夏不知也。盖爱人谓之仁，知人谓之智，此学者所共知也，樊迟有何未达而疑之？盖樊迟所以未达者，知人之说也。如仲弓所谓'焉知贤才而举之'，齐王所谓'吾何以识其不才而舍之'之类也。圣人之意，以为人不易知，如何人人知得，但举直错诸枉便是为知人之法也。樊迟又理会未得举直错枉了如何会使枉者直。子夏推原此道，以为帝王之治天下，亦不过此道，故曰富哉言乎。舜只是举一皋陶，汤只是举一伊尹，不仁自远，岂非所谓枉者直乎？举帝王已行证夫子之言，则樊迟之问释然矣。"⑤ 这两段文字则对张载的诠释提出了批评，认为其诠释不合经意。

二 注重考据

理学的兴起使宋代学者治学抛开传注而直接从经典中寻求义理，既导致了以训诂章句为主要特征的经义考据的衰落，又因打破注疏以新义解

---

① 戴溪：《石鼓论语答问》卷中，《四库全书》本，上海古籍出版社1987年版。
② 同上。
③ 同上。
④ 同上。
⑤ 同上。

经，审视古经、古史、古注中的问题，促使宋代学者在考据方面取得了一系列成就。① 戴溪的《石鼓论语答问》也比较重视考据。

第一，注重对典章制度的阐释。如《乡党篇》"君召使摈，色勃如也；足躩如也。揖所与立，左右手，衣前后，襜如也。趋进，翼如也。宾退，必复命曰：'宾不顾矣'"节，戴溪注曰："揖所与立，左右手，不复俯身，君在，无私敬也。凡两君来朝与四方之使者，大客则摈，小客则受其币而听其辞。所谓摈者，姑以诸侯自相为宾礼。论之宾主各有副，宾副曰介，主副曰摈及行人。若诸侯自行，则介各从其命数（谓如侯伯七命则用七）。至主国大门外，主人及摈出门外相接。其摈人数则看主君为多寡，若主君是公，则摈者五人，侯则摈者四人，子男则摈者三人（所以不从命者，示谦也）。卿为上摈，大夫为承摈，士为绍摈（若摈者五人，则用三士为绍，余并一人）。宾主相向介对立，主人就宾求辞于客。所以求辞者，谦不敢当客之来，恐其以他事过此。求辞之法，主人先传于其上摈，上摈传于次摈，次摈传于末摈，末摈乃传于宾末介，末介传于上介，上介传于宾。宾答主人之辞传于上介，迤逦传至君之上摈，以至于主人。此所谓摈相传命也。何也？《聘义》曰：'君子于其所尊弗敢质，敬之至也。'既传命，方始入庙门行礼。若君使卿来聘，礼数则杀于此矣。上公之卿，只用七介（上公自用九介）。旅摈而不敢交摈。旅摈者，自摈便传于介，不复如此次第相传也。《聘礼》称宾出，大夫送于外门外，再拜，宾不顾（《注》云：'不顾言去。'）盖谓宾一去不回顾也。《聘礼》：'宾不顾，摈者便退。'圣人于不顾后添此一节，方为成礼。"② 详细地叙述了诸侯国之间的接待宾客之礼，揭示了孔子之所以这样做的原因。

第二，注重对名物的考证。如《乡党篇》"非帷裳必杀之"节，戴溪注曰："衣裳之制，上曰衣，下曰裳，不相连缀。盖襞缯为裳，状如今裙矣。帷，深衣之制。衣裳相连，被体深邃，故谓之深衣。所谓杀者，交裂而缝之也。且以深裳论之，其法曰缝齐倍要（齐，衣之下也，如摄齐升堂之齐。要，是与衣连处，裳之上也）。其齐倍要之数者，盖深衣十有二幅，一幅阔二尺二寸，以四寸为缝，只有一尺六寸。交裂之一头，阔尺二寸，一头阔六寸。以宽头尽向下，以狭头尽向上，而合缝之，此之谓杀（深衣

----

① 庞天佑：《理学与宋代考据学》，《湛江师范学院学报》1996年第4期。
② 戴溪：《石鼓论语答问》卷中，《四库全书》本，上海古籍出版社1987年版。

本分两去,故有十二幅)。又如丧制内削幅尽以狭头向下,宽头向上,如裳,前四幅后四幅,各自为之,前后不用连,此皆所谓杀也。"① 清楚明白的叙述了什么是衣、什么是裳、什么是帷以及什么是杀,使人们深入了解了古代的衣裳之制。

第三,注重对字词注释的考证。如《泰伯篇》"君子所贵乎道者三:动容貌,斯远暴慢矣;正颜色,斯近信矣;出辞气,斯远鄙倍矣"句,戴溪注曰:"远暴慢、近信、远鄙倍有二说,其一说己,其一说人。《乐记》称'致礼以治躬,致乐以治心,心中斯须不和不乐,则鄙诈之心入之矣。外貌斯须不庄不敬,则易慢之心入之矣',如此说当称在己可也。《中庸》称'动而民莫不敬,言而民莫不信,行而民莫不说',如此说当称在人可也。前辈亦多作在己。暴慢说若参考文意却恐不是说在己,何故?缘斯字说不通。若说动容貌斯远得暴慢,未动容貌时如何兼?未曾于心术用功,难为动容貌,便远得暴慢。至如正颜色斯近信,此语尤说不通。前辈说有诸己之谓信,间常时不曾信,如何正颜色便近信?莫不相交涉,否缘其间,有窒碍不通处,遂不免去上面一字都重说了。如动如正,固重说得如出一字,如何重说?前辈将修辞说出辞气,却不知修字与出字大段不同,难为如此说。曾子之意,以为君子所贵乎道者,为其功用甚大故也。道全德备后,才动容貌,民莫不敬,暴慢自远矣;才正颜色,不待号令而民之信者过半矣;才出辞气,民莫不从鄙倍自远矣。所谓大哉王言,一哉王心,皆远鄙倍之类也。《乐记》曰:'内和而外顺,则民瞻其颜色弗与争也;望其容貌,而不生易慢焉。故德辉动乎内,而民莫不承听;理发诸外,而民莫不承顺。'其此之谓乎?君子之所以用力于斯道者,为其若此故也。"② "远暴慢、近信、远鄙倍"为什么不是说在己,究其原因就在于文意说不通。

虽然戴溪的考据大多是有理有据的,但也不能否认其中存在着偏差。《四库全书提要》就曾指出,《石鼓论语答问》"考据间有疏舛。如解'缁衣羔裘'节,先加明衣亲身,次加中衣,冬则次加裘,裘上加裼衣,裼衣之上加朝服。其说本于崔灵恩,不为无据。然《诗·羔裘篇》孔《疏》谓:'《玉藻》:"君衣狐白裘,锦衣以裼之。"'又云:'以帛裹布非礼也。'

---

① 戴溪:《石鼓论语答问》卷中,《四库全书》本,上海古籍出版社1987年版。
② 同上。

郑《注》云：'冕服中衣用素，朝服中衣用布。'若皮弁之下即以锦衣为裼，即是以帛裹布。故知中衣在裼衣之上。其文甚明。溪盖未之深考。又解'吉月必朝服而朝'节，谓《玉藻》'天子玄端而朝日于东门之外'不必依郑《注》改'端'为'冕'，盖称端者通冠冕言之。其说亦通。《乐记》'端冕而听古乐'，郑《注》'端为玄衣'，孔《疏》'端为玄冕。凡冕服皆其制正幅，故称端也'。然《玉藻》'天子玄端而朝日于东门之外'与下文'玄端而居'对举见异，故朝日玄冕即不得通称玄端。此郑所以决冕之误为端，溪亦失考也。"不过，日库馆臣也指出："然训诂义理说经者，向别两家，各有所长，未可偏废。溪能研究经意，阐发微言，于学者不为无补，正不必以各物典故相绳矣。"[1]

三　引史释《论》

永嘉学派主张经史兼重，倡导借用历史事实来解释经典，这在戴溪《石鼓论语答问》亦有体现。如《先进篇》"鲁人为长府"章，戴溪注曰："案：《左传·昭公二十五年》，昭公欲逐季氏，居于长府。九月戊戌，季氏杀公之于门，遂入之。窃意季氏恶昭公，欲改为长府，有伐木削迹之意，故闵子骞有此语曰'仍旧贯，如之何，何必改作'，是自彰其恶也，故夫子曰'夫人不言，言必有中'。所谓有中者，谓深中季氏之失也。此事甚隐，惟闵子与圣人知此意，故相与叹息尔。""案：《左传·定公元年》，六月，昭公之丧至自乾侯。戊辰，公即位。季孙使役如阚公氏，将沟焉。六月癸亥，公之丧至自乾侯。戊辰，公即位。季孙使役如阚公氏，将沟焉。荣驾鹅曰：'生不能事，死又离之，以自旌也。纵子忍之，后必或耻之。'乃止。季孙问于荣驾鹅曰：'吾欲为君谥，使子孙知之。'对曰：'生弗能事，死又恶之，以自信。焉用之？'乃止。秋七月癸巳，葬昭公于墓道南。孔子之为司寇也，沟而合诸墓。昭公出，故季平子祷于炀公。九月，立炀宫。推此事观之，则鲁之欲改为长府，容有此理。"[2] 两引《左传》，探究鲁人欲为长府的原因。

又，《子罕篇》"吾未见好德如好色者也"章，戴溪注曰："按：《史记》，孔子在卫，卫灵公与夫人同车，宦者雍渠参乘，出，使孔子为次乘，

---

[1] 永瑢等：《四库全书总目》，中华书局1965年版，第295—296页。
[2] 戴溪：《石鼓论语答问》卷中，《四库全书》本，上海古籍出版社1987年版。

招摇市过之。孔子曰:'吾未见好德如好色者也。'于是丑之,去卫,适鲁。古之人君,其待贤者,入则同食,出则同舆,犹不敢自以为至,而况与夫人同车,宦者参乘,乃使圣人次其后乎?圣人于卫灵公有际可之仕犹如此,宜乎其急于去卫也。"① 引用《史记·孔子世家》中的事实,来说明"吾未见好德如好色者也"这句经文出现的历史背景,给读者以清晰的感觉。

《子路篇》"子路曰卫君待子而为政"章,戴溪注曰:"前辈谓夫子为政于卫,欲先正名,必须教辄避位以逊其父,则君臣夫子之名正矣。夫辄至于发兵拒父,积年未定,欲待夫子为政,固将求安其位也,而教之避位,是宜子路以为迂也。考之《史记》,称孔子自楚反卫,是岁,鲁哀公六年也。是时,卫君辄父不得立,在外,诸侯数以为让。而孔子弟子多仕于卫,卫君欲得孔子为政,故子路来问,以探夫子之意,所以冉有、子贡相语有夫子为卫君之说,亦是见夫子自楚复卫意者欲仕于卫君乎?由此观之,辄之有待于夫子,其意可知矣。夫子亦安能以一见之间,使辄避位以逊其父乎?故吾以为学者当识圣人之意。子路设问以探圣人欲仕之意,圣人不敢明白其不可。盖居是邑不非其大夫,岂敢明言其不足仕乎?盖必也正名之意,言必先正名而后可仕。今卫之名不正甚矣,彼既不肯正名,是决不可仕也。"② 借用《史记·孔子世家》的记载,说明孔子在卫国为什么要先正名再出仕的原因。

《子罕篇》"子欲居九夷"章,戴溪两引《后汉书·东夷传》说明九夷及孔子欲居九夷的原因。他说:"《后汉·东夷传序》曰:'夷有九种,曰畎夷、于夷、方夷、黄夷、白夷、赤夷、玄夷、风夷、阳夷。故孔子欲居九夷也。'又《传》曰:'箕子遭殷衰之运,避地朝鲜(即东夷也)。始其国俗未有闻也,及施八条之约,使人知禁,遂至国无淫盗,门不夜扃,回顽薄之俗,就宽略之法,行数百千年,故东夷通以柔谨为风,异乎三方者也。苟政之所畅,则道义存焉。仲尼怀愤,以为九夷可居。或疑其陋。孔子曰:"君子居之,何陋之有!"亦徒有意焉尔。'《传》论所言九夷风俗之美,此箕子之化,容有之。然言圣人怀愤欲居九夷,则妄矣。圣人此

---

① 戴溪:《石鼓论语答问》卷中,《四库全书》本,上海古籍出版社1987年版。
② 戴溪:《石鼓论语答问》卷下,《四库全书》本,上海古籍出版社1987年版。

意，亦只是乘桴浮海之意，岂真欲居耶？"①

四 关注德性修养

注重自我修养，是宋代儒家思想中最丰富、最有特色的部分之一。戴溪就非常注重个人的德性修养，其主要方法有：

一是自省。在戴溪看来，"内自省，则病稍瘳矣"②，"见人不贤，吾当自省。自点检恐不及，何暇问他人之恶？此可谓自修矣"③。只有内自省，才能"律己甚严，与人甚恕"④，才能做人没有怨气，"躬自厚而薄责于人，则无怨矣"⑤。戴溪进而指出，要想做到内省，需心有所主，"人心有所主宰，自然不转移"⑥，"盖此心既定，定方能为学知礼，所以修身知言，所以接物，其本之出于我者则一也"⑦。人心何所主？曰主忠信。他在诠释《子罕篇》"主忠信"章时指出："前辈论主忠信，如扬子江中水，既入于内，外水更不可入。此是学者第一义。胸中既有所主了，然后从益友切磋讲磨，见得有未是处便改，此是学者要切工夫。过不必显，然见于事者，但萌于吾心者，皆当点检。今人多惮于改过，反而思之，自我作之，自我止之。譬之出入息也，反复守也，开阖户枢也，何难之有？"⑧ 在戴氏看来，心有所主，这是根本，然后才能点检自己，迁善改过。他还说："外先庄重，内先忠信，既有所本矣，然后可以资益于人，点检于己，此其为学之次第。己若外面轻忽，里面不诚实，如何问别人身上求益？人亦如我。何况满身都是过，更就何处点检？人须先有根本了，始可以迁善改过。"⑨ "人之学问，若点检不到，一日之间，多损少益。不忠不信，则于己有损，不习则于己无益。古之学者常自警察，只就不好处点检，一毫不尽其情者，皆不忠不信也。"⑩ 因此，在日常生活中，人当多返求自己，

---

① 戴溪：《石鼓论语答问》卷中，《四库全书》本，上海古籍出版社1987年版。
② 戴溪：《石鼓论语答问》卷下，《四库全书》本，上海古籍出版社1987年版。
③ 同上。
④ 戴溪：《石鼓论语答问》卷中，《四库全书》本，上海古籍出版社1987年版。
⑤ 戴溪：《石鼓论语答问》卷下，《四库全书》本，上海古籍出版社1987年版。
⑥ 戴溪：《石鼓论语答问》卷上，《四库全书》本，上海古籍出版社1987年版。
⑦ 戴溪：《石鼓论语答问》卷下，《四库全书》本，上海古籍出版社1987年版。
⑧ 戴溪：《石鼓论语答问》卷中，《四库全书》本，上海古籍出版社1987年版。
⑨ 戴溪：《石鼓论语答问》卷上，《四库全书》本，上海古籍出版社1987年版。
⑩ 同上。

多思己之过。他说:"君子每事求己,惟见己之未至,故能自反。小人每事求人,惟见人之莫我与也,故常多怨。求己者求则得之,求人者求则失之。求己者常见己之过,求人者常见人之过。"①

二是克己。在戴溪看来,克己就是战胜自己的私欲。他说:"胜己之私,克之美也。……虽克己,而未至于复礼,未可以为仁也。"② 克己需要从自身做起,不假外求。他说:"易色、竭力、致身、言而有信,此皆就吾身上用功,非面外著力也。"③ 克己需要自制。"盖世间自有一般人好与人争竞,此其刚强忿戾生于中,而不能自制。人若有刚强忿戾之心,则事事不委曲,如何不会犯上?"④ 不能自制,就会犯上作乱。克己还不能骄且吝。戴溪说:"谢上蔡谓:'克己工夫未肯加,吝骄封闭缩如蜗。骄是不能进善,吝是不能改过。骄吝不除,自为封闭,其缩如蜗。'是也。圣人之所以为圣人者,只是论德不是论才,骄吝尚存,更说恁德,此其所存也无几矣,尚何观焉。"⑤ 只有除掉骄吝,才能改过进善。戴溪进而指出,克己最终要达到复礼归仁。他在诠释《颜渊篇》"颜渊问仁"章时说:"学者始乎礼成乎礼。何谓始乎礼?夫子所谓约我以礼、非礼勿视听言动是也;何谓成乎礼?夫子所谓克己复礼天下归仁、孟子所谓动容周旋中礼者是也。盖学者初于何下手,礼乃其入门也。及其成也,他何所见,只有动容周旋中礼而已。克己复礼,只此便是为仁,故曰'克己复礼为仁'。克己不是一日工夫,到得复礼,却是一日工夫。克己复礼所以为仁者,向时私欲未克,则此身方为吾累,何况于物?到得一日克尽,复归于礼,昭彻无碍,别无一物,但见天下都在仁中,此身与万物皆在泰和之中,故曰'天下归仁焉,为仁由己',此亲切极尽之辞也。非礼勿视,非礼勿听,此克己之要道也,外此,圣人教人无它道矣。"⑥ 克尽私欲,做到非礼勿视,非礼勿听,此乃克己的重要方法。

三是尚敬。戴溪对"敬"也比较重视,在他看来,"敬便能安人,安人便是安百姓,其本原功用如此"⑦。敬是安人、安百姓的基础。敬能生

---

① 戴溪:《石鼓论语答问》卷下,《四库全书》本,上海古籍出版社1987年版。
② 同上。
③ 戴溪:《石鼓论语答问》卷上,《四库全书》本,上海古籍出版社1987年版。
④ 同上。
⑤ 戴溪:《石鼓论语答问》卷中,《四库全书》本,上海古籍出版社1987年版。
⑥ 同上。
⑦ 戴溪:《石鼓论语答问》卷下,《四库全书》本,上海古籍出版社1987年版。

信，他说："惟敬事故能信事，若不敬于其初，必率略不可行，如何信得节用而爱人？若不节用，不免扰民，如何爱得？"① 为政者经常通过礼乐向臣民灌输敬戒之意，则民安国定。他在诠释《八佾篇》"孔子谓季氏八佾舞于庭"章时指出："盖圣人之意深矣，平居无事之时，习其臣子敬戒之心，使见君之马而不敢易焉。等而上之，君何啻如天之尊，臣何啻如地之卑。以此坊民，民恶有犯其上者。由此事观之，先王所以为是礼乐之等者，皆所以习臣子敬戒之心也。故乱臣贼子必先变易礼乐，而后敢动于恶。若季氏八佾之舞是也。"② 因此，为政者理应尚敬。

四是变化气质。戴溪认为尽管人的本性是善的，但由于受外物的侵扰，也可能为恶，他说："学不至于变气质，纵有学问，随其气质自为成就，终堕于一偏。子张之过，子夏之不及，皆是随气质成就如此。"③ 在他看来，"气质之偏皆可勉而为善"④，因此，为了恢复先天的善性，就必须变化气质。一方面，常怀戒惧之心，他说："前辈已谓血气之善有限，学问之善无穷。盖学问不充，血气用事，虽有善者，亦只是血气为之，况血气之不善者乎？学问之功全在变化气质，血气随少长而盛衰，此心戒惧一日，则好一日。君子有三戒，不敢自恃如此。"⑤ 另一方面，通过培养教化，他说："圣人之教子，先养其气质，待其可以受教也，然后因其质而徐教之，不先时而躐等也。"⑥ 变化气质不能一蹴而就，必须先养，尤其是教育小孩，更需如此。

五 抉发情性论

中国传统人性论有一个特点就是以情为出发点展开论述。戴溪即是如此。一是肯定了人情和天理的关系，他说："人情不已处，即天理之不可泯灭者。"⑦ 二是肯定了"人伦日用"间的自然情欲，他在阐释"《诗》三百，一言以蔽之，曰'思无邪'"章时指出："先王之泽既衰，当时列国自为风俗，民生其间，安能一一尽得如先王之时？一时途歌巷语，岂无邪

---

① 戴溪：《石鼓论语答问》卷上，《四库全书》本，上海古籍出版社1987年版。
② 同上。
③ 戴溪：《石鼓论语答问》卷中，《四库全书》本，上海古籍出版社1987年版。
④ 同上。
⑤ 同上。
⑥ 同上。
⑦ 戴溪：《石鼓论语答问》卷下，《四库全书》本，上海古籍出版社1987年版。

僻？古今人情皆然也。"① 这就是说，人的自然情欲有恶是正常的。但他同时强调，人情理应是至美的，如果有时出现不美的情形，就应当通过学《诗》而加以改变。他说："人情至美也，远近相取，情伪相感，则亦有时而不美，故圣人必有以通人情，使得以自述其情性，写其欢欣之意，而叹其愁思不乐之状。夫是以宣其郁滞而乐其和美，则不消之心不生矣。后之学者岂不当学此？通乎《诗》，则明乎人情；识乎物理，可以感发善心；察观世变，可以群居不乱。虽有怨诽，而不至于已甚。上而君臣父子之间有人情之所难处者，皆委曲中道；下而鸟兽草木之名与时消息，物理变化亦可略见矣。"② 三是反对情欲的过分膨胀，他说："骄乐，傲也；佚游，慢也；宴乐，安也，皆恣情纵欲之病也。"③

六　注重阐发事功之学

永嘉学派继承了传统儒学中"外王"和"经世"的思想，提倡修实政，行实德，建实功，为民谋利。作为永嘉学派的代表人物之一，戴溪在诠释《论语》时也阐发了实德实政双修的思想。

第一，为政者要提高自身的德行。在戴溪看来，"人君之服民，只有两事，修己用人而已。故又曰'上好义则民莫敢不服'"④。他指出："为政甚易，只须正己，便是正人。为政甚难，不先正人，却先正己。政者，正也，不正不足以谓之政。"⑤ 正人先正己，此乃治国长久之道。在诠释《为政篇》"季康子使民敬"章时，他说："大抵要斯民尊君亲上、改过迁善，当于人心上用功，欲用功于人心者，当于自己身上用功，此简易长久之道也。"⑥ 把为政者自身的德行看作是治国理政的首要条件。

第二，为政者要行实政。在戴溪看来，为政者要做到内圣外王，他说："惟天为大，唯尧则之，荡荡乎民无能名焉，内之德也；巍巍乎其有成功也，焕乎其有文章，外之业也。"⑦ 尧之所以如此受后人尊崇，关键是他集内德与外业于一身。外业主要表现在以下四个方面：一是爱民利民。

---

① 戴溪：《石鼓论语答问》卷上，《四库全书》本，上海古籍出版社1987年版。
② 戴溪：《石鼓论语答问》卷下，《四库全书》本，上海古籍出版社1987年版。
③ 同上。
④ 戴溪：《石鼓论语答问》卷上，《四库全书》本，上海古籍出版社1987年版。
⑤ 戴溪：《石鼓论语答问》卷下，《四库全书》本，上海古籍出版社1987年版。
⑥ 戴溪：《石鼓论语答问》卷上，《四库全书》本，上海古籍出版社1987年版。
⑦ 戴溪：《石鼓论语答问》卷中，《四库全书》本，上海古籍出版社1987年版。

戴溪指出，"大抵人心无两用，便是圣贤出来，抚民物亦不遑寝食，一意为民，然后天下蒙福"①。主要做法：一方面是不扰民，他说："千乘之国，不易治也。圣人说得极易，只是自尽者已。不扰民生事，便可为也。孟子论王道亦如此。……节用而爱人，若不节用，不免扰民，如何爱得？"② 另一方面是散利与薄征，他说："盖先王以荒政十有二聚万民，一曰散利，一曰薄征，此乃救荒急切之政。若凶岁不薄征，民力无从出，只得流移，或去为盗贼，古所谓饿馑丧乱者正如此。当此时，国用于何取足？却不知一时薄征，民略可以自安，必不流移，岁月之间，禾麦既登，则国用取足，是岂非所谓百姓足君孰与不足之说乎？"③ 只有让利于民，才能民富国强。二是整齐百姓。戴溪说："今之为政者，那事不要整齐，只得百姓整齐，便事事整齐矣。故为政之初，便须用出牓晓谕人云某事合当如此，若不如此，便须有罪，此所谓道之以政齐之以刑也。今有一法不用出牓晓谕，别自有道理晓谕得人；亦不用治某罪用某罚，别自有道理整齐得人。须知夫'道'与'齐'两字同而功用各别，则人君自然舍彼取此。民免而无耻，一时虽整齐下来，事事有民，到得无耻，何事不可做？但未敢做尔。若有耻且格，既格后，上面工夫大段做得，何事不可为也？"④ 三是劝化民众。戴氏在诠释《泰伯篇》"民可使由之，不可使知之"章时指出："民可使由之，不是恐民之智将以愚之，亦不是匹夫匹妇之愚不可与知。此一段自是论圣人劝化之道。可使民由之，所谓鼓舞震荡忽焉，若神耕食凿饮，不知帝力，于我何有之类是也。若使民知之，则是在我未免有形迹，而道化之在民者亦浅矣。王者皞皞所谓由也，霸者欢虞所谓知也。"⑤ 在他看来，在人多民富的基础上，必须要对民众实行教化。在诠释《子路篇》"子适卫冉有仆"章时，戴氏指出："国患于无民，故户口蕃盛者，为治之基也。后世之君括户以求民，为赋役地也。圣人欲富民，后人欲富国，其事正戾。故休养生息者，所以庶之也；劝课农桑者，所以富之也；申明礼义者，所以教之也。不如是，不足以为人上。"⑥ 为政者可以通过庶

---

① 戴溪：《石鼓论语答问》卷上，《四库全书》本，上海古籍出版社1987年版。
② 同上。
③ 戴溪：《石鼓论语答问》卷中，《四库全书》本，上海古籍出版社1987年版。
④ 戴溪：《石鼓论语答问》卷上，《四库全书》本，上海古籍出版社1987年版。
⑤ 戴溪：《石鼓论语答问》卷中，《四库全书》本，上海古籍出版社1987年版。
⑥ 戴溪：《石鼓论语答问》卷下，《四库全书》本，上海古籍出版社1987年版。

民、富民、教民的措施,来巩固自己统治的基础。四是要善于选拔和任用人才。戴溪指出:"雍容风雅与理繁治剧之才不同,二者不可偏废。为人上者,审择其人才而用之耳。用违其才,则人才无一可用;用称其才,人才无一不可用。人多言古时人才多,不知古人善用人才耳。"① 只有善用人才,才能民安国富。

括而言之,戴溪的《石鼓论语答问》应该是"切近明白"②的,其诠释义理,是"持论醇正"③的,虽然"考据间有疏舛"④,但瑕不掩瑜。该书一方面具有鲜明的宋学特色,注重独立思考和批判,很多章节不仅涉及对经典的质疑和前人注释的评点,而且注重名物训诂;不仅关注了个体的修养工夫,而且从情的角度探讨了人性论。另一方面也具有永嘉学派的特色,不仅注重引史证经,而且提倡事功之学,成为宋代书院派的代表作。

第三节　事功学派叶适的《论语》诠释

叶适(1150—1223),字正则,号水心,南宋温州永嘉(今浙江温州)人。历官平江节度推官、知蕲州、吏部侍郎、太常博士、知建康府兼沿江制置使、宝文阁待制兼制置使、国子司业、显谟馆学士等职,主要著作有《水心文集》《水心别集》《习学记言序目》等。在《习学记言序目》中,集中了叶适对经史子学的研究心得与学术评论。其中儒家经典中就包括《论语》《周易》《尚书》《毛诗》《周礼》《仪礼》《礼记》《春秋》《孟子》等。兹以文中有关《论语》的论述来谈谈叶适《论语》学思想的特色。

叶适是永嘉学派的集大成者,他在《论语》注释中所阐发的观点,集中反映了其兼通经史、反对理学和推崇事功的思想。

---

① 戴溪:《石鼓论语答问》卷下,《四库全书》本,上海古籍出版社1987年版。
② 顾宏义、戴扬本等编:《历代四书序跋题记资料汇编》,上海古籍出版社2010年版,第296页。
③ 同上书,第297页。
④ 同上。

一 经史结合以解《论》

在治学上,叶适主张将治经与治史结合起来。在他看来,如果只治经而不治史,就会使理义变为无所依托的空言。如孟子"论理义至矣",但"以其无史而空言"①。如果只治史而不研经,就会导致学者"汩于所闻而不订之理义"②。为了避免上述两种极端,他认为应将研经与研史贯通起来,做到经史兼通。他说:"经,理也;史,事也。……专于经则理虚而无证,专于史则事碍而不通。"③研经以探讨理义为主,研史以探究事实为主,如果将对二者的研究割裂开来,就会导致要么"理虚而无证",要么"事碍而不通"。只有将经与史、理与事搭挂在一起考察,才会"理之熟,故经而非虚;事之类,故史而非碍"④。

在解释《论语》经文时,叶适主张把孔子放在当世的历史大背景中予以考察,反对后儒将一切功绩都加在孔子身上的做法,认为应理性地看待孔子的历史贡献。如在孔子"删诗"问题上,从汉至隋,历代学者及有关史志对此皆深信不疑,且有不同程度的补充和解释说明。最早提出"孔子删诗"一说的是司马迁。《史记·孔子世家》说:"古者《诗》三千余篇,及至孔子,去其重,取可施于礼义,上采契、后稷,中述殷、周之盛,至幽、厉之缺,始于衽席,故曰《关雎》之乱以为《风》始,《鹿鸣》为《小雅》始,《文王》为《大雅》始,《清庙》为《颂》始。三百五篇孔子皆弦歌之,以求合《韶》《武》《雅》《颂》之音。礼乐自此可得而述,以备王道,成六艺。"后来班固、郑玄都支持这个说法。及至唐初,孔颖达始以"《书》《传》所引之诗,见在者多,亡逸者少",从而怀疑"孔子所录,不容十分去九。史迁言古诗三千余篇,未可信也"⑤。以此为滥觞,否定"孔子删诗说"的声音开始多起来。在这个问题上,叶适指出,《诗经》原本三千余篇,不过,随着时代的变迁,不断散佚,及至孔子时代,"周室微而礼乐废,《诗》《书》缺"⑥,就只剩下三百零五篇了,故

---

① 叶适:《习学记言序目》卷十四《孟子》,中华书局1977年版,第205页。
② 同上。
③ 叶适:《叶适集》,中华书局1961年版,第221页。
④ 同上书,第221—222页。
⑤ 孔颖达:《毛诗正义·〈诗谱序〉疏》,载阮元《十三经注疏》上册,上海古籍出版社1997年版,第263页。
⑥ 《史记·孔子世家》。

"《诗》三百"之说,乃"孔子举其在者也",并非是孔子删订后才成三百零五篇的,"后人矜夸,谓孔子自删为三百篇,大妄也"①。如此说来,孔子删诗说就成了伪命题。叶适否定孔子删诗说,实际上就降低了孔子对传承古代文明的贡献。我们说,叶适所论也并非毫无道理可言。其一,如果孔子真将"古者诗"由"三千余篇"删改为"三百五篇",且弦歌之,这不仅是一项浩大的学术"工程",而且是一件文化盛事,理应留下吉光片语,但除却《论语》中的"余自卫返鲁,然后乐正,《雅》《颂》各得其所"一处较为模糊的记载外,不仅其弟子们没有明确地提及此事,而且孟子、荀子也都没有提及此事情,这显然与《诗经》的"儒家经典"地位不符。再者,若孔子删诗说成立,那么被删掉的大量逸诗理应在他处有所呈现,而从现有的古代文献征引的周代诗歌看,大多都能从今本《诗经》中找到。可见司马迁之言值得怀疑,否则两千多首逸诗哪里去了呢?其二,据《左传·襄公二十九年》记载,吴公子季札至鲁,鲁国诗工"为之歌《颂》",其编次与今本《诗经》大体相同。而时年孔子年方八岁,根本不可能删诗。因此,从某种意义上来说,在孔子出生之前,《诗》三百篇已基本定型了。其三,《诗经》中的某些诗与孔子一贯主张的"礼义""放郑声"的价值标准不符。如《召南·野有死麕》:"有女怀春,吉士诱之。……舒而脱脱兮!无感我帨兮!无使尨也吠。"这里描写的是一个女子为了满足自己的性需要而对异性所作的叮嘱,理应划在"淫诗"之列,其存在与孔子所坚持的道德标准与价值标准是合拍的。由此有人推断,孔子删《诗》说值得怀疑。②

在解释《论语》经文时,叶适还注意从历史的角度来看待孔子的思想。如关于季氏家族的专权、僭礼问题,《八佾篇》前六章多有记载,对此叶适结合历史进行了深入剖析,指出:"季氏积三世之柄,既擅其国与民,遂移礼乐于其家。所谓礼乐者,非鲁所得有,周实有之,岂惟僭鲁,盖僭周也。"由于把持鲁国国政已历三世,所以季氏敢僭用实际上只有周天子才有资格享用的八佾舞、《雍》乐、祭祀仪式。季氏使用这些礼乐,不仅是对鲁国国君的挑战,而且也是对周天子的蔑视。然当时鲁国士人皆对季氏所为习以为常,没有意识到这是僭越行为。只有孔子独具慧眼,揭

---

① 叶适:《习学记言序目》卷十三《论语》,中华书局1977年版,第176页。
② 参见胡三林《"孔子删诗说"概观》,《高等函授学报》2005年第6期。

露了季氏的僭越行为。他说:"然当时士大夫不以为非,自非孔子明言之,则举世无复知矣。孔子既斥其'是可忍',又称'奚取于三家',又以责冉有,又以林放比泰山,其于当时国事,是非明白未有大于此。弟子所记,必以为绝大骇俗之论;若使不待孔子而能知,则亦不至如此详录也。邪正臧否之间,惟孔子为尽之,固非臧文仲、柳下惠所及矣。"接着,叶适又引申开去,结合三代的历史事实,指出该时期的僭越行为,取其实而不改其名。"然三代世臣专上,人君主祭,仅拥虚器,故虽取其实,犹不改其名也。"不过,秦汉以后,情况发生了变化,"秦汉以后,则并其名挈之而去,士大夫安其习而不知,与畏其祸而不敢,此犹未足病也。其或止以权利小小操窃,未至有名实废兴之异,而恐惧惕息反有甚焉。然则冉有、季路以下,波荡风靡者,何足计也"①!结合秦汉以后的历史事实,叶适对士大夫对僭越行为的熟视无睹予以了揭露和批判。

二 批驳道学家的"道统"说

在《论语》解读中,叶适从学术史的溯源上,推翻了两宋道学家编造的"道统"说。"道统"发端于唐代思想家韩愈。他在《原道》一文中,提出了尧、舜、禹、汤、文王、武王、周公、孔子、孟子一脉相承的传道谱系,并自以为是接绪孟子的。及至宋代,程朱理学家对韩愈的传道谱系进行了改造与发展,一方面他们在孔、孟之间加进了曾子和子思,强调曾子独得其传,曾子传子思,子思传孟子。为了使曾参、子思加入"道统",还分别把《大学》和《中庸》说成是曾参、子思所作,并把它们与《论语》《孟子》并列,合称为"四书"。另一方面,明确宋代"道统"谱系,以二程为核心,上推及其师友周敦颐、邵雍、张载,下接其门人弟子。这一传道谱系,不仅成为他们的理论支柱,而且成为他们标榜正统,排斥其他学派的工具。叶适并不否定儒家存在一个"道统",他也曾说,道始于尧,次舜,次禹,次皋陶,次汤,次伊尹,次文王,次周公,次孔子,然后唐虞三代之道赖以有传。②但他理学的道统说不认同,尤其反感理学家以接续圣人统纪自命而排斥其他学派的做法。在与友人的信中,他说:

---

① 叶适:《习学记言序目》卷十三《论语》,中华书局1977年版,第177页。
② 见叶适《习学记言序目》卷四十九《皇朝文鉴三》,中华书局1977年版,第735—738页。

"'道学'之名，起于近世儒者，其意曰：'举天下之学皆不足以致其道，独我能之'，故云尔。其本少差，其末大弊矣。"① 有鉴于此，叶适在对《论语》注释的过程中，对理学的"道统"说进行了批评。

叶适对理学"道统"说的否定，主要是从曾子这一环节入手的，因为理学家认定曾子独传孔子之道，然后又传之于人。他说："自尧、舜、禹、汤、文、武、周公、孔子，所传皆一道，孔子以教其徒，而所受各不同。以为虽不同而皆受之于孔子则可，以为尧、舜、禹、汤、文、武、周公、孔子之所以一者，而曾子独受而传之人，大不可也。"② 叶适从对这一说法予以了论证。

第一，在叶适看来，曾子并没有真正领会和把握自尧至孔子所传的"道"。他说："余尝疑孔子既以'一贯'语曾子，直'唯'而止，无所问质，若素知之者。"③ 而曾子根据自己的理解，又将其转化为"忠恕"之道，"曾子又自转为忠恕。忠以尽己，恕以及人，虽曰内外合一，而自古圣人经纬天地之妙用固不止于是，疑此语未经孔子是正，恐亦不可便以为准也"④。叶适又举例加以说明。一是举《卫灵公篇》中孔子与子贡关于"一以贯之"的对话来予以比较，认为"子贡虽分截文章、性命，自绝于其大者而不敢近，孔子丁宁告晓，使决知此道虽未尝离学，而不在于学，其所以识之者，一以贯之而已；是曾子之易听，反不若子贡之难晓"⑤。因此，他说："世谓孔子语曾子一贯，曾子唯之，不复重问，以为心领神会，不在口耳。呜呼！岂有是哉！一贯之指，因子贡而粗明，因曾子而大迷。"⑥ 子贡虽学有未精，但其认识到夫子一贯之道中有性与天道方面的内容，粗略领悟到了孔子的"一贯之指"，为后人学道指明了努力的方向。而曾子的理解却偏离了孔子的"一贯之指"，致使孔子之大道隐而不彰。二是《泰伯篇》"孟敬子问疾"，曾子答曰："君子所贵乎道者三：动容貌，斯远暴慢矣；正颜色，斯尽信矣；出辞气，斯远鄙倍矣。笾豆之事则有司存。"对此，叶适批评说："按孔子告颜子'一日克己复礼，天下归仁

---

① 叶适：《叶适集》，中华书局1961年版，第554页。
② 叶适：《习学记言序目》卷十三《论语》，中华书局1977年版，第188页。
③ 同上书，第178页。
④ 同上书，第178—179页。
⑤ 同上书，第179页。
⑥ 同上书，第192—193页。

焉'；盖己不必是，人不必非，克己以尽物可也。若动容貌而远暴慢，正颜色而近信，出辞气而远鄙倍，则专以己为是，以人为非，而克与未克，归与未归，皆不可知，但以己形物而已。且其言谓'君子所贵乎道者三'，而'笾豆之事则有司存'，尊其所贵，忽其所贱，又与一贯之指不合，故曰'非得孔子之道而传之'也。"① 曾子为学所关注的焦点在于"动容貌""正颜色"和"出辞气"，侧重于独善其身，存在着"专以己为是，以人为非"和"但以己形物"的问题。因此，叶适明确指出："近世以曾子为亲传孔子之道，死复传之于人，在此一章。按曾子没后语不及正于孔子，以为曾子自传其所得之道则可，以为得孔子之道而传之，不可也。"② 这也就是说，曾子所传的只是他所理解的孔子之道，而不是真正的孔子之道。而宋理学家仅以孔子对曾子所说"一贯"大做文章，以期证明曾子独得孔子之真传，对此，叶适批评说："至于近世之学，但夸大曾子一贯之说，而子贡所闻者殆置而不信，此又余所不能测也。"③

第二，叶适指出，从《论语》的记载来看，孔子对曾子并不赏识，一是《先进篇》所列德行、言语、政事、文学四科中并无曾子，一是称"参也鲁"，认为他反应迟钝。假如曾子独得孔子之传，除非是孔子晚年特别提携曾子，或者是"曾子于孔子后没，德加尊，行加修，独任孔子之道"，但在目前所见文献中，并没有发现明显的证据足以证明这一点。叶适还进而指出，"曾子之学，以身为本，容色辞气之外不暇问，于大道多所遗略，未可谓至"，因此，"言孔子传曾子，曾子传子思，必有谬误"④，孔子→曾子→子思之传承是不对的。

在叶适看来，"夫尧、舜、禹、汤、文、武、周公、孔子之所以一者，非特以身传也；存之于书所以考其德，得之于言所以知其心"，从尧至孔子，其道之传不仅仅靠亲身传授，还靠书知其德、靠言知其心。而曾子既没有专书，也没有明言以证明其独得孔子之道而传。在叶适看来，是不是得孔子之道而传，这是一件大事，他说："传之有无，道之大事也。世以为曾子能传而余以为不能，余岂与曾子辨哉？不本诸古人之源流，而以浅

---

① 叶适：《习学记言序目》卷十三《论语》，中华书局1977年版，第188页。
② 同上。
③ 同上书，第179页。
④ 叶适：《习学记言序目》卷四十九《皇朝文鉴三》，中华书局1977年版，第738—739页。

心狭志自为窥测者,学者之患也。"① 叶适将曾子排除在"道统"之外,其目的就是为了使人们认清理学家所编造的"道统"说的谬误。其门人孙之弘曾说:"夫去圣绵邈,百家竞起,孰不曰'道术有在于此?'……盖学失其统久矣,汉唐诸儒推宗孟轲氏,谓其能嗣孔子,至本朝关、洛骤兴,始称子思得之曾子,孟轲本之子思,是为孔门之要传。近世张(栻)、吕(祖谦)、朱氏(熹)二三巨公,益加探讨,名人秀士鲜不从风而靡。先生后出,异识超旷,不假梯级……(以)曾子不在四科之目,曰'参也鲁';以孟轲能嗣孔子,未为过也,舍孔子而宗孟轲,则于本统离矣。"② 从中我们不难发现,叶适之所以批判理学家的"道统"说,就是因为他们背离了自尧至孔子一脉相传的原有统序,对孔子以下的"孔氏之本统"妄自增列。

叶适对曾子地位的否定,将理学道统说拦腰截断,这无疑也就否定了理学家自我标榜的接续孔子之道统的说法。对理学家而言,这无疑是一个致命的打击。

三 推崇事功之学

在释读孔子思想时,叶适讲求事功,注重经世致用,并将事功之学与德行之学有机结合起来。叶适生活的时代,空谈之风日盛,他却坚持事功学说,主张行实事,有实功。他指出:"今世议论胜而用力寡,大则制策,小则科举,高出唐虞,下陋秦汉,傅合牵连,皆取则于华辞耳,非当世之要言也。虽有精微深博之论,务使天下之义理不可逾越,然亦空言也。盖一代之好尚既如此矣,岂能尽天下之虑乎!"③ 空谈义理,侈言性命,不尚实务,此种士风无益于治国安邦,非国家所需,此批评可谓一针见血。他将这种思想也渗入了对孔子思想的解读中。如《先进篇》首章"先进于礼乐,野人也;后进于礼乐,君子也",程朱的解释为:"先进后进,犹言前辈后辈。野人,谓郊外之民;君子,谓贤士大夫也。程子曰:'先进于礼乐,文质得宜,今反谓之质朴,而以为野人。后进之于礼乐,文过其质,今反谓之彬彬,而以为君子。盖周末文胜,故时人之言如此,不自知其过

---

① 叶适:《习学记言序目》卷十三《论语》,中华书局1977年版,第189页。
② 叶适:《习学记言序目》附录一《孙之弘序》,中华书局1977年版,第759页。
③ 叶适:《叶集》,中华书局1961年版,第759页。

于文也。'"① 而叶适的解释为："'先进于礼乐，野人也。'孔子别语专称，当以礼乐治者甚多，然周道既衰，上下驰骋于兵刑功利之末，故先进于礼乐，世所谓野人；先之以兵刑功利而后进之以礼乐，世所谓君子也。虽然，犹有礼乐，则犹可言也，若秦、晋、吴、楚、夷越之人遂无礼乐，而见称于当时以为君子，不特当时称以为君子，而后世亦称以为君子者，不可言也。"② 通过比较，我们不难发现，两家关于先进、后进、野人、君子的理解是不一样的，程朱侧重于从道德的层面上去解读，而叶适则将侧重点移到了兵刑功利层面，凸显了事功的重要性。

又，在解释《八佾篇》"吾从周"时，叶适曰："周、召为政，礼乐征伐自天子出；管仲为政，礼乐征伐自诸侯出；自是至孔子百五十年，天下惟管仲之听，周、召之功泯矣。推孔子之志，将率天下以复周、召之功，其道之顺，时之易，无如管仲。所以不能者，视听言动不由于礼，败挠其力，削损其器，大道之丧，由此其始，孔子之所深恨也。"③ 这一解释，将孔子的志向诠释为恢复"礼乐征伐自天子出"的功业，突出了事功之学，具有一定的学理意义；同时，考虑到南宋的现实情况，也具有深刻的现实意义。

在如何成就事功的问题上，叶适主张应从两方面着手：

一是强调践履，在践履中实现事功。永嘉学者特别强调经世致用，在内圣和外王方面笃实着力，躬行践履。黄宗羲对此曾经指出："永嘉之学，教人就事上理会，步步著实，言之必使可行，足以开物成务。"④ 这在叶适对孔子思想的诠释中多有体现。如在解释《先进篇》"从我于陈、蔡者，皆不及门也"句时，他指出："从孔子者，皆去父母兄弟妻子，周旋于天下而不得安于其家，陈、蔡之难则又甚焉。盖其仓猝奔迫，不相收主，无所栖宿，欲自比于寻常怀土力田之人而不可得也。惟其至是而不变，故德行有颜渊、闵子骞、冉伯牛、仲弓，言语有宰我、子贡，政事有冉有、季路，文学有子游、子夏，卓然成材，没世而名立也。禹自言：'予创若时，娶于涂山，辛壬癸甲，启呱呱而泣，予弗子，惟荒度土

---

① 朱熹：《四书章句集注》，中华书局1983年版，第123页。
② 叶适：《习学记言序目》卷十三《论语》，中华书局1977年版，第191页。
③ 同上书，第177—178页。
④ 黄宗羲、全祖望：《宋元学案·艮斋学案》，中华书局1986年版，第1696页。

功.' 此圣贤出处之要也。"① 在叶适看来，孔门十哲之所以能得孔子之真传，除口耳相传之外，也与他们长期追随孔子"周旋于天下"的实践密不可分。

二是重视德性，强调德性与事功的统一。在释读《述而篇》"善人，吾不得而见之矣，得见有恒者斯可矣"时，叶适说："善人，天之淑德，不以统纪伦类而自成者也。孔子谓'教民七年亦可以即戎'，'为邦百年亦可以胜残去杀'，盖指周之先君也。又谓'恒亨无咎，利贞，久于其道'，而其《象》曰：'君子以立不易方。'夫得其方而不变，此其所以次于善人也。'亡而为有，虚而为盈，约而为泰'，无德而用智巧以求胜，其穷遂为奸贼矣，是固指世之妄人欤，非也？正谓立功成名如咎犯狐偃之流；又其穷也，为伍员、范蠡尔。若闾巷之庸倏成忽败者何述焉！"② 有德之人，以德服人，可以立大功久扬名；无德之人，虽可得一时之胜，但"其穷遂为奸贼"矣。因此，欲建功立业，需修德以成之。

叶适在对《论语》经文的解释过程中所采用的方法，所生成的思想，无论是在《论语》学史上，还是在当时的学界中都具有一定的历史地位和影响。

叶适在释读《论》时，注意扬弃前人思想，注重推陈出新，他在诠释《论语》中所体现的经与史、义理与史实结合的解经方法，丰富了《论语》学的解经方法；他提出的事功与德性的统一、事功与践行的统一的主张，拓展了儒家的内圣外王思想。这也确立了他在当时学界的地位。清人全祖望谓："水心天资高，放言砭古人多过情，其自曾子、子思而下皆不免，不仅如象山之诋伊川也。要亦有卓然不经人道者，未可以方隅之见弃之。乾、淳诸老既没，学术之会，总为朱、陆二派，而水心龂龂其间，遂称鼎足。"③ 称其为与程朱理学、陆氏心学鼎足而立的人物。时人黄震对叶适在南宋学术史的地位也给予了肯定的评价："乾、淳间正国家一昌有之会，诸儒彬彬辈出，而说各不同。晦翁本《大学》致知格物，以极于治国平天下，工夫细密；而象山斥其支离，直谓'心即是道'。陈同甫修皇帝王霸之学，欲前承后续，力柱乾坤，成事业，而不问纯驳；至陈傅良则又

---

① 叶适：《习学记言序目》卷十三《论语》，中华书局1977年版，第191—192页。
② 同上书，第186页。
③ 黄宗羲、全祖望：《宋元学案·水心学案上》，中华书局1986年版，第1738页。

精史学，欲专修汉唐制度吏治之功。其余亦各纷纷，而大要不出此四者，不归朱则归陆，不陆则又二陈之归。虽精粗高下，难一律齐，而皆能自白其说，皆足以使人易知。独水心混然于四者之间，总言统绪，病学者之言心而不及性，似不满于陆；又以功利之说为卑，则似不满于二陈；至于朱、则忘言焉。水心岂欲集诸儒之大成者乎？"[1] 指出叶适"混然于四者之间"，有自己的"统绪"，其思想不仅集永嘉功利学之大成，而且在某种程度上集南宋儒学之大成。

---

[1] 黄震：《慈溪黄氏日钞分类》卷六十八《读水心文集》，转引自张义德《叶适评传》，南京大学出版社1994年版，第337—338页。

结　　语

一　《论语》诠释与时代思潮息息相关

《论语》诠释是与时代思潮息息相关的。正如涂美云先生所言："一个时代的学术思潮，可孕育许多的学派和思想家；相对的，从各个学派和思想家身上的共同特征，则又可体现一个时代的学术思潮。因为各学派或思想家之间，纵有不同或对立的见解，其间必有一个更大的共同倾向，即是适应当时思潮的历史取向。"① 借此观点，正可探析宋代《论语》诠释的特色，以及它所反映的时代思潮。

宋初疑古尚新思潮兴起，于是宋代儒者莫不致力于创抒新见，对于古经籍及前贤之说，既"断以己意"，又化"陈"为"新"。就《论语》诠释而言，受时代思潮影响，也出现了疑经改经、自立新意的做法。如欧阳修就曾怀疑过《论语》经文的真实性，他说："夫子死，门弟子记其言，门弟子死，而书写出乎人家之壁中者，果尽夫子之言乎哉？"② 杨简曾怀疑《论语》中有非孔子的言论，他说："今《鲁论》又有异于《古论》者四百余字，则不能无差明矣，况为文简短，多失当日语话本真，故后学不克遽明，众说淆乱，有子、子夏之徒之言害道多矣"，"《论语》乃有子之徒所记，首篇首记有子之言，又不止于一二章，有子尚为曾子所不可，而况其徒乎？其所记亦难尽信。'子以四教：文、行、忠、信'，此记者之辞耳，非孔子之言也。孔子曰'行有余力则以学文'，而记者冠'文'于

---

① 涂美云：《从北宋学术思潮看苏氏之学》，《东吴中文学报》2002年第8期。
② 欧阳修：《三年无改问》，见《欧阳修全集》之《居士外集》卷十，中国书店1986年版，第430页。

首，见识又不逮有子矣"①。又，刘敞的《七经小传》在解释《论语·先进》篇"宰予昼寝"时就将"寝"视为"内寝"，把"寝"字从动词改为名词。② 程颐也曾对《论语》经文做过改动，他说："'子在齐闻《韶》，三月不知肉味'，非是三月，本是音字。"③ 以上这些做法，在汉唐绝大多数学者看来，是绝对不能容许的。

在疑经尚新学风的影响下，这一时期的儒者还热衷于对儒经中义理的探讨。诠释《论语》的学者也是如此。从胡瑗、程颐到范祖禹、吕大临、谢良佐、游酢、杨时、尹焞，再到朱熹、张栻、陆九渊等，皆以义理释《论》。这种释经方法，"与其说是在释经，不如说是发表释经者个人的思想见解。至于他们阐发出的经义是否合乎原典经文，他们并不在意，他们只关心是否合乎经世致用的需要"④。从朱熹等理学家解说《论语》等儒家经典的观点来看，鲜明地体现出理学家的这种学术特色。他们喜用自己"发明"的许多概念、思想诸如天理、人欲、气质之性、本心等理学话语对这些经典予以解说。如朱熹在解说《先进篇》中"曾点言志"一章时说："曾点之学，盖有以见夫人欲尽处，天理流行，随处充满，少无欠阙。故其动静之际，从容如此。而其言志，则又不过即其所居之位，乐其日用之常，初无舍己为人之意。而其胸次悠然，直与天地万物上下同流，各得其所之妙，隐然自见于言外。"经过重新解读，生成的思想观点远远超出了经典本身的思想意义，经注解成了理学家们阐发己见的载体，体现出他们建构思想体系的需要。

宋儒对《论语》的研究还与儒、佛、道三教合一的社会思潮存在着密切的关系。宋代，在统治者的倡导下，儒、释、道三家进一步融合，在新的社会环境中三教义理发生了趋同性的变化。儒学从治国平天下的事功哲学转而注意到对人的心性精神的省察，形成具有新的特质风貌的宋学（以程朱理学为代表）；佛学则进一步世俗化，将出世与入世的精神做了一定的融通；道教在极力张扬道家人生哲学的同时摒弃了形而下的外丹之学。⑤

---

① 杨简：《慈湖遗书》卷一一《家记五·论〈论语〉》，《四库全书》本，上海古籍出版社1987年版。
② 刘敞：《七经小传》，《四库全书》本，上海古籍出版社1987年版。
③ 程颢、程颐：《二程遗书》，上海古籍出版社2000年版，第339页。
④ 王钧林：《中国儒学史·先秦卷》，广东教育出版社1998年版，第331页。
⑤ 参见王水照主编《宋代文学通论》，河南大学出版社1997年版，第224页。

三者都聚焦于内心修养，在思想层面上开始了有机的融合。生活在这一学术大潮下的学者们，无不浸进其中。如程颐就曾坦言其兄程颢的学术乃是"泛滥于诸家，出入于老、释者几十年，返求诸六经而后得之"。其注经旨趣无不与之有着千丝万缕的密切关联。[①]如陈祥道的《论语全解》在"释义上的特质之一，即是引用老子与庄子为傍证。而且，直接的或间接的，合起来约有六十余条，其中老子有二十余处，庄子有三十余处被采认"。然而陈祥道并不是"从老庄的立场来重新认识《论语》"，而是以这些引用作为旁证，使其"对《论语》章句的主体的解释得以展开"[②]。又，处于两宋之际作为心学过渡人物的张九成，是位介于儒佛之间的两栖学者，他曾著《论语绝句》一百首（又称《论语百篇诗》），极尽"阳儒阴释"[③]之能事，借助佛教禅宗的某些教义以诠释儒家思想，在一定程度上丰富和发展了儒家思想。另外，苏辙在解释《为政》"思无邪"，认为"惟无思，然后思无邪"，而"圣人无思"则是指"外无物，内无我。物我既尽，心全而不乱"[④]，此处的圣人颇有些道家、佛家的意味。

二 《论语》研究与经学诠释范式的转型

宋儒通过对《论语》的诠释，一方面将理学特有的一些概念注入对《论语》的诠释之中，另一方面借助《论语》诠释论述了理、性、命、心等哲学范畴，并加以阐释发挥，建构了颇具时代特色的包括本体论、心性论和工夫论在内的较为系统、完整的理学思想体系。这些努力，使《论语》学发展到一个新的高峰，促进了经学诠释范式的转型。

首先，构建了以《论语》为核心的新经典体系。宋初，《论语》注释一般是单本流行，如邢昺《论语注疏》、苏轼《论语说》、程颐《论语解》等；而后逐渐出现《论语》和《孟子》的组合体注本，如王令的《论孟解》、王雱的《论语孟子解》、朱熹的《论语集义》等；最后出现了以《大学》《中庸》《论语》《孟子》的组合体，如朱熹的《四书章句集注》、

---

① 参见过常宝《宋辽金文学绪论》，http://www.uus8.com/BOOK/html/type3/33/18/wenxueshi035.htm.
② 芝木邦夫：《陈祥道〈论语全解〉——主体的释义》，杨菁译，载松川健二编，林庆彰等合译《论语思想史》，万卷楼图书股份有限公司2006年版，第271页。
③ 朱熹：《朱文公文集》卷七十二《张无垢中庸解》，载朱杰人等编《朱子全书》第二十册，上海古籍出版社、安徽教育出版社2002年版，第3473页。
④ 苏辙：《栾城集》下册，上海古籍出版社1987年版，第1536页。

魏天佑的《四书说》等。新经典体系的构建，不仅确立了儒家的道统体系，而且确立了儒家的学统，意味着经学体系实现了从"五经"到"四书"的转变。"从此之后，在汉代本属'传'、'记'的《四书》，其地位反而超越了《五经》，改变了汉代以来经重传轻的传统，这可以说是宋代新经学的特征。"① 在新经典体系形成的每一个节点，都离不开对《论语》的诠释和阐发，正是在研究的过程中，儒家学人逐步认识到了《论语》所蕴含的微言大义，以及它与其他三部经典的关系。

其次，打造了新的话语体系。为了使新经典体系融为一体，为了复兴儒学和重建儒学的政治合法性以及地位，在充分吸收佛道思想的基础上，宋儒逐渐打造了一套新的话语体系，一方面，他们提出了"理""气""心""性""命""天理""人欲""主敬""天命之性""气质之性""理一分殊""格物穷理"等一系列核心话语；另一方面，他们围绕这些话语建构了道统论、理本论、心本论、心性论、工夫论等学术思想。二者共同构成了新的话语体系。这一新体系的形成，促进了经学研究范式的转换。理学家也正是通过对这些概念和命题的阐发，赋《论语》以新解，促进了理学的发展。陈来先生曾指出："如果从话语的角度看，理学之所以为理学，全在于它形成了一套自己的话语体系。在理学的发展中，其话语元素尽管不断地有所增减和变化，话语的重心也不断地有所调整，甚至其中不同派别的话语也存有差异，但宋明理学之所以能与其他思想体系相区别，端赖于这套相对稳定的话语体系。"② 在新话语体系形成的过程中，朱熹扮演了重要的角色，他通过对前人思想的"系统化"和"格式化"，整合而成一套系统完整的道学体系，"这一套打上朱熹印记的综合性道学话语，由于朱熹巨大的思想力量和影响，以及此后各代王朝的推崇，逐渐成为此后理学的主导话语，型塑了近世知识人的问题意识，历经元、明清而成为宋明理学的主流"③。

再次，运用了新的诠释方法。在《论语》诠释过程中，宋儒为了抉发经典中蕴含的圣人之道和微言大义，他们运用了心解法、由理义推索经旨法、训诂与义理相结合法、跨文本诠释法、融贯性诠释法等诠释方法，力

---

① 叶国良：《宋代经学的特殊性及其成因之探究》，见氏著《经学侧论》，"国立"清华大学出版社2005年版，第248页。
② 陈来：《宋代话语体系的形成》，《河北学刊》2008年第1期。
③ 同上。

图"融合章句训诂与义理发挥,在对经典进行简略、谨严、质朴注释,对字、词语进行准确训释,对章句进行合理离析的同时,以序、注文前的导语、文首宗旨的发挥、引文及对引文的'愚按',多层次和多角度地发掘作者原意和本文义理。经过诠释的儒家经典,在解释风格中呈现出完全新的气派,并造就出儒家思想学术上崭新的理性观念范式"。"宋儒建构出新的经典解释方法,让儒家经典解释乃至整个儒学自身出现了新的兴奋点与思想增长点。这不仅是一种方法的转型,更是一种儒家解释策略的根本转向。在宋儒的努力下,新的解释方法由注释性学术转向原创性体系的创建,并最终具备了系统性的方法论。"①

最后,建构了新的思想体系。宋儒在《论语》研究过程中,强调以阐释义理为其重心,求自得之义,着力确立道统传承、建立形上哲学和强调涵养心性。② 由此出发,周敦颐、张载、二程通过对《论语》中的"性""天""天道""天命""仁""礼"的重新解读,分别建立了天理论、仁本论、心性论,"从而成功地为仁义礼乐等具体规范和制度建立了形而上的根据"。同时,他们对"本体的认知和修养的方法进行了探讨,这又完善了对本体论的建构"。以朱熹、张栻、陆九渊分别为代表的闽学、湖湘学、象山学的《论语》研究,"以心性论探讨为目标,这是儒学本体化的深入。闽学和湖湘学通过对'中和'问题的探讨,一方面实现了本体的内化,把性情与心联系起来,分别形成了心统性情、心主性情的观点,另一方面则界定了涵养与察识的关系,深化了对修养论的探讨"。作为象山学前奏的张九成则通过以"觉"训仁训心,促进了洛学向心学的过渡;陆九渊、杨简、钱时等人则直接从本体入手来研究《论语》,借以构建心本论。③ 可见,宋儒对《论语》的研究,促进了理学体系的构建,推进了儒学的发展。

---

① 康宇:《宋代儒家经典解释方法的建构》,《哲学动态》2009 年第 7 期。
② 叶国良:《宋代经学的特殊性及其成因之探究》,见氏著《经学侧论》,"国立"清华大学出版社 2005 年版,第 247 页。
③ 参见郑熊《宋儒对〈中庸〉的研究》,博士学位论文,西北大学专门史(中国思想史)专业,2007 年。

参考文献

一　基本古籍

[1]　班固：《汉书》，中华书局1962年版。
[2]　班固等撰：《白虎通》，中华书局1985年版。
[3]　蔡节：《论语集说》，《四库全书》本，上海古籍出版社1987年版。
[4]　晁公武：《郡斋读书志》，上海古籍出版社1990年版。
[5]　陈澧：《东塾读书记》，中华书局2012年版。
[6]　陈祥道：《论语全解》，《四库全书》本，上海古籍出版社1987年版。
[7]　陈振孙：《直斋书录解题》，上海古籍出版社1987年版。
[8]　程颢、程颐：《二程集》，中华书局1981年版。
[9]　程颢、程颐：《二程遗书》，上海古籍出版社2000年版。
[10]　程树德：《论语集释》，中华书局1990年版。
[11]　崔述：《洙泗考信录》，北京文化学社1928年版。
[12]　戴溪：《石鼓论语答问》，《四库全书》本，上海古籍出版社1987年版。
[13]　杜佑：《通典》，中华书局1988年版。
[14]　韩愈、李翱：《论语笔解》，中华书局1991年版。
[15]　河北省文物研究所定州汉墓竹简整理小组：《定州汉墓竹简〈论语〉》，文物出版社1997年版。
[16]　何异孙：《十一经问对》，《四库全书》本，上海古籍出版社1987年版。
[17]　黄宗羲、全祖望：《宋元学案》，中华书局1986年版。
[18]　黄宗羲：《黄宗羲全集》，浙江古籍出版社1994年版。
[19]　康有为：《论语注》，中华书局1984年版。

［20］李昉等：《太平御览》，中华书局影印本 1960 年版。
［21］李焘：《续资治通鉴长编》，中华书局 1995 年版。
［22］李元度：《天岳山馆文钞》，清光绪四年刻本。
［23］黎靖德编，王星贤点校：《朱子语类》，中华书局 1994 年版。
［24］廖燕：《二十七松堂集》，上海远东出版社 1999 年版。
［25］凌廷堪：《校礼堂文集》，《安徽丛书》本，《安徽丛书》编印处 1935 年版。
［26］刘宝楠：《论语正义》，中华书局 1990 年版。
［27］刘敞：《七经小传》，《四库全书》本，上海古籍出版社 1987 年版。
［28］刘义庆：《世说新语》，岳麓书社 2004 年版。
［29］刘熙：《释名》，中华书局 1985 年版。
［30］刘勰著，王运熙、周锋译注：《文心雕龙译注》，上海古籍出版社 2010 年版。
［31］刘昫等：《旧唐书》，中华书局 1975 年版。
［32］柳宗元：《柳河东集》，上海人民出版社 1974 年版。
［33］陆德明：《经典释文》，上海古籍出版社 1985 年版。
［34］陆九渊：《陆九渊集》，中华书局 1980 年版。
［35］陆游：《老学庵笔记》，中华书局 2005 年版。
［36］马端临：《文献通考》，中华书局 1990 年版。
［37］马国翰：《玉函山房辑佚书》，上海古籍出版社 1990 年版。
［38］马叙伦：《读书续记》，中国书店 1985 年影印版。
［39］马宗霍：《中国经学史》，上海书店 1984 年影印版。
［40］欧阳修：《欧阳修全集》，中华书局 2001 年版。
［41］皮锡瑞：《经学历史》，中华书局 1959 年版。
［42］钱大昕：《潜研堂文集》，江苏古籍出版社 1997 年版。
［43］钱时：《融堂四书管见》，《四库全书》本，上海古籍出版社 1987 年版。
［44］阮元：《十三经注疏》，上海古籍出版社 1997 年版。
［45］儒藏编纂委员会编：《儒藏·精华编·四书类论语属》，北京大学出版社 2005 年版。
［46］释道宣：《广弘明集》，上海古籍出版社 1991 年版。
［47］司马光：《司马文正公传家集》，《四库全书》本，上海古籍出版社

1987年版。

[48] 司马迁：《史记》，中华书局1959年版。

[49] 苏辙：《栾城集》，上海古籍出版社1987年版。

[50] 孙复：《孙明复小集》，《四库全书》本，上海古籍出版社1987年版。

[51] 脱脱：《宋史》，中华书局1963年版。

[52] 王安石：《王安石全集》，上海古籍出版社1999年版。

[53] 王应麟：《困学纪闻》，上海古籍出版社2015年版。

[54] 萧统：《昭明文选》，中州古籍出版社1990年版。

[55] 徐松：《宋会要辑稿·崇儒》，河南大学出版社2001年版。

[56] 杨伯峻：《论语译注》，中华书局1980年版。

[57] 杨简：《慈湖遗书》，《四库全书》本，上海古籍出版社1987年版。

[58] 杨时编：《二程粹言》，中华书局1985年版。

[59] 杨时：《龟山集》，《四库全书》本，上海古籍出版社1987年版。

[60] 叶适：《习学记言序目》，中华书局1977年版。

[61] 叶适：《叶适集》，中华书局1961年版。

[62] 永瑢等：《四库全书总目》，中华书局1965年版。

[63] 游酢：《游廌山集》，《四库全书》本，上海古籍出版社1987年版。

[64] 曾枣庄、舒大刚：《三苏全书》，语文出版社2001年版。

[65] 曾恬、胡安国：《上蔡语录》，《四库全书》本，上海古籍出版社1987年版。

[66] 翟灏：《四书考异》，《续修四库全书》本，上海古籍出版社2002年版。

[67] 张九成：《论语绝句》，《四库全书存目丛书》本，齐鲁书社1997年版。

[68] 张九成：《横浦日新录》，《四库全书存目丛书》本，齐鲁书社1997年版。

[69] 张九成：《横浦集》，《四库全书》本，上海古籍出版社1987年版。

[70] 张九成：《孟子传》，《四库全书》本，上海古籍出版社1987年版。

[71] 张栻：《张南轩先生文集》，《丛书集成初编》本，中华书局1985年版。

[72] 张栻：《论语解》，《四库全书》本，上海古籍出版社1987年版。

[73] 张载：《张载集》，中华书局 1978 年版。
[74] 赵秉文：《滏水集》，《四库全书》本，上海古籍出版社 1987 年版。
[75] 真德秀：《四书集编》，《四库全书》本，上海古籍出版社 1987 年版。
[76] 真德秀：《西山先生真文忠公文集》，《四部丛刊初编》本，商务印书馆 1936 年版。
[77] 郑汝谐：《论语意原》，《四库全书》本，上海古籍出版社 1987 年版。
[78] 周敦颐：《周敦颐集》，岳麓书社 2002 年版。
[79] 朱杰人等编：《朱子全书》，上海古籍出版社、安徽教育出版社 2002 年版。
[80] 朱熹：《四书章句集注》，中华书局 1983 年版。
[81] 朱彝尊：《经义考》，中华书局 1998 年影印版。

二　相关论著

[1] 蔡方鹿：《宋明理学心性论》，四川出版集团、巴蜀书社 2009 年第 2 版。
[2] 陈谷嘉：《张栻与湖湘学派研究》，湖南教育出版社 1991 年版。
[3] 陈来：《宋明理学》，华东师范大学出版社 2005 年第 2 版。
[4] 陈来：《中国近世思想史研究》，商务印书馆 2003 年版。
[5] 陈寅恪：《金明馆丛稿二编》，上海古籍出版社 1980 年版。
[6] 戴维：《论语研究史》，岳麓书社 2011 年版。
[7] 董洪利：《孟子研究》，江苏古籍出版社 1997 年版。
[8] 葛荣晋、赵馥洁、赵吉惠：《张载关学与实学》，西安地图出版社 2000 年版。
[9] 葛兆光：《中国思想史》，复旦大学出版社 2001 年版。
[10] 顾宏义、戴扬本等编：《历代四书序跋题记资料汇编》，上海古籍出版社 2010 年版。
[11] 顾颉刚：《汉代学术史略》，东方出版社 1996 年版。
[12] 顾颉刚主编：《古籍考辨丛刊》第 1 集，中华书局 1955 年版。
[13] 郭沂：《郭店楚简与先秦学术思想》，上海教育出版社 2001 年版。

[14] 韩仲民:《中国书籍编纂史稿》,中国书籍出版社1988年版。
[15] 侯外庐:《中国古代思想通史》,人民出版社1995年版。
[16] 侯外庐、邱汉生、张岂之主编:《宋明理学史》(上),人民出版社1984年版。
[17] 户川芳郎:《古代中国的思想》,姜镇庄译,北京大学出版社1994年版。
[18] 黄俊杰:《中国孟学诠释史论》,社会科学文献出版社2004年版。
[19] 黄侃:《汉唐玄学论》,上海古籍出版社1980年版。
[20] 黄寿祺:《群经要略》,华东师范大学出版社2000年版。
[21] 蒋伯潜:《十三经概论》,上海古籍出版社1983年版。
[22] 蒋伯潜:《经学纂要》,岳麓书社1990年版。
[23] 姜广辉主编:《中国经学思想史》(1—2卷),中国社会科学出版社2003年版。
[24] 江侠庵编译:《先秦经籍考》中册,上海文艺出版社1990年影印版。
[25] 李申:《中国儒教史》,上海人民出版社1999年版。
[26] 李威熊:《中国经学发展史论》,文史出版社1988年版。
[27] 李泽厚:《论语今读》,安徽文艺出版社1998年版。
[28] 李泽厚:《中国古代思想史论》,人民出版社1985年版。
[29] 梁启超:《中国近三百年学术史》,东方出版社1996年版。
[30] 梁启超:《梁启超论清学史二种》,朱维铮校,复旦大学出版社1985年版。
[31] 梁启超:《先秦政治思想》,天津古籍出版社2004年版。
[32] 梁绍辉:《周敦颐评传》,南京大学出版社1994年版。
[33] 牟润孙:《注史斋丛稿》,中华书局1987年版。
[34] 牟宗三:《心体与性体》,上海古籍出版社1999年版。
[35] 彭启福:《理解之思——诠释学初论》,安徽人民出版社2005年版。
[36] 钱茂伟:《国家、科举与社会》,北京图书馆出版社2004年版。
[37] 钱穆:《两汉今古文平议》,商务印书馆2001年版。
[38] 钱穆:《朱子学提纲》,生活·读书·新知三联书店2002年版。
[39] 钱穆:《孔子与论语》,台北:联经出版事业有限公司1991年版。
[40] 邱汉生:《四书集注简论》,中国社会科学出版社1980年版。
[41] 单承彬:《论语源流考述》,吉林人民出版社2002年版。

［42］石训、姚瀛艇等：《中国宋代哲学》，河南人民出版社1992年版。
［43］束景南：《朱子大传》，福建教育出版社1992年版。
［44］松川健二编：《论语思想史》，林庆彰等合译，万卷楼图书股份有限公司2006年版。
［45］粟品孝：《朱熹与宋代蜀学》，高等教育出版社1998年版。
［46］孙筱：《两汉经学与社会》，中国社会科学出版社2002年版。
［47］藤塚邻：《论语总说》，陈东译，国际文化出版公司2005年版。
［48］王国维：《观堂集林》，中华书局1959年版。
［49］王鹏凯：《历代论语著述综录》，花木兰文化工作坊2005年版。
［50］王素：《唐写本论语郑氏注及其研究》，文物出版社1991年版。
［51］王育济：《理学·实学·朴学：宋元明清思想文化的主流》，山东友谊出版社1993年版。
［52］吴承仕：《经典释文序录疏证》，中华书局1984年版。
［53］吴枫、宋一夫编：《中华儒学通典》，南海出版公司1992年版。
［54］武内义雄：《论语之研究》，岩波书店1972年版。
［55］徐复观：《中国思想史论集》，上海书店出版社2004年版。
［56］徐文明：《顿悟心法：六祖坛经导读》，金城出版社2010年版。
［57］杨伯峻：《论语译注》，中华书局1980年版。
［58］杨新勋：《宋代疑经研究》，中华书局2007年版。
［59］杨志玖：《陋室文存》，中华书局2002年版。
［60］余敦康：《何晏王弼玄学新探》，齐鲁书社1991年版。
［61］张岱年主编：《孔子大辞典》，上海辞书出版社1993年版。
［62］张立文、祁润兴：《中国学术通史·宋元明卷》，人民出版社2004年版。
［63］张舜徽：《广校雠略》，中华书局1963年版。
［64］张心澂编著：《伪书通考》，商务印书馆1957年版。
［65］张义德：《叶适评传》，南京大学出版社1994年版。
［66］章权才：《宋明经学史》，广东人民出版社1999年版。
［67］赵吉惠等：《中国儒学史》，中州古籍出版社1991年版。
［68］周光庆：《中国古典解释学导论》，中华书局2002年版。
［69］朱汉民等：《中国学术史·宋元卷》，江西教育出版社2001年版。
［70］朱汉民、肖永明：《宋代〈四书〉学与理学》，中华书局2009年版。

[71] 朱维铮编：《周予同经学史论著选集》（增订版），上海人民出版社1996年版。

三　相关研究论文

期刊论文

[1] 敖晶：《〈论语〉释名》，《浙江大学学报》2002年第2期。

[2] 蔡方鹿：《宋代蜀学的特征及影响》，http：//pol.sicnu.edu.cn/ZhuXi/UploadFiles_ 7700/200710/20071022140629338.doc。

[3] 蔡方鹿：《程颢程颐在宋学和理学中的地位》，《学习论坛》2007年第5期。

[4] 蔡鹃颖：《论语邢昺疏概说》，《"国立"台湾师范大学国文研究所集刊》第35号，纵横出版社1991年版。

[5] 蔡彦仁：《从宗教历史学看口述〈论语〉的传承与特征》，《世界宗教研究》1994年第3期。

[6] 陈东：《关于定州汉墓竹简〈论语〉的几个问题》，《孔子研究》2003年第2期。

[7] 陈来：《宋代话语体系的形成》，《河北学刊》2008年第1期。

[8] 陈少明：《六经注我：经学的解释学转折》，《哲学研究》1993年第8期。

[9] 方旭东：《张载的"穷理"学》，《中国哲学史》2006年第3期。

[10] 高晨阳：《玄学的主题：自然与名教之辨》，《孔子研究》1994年第3期。

[11] 高建立：《两宋时期"以儒摄佛"的思想暗流与传统儒学的新生》，《哲学研究》2006年第8期。

[12] 高明：《从出土简帛经书谈汉代的今古文学》，《考古与文物》1997年第6期。

[13] 高培华：《第一部私学经典的诞生——〈论语〉编纂新探》，《河南大学学报》2011年第5期。

[14] 谷建：《浅议二苏对"思无邪"的心性阐释》，《孔子研究》2010年第5期。

[15] 何英旋、吕锡琛：《论张栻德治思想》，《船山学刊》2008年第2期。

[16] 洪梅、李建华：《寻"孔颜乐处"的生态价值取向——从周敦颐到程颢、程颐》，《齐鲁学科》2012年第4期。
[17] 胡三林：《"孔子删诗说"概观》，《高等函授学报》2005年第6期。
[18] 金仁权、崔昌海：《二程与朱熹的主敬思想》，《东疆学刊》2000年第1期。
[19] 康宇：《宋代儒家经典解释方法的建构》，《哲学动态》2009年第7期。
[20] 兰宗荣：《杨时的仁学思想》，《宜宾学院学报》2013年第8期。
[21] 李根德：《谢良佐〈论语解〉的解释特点》，见庞朴主编《儒林》第二辑，山东大学出版社2006年版。
[22] 李建国：《〈论语〉成书揭秘》，《宁波大学学报》2012年第4期。
[23] 李凯：《"六经注我"：宋代理学的阐释学——兼谈朱熹在经学阐释史上的贡献》，《中国哲学史》2006年第3期。
[24] 李文献：《皇侃〈论语义疏〉中之玄学思想》，《"国立"侨生大学先修班学报》1998年第6期。
[25] 李雁：《〈论语〉书名释义》，《齐鲁学刊》1996年第6期。
[26] 梁涛：《定县竹简〈论语〉与〈论语〉的成书问题》，《管子学刊》2005年第1期。
[27] 刘立志：《〈论语〉学名目溯源》，《江海学刊》2005年第5期。
[28] 刘笑敢：《从注释到创构：两种定向 两个标准——以朱熹〈论语集注〉为例》，《南京大学学报》2007年第2期。
[29] 刘义钦：《〈论语〉书名意义之我见》，《信阳师范学院学报》1995年第3期。
[30] 刘玉敏：《论张九成"仁即是觉，觉即是心"》，《孔子研究》2007年第2期。
[31] 陆建猷：《宋代四书学产生的历史动因》，《西安交通大学学报》2001年第1期。
[32] 马德富：《苏轼〈论语说〉钩沉》，《四川大学学报》1992年第4期。
[33] 牟坚：《朱子对"克己复礼"的诠释与辨析——论朱子对"以理易礼"说的批评》，《中国哲学史》2009年第1期。

[34] 宁新昌：《张载康德伦理思想的相通与相异》，《道德与文明》2006年第 6 期。
[35] 牛鸿恩：《〈论语〉的释名现在可以论定了——〈郭店楚简·性自命出〉的"仑会"即〈论语〉之"论"的含义》，《长江学术》2007年第 1 期。
[36] 庞天佑：《理学与宋代考据学》，《湛江师范学院学报》1996 年第 4 期。
[37] 朋星：《〈论语〉书名之谜》，《孔子研究》1989 年第 1 期。
[38] 卿三祥：《苏轼〈论语说〉钩沉》，《孔子研究》1992 年第 2 期。
[39] 邱德修：《朱子〈论语集注〉初探》，http：//www.hfu.edu.tw/~ph/lbc/BC/4TH/BC0412.HTM。
[40] 舒大刚：《苏轼〈论语说〉辑补》，《四川大学学报》2001 年第 3 期。
[41] 舒大刚：《苏轼〈论语说〉流传存佚考》，《西南民族学院学报》2001 年第 6 期。
[42] 涂美云：《从北宋学术思潮看苏氏之学》，《东吴中文学报》2002 年第 8 期。
[43] 王国轩：《二程与〈四书集注〉研究》，《中州学刊》1989 年第 1 期。
[44] 王宏海、曹清林：《韩愈、李翱的经学思想透析》，《河北师范大学学报》2005 年第 2 期。
[45] 王素：《唐写〈论语郑氏注〉对策残卷与唐代经义对策》，《文物》1988 年第 2 期。
[46] 王铁：《试论〈论语〉的结集与版本变迁诸问题》，《孔子研究》1989 年第 3 期。
[47] 王义军：《传统的命运与创新的意谓——现代解释学的启示》，《中国青年政治学院学报》2002 年第 2 期。
[48] 王育济：《论二程的"天理人欲之辨"》，《山东大学学报》1991 年第 2 期。
[49] 文物出版社：《唐写本〈论语郑氏注〉说明》，《文物》1972 年第 2 期。
[50] 吴承学、何诗海：《从章句之学道文章之学》，《文学评论》2008 年

第 5 期。
[51] 吴龙辉:《〈论语〉的历史真相》,《湖南大学学报》2008 年第 5 期。
[52] 吴叔桦:《尊非孔孟乎——论苏辙〈论语拾遗〉、〈孟子解〉之深层义蕴》,高雄师范大学《国文学报》第 9 期,2009 年。
[53] 吴言生:《禅宗公案颂古的象征体系》,《陕西师范大学学报》2002 年第 4 期。
[54] 肖永明、朱汉民:《二程理学体系的建构与〈四书〉》,《广西师范大学学报》2004 年第 4 期。
[55] 肖永明:《张载之学与〈四书〉》,《船山学刊》2007 年第 1 期。
[56] 肖永明:《宋代儒学的危机与复兴》,《今日信息报》2009 年 1 月 14 日国学版。
[57] 徐洪兴:《二程论"仁"和礼乐》,《云南大学学报》2006 年第 4 期。
[58] 杨朝明《新出竹书与〈论语〉成书问题再认识》,《中国哲学史》2003 年第 3 期。
[59] 杨权:《〈白虎通义〉是不是章句》,《学术研究》2002 年第 9 期。
[60] 杨翰卿:《论二程洛学继承创新的理论特征》,《中州学刊》2007 年第 6 期。
[61] 杨胜宽:《苏轼〈论语说〉三题》,《达县师范高等专科学校学报》2005 年第 6 期。
[62] 姚徽:《论朱熹〈论语集注〉的特点及贡献》,《安徽教育学院学报》1999 年第 4 期。
[63] 叶平:《三苏蜀学的"人情为本"论》,《河南理工大学学报》2009 年第 3 期。
[64] 曾凡朝:《杨简心学工夫论发微》,《理论学刊》2007 年第 6 期。
[65] 查屏球:《盛唐经学的窘境——论开、天文化特点与经学发展关系》,《中国文化研究》2000 年秋之卷。
[66] 张信:《论〈论语〉的主要作者》,《内蒙古师范大学学报》2002 年第 5 期。
[67] 赵贞信:《"论语"一名之来历与其解释》,《国立北平研究院史学集刊》1936 年第 2 期。
[68] 赵贞信:《〈论语〉究竟是谁编纂的》,《北京师范大学学报》1961 年第 4 期。

[69] 郑静若：《两汉论语学与论语郑氏注》，《中华文化复兴月刊》1981年第5期。
[70] 郑永：《论游酢在闽学发展过程中的作用和地位》，《东南传播》2007年第7期。
[71] 周光庆：《朱熹〈四书〉解释方法论》，《孔子研究》2000年第6期。
[72] 周淑萍：《论李觏与苏轼非孟的根本取向》，见张岂之、谢阳举编《中国思想史论集》第3辑，广西师范大学出版社2008年版。
[73] 朱汉民、张国骥：《两宋的〈论语〉诠释与儒学重建》，《中国哲学史》2008年第4期。
[74] 朱军：《从谢良佐到张九成：洛学心本体的建构》，《科学·经济·社会》2013年第2期。
[75] 朱维铮：《〈论语〉结集脞说》，《孔子研究》1986年第1期。

学位论文

[1] 陈俊良：《朱熹论语集注的思想史分析》，博士学位论文，中国文化大学史学研究所，2005。
[2] 邓秀梅：《朱子对论语的诠释》，硕士学位论文，中国文化大学中国文学研究所，1995年。
[3] 顾飞：《朱子〈论语集注〉注音释义考》，硕士学位论文，河南师范大学历史文献学方向，2004年。
[4] 李伟：《二程人性论思想研究》，硕士学位论文，陕西师范大学中国哲学专业，2006年。
[5] 王光红：《谢良佐仁学思想研究》，硕士学位论文，湘潭大学中国哲学专业，2008年。
[6] 王公山：《朱熹〈四书章句集注〉阐释方法研究》，硕士学位论文，山东大学中国古典文献学方向，2003年。
[7] 张百文：《陈祥道〈论语全解〉探析》，硕士学位论文，"国立"高雄师范大学经学研究所，2011年。
[8] 张琪：《经典与解释——解释学视野下的〈论语集注〉》，硕士学位论文，福建师范大学古代文学专业，2005年。
[9] 郑熊《宋儒对〈中庸〉的研究》，博士学位论文，西北大学专门史（中国思想史）专业，2007年。

后　　记

在《宋代〈论语〉诠释研究》即将付梓之际，心中充满喜悦与感动，这也是我在"论语学"研究领域出版的第四本专著。

遥想2001年，已届而立之年的我，告别桑梓，负笈北上，来到南开大学，师从"春秋学"研究专家赵伯雄先生。三年亲承謦欬，耳提面命，使我获益良多。受先生的影响，我选择了"论语学史"作为主要研究方向。先生同意了我的选题，并建议我根据自身实际，先选做一段。我经过慎重思考，最终确定了"汉魏六朝隋唐《论语》学研究"作为自己的博士论文题目。以此为名的成果于2005年在中国社会科学出版社出版，成为大陆地区"论语学"断代史研究具有前沿性的成果，获得了山东省第二十一次社会科学优秀成果二等奖。

博士毕业后，我于2005年进入山东大学历史学博士后流动站，师从王育济先生，主要从事宋元明清时期的《论语》学研究，其间"论语学史"（06FZS009）获得国家社科基金后期资助，最终成果于2009年在中国社会科学出版社出版后，被誉为"中国大陆第一部《论语》通史著作"（《光明日报》2010年1月11日国学版），《孔子研究》《东岳论丛》《中国哲学史》等杂志予以了介绍，先后获得山东高等学校优秀科研成果人文社科类一等奖、省第二十五次社会科学优秀成果二等奖。

2008年，我又进入中国社会科学院哲学所哲学博士后流动站，师从李存山先生，主要从事"两宋时期的《论语》学研究"，意欲深化"论语学"断代史的研究。其间中国博士后基金项目"两宋时期的《论语》学研究"（20080440488）、教育部人文社会科学研究青年基金项目"宋代《论语》诠释与理学的构建"（09YJC720022）、全国高校古籍整理委员会补助资金项目"汉代《论语》注释整理与研究"、国家社科基金项目"宋代

《论语》诠释研究"(11BZX047)先后立项。在《哲学动态》《孔子研究》《中国哲学史》《社会科学战线》《儒教文化研究》(国际版)等权威杂志公开发表相关论文7篇。

博士后出站后,我又应邀参加了湖南大学岳麓书院肖永明教授主持的"中国'四书'学史"(13&ZD060)子课题《汉唐〈论〉〈孟〉〈学〉〈庸〉学史》的撰写工作,从而进一步拓展了对汉唐时期的《论语》学研究。2016年,我申报成功国家社科基金重点项目"明代《论语》学研究(16AZX010)",拟对明代《论语》诠释开展系统的探讨。其间,我不仅在《中国哲学史》《世界宗教文化》《社会科学战线》《孔子研究》《西南民族大学学报》《湖南大学学报》等权威杂志发表论文7篇,而且还结合自己的心得,同刘伟博士一起合著了《论语研探》(中国社会科学出版社2014年版)一书,由孔子生平和《论语》的思想渊源出发,立足语言学、版本学、文献学基础知识,广泛涉猎哲学史、学术史、诠释学等不同领域,论及范围涵盖"《论语》学"研究诸领域。该书出版后,被颜炳罡先生誉为"努力建构当代'《论语》学'之作","在'《论语》学'学科化方面做出了积极的探索"(《光明日报》2016年5月23日国学版)。获评山东高等学校优秀科研成果奖普通本科人文社科类一等奖、省第三十次社会科学优秀成果二等奖。

回顾十六年的成长历程,正是因为与《论语》结缘,我才形成了自己的研究特色;正是因为诸位先生和师友的提携、帮助,我才取得了点滴成绩。

在新书出版之际,我一要感谢赵伯雄先生、王育济先生、李存山先生,正是在三位先生的指导下,我才得以在《论语》研究的领域不断开拓。二要感谢为我的论著发表或出版提供过帮助的诸位师友,没有他们的帮助,恐怕很多成果难以面世。三是感谢慈济大学教授暨元亨书院院长林安梧先生和扬州大学博士生导师柳宏先生拨冗为本书作序,为拙著增色不少。四是感谢中国社会科学出版社责任编辑孙萍女士的认真负责与辛勤付出。五是感谢我的家人,多年来,他们默默支持我的工作,使我得以全身心投入到工作中去;可以说,没有家人的支持,我不可能走到今天。

"所当成者势也,不可失者时也。"2017年1月,中共中央办公厅、国务院办公厅印发了《关于实施中华优秀传统文化传承发展工程的意见》,

吹响了继承和发展中华优秀传统文化的号角，我将一如既往地沿着预定的目标，为多卷本《论语学史》的出版而努力奋斗。

囿于自身能力和学识，书中难免有所疏漏，尚祈方家雅正。

作者

2017 年 7 月 2 日于聊城大学